东盟金融考察报告

2018

ASEAN

ASEAN financial
investigation report
(2018)

赵　慧　罗传钰　等著

中国社会科学出版社

图书在版编目（CIP）数据

东盟金融考察报告. 2018 / 赵慧等著 . —北京：中国社会科学出版社，
2020.11

ISBN 978 - 7 - 5203 - 6060 - 9

Ⅰ.①东… Ⅱ.①赵… Ⅲ.①东南亚国家联盟—金融—研究报告—
2018 Ⅳ.①F833.3

中国版本图书馆 CIP 数据核字（2020）第 034490 号

出 版 人	赵剑英	
责任编辑	陈雅慧	
责任校对	王 斐	
责任印制	戴 宽	

出 版	中国社会科学出版社	
社 址	北京鼓楼西大街甲 158 号	
邮 编	100720	
网 址	http://www.csspw.cn	
发 行 部	010 - 84083685	
门 市 部	010 - 84029450	
经 销	新华书店及其他书店	

印刷装订	北京君升印刷有限公司	
版 次	2020 年 11 月第 1 版	
印 次	2020 年 11 月第 1 次印刷	

开 本	710×1000 1/16	
印 张	37.5	
插 页	2	
字 数	541 千字	
定 价	198.00 元	

凡购买中国社会科学出版社图书，如有质量问题请与本社营销中心联系调换
电话:010 - 84083683

序

中国与东盟自 1991 年建立对话关系、2003 年建立战略伙伴关系以来，双方政治互信不断加强，务实合作硕果累累，中国—东盟关系已成为东盟同对话伙伴关系中最具活力、最富内涵的一组关系。经过 15 年战略伙伴关系的发展，中国—东盟合作将迎来新的机遇，也将在"一带一路"建设中进一步开展全方位务实合作。

资金融通是"一带一路"建设的重要支撑。2017 年 4 月习近平总书记在广西视察时指出，广西有条件在"一带一路"建设中发挥更大作用，因此需要立足于独特的区位优势，释放"海"的潜力，激发"江"的活力，做足"边"的文章。广西作为面向东盟的金融开放门户，应继续围绕沿边金融、跨境金融、地方金融三条主线，积极争取国家政策支持，大胆先试先行，加快广西金融开放合作步伐，深度参与"一带一路"建设、加快推进与东盟的全方位合作。考虑到东盟各国金融市场发展不平衡的特点，广西在推进过程中不仅要纵观全局，与东盟国家一起积极打造开放交流的金融合作平台，还应关注到东盟不同成员国的金融发展特点，制定因国而异、一国一例的金融合作政策。

广西大学中国—东盟研究院舆情研究团队多年来持续对中国—东盟金融舆情进行跟踪、搜集和整理，有针对性地对东盟各国金融体系的现状与发展进行了全面且深入的分析，最终形成了《东盟金融考察报告（2018）》一书。本书在准确把脉东盟及其成员国金融发展态势的同时，也依照不同国家的情况提出了特色化金融合作发展策略，为助力广西调整优化广西—东盟经贸合作，推动广西—东盟经济良性发展提供了有力的理论支持和数据支撑。

广西也将在"一带一路"整体布局的基础上再接再厉，秉承开放包容、互利共赢为核心的丝路精神，推动广西与东盟国家间的金融开放交流，融汇金融合作传统与创新模式，积极推进沿边金融综合改革试验区建设，实现中国—东盟、广西—东盟金融合作的叠加效应，为促进共建共享区域的繁荣和昌盛做出应有贡献！

范世祥

目　　录

第一章 导 论

东盟与中国山水相连、贸易互通、人文相亲，有着悠久的历史往来和频繁的交流互动。本章主要从东盟十国的金融体系发展历程、金融体系特征、金融体系存在的问题和金融体系运行的主要影响因素四个方面进行总体考察，以利于深入理解后续各章对东盟各国金融体系的分别刻画。

第一节 东盟十国金融体系的发展历程

东盟（ASEAN）是东南亚国家联盟的简称，其前身是1961年7月由马来西亚、菲律宾和泰国三国在曼谷发起的东南亚联盟。1967年8月7日《曼谷宣言》发布，正式宣告东南亚国家联盟成立，此时的联盟仅包含印度尼西亚（简称印尼）、泰国、新加坡、菲律宾和马来西亚五国。东盟成立初期主要在经济层面合作，但限于领土纷争因素，其合作的深度和范围有限。直至1976年第一次东盟首脑会议召开，以及《东南亚友好合作条约》签署，东盟的政治合作才正式开启，从此东盟经济合作进入快速发展时期。之后，文莱（1984年）、越南（1995年）、老挝（1997年）、缅甸（1997年）和柬埔寨（1999年）五国先后加入东盟，东盟五国演变成东盟十国。1998年东南亚金融危机之后，东盟国家进入经济与金融的规范发展阶段。危机沉重打击了东盟各国经济，各国被迫重新调整经济政策。综上所述，东盟各国的金融体系发展大致可以分为3

个阶段，即 1967—1976 年的金融体系萌芽阶段、1976—1997 年的金融体系发展阶段，以及 1997 年至今的金融体系成熟阶段（见表 1 - 1）。

表 1 - 1　　　　　　　　　　东盟金融体系发展历程

阶段名称	时间范围
萌芽时期	1967—1976 年
发展时期	1976—1997 年
成熟时期	1997 年至今

一　东盟金融业的兴起，金融体系开始萌芽

东南亚地区国家大多有被殖民的历史，在被殖民期间，东盟国家相继构筑起相应的金融制度和金融体系，但都建立在相对落后的生产力水平基础上。直至二战结束，东盟国家政治上相继取得独立，但经济上仍有被殖民的印记，具体表现在以下几个方面：经济结构单一，以农矿业为主；国民经济未取得实质上的独立，仍需要依赖国外工业品；货币化程度低、金融体系不发达、金融资源极为有限。在 1967—1976 年这段时期，东盟主要国家政府纷纷对金融体系实行较为严格的管制，希望通过抑制性的金融政策来集中利用有限的金融资源，并且优先扶持和发展进口替代产业或出口导向产业。

（一）泰国

泰国金融业起步于 1888 年汇丰银行在泰国开设分行。1906 年第一家泰资商业银行——汇商银行（原名为读书会，Book Club Bank）宣布成立。为了监管银行业，1939 年泰国成立国家银行局，履行中央银行职能，1942 年该行正式更名为泰国银行。1962 年 7 月泰国证券业开始建设。1974 年 5 月，泰国证券交易所的立法程序获得了通过。1930 年泰国保险业起步，1960 年政府对外资保险严格管理并对民族保险业大力扶植。总体来说，在 1967 年签订《曼谷宣言》时，泰国就已经拥有较完整的银行体系，且证券和保

险体系开始建立。

（二）新加坡

新加坡地理位置优越，而且基础设施比较发达，为其金融业的发展奠定了基础。东盟成立时，新加坡已经建立起以银行业为主的金融体系，并开始发展证券业。1965 年新加坡从马来西亚独立，并于 1968 年成立了国有的发展银行，为国有企业融资和担保。20世纪 60—70 年代，新加坡主张"打开大门"引进外资，但是很快政府发现该政策不利于本国银行的发展，于是在 1971 年设立金融管理局，以保护本国银行发展。独立后的新加坡继承了原来英国殖民时期留下来的法律体系，和世界原有金融体系遵循共同的价值观和规章制度，为其国际贸易往来提供了有利条件。1973 年，新加坡的证券业从马来西亚证券市场独立出来，新加坡开始了自身资本市场的发展。

（三）印尼

由于印尼独立之后国内依旧战乱不断，所以在 1966 年以前印尼没有一个完整的金融体系。1967 年，苏哈托执政，实施了一系列的金融监管制度，1968 年建立中央银行——印尼银行，同时打破垄断，将原印尼国家银行（BNI）的商业性业务分解给五个国有银行负责，迈出了建立一个现代化金融体系的第一步。印尼 1960年开始进行保险市场改革，鼓励本国私营保险公司和外资保险公司发展。1971 年，印尼开放了外汇市场，实行资本账户的自由化。

（四）马来西亚

马来西亚是亚洲传统金融中心之一，也是一个穆斯林人口占多数的国家，其金融体系有着浓厚的伊斯兰色彩，马来西亚的伊斯兰金融体系与传统的金融系统一起被称为"双系统"。马来西亚的传统银行业起步早于伊斯兰银行业。1905 年丰隆银行成立，1960 年马来西亚银行有限公司成立。该公司之后被政府接管，成为马来西亚最大的银行。1860 年，马来西亚开始发展保险业。

（五）菲律宾

菲律宾常年处于美国殖民统治之下，早年建立的金融体系缺乏独立性。菲律宾的金融体系主要由银行业构成，效率低下。20世纪70年代初，菲律宾进行金融自由化改革，包括放开利率管制、重启中央银行市场调控等。同时期的菲律宾证券市场极不活跃，1978年196个上市企业中有20%并未进行交易。在经历两次大规模的银行收购合并后，菲律宾逐渐发展出以几家大型全能商业银行为核心，以众多小型存款银行为辅的金融体系。

表1-2　　　东盟五国金融体系建设情况（1967—1976）[①]

国家	金融体系建设情况
泰国	已建立以中央银行为主导的金融机构体系，证券市场在建，政府大力扶持民族保险业
新加坡	金融机构体系较完善，金融监管体系已设金融管理局，金融市场体系开始建设
印尼	已建立以中央银行为主导的金融机构体系，开始开放外汇和保险市场，金融市场体系在建
菲律宾	已建立以大型商业银行为主导的金融机构体系，但效率和独立性低下，金融市场不活跃
马来西亚	已建立以中央银行为主导的金融机构体系，金融市场体系稳步发展

二　东盟金融业蓬勃发展，金融体系雏形初现

在东盟主要国家经济发展的初期，这种以把有限的金融资源导向优先发展的产业部门为特征的抑制性金融制度有其存在的合理性，不仅可以集中利用国内储蓄资金，还可以保持金融产业的稳定。然而，随着东盟国家经济发展水平的提高，这种抑制性金融制度导致资源浪费，阻碍了私营企业的发展，极大扭曲了国家经济结构，影响了社会经济的稳定发展。20世纪80年代东盟国家纷纷开

[①] 1967—1976年东盟成员国仅有老五国，其余五国尚未独立，金融体系尚未开始建设。

展金融自由化改革，放松对金融体系的管制。这个时期，东盟各国的金融业开始进入蓬勃发展阶段。

（一）泰国

20 世纪 80 年代，泰国的金融市场不断发展，金融监管体系开始萌芽。在金融自由化政策指导下，泰国成立曼谷国际银行离岸机构，实施外汇管制自由化、利率自由化政策，银行业迅速发展。泰国证券业在 1974—1984 年发展规模较小。伴随着经济进入繁荣时期，1986—1996 年，泰国股票市场迅速崛起，并颁布了证券法，修订税则，允许居民储蓄进入资本市场。1975 年 4 月 30 日，泰国的证券交易所（The Securities Exchange of Thailand）正式开始运营，1991 年 1 月更名为泰国证券交易所（The Stock Exchange of Thailand）。1993 年，泰国开放保险市场，其保险业迅速发展并形成一定规模，民族保险业由弱变强，逐渐成为泰国保险市场的主导力量。

（二）新加坡

新加坡在该阶段快速建设自身的金融市场体系，资本市场快速发展。新加坡于 1975 年实现了存贷利率完全自由化，1978 年取消了外汇管制，1984 年成立了亚洲第一家金融期货交易所——新加坡国际期货交易所，开始发行小型公债。

（三）印尼

印尼原先的金融体系是政府垄断操纵的公共财政分配体系，政府后来意识到该体系的局限性并着手进行改革。1983—1988 年印尼实施了一系列金融改革，建成了在当时来看较为现代化的竞争性市场结构体系。1988 年 10 月，印尼政府开始实施"PAKTO88"政策，这是一系列旨在通过取消 1983 年以后仍然继续实行的"加入壁垒"来加强金融部门内部竞争的改革措施。1983 年 6 月，印尼对银行业进行了大幅度调整：取消了对存贷利率的直接控制，实现利率市场化。1987 年，允许外国投资者进入证券市场，1988 年允许民间银行与外国银行合并，1994 年 6 月允许成立独资的外资银行。

（四）菲律宾

进入 19 世纪 80 年代后，菲律宾金融机构体系不断完善，金融市场开始蓬勃发展。1980 年开始允许金融机构从事更多业务，鼓励发展大型全能商业银行。经过这次改革后，菲律宾逐渐发展出以几家大型全能商业银行为核心，辅以众多小型存款银行的金融体系。菲律宾 1977 年开设离岸金融市场，1986 年取消外汇管制，1989 年降低了银行业准入标准并放宽了建立分支机构的条件。1997 年菲律宾重新开放保险市场，大批外资保险公司的涌入促进了菲律宾保险市场优胜劣汰、良性发展。

（五）马来西亚

该时段马来西亚的伊斯兰金融蓬勃发展，金融市场开始活跃。第一家伊斯兰银行马来西亚回教银行（BIMB）于 1983 年建立，同年政府颁布了《伊斯兰银行法案》，1989 年出台的《银行和金融机构法案》为进一步发展伊斯兰金融提供了有利条件。进入 20 世纪 90 年代，该国伊斯兰银行业务发展迅速，资产规模不断扩大，进入成熟时期。1979 年，马来西亚开始扩大资本市场规模，1988 年开始运行股票二级市场，1990 年开始拓展离岸金融市场，并设立信用评级等机构。

（六）文莱

文莱的金融业发展与其石油的开采紧密相关。文莱在英殖民期间所建成的银行在二战时被日军严重破坏。1984 年文莱独立，开始重新建设金融机构体系。20 世纪 80 年代初，5 家金融公司——信贷公司、工业资源公司、抵押金融公司、国民金融公司和合众国民金融公司相继在文莱出现。而伊斯兰金融业开始于 1991 年文莱伊斯兰教信托基金（TAIB）的成立。

（七）越南

越南于 1975 年获得独立并开始建设国家金融体系。1987 年越南建立了商业银行，1988 年成立了股份银行。同年，国家银行过渡为中央银行，以加强国家对经济的宏观调控。随后，工商、外贸、建设以及房地产在内的专业银行相继成立。

（八）老挝

1975 年，老挝人民民主共和国成立。刚开始建设的是"大一统"的银行体系，随后开始建设以国有商业银行为主体的金融机构体系。1988 年 3 月 12 日通过了《社会主义银行体系的经营转变》这一新法案，为落实党代会精神，政府开始改造银行体系，1989年，老挝的第一家商业银行——老挝外贸银行成立。随后陆续成立了老挝发展银行和农业促进银行两家国有商业银行以及老挝—越南银行和法国—老挝银行两家合资商业银行，以国有商业银行为主体的银行体系日益完善。

（九）柬埔寨

1993 年柬埔寨重建。在国际金融机构的帮助和支持下，柬埔寨政府由计划经济模式转变为以市场为导向的经济模式。为保证金融业的稳定发展，柬埔寨重新建立了与国际金融业的联系。经过一段时间的发展，柬埔寨逐渐确立并巩固了以银行体系占据绝对主导、小微金融机构补充、证券及保险行业共同发展的柬埔寨金融体系。

（十）缅甸

缅甸的金融体系发展具有鲜明的政治变迁特征。在奈温政府领导下缅甸建立了国有垄断的金融体系。1962 年奈温政府执政，成立社会主义国家，宣布将私人银行和保险公司收归国有，由此建立"大一统"的银行体系。1988 年奈温政府被推翻，缅甸成立银行监管委员会，主要通过场内和场外两种方式对金融机构进行监管以维持金融稳定。新政府进行市场化改革，在之后近三十多年中逐步对金融体系放宽管制，实现了银行业的快速发展。

表 1 - 3　　**东盟十国金融体系建设情况（1976—1997）**

国家	金融体系建设情况
泰国	银行证券业快速发展，金融市场逐步完善，开始建立金融监管体系（出台相关法律法规）

（四）菲律宾

金融危机过后，菲律宾开始制定更为谨慎的与国际接轨的银行规则和标准，致力于改善管理、提升透明度和降低道德风险，同时制定了一系列规则与程序来规范化处理银行问题。1993 年 7 月 3 日菲律宾成立中央银行（The Bangko Sentral ng Philippines，BSP），取代了 1949 年 1 月 3 日成立的菲律宾中央银行（The Central Bank of Philippines）行使货币发行的职能。1994 年菲律宾证券交易所成立，由马尼拉证券交易所和马卡蒂证券交易所合并而成；2000 年菲律宾证券交易委员会正式成为菲律宾证券业的监督管理部门。菲律宾的金融市场发展较好，2017 年菲律宾全能商业银行共 43 家，银行业资产达 14787461.8 百万比索，国内证券总市值达 2250 亿比索，而保险业以寿险为主，虽然寿险机构的数目低于其他险种公司，但是 2016 年保险业 82% 的保费收入来自寿险。

（五）马来西亚

马来西亚传统金融系统不断完善，同时伊斯兰金融在 21 世纪发展迅速。1997 年马来西亚合并了国内 35 家银行，严格控制银行信贷增长。在 2005 年前后，马来西亚对保险业实施了大规模的合并重组，目前，马来西亚是东盟保险业排名前三的国家。现在马来西亚已形成以商业银行为主体，投资银行（证券公司）、保险公司、信托投资公司、政策性金融机构及各种中介机构并存的金融组织体系。2006 年 8 月政府宣布实施"国际伊斯兰金融中心"计划，同年，马来西亚伊斯兰债券的发行占全球伊斯兰债券发行的 2/3 以上。至今，马来西亚共有 27 家商业银行，19 家伊斯兰银行，55 家保险公司，2016 年马来西亚商业银行资产占金融机构资产的比例约为 67%，保险资产占 GDP 比重为 20%，证券市场上市公司数目高达 900 家，上市公司总市值占 GDP 比重约为 12%。

（六）文莱

建立了基本的银行业后，文莱开始完善国家的金融体系，发展金融资本市场。2000 年 7 月 15 日文莱建立国际金融中心，2002 年建立了第一家证券交易公司——国际文莱交易公司（IBX）。此外，

文莱开始建设金融监管体系。2006 年 6 月 12 日文莱成立伊斯兰金
融监管理事会，2010 年开始筹建国家金融管理局（AMBD），旨在
保持文莱国内物价稳定，确保金融体系稳定，并制定金融法规和审
慎标准。目前文莱的金融体系发展态势良好，截至 2016 年底，主
要金融机构的总资产为 215.8 亿文元，其中银行业占比高达
83.1%，保险业占比达 6.9%，但股票市场尚未开始建设。

（七）越南

进入 21 世纪，越南开始发展资本市场。1995 年越南保险公司
分成两家公司，1998 年越南出现寿险市场。1999 年第一家外国保
险公司——宏利公司进入越南保险市场，随后一部分股份制保险公
司相继成立。2008 年金融危机后，越南着手推进以商业银行体系
为核心的金融体系结构重组进程。目前越南银行业还是以中央银行
为核心，但是银行业对外开放度较高，证券业和保险业发展迅速。
截至 2017 年，越南一共有 98 家银行，其中 55 家为外资银行，共
有 79 家证券公司，证券业总市值占 GDP 的 65%，共有 62 家保险
公司，2016 年保险业全年总收入达到 101767 万亿越南盾（约 45
亿美元）。

（八）老挝

老挝虽然经济落后，但是一直在完善其金融业并积极发展自身
金融市场。截至 2004 年，老挝境内的商业银行经过一系列的整顿
与合并，最后还剩三家银行——老挝外贸银行（BCEL）、老挝发展
银行（LDB）、农业促进银行（APB）。为了筹备和建设证券交易
所，2009 年 5 月 25 日老挝政府宣布成立证券及证券市场管理委员
会。2010 年在韩国政府的帮助下老挝证券交易所开设，资本市场
发展进入一个新阶段。目前老挝已基本形成中央银行与商业银行并
存，国有、股份制、私有和外资等多种所有制银行并存，银行、保
险公司与非金融机构并存的现代金融体系。截至 2017 年，老挝共有 42
家银行、7 家保险公司和 4 家证券公司，证券市场上有 6 家上市公司。

（九）柬埔寨

柬埔寨在国际金融机构的帮助和支持下，重建其金融机构体

系。柬埔寨政府不断推进法律法规改革，实施能力建设、标准提升、金融透明化和主要财务基础建设等措施，通过加强金融改革和金融市场整合，加强对中央银行的监管，形成了比较完善和高效的银行体系。1995 年柬埔寨财政部设立证券工作小组，准备建立证券交易所，但是该进程由于 1997 年政治动荡和武装冲突而中断，直到 2012 年，柬埔寨证券交易所第一只股票——金边税务局正式上市，标志着证券市场的正式成立。从此，柬埔寨证券市场开启了由小到大的进程。柬埔寨保险业起步较晚，目前仍处于发展的初期阶段，但发展速度较快。至今，柬埔寨共有商业银行 36 家，专业银行 11 家，银行体系占金融体系总资产的 90% 以上，保险业中寿险发展最快，2016 年柬埔寨有 4 家人寿保险公司，当年上半年，保险业务收入高达 5600 万美元，但证券市场规模小，发展仍处于停滞状态。

（十）缅甸

缅甸在不断改革银行业，希望打破国有垄断局面，但保险业发展仍由政府垄断，直到 2013 年缅甸财政部宣布允许私人部门建立保险公司，才开始了保险业私有化进程。缅甸证券业发展刚起步，2015 年底缅甸证券交易所才成立，市场建设仍处于探索阶段。目前缅甸金融体系以银行业为主，保险业、证券业较弱，截至 2016 年，缅甸内资银行、保险公司、证券公司的数量分别为 28 家、13 家和 1 家，国有银行资产占据银行体系总资产的 64.3%。截至 2017 年，缅甸的保险公司多为外资企业设立的办事处，证券市场上仅有 6 家上市公司，年总交易额仅为 220 亿缅币。

表 1-4　　东盟十国金融体系建设情况（1997 年至今）

国家	金融体系建设情况
泰国	建成市场主导的金融机构体系，逐步完善金融监管和调控体系
新加坡	完善金融监管体系和金融调控体系
印尼	完善金融监管体系

国家	金融体系建设情况
菲律宾	完善金融机构体系（成立中央银行），发展金融市场体系，逐步建设金融监管体系
马来西亚	传统金融与伊斯兰金融共同发展，建成完备的金融市场体系
文莱	完善金融机构体系，开始建设金融市场体系和金融监管体系
越南	建设金融市场体系，逐步完善金融机构体系
老挝	基本建成现代化金融机构体系，开始建设金融市场体系
柬埔寨	初步建成金融机构体系，发展金融市场体系
缅甸	金融机构体系初见雏形，对保险业进行改革，初步建设证券业

第二节　东盟十国金融体系的特征

受地缘政治以及美苏冷战等诸多因素的影响，东盟国家创造了从本不可能联合，到实现一体化的奇迹。大部分东盟国家金融业的发展都受到伊斯兰文化的影响，研究东盟国家金融体系的特征，有利于把握东盟国家金融体系现状和变化态势，从而可以根据不同国家的实际情况，寻找更合适的区域金融合作与发展模式，促进中国——东盟地区经济与金融的良性互动与和谐发展。从总体上看，东盟十国的金融体系具有以下特征：其一，金融机构体系具有明显的银行业主导特征；其二，近几十年来伊斯兰金融在东盟国家兴起并取得了长足的发展，呈现出了鲜明的传统金融与伊斯兰金融并存的金融特色。

一　以银行业为主导

（一）正面视角：对东盟国家银行业发展的考察

从正面的视角看，东盟国家的金融机构体系整体上以银行类金融机构为主，大多数东盟国家的银行业的总资产都远大于证券业和保险业，银行承担着绝大部分的金融服务，证券业和保险业由于起点低和受到诸多条件限制而发展相对落后。①

图 1-1 显示，2016 年各东盟国家银行部门提供的国内信用占 GDP 比重普遍较高，排在前面的新加坡等 6 个国家都超过了 50%。另外，2010—2016 年许多东盟国家银行部门提供的国内信用占 GDP 的比重以及这一比重的平均值都保持着稳定的增长趋势。

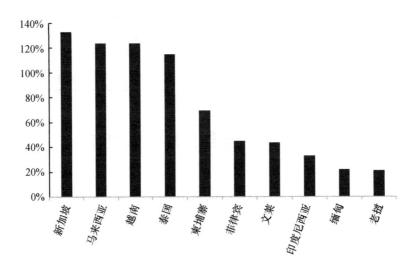

图 1-1　2016 年东盟国家银行部门提供的国内信用占 GDP 的百分比
资料来源：世界银行。②

（二）侧面视角：对东盟国家证券业发展的考察

从侧面的视角看，银行业占据主导地位有如下几个特点：其一，由于银行业占据主导地位，近年来各东盟国家将商业银行一体化作为东盟区域金融一体化所要重点解决的问题，银行业占据主导地位为东盟国家推进金融一体化提供了非常有利的条件。其二，对比银行业，东盟国家的证券业则表现为强弱兼存的特点。除了经济

---

① 李健等：《东盟十国金融发展中的结构特征》，中国社会科学出版社 2017 版，第 12 页。

② 出于数据可得性等原因，图中老挝所用数据为 2010 年数据（其他国家最新数据仅公布到 2016 年）。

发展的限制，证券业还受到了银行业占主导地位的反向作用，许多
东盟国家的证券业发展比较落后、证券机构少、业务规模小、业务
种类单一，证券市场发展尚处于初级水平。相对于其他东盟国家而
言，新加坡、泰国、马来西亚、菲律宾和越南的证券业发展趋势良
好，已经建立起较为完善的证券市场体系，债券发行较多，股票交
易活跃。在混业经营的国家，证券业的发展融合在全能银行发展之
中。与此相反的是，泰国全能型银行对证券公司业务的挤出效应较
强。其三，多数东盟国家的保险业发展较为薄弱，如印尼、老挝、
越南、柬埔寨、缅甸和文莱的保险市场深度和密度都比较低，保险
业规模小，保险业务结构单一，新加坡、菲律宾、马来西亚和泰国
等市场经济发展比较好的国家基本上都是以寿险为主导。[①] 近年来，
东盟区域债券市场的规模迅速扩大，证券市场的交易量也在稳步提
升。东盟国家保险业的开放度和自由化取得较大进展，相信在不久
的未来，越来越多的东盟国家可以达到金融总量和结构均衡的目
标，实现自身金融体系的稳健发展。

二 传统金融和伊斯兰金融并存

从 7 世纪到 16 世纪，阿拉伯、印度以及华人穆斯林来到东南
亚经商，以和平的方式将伊斯兰文化引入了东盟国家，这便是为现
今东盟国家伊斯兰文化繁荣与发展奠定基础的穆斯林浪潮。[②] 20 世
纪初，穆斯林商人按照《古兰经》教义设立了伊斯兰银行，进一步
发展成一套伊斯兰金融体系。伊斯兰金融的原则主要包括以下四
点：反对利息、禁止不当得利；利润与风险共享（Profit-and-loss-
sharing, PLS）；禁止不确定性、冒险和投机；不允许以钱生钱，投
资不能用于伊斯兰所禁止的产业。这种建立在"伊斯兰法律（沙里
亚）"原则之上的金融活动，其实践核心是"遵从沙里亚的金融业
务"（SCF）。在信奉伊斯兰教的国家和地区按伊斯兰教教义进行运

---

① 李健等：《东盟十国金融发展中的结构特征》，中国社会科学出版社 2017 年版，
第 15 页。

② 马凯硕、崔崴：《东盟奇迹》，北京大学出版社 2017 年版，第 18 页。

转的金融体系则被称为伊斯兰金融体系。

经过了数十年的发展，伊斯兰金融正成为金融市场的新平台。伊斯兰金融是全球金融体系增长很快的部分之一，自 2009 年以来估计年复合增长率为 17%。根据亚洲开发银行的最新报告记载，截至 2015 年，该行业的全球资产达到至少 1.9 万亿美元。① 从世界范围来看，存在全部实行伊斯兰金融体系的国家，也存在实行传统金融与伊斯兰金融双体系并存的国家，后者在东盟国家中更为多见，比较典型的就是马来西亚的"双系统"。在伊斯兰复兴运动的影响下，马来西亚最早出现了伊斯兰银行业，随后印尼和文莱等国家也相继建立了各自的伊斯兰银行业。伊斯兰金融系统已成为世俗金融系统的重要补充，为穆斯林商人提供了各种金融服务。各东盟国家受到国际储备资产规模的限制，对外资的政策更倾向于开放，这也就使得各国承担的金融风险加大。亚洲金融危机引起各东盟国家对金融稳定的高度重视。伊斯兰金融根据伊斯兰禁止不确定性等教义限制投资者的投机活动，有利于促进金融的稳健，大力发展伊斯兰金融便成为各东盟国家金融当局极力推广的措施。在由美国引发的次贷危机中，伊斯兰金融充分凸显了其对东盟国家金融稳定发挥的优越作用。目前东盟已经是除中东地区外伊斯兰银行业发展最成功的地区。传统金融与伊斯兰金融并肩发展已成为东盟国家金融体系一个鲜明的特色。以下将对发展伊斯兰金融比较突出的东盟国家从银行业、保险业、资本市场三个方面进行分析。②

（一）各东盟国家伊斯兰银行业与传统银行业并存

在东盟国家，不止专门的伊斯兰银行提供伊斯兰金融服务，部分传统银行也在窗口开办伊斯兰金融业务，呈现出协同发展的景象。由于具备起步较早等优势，马来西亚的伊斯兰银行业在东盟国家中一枝独秀，处于绝对领先地位。自从 1983 年马来西亚政府制定《伊斯兰银行法案》后，伊斯兰银行在马来西亚的规模不断得到

---

① 资料来源：亚洲开发银行（最新统计报告）。
② 广义的伊斯兰金融由银行、保险和债券三部分组成。

扩大，截至 2017 年第一季度，马来西亚伊斯兰银行的总资产，占银行总资产的 30%（2016 年为 28%）。尽管印尼、文莱和新加坡的伊斯兰银行业起步比较晚，规模相对较小，市场也不成熟，但也都各自具备发展的优势。印尼是世界上穆斯林人口最多的国家，金融危机后，印尼政府更加重视伊斯兰银行业的发展，相继采取了相应措施，如 2002 年发布《伊斯兰银行发展蓝图》（以下简称《蓝图》）、通过《伊斯兰银行法案》等，这使印尼伊斯兰银行业近几年的发展一直处在较高水平的原因之一。截至 2016 年，印尼伊斯兰银行市场占有率从全球金融危机时的 1.99% 增长到了 4.8%。文莱是一个穆斯林君主国，其经济发展水平在东盟名列前茅，有非常好的发展环境，文莱伊斯兰银行在其国内的银行业占据重要地位，根据文莱金融管理局最新的数据，截至 2017 年，文莱伊斯兰银行的总资产为 107 亿文莱元，占银行业总资产的 61.49%。

（二）各东盟国家伊斯兰保险业与传统保险业并存

伊斯兰保险与传统保险的差异体现在风险评估与处理以及保险基金的处理上，伊斯兰保险实际上是一种"联合担保"，即"当某个投保人遭受损失或损害时，由所有参与保险者联合承担风险的一种方法"。东盟国家的伊斯兰保险业是作为伊斯兰银行的补充率先在马来西亚建立起来的。1984 年，马来西亚政府出台《伊斯兰保险法》，并于 1985 年成立了第一家伊斯兰保险公司——马来西亚伊斯兰保险有限责任公司。马来西亚的伊斯兰保险分为家庭保险业务和一般性保险业务。印尼在 2002 年发布的《蓝图》中表示，其在建立有国际竞争力的伊斯兰金融体系上具有很大的政策倾向，为实现整个金融体系的全面建立，其保险业也在迅速地发展，2006 年印尼的伊斯兰保险和再保险公司已有 47 家。文莱政府强力推行"马来伊斯兰君主制"，全力保障作为立国哲学的伊斯兰文化。2000 年 7 月，文莱政府宣布成立文莱金融中心，旨在把文莱建成金融、银行、证券和保险中心。在保险上，文莱政府将经营苏库克保险作为其日常经营活动。目前文莱伊斯兰保险机构资产总额为 5 亿文莱元，市场占有率达 31.25%。新加坡作为外向型发展的国家，并且目前是重要的国际金融中心之一，常欲凭借伊斯兰金融发展成为连接中东与亚洲的国际金融中心。随着法制、税制的修正与完善，新加坡的伊斯兰金融活动急速升温，2005 年新加坡加入伊斯兰金融服务董事会（IFSB），新加坡货币厅（MAS）于 2008 年11 月开始使用苏库克保险工具，为新加坡的金融机构提供符合沙里亚教法的资金支持。截至 2017 年，马来西亚共有伊斯兰保险公司 15 家（包括 Takaful Operators 和 Ratakaful Operators 两种类型的伊斯兰保险公司），保险业务占全国市场的 63%，其中家庭保险方面所占的份额较大，为 93%。

（三）各东盟国家伊斯兰资本市场与传统资本市场并存

作为马来西亚资本市场的组成部分，伊斯兰资本市场在推动经济增长方面发挥了重要作用。目前马来西亚主要存在三种形式的伊斯兰资本市场，即伊斯兰股票市场、伊斯兰债券市场和伊斯兰基金市场。伊斯兰债券市场方面，2006 年国库有限公司开始发行可转换伊斯兰债券，使马来西亚成为世界首个发行可转换伊斯兰债券的国家。伊斯兰基金市场方面，马来西亚伊斯兰基金市场主要经营伊斯兰单位信托基金。目前经营的公司数量已经相当多了，并且种类相对完备，涵盖股票基金、伊斯兰债券基金和平衡基金等 6 种。截至 2017 年，马来西亚伊斯兰债券规模达 7644 亿林吉特，占债券发行总量的 58.8%。伊斯兰股票市场方面，在马来西亚股票交易所挂牌交易的伊斯兰股票在数量和规模上都超过整个交易所的一半。印尼资本市场发展迅速，2002 年雅加达伊斯兰指数在雅加达股交所上市。2008 年印尼通过沙里亚债务法案，鼓励发行伊斯兰债券。同年 4 月，印尼加入世界伊斯兰债券集团。2009 年 1 月 31 日印尼正式发行伊斯兰债券。2009 年 4 月，印尼财政部首次发行五年期美元苏库克，主要用于印尼国内的电力及交通基础设施建设，其中30% 被中东投资者购买。印尼大约有 20 种伊斯兰基金，约占印尼所有共同基金数量的 5%，但其价值却只有业界的 1.3%。至少 17家在雅加达证券交易所上市的公司发行了伊斯兰债券，在已发行债务证书的上市公司中占 10.5%，发行总价值为 2.2 万亿卢比。泰国也已经建立了伊斯兰金融市场，但起步比较晚，泰国股票交易所（SET）于2009年4月才和英国富时指数（Financial Times Stock Exchange）创建"FTSE、SET沙里亚指数"，用于广泛的伊斯兰产品，包括资金、贸易交换资金和其他与指数相关的产品。

第三节　东盟十国金融体系存在的问题

在1997年亚洲金融危机之后，大多数受危机影响的东盟国家大大减少了对外部资本的依赖，着力健全宏观经济基本政策，加强整体金融稳定。但由于东盟国家的金融脆弱性和资本账户的过度开放，国家和地区的金融稳定仍受到全球金融危机的打击。在全球经济不景气、面临下行风险的大环境下，东盟国家同其他发展中国家一样，与世界经济总体局势联系密切，经济增长进一步放缓。东盟国家的经济发展水平反映到各国金融体系的发展之中，各国金融体系差距十分巨大。

一　金融结构严重失调

为了衡量东盟十国金融体系发展程度，本书采用各国广义货币供给量M2与GDP的比值进行比较。M2与GDP的比值反映了一个国家或地区的金融深度，比值越接近1，表示金融发展程度越高。如图1-2所示，东盟十国中金融发展程度较高的国家有越南、新加坡、马来西亚和泰国，这些国家的M2/GDP为120%—150%，金融市场较为发达。金融发展程度较低的国家包括菲律宾、柬埔寨、缅甸、文莱、印尼和老挝，其M2/GDP均在80%以下。文莱、印尼和老挝的比值最低，均为40%左右。通过对M2与GDP比值的分析比较可以看出，东盟各国的金融体系发展程度差异相当大。

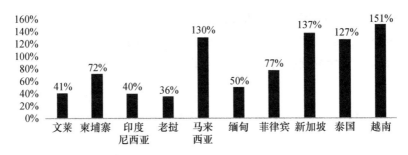

图 1-2　2017 年东盟十国 M2 与 GDP 之比

资料来源：根据全球经济数据库（CEIC）数据整理而得。[①]

　　仅用 M2/GDP 来衡量东盟各国的金融体系发展程度，不具有较强的说服力。接下来通过具体分析金融各行业的发展情况，来阐述东盟十国的金融结构状况。东盟十国金融体系以银行业为主导，证券业和保险业等处于发展之中。银行业较发达的国家有新加坡、马来西亚、泰国和越南，菲律宾、柬埔寨、老挝、文莱、印尼和缅甸的金融市场发展历程较短，银行业较不发达。以正处于高速发展中的证券业为例，各国证券业的发展也与各国的经济发展状况基本同步，图 1-3 和图 1-4 分别是各国股票交易总额、各国债券总额与GDP 的比值，在一定程度上衡量了各国证券业的发展程度。其中泰国和新加坡的股票市场较为发达，其次是马来西亚，菲律宾、越南和印尼也具有一定规模的股票市场，其他国家的股票市场正处于建立阶段或筹备阶段。马来西亚和泰国的债券市场规模相对较大，而菲律宾、印尼、老挝和越南的债券市场相对薄弱，几乎都还没有发展起来。其他国家暂无债券市场数据。

二　金融机构体系脆弱

　　东盟国家大都是发展中国家，现代金融体系到 20 世纪后期才

---

　　① 由于数据可得性，老挝和柬埔寨的数据为 2016 年的数据，其他国家的最新数据仅公布到 2017 年。

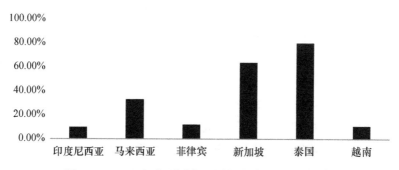

图 1 - 3　2016 年东盟国家股票交易总额与 GDP 之比

资料来源：世界银行。[①]

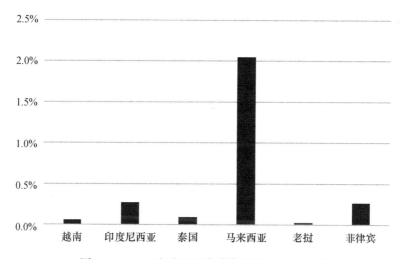

图 1 - 4　2016 年东盟国家债券总额与 GDP 之比

资料来源：根据世界银行和 www. asean. org 数据整理而得。[②]

逐步形成和发展起来，金融体制不成熟，金融机构覆盖不全面。东盟国家一直致力于发展本国金融业，逐步建立各类金融机构，改善金融机构组成，深知金融业对于国家经济命脉的重要性。东盟国家

---

① 最新数据仅公布到 2016 年，柬埔寨、老挝、缅甸、文莱数据缺乏。
② 最新数据仅公布到 2016 年，新加坡、柬埔寨、文莱、缅甸数据缺乏。

金融机构总体上呈现出较强的银行业金融机构主导型特征，银行承担了绝大部分的金融服务。近二十年来，保险、证券等金融机构虽有较快的发展，但由于起步较晚和其他因素，相比银行业金融机构而言仍然处于弱势。

20世纪70年代以来，东盟国家多次进行金融自由化改革以及在金融危机后掀起了收购合并浪潮。经过近五十年的发展，2015年东盟各国商业银行及其分支机构数量如图1－5所示。每10万成年人拥有商业银行数量最多的国家是文莱，泰国、马来西亚、新加坡、菲律宾、柬埔寨、印尼也具有数量较多的商业银行，越南、缅甸和老挝由于自身经济发展水平的影响，拥有商业银行数量较少。其中，商业银行数量相对最少的国家是老挝，文莱每10万成年人拥有商业银行数量是老挝的近6倍。由此可以看出东盟十国金融机构发展水平差异之大。

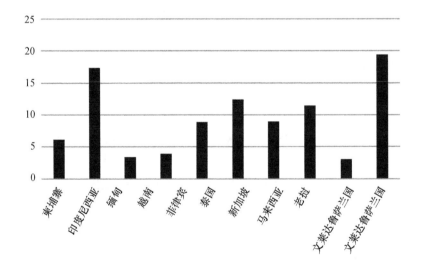

图1－5　2016年东盟十国商业银行分支机构（每10万成年人）

资料来源：世界银行。[①]

---

① 基于世界银行最近公布数据，柬埔寨为2015年数据，东盟其余9国更新到2016年。

东盟十国的金融机构体系大致可以分为两类，一类是以中央银行为核心的金融机构体系的国家，例如马来西亚、越南、柬埔寨和老挝等，一类是没有中央银行的金融机构体系的国家，例如文莱、新加坡等。东盟十国金融机构的构成最突出的特点就是银行业占主导，且业务多以存贷为主，主要利润来源于利息收入。不少东盟国家证券、保险等非银行金融机构数量少、业务规模小、业务种类单一，发展不够成熟。例如，文莱股票市场还处于筹备阶段。东盟十国金融机构以银行业金融机构为主导，组成体系单一，受理业务范围较小，因此东盟十国金融机构对存贷款利率敏感，受利率等各方面风险的影响较大，金融机构体系脆弱。

三 金融市场还不完善

金融市场主要由资本市场和货币市场组成，资本市场又包括债券市场、股票市场、保险市场、融资租赁市场，等等。东盟十国金融市场发展水平差异较大，市场结构也不尽相同。

新加坡作为发达国家，金融市场较为发达，货币市场上存在着庞大的资金需求与供给，资本市场融资交易工具丰富，交易形式多样。大多数东盟国家由于自身缺乏经济实力，金融市场发展缓慢。总体上来说，东盟十国大多数货币市场规模小，都缺乏一个能够灵活调节流动性的货币市场。越南的货币市场中只有同业拆借市场较为发达，票据市场和债券回购市场所占份额很小；缅甸货币市场规模近年来有所增加，但二级市场流动性较差；而文莱则没有货币市场，债券市场目前只有政府发行的短期伊斯兰债券。[1]

东盟十国的资本市场主要由股票市场和债券市场组成，其他市场基本暂无发展。新加坡和泰国的股票市场及债券市场较为发达，2015年新加坡股票市场交易总额占GDP的比重达到近65%，新加坡债券市场中政府债券占比较高。其次是马来西亚，债券市场规模

---

[1] 李健等：《东盟十国金融发展中的结构特征》，中国社会科学出版社2017年版，第16页。

也相对较大，马来西亚吉隆坡股票交易所是亚洲较大的证券交易所之一。菲律宾、越南和印尼也具有一定规模的股票市场，但债券市场发展水平较低。缅甸、柬埔寨、文莱和老挝的资本市场发展迟缓。柬埔寨股票市场仅有 5 家上市公司股票在证券交易所交易，缅甸股票市场于 2015 年才成立，而文莱股票市场还处于筹备中。此外，东盟十国债券市场总体发展较为缓慢，债券种类单一，政府债券占比较高。

四　金融监管面临挑战

东盟各国经济规模和经济发展水平差距明显，兼有经济较发达国家和不发达国家。由于东盟各国所处的经济发展阶段各不相同，各个国家的金融业发展水平也差异巨大。大多数东盟国家是发展中国家，因此金融基础总体比较薄弱，有些国家不良贷款率较高，存在较大的潜在风险。与此同时存在的问题是，东盟十国的金融监管体制也远远落后于世界，金融监管面临较大的挑战。大部分东盟国家至今仍未拥有一套统一有效的金融监管的法律体系，金融监管当局在监管时所依据法律法规较为混乱。不健全的金融监管体系和落后的监管手段，再加上监管人员的专业水平较低，导致金融监管配置不合理、监管力度较弱、各地区监管水平差异较大。

尽管东盟各国间建立了金融领域内的良好合作，但东盟十国间金融具体监管政策仍存在较大差异，缺乏统一标准，导致各国间金融市场流动性降低。差异性主要表现在设立银行机构的准入条件差别较大，对股权、出资比例、数量等的限制迥异，服务对象受到不同限制要求，等等。例如在规定外资银行设立方面，对于合资商业银行，越南规定外商出资比例不得超过 50%，新加坡则规定外资银行只允许设立一个机构，而马来西亚对此没有明确要求。

目前东盟国家的监管手段主要是行政措施。行政措施的监管力度往往达不到市场和公众的要求。由于监管体系的不健全，一些金融机构为了自身的利益，钻法律和国家的漏洞，不及时、完整、真实地披露信息，甚至对自身信用和资产等敏感性信息进行隐瞒，导致金融市场透明度不高，直接影响金融市场参与者作出金融决策，造成金融市场的混乱和金融市场运行的低效率。面对日益发展壮大的金融市场，单凭传统监管手段，已无法满足发展迅速的现实需求，东盟国家金融监管正面临巨大的挑战。

第四节 东盟金融体系运行的主要影响因素

良好的金融生态环境是东盟各国金融健康发展的基础和保障，当前由于世界经济一体化发展，东盟金融体系运行的影响因素众多，不仅包括经济、社会、文化、政治、法律等外部因素，还包括金融产品、金融市场等内部因素，它们相互作用、相互影响，共同推动着东盟金融体系运行和发展。

一 政治因素的影响

与其他行业相比，金融行业更易受政治因素影响。当东盟国家发生重大政治事件时，比如战争、边界冲突、大选、政变等，会使东盟各国金融市场出现大涨大跌，而且政治事件大多是突发性的，难以预测和控制。具体政治因素如下：

（一）东盟各国间领土边界争端不断

东盟早在 1967 年就已经成立，但是国家之间的领土边界争端并未停止。其一，东盟各国以前大多属于英国、西班牙、葡萄牙、荷兰、法国等国家的殖民地，这些殖民者根据各自所属的势力范围来划分相应国家的领土边界。例如马来西亚、新加坡、印尼的领土边界，柬埔寨、越南、泰国、老挝等国领土边界，西方殖民者为了各自的利益相互博弈、相互斗争，争夺势力范围。其二，东盟各国间存在经济利益冲突。东盟国家间的领土边界争端除了因为长期被殖民外，东盟各国间经济利益冲突也是重要原因。东盟各国对海洋资源的开发、划界以及对大陆架的控制权争夺等，都是基于经济利益。其三，从地理上看，东盟国家具有海岛多、海岸线长的特点。

数据显示,东南亚海岸线长 124900 海里,大陆架有 1821600 平方海里,分别占世界的 19.3% 和 13.3%,大小岛屿星罗棋布,使得东盟各国间海岸线划分纠纷不断,领土争端问题日益严重。

(二)东盟金融发展受域外国家干预

美国为了确保其对东亚的战略主导地位,长期以来通过多种途径强化对东盟各国的金融体系的控制。同时,东盟十国外汇储备依旧是以美元为主,贸易结算也以美元为主,在经济和金融上对美国依赖较大。此外,日本与东盟国家在金融、投资、贸易上也保持比较密切的联系,这在一定程度上也影响着东盟的发展。由此可见,东盟金融的合作和发展,除了受本国因素影响外,域外大国比如美国、日本对东盟金融的影响也较为明显。

二 宗教因素的影响

虽然东盟各国宗教众多,世界三大宗教伊斯兰教、佛教、基督教在各国都有信徒,但是绝大多数国家都拥有一种占主导地位的宗教,比如印尼、文莱、马来西亚多数民众都信奉伊斯兰教,文莱和马来西亚还把伊斯兰教奉为国教。整体而言,东盟各国金融与伊斯兰教联系密切,受伊斯兰教影响较大,较有特点,为此本书主要以伊斯兰教为例,探讨其对东盟金融的影响。

其一,伊斯兰教有条件地肯定了金融活动

伊斯兰教的经典《古兰经》认为安拉拥有人世间的一切财富,并且鼓励人们通过辛勤劳动获得、占有以及利用安拉所赐予的财富。同时也鼓励人们在遵守伊斯兰教法和圣训的基础上,积极参与金融经济活动,进行公平交换,获得合理收益和消费。由此可见,伊斯兰金融是对现有金融活动的有条件肯定,其运作原则根植于宗教思想。东盟十国中,马来西亚、印尼、文莱、新加坡等国的金融作为世界伊斯兰金融的重要组成部分,其金融行业深受伊斯兰教影响。

其二,伊斯兰金融严禁高风险投机行为

为制止高风险投机行为的发生,伊斯兰教义做了明确规定,不认同具有不确定因素的合同或合约;对于投机行为,伊斯兰教法有明确规定：严禁从事高风险投机，认为投机活动不仅违背了勤劳致富的宗旨，而且破坏了社会公平和公正。所以，对所有的金融产品和服务，伊斯兰金融机构都坚持实物资产真实交易的原则，基本不参与现代金融业中的期货、远期、互换、期权等衍生类金融产品和服务。伊斯兰金融控制高风险投资和禁止投机行为，在一定程度上影响了东盟金融活动。

其三，伊斯兰金融的思想与运作有一定局限性

伊斯兰教倡导平等、公正、福利等教义，必将导致理想与现实的矛盾冲突。一方面，和一般银行的作用一样，伊斯兰银行也充当着资金流动的桥梁，但是伊斯兰银行直接经营和管理资金，一定程度上削弱了商业银行对资金的调节作用。另一方面，东盟各国的思想文化、经济体制、法律法规与伊斯兰金融存在许多的冲突和矛盾。例如伊斯兰金融明确规定：禁止从事利息业务，这一规定导致东盟各国伊斯兰金融业务往来中，不能买卖西方国家政府债券，使伊斯兰金融业无法发挥闲置资金的优势等。

三 金融全球化的影响

金融全球化是指金融主体所从事的各项金融活动超出国界范围，由地区局部性的传统金融活动发展为全球性的金融活动。东盟金融在金融全球化背景下发展，受其影响也越来越深。值得我们注意的是，金融全球化的影响具有两面性，金融的全球化，带动东盟各国金融业快速发展的同时，又对东盟乃至世界各国的金融业产生了负面影响，增加了风险性。因此，金融全球化对东盟金融体系运行是一把"双刃剑"，既有正面的积极作用，又有负面的消极影响。

（一）金融全球化为东盟金融业提供了机遇

1. 金融全球化有助于学习国外成功的经验

西方国家的金融体系经过多年的发展相对完善，金融制度相对健全，对金融风险防范和控制机制也较为成熟，这些先进经验给东盟各国提供了学习借鉴的机会。由于东盟各国金融发展水平较低，金融全球化有助于落后国家吸收借鉴西方发达国家的经验，进一步

促进东盟各国金融业的发展。金融全球化为东盟各国学习外来金融发展经验提供了平台，学习国外成果经验能够大幅提高东盟各国金融业发展水平。

2. 金融全球化有利于合理分配东盟金融资源

经济全球化处在不断发展的过程中，金融业也在更加自由化、一体化的道路上发展。资金融通的灵活化在一定程度上也代表着金融信息的透明化，这使得东盟各国能够更快、及时地了解金融信息，掌握最新动态，调动、集中和配置各种资源，有利于东盟金融资源更加合理化配置。在面临大需求信贷的情况时，有限的资金通过竞争的方式将储蓄分配到效益最高的项目，合理、有效地配置稀缺资本。

3. 金融全球化有助于东盟国家形成良性竞争

在金融全球化的背景下，东盟各国金融业的竞争力水平不断提高，金融业快速发展，东盟金融机构通过金融产品和金融服务创新，提高工作效率，改善服务水平，降低交易成本，增强了东盟各国金融业的竞争力。通过金融全球化，加强东盟各国之间，以及东盟与世界各国间的金融往来，也有助于提高东盟整体金融市场的竞争力，促进东盟金融创新发展。

4. 金融全球化有利于东盟引入资金和人才

由于东盟国家间金融发展差距明显，既有相对发达的国家如新加坡、文莱等，也有相对落后的缅甸、老挝、柬埔寨，整体上东盟金融发展水平比较落后，金融制度不健全，市场利用率低下，金融业人才缺乏等。当前金融全球化快速发展，东盟国家通过与世界金融接轨，有利于培育和吸引优秀人才，引进先进的技术，吸引大量外来投资，有效解决东盟金融发展存在的资金短缺、人才匮乏等一系列问题。

（二）金融全球化给东盟金融业带来挑战

金融全球化已经成为当今世界发展不可逆转的趋势，金融全球化作为一种趋势，除了为东盟金融发展带来活力外，也对东盟各国金融安全、金融监管等形成严峻的挑战。当前东盟金融监管体系，并没有完全跟上金融全球化的发展步伐，特别是 20 世纪 90 年代以来频繁发生的金融危机，让人们逐渐意识到金融全球化对东盟经济产生的影响，同时东盟的金融监管面临着一系列的新挑战。比如一些国家金融市场动荡，会很快影响其他国家的金融市场。

1. 金融全球化给东盟金融监管调控带来挑战

当前移动互联网不断普及，东盟各国线上电子商务发展迅猛，金融交易工具日益便捷，可以在短时间内进行巨额资金转移和交易，但势必也使东盟各国金融市场监管面临巨大压力，在一定程度上削弱了金融政策的调控力度。此外，金融全球化带来的国际资本，其资金流动的规模和速度，远超出东盟各国实际的运行需求和调控能力，使东盟各国政府和国际性经济组织在监管和调控方面面临巨大挑战。当前东盟金融业制度相对不完善，东盟国家在大规模进军国际金融市场的过程中，金融监管调控无法达到金融全球化的需求，这就对东盟国家的金融监管体系提出了更大的挑战。

2. 金融全球化与东盟货币政策的冲突矛盾凸显

当前东盟各国缺乏有效的货币政策调节机制，东盟各国货币政策的有效性会受到金融全球化发展的影响。东盟国家资金平衡的局面很容易因为大量国际资金的流入而被打破，引起国内的通货膨胀，此时大多数国家采取的措施是提高利率，实行紧缩性的货币政策。但是高利率将激发更多国际资本的流入，使紧缩性的货币政策导致膨胀性的局面。由此可见，金融全球化与东盟各国货币政策间的矛盾依然存在。

3. 金融业开放会造成事实上的资本账户自由化

跨境提供金融服务的基本要求就是资本账户的自由化。东盟各国设立金融服务机构，为广大客户提供金融服务，实际上会造成部分资本账户的自由化。对于东盟各国而言，投资机构从自身利益出发，具有很强的动机将其资产投于海外，可能会出现大规模的资本外流和外资外撤的情况，即便是东盟各国动用外汇储备，也会导致本国货币汇率变动，甚至是本币大幅度贬值，对外汇市场和本币汇率稳定性的冲击将更为严重，进而形成恶性循环。另外，金融全球化过程实际上是各国金融市场开放的过程，虽然金融全球化可能会给东盟各国金融市场带来集中或者分散效应，但是不容忽视的是，开放的金融市场更容易使得其他国家的金融风险影响到本国。

4. 金融全球化给国际游资创造条件

充分的开放度以及金融自由度是国际游资形成的前提条件。金融全球化在一定程度上减少了资本流动的阻碍，促进了资本在东盟各国间自由流动，但是资本天生具有追逐利益的动机，国际游资势必会利用东盟各国对汇率、利率管制放开后，金融产品价格波动来进行套汇和套利，金融全球化没有对国际游资的活动提供约束机制，极大地增加了东盟各国金融市场的不稳定性，假若东盟金融市场有任何微小的变动，国际游资会迅速从东盟各国抽离，造成严重的金融市场动荡。

参考文献

[1] 曹庆锋：《马来西亚伊斯兰金融体系初探》，《中国穆斯林》2015 年第 4 期。

[2] 曹素娟：《泰国金融稳定研究》，博士学位论文，厦门大学，2014 年。

[3] 陈欢、王曼怡：《上海自贸区金融创新与中国—东盟自贸区协同发展研究》，《经济问题探索》2014 年第 3 期。

[4] 陈氏玉燕：《越南金融发展与经济增长的关系研究》，硕士学位论文，云南大学，2011 年。

[5] 陈义顺：《新加坡金融服务监管法律制度研究》，硕士学位论文，厦门大学，2009 年。

[6] 陈臻：《文莱金融初探》，《南洋问题研究》1989 年第 2 期。

[7] 高海红：《中国在亚洲区域金融合作中的作用》，《国际经济评论》2009 年第 3 期。

[8] 何翠华（HO THUY HOA）：《越南金融发展影响经济增长的实

证研究》，硕士学位论文，重庆师范大学，2017年。

[9] 拉沙米：《老挝金融发展与经济增长的关系研究》，博士学位论文，昆明理工大学，2013年。

[10] 李宝庆、孙尚伟：《中国对外区域金融合作模式探析——兼论深化中阿金融合作》，《世界经济与政治论坛》2015年第5期。

[11] 李东卫：《越南金融危机表现、成因及启示》，《经济前沿》2008年第9期。

[12] 李健等：《东盟十国金融发展中的结构特征》，中国社会科学出版社2017年版。

[13] 李南：《"一带一路"背景下中国与东盟经济周期联动研究》，《亚太经济》2017年第2期。

[14] 李艳明、于永军：《东盟六国保险业发展概况及经验借鉴》，《区域金融研究》2010年第5期。.

[15] 梁颖：《打造中国—东盟自由贸易区升级版的路径与策略》，《亚太经济》2014年第1期。

[16] 林晓丹：《CAFTA框架下中国—东盟金融监管体系构建》，《时代金融》2015年第20期。

[17] 刘方、曹文婷：《中国—东盟国家对外开放对金融发展的影响研究》，《西部论坛》2017年第27期。

[18] 刘方、胡小丽：《中国—东盟自由贸易区金融发展与金融一体化的动态关系——基于面板VAR模型的分析》，《区域金融研究》2016年第12期。

[19] 骆永昆：《全球化背景下的东南亚伊斯兰金融》，《东南亚纵横》2010年第6期。

[20] 麻昌港：《中国—东盟经济一体化的效应、进程及影响机制分析》，博士学位论文，南京师范大学，2014年。

[21] 马凯硕、崔崴：《东盟奇迹》，北京大学出版社2017年版。

[22] 聂勇、彭文文：《中国—东盟金融合作研究：一个文献综述》，《武汉金融》2014年第4期。

[23] 乔小明、吴兮:《中国—东盟自由贸易区与亚元》,《经济问题探索》2008 年第 7 期。

[24] 阮氏秋河:《越中金融体系比较研究》,硕士学位论文,广西大学,2012 年。

[25] 沈红芳、刘月容:《国际金融危机下东盟四国的银行业研究》,《南洋问题研究》2013 年第 2 期。

[26] 苏保祥、粟金刚、田代臣:《CAFTA 框架下深化中国—东盟银行业与监管合作的研究》,《经济研究参考》2011 年第 31 期。

[27] 苏提:《论东盟主要国家的金融自由化与货币政策的协调和合作》,硕士学位论文,吉林大学,2005 年。

[28] 孙涛:《全球流动性对东盟五国金融格局及风险的影响》,《国际金融研究》2016 年第 7 期。

[29] 屠年松、张松:《中国与东盟经济合作研究综述》,《昆明理工大学学报》(社会科学版)2015 年第 4 期。

[30] 王勤:《走向 2025 年的东盟经济共同体》,《南洋问题研究》2016 年第 3 期。

[31] 韦铁:《中国—东盟自由贸易区中的宏观金融风险》,《改革与战略》2005 年第 9 期。

[32] 项卫星:《马来西亚金融体制的结构性缺陷》,《当代亚太》2002 年第 2 期。

[33] 熊重阳:《东南亚伊斯兰金融业发展研究》,硕士学位论文,厦门大学,2009 年。

[34] 严晓颖:《中国—东盟自由贸易区金融监管法律机制研究》,硕士学位论文,西南政法大学,2012 年。

[35] 杨宏恩:《中国—东盟经济合作与东亚金融危机后的东盟经济增长》,《财贸经济》2011 年第 12 期。

[36] 杨荣海:《人民币周边化与东盟国家"货币锚"调整的效应分析》,《国际贸易问题》2011 年第 3 期。

[37] 杨新兰:《新加坡金融发展与金融治理的经验借鉴》,《新金

融》2015 年第 11 期。

［38］游丽萍：《泰国金融深化的分析与探讨》，《现代管理科学》
2016 年第 12 期。

［39］余永定、何帆、李婧：《亚洲金融合作：背景、最新进展与
发展前景》，《国际金融研究》2002 年第 2 期。

［40］张蕴岭、张斌：《东亚金融合作的进展与未来的选择》，《当
代亚太》2002 年第 8 期。

［41］赵成真、兰天：《金融危机下的中国—东盟机电产品产业内
贸易实证分析》，《国际贸易问题》2010 年第 3 期。

［42］赵洪：《试析马来西亚伊斯兰金融业的发展》，《东南亚纵横》
2006 年第 7 期。

［43］者贵昌：《"一带一路"建设背景下中国与泰国金融合作的机
遇与挑战》，《东南亚纵横》2017 年第 1 期。

［44］周南成（VONG SENPISETH）：《柬埔寨金融结构与经济增长
关系研究》，博士学位论文，广西大学，2017 年。

［45］周元元：《中国—东盟区域货币合作与人民币区域化研究》，
《金融研究》2008 年第 5 期。

［46］Agus D. W. Martowardojo, *Integrating Islamic Commercial and So-
cial Finance to Strengthen Financial System Stability*, Surabaya,
October, 28, 2016.

［47］Bank Indonesia, *Grand Strategyof Islamic Banking Market Devel-
opment*, Jakarta, July, 2008.

［48］Iqbal, *General takaful practice to eliminate gharar* (*uncertainly*),
maisir (*gambling*), *and riba* (*usury*), Jakarta: Gema Insani
Press, 2005, p127.

［49］Ibrahim, *The Administration of Islamic Law in Malaysia*, Kuala
Lumpur: Institute of Islamic Understanding Malaysia, 2000,
p. 68.

［50］Bank Negara Malaysia, *Financial Stability and Payment Systems
Report*, 2017, Kuala Lumpur, Malaysia March, 28, 2018

第二章　越南金融体系考察与分析

越南自 20 世纪 80 年代后期开始实施革新政策，逐渐形成并发展了银行金融管理体系。1990 年越南对银行业系统进行重组，将商业银行和越南国家银行分开，同时为私营部门进入银行业铺路。在政府的宏观调控下，越南始终致力于建立和发展多元化的金融体系，依法管理银行，扩大金融市场建设，而这些金融领域的革新措施也取得了良好的成效，有助于促进国内企业改革，并在越盾从贬到升的过程中帮助稳定物价。1997 年，东南亚金融危机爆发，虽然越盾面临的压力巨大，但越南较为完善的金融体系依旧能够保持国内金融形势的相对稳定。越南 2006 年 11 月加入世贸组织后，银行业的外资比重有所提高。

下文将从越南金融体系的发展历程入手，探讨越南金融业的兴起、发展和完善阶段；接着从金融机构体系、金融市场体系、金融监管体系、金融调控体系四部分出发，介绍越南现行金融体系的基本架构；之后对越南金融体系的主要特点和影响它的因素进行分析；最终提出针对越南金融体系现状，中国—越南金融合作的突破点。

第一节　越南金融体系的发展历程

越南金融体系的发展历程大体上可分为三个阶段：越南金融业的兴起，即革新前的越南金融状况；越南金融业的发展，即在

1986 年进行的革新中对金融业的改革；越南金融业的完善，即当代越南金融体系。

一　越南金融业的兴起

越南南方于 1975 年解放，1976 年越南南北统一，改名越南社会主义共和国。解放南方后，越南国家银行将接管原南越政权的银行系统、清理几十家私人银行和外国银行、建立南方各地（包括省、市、郡、县）的银行①作为核心任务。

（一）1976—1980 年

依托越共四大提出的经济建设任务，越南金融系统在这期间运用货币、信贷以及银行的各项职能，集中国内外的资金力量，满足越南国民经济的发展需求、国内各生产部门的建设以及流动资金的信贷需要。

1. 货币市场的统一及货币透支

就越南货币市场的统一来说，如图 2 - 1，越南南方解放后，基于南北两地的政治制度和经济结构差异，越南政府曾允许南越发行的旧货币短暂流通。通过近三年的调整适应过程，最终越南政府在全国范围内统一发行新货币，并规定了新盾与北方旧盾（1∶1）和南方旧盾（1∶0.8）的兑换比②，为全国财政和经济政策的统一奠

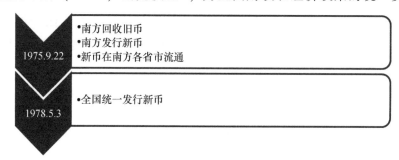

图 2 - 1　越南货币市场统一进程

---

① 徐绍丽等：《列国志：越南》，社会科学文献出版社 2005 年版，第 199 页。
② 陈伶、古小松：《走向 2000 年的越南》，广西人民出版社 1991 年版，第 180 页。

定了基础。

就越南货币透支来说,越南南北货币统一之后,两地货币流通。然而在此时间区间内,越南经济尚未从多年的战争中恢复,加之出兵柬埔寨和在中越边境挑起军事冲突导致军费开支日益攀升,这让越南的经济状况雪上加霜,出现了严重的负增长。财政赤字以及商品流通量和本国货币流通量逐渐失衡,导致越南的货币透支额度攀升(如图2-2)。在此背景下,越南银行货币的周转速度愈发缓慢,货币的购买力大幅下跌,其货币透支程度已远超市场承受能力。[①]

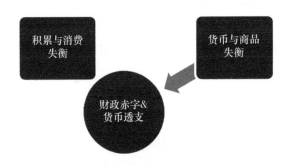

图2-2　1976—1980年越南现金透支

2. 信贷系统的构建及投资的启动

越南信贷系统及信贷投资的改善主要体现在两个方面(如图2-3):第一,从越南全国统一信贷制度来说,扩大了信贷范围,扩大了基本建设投资,局部开放了消费信贷资金;第二,从越南银行投资面向的部门来说,重点和优先扶持的主要是第一和第二产业的部门。

就越南信贷系统的构建来说,1976年召开的越共四大,在决议中对越南银行的基本任务做出了规定,即"通过信贷金融活动来参与经济计划的制订和推动计划的实施,提供信贷服务,对生产、

---

① 古小松:《越南的经济改革》,广西人民出版社1992年版,第154页。

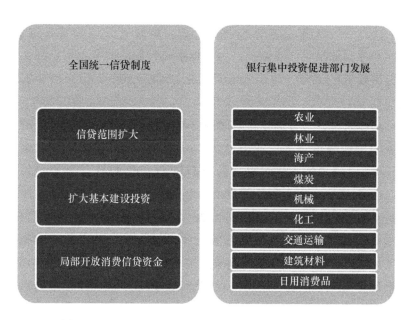

图 2 - 3　1976—1980 年越南信贷系统及信贷投资的改善

经营实行监督，以促进生产和完善经济核算制度。吸收存款和社会
上的闲置资金，把银行建成有效的结算中心，严格管理欠款和流通
货币"。① 在此决议的指导下，越南信贷系统分两方面推进自身的
构建和完善：一方面，越南全国施行统一的信贷制度，将信贷范围
从计划内扩大至包含计划内和计划外；另一方面，越南落实银行扩
大贷款的政策，旨在扶持资产投资和国家基本建设。此外，除了扩
大国有经济和集体经济的信贷，越南银行系统也开始发放消费
信贷。

　　就越南信贷投资的启动来说，在 1976—1980 年，越南银行的
资金增加了 65 亿盾，流动资金投资增加了 20 亿盾。② 这些银行信
贷资金被用于支持国家基础设施建设和刺激经济发展，包括对地方
经济特别是县级经济的促进，以及对各生产部门发展的帮扶。

---

① 《越南共产党第四次全国代表大会文件》，越南外文出版社 1977 年版，第 27 页。
② 陈伶、古小松：《走向 2000 年的越南》，广西人民出版社 1991 年版，第 187 页。

（二）1981—1985 年

1981—1985 年，越南的贷款余额、短期贷款总额增长过快，而同期存款却未见同步增长。由于越南信贷部门的自由资金无法满足信贷投资的需求，越南政府只能通过印刷超额货币来填补资金缺口。

具体来说，一方面该段时间内，越南银行系统中进入流通的贷款余额增加幅度过大、速率过快。1981—1985 年，每年贷款余额增长率为 163.2%。越南银行的自有资金和长期贷款增长效果显著，1980 年自有资金和长期贷款总额为 2.663 亿盾，至 1985 年底已达 94.38 亿盾，年均增长率为 204%。另一方面，该段时间内，越南社会总产值年均增长率为 78.5%。越南银行的存款没有相应的增加。1980 年，越南银行国家居民存款约为 1.35 亿盾，至 1985 年增加至 26.22 亿盾，年均增长率为 80.99%，且一半以上为活期储蓄。[1]

上述情况导致在越南银行专项存款和长期储蓄数额不足的同时，其信贷投资大大超过银行的储蓄资金和自由资金，为平衡和调节信贷收支、弥补信贷缺口，越南政府只能超额发行货币。在社会总产品并未相应增加的背景下，信贷额和社会货币流通量的提升加剧了越南的通货膨胀和物价上涨。

二 越南金融业的发展阶段

1986 年，越南开始正式施行革新，国家在经济转轨和金融深化方面取得的成就不凡，成为地区内经济增长快速、市场活跃的代表。这一从传统的计划经济体制向市场经济体制转变的革新过程大体上分为三个阶段（如图 2 - 4）：第一阶段，对市场经济的探索徘徊阶段；第二阶段，革新高速发展阶段；第三阶段，革新平稳发展阶段。

在越南三个阶段的革新事业推进进程中，其金融体系的改革主

---

[1] 陈伶、古小松：《走向 2000 年的越南》，广西人民出版社 1991 年版，第 188 页。

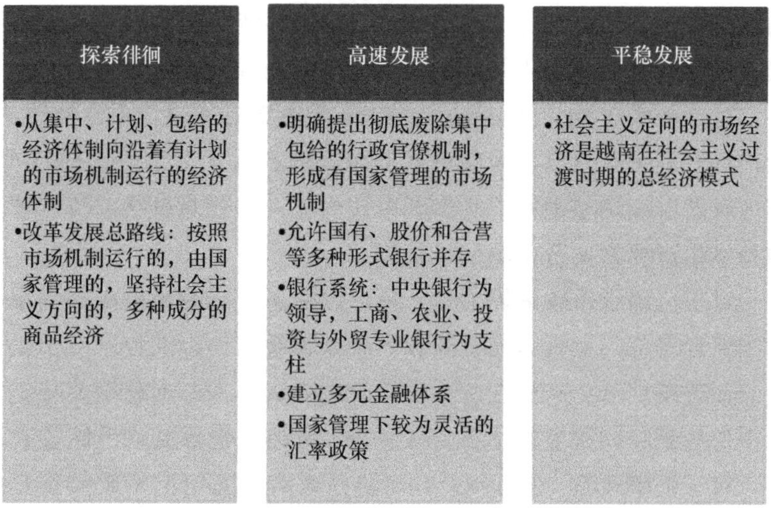

探索徘徊
•从集中、计划、包给的经济体制向沿着有计划的市场机制运行的经济体制
•改革发展总路线：按照市场机制运行的，由国家管理的，坚持社会主义方向的，多种成分的商品经济
高速发展
•明确提出彻底废除集中包给的行政官僚机制，形成有国家管理的市场机制
•允许国有、股价和合营等多种形式银行并存
•银行系统：中央银行为领导，工商、农业、投资与外贸专业银行为支柱
•建立多元金融体系
•国家管理下较为灵活的汇率政策
平稳发展
•社会主义定向的市场经济是越南在社会主义过渡时期的总经济模式

图 2－4　越南革新过程三大阶段

资料来源：任元可《中国与越南经济体制改革比较研究》，硕士学位论文，新疆大学，2010 年。

要体现在以下方面：货币及银行政策改革、银行系统改革、信贷及证券市场改革。

（一）越南货币及银行政策改革

如图 2－5，越南货币及银行政策改革主要包含四个范畴：二级银行体系的形成；利率政策的改革；货币政策的改革；汇率政策的改革。

二级银行体系的形成
利率政策
货币及银行政策改革
货币政策
汇率政策

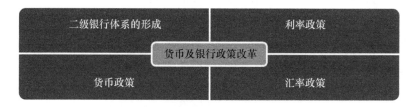

图 2－5　越南革新中货币及银行政策改革

对于二级银行体系的形成，越南政府将国家银行和专业银行分为两个系统。二级银行体系的构建有助于将货币政策和利率作为工具，以此抑制通货膨胀并助推实施未来的宏观经济新政策。

对于利率政策，越南政府于1989年决定对其进行根本性改革，大幅提升利率，以此作为应对通货膨胀的有效手段之一。1992年，越南政府继续调整利率，实施利率自由化，旨在对价格、资本和其他基本生产要素实行市场价格机制。[①]

对于运用货币政策等工具，越南以往通过行政手段提高利率并对国营经济部门实行紧缩贷款和财政预算政策，以此控制货币供应量。而改革之后，越南在货币供应管理方面的重心转移至直接监督货币发行量、间接监督货币流通总量、强制规定最低货币储备量。

对于汇率政策，自1989年开始，越南由固定汇率政策逐步转向国家调节下的自由浮动汇率政策。统一而灵活的汇率在国家调节下实施，使得比价真实体现了越盾标明的外币价格，并取决于市场供求。

（二）越南银行系统改革

如图2-6，越南银行系统的改革主要包含四个范畴：银行系统目标改革；银行资金供应改革；银行系统整顿；外资银行改革。对于银行系统目标，越南国家银行1997年对此作出规定，包括实行畅通的贸易—信用政策；制定银行法；促进银行业的对外接轨，发展同国际金融组织的密切关系；整顿完善国内银行系统。上述这些措施，主要是为了拓宽信贷资金在国家建设中的用途、全面发展银行部门、确保银行对外工作以及提升信贷质量。

对于资金供应，越南银行部门为满足国家在经济建设活动中的资金需求，积极拓展信贷活动，尤其是着力增加中长期放款余额以及对国营经济领域的信贷，保证获得政府审批的项目的资金供应。

对于整顿银行系统，越南政府1998年启动对自身银行系统的整顿以应对金融危机，措施主要包括对现有银行的合并或转型，以

---

① 刘稚、沈静芳等：《当代越南经济》，云南大学出版社2000年版，第325页。

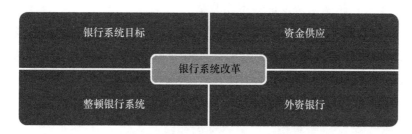

图 2 - 6 越南革新中银行系统改革

及对新成立银行注册资金底线的严格规定。1998 年递交至越南中央银行的银行行政法令草案，包括对金融机构经营管理的规定、对金融管理的规定、对国际给付损益平衡的规定、对国家外汇存底使用管理的规定、对货币相关印造管理运输及销毁的规定、对银行最低注册资金的规定。[①]

对于外资银行，自 1988 年始，越南的外资银行有了一定的发展（如表 2 - 1），政府允许设立外资银行办事处、分支机构，也对外资及合资银行能够拥有的资金做出了规定。至 1995 年，虽然在越南开设的外国银行办事处、分支机构、外资银行及合资银行数量有了较大提升，但其业务较为局限，多数仅提供贸易长期借贷。

表 2 - 1 　　　　　　　　**越南革新中针对外资银行的规定**

时间	规定
1988 年	允许外资银行开设办事处
1991 年	允许外资银行设立办事机构
	允许成立拥有 900 万美元资金的外资银行

资料来源：刘稚、沈静芳等《当代越南经济》，云南大学出版社 2000 年版，第 329 页。

---

① 刘稚、沈静芳等：《当代越南经济》，云南大学出版社 2000 年版，第 324 页。

（三）越南信贷及证券市场改革

如图2-7，越南信贷及证券市场的改革主要包含四个范畴：农业信贷改革；信用合作社改革；货币和信贷政策改革；证券市场改革。

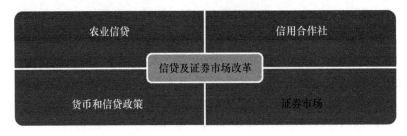

农业信贷　　　　　　　　　信用合作社

信贷及证券市场改革

货币和信贷政策　　　　　　证券市场

图2-7　越南革新中信贷及证券市场改革

对于农业信贷，越南农业及农村发展银行为实现农业和农村的机械化和现代化，设立了具体的农业信贷目标，即商业信贷配套投资建设需求，采取信贷计划以扶持越南农业、农村的基础设施发展。同时，越南农业及农村发展银行还为农民贷款提供各项优惠政策，为因客观原因遭遇困难的农民减轻还款压力，并尽量简化贷款手续办理。

对于信用合作社，革新期间，越南在经济高速发展的同时，其国民的贷款需求也迅猛增长。由于革新期间国有商业银行不能满足非国有企业的资金需求，能够向贷方提供优惠利率的信用合作社逐步壮大。在1990年出台的银行条例中，越南政府对信用合作社的管理愈加严格及规范化。

对于货币和信贷政策，越南政府在革新中将其主要目的拟定为：控制及治理通货膨胀；改革银行体制并监督资金市场；使得信贷和金融服务产业按商业经营原则活动；发展股份银行和信用合作社；将信贷、黄金等经营活动公开化、合法化；构建经济成分多样化的资金市场；调动闲置资金；搭建股票交易所；广泛使用非现金结算手段等。①

对于证券市场，越南政府先行设立了证券交易中介公司、证券交易公司、资产管理公司、保证金管理公司、证券保险公司等，并于1998年正式成立证券交易中心，规划上市债券和股票。

三 越南金融业的完善阶段

自1986年至2018年，越南革新已30余年。这30多年来深入、全面和彻底革新的进程是越南发展过程中的重大历史阶段，是标志着越南党、国家和人民成长的里程碑，这一越南全党、全国人民的伟大革命事业，体现为对完成民富、国强、民主、公平、文明目标的争取。

具体到金融体系，自1986年革新以来，越南金融市场快速发展：越南银行对金融机制进行了改革，使其符合越南实际情况并逐步接轨国际，为发展多成分经济、抑制通胀、提高人民生活水平以及加快经济货币流通等做出积极贡献；越南证券市场逐步形成，有助于多样化投资资金来源；越南保险市场为保持生产活动及居民生活稳定、争取资金来促进国家工业化和现代化事业做出积极贡献。

（一）至2015年越南金融业完善状况

至2015年，越南的金融业完善情况主要体现在如下两个方面：银行业及证券业。越南政府对两大金融业的完善状况如下所述。

1. 越南银行业呈现新面貌

具体如表2-2所示，1986年实施革新政策后，1988年越南政府为加强宏观调控，推动国家银行过渡为中央银行，1997年越南政府颁布《越南国家银行法》，在不到十年间，越南的银行业实现了法制化，呈现出了新的面貌。

---

① 刘稚、沈静芳等：《当代越南经济》，云南大学出版社2000年版，第329页。

表 2 - 2 革新后越南银行业发展①

时间	事件	补充说明
1988 年	将国家银行过渡为中央银行，加强宏观调控	商业银行功能划分给新成立的农业银行和工商银行
1990 年	颁布越南银行条例，进一步规范银行业发展	下放国有商业银行自主权；加强国家银行对银行系统的控制
1990 年	四家专业银行经营效益和状况良好	工商银行、农业银行、投资银行、外贸银行
1991 年	开放私人开办股份制金融机构	—
1993 年	私人开办的股份制银行达 10 家	—
1993 年	专业银行获批允许外商入股	外商最多可持有 30% 股权
1995 年	合股银行达 52 家	—
1997 年	颁布《越南国家银行法》	—
2003 年	修订《越南国家银行法》	—

由于全球金融危机、经济衰退和国内经济疲软的冲击，越南宏观经济运行中存在许多不稳定因素，房地产和股市双双走软。2011年底，越南全国信贷机构体系陷入困境，流动性紧张。

为应对不利局面，推进以商业银行体系结构重组为核心的金融体系结构重组进程，越南政府总理于 2012 年 3 月 1 日签发第 254/2012/Q-DTTg 号决定，正式批准"2011—2015 年信贷组织体系结构重组"提案，旨在改善越南信贷组织体系健康性和经营能力，着力增强信贷组织体系安全性和活动效果，强化银行业自律管理和坚持市场化原则。

通过实施该重组提案以及在越南银行业和政治体系的努力下，银行体系结构重组和坏账处理等任务正在逐步完成，至 2015 年，越南银行业基本完成了商业银行体系结构重组和坏账处理两项目标，打造了更稳定和强大高效的信贷机构体系。

---

① 古小松:《越南经济》，中国出版集团 2016 年版，第 196—198 页。

具体来说，这期间以商业银行体系结构重组为核心的越南金融体系结构重组进程取得的显著成就包括：多家经营能力弱的银行完成合并，通过从严处理坏账问题增强银行流动性，注重控制信贷风险及提高竞争力，越南着力改善了商业银行乃至信贷组织体系的健康性。至提案规划完成的 2015 年，越南全国共有 19 个信贷机构，外国银行分行通过兼并、合并、撤销许可证、解体等形式缩减；年均贷款基准利率从 20% 降至 7%—9%；黄金市场管理有序、稳定运行；汇率保持稳定；资金流向经济的渠道逐步疏通；银行信贷按照使用目的合理分配并符合革新、经济社会可持续发展的要求。

（1）商业银行体系结构重组

首先，越南政府设立了商业银行结构重组的目标与进度。就目标来说，第一，越南各家金融管理机构致力于创新，提高政府对证券市场、房地产市场及货币市场尤其是黄金和外币市场等的管理效率，逐步实现去美元化。第二，越南加大了对国有企业的公共债务和坏账、借款还债、外商投资资金尤其是在房地产和证券领域的外资的控管力度，降低了商业银行体系对社会发展投资的信贷发放比例。第三，越南商业银行和金融组织结构重组朝向大力推进经营规模小的商业银行和金融组织合并的方向，确保规模合理、信誉度更高、流动性更强的商业银行和金融组织体系的形成。就进度来说，据越南政府总理 2013 年签发的第 339/2013/QD-TT 号决定，2013—2015 年是着手改善越南信贷组织体系健康性的阶段。这期间的任务包括处理好坏账问题，力争到 2015 年将国家商业银行坏账率降至其信贷余额的 3% 以下；注重发展主营业务；提高银行支付结算效率；着手推进银行混合所有制改革；加强信贷组织透明度。在这一宏大目标下，越南将全面且彻底推进信贷组织结构重组，确保到 2020 年形成高安全、高效能、所有制形式丰富、规模大、竞争力强的现代化信贷体系，同时加强越南信贷组织对金融市场的引导和带动作用，确保国有商业银行和国家掌握控股权的股份制商业银行真正发展成为信贷组织体系的主力军。

其次，越南政府致力于确保商业银行体系结构重组效果和可持续性。商业银行体系结构重组的效果始终是越南管理机构和全社会关心的问题，为了取得好的效果，越南国家银行已把商业银行体系结构调整提案同坏账处理提案和成立信贷组织资产管理公司提案结合起来。处理坏账问题既能迫使各家商业银行进行结构调整，又有利于改善商业银行体系的健康性。

总之，经济专家武智成博士认为，全部银行体系结构重组进程基本完成政府提案所提出的目标、方向和路线图。越南国会经济委员会副主任阮德坚表示，截至 2015 年底，9000 多万名越南人可对更稳健、安全的银行体系充满信心。胡志明市银行大学金融系主任黎沈阳博士称赞该成果是"成功加倍"的。

（2）坏账压力得以缓解

2015 年初，越南政府颁发的第 01/2015/NQ-CP 号决议强调，应努力把坏账率降至信贷余额的 3% 以下。这一目标设定得并不太高，但关键问题是一方面要想办法处理剩余的坏账；另一方面要控制好信贷余额，不能新增坏账，并制定有关债务分类和风险准备金的相关规定。

在坏账处理措施方面，为了彻底解决该问题，越南国家银行和越南政府采取各项务实措施并有效使用多种金融工具，尤其是信贷组织资产管理公司。截至 2015 年，越南信贷组织资产管理公司已购买价值 200 万亿越盾的坏账。除了增强信贷机构资产管理公司的金融实力，处理坏账问题的核心任务还包括构建次级债券市场；完善相关法律法规为次级债券市场顺利运行提供法律保障；明确借款人的责任和债主的权限以鼓励国内外投资者购买坏账。坏账处理进程离不开商业银行体系结构重组进程，所以除了加强对信贷机构监管，注重债务分类和风险准备金外，还要推进混合所有制改革。

在坏账统计方面，基于越南充分采用贷款分类新标准，自 2015 年第一季度起，再未发生信贷机构和国家银行所发布的坏账率有所不同的现象，各信贷机构公布的坏账率更为透明。在积极采取推进信贷机构结构重组进程的各项措施的同时，坏账处理的结果也有助于改善流动性、降低基准利率、实现信贷增长、为生产经营排难解忧以及推动经济增长等。

在坏账处理成果方面，经过努力推进银行结构重组，至 2015
年底，银行业已成功处理总额为 463 万亿越盾的坏账，相当于 2012
年 9 月坏账总额的 99.6%，将占据贷款总额的坏账率从 2012 年 9
月的 17.2% 降至 2015 年 11 月的 2.72%，坏账率已缩小了六倍，
成功处理 2012 年 9 月坏账总额的 99.6%。

总之，2011—2015 年信贷机构结构重组提案所取得的硕果已
为越南银行体系今后阶段的稳健发展打下了重要基础，同时也以最
低的成本进行了越南信贷机构结构调整。为推进信贷机构结构重组
所采取的所有措施，尤其是干涉措施和收购经营较差的银行都严格
遵守越南国家法律，并坚持最大限度地保护国家、人民的财产和银
行体系的安全性。

2. 越南证券业发展

自 1986 年越南政府实施革新政策，越南证券业发展迅速，制
度化和规范化水平逐年提升。具体见表 2-3，从 1993 年为证券市
场的建设作出铺垫开始，历经十多年，越南政府一步步实现了《证
券法》的立法，标志着越南证券市场正规化和法制化的达成。

表2-3　　　　　　　　革新后越南证券业发展[①]

时间	事件	补充说明
1993 年	成立和发展资本市场研究委员会	为建立证券市场做准备
1996 年	成立国家证券委员会	管理证券和证券市场
1998 年	成立胡志明市证券交易中心	—
2000 年	胡志明市证券交易中心正式运作	两家挂牌上市公司开始执行第一盘证券交易
2004 年	越南国家证券管理委员会交由越南财政部管理	加强对证券市场的有效管理

① 古小松：《越南经济》，中国出版集团 2016 年版，第 202—204 页。

续表

时间	事件	补充说明
2005 年	河内证券交易所开业	—
2006 年	越南国会通过《证券法》	—
2007 年	《证券法》正式生效	—

在 2000 年胡志明市证券交易中心开业时，仅有机电工程股份公司（REE）和远通无私股份公司（SACOM）两只股票上市。至 2016 年，越南证券市场共有 1000 多家企业挂牌上市，总市值占 GDP 的 65%，共筹集 2000 万亿越盾资金，占到全社会投资总额的 23%。越南政府总理阮春福如此评价越南证券部门取得的成就，称"这是令人瞩目的数字，体现了越南证券市场在金融体系中的迅速成长"。

（1）为国家财政有效地筹集资金

在 20 年发展历程中，越南债券市场年均增长 31%，是东南亚地区和"东盟 10＋3"（东盟十国加中日韩）经济体中增长最快的市场，成为越南政府重要的筹资渠道。2010—2015 年，越南证券市场共为国家财政筹集到 795.83 万亿越盾资金，比 2005—2010 年间增长 17 倍，占同期发行的政府债券规模总额的 94%。这笔重要资金被用于服务国家经济社会发展项目。

（2）企业融资渠道

截至 2016 年，企业通过证券市场发行股票共筹集到 380 万亿越盾资金，众多上市企业的资本规模通过证券市场大幅增加，有些企业增加了 17—19 倍，最大企业的资本规模年均增长 60%，许多企业在成功上市挂牌后已成为大型企业、集团。

（3）股市总市值劲升

就股市总值来说，2000 年越南股市仅有两家公司挂牌上市，总市值为 9860 亿越盾，占 GDP 的 0.28%；发展至 2016 年 11 月，越南股市总市值达 1790 万亿越盾，占 GDP 的 43%，债券市场余额占 GDP 的 24%。越南股市和债券市场市值在 GDP 中的高占比，有助于在促进证券市场与信贷货币市场和谐发展的基础上打造现代金融体系。就上市公司数量来说，在越南两个证券交易所挂牌上市的企业数量日益增多，2016年上市公司数量达到691家，在非上市公众公司股权交易市场（UPCoM）交易所上市的公司总数为373家。大量的上市公司有助于缩小自由市场，拓展集中市场，增强透明度、专业性及保护投资者利益。

（4）证券公司规模增加近百倍

越南证券市场诞生时仅拥有7家证券公司，注册资本最低为60亿越盾，最高为430亿越盾；发展至2016年底，越南证券公司共有79家，其中注册资本最高的为4.2万亿越盾，比初始阶段增加近百倍。截止到2016年11月，越南正常运转的基金管理公司共43家，管理资产规模达146多万亿越盾，比2010年底增长50%。上述基金管理公司共管理30只证券投资基金，净资产总额达7.37万亿越盾，其中包括8只开放式基金、两只交易所交易基金、一只封闭式基金和一只房地产投资基金。

（5）证券账户数量167万户

越南证券市场在20年发展历程中，吸引了大批境内外投资者踊跃入市，证券账户数量从2000年的3000户增至2016年10月的167万户，其中境外投资者在越证券账户18500户，主要来自日本、韩国、新加坡和美国等。这有助于加大引进外资的力度，把上市企业发展成为世界知名品牌企业并推广越南经济形象；同时，越南的商业股份银行、金融公司、证券公司、基金管理公司、保险公司和投资资金积极入市，也有助于构建专业化的投资队伍。

（6）推进经济结构调整

越南证券市场以拍卖、挂牌上市等形式实行股份化、从非主业务撤资，以此推进国有企业改革，旨在增强透明度、运营效率和保护投资者利益。2011—2015年，实行股份制的越南国有企业共438家，完成计划的81%以上，收回28多万亿越盾。

实行股份制后，一方面，挂牌上市的企业的规模、运营效率、管理质量都得以提升，总资产年均增长12%，所有者权益总额年均增长 18%，并形成系列大型企业，如越南乳制品股份公司、Vincom、马山集团、和发集团、越南冷电科技股份公司等。另一方面，越南证券部门在树立有关企业管理工作和实现商业运作透明化的新标准中起到带头作用，上市企业根据国际标准对此不断完善，并将该模式扩展到国营企业和其他类型企业。

（二）2016—2020 年越南金融政策

在按预期完成 2011—2015 年越南金融机构体系改革提案的规划后，为基本、彻底和全面地改革金融机构体系，力争到 2020 年发展成为多功能金融产业，越南政府提出了 2016—2020 年阶段的金融政策。

1. 2016—2020 年越南央行总体目标

越南央行应继续力推金融市场，尤其是商业银行体系及金融机构结构重组；有效处理坏账；实现银行业现代化，实现金融市场多样化并提高其运营效益，消除威胁金融安全的危机；维护市场规则并将之与加大国家对其的管理、检查及控制力度及社会的监督力度相结合；发展债券市场、金融衍生工具市场、租赁市场，开放信贷市场，扩大银行服务领域，满足经济社会发展要求并符合各项国际承诺。

2. 2016—2020 年越南金融调控

调控措施将集中于下列核心问题：第一，跟踪宏观经济及金融市场的动态，加强分析、统计与预测工作，及时建言献策并主动提出适应的调控措施；第二，以提升越南盾地位为方针，主动灵活地调节金融市场并采用配套的金融政策工具，实施外汇及黄金市场管理措施，继续降低经济美元化及黄金化水平；第三，实施不同信贷措施，控制信贷规模使其符合定向标准，扩大信贷规模并使其与确保金融体系安全有效运行相结合，保持经济增速在合理区间，同时把信贷资金重点投向生产经营领域，尤其是政府主张优先发展的领域；第四，加强与其他宏观政策尤其是财年政策配合，主动并及时调控金融政策；第五，做好金融政策调控措施及银行运营实际情况相关信息传播工作。

3. 2016—2020 年越南汇率政策

当前世界经济增速回升乏力，对越南国内金融及外汇市场中投资者的信心产生影响，越南央行将实行汇率调节新机制：每日公布越盾兑美元中心汇率，更好反映国内外市场的波动，最大限度地遏制外来影响并逐步消除外汇市场中的投机行为。

总的来说，2016—2020 年，越南在政策、市场要求及趋向等方面上将发生许多变化，并引入新动力。机遇与挑战并存及其产生的多层面影响使得越南急需更具权威性和国际性、竞争力更强的金融银行集团的诞生。

第二节　越南现行金融体系的基本架构

越南的金融机构以银行业为主导，证券保险业金融机构的发展较快。金融市场方面，货币市场较为发达；资本市场发展迅速。越南政府还对不同的金融机构和市场设立了不同的监管部门，不断出台一系列政策措施来完善金融监管，同时配以适当的调控措施来维持越南金融业的平稳发展。

一　金融机构体系

与其他金融发展水平较低的东南亚国家相比，越南拥有多层次的、较为完整的金融机构体系。越南的金融机构体系特点总体上可以概括为：银行业金融机构为主导，证券保险业金融机构快速发展。

（一）金融机构构成

银行业金融机构是越南金融机构的核心。在越南的金融产业中，不论是银行数量与其他金融机构数量的差额，或是银行资产与其他全部金融资产的差额都非常大，银行业资产达到了 7300 多万亿越南盾，占越南所有金融机构总资产的 80% 以上。近年来，随着越南经济的较快增长，越南的银行数量不断增加，银行业务的规模也不断扩大。①

　　此外，越南的国有金融机构在越南的金融机构及金融市场中占据主导地位，外资金融机构在与越南国有金融机构的竞争中大多处于劣势。2017 年的《越南投资指南》（最新版本）表明：越南有三家银行居于美国《福布斯》发布的 2016 年全球企业 2000 强之列，这三家银行都为国有控股商业银行，分别为越南投资发展银行（BIDV）、越南工商银行（VietinBank）和越南外贸股份商业银行（Vietcombank）。其中越南投资发展银行居第 1691 位，营业收入和市值均为 26 亿美元；越南工商银行居第 1808 位，营业收入和市值分别为 23 亿美元和 28 亿美元；越南外贸股份商业银行居第 1843 位，营业收入和市值分别为 18 亿美元和 55 亿美元。图 2－8 展示了 2017 年上半年越南各类商业银行的存贷款占比。其中，五大国有控股银行占据了全国信贷规模的 50% 左右，集中垄断程度较高，前五大股份制商业银行占据了 15% 左右，其他银行的信贷业务规模较小。

存款

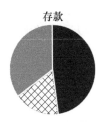

■SOCB　⌐Top 5 JSCB　■Others

贷款

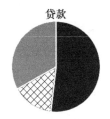

■SOCB　⌐Top 5 JSCB　■Others

图 2－8　2017 年上半年越南商业银行存贷款占比

　　资料来源：Vietcombank，HTI Macor Research.②

---

　　① 李健等：《东盟十国金融发展中的结构特征》，中国社会科学出版社 2007 年版，第 373 页。

　　② 图转引自黄少明《越南调研系列报告之三——金融篇：越南金融市场 机遇与风险并存》，华尔街见闻，2017 年 10 月 11 日，https：//wallstreetcn.com/articles/3034429。JSCB：股份制商业银行（Joint Stock Commercial Bank），SOCB：国有控股银行（State Owned Commercial Bank）。

（二）金融机构经营情况

越南的金融机构主要分布于银行业、证券业和保险业中，下面从这三个行业入手，简述越南金融机构的经营情况。

1. 银行业金融机构经营情况

目前，越南已经形成了以中央银行为核心，五大国有银行——越南农业与农村发展银行（Agribank）、越南工商银行（Vietinbank）、越南外贸银行（Vietcombank）、越南投资与发展银行（BIDV）、湄公河三角洲房屋开发银行（MHB）为主导，股份制银行为主要组织形式的多层次的银行体系。据统计，到2017年6月，越南一共有98家银行，其中55家为外资银行。本国银行主要包括国有控股银行（SOCB）、股份制商业银行（JSCB）、农村商业银行等类型。

（1）银行信贷规模

近年来越南的经济增速较快，金融行业发展迅猛，银行业务的体量也不断扩大，尤其是信贷业务，始终保持两位数的快速增长。越南银行业从2011年到2016年存贷款的复合年均增长率分别达到了16.2%和14.2%。2017年上半年信贷的强劲增长，是政府的政策推动（如越南政府宣布降息0.25%）进一步刺激信贷规模的扩张，与消费者的消费需求增加共同刺激的双重结果。目前存贷款利率都处在相对较高的水平。存款利率在6%左右，短期贷款利率为6%—6.5%，中长期贷款利率为8%—10%。

银行存贷比是衡量银行信贷规模的重要指标，从2005—2015年越南银行信贷与银行存款的比值（图2-9）中可以看出，越南银行的存款和贷款规模严重不均衡。理论上，由于存款需要支付客户利息，存款越多银行的相对成本越高，因此一家银行的贷存比越高，银行的盈利能力就越好。然而从抗风险的角度看，贷存比越高银行的抗风险能力越差，因此，考虑到银行业的稳定发展，银行贷存比例不宜过高。从越南2005—2015年的贷存比数据来看，越南银行信贷规模在2008—2011年上升幅度较大，贷存比最高值甚至接近900%的水平，此时越南银行业的抗风险能力严重降低。2011年以后，银行业贷存比虽有所下滑，但依然维持在较高水平。

（2）银行集中度

越南的银行业集中度较高。图 2 - 10 反映了 1996—2015 年二十年来越南的银行集中度，越南银行集中度从 2001 年开始到 2012 年总体呈下降趋势，但是越南国家银行在 2012 年出台的关于为提高银行质量而相应地减少银行数量的政策，以及积极开展越南商业银行的并购重组方案，使得 2013 年越南的银行集中度达到了 100%。到 2014 年，越南的银行集中度随着外资银行的引入有了较大的降幅。但是整体来看，越南的银行集中度一直保持在较高的水平，这也直接显示出越南的银行业资产分配不均。长期来说，越南可能在未来很长一段时期内银行业资产结构以国有银行为主导。

（3）银行业发展深度

用越南银行的资产总额占 GDP 的比值及银行存款总额占 GDP 的比值来展示越南银行业的发展深度。图 2 - 11 显示了 1992—2015 年越南银行资产占 GDP 的比重和银行存款占 GDP 的比重的大体趋势，从宏观上看，越南银行资产占其 GDP 的比重较高，并且总体上呈上升的趋势。到 2010 年上升到了 108.28% 后，2011 年和 2012 年虽然有所回落，但近年来整体稳定在 100% 以上。

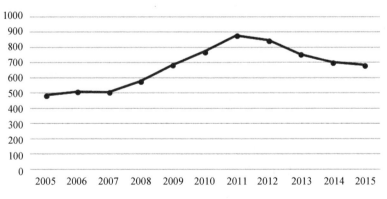

图 2 - 9　2005—2015 年越南银行信贷与银行存款之比（%）

资料来源：世界银行。[①]

---

① 最新数据仅公布到 2015 年。

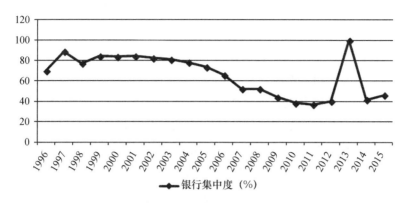

图 2 - 10　1996—2015 年越南的银行集中度

资料来源：世界银行。[1]

图 2 - 11　银行资产占 GDP 的比重

资料来源：世界银行。[2]

2. 证券业金融机构经营情况

当前，越南证券市场在交易运行中实行的是会员制，投资者的

---

①　最新数据仅公布到 2015 年。

②　最新数据仅公布到 2015 年。

交易行为须通过证券公司进行。由于越南证券市场起步较晚，证券
公司的发展水平与其他证券市场发展水平较高的国家相比还存在较
大差距。根据胡志明市证券交易所的数据，到 2018 年 5 月，胡志
明市证券交易所共有会员 78 家。越南政府自 2006 年开始允许外国
证券公司在越南开设分支机构，进入越南证券市场，但是目前越南
证券市场上的外资证券公司不多，大部分都是母公司实力较为强劲
的证券公司，如日本证券公司、摩根士丹利证券公司、华尔街证券
公司等。表 2 - 4 显示了 2017 年第四季度在越南证券市场上，市场
交易份额领先的十家证券公司的名称及市场份额。

　　由表 2 - 4 中可以看出，越南证券市场上交易份额领先的十家
证券公司均为越南本土证券公司，说明本土证券公司在越南目前的
证券市场上占据主导地位。部分外资证券公司可能没有把越南市场
作为重点市场目标，因此在资金、人才、管理等方面的投入较少。
表 2 - 5 为在越南证券市场上最早成立的本土证券公司的注册资本
及经营业务情况，可以看出本土证券公司的经营业务基本涵盖了越
南证券市场上所有的业务。[①]

表 2 - 4　　　　越南证券市场交易份额领先的十家证券公司

No.	公司名称	证券交易市场份额（%）
1	西贡证券公司（SSI）	17.97
2	胡志明市证券公司（HSC）	15.83
3	越南证券（VCSC）	10.84
4	Vndirect 证券公司（VNDS）	7.11
5	MB 证券股份公司（MBS）	6.26
8	西贡—河内证券股份公司（SHS）	3.69
6	ACB 证券有限公司（ACBS）	3.15
7	保越证券股份公司（BVSC）	3.14

----

① 潘永：《越南投资分析报告》，广西师范大学出版社 2014 年版，第 140—144 页。

No.	公司名称	证券交易市场份额（%）
9	越南投资发展银行证券股份公司（BSC）	3.09
10	FPT 证券股份公司（FPTS）	2.96

资料来源：胡志明市证券交易所。

表 2 - 5　　　　　　　　越南本土证券公司经营业务

证券公司名称	注册资本（亿盾）	经营业务类型
保越证券股份公司（BVSC）	430	经纪、自营、承销发行、投资账户管理、证券投资咨询
越南投资发展银行证券股份公司（BSC）	430	经纪、自营、承销发行、投资账户管理、证券投资咨询
ACB 证券有限公司（ACBS）	430	经纪、自营、承销发行、投资账户管理、证券投资咨询
西贡证券公司（SSI）	60	经纪、证券投资咨询
第一证券公司（SFC）	430	经纪、自营、承销发行、投资账户管理、证券投资咨询
升龙证券公司（TSC）	90	经纪、投资账户管理、证券投资咨询
越南工商银行证券（IBS）	550	经纪、自营、承销发行、投资账户管理、证券投资咨询

资料来源：胡志明市证券交易所。

3. 保险业金融机构经营情况

越南自实行市场化经济体制，尤其是成为 WTO 成员后，经济发展突飞猛进，保险业也出现持续增长的态势，受到了世界瞩目。

目前，越南的保险市场整体经营状况良好。越南保险总公司和保越保险公司在全国 61 个省市都设立了分公司，保越保险公司还设立了 200 个客户服务办事处，此外还有 40 个国际保险公司办事处。① 据中国商务部报告（最新版本），截至 2016 年底，越南全国共有 62 家保险公司从事保险经营活动，其中包括 29 家非寿险公司、18 家寿险公司、两家再保险公司、13 家保险中介公司以及 1 家外国保险公司分支机构。2016 年越南的保险业发展势头良好，保险业全年总收入达到 101767 万亿越南盾（约合 45 亿美元），比上一年增长 23%。其中保费收入总额超过 86 万亿越南盾，比上一年同期增长 22.74%，创五年来新高。财产险收入总额为 36.37 万亿越南盾，比上一年增长 14.69%；寿险收入总额为 69.7 万亿越南盾，增长 34.26%。由于越南的保费收入持续增长，越南的保险服务又是完全开放的状态，这会吸引大量的外国保险公司，预计今后将会有更多的保险机构进入越南市场。② 表 2 - 6 列出了在越南保险市场上起领头作用的 5 家保险公司 2015 年的经营情况：

表 2 - 6　　　　　　　　五大保险公司 2015 年经营情况

保险公司	保费收入（万亿越南盾）	市场份额（%）
PVI	6.675	20.84
保越保险公司	5.934	18.52
保明保险公司	2.845	8.88
PTI 保险公司	2.432	7.59
PJICO 保险公司	2.231	6.96

资料来源：越南财政部。③

　　除了领头的保险公司之外，部分保险公司 2015 年的保费收入在 2014 年 50% 的基数上有较高比例的增长。

---

① 谢林城：《越南蓝皮书——越南国情报告》，社会科学文献出版社 2016 年版，第 128 页。

② 潘永：《越南投资分析报告》，广西师范大学出版社 2014 年版，第 148 页。

③ 最新数据仅公布到 2015 年。

表 2 - 7　　　　　　　　　　前五大增长迅速的保险公司

保险公司	保费收入（亿越南盾）	增长比例（%）
SGI 保险公司	2. 160 万	700. 52
VASS 保险公司	1. 286 万	177. 98
ACE 保险公司	1730	104. 99
富兴保险公司	520	80. 02
VBI 保险公司	4880	76. 83

资料来源：越南财政部。[①]

保险公司的资产实力方面，保险公司总体资产在 2016 年增长 18.2%，达到 239.4 万亿越盾。其中人寿保险公司资产达到 131.6 万亿越南盾，非人寿保险公司资产约为 61.5 万亿越南盾，中介再保险公司资产达到 0.711 万亿越南盾。近年来，越南保险公司资产占 GDP 的比值保持在 4% 左右。

二　金融市场体系

越南金融市场体系主要由货币市场、证券市场、衍生品市场、、保险市场等组成。越南金融市场体系的特点体现于两方面，一是货币市场较为发达但结构单一，二是资本市场发展较晚但发展迅速。

（一）货币市场

货币市场是指融资期限在一年以内的短期资金市场，具有期限短、流动性强和风险小的特点，是金融市场的重要组成部分。越南货币市场发达，但结构单一，只有同业拆借市场较为发达，债券回购市场和票据市场所占份额很小[②]。

同业拆借市场是金融机构同业之间进行短期资金融通的市场。越南银行间同业拆借利率由越南国家银行公布，目前有隔夜、1 周、2 周、1 个月、3 个月、6 个月、9 个月七种拆借期限。2012—

---

① 最新数据仅公布到 2015 年。

② 李健等：《东盟十国金融发展中的结构特征》，中国社会科学出版社 2007 年版，第 381 页。

2017 年，不同期限的越南同业拆借金额有不同程度的波动。其中，隔夜和 1 周同业拆借金额占比最大，且随年份波动幅度较大，两者均于 2016 年骤降至谷底后，于 2017 年反弹并创五年来新高。2 周同业拆借金额波动幅度次之，而期限为 1 个月及以上的同业拆借金额波动幅度较小。

（二）证券市场

1. 发展概况

越南证券市场建立于 2000 年，是东盟十国中第七个建立证券市场的国家。

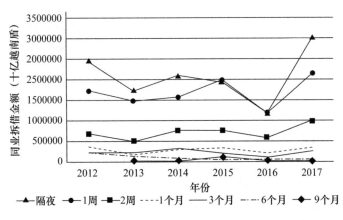

图 2 - 12　2012—2017 年越南同业拆借金额变化趋势

资料来源：wind 资讯。①

目前，越南有两家证券交易所，其中一家是胡志明市证券交易所，于 2000 年 7 月 28 日开业；另一家是河内证券交易所，于 2005 年 3 月 8 日开业。此外，越南还有非上市公众公司股权交易市场（UPCoM），是由河内证券交易所于 2009 年设立的为中小企业服务的交易所。UPCoM 是上主板前的中间步骤，对公司信息披露的标注要求比较低，而电子交易系统和清算系统与河内证交所一致。UP-

———————

① 2012 年的 9 个月期相关数据不完整。

CoM 让公司有充分的时间为登陆主板做准备，如整理合格的报告，组建董事会等。

越南 IPO 流程相对简单，时间不长。拟上市企业申请后约四个月即可先在 UPCoM 挂牌上市。UPCoM 挂牌超过 270 天可转板至胡志明市证交所和河内证交所。UPCoM 于 2016 年底超过河内交易所，成为仅次于胡志明市证券交易所的越南第二大股票板块。

越南国内上市公司数量呈现逐年增加的趋势（如图 2－13 所示），2005—2012 年是证券市场快速发展的阶段，国内上市公司数量从 2005 年仅 33 家跃升至 2012 年超过 300 家，翻了将近十番。

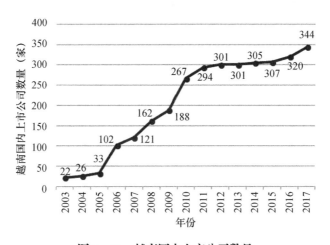

图 2－13　越南国内上市公司数量

资料来源：Wind 资讯。

所有上市公司的年底总市值，及其占越南 GDP 的比重（如图 2－14 所示）在 2006—2011 年经历了大幅波动。自 2011 年起，尽管越南国内上市公司数量增幅明显降低，发展较为平缓，但越南上市公司年底总市值及其占 GDP 的比重却开始稳步爬升，尤其在 2017 年出现大幅度上涨。

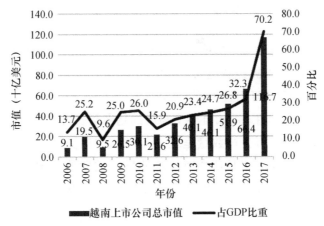

图2-14 越南上市公司年底总市值及其占 GDP 比重

资料来源：Wind 资讯。①

交易活跃程度方面，越南股票市场换手率（如图 2 - 15 所示）
和股票市场交易量占 GDP 比重（如图 2 - 16 所示）的变化趋势相似，
在发展过程中均于 2008 年经历一阵低潮，而后爬升，分别于 2009
年、2010 年到达最高峰，随后开始骤降，直至 2012 年跌至谷底后才
反弹回升。此后，股票市场占 GDP 比重一直保持上涨势头，但截至
2015 年仍未回升至 2010 年的水平。股票市场换手率在经历两年的回
升之后，在 2015 年又开始下降，降幅超过 10%。总体来看，越南股
票市场交易活跃程度在 2004—2015 年出现了大幅的波动。

2. 2017 年发展情况

2017 年是越南证券市场实现跨越式发展的一年。越南股市
2017 年底总市值相当于当年 GDP 的 70.2%，提前实现了越南到
2020 年股市总市值占 GDP70% 的目标。

越南基准股指 VN-Index 方面，据越南国家金融监管委员会的统计
数据，2017 年最后一个交易日越南基准股指 VN-Index 收于 984.24 点，

---

① 2017 年总市值占 GDP 比重数据缺失，以驻胡志明市总领馆经商室提供的数据予
以替代。

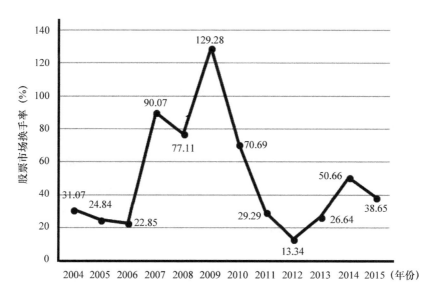

图2-15　越南股票市场换手率

资料来源：世界银行。[①]

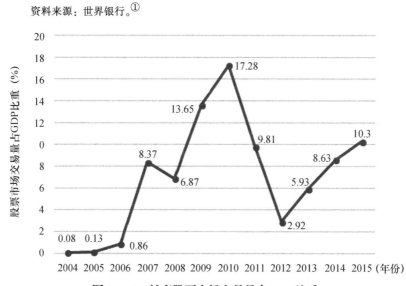

图2-16　越南股票市场交易量占 GDP 比重

资料来源：世界银行。[②]

---

① 最新数据仅公布到 2015 年。

② 最新数据仅公布到 2015 年。

较 2016 年底增长 48%，并创十年来新高。2018 年伊始，越南基准股指 VN-Index 继续保持发展势头，于 2018 年 1 月 3 日收于 1005.67 点，正式突破 1000 点关口。

河内证券交易所方面，截至 2017 年底，在河内证券交易所挂牌上市的股票代码总数为 384 个，股票总数为 118.25 亿只股，总市值达 222.894 万亿越盾，同比增长 45%。其中，2017 年有 16 只新股挂牌上市，市值达 3.58 万亿越盾。2017 年全年成交量达 13 亿只股，成交额达 20.415 万亿越盾；日均成交量达 6370 万只股，环比增长 14.7%；日均成交额达 9720 亿越盾，环比增长 27.2%。

非上市公众公司股权交易市场（UPCoM）方面，企业数量和市值总额迅速增长。截至 2017 年 12 月 15 日，在 UPCoM 上交易的企业共 681 家，市值总额达 603 多万亿越盾，较 2016 年底增加一倍。其流动性较强，日均成交量达 1160 万只股，日均成交额达 2180 亿越盾，成交量和成交额分别同比增长 35% 和 71%。

股权拍卖方面，2017 年河内证券交易所举行了 44 场股权拍卖会，总成交量达 2.59 多亿只股，总成交额达 4.573 万亿越盾，其中以国有资本撤资拍卖为主，占比 73%。

政府债券方面，2017 年河内证券交易所举办了 238 场政府债券招标会，成功发行总值为 189 万亿越盾的政府债券，其中越南国库发行 158 万亿越盾。长期债券比重上升，投标利率继续下跌，其中 15 年至 30 年期债券的投标利率降幅最大。二级市场中证券规模同比增长 8.4%，成交量增长 33%，日均成交额同比增长 39%，回购交易同比增长 74.1%，占成交总额的 48.5%。

境外投资者交易活动方面，截至 2017 年 11 月底，境外投资者市值分布表的总价值达 314 多亿美元，较 2016 年底增长 81.3%。2017 全年，境外投资者净买入 21 亿美元，其中包括净买入 9 亿美元债券和 12 亿美元股票，较 2016 年同比增加 6.8 倍，创历史新高。

（三）衍生品市场

2014 年 3 月，为了防止不受监管的金融衍生品交易活动，越南时任总理阮晋勇批准了由越南财政部提出的发展金融衍生品市场的计划。2015 年 4 月，日本交易所提出将为越南河内证券交易所提供国债期货等金融衍生品的制度构建提供支持，如完善法律法规和制定投资规则的建议、引入旗下日本证券结算公司（JSCC）的清算系统等。2017 年 8 月 10 日，越南衍生证券市场正式开市。截至 2017 年 12 月 15 日，有超过 1.4 万个衍生品交易账户开立，股指期货合约成交量达 94.6326 万手，成交额达 81 万亿越盾，日均成交量达 1.0399 万手，日均成交额达近 9000 亿越盾，未平仓合约总数达 6796 手。

目前，衍生证券市场交易活动主要集中于个人投资者，机构投资者的参与是有限的。衍生证券市场的诞生，对于优化越南证券市场结构和为投资者提供风险防范工具意义重大。

（四）保险市场

越南的保险市场发展与越南经济改革的进程紧密相关。1993 年以前，越南的保险市场是完全封闭的。1994 年至 2006 年，越南保险市场开始主动开放，尽管起步时间较晚，但相对其他发展中国家发展更快，开放程度更高。2007 年，越南加入 WIO，保险市场进入全面开放的阶段。[①]

根据最新数据，2016 年越南保险业发展势头良好，保险业全年收入将近 102 万亿越盾（约合 44.5 亿美元），比上一年增长 23%。2016 年保险业总收入达到 101.767 万亿越盾（约合 45 亿美元），其中保费收入总额超过 86 万亿越盾，比去年同期增长 22.74%。财产险 2016 年收入总额比去年增长 14.69%；寿险收入总额增长 34.26%。保险公司总体资产增长 18.2%，达到 239.4 万亿越盾。保险公司数量方面，截至 2016 年底，越南全国共有 62 家保险公司，其中 29 家为非寿险公司，18 家为寿险公司，2 家为再保险公司，13 家为保险中介公司，1 家外国保险公司分支机构。

然而，现今越南民众投保普及率仍属偏低，不及国内生产总值

---

① 潘永：《越南投资分析报告》，广西师范大学出版社 2014 年版，第 145 页。

的百分之一。越南人每年缴交的保险费约为 30 美元,远低于全球
平均水平 595 美元,以及东南亚地区的 74 美元。目前越南保险业
缺乏精算师等高素质人力,也在一定程度上制约了越南保险市场
发展。

随着越南加快融入国际经济和国民保险意识增强,对保险产品
的需求也将提高,农业生产和疾病保险产品发展潜力很大。越南保
险业市场存在较大成长空间,有望吸引更多投资者。

三　金融监管体系

越南对金融业的监管实行分业监管体制,其组织体系主要包括
越南国家银行、越南国家证券委员会和越南财政部。

(一) 银行或非银行信用机构的监管

在监管组织方面,对越南的银行和非银行信用机构进行监管
的是越南的中央银行——越南国家银行。越南国家银行作为专门
的政府机构,主要职责包括依法履行国家制定实施的货币政策,
以及对银行或非银行信用机构经营活动进行行政管理。其具体职
能包括:颁布国家对货币和银行或非银行信用机构经营活动方面
的法规,规定银行或非银行信用机构的准入与退出机制,签发或
撤销银行或非银行信用机构的营业执照,解散、兼并和清算信用
机构,检查、监控信用机构的经营活动,并处罚违规的信用
机构。

在监管内容方面,越南的信用机构法对银行或非银行信用机构
的准入和退出机制都做出了规定。在准入机制方面,信用机构在法
定资金额度上需满足最少额度规定,且法定资金额度的变更需要向
越南国家银行报告。非银行金融机构只能提供有限的银行业服务,
并且需要获得越南国家银行签发的许可证。在退出机制方面,越南
国家银行规定,若信用机构出现破产、违规等操作时应撤销信用机
构的营业执照,并且必须及时在大众媒体上公布,以保证公众及时

获取信息。① 此外，越南国家银行对在市场运作过程中的信用机构进行严格的监管，规定信用机构的最小自有资金比为 8%、流动比率为 100%、中长期贷款的最大比率为短期资金的 25% 以及贷款总额的最大值为资产总值的 5%，若超过 5% 则需要向越南国家银行报备。

此外，越南国家银行对外资银行实行了更为严格的监管。在越南的外资银行在每年财政年度结束后 90 天内必须将年度财政审计报告提交越南国家银行，并在 180 天内将外资银行总行的年度财政报告呈交越南国家银行。另外，除非获得越南国家银行的审批，否则外资银行必须统一实行越南国内的会计制度而不能使用国外的会计制度；如果有必要，越南国家银行还可以检查外资银行的经营状况，以及对相应的违规行为采取处罚措施。

（二）证券业监管

在监管组织方面，《越南证券法》规定，越南财政部国家证券管理委员会（SSC）是对越南证券业进行监管的最高机关，履行国家对证券市场的行政管理。越南国家证券管理委员会是一个政府机构，其主要职能包括证券公司上市许可证的签发，对证券交易与服务活动的监管，对证券公司经营活动的监管以及对违规经营的证券公司的处罚等。

在监管内容方面，越南国家证券委员会对证券公司的准入机制做出了严格的规定：证券公司、保险投资基金，以及基金管理公司的设立经营必须要获得由越南国家证券委员会签发的营业许可证，并且信用机构要经营证券业务必须设立证券公司。另外，外商若想进入越南证券市场，则只被允许成立所占比率不超过其法定资金的 30% 的合资证券公司。在市场退出机制方面，证券公司若从事短售、内部交易或其他禁止性的行为，则该证券公司将被取消营业执照，证券公司经营许可证的取消还需要及时在大众媒体上进行公

---

① 潘永：《越南投资分析报告》，广西师范大学出版社 2014 年版，第 148—149 页。

布。越南国家证券委员会对证券公司采用的是集中性监管模式,[①]
越南证券市场的发展处在初级阶段,在对市场的监督管理方面也存
在很大的不足,越南政府也在加紧完善对证券市场监管机制。2015
年12月,越南财政部针对证券市场监管,专门出台了第197/2015/
TT-BTC号通知,对越南证券市场从业人员需具备的条件,以及证
券从业人员的工作范围进行了更加明确的规定。

(三)保险业监管情况

在监管组织方面,越南财政部是越南保险业的监管部门。越南
政府高度重视保险业发展,成立保监局作为财政部的下属机构对越
南保险业进行直接监管,颁布《保险法》完善保险业监管的法律法
规。财政部主要负责颁布相关保险业的法律法规,对保险活动进行
检查和监控,对保险经营许可证的签发或撤销进行严格控制,正确
引导保险业的健康发展,而越南保险业协会则负责保护保险人和被
保险人的权益。

在监管内容方面,为促进越南保险业的快速发展,越南财政部
近年来逐渐放开了对越南保险公司市场准入的规定。目前,保险公
司和保险经纪人必须拿到由财政部签发的经营许可证才可以在越南
经营保险业务。设立保险公司的资本金要求为:财产险或健康险公
司的资本金要求为1500万美元,寿险公司为3000万美元,财产险
再保险公司为2000万美元,寿险再保险公司为3500万美元。普通
保险经纪人的资本金要求是20万美元,而再保险经纪人的资本金
要求是40万美元。另外,自2012年开始,越南财政部根据保险公
司的经营情况将保险公司分为四类,实施分类监管,以正确引导保
险业的健康发展。越南政府在2016年还出台了《保险业务法》实
施细则,对越南保险公司设立与运营寿险业务、非寿险业务、健康
险业务、再保险业务和外国保险公司的分支机构等问题进行了详细
的规定。越南工贸部保险监管局局长和越南保险协会会长范金平在
2017年初表示工贸部和政府将出台一系列政策措施为发展公共财

① 潘永:《越南投资分析报告》,广西师范大学出版社2014年版,第149—150页。

政及疾病保险等新保险产品提供制度框架，为保险市场的健康发展提供保障，据估计，2017 年寿险市场增速将达到 25%，财产险市场增速将达到 14%。

四　金融调控体系

（一）中央银行

越南国家银行（State Bank of Vietnam，SBV）是越南的中央银行，属于越南中央政府的一个部级机构。越南国家银行行长属于越南政府内阁中的一员。

越南国家银行的职能包括执行国家货币、银行活动和外汇的管理，发行货币，充当信贷机构，为政府提供金融服务等。越南国家银行的业务活动，旨在稳定越南货币的价值，确保安全可靠的银行业务和信贷机构体系，确保国家支付系统的安全和效率，并在社会主义导向下为社会经济发展做出贡献。

组织架构方面（如图 2 - 17 所示），越南国家银行管理委员会是最高决策机构，成员由行长与数位副行长组成（现包括一位行长、五位副行长），领导各分工部门、非生产性单位以及 63 个省、市级分行。各部门以及非生产性单位的职能详见表 2 - 8、表 2 - 9。63 个省级和市级分行，是越南国家银行的独立的单元，在越南国家银行行长的中央管理和领导下，其职能包括，对其所在区域的货币、银行业务的实施向行长提出建议，并在行长的授权下实施若干中央银行业务。

表 2 - 8　　　　　　越南国家银行各分工部门职能

部门	职能
货币政策部	在制定国家货币政策方面为行长提供建议和协助，执行货币政策。
外汇管理部	在外汇、黄金交易方面为行长提供建议和协助。
结算部	在经济结算方面为行长提供建议和协助。
信贷部	在银行信贷业务和货币市场管理方面为行长提供建议和协助。
货币预测与统计部	在货币预测和统计方面为行长提供建议和协助。

续表

部门	职能
国际合作部	在越南国家银行职责范围内的国际合作方面为行长提供建议和协助。
货币与金融稳定部	在执行稳定货币与金融方面为行长提供建议和协助。
内部审计部	对越南国家银行各部门的业务进行内部审计和控制。
法律事务部	在制定货币、银行和外汇业务的法律框架方面为行长提供建议和协助。
财务会计部	在开展财务、会计、基础设施投资方面为行长提供建议和协助。
人事部	在人力资源管理、人员编制、薪酬管理方面为越南共产党越南国家银行委员会和行长提供建议和协助。
模范表彰部	在模范选取和表彰方面为行长提供建议和协助。
通信部	在与银行部门的信息沟通方面为行长提供建议和协助。
办公厅	在指导和管理银行业务、执行越南国家银行的行政改革、记录和归档银行部门活动方面为行长提供建议和协助。
信息技术部	在应用信息技术于越南国家银行和银行业方面为行长提供建议和协助。
发行与金库部	在货币发行和金库运作方面为行长提供建议和协助。
行政部	管理越南国家银行的公共资产和行政活动，包括：资产管理、财务管理、技术基础设施、后勤保障和员工保健等。
业务操作中心	在中央银行业务操作方面为行长提供建议和协助。
银行监管局	在越南国家银行的职责范围内对银行业进行行政检查、专门检查和监督；在管理信贷机构、小型金融机构和其他机构的银行业务，以及反洗钱方面为行长提供建议和协助。

资料来源：越南国家银行。

表 2 - 9　　**越南国家银行国有非生产性单位职能**

非生产性单元	职能
银行战略研究院	研究和制定银行发展战略和计划、进行银行技术研发。
越南国家征信中心	收集、处理、记录和分析信用信息，提供信息服务。

续表

非生产性单元	职能
《银行时报》社	宣传越南共产党方针、国家立法和政策、银行业务的平台和社会论坛。
《银行业回顾》社	宣传越南共产党方针、国家立法政策、银行业务和银行业的科学技术成果的平台和专业性论坛。
银行业培训学校	培训越南国家银行和越南银行业工作人员，丰富其知识、提高其管理水平、提升其专业技能。
银行大学	培训和加强大专、本科和研究生阶段的经济、银行和金融领域的人力资源能力；在经济、银行和金融领域进行研究和咨询。

资料来源：越南国家银行。

越南政府在2017年第1号决议中指出，越南国家银行应与其他部门共同协作，将通货膨胀率控制在4%的红线以下，同时稳定宏观经济，并提高经济增速；应为生产部门提供更多信贷资金，尤其是为农业农村发展部门、出口行业、配件供应产业和应用先进技术的企业提供更多信贷支持；应在保持利率稳定的基础上，努力降低利率，特别是中长期利率；应在2017年完成去美元及去黄金化的总体规划并提交给总理，同时应制定吸收更多外汇资金和黄金投资商业生产的路线图。

（二）货币政策

1. 货币政策的目标和主要措施

越南国家银行货币政策的目标是：以积极、灵活、并紧密结合财政政策的货币政策，来控制通货膨胀，稳定宏观经济，支持经济增长在一个合理的水平，确保信贷机构的流动性。

其货币政策的主要措施有：在宏观经济和货币发展，特别是通货膨胀的情况下，灵活地管理合理的利率和汇率；确保越南盾的价值，继续限制美元化和黄金化；与信贷质量控制一起实施信贷扩张信贷措施；继续实施把银行贷款与经济政策联系起来的项目，将信贷结构转向重点领域；加快推进信贷机构改革进程；加强与其他宏观经济政策的协调等。

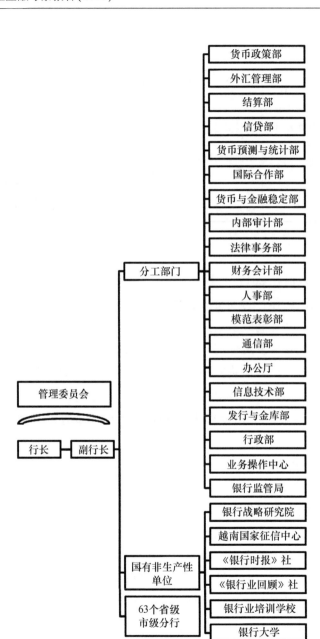

图 2 - 17　越南国家银行机构框架示意图

资料来源：越南国家银行。

2. 货币政策效果

从货币供应量方面看（如图 2 - 18 所示），2012 年以前越南广义货币供应量（M2）年增长率波动幅度较大，2012 年至 2016 年间波动较为平缓，而 2017 年越南广义货币供应量的年增长率约为 16%。

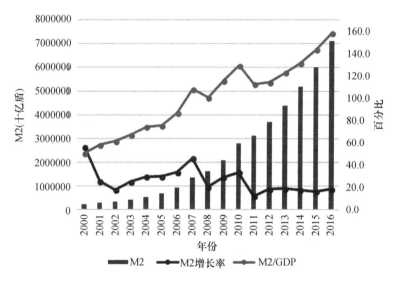

图 2 - 18　2000—2016 年越南广义货币供应量变化趋势

资料来源：亚洲开发银行。①

从货币供应量的结构来看（如表 2 - 10、图 2 - 19 所示），流通中现金所占比例呈现逐年递减的趋势；准货币占 M2 的比例在 2006 年之前平缓波动，2007 年陡然增加，M2 的增速远快于 M1 的增速，并维持到 2016 年。这与 2008 年金融危机中越南的高度通货膨胀密切相关，表明投资过热，需求过旺，中间市场过度活跃。

① 最新数据仅公布到 2016 年。

表 2 - 10　　　　　　　2012—2016 年越南货币供应量情况

（单位：十亿越南盾）

年份	2012	2013	2014	2015	2016
狭义货币（M1）	860959	1017278	1240196	1456114	1713832
流通中现金（M0）	455504	506739	624832	726559	851441
可交易用存款	405455	510539	615364	729555	862391
准货币	2841909	3383414	3939021	4563495	5411969
广义货币（M2）	3702867	4400692	5179216	6019609	7125801
外币存款（净值）	548108	612697	825954	836057	948545
国内信贷	3403504	3876350	4479804	5381433	6306619
政府部门债券	325801	406668	530128	688516	731566
私人部门债权	3077703	3469683	3949676	4692917	5575053
其他（净值）	- 248745	- 88355	- 126542	- 197880	- 129363

资料来源：亚洲开发银行。[①]

从利率角度来看（如图 2 - 20 所示），存、贷款利率 1997 至 2001 年间整体呈现下降的趋势，2002 年至 2007 年间整体呈现上升的趋势。2008 年受到金融危机的影响，存、贷款利率均陡升，次年均陡降，幅度分别达 8％ 和 10％。随后三年，存、贷款利率呈现逐年增加的趋势，于 2011 年达到峰值，之后的存、款利率呈现逐年下降的趋势。而存贷款利差则在 2001 年之后保持较为平缓的波动。

────────────

① 最新数据仅公布到 2016 年。

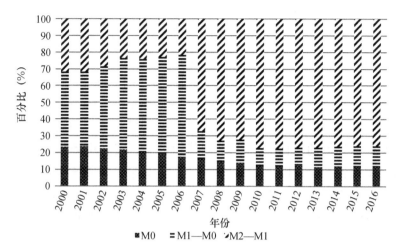

图 2 - 19　2000—2016 年越南现金、活期存款、定期存款和储蓄存款之比

资料来源：亚洲开发银行。①

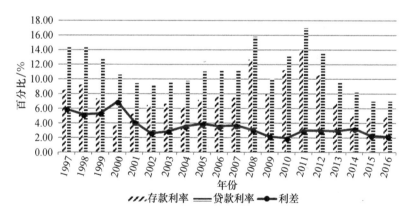

图 2 - 20　1997—2016 年越南存款利率、贷款利率及利差

资料来源：Wind 资讯。②

---

①　最新数据仅公布到 2016 年。
②　最新数据仅公布到 2016 年。

（三）金融调控未来方向

在越南国家银行 2017 年工作总结会议上，越南政府总理阮春福赞同银行业的"主动，安全、灵活，高效"八字方针，并对越南国家银行 2018 年的八项核心任务做出了要求，包括："（1）有效协调货币政策、汇率政策，实现货币政策、汇率政策与财政政策和其他宏观政策相互结合，以实现维护宏观经济稳定、抑制通胀和促进经济增长等的目标；（2）加强货币市场、黄金市场的管理，增加外汇储备，促进国际收支平衡；（3）发挥货币市场在维护财政市场稳定的主导作用，促进证券市场、房地产市场健康发展；（4）发挥银行信贷在助推经济增长和推进经济结构调整的积极作用；（5）集中资源，将落实《信贷组织结构调整提案》与处理不良贷款相结合，为巩固和增强信贷组织实力和提高其运营效益等创造条件；（6）提高国家银行管理、监督效率和效益，及时发现并最大限度减少银行领域的严重违法违规行为，巩固人民对银行体系的信心；（7）注重干部工作和提高银行业从业人员道德素养；（8）大力开发金融服务创新产品，注重安全保障工作，加强对虚拟资、虚拟币、电子现金等的管理等。"

2017 年 7 月，越南国家银行成立了银行业金融机构重组与不良贷款处置指导委员会，负责指导开展金融机构重组与不良贷款处置的措施，为越南国家银行行长以及越南国家银行所属的各司、局、机关解决相关问题建言献策。促进结构调整和从根本上彻底解决不良贷款问题仍是 2018 年越南国家银行的核心任务之一。越南国家银行将大力健全相关法律法规，根据越南的实际要求和国际惯例及标准，提高银行业检查监督效益等。

为确保银行业务安全和信贷业务的可持续增长，越南国家银行未来将注重信用扩张与信用质量管理齐头并进，加强对贷款使用情况的考核和监督，限制新发生的坏账。在房地产行业信贷水平、证券交易、投资贷款增长速度、消费信贷质量上进行控制，把信贷结构转向优先投入生产经营。

未来，越南将坚持奉行金融政策，积极开展金融政策制定与调控工作，以稳定宏观经济、将通货膨胀控制在较低水平，从而为经济中长期可持续发展营造稳定环境。

第三节　越南金融体系的主要特点与影响因素分析

一　越南金融体系的主要特点

整体来说，越南政府致力于建立和发展多元化的金融体系。[①]相对于东南亚其他金融发展水平较低的国家，越南拥有较为完善的金融体系。但由于证券保险业的起步较晚，越南金融体系的发展相对不均衡。越南自实行市场化改革及加入世贸组织以来，证券银行保险等各个行业都有了较快的发展，给越南的金融市场注入了新的活力，越南的金融业面临着更多的发展机遇。越南金融体系的主要特点有如下几点：

（一）银行业为金融产业结构的核心

银行业是越南金融产业的核心。在越南的金融产业中，不论是银行数量与其他金融机构数量的差额，或是银行资产与其他全部金融资产的差额都非常大，越南五大国有商业银行占到了越南整体金融资产的70%以上，越南银行业总资产达到了越南所有金融资产的84%左右。近年来，随着越南经济的快速增长，越南的银行业金融机构的数量不断增加，银行业务的规模也不断扩大。

目前，越南的银行业发展出了自身的特点：整体规模较小但数量众多、国有银行占越南银行业金融机构的主导地位，银行体系面临着信贷扩张过快导致的资本充足率不足的问题，同时，越南银行业普遍存在坏账基数较大、抗风险能力较低、以及外来银行的冲击造成的激烈竞争等挑战，越南政府也在不断地采取相应措施应对挑

---

① 中国银行股份有限公司：《文化中行——一带一路国别文化手册》，社会科学文献出版社2016年版，第87页。

战,确保越南银行业的健康稳定发展。

(二)证券保险业起步较晚但发展迅速

越南的证券市场起步较晚,因此市场发展相对不成熟,在制度和监管方面相对不完备。越南的证券业的特点可以概括为:第一,涉及的行业种类较为广泛,包括生产生活很多方面;第二,建设类上市公司占比最高,得益于改革以来剧增的基础建设项目及群众建房;第三,制造业等工业的占比较高,并逐渐上升;第四,金融业所占比重增速明显;第五,上市公司中多数为中小型企业。河内证券交易所对公司上市规模及注册资本要求不高,为中小型企业上市提供了便利条件。① 第六,国有企业或由国家控股企业的占比较高,另外,越来越多国有企业进行股份化。越南政府在越南国内外环境相对困难的情况下,十分重视证券业的发展,为促进越南证券业的长期稳定发展积极稳健地建设越南证券市场,建立证券交易所、实行证券市场的对外开放政策,积极完善证券业法律机制,加强监管,进行市场重组,不断规范证券市场的发展。一系列措施使得越南证券业的发展飞速且保持稳定,国内外大部分投资者对其前景非常看好。证券业的总体运行情况良好。

越南的保险业目前仍处于起步阶段,存在着投保率较低、保险产品单一、保险中介发展缓慢、专业人才缺乏、市场不规范、保险业发展没有与经济社会发展相匹配等问题,② 但其发展态势十分强劲。由于越南经济的持续发展带动的金融体系结构的不断完善,加上保险市场的不断对外开放,越南未来保险业的发展机遇颇多,保险市场潜力巨大。

(三)金融监管严格但发展不完善

越南的金融监管较为严格。对证券银行保险业都有相应的准入和退出规定。为确保银行业务的安全和信贷业务的可持续增长,越南国家银行对越南的银行或非银行业信贷机构实行了严格的管理:

---

① 赵克、卢珍菊:《越南证券市场研究》,人民日报出版社2014年版,第6—7页。
② 潘永:《越南投资分析报告》,广西师范大学出版社2014年版,第145—148页。

信贷机构须按照既定目标严格控制信贷增长速度，并且信用扩张必须与信用质量的管理相一致；加强对贷款使用情况的考核和监督，确保贷款正确的使用目的，以期限制预期发生的坏账。另外，越南国家银行还对银行或非银行信贷机构的房地产业务进行了进一步的要求：信贷机构必须限制对房地产行业信贷水平的建立，逐渐使用中长期贷款并确保流动性；定期审查，评估和跟踪房地产项目的进展情况，客户的财务能力以及信贷和抵押情况，并采取相应的措施。信贷机构还要对消费信贷的质量有很好的控制，严格监控消费贷款的使用情况，同时要严格控制证券交易和投资贷款的增长速度，以规避风险。

尽管严格，但越南的金融监管体系相对并不完善，金融监管的效率依然不高，其监管对象主要为国有金融机构，且监管手段具有较强的行政色彩，并没有完全转变为法律手段。另外，越南国家银行与各个商业银行之间的分工也并不明确，总之，与发达国家相比，越南的金融监管体制有待进一步完善。

二 影响越南金融体系的主要因素

金融体系为越南的经济和社会发展供给了血液，在国家国民经济向前推进的进程中扮演着十分重要的角色。金融体系能否有效运转、其功能能否有效发挥，与越南的内外部条件密不可分。因此，影响越南金融体系的主要因素也可分为内源因素和外源因素两方面。

（一）内源因素

1. 政治环境

目前，越南的政治局势相对稳定，通过动员、分配和有效利用各种资源来推动经济社会快速且可持续发展，为实现"民富、国强、民主、公平和文明"的目标做出努力。一方面，较为稳定的政治环境使得政策能够平缓地变化，避免金融体系因剧烈的政策变化而无法运行的情况，对金融体系的持续性和稳定性有着正面的影响。另一方面，越南的社会主义性质也决定了越南以国有为主导的金融结构。①

2. 经济体制

越南在市场经济体制实践过程中与中国类似，均采取了渐进的改革方式，但速度不同：中国是"稳步的渐进式"，越南是"快速的渐进式"。2001年，越南政府正式确立了发展社会主义市场经济体制的目标，同时确定了如下三大经济战略重点：第一，以工业化和现代化为中心、发展多种经济成分；第二，发挥国有经济主导地位；第三，建立市场经济的配套管理体制。2017年5月，越共召开十二届五中全会，会上通过了关于完善越南社会主义定向市场经济体制的第11 - NQ/TW号决议。越南政府认为，建设与完善社会主义定向市场经济体制是国家战略任务和重要突破口。

两国经济体制方面的相近，同样会映射到其金融体系上。如证券市场方面，越南认为建立和发展证券市场是社会主义市场经济和国企改革的需要，存在着证券市场应以政府为主导的指导思想。此外，在证券市场相关制度、证券市场初期发展情况等方面，中越证券市场亦存在相似之处。

3. 社会环境

越南在社会与经济协调发展过程中，一方面出现了经济增长水平低、投资效率低、劳动生产率低等经济增长质量低的问题，另一方面也出现了贫富差距扩大、教育不公、医疗资源分配不均等社会不公平问题。此外，越南社会治安较差、基础设施相对落后、环境问题日益严峻。一系列社会问题直接影响了金融的需求端，进而影响整个越南金融体系。

(二) 外源因素

1. 金融危机

一方面，金融危机直接对越南经济发展和金融体系发展产生巨大影响。1997年亚洲金融危机，越南通胀压力增大，出口市场萎

---

① 李健等：《东盟十国金融发展中的结构特征》，中国社会科学出版社2007年版，第396页。

缩，创汇持续下降，引进外资项目与资金锐减，越南盾大幅度贬值、国家财富损失惨重，城市失业率攀升。越南的银行体系在1997年亚洲金融危机中遭到重大打击，众多小型商业银行在危机中纷纷倒闭，使经济形势进一步恶化。2008年全球金融危机，越南2008年全年CPI平均上涨22.97%，创16年来最高纪录，股市楼市暴跌，国际收支恶化，资本信贷能力削弱，中小企业受到较大打击。另一方面，应对金融危机的措施也对越南金融体系产生了深远影响。1997年发生亚洲金融危机之后，面对缺乏资金的窘境，越南政府加快建设证券市场，于1998年7月宣布在胡志明市和河内成立两个证券交易中心的计划，并且从金融危机中吸取经验，筹建证券市场走"慎重、稳妥、由低级到高级的路子"。同时，越南政府加强了对银行体系的监管和改革，《银行法》得以通过并于1998年10月正式生效。2008年发生全球金融危机之后，越南加强对汇率的调控以稳定外汇市场，更谨慎对待金融自由化，警惕国际投机资本流动。

2. 外资流入

根据越南计划投资部外国投资局数据，2017年外国投资商的新项目、增资项目、收购股份总金额达358.8亿美元，同比增长44.4%，创十年来新高。其中实际到位资金也超过2016年的158亿美元，突破175亿美元。日益高涨的对越投资热情，会对越南的金融体系产生影响。例如，国外证券投资（Foreign Portfolio Investment，FPI）会对越南证券市场产生影响。一方面，既有正面的影响，如促进越南政府改善对证券市场的管理，建立资本市场适用的法律框架，不断完善证券登记、结算、托管等相关制度，促进越南加强与国外的成熟资本市场合作，缩小其与国外证券市场的差距。另一方面，也有负面的影响，如越南将面对来自国际金融市场的竞争与冲击，国际热钱流动带来的外汇市场动荡的风险等。

第四节　基于体系现状的中国—越南 金融合作突破点

从国际政治经济学的角度来看，中越之间的金融合作不可避免地受到各种经济甚至非经济因素的影响，这些因素涉及政治、经济、社会等领域。针对前几节所述越南金融体系的发展历史及现状，结合影响中越两国金融合作的各类要素进行分析，可以推出两国金融合作中存在的制约因素，并以此为基础，寻求新的合作突破点。

一　中国—越南金融合作的制约因素

第一，从政治要素来说，中越间政治上由于海洋争端导致互信赤字，阻碍了两国金融合作的拓展。南海岛礁争端虽不是中越关系的全部，但确实是两国关系中存在的最大障碍，而越南政府的一些完全从自身获利角度出发的做法却无益于两国互信的构建。历史和现实的原因导致中越两国的南海争端难以调和，而引入域外大国使得问题国际化的做法更是让南海争端最终解决的长远前景雪上加霜。政治上的互信缺失和海上的抗衡对峙，拖缓了双边贸易及投资的发展，也在一定程度上影响到了双方的金融合作。

第二，从经济要素来说，首先，越南对于在本国投资的外国投资者过于依赖中国存在顾虑。其次，越南对于本国吸引大量外国投资的同时，在整条产业链中的实际获利存在担忧。再次，越南忧虑中国低价产品大量涌入越南，会对本地市场和企业带来冲击。最后，从产品附加值来说，中越双边贸易存在一定的价值结构失衡，导致越南方面对于大额的双边贸易能够为越南带来的相对获益缺乏信心，同时对存在多年的对华贸易赤字也有所不满。经贸关系上的疑虑和冲突同样映射到了双边金融合作方面，越南在对华经贸方面的犹疑部分阻碍了双边金融合作的进展。

第三，从社会要素来说，"国之交，在于民相亲"，中越要构建牢固的双边友好关系，需要两国民众的支持，这也同样体现在双边金融合作上。目前无论是在中国还是在越南，两国国民对对方都缺乏足够的了解，甚至存在着严重的误解，多少会表现出极端民族主义情绪。两国民众非理性的情绪和行为，愈发频繁地影响到双方正常的经贸和金融活动。

二　中国—越南金融合作突破点

第一，从政府来说，需提高中越两国金融合作在政府层面的层级，通过两国政府签订各项金融类协定，为两国商业性金融交流奠定制度基础，为两国金融机构的合作提供内涵更为包容和丰富的制度框架。具体来说，可以通过充分利用各类合作平台，加强地区金融政策的对话协调；通过加强货币领域合作，实现双边本币结算业务发展；通过加强金融基础设施建设，推进地区资本层面的互联互通。

第二，从主体来说，需将银行业作为承载中越两国商业性金融机构合作的主要实体，拓展两国银行间良好的双边合作基础。一方面，可以鼓励商业银行基于市场原则互设分支机构。另一方面，可以研究中越两国企业在贸易和投资中的金融需求，推出有针对性的金融合作机制和产品，满足人民币在跨境贸易的结算需求。

第三，从介体来说，需依托金融改革综合试验区和跨境经济合作区，增加中越两国金融合作的务实性和实践性。可以借鉴中国别的自贸区等地的金融改革创新政策，在跨境经济区设立金融合作机制，发展广西和云南两地与越南间的金融合作，并以沿边金融改革综合试验区和跨境经济区为依托，在丰富边境地区的金融合作内容基础上，将金融合作逐步向两国腹地延伸。

第四，从机制来说，需致力于形成金融长效性交流机制，夯实金融合作平台的多边性。具体来说，一是可以借助中越双边合作机制展开两国金融合作，二是可以在地区和国际多边合作框架下展开两国金融合作，三是可以充分利用中国—东盟博览会等政府搭台的双多边交流场合展开两国金融合作。

第五，从监管来说，需对金融市场进行有效监管，才能够保证两国金融市场得到长期有效运作。中越可以在以下四个方面进行合作：一是建立有效的合作机制与合作平台，促进中越边境银行的反假货币合作；二是整顿中越边境地区的货币兑换市场，打击违法行为，规范边境金融秩序；三是共同研究对数字货币进行监管，避免数字倾向干扰和损坏现行金融体系和秩序；四是建立信息沟通平台，就两国金融市场的最新动态和发展趋势进行及时沟通，就跨境金融监管进行协调。

第五节　中越金融合作报告：新自由主义视角下中越金融合作的意义构建及规模前景①

越南在"一带一路"建设中具有显著的地缘优势。东盟是中国周边外交战略的重要组成部分，也是开展"一带一路"建设的重要合作对象，而越南作为东盟中唯一一个与中国陆海相连的国家，需承担起促进中国和东盟国家发展的桥梁作用。加之在中国"21世纪海上丝绸之路"规划中，越南是第一个也是唯一一个与中国陆海相连的国家：越南陆上与中国广西、云南接壤，共同边境线长达1300公里；海上在北部湾和湾口外与中国广西、海南存在重叠海域，是中国西南出海通道的必经之地。因此，在中国推动"一带一路"建设的进程中，越南的区位重要性不言而喻。

随着现代经济和科技的发展以及全球化的深入，中越在金融领域的交往与合作对两国间贸易、两个国家自身的经济发展，都有着

---

① 作者：广西大学中国—东盟研究院越南助理，蓝瑶；广西大学中国—东盟研究院舆情研究助理，刘晓臻；广西大学东盟学院国际金融实验班，冯春风

不容低估的作用。在"一带一路"建设这一重要抓手上，中国金融业面向越南的积极开放与主动作为，可以为中国新时代的特色大国外交注入更多活力，为合作共赢提供更多商机。在此背景下，探讨在西方国际关系理论——新自由主义范式下，推动中越金融合作的理论意义、现实意义，并进行初步的越南金融需求测度，以形成政策建议。

一　文献综述

(一)"一带一路"倡议下的金融需求

"一带一路"倡议的推进会引致数量庞大、种类繁多的金融需求，目前学者在研究"一带一路"倡议下的金融需求形成机制方面主要集中于如下领域：能源合作、基础设施融资、贸易融资、保险资金和货币结算等。

在能源方面，常钰琪（2016）从交通运输业和能源贸易合作两方面阐述了能源合作所引致的金融需求：只有经济带间的运输能互联互通，才能实现能源合作高效化、便捷化，而新型综合交通方式的开发都是资金量需求大的项目，因此这里蕴含着庞大的金融需求。而与各国形成稳定、持久的能源贸易合作伙伴关系则有利于形成经济互补，加速资源在经济带上的优化配置。

在基础设施方面，闫杰宇（2016）指出"一带一路"的区域范围跨度大，涉及的国家和地区较多，社会和自然环境相对较复杂，这必然会造成基础设施的资本投入要求较高，融资需求量大，由此会产生庞大的金融需求。并且认为基础设施融资渠道主要有政府部门投资、私人部门投资和外资投入三部分。Anita Kumarin，Anil Kumar Sharma（2016）强调了金融支持对于基础设施发展的重要性。高质量的基础设施需要大量的建设、维护、运营和全面发展的资金，单靠政府的投资对于基础设施的建设发展来说是远远不够的，还需要私人部门和海外的融资。Josef Botlík，Milena Botlíková（2013）则是基于优先分析视角预测了交通基础设施建设引致的金融需求。

国际贸易方面，Marta Arespa Castelloa，Diego Gruberb（2015）探索了国际贸易与金融需求之间的联系，认为企业进口需要外部融资，并且可能受到财务约束。Auboin（2009）认为大概90%的国际贸易资金依赖于一些信用、贷款或融资等形式获得。

在保险和货币结算方面，周延礼（2016）指出"一带一路"建设项目的落地实施，对于保险业来说，是拓展了丰富的可保资源、广阔的发展空间。孙雅丽（2015）也认为，构建"一带一路"迫切需要保险资金，以及对保险资金的境外投资范围的拓宽，达到全球范围内保险资金的多元化配置。霍伟东（2016）指出人民币交易量近年来快速增长，2008年以来，中国人民银行和众多"一带一路"沿线国家的中央银行签订双边贸易本币结算协议和双边本币互换协议，人民币需求逐渐增加。

由上述成果可见，大多数学者对于金融需求的形成机制偏重于某一个领域，除了潘永和王太云（2017）基于中国—东盟的样本数据进行分析，进一步对2016—2021年东盟国家在基建融资、贸易融资、保险需求和人民币结算方面的金融需求总规模进行的估测外，较少有文献综合考虑多样化的金融需求并进行测度。因此，本文在对引致越南金融需求的地缘、政治、经济、社会—人文因素进行多覆盖考虑的同时，挑选了基础设施建设、国际贸易中金融需求的形成机制进行粗略测度。

（二）中越金融合作

根据对现有文献的总结，目前学者在中越金融合作方面主要关注点有三方面，包括中越金融合作中不足之处，促进其发展的路径，以及合作前景展望。

不足之处方面，曾晓华（2003）总结了防城港市在发展中越边境金融合作中面临的四个挑战：金融机构等级有落差、游离于金融机构之外的私人经营货币兑换点不利于对边境人民币管理的合作、当地信贷增长率低、银行边贸结算面临严峻挑战。梁祺（2005）指出广西中越边境地区金融生态环境尚存的不足之处，分别有经济环境欠佳、政府服务存在薄弱环节、法律环境欠佳、社会信用环境亟待改善、信贷管理制度不适合边境地区、金融机构不良资产隐藏风险大等。覃延宁（2005）认为中越金融合作及协调中，存在着众多短板，包括合作层次低、不适应现实及发展需求、缺乏全方位多层次金融沟通协商机制、双边货币汇率生成机制不规范、双边互设金融机构极少、未建立区域金融中心等。曹丽（2009）指出南宁与越南投资合作发展中尚存在着投资规模总量低、投资合作层次不高，双方投资发展极不平衡、政府及其他配套服务不完善等问题。

促进路径方面，曾晓华（2003）认为可采取先试点后推广和先易后难的原则，先行构建一些有效机制，包括风险预警机制、交流与经济互通制度、定期政策对话及磋商机制、紧急援助机制等，并逐步实现银行边贸结算向一般贸易结算过渡。覃延宁（2005）提出了加强中越金融合作的多方面建议，包括构建全方位多层次立体化的金融合作及协调机制、积极介入越南的基础设施建设融资领域、推动两国金融业互设机构和互相交流、开展民间金融合作、引导和鼓励中资企业在越上市融资、逐步推进人民币区域化、建设区域金融中心等。黄良波（2008）认为可以从建立定期或者不定期对话研讨机制、促进中越两国资本市场的互相开放两方面入手，加强中越金融市场建设合作，提高两国金融体系的弹性。范祚军、夏梦迪（2011）认为可以通过拓宽政策性金融服务领域、构建区域内跨国金融体系、推进人民币区域化、加强金融信息与人才交流等区域合作方式促进越南金融供给，来应对由大规模基础设施建设和对外贸易投资引致的日益旺盛的金融需求。罗力强（2014）认为可以提升两国政府间金融合作的层级，把银行业作为主要实体来促进双边商业性金融机构合作，运用金融改革综合实验区和跨境经济合作区等模式逐步推进务实合作，完善由正规金融机构主导的双边汇率形成机制，开展离岸人民币业务试点，积极研究实现中越国际收支平衡的方式。

合作前景方面，曾晓华（2003）认为，在中国—东盟自由贸易区金融合作中，中越边境地区金融合作是不可缺少的组成部分。梁波（2003）提出促进中越金融合作要适时抓住机会，比如在提出建立到建成中国—东盟自由贸易区的窗口里，是中越银行边贸结算发展的好机会。覃延宁（2005）认为中越金融合作的意义十分显著，有助于推动中国—东盟区域经济一体化进程，提高区域抗击金融风险能力，提高区域经济竞争力等。Le Thi Thuy Van（2009）指出区域的货币合作将有助于越南从其他亚洲国家吸引更多投资。曹丽（2009）认为南宁与越南的投资合作会呈现出减慢—恢复—稳步发展—加快发展的趋势。Volz Ulrich（2013）认为大湄公河次区域的跨境金融一体化将会促进包括中国、越南在内诸国的国内金融市场以及区域金融市场发展。

从现有成果可看出，学者们在对中越金融合作的分析中主要采取了定性分析的方法，对中越金融合作中存在的不足、相应的促进路径和改进建议以及未来合作前景进行了研究，使用定量分析方法的研究还比较少。因此，本文在定性分析的基础上，加入一定的定量分析进行补充。

二　中越金融合作的理论意义

新自由主义范式下国际合作的思想发展，主要可概括为以下脉络走势：功能主义一体化理论→新功能主义区域一体化理论→相互依存理论→新自由制度主义理论。[①] 笔者在下文将从合作的可能性、必要性和必然性，合作的路径，合作的外延，合作的目标四个层面，对应新自由主义的理论脉络，探讨中越金融合作的理论意义。

（一）相互依存视角下合作的可能性、必要性和必然性

相互依存理论的发展可以分为两个阶段：首先是理查德·库铂提出的经济相互依存论，其次是罗伯特·基欧汉、约瑟夫·奈提出的复合相互依存论。首先，库铂基于对国与国间经济上的相互依存研究，指出国际经济相互依存的特征能够大规模地促进国际合作，

---

① 陈玉刚：《国家与超国家——欧洲一体化理论比较研究》，上海世纪出版集团2001年版，第53页。

自然地实现全球政治经济一体化。① 之后，罗伯特·基欧汉和约瑟夫·奈基于对跨国家关系的强调，将国际政治的权力与经济相互依存现实相结合并进行研究，提出了复合相互依存理论，指出全球相互依存以及经济技术合作正逐渐占据国际关系的主导地位。笔者在本节将从相互依存视角，分析中越金融合作的可能性、必要性和必然性。

就合作的可能性来说，通过罗伯特·阿克塞罗德在《合作的演进》中模拟的囚徒困境中"一报还一报"互惠合作战略可知，在没有中央权威的利己主义世界中，互惠战略在行为者的目前行为与未来预期收益上建立起直接联系，从而可以增进依赖互惠的行为者间共同合作的可能性。基于此，国家从长远利益的视角，认为合作的价值大于任何一次背叛的好处，从而培育了稳定的合作关系，因此合作是可能的。相比新现实主义据相对获益概念推导出的国家间利益关系本质是零和博弈的结论，新自由主义更关注在相互依存背景下的共同获益，正如罗伯特·基欧汉所述，当共同的利益足够重要，合作也可以出现。②

就合作的必要性来说，在相互依存背景下，各国际行为体间存在互补利益，一方实现目标的能力，在很大程度上依赖于其他各方可能会做出的选择或者决策，若缺乏其他行为体的合作，单个行为体是不能实现其目标的。也就是说，国际行为体为了实现自身的目标，也须考虑其他国际行为体的行为和选择。③ 因此，为了实现行为体自身利益的最大化，合作是必要的。正如罗伯特·基欧汉所述，合作是相互依存的必需，而相互依存能带来合作利益。④。

就合作的必然性来说，在相互依存背景下，国际关系中的大多

① 樊勇明：《西方国际政治经济学》，上海人民出版社 2006 年第 2 版，第 29 页。

② ［美］罗伯特·基欧汉：《霸权之后：世界政治经济中的合作与纷争》，苏长等译，上海人民出版社 2001 年版，第 50 页。

③ ［美］大卫·A. 鲍德温：《新现实主义和新自由主义》，肖欢容译，浙江人民出版社 2001 年版，第 165 页。

④ 倪世雄：《当代西方国际关系理论》，复旦大学出版社 2001 年版，第 320 页。

数相互关系都是既有利益冲突又有利益趋同的互动关系，此时国际行为主体之间的利益部分一致，当共同利益或一致利益大于冲突利益或差异利益时，要想保障共同利益得以实现，就需要进行合作。① 此时在国际社会的无政府状态中，国家作为理性的自我主义者寻求最大化其行为的实际效用——即限制国家间利益冲突，突出国家间利益趋同——以便在国际关系博弈中达到帕累托最优解。② 于是，非零和博弈成为国际关系的主流，合作而非冲突成为国际关系的实质。基于此，合作是必然的。正如罗伯特·基欧汉所述，国家之间存在共同的利益，但是这种共同的利益只有通过合作才能得到实现。③

具体到中越间金融合作，首先，中越两国通过互惠合作，可以实现国际无政府状态下对共同获益的长远预期，双方期待通过金融业的开放合作和稳健发展提升本国金融竞争力和抗风险能力，更好地服务实体经济，这使得两国金融合作成为可能。其次，在相互依存的国际体系中，中越合作才能取得自身利益的最大化，双方一方面能够维系本国经济的稳定运行、提高运行效率，促进经济结构的调整和产业的升级换代；另一方面可以相互协调金融政策和监管，避免出现"以邻为壑"的金融政策，这使得两国金融合作成为必要。再次，中越两国作为理性的自我主义者，寻求通过合作抑制利益冲突，并强调利益趋同，双方有必要以合作实现资金生产要素的优化分配、推动金融一体化的进程，在正和博弈中达成帕累托最优解，这使得两国金融合作成为必然。

（二）合作目标：由周边合作延伸至全球治理

中国共产党的十九大后，我国明确了新时代中国特色大国外交路线，从国际治理角度出发，习近平总书记做出贡献中国智慧、积

---

① 陈岳：《国际政治学概论（第三版）》，中国人民大学出版社 2009 年版，第159页。

② 秦亚青：《权力·制度·文化》，北京大学出版社 2005 年版，第100页。

③ ［美］罗伯特·基欧汉：《霸权之后：世界政治经济中的合作与纷争》，苏长等译，上海人民出版社 2001 年版，第50页。

极参与全球治理体系改革和建设的重大部署，包括建立共商共建共享的全球治理体系，为全球治理体系改革和建设贡献中国主张和中国方案。

从全球角度讲，治理问题关注全球社会中，各种制度和进程如何有效、合法地交互发挥作用。新自由制度主义为管理相互依存的影响，即管理全球化，给全球主义的治理开出如下"药方"：(1)领土疆域内降低脆弱性的单边国家行动；(2)强国或国家集团影响领土外国家、企业、非政府组织等行为体的单边行动；(3)增强政策有效性的区域合作；(4)建立管理全球化国际机制的全球层次多边合作；(5)管理全球化的跨国和跨政府合作。① 罗伯特·基欧汉和约瑟夫·奈认为单边行动可能会引致失败或对抗性反应；而第四种模式，即通过全球层次的多边合作建立全球性多边机制是最有效的治理途径。

从周边角度讲，中国参与全球治理改革时，须注重承担"有区别的共同责任"，其中周边合作就是中国应当承担的责任，属于中国在建立新的全球治理机制中应当主动参与的范畴。繁荣昌盛的邻国或许对中国不一定有益，但是长期动荡混乱的邻国必定祸及中国，基于此，中国应牵头提供公共产品，推动区域经济朝着更加开放、包容、普惠、平衡、共赢的方向发展，打消周边国家对"中国崛起"产生的疑虑。鉴于在基础设施建设方面，中国有充足的资金，并已取得了丰厚的经验，人民币也已经取代美元，成为东亚七个经济体货币事实上的参考货币，中国在周边合作中，有责任也有能力更加积极地作为。

综上，周边合作适用于中国在建立新的全球治理机制中承担的"有区别的共同责任"原则，在此逻辑下，在国际政治和中国对外政策发展进程中，周边合作处于中间位置，它并不是我国追求的最终目标，而是一种为达成更高阶的全球主义治理，而不得不采取的

---

① ［美］罗伯特·基欧汉、［美］约瑟夫·奈：《权力与相互依赖》，门洪华译，北京大学出版社2012年版，第287页。

途径。全球治理关乎国际责任的再分配，全球治理机制的变革关乎国际权力的再分配，因此在"全球失序"议题被屡屡提及的时间窗口，也是我国参与全球治理的战略机遇期，有利于自身在承担相应责任份额的同时不断提升自身的权力份额。

具体到中越金融合作，合作是全球治理的主要实现途径。全球层面，我国与东盟的经济联系的愈发密切使得金融危机在地区内具备较强的传染性，中国和东盟地区国家缺乏健全的金融体系抵御外部风险，因此需要构建包含越南在内的区域甚至全球性多边机制，以国际合作维护地区金融稳定。周边层面，中国与越南在金融领域的合作是中国推进周边合作的优先议题，也是我国在承担"有区别的共同责任"原则下，参与全球治理改革的有效路径。与越南的资金融通契合中国提出的"一带一路"倡议，有助于我国构建以合作共赢为核心的新型国际关系。

（三）合作内容：由功能性领域外溢至更高领域

20 世纪中叶，一些国际关系学者在概括总结欧洲一体化实践基础上，提出了功能主义，虽然该理论是基于欧洲一体化经验发展而来，本身也存在较多局限，但就国际合作推进进程来说，其核心概念和逻辑对中越金融双边合作的进阶具备一定的理论意义和实践价值。

首先，英国学者戴维·米特兰尼提出功能主义理论，指出国家间会优先在低级政治领域合作，利用低级政治领域政治敏感性较低的特性，降低国家间相互防范的程度，随之将合作扩展到其他领域，并最终随着合作领域的拓展而实现国家间利益的交融。[1] 之后，厄恩斯特·哈斯将更强的政治因素加入米特兰尼的研究中，提出以外溢（spillover）为核心概念的新功能主义，即国家之间在经济、技术等功能性领域的合作会最终外溢到政治性领域，从而实现政治统合，并逐渐形成超国家权威机构。此处功能性外溢（functional spillover）的逻辑架构指出，外溢导致的国家间统合不会局限于特

---

[1]　秦亚青：《国际关系理论：反思与重构》，北京大学出版社 2012 年版，第 67 页。

定的经济和技术部门，一定领域的低级政治合作活动会外溢到相关的领域和部门，并逐步转入高级政治领域。虽然哈斯在 20 世纪 70 年代承认，应将自己对一体化的研究合并入相互依存的研究中，[①]但在低级政治领域，由于金融合作不涉及民族国家的核心权力，功能主义依旧具备有效指导国际金融合作问题的实践价值。

具体到中越金融合作，金融这一功能性领域的合作目标以及与该合作目标相关的行动，会导致一种合作的态势，此种态势要求进一步行动以实现金融合作，而在金融合作这一最初目标达成后，又将催生新的合作目标和更进一步行动的需要。由此，金融合作在外溢作用下会逐步延展到其他功能性部门，催生贸易、投资、货币兑换等领域的合作，之后此种积极合作的态势一方面会在客观上要求中越在金融、贸易、投资中构建机制性共管措施，另一方面也会顺势带动中越间超越经济范畴合作的有效拓展，最终进阶为中越在多领域的包容性合作。

（四）合作路径：国际制度弱化无政府状态之影响

新自由主义学派接受了现实主义学派关于国际社会处于无政府状态的基本前提，但未将无政府状态的程度和结果看得太严重，而是提出了能够解决这一状态的有效手段——国际制度与机制，机制指国际关系中的"原则、准则、规则"，制度是机制的载体。新自由主义者试图在无政府的混乱秩序中，通过国际规则及制度等实现国家间合作的目标。[②] 在这种意义上来说，国家可以利用国际制度减少国际无政府状态的影响。[③]

从国际制度促进国际合作的原理来说，自由主义者认为，国际制度通过稳定期望（stabilizing expectations），使国家产生连续性的

---

① 陈玉刚：《国家与超国家——欧洲一体化理论比较研究》，上海世纪出版集团 2001 年版，第 51 页。

② 倪世雄：《当代西方国际关系理论》，复旦大学出版社 2001 年版，第 134—135 页。

③ ［美］詹姆斯·多尔蒂、［美］小罗伯特·普法尔茨格拉夫：《争论中的国际关系理论（第五版）（中译本第二版）》，阎学通等译，世界知识出版社 2013 年版，第 96 页。

观念和相信今日的合作行为会在明日获得回报，从而有助于防止冲突和建立秩序。[①] 国际制度具备权威性、制约性和关联性，因此能够解决合作中的主要困境，从而成为国际合作的有效保障。在新自由主义者看来，国际合作的实现主要是通过国家之间的战略互动或者建立国际制度，国际制度一旦形成，就会反过来深刻地影响国家行为，随着相互依存与制度安排相互促进，合作的实现就有可能得到保证。

从国际制度促进国际合作的实践来说，国际制度主要可以从以下几个范畴行使促进国际合作的功能：首先，国际制度可以降低合作的不确定性，类似契约，以相互有益的方式组织行为者之间的关系。其次，国际制度通过降低交易成本，可以增加解决纷争的机会和途径。在相互依存背景下，多数国家超越传统现实主义中把追逐权力和军事安全的高级政治作为国家最高核心利益的设定，将经济增长和社会安全等低级政治同样纳入自身对外目标。因此，当各国在低级政治范畴内有共同利益时，国际制度就能够克服市场失灵或集体行动的困境，纾解无政府状态对一国行为的限制，促进国际合作。

具体到中越金融合作，当前中越金融合作的阻碍因素包括：一方面，两国理性利己主义在无政府状态下造成的内生性阻碍，包括两国利益冲突和两国金融行为者的短视；另一方面，金融外部条件的不完善造成的外生性阻碍，譬如两国金融合作的法律规则欠缺、交易成本过高、金融信息分享不完善等。而通过在两国金融合作中建立原则性、准则性、规则性的合作制度，一方面可以消弭金融行为者短视、零和博弈带来的消极因素，导向面向长期共同获益的正和合作；另一方面也可以通过惩罚、创建法律责任模式、改变交易成本、提供完善信息等手段积极完善外部金融合作条件。如此，中越间关于金融的国际制度可以在外部强制力缺失的无政府情境下推

---

① ［美］小约瑟夫·奈、［加］戴维·韦尔奇：《理解全球冲突与合作：理论与历史（第九版）》，张小明译，上海人民出版社2012年版，第358—386页。

动两国金融合作。

三　中越金融合作的现实意义

随着一超（美国）主导下的三元（美国、欧盟、新兴国家）权力格局逐步成型，中国在和平崛起方针的指导下，愈发深度地参与到全球治理变革中。在此基础上，越南作为中国的重要邻国，在中国对外政策中的重要性日益提升。当前，中越全面战略合作伙伴关系持续向好发展，具体来说，中越两国正在探讨"一带一路"倡议和"两廊一圈"发展规划对接，并取得积极进展。因此，从地缘维度、政治维度、经济维度和社会—人文维度来看，中越间金融合作都有重要的现实意义。

（一）地缘维度

在地缘维度上，中越两国构建金融合作的现实意义包括两方面：宏观上，通过金融合作淡化中越海上争端、营造稳定的周边环境，把握当前我国和平发展的战略机遇期；微观上，通过金融合作打造中越沿边区域和谐共生的金融生态环境，构建两国和平、友好、合作的边界线。

1. 宏观：把握我国和平发展的战略机遇期

当前来说，南海岛礁争端虽不是中越关系的全部，但确实是两国关系中的最大障碍。越南政府为维持政权合法性，增强民族国家的凝聚力、动员力，一方面以"树立外侮"转移国内民众对各类社会弊端包括贪腐、贫富分化等的不满，另一方面以"抗击侵略者"的光荣历史传播民族自豪感。在此背景下，越南国内民族主义抬头，而中国作为北方强国，复杂的历史原因导致其成为越南增强民族国家认同感的天然靶向。再加上美国"重返亚洲"加强了对地区事务的介入和干预、致力维护二战后建立的亚太霸权制度秩序，日本不适应中国崛起、试图留存在东南亚经营多年的权力分配及势力范围，美日两国在太平洋与中国争夺区域影响力和存在感的行动也让越南在"以强为邻"、寻求外交转圜空间时有了更多选项，更刺激了越南国内民众不理性的民族主义社会意识形态。

　　就调适中越双边关系来看，中国擅于并乐于在传统经贸投资领域施行的"以经促政"策略的边际效应在越南正由于兴盛的民族主义的掣肘而逐步减弱。在此时间窗口，开拓两国金融合作，在越南致力于融入国际的大政方针下，可以成为两国构建互信的新的增长点和突破动力，弥合海上争端在越南普通民众中带来的不安和抵触情绪，将两国关系在民间层面拉回"好邻居、好朋友、好同志、好伙伴"的正常轨道，降低越南民族主义给两国关系发展带来的变数。

　　就中国对周边环境的需求来看，只有周边稳，国家的外部环境才能稳。中国的整体实力依然处于快速上升的时期，从发展态势来说，中国相对于大多数国家而言处于比较好的发展地位。这就更需要继续顺从并助力推动全球和平与发展的大趋势，在相当长的时期内持续发展和壮大自身的力量。在此背景下，争取一个相对和平的发展时期，尽可能与其他国家，特别是周边国家和世界上主要大国维持比较良好的关系成为中国对于周边环境的首要需求。因此，推动中越金融合作可以作为处理好两国关系的稳定锚，同时中越关系的提升也可以对试图扰乱地区秩序的域外大国起到拒止作用，确保自身和平崛起之势的延续。

　　就中国特色大国外交的全球目标及布局要求来看，在外交目标方面，习近平总书记在党的十九大报告中将中国特色大国外交的总目标定位为推动构建相互尊重、公平正义、合作共赢的新型国际关系，推动构建持久和平、普遍安全、共同繁荣、开放包容、清洁美丽的人类命运共同体。为实现上述宏大的战略目标，习近平总书记呼吁的五个着力点在经济维度上的表述是"同舟共济，促进贸易和投资自由化便利化"，这就对构建中越金融务实合作并服务于两国经贸投资活动提出了客观要求。在外交布局方面，习近平总书记对打造全球伙伴关系做出系统部署，其中一个努力方向是发挥周边的首要作用，深化同周边国家的关系。为稳定我国外部环境，越南是不可绕开的国家，对于中国争取周边的意义重大。可以说，中越金融合作精准契合了中国特色大国外交的推进路线。

综上，通过发展中越间金融合作，弥合两国间海上争端带来的相互负面观感，助力我国得以把握当前和平发展的战略机遇期，这是在宏观层面中越金融合作的地缘意义。

2. 微观：建设中越边境和谐的金融生态

中越边境地区具备特殊的地缘特性和战略地位，通过施行科学的边境金融生态建设，能够帮助两国营造良好的沿边金融生态环境，稳妥推进沿边金融生态系统的构建和完善。

从金融生态的定义来说，金融生态环境是指金融业运行的外部环境，它包括经济环境、法制环境、信用环境、市场环境和制度环境等。它指的主要不是金融机构的内部运作，而是金融运行的外部环境，也就是金融运行的一些基础条件。在此基础上，金融制度安排、金融市场、金融机构、金融产品等金融主体要素，以及其赖以存在和发展的金融生态环境在长期的密切联系和相互作用过程中，通过分工合作形成了具有稳定性、执行一定功能作用的相互依赖的动态平衡系统，这就是金融生态系统。在金融生态系统中，金融主体和金融生态环境彼此依存、相互影响、共同发展①，构成一个有机整体。

从中越跨境金融的生态环境的现状来说，第一，就金融参与主体来说，参与中越跨境金融的主体和机构数量较少，资本市场规模小、发育滞后，未呈规模化。第二，就金融服务提供来说，中越跨境金融服务与配套产品单一，未实现跨境金融业务类别及配套服务产品的多元化。第三，就金融基础设施及市场环境来说，中越跨境金融基础设施与市场环境等硬条件有所欠缺，统一完善的人民币支付清算网络体系尚未构建，核心金融基础设施薄弱。第四，就金融法规、制度环境建设来说，中越跨境金融缺乏双边互动规范性的制度安排，造成面向越南发展跨境金融时缺乏制度化的监督机制。

基于此，为营造中越沿边和谐的金融生态环境，以发挥两国金融生态系统的最大效用，最终形成良好的合作态势，须开拓以下路

---

① 李扬：《中国城市金融生态环境评价》，人民出版社 2005 年版，第 24 页。

径：第一，就金融参与主体来说，要培育中越跨境金融组织体系，发展多层次资本市场。第二，就金融服务提供来说，要结合沿边区域的经济特色，积极探索中越跨境金融业务创新。第三，就金融基础设施及市场环境来说，要完善与优化中越跨境金融基础设施建设，强化金融生态的硬环境。第四，就金融法规、制度环境建设来说，要使得中越两国在金融领域的法规建设、制度创新以及相关监管同步跟上，同时积极搭建与越南跨境金融信息交流的平台。

综上，以和谐共生为目标，通过加强我国与越南边境地区的金融合作与交流，最终实现边境双方金融稳健运行、经济社会共同发展，这是在微观层面中越金融合作的地缘意义。

（二）政治维度

在政治维度上，中越两国构建金融合作的现实意义包括两方面：遵循两国顶层设计的战略导向；满足两国发展战略对接的实际操作路径。一方面，中越领导层在对外政治层面已经规定了两国金融合作的大方向和主观积极愿望；另一方面，两国提出的"一带一路"倡议和"两廊一圈"构想的战略对接也对拓展两国金融合作提出了客观要求。

1. 战略导向：中越金融合作的顶层设计

分析近两年中越两国在五次高层领导互访期间颁布的联合文件，可知在战略导向方面，两国高层对于构建金融合作一直有所关注，且关注的程度逐年递增。随着"21世纪海上丝绸之路"建设的推进，两国合作关系务实深化，联合文件中对于构建金融合作也体现出了质和度的变化（表2－11）：质量上从集中力度推进金融与货币合作工作组的相关工作，向各类金融机构的资金流通全方位辐射性合作变革，程度上从建构金融合作框架和树立基调，向深化实施合作细节及具体路径过渡。从金融与货币合作工作组的成立到落地，再到多种资金融通方式的构建，中越两国金融合作的工作局面在逐步打开，两国对于金融合作方面的政策倾斜愈发明确，对于金融和融资机构的配套发展也愈发重视。综上，此推进逻辑契合中越两国高层的合作战略设计，向积极践行中越间金融合作提出了主观愿望。

表 2 - 11　　　**五次中越联合文件与两国金融合作构建相关**

类型	时间	互访高层	涉及金融合作
中越联合公报	2015.4.8	越共中央总书记阮富仲访华	正式成立金融与货币合作工作组
			签署《中国人民银行与越南国家银行金融与货币合作工作组工作大纲》
中越联合声明	2015.11.6	中共中央总书记、国家主席习近平访越	用好金融与货币合作工作组
中越联合公报	2016.9.14	越南政府总理阮春福访华	落实好金融与货币合作工作组第二次会议后续工作
			密切配合用好中国向越南提供的贷款和无偿援助
中越联合公报	2017.1.4	越共中央总书记阮富仲访华	密切配合用好中国向越南提供的贷款和无偿援助
			用好金融与货币合作工作组
			签署《中国国家开发银行与越南投资发展银行2017—2019年项目融资与双边授信合作谅解备忘录》
中越联合公报	2017.5.15	越南国家主席陈大光访华	发挥金融与货币合作工作组作用
			鼓励双方金融机构为双方条件成熟的合作项目提供融资支持，并为此创造条件
			为使用亚洲基础设施投资银行资金开展基础设施互联互通项目创造条件
			鼓励两国私营投资机构参与投资
			中方为越方根据相关规定申请中方优惠贷款及其他资金提供便利

资料来源：搜集整理自［越］*Báo Nhân Dân*。

2. 操作路径：中越发展战略对接蕴含的金融合作需求

如图2-21所示，一方面，金融承担着实体经济的血脉，对于中国主导的"一带一路"倡议，资金融通是其重要支撑。习近平总书记在"一带一路"国际合作高峰论坛上承诺，中国将加大对"一带一路"建设的资金支持：一是丝路基金新增1000亿元人民币资金，鼓励金融机构开展人民币海外基金业务，规模预计约3000亿元人民币。二是中国国家开发银行、进出口银行分别提供2500亿元和1300亿元等值人民币专项贷款，用于支持"一带一路"基础设施建设、产能、金融合作。三是与亚投行、金砖银行、世界银行等多边开发金融机构合作支持"一带一路"项目，同有关各方共同制定"一带一路"融资指导原则。可见，我国不但自身投入大笔资金，也致力于吸引更多社会资本及沿线各国资金，依托金融合作、以多种融资渠道积极共建"一带一路"，而合作重点领域则放在基建和产能合作。

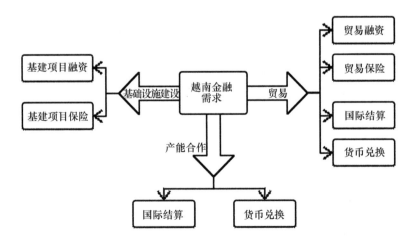

图2-21 中越战略发展的金融合作需求

另一方面，越南时任总理潘文凯于2004年提出的"两廊一圈"战略构想，是以构建通道经济、港口经济、口岸经济为切入点，重点打造交通走廊、物流走廊和海路交通港口圈（见表2-12），依托具体项目的建设推动区域经济的发展和中越经贸关系的密切化。在中共十九大后、越南 APEC2017 领导人非正式会议前，中国外交部长王毅访问越南，在 2017 年 11 月 3 日与越南政府总理阮春福会面时，双方一致同意推动"一带一路"与"两廊一圈"对接。

表 2 - 12　　　　　　　　"两廊一圈"推进成果

越南"两廊一圈"政策	越南"两廊一圈"公路建设	中越"两廊一圈"合作机制
《批准到 2020 年谅山—河内—海防—广宁经济走廊发展规划的决定》	越南河内至老街高速公路	中越五省市（云南、河内、海防、广宁、老街）经济走廊合作会议（7 次）
《批准到 2020 年北部湾沿海经济圈发展规划的决定》	越南河内至海防高速公路	—
	越南河内至谅山高速公路（在建）	—

资料来源：李碧华：《越南"两廊一圈"的政策规划建设与中越共建"一带一路"》，《东南亚纵横》2016 年第 5 期。

综合中越两国的发展规划可见，"一带一路"倡议和"两廊一圈"战略构想在基础设施建设方面的对接点较为契合，两者的一大共性是都依托具体基建项目进行推进，施行以互联互通为重点的务实合作。在基建项目中，不可避免地需要大规模的资金流。可以说，两国发展战略在基建及融资方向存在内生趋同性，从该点进行焊接的可行性较高，这是两种机制框架下中越金融合作先天的基础，也向积极践行中越间金融合作提出了客观要求。

（三）经济维度

在经济维度上，从投资及双边贸易体量来看，中越间频繁的投资经贸往来为两国的金融合作打下了良好的经济基础。在此基础上，中国可以以越南为闸口和先导，开启面向中南半岛的金融通路，使加深与东盟其他成员国间的资金融通成为可能。总之，大体量的投资贸易往来带来了两国在融资、保险、国际结算、货币兑换等领域的金融合作需求，中越两国构建金融合作的经济现实意义即满足中国对越投资和中越双边贸易带来的具体需求。

1. 中国对越投资催生的金融合作需求

从越南基础设施发展现状来说，据世界经济论坛发布的年度全球竞争力报告对全球 140 多个经济体的基础设施竞争力指数进行的排名，越南位于中下区间（2014—2015 全球排名第 81；2016—2017 年全球排名第 79），落后于东亚及太平洋地区的平均水平。具体表现为公路等级和质量不高，高速公路里程短；铁路网络覆盖面集中在城市，郊区涉及度不足；港口和关口的配套设施较差。

从越南基础设施发展需求来说，其国内基础设施建设存在较大的资金缺口、缺乏充足的经费支持，资金来源单一，且基建投资过于分散，效果不明显。据越南政府估计，2018—2020 年间，本国基础设施建设需耗资约 4800 亿美元，而国库只能负担该预算的三分之一，为此，越南政府近年多次下令交通部加快推行计划，为基础建设吸引更多私人投资，然而据亚洲开发银行发展经济处处长哈山，私人投资在越南基础设施支出的占比可能少于 10%，国家大力鼓励下，形势依旧严峻。

综上，为克服越南国家的金融供给缺口，越南亟需拓展多渠道、多样化的资金来源。然而，目前流向越南基建的投资资金面临以下桎梏：其一，越南政府每年对于基建的投资及分配额度受限于国家财政预算，由于越南财政赤字规模较大，已趋近 GDP 65% 的法定上限，其国内金融供给在很大程度上不能满足国家进一步建设和发展的需求，国内发展投资支出增长缓慢（图 2 - 22）。其二，越南国家主要依靠国际开发协会、发展援助委员会等国际组织和日本国际协力机构、亚洲开发银行等金融机构提供的政府开发援助（ODA），近年遭遇了动力不足、进展较慢、有偿贷款附加条件过多等障碍。其三，越南缺乏鼓励国内外私人资金投资的政策机制，且公私合营模式（PPP）的发展仍不完善，通过国际金融组织及个人借贷资金的相关手续耗时过长，资金也不能及时到位。[1]

---

① 葛红亮：《东南亚：21 世纪"海上丝绸之路"的枢纽》，中国出版集团 2016 年版，第 117 页。

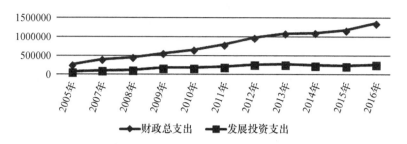

图 2-22 越南国家财政总支出中发展投资支出情况（单位：十亿盾）

资料来源：越南统计总局。[①]

鉴于此，为弥合越南国内的金融供给缺口，加之资金这一生产要素的自主流动趋向，中国在越南投资项目的注册资金额和数量正高速增长。据越南统计总局数据，截至 2016 年底，中国大陆企业在越南投资项目总注册资本为 105.276 亿美元，在所有对越投资国家地区中排名第八，占总数的 3.58%；项目数量 1562 个，排名第五，占总数的 6.91%。如果算上香港特别行政区和台湾地区，则中国企业在越投资的总注册资本达 594.16 亿美元，位居第一；项目数量达 5246，位居第二。越南外商投资局投资促进主任 Nguyen Quang Vinh 表示，目前中国企业在越投资集中在天然气、能源和基建领域。

由此可见，中国对越投资以及中越产能合作，催生了数额巨大资金流的配套性需求，是越南金融机遇的有机组成部分。具体来说，越南金融需求的形成机制主要包括在基建领域项目融资和项目保险的金融需求，以及在产能合作领域国际结算和货币兑换的金融需求。中越金融合作在经济维度的现实意义之一，就是提高两国实体经济合作水平，一方面为亚洲基础设施投资银行、"一带一路"与"两廊一圈"有效对接提供资金和制度保障，另一方面输出中国的优质产能，夯实两国实体经济基础。

---

① 最新数据仅公布到 2016 年。

2. 中越双边贸易催生的金融合作需求

从中越间贸易活动来说,两国双边贸易额体量巨大,互为重要的贸易伙伴:中国连续 13 年是越南的第一大贸易伙伴,越南 2016 年也超越马来西亚、首次成为中国在东盟的最大贸易伙伴。据越南统计总局的进出口数据 (图 2 – 23),中国与越南(中国方面仅统计了中国大陆地区进出口总额,未包含香港特别行政区及台湾地区)的双边贸易额在越南进出口总额中占比呈现出整体稳步提升的态势:2010 年占比为 17.79%,2011 年至 2016 年分别为 17.91%、18.34%、18.96%、19.65%、20.14%,到了 2016 年,中越双边贸易额在越南进出口总额中的占比升至 20.48%。大体量且逐年递增的中越贸易额无疑提升了越南经济的外向性,这就在客观上对越南发展区域性和多层次的资本市场和结算体系提出了要求。

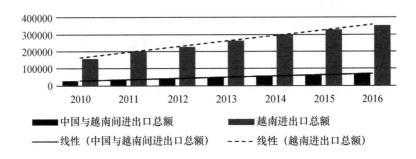

图 2 – 23   2010—2016 年越南统计总局统计口径下越南对中国进出口总额 (单位: 百万美元)

资料来源:越南统计总局。[①]

然而,从越南金融体系的不均衡发展和金融业的风险来看,越南金融市场对于自身贸易活动的支撑依旧面临一些不利因素,为适应中越间经贸合作的迅速拓展,两国在金融合作方面仍有较大的空间和潜力。从结构来说,越南金融市场有较强的活力,但发展不均

①   最新数据仅公布到 2016 年。

衡，主要以银行业为核心，银行业资产占到全部金融机构资产的
80%以上[①]；而证券市场和保险业起步较晚，虽以较快速度增长，
依旧显得规模较小、结构单一。从金融风险来说，越南金融业最严
重的风险在于银行呆坏账和不良贷款的问题，据越南国家金融监督
委员会发布的《2016 年越南金融市场形势综述》，2016 年该国部
分弱小金融机构坏账问题依然未能彻底解决，使贷款利率下降幅度
未达预期；加之资产质量、信息披露以及公司治理方面的弊端，
越南银行业的不足给本国金融业的发展造成了阻碍。从具体指标
来说，据世界经济论坛发布的报告（表 2 - 13），越南金融市场
发展总体水平在全球居于落后，其银行稳健性、证券交易所监
管、金融服务可用性、获得贷款容易程度的评分在 137 个经济体
中排列后半段，世界经济论坛 2017 年的高管意见调查也显示，
在越南营商面对的最困难因素是获取融资；据世界银行发布的报
告（表 2 - 13），越南的信贷机构覆盖率和信用登记覆盖率都不
算太高。

表 2 - 13　　　　　　越南金融市场及取得贷款相关指标

世界经济论坛《全球竞争力报告 2017—2018》		世界银行《2018 营商环境报告》	
金融市场发展相关指标	排名（共 137 个经济体）	取得贷款相关指标	分数
金融市场发展	71	取得贷款前沿距离（1—100）	75.00
金融服务可用性	78	法律权利强度指数（0—12）	8
金融服务可负担性	60	信贷信息深度指数（0—8）	7
通过本地股市融资	53	信贷机构覆盖率（% 的成人）	19.7
获得贷款容易程度	69	信用登记覆盖率（% 的成人）	51.0
风险资本可用性	38	—	
银行稳健性	112	—	
证券交易所的监管	89	—	
法定权利指数	30	—	

资料来源：世界经济论坛、世界银行。

---

① 李健等：《东盟十国金融发展中的结构特征》，中国社会科学出版社 2007 年版，
第 395 页。

综上，中越间大额贸易催生的金融需求是越南整体金融需求的重要组成部分，具体来说，贸易催生的金融需求包括贸易融资需求、保险需求、国际结算需求、货币兑换需求等。然而越南本身金融体系发展的不均衡以及其提供金融服务的相对落后，让其不能匹配中越两国间日益密切的经贸联系。因此，满足中越双边贸易催生的大流量资金需求同样是中越金融合作在经济维度的现实意义之一。

(四) 社会—人文维度

近年来，中国与越南在教育、旅游等领域的合作逐年取得积极进展，这在社会—人文维度上同样是中越拓展金融合作的现实意义：频繁的人员往来会带来两国间诸如国际结算、货币兑换、保险等领域的金融需求。

第一，教育方面，教育合作在中越两国合作当中是一个亮点。一方面，中越自2000年开始签署教育交流与合作协议（表2-14），把两国在教育方面的合作机制化，将留学生培养为国家友好关系的重要使者。另一方面，据中国教育部数据（表2-15），越南在华留学生数量在2005年至2016年的区间内稳定在1万名左右。机制化的教育交流合作成果，以及数量稳定的在华越南留学生，是中越间人员往来的一大重要来源。

表2-14　　　　　　　　　　　**中越教育交流协议**

签署时间	签署人/签署场合	协议名称
2000年 4月24日	中国教育部部长陈至立	《中华人民共和国教育部与越南社会主义共和国教育与培训部2001—2004年教育交流与合作协议》
	越南教育与培训部部长阮明显	
2005年 11月11日	中国教育部副部长袁贵仁	《中越2005年至2009年教育交流协议》
	越南教育培训部副部长陈文戎	
2011年 10月11—15日	越共中央总书记 阮富仲访华期间	《中华人民共和国教育部与越南社会主义共和国教育培训部2011—2015年教育交流协议》

续表

签署时间	签署人/签署场合	协议名称
2016年 9月12日	中国教育部部长陈宝生	《中华人民共和国教育部与越南社会主义共和国教育培训部2016—2020年教育交流协议》
	越南教育培训部部长冯春雅	

资料来源：各在线新闻网站。

表 2-15 　　　　　　　越南在华留学生情况 　　　　　　　（名）

年份	越南在华留学生数量	越南在华留学生数量排名
2005	—	4
2006	7310	4
2007	9702	4
2009	12247	4
2010	—	5
2011	13549	5
2012	13038	7
2013	—	7
2014	10658	11
2015	10031	11
2016	10639	10

资料来源：中国教育部。[①]

　　第二，旅游方面，从交流机制来说，2017年初，中越签署《中国国家旅游局和越南文化体育旅游部2017—2019年旅游合作计划》，进一步挖掘出境游市场。从游客人数来说，据越南副总理张和平介绍，中国连续多年是越南最大的客源国。据越南国家旅游局数据（图2-24），中国大陆、中国香港和中国台湾的游客在赴越

──────────

　　① 部分年份数据缺失，最新数据仅公布到2016年。

外国游客总数中的份额占比总体上呈现稳步提升态势,2010 年至 2017 年分别占比 24.54%、29.83%、27.04%、30.60%、29.85%、28.20%、32.35%、36.16%。2016 年,赴越南旅游的中国大陆游客量猛增,达 270 万人次,同比增长 51%;2017 年,中国大陆游客数量继续攀升,达 400 万人次,同比增长 49%。逐年提升的中国赴越游客数量,同样是中越间人员往来的一大重要来源。

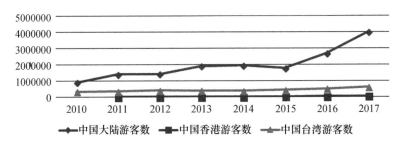

图 2 - 24　赴越中国 (大陆、香港、台湾) 游客数 (单位:人)
资料来源:越南国家旅游局。

综上,中国和越南间有频繁的人员往来交流,这些人员间交流的深化会成为各类金融服务成型的基础,引致诸如国际结算、货币兑换和保险等形式多样化的金融需求,给两国金融机构带来更加丰富的业务发展空间。

四　越南金融需求规模测度

综合上文结论,依据数据的易获取和易处理程度,本文选取为实现两国设施联通、贸易畅通,越南基础设施建设和中越双边贸易这两个板块,来粗略测度越南的金融需求规模,并且根据历史数据尝试对越南金融需求进行前景预测。

(一) 2007—2016 年越南金融需求估测

根据已有的数据与资料,选取 2007—2016 年越南的基础设施建设和中越间国际贸易这两个大板块来粗略估测越南近年来的金融需求。

1. 越南基础设施建设引致的金融需求

中国对外直接投资统计公报显示，中国对越南的直接投资逐年增加。越南人民报网称，目前越南每年的基础设施建设支出占国内生产总值的比重为 5.7%，然而仍需 4800 亿美元投入基础设施建设才能满足越南发展的需求。据亚洲开发银行数据显示，越南的基础设施支出比例在东南亚地区远高于东盟的其他国家，在亚洲地区也仅次于中国。越南庞大的基础设施建设需求在较长时间内会带来数量多、规模大的项目融资需求（例如大型设备的融资租赁等），并且带动项目保险的金融需求。

（1）基础设施建设项目融资需求：

考虑到数据的可得性，我们采用已有文献中"国际惯例为基础设施项目的自有资金占比为 30%"的测度方法来测量越南基础设施建设所需要的项目融资额。（表 2 - 16）

表 2 - 16　越南基础设施项目建设所需的融资额（亿美元）

年份	2007	2008	2009	2010	2011	2012	2013	2014	2015	2016
GDP	775.2	982.7	1016.3	1127.7	1346.0	1555.7	1705.7	1859.0	1914.5	2013.1
基建支出	44.2	56.0	57.9	64.3	76.7	88.7	97.2	106.0	109.1	114.8
基建项目融资	30.9	39.2	40.6	45.0	53.7	62.1	68.1	74.2	76.4	80.3

资料来源：国际货币基金组织。[①]

（2）基础设施建设项目保险需求：

对于基建工程保险费用，考虑到数据的可得性，本文参考中国机场、码头和桥梁等基建工程的保险费率，将之定为 0.35%，故大致求得 2007—2016 年越南基础设施建设的项目保险费用。（见表 2 - 17）

---

① 最新数据仅公布到 2016 年。

表2-17　　　　　　越南基础设施建设项目保险费用　　　（百万美元）

年份	2007	2008	2009	2010	2011	2012	2013	2014	2015	2016
基建保险费用	15.5	19.6	20.3	22.5	26.9	31.0	34.0	37.1	38.2	40.2

资料来源：笔者基于表2-16数据自行计算所得。

2. 中越双边贸易引致的金融需求

随着"一带一路"建设的一系列措施的实施，正常情况下，中越的贸易便利化程度会逐年提高，贸易依存度也会逐渐增加。而贸易发展，会为金融发展贡献条件和基础，中越双边贸易的发展可以引致大量的金融需求，主要表现为贸易融资、保险及人民币跨境结算的需求，下面就这三个方面做一个简单的需求测度。

（1）贸易融资：

表2-18中列出了2007—2016年中越双边贸易总额及贸易依存度，从数据中可以看出，从2007年到2016年，中越双边贸易总额逐年增加。自2004年起，中国是越南连续12年最大贸易伙伴，2016年，越南成为中国在东盟的第一大贸易伙伴。越南对中国贸易依存度大体上也呈现逐年提高的趋势。

表2-18　　　　　2007—2016年中越贸易总额、贸易依

存度与估算贸易融资额　　　　　（亿美元）

年份	2007	2008	2009	2010	2011	2012	2013	2014	2015	2016	2017
贸易总额	151.2	194.6	210.5	300.9	402.1	504.4	654.8	836.4	958.5	982.1	1213.2
贸易依存度（%）	19.5	19.8	20.7	26.7	29.9	32.4	38.4	45.0	50.1	48.8	56.42

续表

年份	2007	2008	2009	2010	2011	2012	2013	2014	2015	2016	2017
贸易融资额	120.9	155.7	168.4	240.7	321.7	403.5	523.8	669.1	766.8	785.6	970.6

资料来源:"贸易总额"2007—2015年数据来源于中国国家统计局,2016—2017年数据来源于中国海关;"贸易依存度"和"贸易融资额"由笔者自行计算所得。

总结现有的相关文献,贸易融资是银行对进出口商提供的与进出口贸易结算相关的一种短期信贷和信用便利,目前未能找到中越贸易融资额的精确数据,只能大体估计,参考现有文献的测度方法,双边贸易中大概有80%的资金需求通过融资而来,据此可以测得2007—2016年中越由双边贸易引致的融资额(见表2-18)。

(2)贸易保险:

根据之前学者的研究和总结,中越间货物贸易主要依靠海运,陆运的商品品种主要是小商品,因此粗略计算贸易保险时依照海运的保险费用计算。

而我国海上运输货物保险又分为平安险F.P.A、水渍险W.A和一切险A.R.三种,保费各不相同。据中国人民保险公司(PICC)1981年1月1日修订《海洋运输货物保险条款》中规定:"一切险是除包括平安险和水渍险的各项责任外,还负责被保险货物在运输途中由于外来原因所致的全部或部分损失。"由此可见,"一切险"条款包含了平安险、水渍险的承保范围,其承保范围最广。与"平安险""水渍险"相比,"一切险"承保范围的特征主要体现在"运输途中外来原因所造成的全部或部分损失"。在实践中,中国大多数货物运输都会选择保障范围最大的"一切险"条款进行投保。本文中的测度计算也采取"一切险"的保险费率进行估算。

根据中国国际海运网的数据,中国出口至越南的普通货物的海运"一切险"保险费率为每百元0.6元,进口越南的普通货物海运"一切险"保险费率为每百元0.35元(表2-19和表2-20)。由此可以测得中越双边贸易引致的贸易保险需求（见表 2 - 21）。

表 2 - 19　　　　**中国大陆出口亚洲海运保险普通货物费率表**　　（每百元）

大洲	目的地	平安险	水渍险	一切险
亚洲	中国香港、中国澳门、中国台湾、日本、韩国	0.08	0.12	0.25
	约旦、黎巴嫩、巴林、阿拉伯、联合酋长国、菲律宾	0.15	0.2	1
	尼泊尔、阿富汗、也门			1.5
	泰国、新加坡等其他国家			0.6

资料来源：中国国际海运网。

表 2 - 20　　　　　**中国进口海运保险普通货物费率表**　　（每百元）

地区	平安险	水渍险	一切险
中国台湾、中国香港、中国澳门、韩国、日本	0.08	0.12	0.25
大洋洲及亚洲国家和地区	0.10	0.15	0.35
加拿大、美国、欧洲	0.15	0.2	0.45
非洲及中南美洲	0.20	0.25	0.5

资料来源：中国国际海运网。

表 2 - 21　　　　　**中越双边贸易引致的贸易保险费用**　　（亿美元）

年份	2007	2008	2009	2010	2011	2012	2013	2014	2015	2016	2017
中国对越南的进口额	32.3	43.4	47.5	69.8	111.2	162.3	168.9	199.1	298.3	371.5	503.3
中国对越南的出口额	118.9	151.2	163.0	231.0	290.9	342.1	485.9	637.3	660.2	610.6	709.9

续表

年份	2007	2008	2009	2010	2011	2012	2013	2014	2015	2016	2017
贸易引致的保险费	0.8	1.1	1.1	1.6	2.1	2.6	3.5	4.5	5.0	5.0	6.0

资料来源：进出口额2007—2015年数据来源于中国国家统计局，2016—2017年数据来源于中国海关；保险费由笔者自行计算所得。

（3）人民币跨境结算：

中越间国际贸易的开展，必然会引起人民币的跨境结算需求和货币兑换需求，考虑数据的可得性，本文根据中国人民银行《人民币国际化报告》中的资料和数据，计算了2014—2016年中越跨境贸易引致的人民币跨境结算的金额。

2014年，中越跨境贸易人民币结算额为1523.02亿元人民币，占人民币总跨境结算金额的2%；2015年，报告中表明，中越贸易引致的人民币结算金额达到1331亿元，占人民币总跨境结算金额的1.1%；2016年，中越贸易引致的人民币结算金额为1379亿元，占人民币总跨境结算金额的1.4%。

（二）越南金融需求前景预测

根据上文中计算的越南基础设施建设所引致的项目融资额、项目保险额，以及双边贸易引致的贸易融资额、贸易保险额，做2007—2016年的拟合趋势线。根据趋势线的走势，预测越南金融需求的未来走势。

由图2-25、图2-26可以看出，近年来越南的基础设施建设和中越双边贸易所引致的金融需求不断增加，根据IMF对越南未来经济发展走向的预测，2017—2022年，越南GDP将会保持6.2%的增速，到2022年越南GDP将会达到3296.42亿美元（表2-22）。根据上文测度过程可看出，越南金融需求与本国GDP的增长正向相关，因此越南在未来几年中由基础设施建设和双边贸易催生的金融需求也将稳步提升。

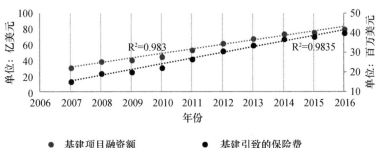

图 2-25　越南基础设施建设引致的金融需求趋势

资料来源：笔者自行计算数据并绘制。①

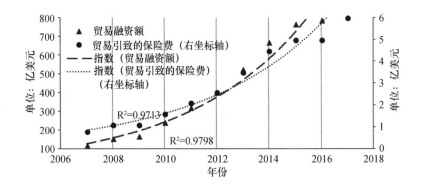

图 2-26　中越双边贸易所引致的金融需求趋势

资料来源：笔者自行计算数据并绘制。

随着"一带一路"倡议的推进，中国致力于实现与越南的"设施联通，贸易畅通"战略内涵，提高贸易便利化程度。而越南也计划在未来将加大基础设施建设投入力度，越南财政部拟制的2016 年至 2020 年越南基础设施建设投资需求约为 4800 亿美元。由此，一方面，中国"一带一路"倡议的着力方向，正好精准契合了

---

① 原始数据只更新到 2016 年。

越南的基础设施建设将会在将长时间内存在的较大的金融需求缺口。另一方面，两国间贸易便利化程度提高，让中越双边贸易在未来也会持续较快增长，随即贸易引发的金融需求缺口将会进一步扩大，为中越间的金融合作提供了广阔的前景。综上所述，未来几年，中越之间的金融合作机会将大大增加，合作规模也会有所扩大。

表 2-22	越南未来 GDP 预测				(亿美元)
年份	2018	2019	2020	2021	2022
GDP 预测值	2346.88	2556.67	2777.91	3013.53	3269.42
GDP 预测增速（%）	6.3	6.2	6.2	6.2	6.2

资料来源：国际货币基金组织。

五 政策建议

基于上述分析，为切实推动"一带一路"倡议背景下中越两国金融合作的构建，具体可以从以下几方面提出政策建议：

第一，对于两国政府，为了提升中越政府间金融合作的层级，应签订金融协定，打造两国商业性金融交流的制度基础，为两国金融机构的合作提供内涵更为包容和丰富的制度框架。

第二，对于两国金融机构层，在中越商业性金融机构合作中，应将银行设定为依托的主要实体，拓展两国银行间良好的双边合作基础。一方面，可以鼓励商业银行基于市场原则互设分支机构。另一方面，可以促进银行研究中越两国企业的金融需求，推出有针对性的金融产品。

第三，对于边境地区金融合作，应以金融改革综合试验区和跨境经济合作区为范例，增加中越两国金融合作的务实性和实践性。通过借鉴别的自贸区的金融改革创新政策，发展我国边境地区与越南的金融合作，拓展沿边金融改革综合试验区和跨境经济区实践。

第四，对于金融合作平台，双边来说，可以借助中越双边合作机制展开两国金融合作；多边来说，可以在地区和国际多边合作框架下展开两国金融合作；机制来说，可以充分利用中国—东盟博览会等政府搭建的双多边交流平台开展两国金融合作。

越南一方面近年经济增长较快，金融业发展迅速：银行业务规模不断扩大，资本市场也日益成长。但是，越南金融市场发展缓慢、结构残缺，市场不完备；企业资金也以内源融资为主，外援融资成本较高。另一方面，中国和越南间逐年密切的经济联系催生了体量巨大、内容多样的金融需求：贸易方面，中国连续多年是越南第一大贸易伙伴，越南是中国在东盟内的最大贸易伙伴；投资方面，尽管中国对越南投资总量不大，但增长较快，中国对越投资主要集中于加工制造业、房地产和建筑行业，越南是中国在东盟第三大工程承包市场。在越南金融市场机遇与风险并存的背景下，拓展中越两国金融合作、构建资金融通的中越命运共同体，是我国实现新时代中国特色大国外交、抓住美国战略回缩时间窗口对现有的国际秩序进行有益自身的补充、以合作和公共产品提供争取全球治理中新的权责分配的必经之路。

参考文献

[1] 曹丽：《南宁与越南投资合作分析及近期展望》，《创新》2009年第2期。

[2] 曾晓华：《发展防城港市中越边境地区金融合作的对策》，《南方金融》2003年第9期。

[3] 常钰琪：《"一带一路"能源合作的金融需求分析》，《时代金融》2016年第9期。

[4] 陈伶、古小松：《走向2000年的越南》，广西人民出版社1991年版。

[5] 陈明凡：《越南的社会主义定向市场经济——中越社会主义市场经济理论比较》，《当代亚太》2005年第7期。

[6] 陈玉刚：《国家与超国家——欧洲一体化理论比较研究》，上

海世纪出版集团 2001 年版。

[7] 陈岳：《国际政治学概论（第三版）》，中国人民大学出版社 2009 年版。

[8] ［美］大卫·A. 鲍德温：《新现实主义和新自由主义》，肖欢容译，浙江人民出版社 2001 年版。

[9] 狄玉孝：《越南社会经济协调发展研究》，硕士学位论文，广西大学，2013 年。

[10] 樊勇明：《西方国际政治经济学（第二版）》，上海人民出版社 2006 年版。

[11] 范青松：《越南商业银行贷款风险防范对策研究》，博士学位论文，辽宁大学，2016 年。

[12] 范祚军、夏梦迪：《以区域金融合作缓解越南金融供给缺口的实证分析》，《区域金融研究》2011 年第 2 期。

[13] 葛红亮：《东南亚：21 世纪"海上丝绸之路"的枢纽》，中国出版集团 2016 年版。

[14] 古小松：《越南的经济改革》，广西人民出版社 1992 年版。

[15] 古小松：《在高通胀中发展——越南 2008—2009 年形势分析与预测（下）》，《东南亚纵横》2009 年第 3 期。

[16] 管亚丽：《中越货物贸易的竞争性及互补性研究》，硕士学位论文，云南师范大学，2016 年。

[17] 郭关玉：《新现实主义、新自由主义和建构主义关于国际合作的条件的理论述评》，《社会主义研究》2005 年第 6 期。

[18] 何帆等：《全球治理机制面临的挑战及中国的对策》，《世界经济与政治》2013 年第 4 期。

[19] 黄海敏：《越南加快金融体系改革步伐》，《中国经贸导刊》，1999 年第 1 期。

[20] 黄良波：《全球经济放缓背景下推动中越经贸与金融合作的策略》，《东南亚纵横》2008 年第 12 期。

[21] 新浪网，http：//finance. sina. com. cn/zl/hkstock/2017-09-13/zl-ifykusez0094132. shtml？cre = financepagepc&mod = f&loc =

3&r = 9&doct = 0&rfunc = 81.

［22］华尔街见闻网，https：//wallstreetcn. com/articles/3034429.

［23］霍伟东：《"一带一路"战略的金融支持研究—基于四川的典型分析》，《西南金融》2016 第 5 期。

［24］金亨真：《西方国际关系理论中新现实主义和新自由主义的国际合作论》，《国际论坛》2004 年第 5 期。

［25］李碧华：《越南"两廊一圈"的政策规划建设与中越共建"一带一路"》，《东南亚纵横》2016 年第 5 期。

［26］李钢源：《和谐共生：边境金融生态环境的地缘性分析——以广西为视角》，《区域金融研究》2006 年第 12 期。

［27］李健等 . :《东盟十国金融发展中的结构特征》，中国社会科学出版社 2007 年版。

［28］李扬：《中国城市金融生态环境评价》，人民出版社 2005 年版。

［29］联合早报，http：//beltandroad. zaobao. com/beltandroad/news/story20170325-740084.

［30］梁波：《关于加强中越边境金融合作的思考》，《区域金融研究》2003 年第 12 期。

［31］梁祺：《广西中越边境地区金融生态环境分析及对策》，《区域金融研究》2005 年第 11 期。

［32］廖怡：《海上运输货物保险中"一切险"条款的相关法律问题研究》，硕士学位论文，上海海事大学，2004 年。

［33］林子苹：《金融危机与越南经济》，《东南亚纵横》1999 年 Z1 期。

［34］刘稚、沈静芳等：《当代越南经济》，云南大学出版社 2000 年版。

［35］罗伯特·基欧汉：《霸权之后：世界政治经济中的合作与纷争》，苏长和等译，上海人民出版社 2001 年版。

［36］［美］罗伯特·基欧汉、约瑟夫·奈：《权力与相互依赖》，门洪华译，北京大学出版社 2012 年版。

［37］ 罗力强：《中国—东盟自由贸易区框架下中越金融合作与广西的战略选择》，《广西社会科学》2014 年第 5 期。

［38］ 蒙聪惠：《构建"两廊一圈"实现中越"双赢"》，《市场论坛》2006 年第 2 期。

［39］ 倪世雄：《当代西方国际关系理论》，复旦大学出版社 2001 年版。

［40］ 潘金娥：《越南以疑虑眼光审视"一带一路"》，《社会观察》2015 年第 12 期。

［41］ 潘永：《越南投资分析报告》，广西师范大学出版社 2014 年版。

［42］ 潘永、王太云：《21 世纪海上丝绸之路金融需求的形成机制与规模测度——基于中国—东盟的样本数据》，《广西社会科学》2017 年第 4 期。

［43］ 潘忠岐：《新功能主义扩溢理论及其批判》，《上海交通大学学报》（哲学社会科学版）2003 年第 11 期。

［44］ 企业报道网，http：//www.ceccen.com/quanqiushiye/1515558891.html.

［45］ 秦亚青：《权力·制度·文化》，北京大学出版社 2005 年版。

［46］ 秦亚青：《国际关系理论：反思与重构》，北京大学出版社 2012 年版。

［47］ 任康钰：《对推动中国与东盟国家之间金融合作的探讨》，《武汉金融》2011 年第 1 期。

［48］ 阮氏秋河：《越中金融体系比较研究》，硕士学位论文，广西大学，2012 年。

［49］ 宋伟：《关于国际合作的理论：概述与思考》，《东南亚研究》2001 年第 4 期。

［50］ 孙雅丽：《我国跨境经济合作区金融支持研究》，硕士学位论文，广西师范大学，2015 年。

［51］ 覃延宁：《全面推进中国—越南金融合作：构建一体化区域经济的需要》，《东南亚纵横》2005 年第 7 期。

［52］滕莉莉、颜氏燕玲：《国外证券投资对越南资本市场影响研究》，《东南亚纵横》2011 年第 1 期。

［53］田吉安：《越南证券市场的发展研究》，硕士学位论文，西南财经大学，2001 年。

［54］屠年松、朱雁春：《全球金融危机后中国与东盟金融合作再思考》，《经济问题探索》2010 年第 9 版。

［55］王昌牧：《越南货币金融的改革与发展》，《云南师范大学学报》（哲学社会科学版）1996 年第 5 期。

［56］王宇露：《金融生态与金融生态环境研究的演进及其述评》，《生态经济》（中文版）2007 年第 6 期。

［57］武氏玄绒、赵启兰：《中越贸易中的物流成本控制探讨》，《物流技术》2011 年第 7 期。

［58］［美］小约瑟夫·奈、戴维·韦尔奇：《理解全球冲突与合作：理论与历史（第九版）》，张小明译，上海人民出版社2012 年版。

［59］谢林城：《越南蓝皮书——越南国情报告》，社会科学文献出版社 2016 年版。

［60］新华网，http：//news. xinhuanet. com/world/2017-05/14/c_129604265. htm.

［61］徐绍丽等：《列国志：越南》，社会科学文献出版社 2005 年版。

［62］许心怡、杨永华：《中国—东盟贸易中人民币跨境贸易结算研究》，《区域金融研究》2016 年 11 期。

［63］闫杰宇：《"一带一路"背景下基础设施建设融资问题研究》，硕士学位论文，首都经济贸易大学，2016 年。

［64］越南人民报，http：//cn. nhandan. org. vn/.

［65］越南之窗，https：//mp. weixin. qq. com/s/6ETz5e3WuhG88y1n9GvTrg.

［66］越通社，https：//zh. vietnamplus. vn/.

［67］［美］詹姆斯·多尔蒂、小罗伯特·普法尔茨格拉夫：《争论

中的国际关系理论（第五版）（中译本第二版）》，阎学通等译，世界知识出版社 2013 年版。

[68] 詹小颖：《金融生态与广西沿边跨境金融创新研究》，《金融经济理论版》2015 年第 9 期。

[69] 张建政：《国际区域金融合作的制度分析》，博士学位论文，吉林大学，2008 年。

[70] 张宇燕：《全球治理的中国视角》，《世界经济与政治》2016 年第 9 期。

[71] 赵克、卢珍菊：《越南证券市场研究》，人民日报出版社 2014 年版。

[72] 赵长峰：《国际金融合作中的权力与利益研究》，博士学位论文，华中师范大学，2006 年。

[73]《越南共产党第四次全国代表大会文件》，越南外文出版社 1977 年版。

[74] 中国人民银行南宁中心支行课题组、黄良波：《新形势下的中国—东盟区域金融合作、背景、现状及展望（上）》，《区域金融研究》2008 年第 5 期。

[75] 中国银行股份有限公司：《文化中行———一带一路国别文化手册》，社会科学文献出版社 2016 版。

[76] 中金网，http://www.cngold.com.cn/zjs/20150428d1894n41585698.html.

[77] 周小川：《完善法律制度，改进金融生态》，《金融时报》2004 年 12 月 7 日。

[78] 周延礼：《一带一路建设中的保险服务》，《中国金融》2016 年第 24 期。

[79] 中华人民共和国商务部网站，http://hochiminh.mofcom.gov.cn/.

[80] 中国保险报网站，http://xw.sinoins.com/2015-12/03/content_176958.htm.

[81] Anita Kumari and Anil Kumar Sharma, "Infrastructure financing

and development: A bibliometric review", *International Journal of Critical Infrastructure Protectio*, No. 16, 2016, pp. 49 – 56.

[82] Jasur Karshibaev, "Monetary cooperation perspective in Central Asia", *Procedia Economics and Finance*, No. 30, 2015, pp. 388 – 400.

[83] Josef Botlík and Milena Botlíková, "Prediction of transport infrastructure financing needs based on precedences", *Procedia-Social and Behavioral Sciences*, No. 110, 2014, pp. 361 – 372.

[84] Le Thi Thuy Van, "Vietnam and East Asian Monetary Cooperation: Efforts and Policies", *Asian Politics & Policy*, No. 3, 2009, pp. 463 – 488.

[85] Marta Arespa and Castello and Diego Gruber, "The Financial Channel in International Trade", *Procedia Economics and Finance*, No. 30, 2015, pp. 175 – 186.

[86] Volz Ulrich, "Enhancing financial cooperation among the GMS countries", *Greater Mekong Subregion: From Geographical to Socio-economic Integration*, 2016, pp. 162 – 171.

第三章　马来西亚金融体系
考察与分析

　　马来西亚自摆脱西方列强的殖民统治至国家独立以来，银行体系逐步建立和发展，在经济增长需求的带动与马来西亚政府的共同努力下，形成了别具一格的以"伊斯兰金融"为特色的丰富而完整的国家金融体系。尽管马来西亚金融体系在1997年亚洲金融危机中遭到重创，但是马来西亚政府采取强硬的措施，于1998年9月份实施固定汇率制，管制外汇流出；在经济好转后，于2005年7月放宽外汇管制，实施浮动汇率制度。2008年以来尽管受到全球金融危机的冲击，马来西亚金融体系在政府的调控下实现了平稳过渡。2013—2017年以来马来西亚金融体系一直维持着稳定而快速的发展，金融体系日益完善和丰富，为国家经济的发展提供了强大的支持动力。

　　本章首先从马来西亚金融体系的发展历程入手，探讨马来西亚金融业的兴起、发展和完善阶段；然后从金融机构体系、金融市场体系、金融监管体系、金融调控体系四部分出发，介绍该国现行金融体系的基本架构；紧接着对其金融体系的主要特点和影响因素进行分析；最后提出针对马来西亚金融体系现状，中国—马来西亚金融合作的突破点。

第一节　马来西亚金融体系的发展历程

　　马来西亚金融体系的发展历程大体上可分为三个阶段：马来西

亚金融业的兴起，即 1957—1967 年马来西亚成立国家银行，并将货币发行权统一的过程；马来西亚金融业的发展，即 1968—1990 年马来西亚央行逐步建立的过程；马来西亚金融业的进一步完善，即 1991—2009 年马来西亚金融体系得到逐步的丰富和完善。

一　马来西亚金融业的兴起

从 16 世纪开始，马来西亚相继遭到葡萄牙、荷兰等西方列强的入侵。自 1786 年英国的入侵伊始，至 20 世纪初马来西亚完全沦为英国殖民地。在 1957 年 8 月 31 日，一个多民族的"马来亚联合邦"由英国当局获准在英联邦内独立。几年之后，关于成立马来西亚的协定由马来亚、新加坡、沙捞越、沙巴和英国在伦敦联合签署，马来西亚于 1963 年 9 月 16 日宣告成立。

成立之初的马来西亚联邦，仍然沿用英属马来亚和北婆罗洲委员会（Board of Commissioners of Currency of Malaya and British Borneo）发行货币。直至 1967 年，1959 年成立的马来西亚国家银行（Bank Negara Malaysia）才依法获得独家发行货币的特权，才开始以国家中央银行的名义正式发行马来西亚的流通货币 Ringgit（林吉特），辅币为 sen，发行货币和硬币的权力仅限于马来西亚中央银行。

二　马来西亚金融业的发展阶段

独立初期的马来西亚，在经济建设方面需求巨大，这无疑给银行业的发展带来了动力。从 1957 年马来西亚联邦的成立，发展到 1967 年底，马来西亚商业银行由开始的 17 家增至 44 家。在这些商业银行中，民族资本银行由 7 家增到 23 家，外资银行由 10 家增加至 21 家，开设的分支构也由 73 家增到 215 家。其中有本地投资，也有外资，属当地资本的增至 91 家，属外资的则增至 124 家。特别的是，迟至 1970 年，外资银行仍占有举足轻重的地位，体现在马来西亚商业银行的存放业务、总资产中的绝大部分还一如过去那样受外资银行控制。

1960 年代和 1970 年代，在全球伊斯兰复兴运动背景的影响下，全马建立伊斯兰银行的意愿和需求日益强烈。1983 年，马来西亚政府制定了新的《伊斯兰银行法案》。考察其内容，在此法案条文下伊斯兰银行在马来西亚得以成立。马来西亚伊斯兰银行的运营、开设和规范、监督规定都由马来西亚中央银行负责。同年 3 月，马来西亚国内的首个伊斯兰银行应运而生，从此，与传统银行系统并存的一个新的系统开始运营。之后基于《伊斯兰银行法案》，1989年马来西亚政府制定了《银行和金融机构法案》。该法案为马来西亚的伊斯兰金融业的发展创造了新的条件。马来西亚伊斯兰银行有限公司（BIMB）是马来西亚的第一家伊斯兰银行，该公司的注册形式为有限责任公司。其成立标志着马来西亚银行双轨并存的新时代的到来。

1990 年，伊斯兰债券开始在马来西亚发行，该国壳牌公司发行了 1.2 亿林吉特的伊斯兰债券。同时，马来西亚的独特之处在于其可以存在无担保的伊斯兰债券。这样的债券意味着如果拥有足够的非无形资产，发行人就可以在无担保资金做支持的情况下发行债券。从整体来看，马来西亚的伊斯兰债券市场的主要业务集中在经营中期以及短期伊斯兰商业债券。

1984 年颁布《伊斯兰保险法》后，马来西亚政府于 1985 年成立了第一家伊斯兰保险公司，在 1988 年成立了第二家。由于马来西亚伊斯兰保险公司是由中央银行行长同时主管的，伊斯兰保险的运营同时处于中央银行的有效监管之下，伊斯兰保险业的平稳发展无疑得到了保证。在立法方面，1989 年马来西亚政府制定了《银行和金融机构法案》，使伊斯兰金融业的发展得到规范。20 世纪 90 年代初，马来西亚的伊斯兰银行分支机构数量迅速增长。这一时期，马政府允许传统银行充分利用一切现有条件，开设能够提供伊斯兰金融产品、服务的伊斯兰金融窗口。

三 马来西亚金融业的进一步完善阶段

马来西亚广泛意义上的伊斯兰金融体系同时包括了伊斯兰银行、保险和资本市场。马来西亚是世界上第一个建立传统与伊斯兰银行并行的"双系统银行体系"的国家,该体系正式确立于1993年。

20 世纪 90 年代的马来西亚,尽管伊斯兰银行业发展迅速,进入了发展的成熟时期,业务快速扩张,资产规模进一步的扩大,但从整体上看,马来西亚的伊斯兰银行在全马金融业中的地位和作用似乎仍然是有限的。20 世纪 90 年代的经济发展,让马来西亚金融资产在 1999 年积累到了 299 亿林吉特,而 1993 年的金融资产只有区区 24 亿。1999 年的存款额也上升至 117 亿,而在 90 年代初全马的存款额尚仅有十位数。马来西亚政府顺应国内外伊斯兰金融业的发展形势,在 1999 年将马来西亚商业银行和土著银行合并组建成马来西亚第二家伊斯兰银行,马来西亚土著知识银行有限公司成立。银行成立的同时,马来西亚还调整了伊斯兰银行系统的组成结构,在其中增设伊斯兰分行,伊斯兰金融的规模得以扩展。马来西亚第三家伊斯兰银行,丰隆伊斯兰银行于 2005 年宣布成立。丰隆伊斯兰银行的最终目的是成为马来西亚国内最大的伊斯兰银行,未来三年计划使资产增加 15%。第二年 8 月,马来西亚政府宣布实施名为"国际伊斯兰金融中心"的联营计划。联营模式的提出标志着伊斯兰现代金融业在马来西亚进入到了一个全新的发展阶段。该计划目的在于提高伊斯兰金融的开放程度,通过加强与其他银行及外资金融机构间的合作,吸引其参与马来西亚伊斯兰金融。2006 年,马来西亚伊斯兰银行系统的资产总额占全国银行系统资产总额的 11.60%,达 1180 亿林吉特,贷款余额和存款余额分别占 15.7% 和 11.6%。

据统计,马来西亚伊斯兰银行数量由 2005 年的 6 家迅速增长至 2009 年的 17 家,提供伊斯兰金融产品的银行网点数量从几百个增至 2009 年的 2087 个,涨势惊人,与此相适应的是在该时间段内马来西亚伊斯兰银行业的资产年均增长率超过 20%。在这 17 家银行之外,还有 16 家传统银行也提供伊斯兰金融产品,此外国际伊斯兰银行也有 4 家。马来西亚不光大力发展伊斯兰银行,其政府还积极建立全面的伊斯兰金融系统、公司和商业银行。

　　马来西亚是东盟中保险业较为发达的国家，具有比较成熟的保险渗透率和市场主体。1970 年代，小保险公司数量较多，一度达到 150 余家，规模都不太大，保险市场份额较为分散。马来西亚、文莱、印尼和新加坡等国在 90 年代中期，为了加强东盟地区伊斯兰保险业务的联系，将四国的保险运营商联合起来一同组建成一个东盟伊斯兰保险集团。亚洲金融危机沉重打击了马来西亚保险业，之后经历数年的休养生息才渐渐得以复苏，恢复增长势头。到 2002 年底，马来西亚中央银行的相关统计显示，马有保险机构 129 家，其中专业再保险公司、直接保险公司分别为 10 家、44 家，公估公司 40 家，经纪公司 35 家。

　　伊斯兰债券在 1990 年代的马来西亚发行量很少。变化发生在 21 世纪，21 世纪的伊斯兰债券发行量扩大。2004 年马来西亚伊斯兰债券市场的交易额达 116 亿林吉特，较上年增长 13.4%。2004 年马来西亚政府累计公开发行伊斯兰债券金额达 978 亿林吉特，占资本市场已发行债券金额的 25.7%。2006 年底马来西亚的伊斯兰债券发行已占债券发行总规模的 55.4%，具体来说，马来西亚证券委员会批准发行的债券中，在 116 家里面伊斯兰债券占比超过一半，其规模超 420 亿林吉特。2006 年在马来西亚伊斯兰债券的发行中出现了许多标志性的大事件，当年的马来西亚伊斯兰债券发行约占全球伊斯兰债券发行的 2/3 以上。Khazanah Nasional Bhd 发行了极具创新意义的可转换伊斯兰债券，该债券的重要意义在于其为世界上出现的第一例可转换伊斯兰债券。在以往，这种交易形式主要多见于传统的与股票相关的债券。马来西亚亦是全球苏库克债券发行量最大的国家，马来西亚苏库克债券的公开发行量占 2008 年全球发行 1036 亿美元总额的 2/3。马来西亚伊斯兰债券是国内众多中小伊斯兰企业筹措资金的重要渠道，从宏观来看，马来西亚伊斯兰债券市场是马来西亚资本市场不可或缺的一部分，并在国际伊斯兰资本市场中占据重要地位。

　　截至 2006 年，伊斯兰单位信托基金已初具规模，马来西亚证券委员会批准成立了 17 家伊斯兰单位信托基金，下设基金公司，在马来西亚基金总规模的占比达24%。在众多的伊斯兰信托基金公司中,一半为股票基金,此外还有伊斯兰债券基金、平衡基金、固定收益基金、结构化产品基金和货币市场基金等。信托基金是马来西亚伊斯兰基金市场的主要经营品种,1997到2006年间伊斯兰单位信托基金的复合增长率高达33.8%,相比之下整个基金产业的增速仅为15.4%,这体现了对于伊斯兰投资产品强劲的需求。

马来西亚伊斯兰股票市场发展迅猛。2005年,挂牌交易的伊斯兰股票占股票交易总量的84.8%,其市值占市场总市值的64.26%,达到了5916.2亿林吉特。2006年,在马来西亚股票交易所挂牌交易的伊斯兰股票数量共886只,占交易股票总量的86.1%。

综上所述,历经起步阶段、成熟时期和逐渐国际化的发展过程,马来西亚的伊斯兰金融业在国家金融系统占据了重要地位,并在今后的马来西亚经济发展中发挥着不可替代的作用。马来西亚是典型的"双系统"国家。因其不仅拥有传统的金融系统,亦具备完整的伊斯兰金融体系,传统金融和伊斯兰金融一起被称作"双系统"。同时,马来西亚的双系统同其他伊斯兰国家相比有显著的区别:在一般的伊斯兰国家只是纯伊斯兰金融体系或者零星的伊斯兰金融机构附加于传统金融系统之上,而马来西亚伊斯兰金融系统最大的特点是其金融系统的系统性和完备性。

第二节　马来西亚现行金融体系的基本架构

20世纪以来马来西亚金融业迅速发展,表现为金融体系稳定而健全和资产规模迅速扩大。马来西亚的金融机构有:马来西亚中央银行、商业银行、外国银行代表处、金融公司、证券银行、信用保证公司和贴现所。还有以下非银行金融机构:房地产信贷机构、农业信贷与发展机构、工业发展金融机构、保险公司、准备基金、储蓄机构和退休养老基金及其他金融管理机构。金融市场也形成了一定的规模，除了贴现所外还有吉隆坡证券交易所、信托公司与外汇兑换经纪人，包括放债人及提供消费信贷的当铺的非正式货币市场。马来西亚的金融机构主要分为银行体系和非银行金融机构，金融市场又可大致划分为外汇市场、货币市场、权益市场、衍生品市场以及债券市场。马来西亚政府同时也采取了一系列措施来加强对资本市场的监督，以达到通过规范金融环境保障投资者切身利益的目的。

一　金融机构体系

马来西亚的金融机构主要包括银行体系和非银行金融中介。马来西亚银行体系作为在整个马来西亚资产最大的金融中介，主要包括马来西亚国家银行、商业银行和投资银行，还有伊斯兰银行。2012 年至 2016 年，马来西亚银行资本与资产比率呈现逐年上升的态势，马来西亚银行的不良贷款率比较低，且逐年降低，其中2016 年仅有 1.6%。

表 3 - 1　　　　　　　**马来西亚银行指标数据**　　　　　　（%）

	2012	2013	2014	2015	2016
银行资本占总资产比例	9.4	9.6	10.0	10.5	11
银行业集中度	45.8	48.9	56.6	56.8	—
银行信贷占存款比例	88.1	90.3	92.8	96.6	—
不良贷款比例	2.0	1.9	1.7	1.6	1.6
个人信贷占 GDP 比例	107.9	114.1	115.5	119.6	—
中央银行资产占 GDP 比例	0.3	0.3	0.3	0.2	—
存款银行资产占 GDP 比例	121.2	128.0	130.4	135.1	—

资料来源：世界银行。[①]

① 最新数据仅公布到 2016 年。

（一）银行系统

1. 马来西亚国家银行

马来西亚国家银行（Bank Negara Malaysia）为马来西亚中央银行，于 1959 年 1 月依据《马来西亚中央银行法》成立。马来西亚中央银行的职责包括：发行货币，维护货币价值；推进货币政策的实施；保持金融体系的稳定，促进金融部门的成熟和进步及金融系统的基础设施建设，其中包括有效安全的支付系统和必要的部门结构；作为政府的银行和金融顾问；促进货币稳定和良好的金融结构；促进可信、高效和便利的全国支付结算体系，保证支付结算政策符合马来西亚的利益，针对宏观经济政策提出建议、管理政府债务；影响信贷而有利于国家利益。马来西亚国家银行被赋予权力用各种法律法规，规范和监督银行机构和非银行金融中介、管理外汇法规。马来西亚中央银行政策制定和业务管理由银行理事会负责，理事会共有 9 位成员，包括中央银行行长，3 位副行长和 5 位非执行董事。马来西亚中央银行设有货币评估与战略部、经济研究部、国际部、投资操作与金融市场部、外汇管理部、货币管理与操作部、金融集团监管部、银行监管部、金融产业发展部、金融监测部、伊斯兰银行和保险部、支付体系政策部、法律部、信息技术服务部、财务部、人力资源部、战略管理部、风险管理部等部门。

2. 商业银行

商业银行提供银行零售业务，如吸收存款、发放贷款及财务担保等；商业银行提供金融工具的交易，如信用证、商业票据贴现、船务担保、信托依据和银行承兑；提供财政金融方面的服务和跨境支付服务；提供信托和保管服务，如财产代管、有价证券的保管及保险箱出租等。商业银行也有一些原来属于金融公司的业务，集中在消费信用、信贷融通、租赁、购买分期付款等。马来西亚的本土商业银行有：艾芬银行、安联银行、大马银行、联昌银行、丰隆回银行、马来亚银行、大众银行、兴业银行、拉希德侯赛因银行。马来西亚的外资银行有：盘谷银行、法国巴黎银行、美国银行、中国银行、东京三菱银行、美国花旗银行、德意志银行、汇丰银行、印度国际银行、中国工商银行、摩根大通银行、日本瑞穗银行、阿联酋国际银行、华侨银行、渣打银行、三井住友银行、加拿大丰业银行、大马苏格兰银行、大华银行。

马来西亚银行有限公司（Maybank，全名为 Malayan Banking Berhad）位于马来西亚吉隆坡，于 1960 年成立。马来亚银行是目前马来西亚市值最大的上市公司，资产总额约合 1050 亿美元。马来西亚第二大银行是联昌银行集团，由纳西尔拉萨掌管。土著联昌控股的盈利主要来自司库部和投资银行业务，投资银行主要从事证券相关及企业融资业务，司库部以货币交易为主。马来西亚国内重要的企业并购案大多数都由联昌证券主理，联昌证券银行（CIMB）是马来西亚投资及证券银行的佼佼者。联昌证券原为东南亚最大的投资银行，在 2012 年 4 月收购苏格兰皇家银行的亚洲投行业务后进而成为亚洲最大的投资银行。联昌银行拥有员工 3.2 万人，遍布东南亚各国，在中东设有联昌伊斯兰银行，在上海、纽约、伦敦设有代表处。马来西亚大众银行是马来西亚第三大银行集团，它创建于 1966 年，总资产在 2004 年底达到 920 亿林吉特。大众银行在全马拥有 252 家分支机构。丰隆银行（Hong Leong Bank Berhad）是马来西亚领先的金融服务机构之一。丰隆银行有 100 多年历史，提供个人金融服务、企业银行与贸易融资、资金业务、分支与交易银行、财富管理、投资银行、个人银行和穆斯林金融服务等综合服务。

中国银行的第一家马来西亚分行于 1939 年在槟城设立，随后又在峇都峇辖、芙蓉、怡保、吉隆坡等地设立了分行，但到了 1959 年，所有的马来西亚分行都已停业营业。2001 年 2 月 23 日，马来西亚中国银行重新在马来西亚吉隆坡复业，经营全面的商业银行业务。自复业以来，马来西亚中国银行积极拓展业务，在个人金融业务、公司金融业务等方面大力支持当地公司对华经贸的业务发展与马中资机构。马来西亚中国银行在马来西亚各主要地区均设有网点，目前，马来西亚中国银行提供的主要产品和服务包括，公司金融业务：透支、定期贷款、银团贷款、信用证、信托收据、票据贴现、包买票据、贸易项下外币贷款、出口信用证融资、银行保函、提货担保及其他金融服务；个人金融业务：本币往来账户、本币储蓄账户、本币定期存款账户、外币账户、本地汇划、汇出国外汇款、汇入汇款、现钞兑换、个人住房贷款、电汇/快捷存票机服务、旅行支票兑现、预付卡、代发工资业务及其他个人服务；外汇资金业务：代客外汇买卖；特色产品与服务：美元转汇款、人民币预结汇转汇款、人民币汇款、马汇通。中国工商银行马来西亚有限公司 2010 年 1 月 28 日经监管当局批准成立，为自 1999 年马来西亚首家获批新成立的商业银行。2010 年 4 月 28 日，工银马来西亚由马来西亚首相纳吉布揭牌并正式对外营业。

汇丰银行是最早在马来西亚开展业务的外资银行。香港上海汇丰银行 1884 年率先在槟城成立首间马来西亚分行，开展业务，其分行遍布吉隆坡、新山和马六甲，以及山打根、亚庇及纳闽等地。1959 年，由于并购关系，有利银行马来西亚分行并入香港上海汇丰银行。1994 年，香港上海汇丰银行马来西亚的分行转移至在当地注册成立的马来西亚汇丰银行，并将马来西亚银行业务出售给汇丰集团内的中介控股公司。

马来西亚商业银行的网点覆盖所有州，其中又以霹雳州、雪兰莪州、柔佛州、沙捞越和吉隆坡的金融较为发达。虽然从数量上看外国银行的数量多过本地银行，但是从整体规范上看 7 家本地银行又占绝对优势。马来西亚的商业银行开放度高，准许外资银行参与市场。各家商业银行的存款利率存在小量差别，市场之间的竞争关系比较健康，商业银行间的利率下调没有先后因果关系，利率市场化，不存在利率协商。商业银行贷款利率大多一致。

3. 投资银行

马来西亚的投资银行的业务主要集中在短期货币市场和资本增值活动，包括长期和短期公司融资，兼并收购顾问；销售和交易股票，管理资产，投资和风投业务；以及若干银行业务，如项目融资、循环和定期贷款、临时借款、租赁或贴现和购买分期付款、发行承兑信用证。马来西亚的投资银行有：艾芬投资银行、安联投资银行、大马投资银行、联昌投资银行、吉隆坡益资利投资银行、恒生投资银行、黄氏星展投资银行、KAF Investment Bank Berhad、肯纳格投资银行、兴业信托投资银行、大马国际证券投资银行、马来亚投资银行、吉隆坡乔丰投资银行、大众投资银行、兴业投资银行。

4. 伊斯兰银行

伊斯兰银行指区别于传统银行体系，依据伊斯兰法律运行的银行体系。其主要遵循的原则是在所有交易活动中禁止利息的存在，而且这些交易活动必须公平合法地获得利润，不允许任何垄断及囤积的行为出现。伊斯兰银行采取的贷款形式只有慈善贷款这一种，采用股本参与、分期付款、利润共享的模式，注重可行与实用性的投资原则。

马来西亚为最早在传统银行之外建立伊斯兰银行的国家，马来西亚也因而成为一个非常典型的传统银行与伊斯兰银行"双轨银行体系"的国家。《伊斯兰银行法》（1983）是伊斯兰银行成立的依据，该法同时赋予马来西亚国家银行对伊斯兰银行监督和规范的权利。1983 年 7 月，全马第一家伊斯兰银行 Bank Islam Malaysia Berhad（BIMB）成立；第二家伊斯兰银行则是 1999 年成立的 Bank Mualanmat Malaysia Berhad。马来西亚的伊斯兰银行历经多年的发展，在机构数量、产品种类、国际化程度及排名方面均在全球领先。马来西亚的伊斯兰银行有：艾芬伊斯兰银行、Al Rajhi Banking & Investment Corporation（Malaysia）Berhad、安联伊斯兰银行、大马伊斯兰银行、亚洲金融银行、马来西亚回教银行、Bank Muamalat Malaysia Berhad、联昌伊斯兰银行、恒生伊斯兰银行、科威特金融所、马来亚伊斯兰银行、兴业伊斯兰银行、大马渣打回教银行、大众伊斯兰银行、华侨回教银行。也有一些国际伊斯兰银行：麒麟国际回教银行、PT. Bank Muamalat Indonesia Tbk、沙特拉吉它银行、德意志回教银行、Elaf Bank B. S. C（c）。

伊斯兰金融产品必须遵循一定的伊斯兰教义，可以大致划分为存款、投资、融资、信用卡业务等几大类。存款有活期存款和储蓄

账户。投资有一般投资账户和特定投资账户。融资根据提供资金的
不同类型，可以作多种细分：资产融资、资产支持型融资、仁慈贷
款、贴现、临时贷款、平房单位融资、现金额度、俱乐部会员融
资、伊斯兰商品融资、计算机融资、合同筹资、教育融资、设备融
资、设备保理、固定资产融资、基本储备融资、分期付款代理、住
房融资、工业分期付款、土地融资、租赁、典当、个人融资、厂房
及机器融资、项目融资、物业融资、循环信贷额度、股权融资、杂
项融资、银团融资、定期融资、旅游融资、车辆融资、营运资金融
资。融资产品可以分为承兑汇票、银行担保、汇票、出口信贷再融
资、信用证、提货担保、信托收据等几种类型。伊斯兰银行的信用
卡服务主要分为赊账卡、信用卡、借记卡等。马来西亚的伊斯兰银
行从 2007 年开始了一个迅速发展的过程，到 2012 年就已达到了
438% 的资产增幅。

5. 外国银行代表处

马来西亚的外国银行办事处大多来自欧洲和日本。外国银行办
事处进行研究、联络和信息交流，但并不直接在马提供银行业务。
办事处提供马来西亚对海外的贸易和其他经济金融信息；办事处通
过国际办事处提供的服务协助马来西亚出口商寻找新的市场；办事
处协助维护在马设立外资公司的外国人的权益；办事处也为各自银
行寻找机会，以便其给马来西亚的企业提供外币贷款并参与管理。

（二）非银行金融中介

作为银行体系的补充，非银行金融机构包括保险公司（包括伊
斯兰保险公司）、发展金融机构、公积金、养老金基金。非银行金
融机构带动了社会存款并满足了经济发展的金融需求。

1. 储蓄机构

（1）国家储蓄银行

马来西亚国家储蓄银行（Bank Simpanan Nasional）成立于 1974
年 12 月，为政府所有。国家储蓄银行同时接管了邮政储蓄银行的
义务和责任。BSN 的任务是鼓励储蓄、投资和通过智能财务管理来
提高人民的生活质量。BSN 拥有超过 5100 名员工，382 个分公司

和 621 个自动取款机（ATM），并拥有超过 700 万的客户，储蓄金额超过 80 亿林吉特。BSN 的主要产品包括个人理财、抵押贷款、保险储蓄证书（SSP），伊斯兰银行方案，转账储蓄账户，BSN 矩阵和 matrix-i 借记卡以及 VISA 和万事达信用卡。

（2）合作社

信用合作社是马来西亚合作社发展的基本形式。回顾历史，1922 年合作社运动由英国殖民当局引进马来西亚，并颁行《合作社法令》。到了 1948 年，殖民当局又把发展合作社作为推动农村发展，促进战后重建的战略推进，制定新的合作社法令。合作社快速发展期是在 20 世纪 70 年代以后，此时在全马陆续成立了全国合作社联盟（ANGKASA）、农业组织管理局（FOA）、渔业组织管理局（FDA）。上述新成立的机构加上合作社发展局（JPA），共同推进了各类合作社的发展。1993 年，为促进全国合作社发展，并提高经营管理水平，政府将原适用不同地区的三部法令，《沙巴合作社法令》《砂越合作社法令》《合作社法令》合并成一部《合作社法案》，对 JPA、FOA、FDA 进行合并。合作社运动的指导和监督最终授予 JPA 独立承担。马来西亚的合作社涉及银行、信贷、农业、住房、工业、消费、建筑、运输、服务 9 大类。截至 2017 年 1 月前，马来西亚全国的合作社数量为 12000 所。

2. 保险相关公司

保险业在经济发展中起着举足轻重的作用，是服务业的一个重要驱动力。截止到 2012 年，符合《保险法》标准的持照公司有 125 家，在这 125 家公司中有 31 家保险经纪公司、35 家保险公司、7 家专业再保险公司、36 家保险理算公司以及 16 家财务咨询公司。保险公司设有 683 家办事处、29 家保险经纪公司办事处、179 家保险理算公司办事处、8 家咨询公司办事处。在注册代理机构方面，人寿保险的注册代理机构有 82743 家，一般业务保险的注册代理机构有 35354 家。马来西亚由于伊斯兰教盛行，其金融中介也带有伊斯兰特色。其中，依据 1984 年政府颁布的《伊斯兰保险法》，马来西亚第一家伊斯兰保险公司于 1985 年成立，伊斯兰保险公司的总

海运、造船厂这些与海事相关的产业和制造业；马来西亚农业银行的成立时间在 1969 年，目的是为了通过贷款和预付款来促进国家健全的农业发展；马来西亚国家银行和商业银行于 1972 年设立马来西亚信用担保公司以对中小企业的贷款进行担保，帮助中小规模企业从金融机构获得信贷融资；沙巴州开发银行于 1977 年由沙巴州地方政府成立，调动沙巴州的金融资源，从事开发性银行业务，促进投资与发展；进出口银行在 1995 年 9 月开始运营，通过出口信贷、资本投资融资、商业信息和服务供给等手段来促进国际贸易和产品、服务的出口。

4. 其他机构

除了上述各个机构，其他各类非银行金融中介还有信托基金、朝圣基金局、住房信贷机构、再抵押公司、信用担保公司、租赁公司以及保险公司和风险投资公司。

二　金融市场体系

马来西亚的金融市场包括货币与外汇市场、资本市场、衍生品市场、离岸市场等四个主要的市场。

（一）货币与外汇市场

马来西亚的货币市场的业务有两大类：短期资金的安置和短期货币市场工具，如银行承兑汇票、可转让票据、存款、国库券和再抵押机构票据等的购买和销售。在货币市场上，商业银行和投资银行是银行同业拆借的主要参与者。马来西亚外汇市场主要进行即时外汇、外汇互换、外汇远期和外汇期权交易。马来西亚经济高度开放吸收了大量外资，现汇买卖业务和外汇互换占据的比重又较高。

（二）资本市场

马来西亚资本市场主要包括马来西亚证券交易所交易及自动报价系统在内的主板市场和二板市场。相比其他同级国家，由于融资渠道的完善，马来西亚资本市场排名很高。马来西亚拥有东盟国家最大的债券市场，马来西亚的债券市场同时也是该地区最发达、最具活力的债券市场之一。马来西亚金融部门是主要的债券发行者，从 2010 年底的统计数据来看，金融部门企业发行的债券总额占总债券发行量的 53%。截止到 2011 年 12 月 31 日，市场规模达到 8480 亿马币（相当于 2823 亿美元）。马来西亚发达的政府债券市场相当程度上得益于公司债券市场的补充，该债券占 2011 年底 3/4 的市场规模，马来西亚又同时拥有世界上最大的伊斯兰债券市场。国内外投资者可以通过交易所和场外交易市场买卖传统和伊斯兰债务工具。在马来西亚，几乎所有的电子证券转移通过马来西亚国家银行（BNM）的实时电子资金划拨和证券（租赁）系统，由其全资子公司马来西亚电子清算公司（myclear）操作。

（三）衍生品市场

马来西亚是世界第二大天然棕榈油（CPO）生产、出口及服务国（如图 3 - 1），马来西亚的衍生品市场也以天然棕榈油远期合约（FCPO）为主。2017 年的毛棕榈油合约的交易量不断增长，在过去 10 个月 FCPO 已经成交了 1000 万手，较 2016 年同比增长 4%，日交量占持仓比例一直保持在 20% 左右。不断进行现有产品的创新是马来西亚衍生品交易所为确保对市场的吸引力所进行的积极举

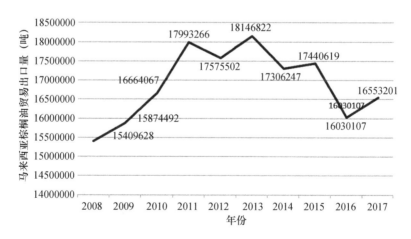

图 3 - 1　2008—2017 年马来西亚棕榈油出口走势（吨）

资料来源：Wind 数据库。

措。马来西亚衍生品交易所同时也在调整 FCPO 合约，以图其能够贴近市场，具有更好的竞争力。具体的做法有提高 FCPO 合约的持仓上限等。马来西亚衍生品交易所吸引了大量的海外投资者的进入，现在有来自 34 个不同国家的参与者参加马来西亚衍生品市场的交易活动，高达40%的成交量都是马来西亚以外投资者进行的。由于马来西亚衍生品交易所市场的开放结构对资本流入不做任何限制，现在有越来越多来自美国的投资者也开始在马来西亚衍生品交易所进行交易。马来西亚衍生品交易所计划在未来不断推出新的衍生品类型，同时深化产品设计。

三　金融监管体系

（一）资本市场监督

1. 《资本市场与服务法》和《证券委员法》

《资本市场与服务法》（2007）于 2007 年 5 月通过国会讨论，并在同年 9 月 28 日正式开始生效。这部法规整合了原来的几部旧法：《证券行业法》（1983）、《期货行业法》（1993）及《证券委员会法》（1993）涉及筹资活动的部分，随这部法规一同生效的还有《资本市场与服务条例》（2007）、《市场监督指引》《牌照手册》等公文。《资本市场与服务法》引进了单一的许可制度，有益于资本市场中介的发展。在单一的许可制度的支持下，中介机构只需要持有资本市场和服务执照，不必持有单独的执照，从而有效降低了行政成本，节约了时间。在《资本市场与服务法》推出后，马国政府又进行了数次修订，最近的一次修订是在 2015 年 9 月15 日。

《证券委员法》（1993）的起草则为证券委员会的成立打下了政策上的基础。在这部法规中，证券委员的权利和职能被详细列举出来。证券委员会自身是被委托监管证券行业的法人主体，并通过广泛的执法和调查权利来确保市场运行的公平有序及稳定。《证券委员法》（1993）颁布施行之后又经历了多次修订，最近的一次是在 2017 年 11 月 24 日。

2. 马来西亚证券委员会（SC）

马来西亚证券委员会（SC）于 1993 年 3 月 1 日根据证券委员会第 1993 号法案成立，是一个拥有调查和执行权力的自资法定机构。它向财政部长报告，其账目每年提交议会。证券交易委员会的诸多监管职能包括：监管交易所、票据交换所和中央托管；除了非上市娱乐会所以外的公司招股说明书的登记；核准公司债券的发行；证券及衍生品合约有关的所有事项的管理；SC 指定的上市团体、上市公司和实体的收购兼并的管理；与单位信托计划有关的所有事项的管理；对所有持牌人的授权和监督；鼓励自我调节以及确保市场机构和持牌人的正当行为。马来西亚证券交易委员会通过履行上述职能来尽到保护投资者的最终责任。除了履行其监管职能外，马来西亚证监会亦有责任鼓励和促进证券及衍生品市场的发展。

（二）银行业监管

传统监管体系（中央银行）和纳闽国际商业和金融中心（纳闽金融服务管理局）监管体系为马来西亚银行业的监管体系。两套监管体系是相互平行、互为独立的。马来西亚中央银行对商业银行的管理模式为集中单一式的监管模式，具体表现为马来西亚央行一家负责全国商业银行（除离岸银行）的统一监管，其他监管机构不履行监管职能。马来西亚央行对商业银行的监管主要依据《2013年金融服务法令》以及央行货币政策委员会出台的各项法令。这些法律、法规涉及维护商业银行的竞争秩序，用以保护金融交易者的合法权益。马来西亚央行通过每年一次的现场检查和多次专项的非现场检查来保证商业银行的稳健运行。

根据《1996 年纳闽金融服务管理局法》，纳闽金融服务管理局（FSA）作为离岸银行的监管机构而成立。FSA 是一个负责开发和管理纳闽国际商业和金融中心的法定机构。FSA 的主要职责是向企业颁发在纳闽国际商业和金融中心经营的许可，及对获得许可的实体进行监管，同时也负责制定相关金融服务政策。

四　金融调控体系

马来西亚货币政策的目标是保持价格稳定，促进经济持续增长。马来西亚中央银行货币政策委员会（Monetary Policy Committee）每年召开 8 次会议，根据国际国内经济形势和物价情况，做出是否调整隔夜政策利率（Overnight Policy Rate）的决定。马来西亚中央银行采用多种货币政策工具使市场间隔夜利率稳定在隔夜政策利率附近，并保证银行间市场有足够的流动性。通过高于隔夜政策利率 25 个基点的抵押贷款（Collateralised Lending）和低于隔夜政策利率 25 个基点的存款常备便利（Deposit Standing Facilities），马来西亚银行将市场隔夜利率稳定在隔夜政策利率上下 25 个基点的区间里。就公开市场操作工具而言，无抵押直接借款（Uncollateralised Direct Borrowings）和伊斯兰票据（Al-Wadiah concept）是近年来马来西亚中央银行主要的市场操作工具。马来西亚中央银行还通过发行中央银行票据（Bank Negara Monetary Notes，BNMNs）对冲市场流动性，2007 年 6 月马来西亚中央银行引入浮动利率的中央票据。

（一）汇率制度

马来西亚较早实行的汇率制度是自由浮动汇率制度。在 1997 年发生了严重的东南亚金融危机后，马来西亚政府于 1998 年 9 月开始实行资本管制，马币汇率锁定在 3.80 马币对 1 美元，不仅禁止了马币的兑换交易，外资基金也需要在马来西亚股市持股满一年后才能变现股票，马币也被限制出入境。钉住美元的汇率制度在马来西亚实施了 7 年，直到 2005 年才结束。2005 年，马来西亚国家银行宣布马币将采取有管理的浮动汇率，由经济基本面决定马币的价值。马来西亚国家银行通过一篮子货币对马币的汇率进行监督，以确保汇率接近公允价值。

马来西亚实行宽松货币自由兑换政策，没有外汇管制，对外资公司的资本和收益汇回本土国家没有限制，对当地和海外借贷、红利、利润、利息、管理费、偿还贷款以及贸易欠款的汇出在换汇方面也没有限制。

马来西亚中央银行货币政策委员会每次召开会议后会向媒体发布《货币政策公告》，公布货币政策委员会对隔夜政策利率的决定。马来西亚中央银行在《中央银行年报》中介绍上年度货币政策决定的国内外经济形势、货币政策的决策和实施情况，并对下年度货币政策进行展望。

（二）汇率管制

在 1998 年 9 月之前，马来西亚一直实行的是自由主义和非歧视性的外汇管理制度，允许自由向除以色列和前南斯拉夫共和国外的国家进行任何外币的汇款和转账。鉴于外围经济发展的风险和脆弱性对国内经济的可能影响，也为了促进汇率制度的稳定，马来西亚政府从 1998 年 9 月起陆续发布了一系列措施来进行外汇的管制。按外汇管理条约的规定，投资者可以自由购买马币资产，并可以用马币或外币结算，利润和股息可以自由汇回，转成马币撤资；非居民金融机构不许给居民贷款；投资者可自由从特许的离岸银行和国际伊斯兰银行获得外币贷款，但有一定的用途限制；投资者可根据自身情况发行以外币或马币计价的债券或伊斯兰债券，收益可以按程序流向境外；投资者可在特定的银行进行外币买卖；可自由进行由特定境内银行和马来西亚交易所提供的衍生品交易；非居民允许最多携带合 10000 美元的马币票据出入国境，但外币票据和旅行支票不受限制。

第三节　马来西亚金融体系的主要
特点与影响因素分析

马来西亚金融体系经过多年的发展，形成独具特色的金融体系，既包含满足基本需要的传统金融体系，又囊括具有种族特色的伊斯兰金融体系，两个子金融体系之间相互促进，共同发展，协力促进国家经济与贸易的发展。本节主要分析了马来西亚金融体系的主要特点，在此基础上，进一步探讨影响马来西亚金融体系的主要因素。

一 马来西亚金融体系的主要特点

纵观马来西亚的金融体系，可见其银行类及非银行类的金融机构种类相当多，并形成了以马来西亚国家银行为管理核心，银行、资本中介机构与保险并存和共同发展的局面。而马来西亚国家银行又分别下设银行监管、金融控股公司监管、保险及回教保险监管与开发性金融机构监管等四类监管部门。其中，银行业监管部门主要对银行类金融机构进行监管（开发性银行除外）；保险及回教保险监管部门则对不同的保险公司、保险经纪公司实施监管；开发性金融机构监管部门则专门针对开发性银行进行监管。在马来西亚国家银行的监督推动下，马来西亚已形成一个多元化、综合性、有弹性的金融系统。并且，马来西亚金融体系较之其他的东盟国家（新加坡除外）较完善，尤其是银行类与非银行类金融机构结构比较合理，且机构种类亦呈现出多样化的特征。其中，最具本地特色的当属马来西亚的伊斯兰银行与回教保险公司等机构。然而，马来西亚的金融业开放度并不是很高，虽有花旗、汇丰、渣打等外资银行入驻马来西亚，但从整体看，还是以马来西亚本土金融机构为主，外资银行在银行类金融机构中的占比其实不大。这对于实现中国—东盟双边银行业合作造成了一定的阻碍。

由于马来西亚国教为伊斯兰教，其各种金融机构中又包含伊斯兰金融体系，形成了独特的传统金融与伊斯兰金融并存的二元金融结构。所以对马来西亚金融体系的分析分别从传统和伊斯兰金融两方面进行。

（一）传统金融体系

1. 银行业金融体系特点

马来西亚银行体系是资产最大的金融中介，包括马来西亚国家银行、商业银行、投资银行。马来西亚的银行体系也是马来西亚工业界信贷的主要机构来源。总的来说，马来西亚银行系统稳定性较高，银行业集中度属于集中寡占型，有一定的垄断地位，存贷比处于相对健康水平，不良贷款比例低，并且逐年降低。马来西亚传统银行业存在以下问题：第一，对银行资本充足率执行的严格监管欠缺、不够充分。虽然从表面来看，《巴塞尔协议》中有关资本充足率的规定均被马来西亚银行所遵守，但在实际执行过程中，我们可以看到其金融监管并不十分严格。其中一个表现是针对按风险分类加权的最低资本额，监管当局并不去要求强制及时补充；第二，马来西亚对银行资产质量也缺乏对执行规范分类标准的严格监管。对银行贷款的等级分类，马来西亚金融监管当局的规定较为松弛，仅把还本付息拖欠时间为 6 个月的贷款，视为呆账。这样的做法导致了当局对银行不良资产的评估不十分确切。除此之外，当局对贷款损失准备金的提取，也缺乏统一、严格的要求；第三，银行贷款限额的执行规定不够严格。马来西亚金融监管当局就单个贷款者、银行内部人员分别对贷款限额及贷款比率做了规定，但存在的问题是监管当局无法及时对存款账户进行有效的检验，从而导致关系型借贷及内部借贷能够合法化，顺利绕过法律的规定；第四，银行系统的信息披露制度不健全。随着时间的推移，大量违规交易、坏账和亏损情况被掩盖，这是由于年终不公布财务报表而导致的情况，它出现在大部分的马来西亚银行中。马来西亚金融监管当局不能及时清查银行的负债和资产，关闭或者是合并那些已经资不抵债的金融机构，同时，陈旧、不规范的审计及会计制度，政府官员可能出现的滥用监管职权，使得马来西亚金融监管形同虚设。

2. 非银行业金融体系特点

马来西亚证券市场发展迅速，不仅扩大了马来西亚企业的融资渠道，还为马来西亚经济持续、高速的增长提供巨额发展资金。回顾历史，马来西亚的证券市场起步虽然较晚，但其发展速度远远超过东南亚的其他国家。据马来西亚中央银行相关统计数据，在 1997 年亚洲金融危机爆发之际，马来西亚证券市场的上市公司总数为 708 家之多。虽然马来西亚的证券市场有着诸多的优点，但在严格角度上观察，一直处在政府主导型金融体制下的马来西亚证券市场并不十分规范。第一，马来西亚的证券业监管缺乏统一的专门监管机构。现阶段的马来西亚证券业监管涉及四个政府机构。它们分别是公共企业部、财政部、国内贸易及消费事务部以及总理办公室。这四个监管机构之间不仅职能交叉重叠严重，还存在责任与权限不明确的弊端。第二，马来西亚政府对吉隆坡证券交易所有很大的控制权，吉隆坡证券交易所只是名义上实行自律管理而已。具体表现在吉隆坡证券交易所董事会主席由财政部任命，其他 9 名成员中还有 4 名董事是由政府直接委派的。证券市场交易活动风险和收益严重不对称，这是由于上市公司信息披露有限以及证券市场监管体制缺陷导致马来西亚证券市场经常受到操纵。马来西亚证券市场以主板为绝对主导，主板市值占整个交易所交易市值的 98.7%，二板市场和创业板市场有待发展。

在债券筹资市场方面，马来西亚主要以政府债券、中期票据和政府投资事宜债券的发行为主。政府证券近年来占债券发行市场的比重有所下降。

在保险市场方面，马来西亚的保险业始于 1860 年，如今马来西亚的保险业很发达。发达的保险业体现在其保险渗透率较高和市场主体比较成熟。马来西亚的保险市场原先的市场份额较为分散，规模较小，保险公司数量众多。其经历了一个起步、发展、激烈竞争、优胜劣汰、并购重组到垄断竞争的市场演变过程。总体而言，从规模和数量上，马来西亚的保险市场是以寿险为主导的。

3. 金融监管的特点

马来西亚的金融监管体系采取的是多元化的监管体系，由财政部、银行公会、国家银行、振全理事会和外来投资委员会等单位和机构，来维持协调监管，最主要的监管机构是国家银行即其中央银行。

（二）伊斯兰金融体系

作为一种特殊的金融形式，伊斯兰金融的产生和存在，有其特定的政治、经济及宗教基础，具有宗教性、真实性及安全性的特点。伊斯兰金融的出现是国际金融领域的一个新现象，同欧美高度复杂的金融体系相比，似乎是截然相反及对立的。马政府一直非常重视伊斯兰业务在本国范围内的发展。马来西亚的伊斯兰金融系统包括伊斯兰资本市场、伊斯兰保险业和伊斯兰银行，是一个完整的金融系统。马来西亚是世界上伊斯兰金融运作最为成功，发展最为完善的国家之一，这一点已经是外界的一致看法。马来西亚政府对伊斯兰金融行业的发展目标是将伊斯兰金融产品在全球市场占有率，从2009年的8%提高至2020年的13%；将伊斯兰保险的全球市场占有率，从2009年的11%提高至2020年的20%。马来西亚伊斯兰金融发展迅速，分析人员认为主要归功于政府的大力推动，通过监管改革、税收奖励和教育促进伊斯兰领域的成长。

1. 伊斯兰银行特点

依照伊斯兰教法原则，伊斯兰银行与客户的资金往来必须基于真实的贸易背景，各项业务操作流程复杂、银行经营成本较高、盈利能力较弱。马来西亚的伊斯兰金融体系中，伊斯兰银行业有三种模式：第一种是与传统银行完全分离的伊斯兰银行，第二种是传统银行开设的伊斯兰窗口，第三种是与传统银行相关联，但名称独立的伊斯兰银行分行。在所有的伊斯兰金融产品中，伊斯兰银行产品占比最大，发展也比较迅猛。由于伊斯兰金融的基本原则之一是必须有真实的贸易背景，必须以实体资产交易，所以其银行产品更具有安全性。伊斯兰银行产品逐渐增强其与传统银行的竞争力，而马来西亚的银行产品既遵守伊斯兰教义，也根据本国国情及实际需求做了相应的改进。具体来说，马来西亚的伊斯兰银行需要遵守以下原则：（1）成本加成：首先由客户与银行签订购买合同，再按照约定由银行代顾客向生产者来购买商品，最后银行以其购买成本加上利润卖给客户；（2）利润分析：资金提供者与资金管理者签订合约，由资金提供者出资交与资金管理者运用，并在契约上明确盈余分配条例。当有盈余时，按约定比例分配；出现损失时，由资金提供者承担亏损；（3）股本参与：订定契约，当事人共同出资或合作经营该投资标的，并约定损益分配比例，类似传统的合资经营；（4）租赁：资产所有权人与承租人签订租赁契约，将特定期间的资产使用权让予承租人使用,以赚取租金。

马来西亚伊斯兰银行的主要业务有:(1)负债业务:伊斯兰银行的资金来源。包括现金账户、储蓄账户、投资账户。其中,现金账户可以随时提取现金,银行提供支票结算服务,会收取结算费、保管费等服务费用,一般不支付收益。储蓄账户由银行自主酌情决定是否给予回报和回报的形式,一般会设定预期收益率,定期支付现金收益。对于投资账户,银行并不保证收益或承诺固定的回报,存款者按事先的约定比例分享银行获得的收益,承担发生的损失;(2)资产业务:主要是融资业务、投资业务。前者以成本加成、租赁、利润分享、股本参与等原则为基础,提供各类产品满足客户融资需求。其中占比较大的成本加成业务,适用于经营性融资;租赁原则被广泛用于个人的房屋、汽车消费融资;而体现伊斯兰金融实质的股本参与业务,因监管部门规定了较高的风险权重,占用资本额较大,在伊斯兰银行资产中占比不超过百分之二。

2. 非银行业伊斯兰金融特点

马来西亚的伊斯兰资本市场与证券市场同是马来西亚资本市场的重要组成部分。严格按照沙里亚法原则建立,伊斯兰资本市场的主要目标是推动马来西亚的经济发展,促成伊斯兰政府债券和伊斯兰合作证券上市。其主要的三个组成部分分别是伊斯兰证券市场、伊斯兰股票市场和伊斯兰基金市场。

马来西亚债券市场主要经营中期伊斯兰债券和短期伊斯兰商业债券业务。一个显著存在的与其他国家不同的特征是:马来西亚允许无担保的伊斯兰债券存在,只要发行人有足够的有形资产在发行债券时作为支持,债券就可以正常的发行,无须提供保证资金。在马来西亚伊斯兰证券发行的前十年里,马来西亚的伊斯兰债券发行量极小,进入 21 世纪后发行量逐步增大。马来西亚的伊斯兰债券市场是中小伊斯兰企业筹措资金的重要渠道,俨然已成为马来西亚国内资本市场的重要组成部分,并在国际伊斯兰资本市场中占据着非常重要的地位。

同伊斯兰银行发展而出现的伊斯兰保险市场的合法性却一度存

在争议。相当部分伊斯兰学者认为按照教理，保险制度违背了伊斯兰原则，其理据在于：给未来时间保险和承认不确定性收益等于质疑一切都是由真主前定，存在那些不存在的未知和因素，这样的观点是对真主至上的亵渎；投保行为如以获取保险金为目的，这同赌博一样，诱使人们产生以投机、欺诈、冒险等不正当手段来谋取不义之财的欲望。伊斯兰金融的自我调控能力随着伊斯兰经济的迅速发展而得到日益增强，更多的学者和穆斯林开始接受伊斯兰保险，并认识到保险业和伊斯兰原则间存在的诸多契合点，伊斯兰保险业的反对声音变得越来越小。伊斯兰保险是基于"相互提供援助和帮助"和"相互责任"之类的原则而存在的，实际是一种联合担保。马来西亚有三种伊斯兰保险类型：伊斯兰一般保险、伊斯兰国家保险、伊斯兰再保险。从马来西亚伊斯兰保险的净收入规模和结构来看，与伊斯兰银行结构类似，其有强烈的偏向家庭服务的特点。

3. 监管的特点

不同于英国、土耳其等国家的双轨式监管，巴林、卡塔尔等国的无差别式监管和以巴基斯坦为代表的无差别式监管，马来西亚对伊斯兰金融采取专门式监管。具体表现如下：在立法层面，马来西亚是世界上首个对伊斯兰金融进行专门立法的国家。1983 年和 1984 年马来西亚政府分别通过了《伊斯兰银行法》《伊斯兰教保险法》和《银行和金融机构法》。2009 年修改了《马来西亚中央银行法》，授权中央银行沙里亚咨询委员会作为马来西亚伊斯兰金融的最高监管机构和唯一的权威执行机构，沙里亚咨询委员会必须同时随金融机构建立。成立沙里亚咨询委员会的目的是确保金融机构的运行符合伊斯兰教法的原则要求，并提供相应的建议。为了确保沙里亚咨询委员会在金融机构内部能够正常运作，法律要求金融机构内的沙里亚咨询委员会秘书处协调成员至少有三名，且组成人员需要具有相关的知识和经验以及伊斯兰法学学位。如果成员在事后被发现违反了金融机构的日常管理规定，或者未能满足基本准入条件将会被取消资格。根据巴塞尔协议的规定，为增加金融机构的竞争力和金融市场的吸引力，马政府提高了伊斯兰金融在透明度、公司治理、风险控制、资本充足率等方面的监管标准;在解决纠纷方面,针对保险、银行、债券等行业建立了多层次的纠纷解决机制,建立了完善的纠纷解决机制。马来西亚的立法框架包括普通法和只能在伊斯兰教法法院适用,并且适用范围仅包括与家庭和继承相关的案件的伊斯兰教法。马来西亚中央银行允许在马来西亚高等法院设立"穆巴玛拉法庭",这一特殊法庭专门审理与伊斯兰银行业务相关的案件。

二 影响马来西亚金融体系的主要因素

(一)政府主导影响因素

马来西亚政府在金融领域干预程度在东南亚国家中最为深刻。由于独立初期马来西亚银行业发展滞后,寥寥几家英属商业银行远远不能满足未来发展的需求。实现金融资源优化配置的市场机制在该阶段还远未形成,当时的马来西亚国企和偏远地区主要依靠地下钱庄等非正规金融机构筹措资金来实现经济的发展。马来西亚政府代替市场进行资源配置,对金融部门实施干预,从促进马来西亚经济社会发展和建立完善的金融体系方面看显得十分必要。在经济起飞之后的 30 年中,马来西亚政府总体来看仍然牢牢控制着马来西亚主要金融机构,在以"政府主导"为主要特征的金融体制下,马政府以超市场力量的强制力对金融领域实施干预。主要表现在(1)政府以直接或间接方式控制着金融机构和投资资金;(2)在金融领域实行金融约束政策,限制外资银行业务和规模;(3)设立政策性金融机构,引导商业银行的贷款方向。

(二)伊斯兰文化影响因素

马来西亚的穆斯林人口占比超过 50%,由于其伊斯兰教义对金融的要求使得与传统金融系统有很多不同的伊斯兰金融诞生、发展、壮大起来。到 2015 年为止,马来西亚共有 3 家国际伊斯兰银行和 16 家伊斯兰银行,上述银行的总资产占整个金融行业总资产的 15.8%,马来西亚的伊斯兰银行也在机构和产品数量、国际化程度等多方面均居于全球领先水平。最终,马来西亚的伊斯兰金融体系与传统的金融体系并存，成为马来西亚的一大金融特色。所以不同于一般国家，马来西亚的金融系统除了受一般的影响金融系统的因素外，还必然会受到伊斯兰文化和金融体制的影响。

第四节 基于体系现状的中国—马来西亚 金融合作突破点

中国是马来西亚最大的贸易伙伴国，两国间一直保持着亲密无间的经贸关系。尤其是自由贸易协定全面执行以来，中国与马来西亚之间的金融与贸易合作关系进一步加强，因此两国之间的金融合作显得尤为重要。本节主要从汇率即货币互换合作、跨境结算体系的建立、两国金融市场的开放以及监管人才的合作培训机制等方面提出了加强中马两国金融合作的建议。

一 加强汇率及货币互换的合作

亚洲金融危机爆发前，当时美元汇率频繁变动，给整个东盟带来了强烈的外部冲击，马来西亚政府实行了资本管制，锁定马币对美元的汇率，并禁止马币的兑换交易。危机过后，马来西亚又回到盯住美元的汇率制度，稳定的汇率制度给发展带来了不利的影响。为保障区域金融稳定和健康发展，可以逐步建立一种区域内的固定汇率制度的汇率协调机制。

货币互换有助于区域内货币投资、结算，从而最终使得马来西亚减少对美元的依赖，达到金融稳定的目标。2003 年起中国与马来西亚签署了货币互换协议，但目前贸易结算货币仍主要以美元为主，不利于进一步加深区域经济合作。为进一步加强中国—马来西亚金融合作，我国应当在原有货币互换协议基础上进一步继续扩大货币互换规模，推动区域货币互换多边化，续签即将到期的货币互换协议，积极促进人民币与马币的直接兑换的早日实现。

二　完善跨境结算体系

对跨境结算体系来说，我国能做的是让各层次金融机构运用互联网为东盟各成员国提供移动支付、网络支付等业务，并鼓励使用人民币进行直接结算，降低汇率波动并减少交易成本。现阶段下，以微信、支付宝等为代表的先进支付手段已在东盟部分国家展现出了良好的发展前景，其中微信已经获得了马来西亚支付牌照。

三　推动金融市场的开放

马来西亚银行的经营环境长期以来趋于稳定，在东盟地区处于领先地位。中马银行间的合作交流是双方金融市场合作内容中的重点。特别是马来西亚作为一个典型的"双系统"国家，其伊斯兰金融系统发展已经非常先进和成熟。中国应积极洽谈，考虑并推动在穆斯林聚居的西北地区建立一些伊斯兰银行等金融机构。马来西亚在规定外资银行设立方面没有明确要求也予中资涉入不少便利。我国可考虑与马来西亚开展更全面的金融合作，部分借鉴马来西亚伊斯兰银行在产品开发、模式选择、监管制度等方面的建设经验。

就证券业发展来说，马来西亚的证券业发展趋势良好，股票市场规模逐步扩大，现已建立起较为完善的证券市场体系。马来西亚债券发行较多，中国与马来西亚间可以考虑深化证券市场合作。由于马来西亚政府债券的外国投资者的持有比例已达 30% 以上，意味着风险同时也在提升。因此，双方的金融合作也需要加强对金融安全和稳定的监管。

四　建立监管人才的合作培训机制

随着中国—马来西亚经贸合作的加深，对金融监管服务提出了一定的要求。为促进中马金融共同监管法律机制的形成，双方可以从联合培养相关金融人才入手。例如可以建立中马金融监管人才合作培训基地和建立金融相关人员互访制度等。

第五节 中马金融合作报告："一带一路" 背景下中国西北与马来西亚的 伊斯兰银行合作①

随着我国"一带一路"进入全面建设阶段，融资渠道有限、资金缺口大等问题日益凸显。因此，抓住伊斯兰金融快速发展的契机，对"一带一路"倡议的顺利推进具有至关重要的意义。马来西亚伊斯兰金融系统完备且参与"一带一路"建设的意愿与行动都十分积极，中国西北地区有着发展伊斯兰金融的诉求与潜力，"一带"上的中国西北地区应与"一路"上的马来西亚加强伊斯兰银行对接与合作，将"一带"与"一路"的发展紧密对接、有机串联，二者相互促进、相得益彰，以局部问题的攻克助推全局建设。本节首先对马来西亚伊斯兰银行的发展进行详细解读，论证马来西亚伊斯兰银行与中国"一带一路"倡议的关系，再从资产质量和盈利能力两个维度对马来西亚伊斯兰银行和传统银行进行对比实证分析以证明发展伊斯兰银行的必要性，最后提出中国西北地区与马来西亚合作发展伊斯兰银行的路径和相应的保障措施。

一 研究背景及意义

（一）研究背景

1. "一带一路"建设存在巨大的资金缺口

2013 年 9 月和 10 月，中国国家主席习近平在出访中亚和东南亚国家期间，先后提出共建"丝绸之路经济带"和"21 世纪海上丝绸之路"（以下简称"一带一路"）的重大倡议，这是中国在新的发展时期重构国际经济关系、形成对外开放新格局的重大战略举

---

① 作者：广西大学中国—东盟研究院马来西亚助理，卢潇潇；广西大学中国—东盟研究院马来西亚助理，石宗承；广西大学中国—东盟研究院舆情研究助理，姚云风；广西大学东盟学院国际金融实验班，洪铠邦。

措，提出至今四年多以来，从无到有、由点拓面，蓝图不断充实，范围逐渐扩大，愿景逐步落地生根，开始进入全面建设攻坚阶段。由于"一带一路"覆盖区域广大，所涉及的跨境投资领域众多且项目建设周期普遍较长，因而巨量的资金支撑必不可少，然而从现有的可为"一带一路"提供资金支持的区域性政府间金融合作平台和国内金融机构来看，资金规模远远不够，融资渠道有限、融资缺口大成了当前"一带一路"建设面临的重大难题。

2. 伊斯兰金融的全球化趋势及其重要性

"一带一路"途经区域涵盖了大量的穆斯林人口及经济体，他们不仅是早期推动伊斯兰金融萌芽和发展的主要人群，也是现代伊斯兰金融逐渐走向成熟和扩张的中坚力量。根据普华永道（PWC）的数据显示，在 2013 年至 2017 年期间，世界伊斯兰金融资产的年增长率为 17%，目前总额已达 2.7 万亿美元，并稳定保持两位数的年增长率，预计到 2020 年全球的伊斯兰金融市场规模将增长至 3.25 万亿美元；另外，在 2008 年金融危机席卷全球时，伊斯兰金融还曾以其安全的投资方式和稳步的利润增长让世界刮目相看。伊斯兰金融凭借迅猛的发展势头、巨大的发展空间以及独有的高风险规避特性得到了越来越多国家及地区的接受与认可，其在"一带一路"金融系统中凸显的重要性也不言自明，鉴于此，积极发展伊斯兰金融就不失为"一带一路"建设过程中拓宽资金来源和丰富金融体系的重要途径。

3. 马来西亚伊斯兰金融系统完整且积极参与"一带一路"建设

马来西亚是现代化最成功、民主化程度最高的伊斯兰世界国家之一，政府一直都十分看重在发展中融入伊斯兰因素，其伊斯兰金融体系在东南亚乃至这个世界都是独树一帜的，这不仅表现为体系自身的完整齐备，而且还体现在与传统金融体系的并行不悖，呈现"双系统"特征。根据阿联酋《海湾时报》发布的报告显示，马来西亚凭借其完整、系统的伊斯兰金融系统成为与阿联酋齐名的伊斯兰金融全球中心。而对于中国提出的"一带一路"，马来西亚是这一倡议提出后率先响应的国家，随着"一带一路"建设工作的渐次铺开，马来西亚国内政治、经济层面的各界人士更是以相应支持、配合参与、平衡协调等实际行动投身其中。2017年10月28日公布的《马来西亚2017—2018年经济报告》中专门关注了"一带一路"倡议，认为"'一带一路'建设将为马来西亚经济带来巨大红利，因此马来西亚政府将继续扮演'一带一路'建设助推者的角色"。综上所述，中国可以率先借道马来西亚伊斯兰金融市场，为"一带一路"的建设引入更多的资金。

4. 中国西北地区具有发展伊斯兰金融的诉求与潜力

随着中国与中东伊斯兰国家不断紧密的联系和国际金融危机后海湾主权财务基金和伊斯兰金融的突出表现，中国也开始关注发展伊斯兰金融。就中国本土而言，中国西北地区的新疆、甘肃、山西、青海、宁夏等省份是"一带一路"中"丝绸之路经济带"西进过程中的必经区域，也因与俄罗斯、中亚等国毗邻而被称为"丝绸之路经济带"的黄金段，其"内联外引、承东启西"的战略核心地位使其成为"一带一路"建设顺利推进的关键；除此之外，中国西北地区还是中国信仰伊斯兰教少数民族的主要聚居地，厚重的穆斯林文化使得这些地区的群众与伊斯兰世界有着强烈的宗教认同感，他们愿意并希望以符合伊斯兰教法的方式开展金融活动；另外，中国西北地区的清真产业近年来也实现了迅速发展，成为新的区域经济增长点。因此，在国家"一带一路"的发展框架下，中国西北地区发展伊斯兰金融既有明显的诉求，也具备相应的文化优势、地理优势和经济基础。

（二）研究目的及意义

在马来西亚伊斯兰金融体系中，伊斯兰银行为其主体和最发达部分，因此本文重点分析伊斯兰银行，旨在：（1）了解马来西亚伊斯兰银行，并论证其与"一带一路"的关系，进而探讨马来西亚伊斯兰银行与中国西北地区对接的可能性；（2）了解伊斯兰银行与传统银行在盈利能力和资产质量方面的差异以证明发展伊斯兰银行的必要性；（3）在"一带一路"政策背景下为中国与马来西亚的伊斯兰银行合作提供具体路径。

伊斯兰金融已不仅仅是国际金融领域的一个新现象，也为全球金融体系提供了一个新模式，更是当前世界经济中一个值得重视的合作领域，随着我国"一带一路"进入全面建设阶段，融资渠道有限、资金缺口大等问题日益凸显。因此，抓住伊斯兰金融快速发展的契机，对"一带一路"倡议的顺利推进具有至关重要的意义。从地缘互动来看，马来西亚是"海上丝绸之路"的重要节点，中国西北地区是"丝绸之路经济带"的黄金段，两者分别为"一路"与"一带"能否顺利推进的重要区域和关键所在。进一步而言，马来西亚伊斯兰金融系统完备且参与"一带一路"建设的意愿与行动都十分积极，中国西北有着发展伊斯兰金融的诉求与潜力，因而，中国应综合西北地区发展伊斯兰金融的潜力与优势，率先借力马来西亚的伊斯兰金融，特别是加强与伊斯兰银行的对接与合作，为"一带一路"引入更多资金，也为今后中国西北与中东伊斯兰世界的合作夯实基础，更为重要的是，加强"一带"上的中国西北地区与"一路"上的马来西亚的伊斯兰银行对接，在实现两国金融合作进一步深化的同时，也将"一带"与"一路"的发展紧密对接、有机串联，二者相互促进、相得益彰，以局部问题的攻克助推全局建设。

二 文献综述

在传统金融重创于全球金融危机之时，伊斯兰金融却以傲人的成绩引起了广泛的关注并开始迅速扩张，Willison（2009）等学者把伊斯兰金融的迅速崛起归因于"在沙里亚原则指导下禁止收取或支付利息、鼓励风险共担"这一特殊的监管理念，一些学者认为"结构上的优势使伊斯兰金融逐渐成为促进经济增长与应对经济波动的多样化选择"。在整个伊斯兰金融体系中，伊斯兰银行是最发达且最重要的组成部分，国外学者很早之前就已经对伊斯兰银行进行了大量的研究，伴随着近年来伊斯兰金融的兴起，国内学者也开始了对伊斯兰银行的关注。

（一）国外相关研究

1. 关于客户对伊斯兰银行选择的研究

从伊斯兰银行出现至今，学者们都颇为关注人们对伊斯兰银行的选择问题：Metawa 和 Almossawi（1998）等学者认为"伊斯兰银行与宗教密切相关，宗教信仰是客户选择伊斯兰银行的重要原因之一"；Elanhi 和 Aziz（2011）认为"随着穆斯林国家资本价值的增长和全球金融不确定性的增加，来自穆斯林国家的投资者希望把他们的资本投放于符合沙里亚的金融产品上"；但 Erol 和 El-Bdour（1989）在对土耳其和苏丹进行研究后得出了"宗教并非客户选择伊斯兰银行的主要原因"的结论；Haron（1994）、Gerrad 和 Cunningham（1997）结合马来西亚和新加坡的情况进一步指出"除了宗教外，利润追求也是客户选择伊斯兰银行的重要原因"。

2. 关于伊斯兰银行盈利能力影响因素的研究

伊斯兰银行作为一种新型的银行模式，盈利能力及其影响因素最引人关注，部分学者运用资产回报率（ROA）和股权回报率（ROE）对伊斯兰银行的盈利能力做了评估，研究结果显示伊斯兰银行的长期平均回报率要高于利率，对伊斯兰银行盈利能力影响因素的研究又具体分为内因研究（如流动性、资本充足率等）与外因研究（GDP、行业集中度、规模经济等）。在内因影响的研究中，学者们主要以流动性、资本充足率、信用风险等为自变量进行伊斯兰银行的盈利能力分析：Sufian（2009）等学者通过对流动性的研究发现"流动资产是影响伊斯兰银行盈利能力的一个显著因素，特别是在宏观经济不稳定环境下"；Sufian 和 Noor（2009）以中东、北非和亚洲的一些国家为研究对象对资本充足率和盈利能力的关系进行了论证，得出"伊斯兰银行的盈利能力与资本化率正相关"的结论；Beck，Demirguc-Kunt 和 Merrouche（2013）则认为"相较于传统银行，伊斯兰银行的资本化率更高，流动资产储备更多，稳定性更强"。在外部因素影响的研究中，学者们以宏观经济条件（如行业集中度、通胀率、利润、GDP 增长、货币供给和股市发展等）为自变量对伊斯兰银行的盈利能力进行分析，大部分分析结果认为行业集中度、GDP 和债券市场水平对盈利能力有显著的影响：Hassan 和 Bashir（2003）的研究发现 GDP、利率都与伊斯兰银行的盈利能力正相关；Sufian 和 Habibullah（2009）对孟加拉伊斯兰银行的研究则证明了通胀和伊斯兰银行盈利能力之间负相关；Haron（1996）的研究显示"伊斯兰银行在竞争性环境中效益更好，而传统银行在垄断性环境中效益更好"；Bashir（2003）分析得出"伊斯兰银行的盈利能力与贷款、银行规模之间成反向关系，而与资本、管理费用成正向关系，与通胀没有关系"。

3. 关于伊斯兰银行与传统银行对比研究

伊斯兰银行与传统银行之间的对比也是学者们研究的重点，学者们运用多种分析方法，主要针对两类银行的盈利能力和资产质量进行了对比分析。

关于盈利能力的对比分析。Metwally（1997）、Olson 和 Zoubi（2008）等学者运用概率模型、描述性统计分析法、t 检验法、逻辑回归等方法对伊斯兰银行与传统银行的流动性、杠杆、效率和利润等指标进行比较后认为"伊斯兰银行比传统银行具有更高的盈利能力"；Batchelor 和 Wadud（2004）用包络数据分析法（DEA）计算了伊斯兰银行的效率得分，结果也显示"伊斯兰银行比传统银行更具有成本盈利能力"；Iqbal（2001）以 12 个伊斯兰银行和 12 个传统银行 1990—1998 年的数据为样本，使用比例分析法比较了两类银行的增长，结果显示"伊斯兰银行的资产回报率和股权回报率更高"；Kaouther 和 Viviani（2011）等运用 t 均值检验法、二元逻辑回归法分析得出"伊斯兰银行与传统银行的杠杆率和利润率存在差异"；Cihak 和 Hesse（2008）运用 Z 得分法（Z-score）进行了稳定性分析，认为"小型伊斯兰银行稳定性强于小型传统银行，而大型伊斯兰银行的稳定性弱于大型传统银行"；Parashar 和 Venkatesh（2010）使用海湾合作委员会（GCC）国家 2006—2009 年的数据比较了 6 个伊斯兰银行与 6 个传统银行在资本化率、成本收益率、平均资产回报率、净值回报率、股权比例和流动比率六个指标上的差异，发现"在全球金融危机期间，伊斯兰银行比传统银行具有更高的平均资产回报率和流动性"；Abdull-Majid（2010）等以 1996—2002 年 10 个国家银行的数据为样本，运用产出距离函数法（output distance function）分析两类银行的效率，发现伊斯兰银行比传统银行有略高的规模回报率。

关于资产质量的对比分析。学者们还从不同角度对伊斯兰银行与传统银行的资产质量进行了比较研究：Beck（2013）等以 22 个国家 1995—2009 年的 510 个银行为样本，得出"伊斯兰银行的资产质量更好、资本化率更高"的结论；Ansari 和 Rehman（2011）以巴基斯坦 2006 至 2009 年数据为样本进行比较，结果显示"伊斯兰银行的风险明显低于传统银行"；Abedifar（2012）收集了 1999—2009 年间 24 个国家 553 家银行的数据，分析伊斯兰银行的投资风险和稳定性，发现"伊斯兰银行比传统银行更资本化且更具盈利能力，以穆斯林人口占主导国家的小型穆斯林银行比传统银行信用风险更低、破产风险更小"。

（二）国内相关研究

国内学者对伊斯兰银行的研究起步较晚，因此成果也相对较少，前期的文献主要侧重于对伊斯兰银行进行概念上的梳理，李艳枝（2003）、王劲屹（2005）、李文瑞（2006）、王若溪（2011）等学者介绍和总结了伊斯兰银行的产生、发展、现状及运营方式，巴曙松、刘先丰和崔峥（2009）介绍了伊斯兰银行类金融产品及其特性，解释伊斯兰金融形成的市场基础。随着伊斯兰银行逐渐被熟知和了解，国内学者们的相关研究不断拓宽和深入，涉及伊斯兰银行在国内的试点发展问题、中国与国际伊斯兰金融机构的跨国平台搭建问题、中国对国外发展伊斯兰银行经验的借鉴问题等。

1. 关于伊斯兰银行在国内试点发展的研究

学者们就如何在国内发展伊斯兰银行进行了探讨和研究：有学者认为西北地区可作为我国发展伊斯兰银行的首选区域，比如张永丽、王博（2016）指出"西北地区具备发展伊斯兰银行的比较优势（如文化优势、地理优势、伊斯兰金融业务经验）和市场基础

（如粗具规模的清真产业、不断加深的对阿贸易、不断增强的区域间产业结构和贸易互补性）"。还有学者在总结国内伊斯兰金融发展实践的经验后，进一步以中国西北地区的特定省份（如宁夏）为例，分析了伊斯兰银行发展面临的主要问题，并提出了一些建议：白宁（2010）指出宁夏发展伊斯兰银行所面临"伊斯兰银行业务与传统商业银行业务之间的协调"和"伊斯兰银行人才的缺乏"两大问题；张睿亮（2012）回顾了国内伊斯兰金融发展实践，针对宁夏发展伊斯兰银行遇到的问题提出了"拓宽业务领域""完善合规监管"等建议；陈志毅在探讨宁夏利用伊斯兰金融发展内陆开放型经济时提出"依托伊斯兰金融的特色产品，支持内陆开放型产业集群发展"。

2. 关于中国与国际金融结构搭建跨国合作平台的研究

也有部分学者讨论了中国与国际伊斯兰金融机构合作，搭建伊斯兰银行跨国合作平台的相关问题：蒙志标（2012）在研究中国伊斯兰金融发展时建议"中国大型商业银行要与马来西亚、巴林、阿联酋等伊斯兰金融发展较成熟国家的伊斯兰金融机构合作试点伊斯兰银行业务"；蒋钦云（2012）在研究中国与海湾国家金融合作战略时提出"发展伊斯兰金融以解决资金中介平台问题能够吸收石油美元来建设我国西部地区"。

3. 关于中国借鉴国外发展伊斯兰银行经验的研究

还有部分学者归纳了国外发展伊斯兰银行的经验，并总结对中国的启示，分析存在的风险及应对措施：李勇（2011）分析了伊斯兰金融的优势以及国际伊斯兰银行发展经验对中国的启示，提出中国可以借鉴新加坡、英国或日本的做法，在国内特定地区试点开展伊斯兰金融业务；徐利平（2004）、王守贞和邹晓峰（2008）等学者介绍了马来西亚银行体系、特征及其对我国的借鉴意义；冯宗宪和陈志毅（2011）从风险视角对伊斯兰银行与传统银行进行了对比研究，提出了中国试点开展伊斯兰金融业务的风险管理策略；田中禾（2011）等介绍了伊斯兰银行的公司治理理论和实践，为中国试点伊斯兰银行增加了理论基础。

（三）国内外研究述评

通过对国内外文献的梳理，笔者发现国外学者主要集中于从起源发展、盈利能力及其影响因素、与传统银行的对比等方面对伊斯兰银行进行研究，相比之下，国内关于伊斯兰银行的研究较少并多侧重于介绍性的探究，目前的研究存在以下空白：第一，还没有文献对"一带一路"沿线国家中特定国家的伊斯兰银行与"一带一路"关系进行系统的研究与论证；第二，虽然有学者从盈利能力和资产质量两个维度对伊斯兰银行进行考察，但并未运用实证分析法对二者进行综合的比较；第三，关于中国与伊斯兰银行发展较成熟的国家进行业务对接、合作以服务"一带一路"建设的研究十分罕见。因此，本文以"一带一路"沿线上的马来西亚为例，系统地介绍其伊斯兰银行发展情况与特色，继而论证马来西亚伊斯兰银行与"一带一路"的关系，并在用实证分析法全面对比分析伊斯兰银行优势的基础上探讨中国与马来西亚合作发展伊斯兰银行的相关问题，实现"一带"与"一路"的金融连接，为"一带一路"建设工作更好地推进提供策略支持。

三　伊斯兰银行在马来西亚的发展概述

伊斯兰银行的产生是伊斯兰教对金融业影响的结果，其经营思想起源于《古兰经》《圣训》和伊斯兰教法。建立伊斯兰银行的想法在 1948 年 7 月 1 日就已经被巴基斯坦总督赛赫德·哈桑率先提出，但囿于当时理论与经济的局限而被搁置。二战以后，由于当代贸易体系和世界金融的发展趋势，伊斯兰教经济学家与法学家尝试以传统伊斯兰教经济理论为起点，进一步结合伊斯兰现代化主义对"利息禁令"的狭义解释，开发了一整套系统的金融理论。随着国际伊斯兰复兴运动浪潮在 20 世纪 70 年代后的兴起，伊朗、利比亚与巴基斯坦等伊斯兰国家的领导人生起建立与社会主义和资本主义均有差异的"伊斯兰国家第三条道路"，伊斯兰世界兴起范围广泛，以伊斯兰银行为特点的国际伊斯兰金融运动。中东地区的埃及和阿联酋率先开始探索"第三条道路"，分别成立了"帮助社会下层解决生产和生活困难"① 的纳赛尔社会银行和"以大型工业项目为主，开展多种综合无息业务"的迪拜伊斯兰银行；受纳赛尔社会银行和迪拜伊斯兰银行的影响，海湾国家纷纷效法创建了一系列伊斯兰银行，整个伊斯兰世界兴起了一股创建伊斯兰银行的热潮；在伊斯兰复兴主义和滚滚而来的石油美元的双因素作用下，伊斯兰银行逐步突破疆域限制，走向世界。

（一）发展历程

由于历届政府在发展经济的过程中对伊斯兰元素的重视，因此马来西亚目前已成为民主化程度最高、最成功的国家之一。经历蓬勃起步、缓慢发展和逐渐成熟三个发展阶段，马来西亚的伊斯兰银行业已成为国家金融体系不可或缺的一部分，并且在经济现代化进程中发挥着至关重要的作用。

1. 蓬勃起步阶段

20 世纪 60—70 年代，在全球伊斯兰复兴运动的影响下，伊斯兰复兴运动同时也在马来西亚国内兴起，一部分与伊斯兰有关的政党和非政府组织以保护穆斯林的经济利益和政治权利，以及维护马来民族主义为由，提出纯洁伊斯兰教的要求，想方设法伊斯兰化马来西亚社会，对伊斯兰银行业务的需求急速攀升。为了表明自己的亲伊斯兰态度，马来西亚政府于 1981 年 7 月 30 日成立了"国家伊斯兰银行指导委员会（National Steering Committee of Islamic Banks）"，研究建立伊斯兰银行问题；经过对法律、经济的探讨论证，马来西亚政府又于 1983 年颁布了《伊斯兰银行法案》，法案中明确规范和监督国家银行对伊斯兰银行的设立要求。马来西亚第一家伊斯兰银行——Bank Islam Malaysia Berhad（BIMB）在同年 3 月成立，标志着一个与世俗商业银行系统并行的另一银行系统正式运行。借助于穆斯林人口在登嘉楼州的集中分布，第一家伊斯兰银行分行于同年 11 月在登嘉楼州成立。随后各州陆续出现新的伊斯兰银行分支机构，大大促进了马来西亚伊斯兰银行业的发展；1989

---

① 许利平等：《当代东南亚伊斯兰发展与挑战》，时事出版社 2008 年版，第 244 页。

年，马来西亚在《1983年伊斯兰银行法案》的基础上发布《银行和金融机构法案》，给伊斯兰银行业后期的蓬勃发展提供了得天独厚的经济金融环境。

2. 缓慢发展阶段

20世纪90年代以来，马来西亚政府放开管制，批准传统银行在现阶段已有的工作人员、分支机构基础上，可以尝试开设专门的伊斯兰金融服务窗口，为有需要伊斯兰金融产品客户提供服务，在这一政策环境背景下，伊斯兰银行分支机构得到了迅速增长，并且规模不断扩大。由于伊斯兰金融业务的增长快，伊斯兰银行的资产规模扩大迅猛，马来西亚为了顺应社会的需求于1993年正式宣布，建立"双轨银行系统（伊斯兰银行和传统银行平行）"，成为世界上第一个拥有双轨银行体系的国家。虽然在这一阶段伊斯兰银行业得到了快速的发展，但局限于其影响力，并且占总人口近六成的穆斯林人口固然是马来西亚伊斯兰银行业建立和发展的基础，但这狭小的市场不足以支撑伊斯兰银行业的进一步壮大，因此马来西亚在时隔16年之后的1999年才建立第二家伊斯兰银行——Bank Mualanmat Malaysia Berhand（BMMB）。

3. 逐渐成熟阶段

进入新千年之后，国际环境的变化给马来西亚的伊斯兰银行业的发展带来了重要的机遇——美国历经"9·11劫难"后，建立"全球反恐联盟"的希望十分迫切，因此导致了美国、西欧等传统投资目的地的伊斯兰资金大量回流到亚太和中东地区。借此机会，马来西亚一边大力加快增加伊斯兰银行数量的步伐以满足伊斯兰金融国际化发展的需求，批准传统银行在伊斯兰金融窗口的基础上，进一步升级至独立的伊斯兰银行分支机构；同时马来西亚设法建立了伊斯兰国际资本平台，吸引伊斯兰国际资本的流入，除此之外还进一步充分利用伊斯兰银行系统中商业银行、金融公司的各个组成结构，使伊斯兰金融业务的规模以及规格得到了扩大和提升。2006年8月，为了提高伊斯兰金融的对外开放程度，进一步吸引外资金融机构参与马来西亚伊斯兰金融的发展，马来西亚政府趁热打铁正式宣布并实施"国际伊斯兰金融中心（International Islamic Financial Center）"计划，伊斯兰金融进一步提升至"金融国策"的重要地位。随后不久，马来西亚还成立了伊斯兰金融服务委员会（IFSB）等专业的伊斯兰金融服务机构，引领全球伊斯兰银行业发展；2010年，马来西亚政府向巴黎银行、住友银行、阿布扎比银行等大型过境金融机构发放牌照，允许它们在马来西亚境内设立大规模伊斯兰银行。

（二）发展现状

顺应国内外伊斯兰金融业发展趋势的马来西亚伊斯兰银行业经过30余年迅速而综合的发展而趋于完善，在伊斯兰金融资产增长、产品种类、机构数量、国际化程度以及国际排名等指标都位于全世界前列。

随着具有伊斯兰金融服务业务的银行机构不断增加，马来西亚的伊斯兰银行增长明显，成绩喜人。在政府推动的伊斯兰银行自由化的鼓励下以及由于国际化政策日臻成熟的伊斯兰金融市场的引导，越来越多的跨国金融机构与本土金融机构都积极从事马来西亚伊斯兰银行业。从表3-3可见，2002年马来西亚仅有2家伊斯兰银行，下设分支机构共128家，在总银行数及其分支机构中的占比分别为4.26%和5.06%，这意味着当年伊斯兰银行服务客户占全体银行服务客户的5%；到了2016年，马来西亚伊斯兰银行数量增长至16家，提供伊斯兰金融产品的银行网点数量为2197个，在总银行数及其分支机构中的占比分别为29.63%和87.95%。

表3-3　　　　　2002—2016年马来西亚银行数量　　　（单位：个）

年份 银行	2002	2005	2008	2011	2012	2013	2014	2015	2016
全部银行	47	43	47	56	56	55	54	54	54
分支机构	2531	2244	2271	2435	2481	2479	2494	2500	2498
伊斯兰银行	2	6	17	16	16	16	16	16	16

续表

年份\银行	2002	2005	2008	2011	2012	2013	2014	2015	2016
分支机构	128	766	2039	2147	2171	2177	2192	2206	2197

资料来源：Financial Stability and Payment by Bank Negara Malaysia （2002—2016）。[①]

马来西亚伊斯兰银行的总资产规模增长稳定，重要性不断提升。2011—2017 年，马来西亚伊斯兰银行总资产规模保持稳定增长，基本保持两位数的增长率。随着伊斯兰银行资产总额的稳健增长，其在马来西亚金融机构资产总额中所占的比例也稳定保持在 10% 以上，并呈较快上升趋势，由 2011 年的 13.21% 增加至 2017 年的 18.36%（如图 3 - 2 和 3 - 3 所示），在马来西亚国内银行系统甚至整个金融系统中扮演着越来越重要的角色。

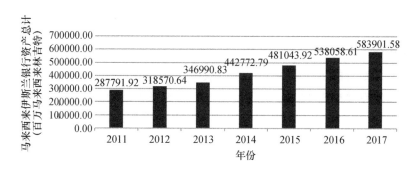

图 3 - 2 2011—2017 年马来西亚伊斯兰银行资产总额
资料来源：Wind 数据库。

马来西亚伊斯兰银行的金融产品多元丰富。由于所有伊斯兰银行推出的新产品需要严格遵循伊斯兰教义，并且在程序上必须经由伊斯兰教义委员会批准方可上市，因此相对于传统银行，伊斯兰银行新产品的推出历时久，程序更复杂。甚至国与国之间的伊斯兰教义委员会会对他国认可的伊斯兰银行创新产品进行否认，如此一

---

① 最新数据仅公布到 2016 年。

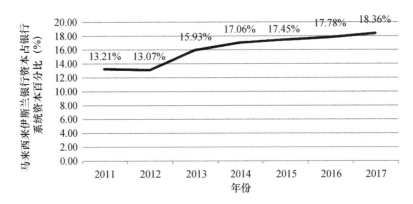

图 3 - 3　2011—2017 年马来西亚伊斯兰银行资产占比

资料来源：Wind 数据库。

来，伊斯兰银行的产品远不及传统银行的金融产品丰富。在这一问题上，马来西亚实现了突破，在符合伊斯兰教法的基础上不断推陈出新，伊斯兰银行产品囊括风险控制对冲工具衍生品以及加强型流动新金融工具等，例如远期利润率协议、利润率互换协议、央行票据以及专有的伊斯兰货币互换协议等。在"国际伊斯兰金融中心"计划的发展潮流中，马来西亚央行采取积极主动的处理方式，陆续以新的伊斯兰金融产品为主打，主要包括伊斯兰原产品债券计划与衍生产品的主要协议等。现阶段，马来西亚伊斯兰银行已包含 3 种存款账户和 2 种投资账户等银行负债产品和 30 多种银行资产产品，所有产品供应种类已与传统银行产品的 90% 可以相互覆盖。

马来西亚伊斯兰银行国际化程度高且国际排名居前列。众多伊斯兰国家（如科威特、巴林、沙特等国）的伊斯兰银行选择在马来西亚建立分支机构，汇丰、渣打等全球重量级传统大银行也专门在马来西亚设立伊斯兰银行，有些银行（如花旗、苏格兰皇家银行等）则通过设伊斯兰业务窗口的方式参与马来西亚伊斯兰银行业务。鼓励外资入驻国内伊斯兰银行业的同时，在政府的大力支持下，国内伊斯兰银行积极进入国际金融市场，拓展全球性金融业务，并以合资、股权并购等方法拓宽科威特、巴林、沙特等伊斯兰海外市场。根据《路透社》发布的 2015 年伊斯兰金融发展报告，马来西亚在伊斯兰金融市场中（包括存款、债券、基金等）的资产规模达 4150 亿美元，超过沙特阿拉伯和伊朗，位居全球之冠；根据《2014—2015 世界伊斯兰银行业竞争力报告》显示，巴林、土耳其、马来西亚、科威特、沙特阿拉伯、阿联酋 6 国共有 20 家银行入选世界最强伊斯兰银行之列，其中马来西亚有 4 家入选，与沙特、阿联酋并列为入选银行数量最多的国家（如图 3 - 4 所示）。需要特别指出的是，由于中东产油国对伊斯兰银行政策的偏爱，阿联酋、沙特、科威特等国家的伊斯兰银行资产与规模位于世界前列并不足为奇，由此可见，马来西亚伊斯兰银行业竞争实力居全球顶尖。

（三）具体发展措施

马来西亚伊斯兰银行业的成功固然与全球伊斯兰金融业兴起这一大背景密不可分，但更归功于其在长期发展过程中经历的总结及比较优势的积累。

1. 适时调整政策，监管与开放同时兼顾

马来西亚伊斯兰银行业发展的最大推动力量自始至终均为政府，它首先适时制定或修改法律法规，不断完善伊斯兰金融法律框架，马来西亚也因此成为世界上第一个专门针对伊斯兰金融出台法律的国家：自 20 世纪 80 年代起，马来西亚政府先后制定了一系列与伊斯兰金融相关的法律，如《伊斯兰保险法》《伊斯兰银行法》《银行和金融机构法》《政府基金法》等与伊斯兰金融相关的法律，马来西亚伊斯兰金融法律框架逐渐建立并完善，为后期发展伊斯兰银行业奠定了强有力的法律基础。其次，始终给予伊斯兰银行业自由发展的空间：一方面实施"双轨银行体系"战略，另一方面引入"金融自由化蓝图"，并建设"国际伊斯兰金融中心（MIFC)"，打造全球的伊斯兰金融中心。紧接着，央行加强对伊斯兰银行的监管，防范风险：于 1996 年将传统银行的伊斯兰业务与非伊斯兰业务相分离后进行独立核算，并在 1997 年成立伊斯兰金融行业的最高法权威"全国伊斯兰教义顾问理事会"，2009 年为了央行的独立性和权力通过了新的《中央银行法》，并在央行设立专门的沙里亚

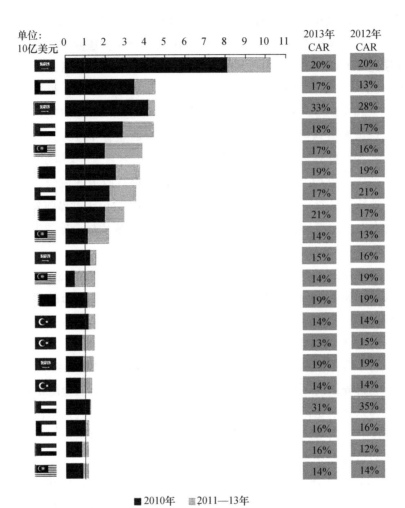

■2010年 ▨2011—13年

图3-4 2010—2013年排名前20位的伊斯兰银行的资本总额

资料来源:《2014—2015年世界伊斯兰银行业竞争力报告·伊斯兰银行业2.0》。①

咨询委员会作为其国内伊斯兰金融业最高监管机构和最权威的纠纷解决机构,并要求各级金融机构设立沙里亚咨询委员会提供业务咨询和监督;2013年,马来西亚议会通过"伊斯兰金融服务法案

———————————

① 缺最新数据。

2013（Islamic Financial Services Act 2013）"，从法律层面上完善了对伊斯兰银行业的服务和监管。除此之外，央行还对伊斯兰银行的相关风控指标进行严格把关，制定了大量符合《巴塞尔协议Ⅱ》以及伊斯兰金融服务委员会的指导细则与方针，事关风险管理、资本充足率和公司治理等方面，这促进了伊斯兰银行在马来西亚的公平发展和稳健运行。

2. 不断夯实金融基础设施

从经验来看，促进马来西亚伊斯兰银行发展的关键因素是创新。现阶段马来西亚金融基础设施主要呈现以下特点：第一，伊斯兰金融机构数不胜数，主要包括伊斯兰银行、基金公司、证券公司、保险公司等市场参与者以及评级公司、法律事务所、会计事务所等中介机构。第二，伊斯兰债券市场高度发达，于2002年发行的首支全球伊斯兰债券（Sukuk）成为全球伊斯兰债券发行标准，现阶段全球最大的伊斯兰债券市场当属马来西亚莫属。第三，合作国际化，马来西亚以东道主身份与16个国家的央行在2002年携手共同成立伊斯兰金融服务委员会（IFSB），专门研究伊斯兰金融的全球化与标准化的国际标准，有力的促进了各国伊斯兰金融业的发展。因此，马来西亚在产品、服务、运作等基础金融设施方面都处于世界伊斯兰国家中的领先地位。

3. 重视伊斯兰金融人才的培养

马来西亚十分注重伊斯兰金融人才的培养。首先，马来西亚注重伊斯兰金融机构的设立与伊斯兰金融理论的研究。以传统伊斯兰教育为指导，为进一步研究当代的金融困境，现阶段已成立20多个伊斯兰金融研究机构。其次，在国内高校设立与伊斯兰金融相关的专业，在培养机构的专门培养下，积极引导相关实业界、法届以及研究机构之间的战略合作，满足各领域对伊斯兰金融人才的需求。现阶段马来西亚政府已在全国十多所纯伊斯兰大学或综合性大学开设与伊斯兰相关的专业，培养了大批伊斯兰高级人才。此外，为了满足高级领袖人才培养的需要，政府花费5亿令吉特成立金融领导国际中心（ICLIF）。最后，注重技术专才的培养，马来西亚于2006 年成立国际伊斯兰金融教育中心（INCEIF），一方面与国内外的学术研究机构组成联盟，设立专业的伊斯兰金融课程，另一方面在央行的支持下筹资成立了伊斯兰银行与金融研究所（IBFIM）和证券业发展中心（SIDC）等专业的业务培训机构，其课程丰富多样化，主要囊括伊斯兰金融业务、风险管理、沙里亚法原则等核心内容。

4. 善于把握区位优势

由于其得天独厚的地理位置优势，马来西亚已逐步成为伊斯兰世界与西方世界的共同桥梁和窗口。究其原因，"9·11 事件"和伊拉克战争后，以中东国家为核心的伊斯兰世界遭受西方世界的怀疑、排挤甚至是抵制，双方对抗加剧。一方面，马来西亚由于拥有稳定的政治经济环境并作为亚太地区新兴市场的典型代表在伊斯兰投资者从欧美撤资后，寻找新的东方市场时崭露头角，而且马来西亚同为伊斯兰世界成员且拥有发达的伊斯兰金融体系，国家实力和宗教情感上特殊的亲和力使得马来西亚成为伊斯兰世界的窗口。另一方面，在顺应了当前全球伊斯兰金融的发展潮流中，马来西亚更加遵守伊斯兰教义，比许多的中东伊斯兰国家表现得更加温和。因此马来西亚同时也成为西方金融机构、国际投资者进入伊斯兰金融世界的一个踏板。

综观整个"一带一路"倡议，伊斯兰在其沿途部分区域早已超越了单纯的信仰，是这些国家政治经济和社会文化生活的绝对核心，也就是说伊斯兰是"一带一路"建设推进过程中不可回避的重要因素。"一带"上，西安以西就逐渐进入伊斯兰占主流的中亚地带，从阿富汗、巴基斯坦到伊朗、伊拉克、叙利亚再到土耳其，伊斯兰人口均占各国九成以上。"一路"上，过了金兰湾就进入了伊斯兰主导的"马来世界"——印尼有两亿多伊斯兰，接近总人口的九成，是世界上最大的伊斯兰国家；马来西亚伊斯兰占六成以上，在国家和地方均享有政治优势。由此可见，"一带一路"网络包括了中东和东南亚这两个世界主要伊斯兰金融中心，该区域遵从伊斯兰教义的资产占银行总资产的比例高达四分之一，这意味着伊斯兰金融在实现"一带一路"愿景中将大有可为——在"一带一路"建设巨大的融资诉求下，由于伊斯兰金融规模巨大，因此中国政府可考虑将其作为其中一种融资工具，而且基于伊斯兰金融"东移"的战略布局和中国"一带一路"的战略构想，将伊斯兰金融引入中国服务于中国"一带一路"框架下的基础设施建设、服务于传统产业转型，也将是未来世界金融发展的一大趋势。就目前而言，涉及对外合作和对内建设的"一带一路"投资需求不断攀升，但沿线各国经济发展水平不一，风险相对较高，而"一带一路"的建设又需要以相对稳定的方式推进，这与传统金融的风险偏好相悖，所以，在"一带一路"倡议实施的政策背景下，根据诉求，中国完全有必要加强与伊斯兰国家金融机构间的合作，引进伊斯兰金融产品。作为世界上最完整的伊斯兰金融系统中最核心的构成部分，马来西亚伊斯兰银行自然是"一带一路"建设筹资的重要之选，反之，"一带一路"也将给马来西亚伊斯兰银行的发展创造新的机会。

四　实证检验：伊斯兰银行与传统银行的优势比较

该实证以 2011—2016 年为样本期间，选取马来西亚所有的传统银行与伊斯兰银行作为初始样本，数据来自 BVD 数据库、马来西亚央行及马来西亚政府统计局，本文剔除了主变量有缺失的样本，最终得到 85 家银行（其中伊斯兰银行为 16 家）的 510 条观测值。为了消除异常值的影响，本文对所有连续变量进行了 1% 的 Winsorize 缩尾处理。

（一）变量及模型选择

根据侧重点的不同，可以选用很多方法评价企业的盈利能力、成长能力及资产质量，本文结合伊斯兰银行的特殊性和数据的可得性，选取资产报酬率（ROTA）、资产净利率（ROA）与营业净利率（NPR）三个指标作为盈利能力的代理变量；选取净利润增长率（Netin Growth）作为成长能力的代理变量；选取不良贷款率

（NPL）、贷款损失准备率（LRL）作为资产质量的代理变量。考虑到银行的盈利能力、成长能力与资产质量会受到企业自身及外部环境的影响，本文选取了以下控制变量：银行规模（LnSize）、马来西亚国内经济状况（LnGDP）及人口规模（LnPOP），另外，我们还控制了年度固定效应。

表 3 – 4　　　　　　　　　　　　主要变量及定义

指标	代理变量	定义及计算方法
盈利能力	ROTA	资产报酬率，等于（息税前利润/平均资产总额）×100%。其中，平均资产总额 =（期初资产总额 + 期末资产总额）/2。
	ROA	资产净利率，等于（净利润/平均资产总额）×100%。其中，平均资产总额 =（期初资产总额 + 期末资产总额）/2。
成长能力	Netin_ G	净利润增长率，等于（本期净利润/去年同期净利润 – 1）×100%。
资产质量	NPL	不良贷款率，等于（不良贷款额/贷款总额）×100%。
	LRL	贷款损失准备率，等于（贷款损失准备/贷款总额）×100%。
银行规模	LnSize	银行期末总资产的自然对数
国家经济状况	LnGDP	马来西亚年度 GDP 的自然对数
国家人口规模	LnPOP	马来西亚年末人口总数的自然对数

　　为了捕捉各指标在伊斯兰银行与传统银行之间的差异，本文构建如下计量模型：

$$Y = \alpha + \beta_1 \text{Group} + \beta_2 \text{Control} + \tau + \varepsilon \qquad (1)$$

　　其中，下标 i 与 t 分别表示银行和年份；Y 为被解释变量盈利能力、成长能力与资产质量；Group 为银行分组，Group = 0 为传统银行，Group = 1 为伊斯兰银行；Control 为控制变量组；τ 为不随个体变化的年度固定效应；ε 为随机扰动项。我们重点关心 Group 的系

数 β，如果 β 显著地大于零，则说明对于被解释变量 Y，伊斯兰银行要显著地高于传统银行，反之，伊斯兰银行要显著地低于传统银行。

从表 3 - 5 可知，代表盈利能力的资产报酬率（ROTA）和资产净利率（ROA）的标准差 SD 分别为 0.04 和 0.014，均大于其均值 0.021 和 0.011，这说明样本中各银行之间盈利能力差异较大；银行的成长能力及资产质量也同样存在上述问题。

表 3 - 5　　　　　　　　　主要变量描述性统计特征

Variable	N	Mean	SD	Min	P25	P50	P75	Max
ROTA	510	0.021	0.040	- 0.083	0.009	0.015	0.020	0.414
ROA	510	0.011	0.014	- 0.059	0.006	0.010	0.013	0.152
Netin_ G	510	0.118	1.726	- 21.761	- 0.172	0.046	0.301	10.172
NPL	510	1.739	10.701	0.000	0.002	0.011	0.125	157.646
LRL	510	0.055	0.250	- 0.013	0.000	0.002	0.007	2.438
LnSize	510	15.345	1.746	10.413	14.115	15.164	16.524	19.008
LnGDP	510	26.462	0.050	26.415	26.415	26.447	26.502	26.547、
LnPOP	510	10.320	0.029	10.277	10.292	10.322	10.342	10.364

（二）实证结果

1. 单变量分析

表 3 - 6 列出了伊斯兰银行与传统银行主要变量的 t 检验结果。从表中可以看出，伊斯兰银行和传统银行在各主要变量的整体均值上存在显著差异，其中，盈利能力指标的均值伊斯兰银行要显著地低于传统银行，而成长能力指标与资产质量指标的均值伊斯兰银行显著地高于传统银行。

表 3 - 6　　　　　　　　　单变量 t-test 检验结果

变量	均值		Difference（1）—（2）
	伊斯兰银行（1）	传统银行（2）	
ROTA	0.0123	0.0241	- 0.0118 **

续表

变量	均值		Difference (1) — (2)
	伊斯兰银行（1）	传统银行（2）	
ROA	0.0059	0.0125	− 0.0065 ***
Netin_ G	0.4781	0.0006	0.4776 **
NPL	0.1296	2.3526	− 2.2230 *
LRL	0.0001	0.0738	− 0.0737 **
LnSize	15.4367	15.3178	0.1189

注：*、**与***分别表示10%、5%与1%的显著性水平。

2. 面板回归结果分析

在该部分，基于模型（1）分别对盈利能力、成长能力与资产质量进行 OLS 混合回归分析，同时在银行层面进行聚类，结果如表3-7所示。就盈利能力来说，伊斯兰银行显著地低于传统银行；就成长能力来说，伊斯兰银行显著地高于传统银行。由于 NPL 与 LRL 的取值越低表示资产质量越高，所以就资产质量来说。无论是不良贷款率（NPL）或是贷款损失准备率（LRL），伊斯兰银行的资产质量都要显著地高于传统银行。

表3-7　　　　　　　　　各指标回归结果

	盈利能力			成长能力	资产质量
	ROTA	ROA	Netin_ G	NPL	LRL
	(1)	(2)	(3)	(4)	(5)
Group	− 0.0118 ** (− 2.31)	− 0.00630 *** (− 3.95)	0.454 ** (2.57)	− 2.958 ** (− 2.00)	− 0.0851 ** (− 2.07)
LnSize	− 0.00418 * (− 1.97)	− 0.000689 (− 0.79)	0.0710 (0.73)	− 1.279 ** (− 2.22)	− 0.0129 (− 0.94)
LnGDP	− 1.008 (− 0.72)	− 0.179 (− 0.28)	14.04 (1.41)	894.1 * (1.76)	− 0.138 (− 0.01)

续表

	盈利能力			成长能力	资产质量
	ROTA	ROA	Netin_ G	NPL	LRL
	(1)	(2)	(3)	(4)	(5)
LnPOP	-0.0484 (-0.52)	-0.00953 (-0.23)	14.33 (1.28)	-6.492 (-0.67)	-1.326 (-1.10)
年度固定效应	Yes	Yes	Yes	Yes	Yes
常数项	27.21 (0.72)	4.847 (0.29)	-520.3 (-1.38)	-23529.3* (-1.76)	17.61 (0.05)
N	397	397	319	347	371
R2	0.255	0.248	0.127	0.367	0.136

（三）稳健性测试：倾向得分匹配

由于模型（1）中存在代表银行分组的哑变量 Group，致使在回归分析时不能采用固定效应模型，导致无法排除每个银行可能存在的个体效应而产生回归偏误。为了解决这一问题，我们采用倾向得分匹配法（PSM）进行稳健性测试。

首先，我们采用 Logit 的估计以企业规模（LnSize）为匹配变量对两组样本银行进行倾向得分，然后采用核匹配（kernel Matching）得到共同取值范围的集合 S_p；最后，对集合 S_p 内的样本数据进行处理效应估计。

图 3 -5 和图 3 -6 分别为两组银行倾向得分匹配前后的得分核密度分布曲线，可以看出，匹配前，伊斯兰银行与传统银行的得分核密度分布明显存在较大的差异，若直接将两组银行进行比较，则估计结果可能出现偏差；在匹配后，伊斯兰银行与传统银行的得分核密度分布较匹配前明显地趋于一致，这表明匹配后两组银行异质性减弱，估计结果会更加稳健。

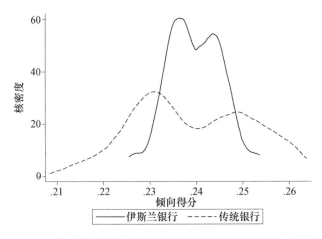

图3-5 匹配前后伊斯兰银行与传统银行倾向得分值核密度分布对比

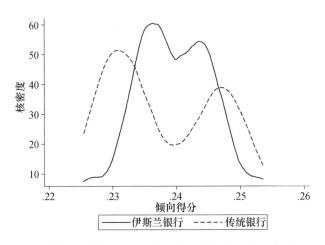

图3-6 匹配前后伊斯兰银行与传统银行倾向得分值核密度分布对比

表3-8列示了基于倾向得分匹配的估计结果,从 Difference 一栏可以看出,伊斯兰银行的盈利能力要显著地低于传统银行,而成长能力与资产质量要高于传统银行,这与之前结果保持一致。

表 3 - 8 PSM 检验结果

变量	处理效应	伊斯兰银行	传统银行	Difference	t 值
ROTA	ATT	0.0123	0.0223	− 0.0100 **	− 2.19
ROA	ATT	0.0059	0.0119	− 0.0059 ***	− 6.03
Netin_ G	ATT	0.4817	0.1461	0.3356 **	2.48
NPL	ATT	0.1309	1.8405	− 1.7096 ***	− 2.73
LRL	ATT	0.0001	0.0867	− 0.0866 ***	− 4.08

注：*、**与***分别表示 10%、5% 与 1% 的显著性水平。

综上，从 2011—2016 年的财务状况及经营成果看，虽然传统银行在盈利能力上占有一定优势，但成长能力与资产质量都比不上伊斯兰银行，因此，从长远角度看，伊斯兰银行发展潜力更大。

五 基于回归结果的中马银行合作探析

中国西北地区和马来西亚分别是丝绸之路经济带的黄金段和海上丝绸之路的重要节点，两者有合作的基础和诉求，其合作不仅对双方发展有利，而且对马来西亚伊斯兰金融的全球化和"一带一路"的推进有重要意义。

（一）合作基础

1. 马来西亚方面

马来西亚伊斯兰金融系统的完整性、系统性和兼容性的特点是其他国家无法比拟的，它的发展模式不仅顺应了经济全球化的趋势，而且成为全球伊斯兰金融发展方向的代表。截至 2015 年，马来西亚共有 16 家伊斯兰银行和 3 家国际伊斯兰银行，总资产达 1347.66 美元，占整个金融行业总资产的 15.8%，马来西亚的伊斯兰银行也在机构和产品数量、国际化程度等多方面均居于全球领先水平。在中国，伊斯兰金融处于起步阶段，很多方面，比如产品研发、监管体系、模式选择等尚处于探索阶段，马来西亚伊斯兰银行的建设经验对我国伊斯兰银行的发展具有多方面的指导作用。

2. 中国西北方面

中国西北地区具有发展伊斯兰银行的潜力。首先，我国伊斯兰人口主要聚居在西北地区，现有2300万伊斯兰教少数民族人口，基于对伊斯兰世界自发的强烈宗教文化认同，他们希望以符合伊斯兰教法的方式开展金融活动，加之已有的一批伊斯兰教法和金融专家，西北地区具有发展伊斯兰银行的天然优势；其次，中国西北地区是中国面向中东伊斯兰世界的一个窗口，与阿拉伯国家经济文化交流不断加强，并且随着基础设施的不断完善，加之西部丝绸之路经济带的不断推进，西北地区将不可避免地成为未来中国贸易向西发展的陆上货运码头和重要基地，这些地理优势及发展趋势将为西北地区引进和发展伊斯兰银行提供重要的支撑；再次，我国伊斯兰地区能源矿产丰富，基础设施有待开发，伊斯兰金融有助于当地居民分享发展成果、支持地方建设，随着当地人民生活水平的提高，清真工业不断发展，当地人民的伊斯兰银行业务需求激增。

3. 双方共同诉求

中马两国历来交好，目前，马来西亚正努力提升其伊斯兰金融中心的全球知名度，以便将其伊斯兰银行模式推广到更多的国家，因此，中国可以借此抓住机遇，进一步加强双边合作，借鉴马来西亚伊斯兰银行先进的监管体系和经验，这不仅可以满足外资银行开发中国伊斯兰金融市场的愿望，而且能满足国内伊斯兰对伊斯兰金融的需求，提高国内伊斯兰金融产品的研发、经营和管理水平。同时，这在一定程度也有助于加强"一带"和"一路"的金融对接，相互借鉴其发展经验，使"一带一路"更好地向前推进。

（二）合作路径

在基础设施领域，马来西亚虽然作为"一带一路"中相对发达的国家，但是也面临着陷入"中等收入陷阱"、实现经济转型的困扰。在2015年的第十一个五年发展规划中，基础设施建设仍然是其发展的重要任务。马来西亚的基础设施，特别是铁路方面建设需求仍然很大。同处于经济转型中的中国，可以借助"一带一路"发展优势产能，化解过剩产能。中国铁路建设方面的先进经验和相应过剩产能为马来西亚的基础设施建设合作提供了重要的路径。在基础设施建设过程中，由于资金需求量大、周期长，传统的银行融资可能会产生一些困难，而伊斯兰银行对这种实体投资却很有优势，而且作为伊斯兰国家，马来西亚的基础设施建设有吸收伊斯兰资金的优势。所以基础设施建设合作可以作为中马伊斯兰银行合作的一个契合点。

在能源开发领域，马来西亚的常规化石能源资源丰富，曾作为其经济发展的重要产业；其处于发展规划阶段的核电能源加上新的历史时期为应对能源短缺和气候变化，需要大量的能源设施投资，给予中国和马来西亚在能源行业投资和建设合作的必要性。因为中国作为全球的能源消耗大国，国内的化石能源消费量大，且掌握了比较先进的核电开发技术，使得双方在电力互联互通、能源投资、能源建设和设备出口等方面可以开展广泛的合作。由于能源开发合作也非短期项目，持续开发过程需要不断投入，存在一定的不确定性。因此，可以将"风险共担，利润分享"的伊斯兰银行纳入融资规划，作为能源开发领域长期的一种融资渠道，帮助分散中国企业在境外能源开发领域的投资风险。

在贸易融资领域，由《"一带一路"沿线国家五通指数报告》测算，中马的贸易畅通指数排名在东南亚国家中仅次于新加坡。作为东盟中第一个与中国建交的国家，中马两国贸易关系处于历史上最好的时期，2015 年中国对马来西亚出口 440.6 亿美元（如图 5 - 2），自马来西亚进口 533 亿美元，中国继续保持马来西亚第一大贸易伙伴国、第一大进口来源地和第二大出口目的国的地位。两国积极筹建的两国双园进一步拉近了两国贸易互动，对于两国贸易合作有重大的推动作用。贸易融资是促进中国对外贸易的重要策略之一，中马的伊斯兰银行合作将有利于保持互补的中马双边贸易的良好合作。

（三）保障措施

1. 法律法规

根据法治和金融相互作用的理论，法治与金融之间存在显著的正相关关系。因此,法律制度发展的差距将给中国伊斯兰银行与马来西亚伊斯兰银行之间的合作带来挑战。伊斯兰银行是建立在宗教和利益之上的特殊的金融组织,不同于传统银行,与之相关的有两种类型的法律:伊斯兰教法和制定法。前者类似于伊斯兰教要求教徒做和不得做的事,不遵从则被认为这样的伊斯兰银行是没有完全内在化的,可能不被某些伊斯兰国家认可,这样的银行在未来吸引伊斯兰国家资金是一种阻碍;后者是指伊斯兰银行还要遵守的符合所在国家和政府制定的法律法规。因为伊斯兰金融中资金提供者与伊斯兰银行之间的关系是在伊斯兰教义原则下决定的,不同于传统银行中的债权债务关系,在我国的现行各种相关法律下消费者权益无法得到合理保障。因此,有必要就国内伊斯兰银行的发展制定相应的法律制度,明确资金提供者法律地位和伊斯兰银行之间法律关系及应享有的权利,规范信息披露制度及其违反该义务时所应承担的民事责任,以保护资金提供者的权益。为适应伊斯兰银行在我国西北地区发展的新形势,可借鉴马来西亚经验,对于以伊斯兰教为基础但又遵守其他法定法律的伊斯兰银行,其交易引起的纠纷首先由相关民事法院管辖,随着我国伊斯兰宗教法庭的建立和成熟,再交由其处理相关争议。

2. 配套机构

实际的伊斯兰银行运行起来,遇到的各种困难可能会涉及伊斯兰银行相应的其他机构的建立和职能完善。伊斯兰银行不是作为一个独立金融个体存在的,其无论是从宗教还是银行角度来说,其正常运行都需要一些辅助机构的帮持。目前国际上还没有一个得到行业普遍认可的解决伊斯兰金融服务行业普遍性问题和共同利益的组织,所以在国家层面成立这些机构就更显重要,比如马来西亚建立了伊斯兰银行机构协会。它的目的是加快马来西亚伊斯兰金融发展的进程,并保护当地一些伊斯兰金融机构的自身利益。所以伊斯兰银行的建设想要顺利,需要全面发展,不能只从业务技术层面解决我国西北地区的伊斯兰银行发展,更应该考虑各方面可能情况,从监管机构、行业发展机构、标准设立机构等方面共同建设。

3. 人才培养

人才是发展伊斯兰银行的基础要素，中国想要达到两国伊斯兰银行合作的最佳效果，必须要有自己的人才储备。一方面，可以利用国际上的伊斯兰金融培训组织。比如马来西亚伊斯兰银行和金融机构作为一个立志成为伊斯兰金融方面的领军型国际性人力资源开发者，其下设的许多结构化项目包括一些授予证书的课程、伊斯兰金融技能培训课程以及国际性的高级课程都为我国人才培养提供了途径。另一方面，在国内建立我们的伊斯兰教育专业或培训。中国的高校和银行等金融机构可以积极吸引伊斯兰金融教育人员，借鉴国外的成功经验，开办相应的专业或者培训机构。并且做好这些接受培训的人培训后的工作对接。鼓励学者深化对伊斯兰金融的研究，为我国的伊斯兰银行发展提供更多具有实践意义的建议。

中国和马来西亚的金融合作已处于不断推进中，贸易总量、投资规模以及货币合作都取得一定成就。我国西北地区和马来西亚的伊斯兰银行合作为中马金融合作提供了一个深化的契机，因为伊斯兰银行的发展对中马来说都会带来多方联动效应，这必将使中马金融合作更加深入。一方面，伊斯兰银行的合作作为两国金融合作的一种方式，拓宽了两国金融合作领域，成为两国金融合作着力点的新的突破口。中马之间金融合作大都是在中国—东盟合作的框架下进行的，而两国在伊斯兰银行的合作过程中的微观层次的合作必将加强两国金融市场合作的密切程度。另一方面，西北作为中亚众多伊斯兰市场的入口，马来西亚对中国西北地区伊斯兰银行的合作对其与中亚各伊斯兰国家合作提供了一个好的平台，这给中马伊斯兰银行合作提供了更深层次的意义。通过双方伊斯兰银行的合作，可以推动双方在拓展伊斯兰金融产品、业务和设施等方面的合作，为两国金融合作提供了更多具体的指导和平台。

伊斯兰金融对投资领域有一定的偏好，而基建和能源开发领域作为"一带一路"建设前期的主要建设项目恰好满足这种偏好，二者有非常广泛的合作前景。中国西北地区和马来西亚本身分别是"一带"和"一路"的重要节点，而且西北地区可以作为联结

"一带一路"上伊斯兰世界的中介，将中亚的伊斯兰市场与东南亚的伊斯兰市场联结起来，加强整个伊斯兰世界的交流和合作，吸收伊斯兰会议组织国家的石油美元和闲散资金，有效打通"一带一路"上的一个重要资金命脉，解决阻碍"一带一路"建设的重要障碍。

伊斯兰金融具有规避投机和不确定性的特点，在 2008 年的金融危机中，其优异表现为我国金融系统提供了一种发展思路。伊斯兰银行作为伊斯兰金融的主体部分，在如今经济全球化背景下，我们不应该太注重伊斯兰银行的宗教概念，而是以一种更开放的目光去对待它。因为，伊斯兰金融、伊斯兰银行业务更接近一种"有道德""有责任"的金融或银行业务，事实上，在马来西亚很多开展伊斯兰业务的银行，不论你是不是信仰伊斯兰教都可以开户，享受其服务，只要求业务流程和产品结构符合伊斯兰教法的规定。非伊斯兰国家越来越欢迎伊斯兰银行，因为他们认为伊斯兰银行机构及其银行业务更合乎道德。我国在与马来西亚的伊斯兰银行合作过程中，可以将伊斯兰金融更多地看做一个多元化、多样性的工具，从投资多元化的角度关注伊斯兰金融产品提供的分散投资机会，它可以帮助一些融资人参与更多的细分市场和更多的经济体。若融资人的项目结构可以获得拥有伊斯兰背景投资者的认可，那么，实际上他也能够为自己的项目挖掘更多的可能性和机会。从这个角度来看，马来西亚是帮助中国进入相关地区市场的良好门户。

参考文献

[1] 白宁：《宁夏伊斯兰银行发展中存在的问题》，《时代金融》2010 年第 10 期。

[2] 陈志毅：《伊斯兰金融支持宁夏发展内陆开放型经济的战略思考》，《宁夏社会科学》2010 年第 2 期。

［3］《2014—2015 年世界伊斯兰银行业竞争力报告·伊斯兰银行业
　　2.0》，安永中国。

［4］冯宗宪、陈志毅：《基于风险视角的伊斯兰银行与传统银行的
　　比较》，《国际金融研究》2011 年第 7 期。

［5］蒋钦云：《中国与海湾国家金融合作战略及措施研究》，《国际
　　经济合作》2012 年第 12 期。

［6］姜英梅：《伊斯兰金融全球化发展及其在中国发展前景》，《西
　　亚非洲》2014 年第 2 期。

［7］李健等：《东盟十国金融发展中的结构特征》，中国社会科学
　　出版社 2017 年版。

［8］李文瑞：《对中国西北地区银行业与伊斯兰银行和合作的思
　　考》，《西安金融》2006 年第 11 期。

［9］李勇：《伊斯兰金融的发展及其对我国的思考与借鉴》，《区域
　　金融研究》2011 年第 11 期。

［10］李艳枝：《浅析伊斯兰银行和金融机构》，《阿拉伯世界研究》
　　2003 年第 4 期。

［11］蒙志标：《伊斯兰金融在中国可持续发展研究》，《财经界》
　　（学术版），2012 年第 3 期。

［12］田中禾、马小军、张程：《伊斯兰银行业公司治理：理论与
　　实践》，《国际金融研究》2011 年第 1 期。

［13］王劲屹：《基于 PLS 模式的伊斯兰银行业浅析》，《国际金融
　　研究》2005 年第 9 期。

［14］王守贞、邹晓峰：《马来西亚伊斯兰金融系统发展研究》，
　　《东南亚研究》2008 年第 2 期。

［15］吴云贵：《战后的国际伊斯兰运动》，《世界宗教资料》1989
　　年第 2 期。

［16］许利平等：《当代东南亚伊斯兰发展与挑战》，时事出版社
　　2008 年版。

［17］徐利平：《解析马来西亚的伊斯兰金融系统》，《东南亚研究》
　　2004 年第 1 期。

[18] 张睿亮:《伊斯兰金融在中国的借鉴与发展》,《阿拉伯世界研》2012 年第 1 期。

[19] 张永丽、王博:《中国西北地区发展伊斯兰金融的前景分析—基于"一带一路"的视角》,《上海财经大学学报》2016 年第 3 期。

[20] Almossaw, M., Metawa, S. A., "Banking Behavior of Islamic Bank Customers: Perspectives and Implication", *International Journal of Bank Marketing*, 1998 (16).

[21] Abdulmajid, M., Saal, D., Battisti, G., "Efficiency in Islamic and conventional banking: an international comparison", *Journal of Productivity Analysis*, 2010, 34 (1).

[22] Abedifar, P., Molyneux, P., Tarazi, A., "Risk in Islamic Banking", *Working Papers*, 2012, 17 (6).

[23] Ansari, S. Khalil-ur-Rehman, "Comparative finance performance of existing Islamic banks and contemporary conventional banks in Pakistan", *International Proceeding of Economics Development & Research*, 2011 (22).

[24] Bashir, M., "Determinants of profitability in Islamic banks: Some evidence from the Middle East", *Journal of Islam Economic Studies*, 2003 (11).

[25] Bank Negara Malaysia Annual Report 1993.

[26] Bank Negara Malaysia Financial Stability and Payments System Report 2009.

[27] Beck, T., Demirguc-Kunt, A., Merrouche, O., "Islamic vs conventional banking: Business model, efficiency and stability", *Journal of Banking &Finance*, 2013, 37 (2).

[28] Erol, C., El-Bdour, R., "Attitudes, Behavior and Patronage Factors of Bank Customers towards Islamic Bank", *International Journal of Bank Marketing*, 1989, 7 (6).

[29] Ebrahim, M., Safadi, A., "Behavioral Norms in the Islamic

Doctrine of Economics: A Comment", *Journal of Economic Behavior of Organization*, 1995 (27).

[30] Elahi, Y. M., I., Ahd Aziz, "New Model for Shariah-Compliant Portfolio Optimization under Fuzzy Environment", *Informatics Engineering and Information Science*, 2011 (253).

[31] Gerrad, P., Cunningham, J. B., "Islamic Banking: A Study in Singapore", *International Journal of Bank Marketing*, 1997, 15 (6).

[32] Haron, S., Ahmad, N., Planisek, S. L., "Bank Patronage Factors of Muslim and Non-Muslim Customers", *International Jounal of Bank Marketing*, 1994, 12 (1).

[33] Iqbal, M., "Islamic and conventional banking in the nineties: A comparative study", *Islamic economics studies*, 2001, 8 (2).

[34] Metwally, M. M., "Differences between the financial characteristics of interest-free banks and conventional banks", *European Business Review*, 1997, 97 (2).

[35] Noor Manm Sufian, F., "The Determinants of Islamic Bank's efficiency changes: Empirical evidence from the MENA and Asian Banking Sectors", *International Journal of Islamic & Middle Eastern Finance & Management*, 2009, 2 (2).

[36] Olson, D., Zoubil, T. A., "Using accounting ratios to distinguish between Islamic and conventional banks in the GCC region", *International Journal of Accounting*, 2008, 43 (1).

[37] Parashar, S. P., "How did Islamic banks do during global financial crisis?" *Social Science Electronic Publishing*, 2010 (5).

[38] Sufian, F., "Factors influencing bank profitability in a developing economy empirical evidence from Malaysia", *Global Business Review*, 2009, 10 (2).

[39] Toumi Kaouther Jean-Laurent Viviani Lotfi Belkacem, "A comparison of leverage and profitability of Islamic and conventional

banks ", *Ssrn Electronic Journal*, 2011.

[40] The Malaysia International Islamic Financial Centre (MIFC), Islamic Banking Products, http://www. mifc. com/.

[41] Willison, B. , "Technology trends in Islamic Investment Banking", *Islamic Finance*, 2009 (19) .

[42] Wadud, M. , "Technical and scale efficiency of Islamic banking operations in Malaysia: An empirical investigation with a longitudinal perspective", *Labuan Bulletin of international business & finance*, 2004, 2 (1) .

第四章 印度尼西亚金融
体系考察与分析

 自 20 世纪 60 年代末以来，作为东南亚石油大国的印尼实施能源出口战略，在发展经济的同时，其国内金融业也从无到有、逐步建立。到 20 世纪 80 年代，受到第二次石油危机影响，印尼国内经济增长由于油价市场的混乱而暂时停滞。在此期间，印尼开始进行一系列金融、货币和财政政策改革，通过实施放宽管制、重新建立税收结构和管理模式等具体措施，活跃金融市场，恢复内外平衡，保证经济持续增长。1997 年后，印尼政府吸取东南亚金融危机的经验教训，制定多项政策，重视且确保国内金融体系保持审慎运转。2005 年，印尼制定"金融系统安全网法"（FSSN）草案框架，规定安全网中相关运营机构的任务和责任，进一步加强国内金融监管，保证其金融有序运行。2013 年，印尼成立金融服务管理局（OJK），由其开始逐渐接管印尼央行的监管职能，以更加独立、有效地实施印尼金融业监督、管理和服务工作。2016 年，印尼金融服务管理局根据相关法规，正式管理基于信息技术的放款服务。2017 年，印尼金融服务管理局发布四项旨在维持国内金融体系复原力和稳定性的政策。

 本章节从印尼金融体系的发展历程入手，探讨印尼金融业的兴起、发展和完善阶段；接着从金融机构体系、金融市场体系、金融监管体系、金融调控体系四部分出发，介绍印尼现行金融体系的基本架构；之后对印尼金融体系的主要特点和影响其的因素进行分析；最后分析就美联储缩表日程中印尼的策略反应，中国印尼基于此的金融合作的前景。

第一节 印尼金融体系的发展历程

一 印尼金融业的兴起阶段

1966 年至 1982 年是印尼金融业的兴起阶段。1967 年苏哈托掌权以后,重视发展经济,主张简化市场规管,大力开发石油资源,实施"进口替代"和"面向出口"并重的经济发展战略。1969 年开始,由政府制定第一个五年建设计划时期(1969 年 4 月—1974 年 3 月),到 70 年代经济已初露繁荣景象。当时政府立法实施一系列的金融管制制度,如实行了奠定现今印尼金融体系基础的中央银行法案和银行业监管制度。为建立起现代化的金融体系,支撑经济活动和扩大工业基础,印尼政府在新秩序执政时期,将所有控制金融体系的全部合资银行收归国有,并最终合并成复合型的印尼国家银行(BNI)。随后,印尼于 1968 年建立了中央银行——印尼银行(BI),并将印尼国家银行的商业性业务分解为五个国有银行来做,以解决复合型银行存在的结构问题和垄断等其他问题。

银行系统则继续由国有银行掌控,利率直接受到控制,信贷业务也分配给五家国有银行及下属部门。印尼银行为了促进一些活动目标,而向银行系统提供"流动资金"贷款,同时也向企业提供直接贷款。因此,印尼中央银行和国有银行提供了绝大部分的商业银行信贷,商业银行依靠印尼银行的流动性支持作为资金来源。

二 印尼金融业的发展阶段

(一)印尼金融业的总体发展

1983—1997 年是印尼金融业的发展阶段,其中最主要的是1983—1988 年,属于印尼进行的连续经济调整与改革时期。印尼作为东南亚石油大国,其政府财政预算很大程度上依赖于石油和天然气出口的收入,石油工业对印尼举足轻重。20 世纪 70 年代至 80

年代初，石油价格的景气带动了印尼经济的蓬勃发展。然而，1982年至1983年，世界石油价格下跌导致印尼在1981—1982年度和1982—1983年度出现贸易逆差（表4-1），使其国际收支逐渐恶化，经济进入衰退期，经济增长出现停滞。

表4-1　　　　　　　　1981年至1988年印尼进
出口商品总值表年度表　　　　（单位：百万美元）

年份	出口	进口	贸易差
1981	22007	22015	-8
1982	22321	19285	3036
1983	22226	21390	836
1984	26139	27410	-1271
1985	27350	42252	-14902
1986	30942	42904	-11962
1987	39437	43216	-3779
1988	47516	55268	-7752

资料来源：新华丝路数据库。

最终，1983—1988年，印尼进行了一系列金融、货币和财政政策改革，其主要目的是恢复内外平衡，支持持续增长，同时也为了通过放宽管制来活跃金融市场。这些政策包括采取金融改革、重新塑造税收结构和管理、减少政府补贴、推迟大型公共投资项目等。改革以前，其国内采取包括信贷限额、固定利率、汇率及有控制的再贴现率等工具的货币政策。就银行业而言，政府在过去严格控制存款利率和贷款额度，导致储蓄率低和资本流出，使得企业在获得其所需贷款方面的阻力增加，从而导致其生产和发展受到影响。这些限制性的政策虽有助于限制银行信贷的扩张，但也产生了一定的负面影响，造成了国内金融中介格局的扭曲，破坏了货币控制和对外平衡，从而削弱了货币改革对整个金融体系调控的有效性。

在 1983 年 6 月份的改革中，金融改革的关键在于从印尼国有银行的垄断金融体系①转变成竞争性的市场结构体系，减少政府对刺激经济的参与，提高商业银行调动储蓄和存款的能力。另外，印尼银行仍然为小额信贷和优先信贷提供信贷流动性支持，帮助弱小企业提升其在经济、非石油和天然气出口方面的作用。同时，政府还取消了对利率和贷款额度的控制，允许银行设定各自的存款和贷款的利率和限额，因此利率的提高大幅增加了银行的储蓄率，使得企业在获得其所需贷款方面的阻力减少，从而有助于促进企业的生产和发展。

私人银行的建立条件得到放宽。允许以 100 亿印尼盾作为开设民族银行（私人或合作经营）所需的最低资本金，允许以 500 亿印尼盾作为开设新合资银行需要缴纳的最低资本金。对于外资银行而言，允许银行在雅加达以及其他城市设立分行。资本市场的限制也进一步得到放宽。自 1988 年 12 月以来，私人机构设立的私募股权市场不受限制，允许外国证券经纪公司与印尼证券公司建立联营证券银行，信用卡和其他消费性信贷业务的经营也在银行和其他金融机构中得到批准。

1988 年以后，苏哈托政府将金融改革重点转向调整金融市场的结构，尤其是在 1988 年至 1990 年期间，印尼的银行业改革持续推行了一系列改革方案，这些方案的目的是提高银行在金融体系中的中介作用的有效性，并改善银行体系的稳定性。改革方案包括以下几个方面：（1）准许新银行的进入；（2）扩大银行网络；（3）减少国有银行与私人银行之间的分化；（4）增加银行决策的独立性；（5）促进银行之间的公平竞争；（6）推行更为谨慎的银行业监管措施，例如采用净敞口头寸（NOP）；（7）提高货币市场工具的有效性；（8）从相对固定的利率、汇率转向更加浮动的利

---

① 印尼金融体系由印尼中央银行和存款货币银行主导，拥有总金融资产的 9 成以上。

率、汇率等。这些改革方案根据不同的推行时间被分为 1988 年 10 月（PAKTO），1988 年 12 月（PAKDES），1989 年 3 月（PAKMAR），1990 年 1 月（PAKMAR）四个版本。随后，政府又采取了一些措施来建立证券市场，并营造、建立起有利于各类金融机构以及风险投资、融资租赁等金融工具的发展环境。

1997 年金融危机中，印尼的金融市场由于受到泰国自由浮动汇率的影响而开始出现动荡。印尼政府于 7 月 14 日将印尼盾的允许波动幅度从 8% 放宽至 12%，以防止投机者大量套购其外汇。但依然无力遏制印尼盾贬值的势头。一个月后，印尼政府被迫宣布取消印尼盾汇率的波动幅度限制，即实行自由浮动汇率，然而印尼此后的金融形势却仍旧持续地恶化。在此期间，虽然政府采取了一系列措施，包括宣布限制非居民的远期外汇交易、取消股票上市公司中的外资持股比例为 49% 的上限、削减公共部门支出等，但仍旧未能遏制印尼持续恶化的金融形势。1998 年，印尼的金融市场再次动荡。印尼盾兑美元汇率曾一度跌破 17000∶1 的历史低位。与此同时，由于汇率的影响，其股票市场也一直处于低迷的状态，1998 年 3 月中旬的股票价格指数相较于 1997 年 6 月底下降了 30%。印尼的巨额贸易逆差给印尼盾带来了巨大的贬值压力，其国内经济增长缓慢也降低了实体经济的投资率，从而使得大量资金涌入证券市场和房地产市场，最终导致了泡沫经济的产生。同时由于当时缺乏适当的监管和监督，导致了印尼银行业在 1988 至 1997 年间变得很脆弱，而且银行业除了在抵押贷款上较为规范以外，其他业务普遍违反了审慎监管原则。房地产贷款已占全部银行贷款的 19.7%。大量的银行呆账和房地产部门的呆账动摇了人们对金融机构的信心，大量银行出现了挤兑危机。随后，许多银行因无法使自身在印尼卢比贬值中得到保护，而大量地出现财务问题，导致了 1997 至 1998 年的银行业在金融危机中遭受严重冲击。这直接影响了印尼金融体系的稳定。

总的来看，经济结构性问题的堆积，政府采取的应对措施不力，私人外债规模过大且重组困难，以及苏哈托家族及新内阁成为改革阻力等，都是印尼受金融危机影响的原因。

（二）印尼伊斯兰金融的发展

作为世界上伊斯兰人口最多的国家，印尼具备发展伊斯兰银行业的基本条件和巨大潜力。目前，印尼政府正致力于与全球金融机构建立伙伴关系，为印尼奠定了其成为亚洲乃至世界伊斯兰金融中心的基础。自 2002 年起，印尼的伊斯兰金融业务在其发布的《伊斯兰银行发展蓝图》的指导下得到迅速发展。例如 2002 年，伊斯兰股票开始发行，雅加达伊斯兰指数在雅加达股交所上市。2006 年，印尼伊斯兰银行业资产及其占印尼全国银行总资产的比重大幅增加，伊斯兰银行的营业额同比也大幅增长。其中，伊斯兰银行的租赁业务的营业额快速增长了 1.5 倍以上，伊斯兰单位信托投资公司的资产总值也上涨了约 20%。2008 年，印尼通过沙里亚债务法案，鼓励发行伊斯兰债券。随后，印尼也加入了世界伊斯兰债券集团。2009 年，印尼正式宣布在其国内发行伊斯兰债券。印尼财政部于同年 4 月首次发行五年期的伊斯兰债券，主要用于建设和发展印尼国内的电力、交通等基础设施，其中，中东等伊斯兰地区的投资者购买了近三成，这为金融危机后的亚洲国家吸引外资提供了新的渠道，以解决其面临的资金短缺问题。

此外，印尼不仅提升与英国的相关合作，而且还与包括亚太农村农业国家组织（APRAC）、亚洲—中东对话机制（AMED）在内的国际组织发展了战略合作关系。印尼央行副行长穆里亚曼（Muliaman）在 2010 年 6 月份表示，伊斯兰银行为发展经济提供了替代金融工具，为客户提供符合伊斯兰教义的金融产品，未来印尼央行将把伊斯兰银行发展成为支持经济社会发展的重要行业。2017 年 11 月，印尼央行副行长贝利预计，印尼将于 2024 年成为世界伊斯兰经济与金融中心。

三 印尼金融业的完善阶段

1998 年至今是印尼金融业的完善阶段。印尼政府在吸取了 1998 年金融危机期间的经验教训后，也意识到印尼金融体系的稳定是塑造和维持可持续经济的一个非常重要的方面，不稳定的金融体系往往容易受到各种扰乱经济运转的动荡的影响，而且重振国民对金融体系的信心需要很长的时间，因此，要确保金融体系保持审慎运转。首先，印尼政府需要通过资本重组计划来救援银行，并改善其银行业的经营状况。其次，政府将制定更优惠的投资政策，改善投资环境。

2005 年，印尼政府和印尼银行制定了"金融系统安全网法"（FSSN）草案框架。该框架明确规定了安全网中相关运营机构的任务和责任：财政部，印尼银行（BI）和印尼存款保险公司（DIC）。原则上，财政部负责为金融部门起草立法并为解决危机提供资金。印尼银行负责维护货币稳定，维护稳健的银行体系，确保支付系统安全稳健运行。另一方面，印尼存款保险公司负责保证银行客户存款和解决问题银行。"金融系统安全网法"（FSSN）将为有关部门制定的金融体系稳定政策法规提供坚实的基础。其法律草案规定了"金融系统安全网法"（FSSN）的所有组成部分：（1）有效的银行管理和监督；（2）最后贷款人；（3）充足的存款保险计划；（4）有效的危机解决政策。

2013 年，印尼成立金融服务管理局（OJK），由其开始接管资本市场、保险和养老金以及其他非银行金融机构的监管职能，以更加独立、有效地实施金融业监督、管理和服务工作，并自 2014 年起代替印尼央行接管印尼银行业监管职能。而印尼央行主要负责货币政策制定与实施、支付系统运营与管理以及相关内部管理职能，专注于确保印尼盾币值的稳定性、支付系统的安全性与流畅性等。

2016 年，印尼金融服务管理局通过法规 No. 77/POJK. 01/2016，正式管理基于信息技术的放款服务（LPMUBTI），该规定旨在保护消费者的资金、数据安全以及国家利益，防止洗钱和恐怖主义资金。同时推动 LPMUBTI 或 Fintech 的 P2P（P2P）贷款行业的发展，并使之成为公众的新融资选择，并且作为其支持印尼融资融入战略（SNKI）的一部分，促进微型和中小型企业（MSME）的平等发展，加速向其融资的分配方面发挥作用。

2017 年，印尼金融服务管理局发布四项旨在维持国内金融体系复原力和稳定性的政策：（1）对金融集团的流动性风险管理、资本管理和集团内部交易风险进行规定，以补充关于金融集团资本充足要求、风险管理和金融机构治理的规则。（2）提供足够的流动资金用于发展筹资和监测，例如通过优化金融服务公司的全球主回购协议（GMRA）的使用，启动建立证券融资机构等措施，目的在于提高证券交易结算，以及其他融资和监管活动的流动性和效率，并持续推动公司债券的发行以及保险公司和养老基金的购买。（3）为遵守"金融系统危机预防和管理法"（PPKSK）的法令，颁布若干相关法规，尤其是有关系统性银行复苏计划的法规，以进一步解释符合印度尼西亚惯例的保释概念，改善后续银行监管（退出政策）和建立过渡性银行。（4）制定并完善非银行金融业的相关金融法律法规，如保险法等，推动非银行金融业朝着健康和可持续发展迈进。

（一）有效的银行管理和监督

在印尼的"金融系统安全网法"（FSSN）中，有效的银行管理和监督是第一道防线。"金融系统安全网法"（FSSN）框架界定了印尼的金融机构和金融市场的管理和监督必须始终致力于保持其金融体系稳定的指导原则，管理和监督也必须以最佳的实践和适用标准为指导。

2004 年后，印尼央行开始实施《巴塞尔协议Ⅱ》，并规定各商业银行必须在 2008 年前达到其设定的所有目标。近年来，印尼央行采取切实措施，调整银行系统结构，完善银行法规和监管制度，完善银行经营管理能力，促进银行业务的透明化管理，进一步强化其内部控制，促使印尼央行的监督机制逐步向国际标准转轨，以强化印尼的银行发展基础和加强对客户的保护。

（二）最后的贷款人

印尼央行关于最后贷款人功能的实施条例是 2005 年 12 月 30 日的第 136/PMK. 05/2005 号财政部条例和 2006 年 1 月 3 日的第 8/1/2006 号印尼银行条例。鉴于最终贷款人政策在危机预防和解决方面的有效性，印尼银行（BI）参考以往最佳的实践经验，为正常和紧急情况制定了更明确的最终贷款人政策。在正常情况下，最终贷款人政策只能适用于无流动资金的银行，而不能用于能提供流动性和高价值抵押品的银行。当印尼银行在危机中根据最终贷款人职能进行援助时，其首要考虑的是可能产生的系统性影响。与此同时，也要考虑到银行也必须具有偿付能力并能够提供抵押品。

为了解决系统性冲击带来的流动性困难，印尼银行可以在最后贷款人的职能下向商业银行提供应急融资工具。在印尼银行法中（1999 年第 23 号法，经 2004 年第 3 号法修正），这项援助将由政府资助，融资便利由国家预算拨款提供。

（三）充足的存款保险计划

经验表明，存款保险是金融体系稳定的关键因素。1998 年金融危机期间，印尼的"一揽子担保"计划成功恢复了国民对银行体系的信心。然而，这个计划造成了额外的财政负担，并且面临潜在的道德风险。为了保护小存户和降低银行在高风险交易中的道德风险，印尼存款保险公司（DIC）以明确而有限的存款保险计划取代了"一揽子担保"计划。根据"印尼存款保险法"（2004 年第 24 号法）的规定，DIC 有两个主要职能：保证客户存款和执行破产银行的决议。

DIC 计划将其范围限制在一定数额的存款上，以减轻财政负担，减少道德风险。包括印尼农村银行在内的所有银行的参与都是强制性的。该担保涵盖每家银行的储蓄、活期存款、定期存款和其他同等形式的存款，还有每个账户的存款。如果财务状况不佳的银行已经恶化到超出复苏点，DIC 将退还保险客户存款至规定限额，未担保的客户存款将通过银行清算程序进行回收。DIC 运作的存款担保计划被视为维护国民对银行业信心的银行基础设施的重要组成部分。

（四）有效的危机解决政策

"金融系统安全网法"（FSSN）的政策框架中提出了有效的危

机解决政策，以确保任何危机都能够迅速解决，且不会给经济带来高昂的成本。"金融系统安全网法"（FSSN）详细地说明了印尼各个相关部门在处理危机时的角色和责任。因此，印尼各个相关部门都有明确的责任和义务，这确保了任何危机都能够得到有效快速的处理，而且不会产生高昂的社会和经济成本。

实际上，印尼金融系统安全网只有在其有关各个部门之间进行充分协调才能有效地发挥作用。为此，印尼政府成立了一个由印尼财政部长，印尼银行行长和印尼存款保险公司专员委员会主席组成的协调委员会。在三个协调委员会成员发布的联合法令中，金融系统稳定论坛被指定为印尼银行的协调论坛，印尼财政部和存款保险公司以维护金融体系稳定为目标。

现今，整个印尼的金融体系由政府监管部门、金融机构、金融市场等共同组成，并以银行体系特别是商业银行为主，银行在印尼提供中介服务方面发挥主要作用。在经营和监管模式上，实行银行、证券、保险分业经营、分业监管，并允许商业银行投资参股证券、保险等公司。为了更加独立、有效地实施金融业监督、管理和服务工作，自2013年1月起，印尼新成立的金融服务管理局（OJK）开始接管资本市场、保险和养老金以及其他非银行金融机构的监管职能。并自2014年1月起代替印尼央行接管印尼银行业监管职能。而印尼央行主要负责货币政策制定与实施、支付系统运营与管理以及相关内部管理职能，专注于确保印尼盾币值的稳定性、支付系统的安全性与流畅性等。

总的来看，亚洲金融危机以来，随着印尼经济逐步复苏并进入增长期，以及政府金融体系特别是银行体系大力整顿，银行业务及收入的多元化还有一些银行合并重组后拥有的大规模核心资本和资产，使得印尼金融体系的安全性、抵御风险的能力等都得到了有效的提升，国家和金融机构的信用评级也得到逐步的调升，其外汇储备同时也在逐步增加，这也反映了投资者对印尼的经济金融的发展前景持看好的态度。

第二节　印尼现行金融体系的基本架构

印尼的金融体系在 1966 年后从无到有逐渐建立起来，2016 年印尼金融保险业占国家总 GDP 为 4.2%，目前从总体规模而言，印尼的金融体系规模较小，但其增速为 8.9%，且在 2010 年后平均增速为 6.73%，由此可以判断印尼金融保险业发展潜力较大。

印尼的金融体系由政府监管部门、金融机构、金融市场等共同组成，但以银行体系特别是商业银行为主，是以中央银行为核心的金融机构体系。在经营和监管模式上，实行银行、证券和保险的分业经营、分业监管，但允许商业银行投资参股证券、保险等公司，其中印尼金融服务管理局（OJK）负责对银行、证券、保险的分业监管。

一　金融机构体系

（一）银行业金融机构

印尼金融机构体系以中央银行为核心，其银行业金融机构围绕审慎、稳健、民主、经济的原则开展经营管理活动，以作为金融中介集合并调动公众资金支持本国经济发展，并最大限度地提高社会福利。其战略地位表现在保证支付系统顺利运作、执行货币政策以及维持金融体系稳定三方面。

基于印尼银行业法律，印尼银行业金融机构分为商业银行和农村银行。农村银行并不直接涉及清算交易支付系统，拥有限制的经营范围。就经营业务定义而言，印尼银行业金融机构主要分为非伊斯兰教准则商业银行和基于伊斯兰教准则商业银行。

印尼银行业在金融危机后，逐步建立和完善了风险监控机制，但印尼人口的金融知识水平低，银行业务渗透率仍然处于较低水平。根据世界银行的数据，印尼成年人口中只有不到四成拥有银行账户；同时印尼银行网点在印尼各地分布不均，大多位于印尼人口最稠密的爪哇岛，在印尼人口较少的东部地区，大部分人无法获得伊斯兰银行服务。但近几年来总体发展态势良好，总资产规模和营业利润稳定增长。

根据印尼央行的数据，截至 2017 年 11 月，印尼共有 120 家商业银行和 1837 家农村银行，其中国家银行 4 家，外汇银行 35 家，非外汇银行 30 家，区域银行 26 家，合资银行 15 家，外资银行 10 家。私人存款资产总额为 5048.8 万亿印尼盾，同比增加 7.9%，国内私人部门贷款总额达 4635 万印尼盾，同比增加 7.4%。根据世界银行的数据，印尼成年人口中只有不到 40% 的人拥有银行账户（世界银行），将银行服务扩展到全国银行不足的地区是一个巨大的挑战，也是一个机遇。

印尼银行业资本充足率平均水平较高，2017 年 11 月印尼银行业平均资本充足率为 23.2%，流动性比率为 22.3%，同时，银行业资产质量保持稳定，不良贷款率净额在 1.25% 左右、毛额为 2.89%。截至 2017 年 10 月，印尼银行业资产占金融部门总资产的 77.41%，每十万人拥有办公室银行数量 16 间、ATM 机 55 台，信贷账户比为 22.4%。

根据印尼央行的统计资料，截至 2017 年 10 月银行业总资产为 7306.7 万亿印尼盾、储蓄资产为 4783.9 万亿印尼盾，按总资产排名，印尼前三位的银行分别是印尼银行、曼迪利银行和中亚银行，印尼前三位的外资银行分别是美国花旗银行、日本东京三菱银行 UFJ 银行和英国汇丰银行。

1. 印尼央行

印尼银行简称印尼央行，总部设在首都雅加达。自 1995 年 5 月 17 日印尼银行法颁布后，印尼银行作为一个独立的政府机构，唯一目标是按照法律法规的行为准则，实现和维持印尼盾的价值稳定。

印尼央行的中长远期战略目标包括：（1）就供需方面加强通货膨胀控制；（2）保持汇率稳定；（3）培育深厚高效的金融市场；（4）通过强硬的支付系统监控维护金融体系的稳定；（5）实现定

向、高效和协同的金融包容性；（6）维持支付系统的安全、高效、无中断；（7）加强印尼银行的财务管理；（8）实现由信息系统、文化和治理支持的有效和高效的工作流程；（9）促进人力资源能力的实用性；（10）建立和加强战略联盟，提高公众对印尼央行的认识；（11）确保金融服务管理局（OJK）监管职能的平稳过渡。

印尼央行的主要职责包括：（1）制定并执行货币政策。设定货币政策目标，包括：控制货币发行和通货膨胀，实现低通胀、汇率稳定目标；在伊斯兰教义的基础上发放贷款和进行融资，以帮助商业银行克服短期资金困难；在商业银行因系统性风险而有可能因此危及金融体系安全时，给予紧急融资支持；执行汇率政策；对外汇储备进行管理；（2）规范和确保支付体系的正常运作。决定支付工具的使用；管理银行间清算体系；组织银行间支付交易的最终结算；发行印尼盾以及废除、取消印尼盾的流通；（3）对银行进行监管。制定监管制度；授予或废除银行经营执照；监管银行并依规对违规银行进行处罚。

印尼央行的管理体制包括：由管理委员会领导，成员包括行长（担任主席）、一名高级副行长（担任副主席）和若干名（四到七名）副行长。该委员会中行长和高级副行长由印尼总统提名并须经众议院批准任命，其他副行长由行长推荐、由总统提名并经众议院同意后任命，任期都为5年，最多可任两届。管理委员会每月至少召开一次会议商议决定货币事务的总体政策，每周至少召开一次会议评估货币政策的执行情况。为协助国会对央行进行专门监督，印尼政府成立了一个专门监督机构以加强印尼央行的可靠性、独立性以及透明度与信用度。

印尼央行的监督机构的职责包括：检查印尼央行的年度财务状况、检查印尼央行的营运与投资预算、检查印尼央行货币政策以外的运营及资产管理方面决策的程序等。

印尼央行在组织架构上包括：总部四大部门（下辖25个司），还有46个国内分区行以及位于纽约、伦敦、东京、新加坡与北京的5个海外代表处。印尼央行通过四个部门、国内分区行和海外代表处来行使其职能并对管理委员会负责。

印尼央行主张与国际机构合作，以加强与经济，货币和金融领域相关的任务绩效的连续性。目前参与的国际合作涵盖（1）联合干预外汇市场稳定；（2）解决跨境交易；（3）代理关系；（4）与中央银行的角色和职能有关的主题的信息交流；（5）货币和支付系统部门的培训/研究等方面。印尼央行参与的国际机构和论坛包括东南亚中央银行研究和培训中心、东南亚、新西兰和澳大利亚银行业监督论坛、东亚和太平洋中央银行执行会议、东盟中央银行论坛、国际清算银行等。同时，印尼央行参加各种国际组织包括东南亚国家联盟、东盟＋3、亚太经济合作组织、马尼拉框架小组、亚欧会议、伊斯兰开发银行、国际货币基金组织、世界银行、世界贸易组织、政府间20国集团、政府间小组（作为观察员）、政府间24国集团（作为观察员）等。

在支付系统方面，印尼央行此前没有整合到每家银行开发的个人支付系统中，现有的平台没有互相连接，因此无法进行相互操作，导致银行间交易成本较高，通常银行会对使用另一家银行卡的消费者收取2%—3%的服务费。在2017年末印尼央行开设国家支付网络（GPN），作为综合支付系统，该系统汇集不同的银行支付系统并给予统一处理，这能够削减银行间交易的成本。

2. 商业银行

印尼的银行体系，特别是商业银行在金融体系中占据主导地位，且在提供金融中介服务中发挥重要作用。印尼商业银行主要分为两类：商业银行和农业银行。商业银行以传统商业银行经营原则和/或伊斯兰教义为基础开展业务，提供交易支付服务；农业银行也是以传统商业银行经营原则或伊斯兰教义为基础开展业务，但不提供清算交易支付服务。伊斯兰教义是部分商业银行同其他团体进行资金存放、融资交易或其他准则中规定业务的协议准则。

商业银行依法可以三种形式成立，即有限责任公司、地区性政府银行和合作社。传统商业银行的经营范围包括：（1）以活期存款、定期存款、大额存单、储蓄存款等方式从公众处筹集资金；

（2）发放贷款；（3）发行票据；（4）自主经营或代客户买卖证券；
（5）自营或代客户资金划转；（6）通过信汇、电汇、票汇、支票
或其他方式开展同业存放、同业拆借；（7）有关证券交易的支付
结算；（8）提供存放有价物品和票据的保险箱服务；（9）根据合
同为第三方提供代保管业务；（10）以非挂牌的有价证券形式为客
户之间安排资金；（11）开展保理、信用卡和信托业务；（12）按
照伊斯兰教义同时遵守印尼央行的有关法规开展融资及其他业务；
（13）经营其他银行业务，只要这些业务符合有关法律法规；（14）按
照印尼央行的有关规定经营外币业务；（15）按照印尼央行的有关
规定参股于其他银行或提供金融服务的经济实体；（16）按照印尼
央行的有关规定，遵循伊斯兰教义为解决坏账所进行的临时的、到
一定时间后可撤销的参股；（17）按照养老基金的有关法规创建和
管理养老基金。

印尼银监会关于商业银行股份所有权的条例将单一本地/外国
金融机构的所有权限制在40%，非金融机构为30%，个人为20%，
经印尼银行批准，可以获得更大的股权。据印尼央行2017年10月
数据统计，商业银行不良贷款率为2.96%，传统商业银行资本充
足率为23.42%、存贷比为88.68%、资产回报率为2.49%、营业
成本收入比为78.39%。

3. 农村银行

农村银行（BPR）按常规进行业务活动或基于伊斯兰教法原则
而不提供支付转移服务，同时相对传统商业银行，农村银行资本金
低于1000亿印尼盾；据印尼央行统计数据得知，截至2017年10
月农村银行数量为115家，资产达122.9万亿印尼盾；据印尼金融
服务管理局数据得知，2017年11月伊斯兰农村银行数量为167家。

农村银行业务范围也相对狭窄，被禁止提供活期存款、外汇业
务和保险业务，具体业务范围活动包括：（1）以定期存款，储蓄
或其他形式聚集社会的资金、信贷业务；（2）根据伊斯兰教法和
印尼央行规定提供融资和基金募集顾问；（3）银行的资金以SBI或
印尼央行本票、定期存款、存款证明或其他银行存款的形式存放银

行资金。

4. 伊斯兰银行

印尼拥有世界上最大的伊斯兰人口（约 2.1 亿），伊斯兰人口比例约九成，印尼具备发展伊斯兰银行业的潜力，但伊斯兰银行业仍主要集中在中东（特别是伊朗和沙特阿拉伯）和马来西亚，印尼在伊斯兰金融领域的份额仍然很低。

据印尼金融服务管理局（OJK）报道，阻碍伊斯兰教银行的发展因素包括：（1）缺乏协同和政府的支持。从政府的税收优惠，科研经费和技术开发等方面缺乏激励措施就可以看出这一点；（2）缺乏资金，导致经营效率低下；（3）伊斯兰银行产品和服务范围有限；（4）优质人力资源的缺乏；（5）伊斯兰银行分行运营牌照比传统银行更为复杂，如，有几种分支机构营业牌照只能提供融资，不能募集第三方资金等。

印尼金融服务管理局（OJK）为了推动国内伊斯兰金融行业的发展，帮助国家伊斯兰银行复苏，在 2015 年制定了加强印尼伊斯兰银行业的五年计划，发布了一系列激励措施，包括放宽贷款价值比（LTV）、风险加权资产（RWA）、NPF 重组和资本参与的政策。除此之外，政府还采取许多其他措施来提高印尼伊斯兰银行的竞争性，如外汇套期保值、简化伊斯兰银行开设分支机构要求等；与此同时，印尼政府也在努力将国有伊斯兰银行合并成一个大型的伊斯兰银行。

根据印尼金融服务管理局（OJK）资料显示，2017 年 11 月伊斯兰商业银行和伊斯兰事业部总资产为 417.5 万亿印尼盾，营业收入达 42 万亿印尼盾，其中伊斯兰商业银行总资产为 290.7 万亿印尼盾，有 13 家银行，共 470 家分支机构，1172 家分支子机构，总资产为 278 万亿印尼盾，营业成本（26.8 万亿印尼盾）与营业收入（28.5 万亿印尼盾）比为 94.05%；但值得一提的是，拥有伊斯兰事业部的传统银行有 21 家，共 154 家分支机构，137 家分支子机构，总资产为 123.4 万亿印尼盾。伊斯兰商业银行在印尼的亚齐特别行政区、雅加达和爪哇分布较多。

（二）非银行业金融机构

2017 年 10 月非银行业金融机构总资产为 2132.6 万亿印尼盾。

1. 保险公司

印尼保险公司业务主要分为两大类：（1）保险业务，即为了防止被保险人遭受不确定的财产或生命损失，通过保险费集聚社会资金来提供金融服务；（2）保险配套业务，是提供中介服务、保险损失评估和精算服务的业务。按业务类型可细分为：保护保险公司、人寿保险公司、再保险公司、保险配套公司、保险经纪公司、再保险经纪公司、保险代理人、保险损失评估公司、精算顾问公司。至 2017 年 10 月，印尼保险公司共有 139 家。在印尼国内人寿保险业务中，以保费总额为基准的十大公司，由英国保诚集团，加拿大宏利金融，德国安联等跨国公司支持的合资企业主导。国有的 Jiwasraya 是唯一在顶级竞争中的本地公司。

2. 小额信贷机构

印尼的微型和中小型企业也占重要地位，这些企业占印尼企业总数九成多。它们占印尼国内生产总值的大约六成，为 1 亿多印尼人创造就业机会。因此微型和中小型企业是印尼经济的支柱。印尼小额信贷机构（MFI）属于较为特别的金融机构。截至 2017 年 10 月，印尼中小微型企业贷款总额占总贷款比为 19.92%，占 GDP 约为 6.8%。MFI 由政府或社会组织建立，主要为中低收入社会机构成员和微型、中小型企业提供贷款或融资，同时提供存款管理和咨询服务。其目标是提供微型资金融资机会、增加弱势群体或低收入群体收入。印尼小额信贷机构的业务范围可覆盖一个村庄、区域或者城市。业务规模根据客户在信贷或融资中的层次规定。其资本包括实收资本、基本存款、强制性存款和赠款，资本金额分别是，村庄业务规模为 5000 万印尼盾、区域业务规模为 1 亿印尼盾、城市业务规模为 5 亿印尼盾。

印尼的小额信贷机构的禁止业务包括：（1）以活期存款形式接受存款并涉及支付流量；（2）以外币进行业务活动；（3）经营保险业务为保险人；（4）代理保险人；（5）除其他小额信贷机构贷

款或融资外，处理位于同一地区的其他小额信贷机构流动性问题除外；（6）在业务范围外进行贷款分配或融资；（7）按照 OJK 法规第 13 / POJK. 05 / 2014 第 2 条关于小额信贷机构的业务管理进行业务以外的业务。

3. 融资机构

印尼融资公司融资类别主要分为保付代理、融资租赁、消费融资、信用卡四大类。融资机构括：融资公司、风险投资公司、基础设施融资公司等。据印尼央行数据，截至 2017 年 10 月融资公司有 197 家，其资产总额为 469. 2 万亿印尼盾，占金融部门总资产比例为 4. 97%，营业收入与成本比约为 1. 23%。

4. 养老基金

养老基金是管理和执行养老福利计划承诺的法人实体。印尼养老基金包括：雇主养老基金、金融机构养老基金、福利养老基金等。据印尼央行数据，截至 2017 年 10 月养老基金为 238 家，其中雇主养老基金 170 家，金融机构养老基金 24 家，福利养老基金 44 家。养老基金资产总额为 259. 6 万亿印尼盾，占金融部门总资产比例为 2. 75%，营业收入与成本比约为 1. 23%。

二　金融市场体系

（一）外汇市场

印尼有关外汇和印尼盾的交易主要遵循印尼央行 2005 年 7 月颁布的《印尼盾与外汇交易限制法》的规定。该法案规定，除符合本法规的有关豁免规定并提供相关文件，禁止岸内银行向非居民贷款，禁止印尼盾资金划转到岸外银行账户。印尼央行申明，这个法规只是禁止印尼盾在海外市场流通，以减少印尼盾汇率波动，而不是为了取消自由浮动汇率制或进行资本项目管制。印尼央行对外汇市场的监管政策包括：（1）岸内交易。在岸内市场，可自由进行即期和远期外汇交易。持有外汇业务经营许可证的银行可以为客户开立任何可自由兑换货币账户。对非居民持有印尼盾和外国货币没有限制；（2）岸外与岸内交易。岸外银行可自由进行印尼盾对美元的即期交易，或与岸内银行签订买入印尼盾，卖出美元的远期合约。在任何情况下，与印尼盾有关的外汇买卖交易都必须与岸内银行进行。除非符合央行的豁免规定，所有向交易对手支付的印尼盾都必须转入岸内银行账户。印尼央行会在汇率异常波动时在外汇市场开展冲销式的干预，以保持汇率的相对稳定，通常是在美元需求大于供给时，印尼央行通过国有银行卖出美元。印尼央行偶尔也会直接命令商业银行减少投机交易。

随着印尼经济发展，印尼的外汇市场取得了一定的成绩，2012年7月印尼央行开始购买在中国大陆发行的人民币计价债券，将人民币资产纳入其外汇储备，2017年12月6日印尼央行决定把人民币如同欧元和日元一样，当作是离岸经营的货币，以作为套期保值的用途，在此之前，印尼央行已于7月12日和10月25日把日元、欧元列为可以套期保值的离岸经营货币，但这些外币掉期交易的时间只能每个星期一次。截至2017年12月底，印尼外汇储备达约1302亿美元，比2016年底增加约138亿美元，再创历史新高。1302亿美元外汇储备相当于当月8.6个月的印尼进口额所需外汇，表明印尼的总体支付能力良好。

（二）资本市场

1. 股票市场

印尼于1976年成立资本市场执行机构（Capital Market Executive Agency, BAPEPAM），标志着印尼重新恢复资本市场。1977年8月，在资本市场执行机构的监管下，雅加达股票交易所（Jakarta Stock Exchange）的交易正式启动。1977年至1989年，雅加达股票交易所的交易并不活跃，只有24家上市公司。直到1989年印尼政府放宽法规限制，市场交易才得以活跃起来。其中的放宽政策包括允许外国投资者进入，允许证券交易所私有化。1989年印尼成立了一个场外交易市场（Indonesian Parallel Stock Exchange），同时，印尼第一家私人股票交易所——泗水股票交易所（Surabaya Stock Exchange）成立。1992年12月，印尼政府将雅加达股票交易所私有化。原先的资本市场执行机构转变职能，改名为资本市场与金融机构监管机构（BAPEPAM），隶属于印尼财政部。1995 年 7 月，印尼场外交易市场和泗水股票交易所正式合并。1995 年 12 月印尼政府颁布了资本市场法，对资本市场实行新的法律约束，明确资本市场的发展目标是建立一个公平、有序、高效和透明的市场。2007年，雅加达股票交易所与泗水股票交易所合并，合并后的交易所正式更名为印尼股票交易所（Indonesia Stock Exchange），简称 IDX，印尼股票交易所是东南亚第 2 大股市，仅次于新加坡。至 2017 年10 月股票市值达 6646.7 万亿印尼盾，平均每日交易量价值 7.7 万亿印尼盾，到年末股票市场共有 688 家上市公司，发行 557.2 万亿股，股票发行价值达 3351.6 万亿印尼盾。

2. 债券市场

印尼债券市场主要交易的债券包括：印尼央行债券（Sertifikat Bank Indonesia，SBIs）、印尼政府债券（Government Securities，SUN，包括财政证券和主权债券）、调整资本结构债券（Recapitalization Bonds，Recap Bonds）、国家机构债券（State Agency Bonds）、可转让大额存单（Negotiable Certificates of Deposit）、商业票据（Commercial Paper）、中期债券（Medium-Term Notes）、企业债券（Corporate Bonds）。其中印尼央行证券是由央行发行以印尼盾标价的短期债券，是印尼央行用于公开市场操作的主要工具之一。印尼财政债券期限在 12 个月以内，而主权债券期限在 12 个月以上。在印尼债券市场上交易的债券必须经印尼当地的评级机构进行评级，而且还必须在 BAPEPAM 注册登记。截至 2017 年末债券市场共有265 家上市公司，共发行债券价值 575.4 万亿印尼盾。目前，印尼的债券市场仍然以政府债券为主，债券市场上债券种类还有，政府零售债券、伊斯兰教法债券等，由于有政府支持，风险较低，所以债券对市场中的各种群体都比较有吸引力。

3. 保险市场

印尼保险市场由财政部下属的保险委员会负责监管。保险市场上保险业务只能由保险公司（保护保险公司、人寿保险公司、再保险公司）、保险配套公司（保险经纪公司、再保险经纪公司、保险代理人、保险损失评估公司、精算顾问公司）进行保险业务活动。

印尼拥有 2.62 亿人口，但印尼保险市场规模不算大，传统保险普及率不足 3%，市场渗透率有待提高。随着印尼经济持续发展和人均收入水平提高，保险市场规模也将持续扩张，渗透率有望进一步提高，这将给市场的竞争主体带来发展机遇。但是，印尼保险市场对外资投资存在一定不确定性，印尼当局最初在 2008 年通过了一项法律，允许外国公司拥有高达印尼保险公司股权 80%，其后金融服务管理局确认保险公司外资所有权上限为 80%，对于外资股高于上限的公司，其股份将被出售给当地股东或通过首次公开招股（IPO）等方式进行公司股权稀释。据印尼央行数据显示，截至 2017 年 10 月保险市场资产占金融部门总资产的 8.7%，其中传统人寿保险资产为 491.2 万亿印尼盾，保费收入占索赔额 161.69%；社会保险资产为 326.7 万亿印尼盾。

4. 黄金市场

黄金市场是指集中进行黄金交易所形成的市场，是专门经营黄金买卖的市场。从事黄金交易的有世界各国的公司、银行和私人以及各国官方机构。黄金交易的取向主要是珠宝首饰、央行储备金、电子工业、投资及投机需求等。据世界黄金协会数据可知，印尼官方黄金储备量至 2017 年 11 月为 80.6 吨，位列全球第 38。2017 年印尼黄金消费需求为 58.8 吨，人均消费 0.2 盎司。而据印尼期货交易所（JFX）公布的最新数据显示，2017 年黄金总交易量为 798 万手。

三　金融监管体系

在 1997 年亚种金融危机爆发之前，印尼在经营和监管模式上，实施银行、证券、保险分业经营、分业监管，但允许商业银行投资参股证券、保险等公司。印尼银行负责银行监管业务，资本市场与金融机构监管委员会则履行对证券机构、保险公司、养老基金和经纪公司等非银行金融机构进行监管。2013 年 1 月 1 日起，由印尼中央政府设立的印尼金融监管与服务机构（OJK）开始正式运行，代替之前印尼央行和资本市场与金融机构监督委员会对金融市场的监督职能，这代表印尼金融市场监管体系由分业监管体制走向统一监管体制。

为了维护印尼金融体系的健全和高效，以保障金融市场的健康发展，OJK 的监管的具体目标是在确保金融业经营安全、风险可控的情况下，更注重金融市场的公平和效率。OJK 对外国投资者与本国机构基本无差别对待，但印尼监管机构对于外资企业进入本国经济实行较为严苛的本土化方针，比如外国居民的印尼工作签证需要通过印尼语等级考试、印尼员工的雇佣比例限制等，在一定程度上限制了印尼金融业的进一步开发。

四　金融调控体系

金融调控体系就是实施宏观调控的各种金融手段和政策措施的总称。印尼的金融调控职能主要是由印尼中央银行履行。

（一）货币政策

印尼货币包括纸币和硬币，单位为盾（Rupiah）。其中纸币的面值共有八种：100、500、1000、5000、10000、20000、50000、100000 盾；硬币的面值有十种：1、2、5、10、25、50、100、200、500、1000 盾。根据印尼银行 2004 年第 3 号法令第 7 条规定，印尼央行的唯一目标是实现和维持印尼盾的稳定，其稳定性被定义为货物和服务价格的稳定，选取的指标为剔除政府管制价格和收入政策影响的 CPI，每年的通货膨胀目标是由印尼央行和政府有关部门通过谅解备忘录（MoU）的形式联合制定的，通常先由印尼央行在 5 月份前向有关部门提交通胀目标建议，再由各方商议确定并由政府发布。如果由于特殊原因需要修改目标，也是由 BI 先提出修正意见。通货膨胀目标一般为期三年，2016 年，2017 年和 2018 年政府确定的通胀目标分别为 4%、4% 和 3.5%，偏差为 ±1%，2016 年实际通胀为 3.02%。印尼既定的通货膨胀目标是通过印尼政府央行政策协调来实现，低通货膨胀实现的一个措施就是形成和引导公众对于通胀预期朝既定通胀目标的锚定。

印尼央行承担着制定和执行货币政策、推动支付体系建设、监管银行体系、发行货币、制定汇率政策、管理外汇储备和充当最后贷款人等重要职责。其货币政策目标实现依赖于金融工具的使用。根据《印尼银行法》第四章第十款第一条,印尼央行可以采用但不限于以下方式来实施货币政策:开展包括印尼盾和外汇货币市场的公开市场操作、设定贴现利率、设定法定准备金要求及监管信贷或融资等,印尼央行也可根据伊斯兰教法原则进行货币管制。考虑到通胀原因还受卖方市场影响(如成本冲击),印尼政府部门在2005年组建了通胀目标检测和控制小组(TPI),其成员包括印尼央行、财政部、贸易部、农业部、交通运输和人力资源部等,小组旨在多方更有效的协调合作,以实现低通胀、稳通胀的目标,促进经济可持续增长。

(二)汇率政策

汇率政策的主要内容包括选择适当的汇率机制,促进本币汇率达到合理均衡水平并保持基本稳定,使国民经济在对内对外两方面同时实现平衡。根据1999年5月颁布的《外汇流动与汇率制度法》(the Act concerning the Foreign Exchange Flow and Exchange RateSystem)第三章第五条规定及后附的说明,印尼的汇率制度由印尼银行在认真、精确评估研究后向政府提出建议,由政府决定并以总统令(Presidential Decree)的形式对外公布。印尼银行实行有管理的浮动汇率制度。在汇率异常波动时印尼央行将在外汇市场开展冲销式的干预。

(三)金融体系稳定相关政策及组织

印尼通过对微观审慎指标和宏观经济指标的监测,得到金融机构流动性风险、市场风险、信用风险、国内外宏观经济形势等信息,以此采取相应的措施来稳定金融体系。其中印尼央行主要通过公开市场操作利率来稳定货币,化解金融系统性风险,防范金融危机,实现调控目标。为进一步维护金融稳定,印尼成立金融体系稳定论坛(FSSF)以负责维护印尼金融体系稳定的当局之间的协调,合作和信息交流。该论坛具有三个主要的职能:根据金融监督机构报告研究金融体系存在问题，协调和沟通涉及银行体系、非银行金融机构和资本市场的法律法规，协调金融部门工作的实施。在履行职能时该论坛具有特定的法定权力。论坛的成员由印尼央行，金融系统监督机构和印尼政府任命。

第三节　印尼金融体系的主要特点与
影响因素分析

一　金融结构的主要特点

和东盟其他国家一样，印尼经济的快速发展带来了金融行业的发展变化。与其他东盟国家相比较而言，印尼的金融体系较为完善，结构相对合理，开放程度较高等。具体而言，印尼金融结构的主要特点如下。

（一）以银行业为主导，商业银行集中度高

和中国一样，印尼金融行业结构是以银行业为主导，银行资产比重远超其他金融结构之和。在混业经营的许可下，规模大的印尼金融集团都以各种形式把业务涉及银行业、证券业等。但是印尼银行业的国有化程度不高，除了国有控股的4家银行外，其他都是私有化银行。然而，这4家银行的总资产就占了整个银行总资产的38.11%。

（二）独具特色的小微金融

促进第一产业相关的发展，即农村发展、农业收入以及农民就业，是印尼国家发展战略的重要组成部分。由于"千岛之国"的地理特点，印尼有将近1700家村镇银行散落在各个岛屿村落上，虽然它们在整个银行业的资产比重仅为1.65%，但是可以为当地农村居民提供金融服务。村镇银行由于在当地就近进行金融服务，存贷双方信息不对称性弱，所以能够保持较好的经营状况，2015年底村镇银行平均资产收益率为2.75%，存款来源中约七成来自定期存款，三成来自活期存款，全部以信用贷款的形式贷给小微企业及村镇居民。

除了村镇银行体系之外，总资产规模超过整个银行业总体 10%
的国有第二大银行印尼人民银行（BRI），在其业务结构中小微企
业贷款长期保持 1/3 左右的比重，消费贷款在 2015 年占比达
16.3%，并保持不良率（NPL）低于 2% 的水平，利润率也达到
了 8.09%。可以说印尼人民银行在小额贷款领域为全球同类型的
金融机构树立了一个集社会贡献、商业可持续发展于一身的成功
典范。

（三）以美元为主的同业拆借市场

印尼监管机构相关政策规定，商业银行跨境拆入的美元资产不
能超过资本金的 30%，银行拆入美元最主要的途径就是通过印尼
本国同业拆借市场。本币印尼盾属于管制货币，不存在海外拆借的
可能，所以印尼的商业银行拆入印尼盾的途径就是通过存款、中期
票据等债务工具拆入。商业银行还可以通过印尼央行解决印尼盾的
流动性紧张，但是央行并不会帮助商业银行解决美元资金的流动性
困难。这几个因素造成了美元在同业拆借市场中的占比最高，长
期保持在 60%—70%，而本币印尼盾同业拆借却占比很小。

（四）结构完整、发展畸形的证券市场

印尼拥有一个结构较为完整的证券市场，股票市场结构成熟、
以政府债券为主的债券市场、参与度较高的基金等。印尼居民收入
在近年来有了明显提高，但是由于财富积累的程度较低，印尼居民
的财富大部分用于当期消费，个人没有多少余钱进行投资，因此印
尼的投资者以机构投资为主。在债券市场中，印尼各级政府占据了
筹资者结构的绝对主导，公司债券存量在 2015 年仅占 14.89%，交
易量占比更是仅有 5.23%。已经发展了近 40 年的印尼股票市场，
结构比较成熟，筹资者结构以金融企业以及消费品企业为主，第一
产业及第二产业占比很小。印尼证券市场工具结构的多样性非常
低，除了传统债券以外诸如资产证券化产品、衍生产品等占比微乎
其微，并且没有结构优化调整的趋势。

（五）企业融资以外源及间接融资为主

从融资结构的角度来看，印尼呈现出以外源融资为主的结构特

征，外源融资占比长期以来保持在70%左右的水平，但近两年来呈现出了外源融资结构占比有所上升的趋势。同时，在以银行业为主导的印尼金融体系中，企业选择进行间接融资更加便利，占据结构主导位置。印尼股票市场以金融企业、消费品企业为主的结构特征，债券市场公司发债融资占比很少的结构特征，都在不同程度上加剧了企业直接、间接融资结构的失衡。

（六）较为严格和开放的监管体系

由于印尼的现代金融是由殖民时期金融发展而来的，长期受到欧洲国家的殖民影响，形成其自身发展的特点，开放程度较高。同时，受到1997年金融危机的影响，印尼汲取经验和教训，实行严格的监管体系来确保金融稳定，例如对于外资银行进入印尼银行业的持股比例的限制等。在如此的监管环境下，印尼的对外开放程度尚可。在产业结构层面印尼外资银行、保险以及证券公司在印尼经营业务范围非常广泛且占有率较高，印尼金融服务管理局对于外资机构的监管要求与本国机构基本无差别对待，均向外国投资者及国际金融机构展示出印尼金融业开放包容的一面。但是印尼监管机构对于外资企业进入本国经营实行较为严苛的本土化方针，比如外国居民取得印尼工作签证需要通过印尼语等级考试、印尼员工的雇佣比例限制，等等，也在一定程度上制约了印尼金融业的进一步开放。

（七）发展中的伊斯兰金融

印尼是世界上伊斯兰人口最多的国家，因此印尼有着发展伊斯兰金融的基本条件和潜力。但从银行业结构、保险业结构、货币市场结构、债券市场结构、融资结构等来考量，伊斯兰金融产品或机构的结构占比均不足10%，几乎均保持在5%以下的水平。虽然印尼金融服务管理局普惠金融部门正在着力普及、宣传和教育印尼居民购买伊斯兰金融产品，但总体来看印尼伊斯兰金融的发展仍然缓慢，发展速度并不及传统银行业。

二　金融结构的形成与演变的主要原因

（一）地理因素

由 17000 多个岛屿组成的印尼，号称"千岛之国"。由于其特有的群岛使得其居民在衣食住行各方面都形成了其特有的习俗，重要的是群岛环境也对金融结构的形成产生了重要的影响。比如正是由于其国土均是大大小小的岛屿，彼此交通来往并不是十分便利，才会形成数量如此繁多但体量占比却非常小的村镇银行，以及出现印尼人民银行为偏远地区的居民提供的 BRI Link 代理人服务体系，即代理人分片区开展业务，使用微型机器操作为附近的客户提供上门金融服务。

（二）历史因素

如果说印尼金融结构演进过程的直接因素是经济发展，进一步探究的话就不得不提及印尼建国后的历史因素以及政权的更迭。1945 年到 1967 年在苏加诺总统统治时期，印尼的经济刚刚起步。但由于 60 年代中期苏加诺统治后期经济状况非常糟糕，通胀率高达 1000％之多，可以说彼时印尼尚未建立所谓的金融体系。而后随着苏哈托总统的上台，新政府快速有效地建立了一系列的经济制度，金融体系伴随着较为完善的经济体系的建立也逐渐形成。在 60 年代后期至 80 年代前期，印尼的银行业结构完全被国有银行掌控。随着 1983 年至 1988 年印尼的金融改革，印尼的金融结构得到了显著的改变，改革的关键就是金融从国有银行的垄断市场体系转变为在当时来看较为现代化的竞争性结构体系。印尼虽然是 1997 年亚洲金融风暴中受影响最严重的国家，但在 2008 年金融危机中却避免了重蹈覆辙，因为政府采取了更为严格的监管政策。可以说印尼的金融结构形成的根本原因是其历史的发展、政权的更迭以及随之而来的监管政策。

（三）经济因素

对于一国的金融发展以及金融结构形成而言，其演进的过程总是与经济发展的客观需求密不可分。总体来看，随着印尼整体经济规模的增长,其金融化程度与金融发展水平也在不断提高。2008年次贷危机以来,特别是近些年在全球经济增速放缓的背景下,印尼经济增速基本保持在5%左右的水平,稳定的经济增速以及亟待发展的基础设施使得国家层面的金融需求仍保持在较高的程度。与大多数国家伴随经济发展阶段演进出现的金融结构调整相类似,印尼也面临着由间接融资绝对主导转向直接融资与间接融资两者并行的过程,对外开放程度不断放宽的过程,金融工具结构更加多元化的过程,等等。

(四) 人文因素

印尼是世界上伊斯兰人口最多的国家,所以其金融结构中自然会有伊斯兰金融的构成。即便伊斯兰金融在各类印尼金融结构中的占比并不很高,其仍然是印尼金融结构不可或缺的组成部分。可以预见在印尼金融服务管理局的引导下,依托印尼庞大的伊斯兰基础人口,未来伊斯兰金融的占比必将越来越高,重要程度也会愈发明显。除了宗教的影响,印尼居民投资理财认知的匮乏以及高消费低储蓄的倾向,且绝大部分的印尼居民生活贫苦,满足日常的温饱才是刚性需求,这些因素都直接导致了印尼居民对于金融产品的需求非常低,进而制约了印尼金融业诸如产品种类、机构设立的多样化发展,更是制约了金融业整体的结构优化。

三 中国与印尼金融合作前景

1990年中国与印尼恢复外交关系以来,政治互信、经贸合作和人文交流是推动两国合作的"三驾马车"。而其中的经贸合作一直就是两国关系增进的"催化剂",随着两国经贸关系越来越紧密,中国成为印尼的第一大贸易伙伴,印尼也成为中国在东盟的重要贸易伙伴。两国经贸关系的增进为两国金融合作奠定了厚实的基础。

(一) 中国—印尼金融合作主要成果

从金融机构互设层面来看,中国先后有三家商业银行以分行或子公司的形式进入印尼开展金融业务。2003年中国银行雅加达分行重新开门迎客。2007 年 9 月，中国工商银行与印尼的哈利姆银行完成股权转让，并成立中国工商银行印尼有限公司。2013 年中国建设银行收购总部在雅加达的鸿图国际（Windu）银行后，又收购了总部位于泗水的一家本地银行，建设银行总持有股份为 60%。除了商业银行以外，国家开发银行以代表处的形式进入印尼，中国出口信用保险公司以工作组的形式进入印尼，太平保险以子公司的形式进入印尼市场。印尼来华设立金融机构相对较少，2012 年 4 月 27 日印尼曼迪利银行（Bank Mandiri）上海分行正式成立，这是印尼银行业首度在华设立分行。而曼迪利银行上海分行的设立宗旨，正是开展跨国企业的贸易金融、贸易融资、项目融资和资金业务。

在金融业务合作开展层面。就中国国家开发银行来说，与印尼金融合作已开展的业务有：（1）为中资企业投资印尼矿业工程提供贷款；（2）向印尼金光造纸集团提供 18 亿美元的贷款，该贷款目前已经全额发放，项目已竣工结算；（3）为中国央企在印尼开展电建工程提供贷款。印尼政府希望中方能够给本国商业银行提供贷款，中国国家开发银行之后向印尼最大的三家国有银行提供了贷款（30 亿美元授信），间接帮助印尼政府稳定了印尼盾的汇率。就中国银行来说，2016 年中国银行在印尼设置了 12 个网点，除了 1 个网点和签证中心在棉兰，1 个网点和签证中心在泗水以外，其余机构均位于雅加达。服务客户定位首先是服务基础设施行业，包括对印尼国家电力公司的贷款、石油公司的贷款，等等；第二是支持中资企业走出去；第三是联络两国居民的友谊，服务重点集中于私人银行服务；第四是人民币国际化，近年来中国银行成为印尼最大的承办人民币业务的银行，大力开展人民币批发换汇业务。就建设银行来说，通过收购两家本地银行，建设银行印尼子公司目前分支机构超过 100 家，员工约有 1700 名。两家被收购的银行业务重心均是面向华裔客户服务，所以建行收购后的发展方向即在延续传统理念的同时加入建行的元素。就中国出口信用保险公司来说，其业务主要是提供股权、债权以及贷款的保险。中信保在印尼可以开展的保险项目涵盖服务进出口贸易短期到中长期大多数险种。就太平保险印尼有限公司来说,其总部位于雅加达,且在印尼主要的城市均设有分支机构,经营产品含财产保险、工程保险等,凡是在中国国内能开展的保险业务在印尼均可开展。总的来说中资企业近些年在印尼发展速度很快,太平保险也对中资企业走出去提供了一系列的服务,包括寿险、产险、养老保险、再保险、再保险经纪及保险代理、电子商务、证券经纪、资产管理和不动产投资、养老产业投资等领域,业务种类齐全,为客户提供一站式综合金融保险服务。

就政府合作层面,中国与印尼在政府合作层面往来较为频繁,取得了一定的阶段性成果。1997 年亚洲金融危机印尼受到严重的冲击,中国政府及时通过世界银行向印尼提供无政治约束贷款 10 亿美元,并无偿援助 300 万美元。2000 年,中国又向印尼追加 3 亿美元贷款和 4000 万人民币的无偿援助。2002 年,为加速印尼基础设施建设,中国向印尼提供 4 亿美元信贷,同时向印尼无偿援助 5000 万人民币用于印尼改善社会福利。2003 年,中国与印尼签署规模为 10 亿美元的货币互换协议。2005 年 10 月,中国与印尼重新签署货币互换协议,在印尼需要短期流动性支付时可以印尼盾兑美元的形式从中国获得不超过 20 亿美元的融资支持,2006 年两国决定把规模增至 40 亿美元。2008 年 3 月,两国签署规模为 1000 亿元人民币的双边货币互换协议。2009 年,双方签署 1000 亿元的货币互换协议。2013 年,两国又续签了 1000 亿元人民币的双边货币互换协议。2015 年 11 月,中国与印尼决定把双边的货币互换规模增至 200 亿美元。2010 年 7 月,中国银监会与印尼中央银行签署《双边监管合作谅解备忘录》,同意在信息交换等方面加强监管合作。2015 年 6 月印尼金融服务管理局和中国银监会签署了谅解备忘录,旨在支持两国间贷款业务的扩张。

(二)存在的主要困难

总的来说,中国与印尼目前经济以及金融合作的困难主要包括以下几个方面。

在业务开展层面:(1)印尼的金融监管对中资银行的经营管理有较多制约。主要表现在相关部门批给中方商业银行业务牌照上有限制，比如给中行信用卡牌照就不会给工行相同业务的牌照；（2）由于根据伊斯兰教义印尼监管当局禁止期权交易，商业银行的业务完整程度也会受到限制；（3）另外监管部门规定在当地吸纳存款必须持有国债8%，但印尼盾面值的国债国别风险高，美元面值国债收益率又很低，对中资银行的风险管理和收益产生不利影响；（4）印尼金融服务管理局希望将外资商业银行的数据中心迁至印尼，但这与国际化银行的发展战略是背道而驰的；（5）印尼外资银行本土化的发展方针很严苛，例如中国银行除了中银香港外，外派中国员工比例最低的就是雅加达分行；（6）1964年至1998年印尼是反华禁华时期，所以本地华裔很多人不会中文，招聘使用本地员工也十分困难。

在两国政府层面。对印尼政府来说，部分印尼政府部门机构存在腐败问题且办事效率较低，某些不友好的非政府组织干扰中方工程进展，影响了两国的经济金融合作。印尼项目工程方有时会对中资企业的竞标进行干扰阻挠，可能需要政府层面加大力度进行沟通。对中国政府层面来说，中方监管政策是否能进一步放宽，为两国金融深度合作提供更大空间。比如印尼房地产行业前景很好，但由于总行有政策限制所以银行很难对房地产等工程提供贷款；另外央企高级管理人员出国限制很多，间接导致中资企业不能和印尼企业充分沟通及招投标等。

第四节　基于体系现状的中国—印尼金融合作突破点

一　通过顶层设计拓宽合作层次

一切合作的可能都需要基于两国的金融开放程度以及政府间高层合作往来。例如，人民币与印尼货币互换协议的签订将大大提高两国的金融合作空间，及早构建顶层设计是各类金融机构的共同期盼。通过建立中国—印尼双边高级别人文交流对话机制，能够推动并解决赴印工作人员的限制。例如外国籍员工去印尼工作需要定期学习印尼语并且必须通过考试，且签证时效短，很大程度上限制了中国金融机构在印尼更好地开展业务。

二　以双方需求为切入点寻求合作空间

中国与印尼双方的金融合作发展必然要以双方的需求作为出发点，同时应该要借鉴对方金融结构发展的特点。例如印尼在农村信贷以及小微企业贷款方面有独到的特点以及优势，中国的村镇银行、农村信用社以及商业银行的小微企业信贷部门应当借鉴印尼的发展经验；相对而言，中国的互联网金融特别是移动支付处于世界领先地位，相信印尼也非常希望借鉴中国的经验，即中国应当输出互联网金融的发展经验。

三　深度参与"全球海洋支点"战略寻求突破

正如在印尼开展金融业务的中方机构所希望的，通过"一带一路"建设为中国的企业"走出去"牵线搭桥，这也是中印尼双方拓宽金融合作范围的突破口。虽然目前来看"一带一路"政策的影响力在印尼不高，但是可以通过深度参与印尼"全球海洋支点"战略和印尼的发展建设，相信未来双方必然会有更加密切的经济往来以及金融合作。

第五节　中印尼金融合作报告：美联储缩表
背景下印尼央行的策略响应
——基于资产负债表分析[1]

在 2007 年金融危机爆发后，美联储连续四轮推出量化宽松货

———————————
　　① 作者：广西大学中国—东盟研究院印尼助理，韦宝毅；广西大学中国—东盟研究院舆情研究助理，潘昭；广西大学中国—东盟研究院舆情研究助理，潘丹丹；广西大学东盟学院国际金融实验班，胡杨林；广西大学东盟学院国际金融实验班，陈禹帆。

币政策，导致美联储资产负债表扩张了四倍，提高了全球流动性。随着 QE 期间美联储购买的中长期债券，将在 2018 年、2019 年、2020 年部分到期，美联储资产负债表会被动缩小规模。自 2016 年 12 月美联储加息后，相继有四位官员在公开讲话中提到"缩表"问题，2017 年 7 月的美联储联邦公开市场操作委员会（FOMC）会议声明将相对较快的开启"缩表"。

一 研究综述

研究近几年的文献材料，其主要围绕以下几方面内容展开论述：美联储缩表的时点预估；美联储缩表的方式预估；美联储缩表的规模预估；美联储缩表对国际经济的影响。

（一）美联储缩表的时点预估

李永焱（2017）进行分析，认为由于缩表相对于加息而言较为刚猛，因此美联储缩表进程将是缓慢、渐进的。2015 年以来，美联储的四次加息仍不足以使当前的利率水平缓冲经济所受到的负面冲击。他推断，在中性情形下美联储将在 2017 年加息三次，美联储缩表启动时点或不早于 2017 年第四季度。宋雪涛（2017）基于对市场的影响最低，又可满足美联储政策连贯性的考虑，则认为缩表将分成两步进行。美联储将先讨论并制订缩表计划，然后将于 2018 年年中启动美联储缩表进程。张启迪（2017）预测 2019 年以后美联储很可能会执行新的缩表计划，通过加速缩表以避免出现亏损。

（二）美联储缩表的方式预估

根据市场上普遍存在的观点，美联储可选择的缩表方式大体有两种：主动缩表和被动缩表。主动缩表是指在到期前主动出售资产；被动缩表指停止或者逐步退出对到期资产的再投资。李永焱（2017）认为鉴于当前美国经济并没有过热，减税和基建等财政刺激计划离真正推行尚需时间，美联储或首选在短期内证券被动持有到期后停止再投资。宋湘燕、叶代鹏（2017）根据 FOMC 在 2014 年 9 月公布的《货币政策正常化的原则和计划》，认为从长期来看，美联储很可能直接卖出一部分 MBS,最后持有的证券应以美国国债为主。结合温和和激进两种方案,美联储启动缩表后可能会定期减少一定量的 MBS 和美国国债。宋雪涛 (2017) 也指出市场上普遍预期美联储将采用渐进的退出再投资操作的方式,即在某一时间点开始逐渐减缓再投资额度,直至美联储的投资组合可以通过自动到期实现资产项目配置的正常化。张启迪 (2017) 则进一步预测,美联储为了增强其缩表的灵活性,未来将引入主动卖出机制,改变目前不利于主动管理的被动卖出模式。

(三) 美联储缩表的规模预估

张启迪 (2017) 从负债端的三个主要部分——准备金、通货以及隔夜逆回购 (ONRRP) 出发来测算美联储的缩表规模,预测出美联储最终的缩表规模可能约为 2 万亿美元左右。宋湘燕、叶代鹏 (2017) 认为缩表的操作主要在资产端,但市场对美联储负债的需求则是影响缩表规模的主要因素,具体而言即现金需求和准备金需求。与之相对,宋雪涛 (2017) 则认为美联储资产组合正常化的过程即对应于负债端正常化的过程,需要削减过量的超额储备。

(四) 美联储缩表对国际经济的影响

李永焱 (2017) 认为美联储缩表对国际经济的影响使大宗商品价格持续低迷,会使全球性通缩进一步加深,国际贸易萎缩。使得新兴市场经济体面临更大的货币贬值和资金外流压力。加剧国际金融市场波动和风险,不利于国际债市和股市。张启迪 (2017) 分析指出,当前新兴市场和发展中国家面临投资增速持续下降、资本净流入大幅减少、债务上升过快、经济转型升级过程缓慢等一系列问题,整体经济形势不容乐观。一旦美联储持续收缩,届时可能造成新兴市场和发展中国家出现资本急停,引发汇率风险和债务通缩循环,进而有可能酿成危机。

二　美联储资产负债表分析

(一) 量化宽松政策期间的美联储资产负债表结构

2006 年,美联储提高了其国内房地产市场贷款利率,利率由

1%提升至5.25%，大幅加重的房贷成本，让大量持有投机目的的消费者减少了对房地产的投资，进而引发了房地产和股票价格下降，乃至形成了席卷全球的次贷危机。针对此次金融危机，为了缓解市场流动性紧张，防范系统性金融危机爆发，美联储连续实施了四轮量化宽松的货币政策，第一轮量化宽松货币政策（QE1）发行了约1.7万亿美元用于资产购买计划，其中约53.43%用于购买美国政府赞助企业"房地美"和"房利美"的抵押贷款支持债券（MBS）；第二轮量化宽松货币政策（QE2）发行了6000亿美元用于国债购买计划，把此前QE1期间购买的到期机构债和MBS转投资于长期国债；至2011年末两轮量化宽松货币政策实施结束，2012年美国国内GDP增速仍旧低于2%，失业率仍旧高于6.5%的合理水平，经济复苏状况不佳，为进一步支持经济复苏和就业率的降低，美联储决定实施第三轮量化宽松（QE3）和第四轮量化宽松（QE4），每月总计850亿美元，进一步扩大了美联储资产负债表规模。在量化宽松货币期间，美联储还通过创新金融工具，使得美联储资产负债表结构多元化，如持有贝尔斯登（Maiden Lane）投资组合、美国国际集团AIG住房抵押贷款支持债券RMBS（Maiden Lane II）投资、AIG相关债务担保凭证CDO（Maiden Lane III）投资组合、TALF LLC公司投资组合等，同时也正因为金融工具的创新，让美联储不需转手商业银行，能直接对接需注入资金扶持、增加流动性的企业和金融机构，避免了因货币政策的时滞性而导致政策的结果偏离预期。

　　美联储2007年以前的资产负债表，主要以记录中央银行履行其传统职能（货币发行者、政府的银行和银行的银行）而进行的各项活动或操作，资产负债表中资产具体科目主要为美国国债，其占总资产约84.43%，负债具体科目主要为联储票据、联储银行持有净额，逆向回购协议存款，其占总负债分别为92.43%、4.73%、1.91%。2008年后，实施了四轮量化宽松货币政策后，美联储的资产负债表中，资产项目主要增设了专项救助科目抵押贷款支持债券（MBS）和Maiden Lane系列投资组合，共占总资产的45.62%。

相比于 2007 年美联储的资产负债表, 资产项目仍以持有证券、未摊销证券溢价和折扣、回购协议及贷款为主, 资产规模增加 3603813 亿美元, 占资产项目比从 2007 年的 91.93% 升至 2014 年的 98.42%, 其中持有证券资产规模增加 3482261 亿美元, 占资产项目比从 84.43% 升至 94.20%, 持有证券中美国中长期名义债券, 资产规模增加 1875728 亿美元, 在资产中占比从 52.70% 降至至 52.18%, 而新增设的抵押贷款支持债券 (MBS) 和 Maiden Lane 投资组合总额增加, 资产规模增加 973281 亿美元, 在 2014 年共占总资产的 38.65%; 负债项目从以联储票据、联储银行持有净额为主换为以存款为主, 存款负债规模增加 2610651 亿美元, 在负债中的占比从 2007 年的 1.91% 升至 2014 年的 59.16%, 其中存款机构其他存款主要由法定准备金和超额准备金构成, 在负债中的占比由 1.34% 升至 53.55%, 增加额扩大了近 206 倍, 这主要是金融机构对市场信心不足贷款意愿不强, 为了规避风险, 将其同业存款存放美联储, 导致了货币央行大量的超额准备金存储。而联储票据、联储银行持有净额主要用于货币发行, 从 2007 年的 92.43% 降至 2014 年的 39.87%, 但资产规模增加了约 64%, 增加量为 506924 亿美元。逆向回购协议负债规模增加 469295 亿美元, 在资产中的占比从 4.73% 上升到 11.48%。从上述分析中可知, 美联储主要资产科目和负债科目都有较快增长, 再加上其在资产中的占比较高, 最终导致美联储资产规模快速增长。

表 4-2　　　　量化宽松政策期间的美联储资产负债表　　　　单位: 亿美元

项目	2007	2010	2014
资产			
黄金证券账户	11037.00	11037.00	11037.00
特别提款权账户	2200.00	5200.00	5200.00
硬币	1173.00	2047.00	1873.00
持有证券、未摊销证券溢价和折扣、回购协议和贷款	821647.00	2010339.00	4425460.00

续表

项目	2007	2010	2014
持有证券合计	754612.00	1844722.00	4236873.00
美国国债	754612.00	776587.00	2461364.00
短期债券	241856.00	18423.00	0.00
中长期名义债券	470984.00	707649.00	2346712.00
中长期通胀指数债券	36911.00	44643.00	98469.00
通胀补偿债券	4862.00	5873.00	16183.00
联邦机构债券	0.00	159879.00	38677.00
抵押贷款支持债券（MBS）	0.00	908257.00	1736832.00
当前持有的未摊销证券溢价	8000.00	50638.00	206835.00
当前持有的未摊销证券折扣	-3096.00	-3191.00	-18394.00
正向回购协议	42500.00	0.00	0.00
其他贷款	4535.00	89699.00	145.00
持有 Maiden Lane 投资组合净额	0.00	26667.00	1678.00
持有 Maiden Lane II 投资组合净额	0.00	15697.00	0.00
持有 Maiden Lane III 投资组合净额	0.00	22660.00	0.00
持有 TALF LLC 公司投资组合净额	0.00	298.00	
托收中项目	1881.00	277.00	86.00
银行不动产	2128.00	2249.00	2264.00
中央银行流动性互换	14000.00	10272.00	1528.00
外币计价资产	22640.00	25302.00	21071.00
其他联储资产	39693.00	91443.00	27463.00
总资产	893758.00	2237258.00	4497660.00

续表

项目	2007	2010	2014
负债			
联储票据、联储银行持有净额	791801.00	943749.00	1298725.00
逆向回购协议	40542.00	59246.00	509837.00
存款	16358.00	1318755.00	2627009.00
存款机构定期存款	0.00	5113.00	0.00
存款机构其他存款	11439.00	1020726.00	2377996.00
美国财政部一般账户	4529.00	88905.00	223452.00
外国官方	97.00	3670.00	5242.00
其他存款	293.00	378.00	20320.00
延迟入账现金项目	2216.00	1850.00	641.00
其他负债及应计股息	5729.00	43256.00	4304.00
总负债	856647.00	2366855.00	4440516.00

资料来源：美联储、Wind 资讯。

我们可以从资产负债表的变化中，全面且详细地了解到，次贷危机以前，当经济衰退或通货高涨时，美联储的货币政策主要在公开市场进行各类证券回购和逆回购操作来控制或调整联邦基金利率。次贷危机以后，美联储创新了多项金融工具，积极管理其资产负债表，截至 2014 年购买近 3.6 万亿美元资产向市场注入巨额流动性，维护了金融市场的系统性稳定。

（二）量化宽松政策结束后的美联储资产负债表

在美国国内市场经济转暖，经济复苏有了起色后，美联储开始步入加息轨道，2014 年 10 月 29 日，美联储宣布结束金融危机以来的宽松货币政策，面对资产负债表规模相比量化宽松前扩大近 5 倍的现状，资产负债表规模的缩减已经进入美联储日程安排。早在 2014 年 9 月发布的《政策正常化原则和计划》政策框架中，美联储就提出了以逐步提高政策利率和减少对证券的持有来实现货币政策正常化的构想，但考虑到经济增长因素，美联储在 2017 年 6 月最新发布的《政策正常化原则和计划》补充说明将逐步减少对证券的持有量。

从美联储资产负债表主要科目中，可知 2015 年以来，资产基本处在近 450 万亿美元的高水平，上下浮动不大，而主要资产科目增速都明显下降，其中持有证券、未摊销证券溢价和折扣、回购协议和贷款，在 2016 年减少 36331 亿美元，平均下降速度为 0.57%；持有证券合计在 2016 年减少 20797 亿美元，但至 2017 年债券持有量有所回升、增加 2367 亿美元，持有证券合计规模基本保持不变；中长期名义债券在 2016 年减少 7536 亿美元，平均下降速度为 0.4%；抵押贷款支持债券（MBS）在 2016 年减少 6080 亿美元，但至 2017 年美联储持有量大幅上升、增加 23539 亿美元，平均增长速度为 1.32%。负债基本处在近 440 万亿美元的高水平，上下也浮动不大，而主要资产科目变化也较明显，其中联储票据、联储银行持有净额，平均增长速度为 11.31%；逆向回购协议，平均下降速度为 30.2%；存款，平均下降速度为 1.3%；存款机构其他存款平均增长速度为 1.49%。

表 4-3　　　量化宽松政策结束后的美联储资产负债表　单位：亿美元

项目	2015	2016	2017/9
资产			
持有证券、未摊销证券溢价和折扣、回购协议和贷款	4415564.00	4379233.00	4368476.00
持有证券合计	4241965.00	4221168.00	4223535.00
中长期名义债券	2346639.00	2339103.00	2324404.00
抵押贷款支持债券（MBS）	1747467.00	1741387.00	1764926.00
总资产	4486587.00	4451452.00	4448678.00

续表

项目	2015	2016	2017/9
负债			
联储票据、联储银行持有净额	1380759.00	1462574.00	1569058.00
逆向回购协议	498519.00	573757.00	386791.00
存款	2560670.00	2367939.00	2445089.00
存款机构其他存款	2208683.00	1942983.00	2176452.00
总负债	4447136.00	4411008.00	4407291.00

资料来源：美联储、Wind 资讯。

从上述分析可知，量化宽松政策停止后，美联储资产负债表规模变化不大但主要科目结构有所变化。其中资产项目中，持有证券、未摊销证券溢价和折扣、回购协议和贷款占资产比从98.42%到98.41%，持有证券合计占资产比从99.46%到95.11%，中长期名义债券占资产比从52.30%到52.39%，抵押贷款支持债券（MBS）占资产比从38.95%到39.69%。负债项目中，联储票据、联储银行持有净额占资产比从31.05%到34.77%，逆向回购协议占资产比从11.21%到7.87%，存款占资产比从57.58%到57.21%，存款机构其他存款占资产比从49.67%到50.72%，因此逆向回购协议作为美联储应对商业银行大规模缴存超额准备金，是调节市场流动性和利率的主要手段。

（三）美联储资产负债表缩减的预期影响

美联储资产负债表的缩减意味着量化紧缩政策的实施。因为量化宽松政策后美联储资产负债表所持资产中有高达92%为中长期国债和抵押贷款支持债券（MBS），所以就经济学一般常识而言，资产负债表缩减可能会提高利率和收益率，导致美元升值，全球资本流动转向更多的流入美国市场以寻求更高收益。那美联储实施缩表对美国乃至全球经济和金融市场的负面影响又有多大，这些问题主要取决于美联储缩表的目标规模和方式。

　　首先，现今美联储将资产负债表规模缩减到量化宽松政策实施前的水平可能性不大。在次贷危机发生前，美联储持有的各类证券准则是使购买的资产与流通中的货币规模大致相当，而次贷危机爆发后，实施连续的量化宽松政策，使得两者水平偏离较大，同时货币的流通量需求持续增加。根据美联储经济学家近期的分析结果显示，量化宽松政策期间大规模的资产购买计划，使得国债10年长期债券的期限溢价在2012年降幅达约120个基点，降至最低点。而这样的收益率降幅，按照美联储的宏观模型测算，可以使美国的GDP每年增长0.75%，所以如果美联储将资产负债表正常化定义为恢复危机前的规模，会因流通中的货币量不足，其国内乃至全球经济将面临资金流动性缺乏导致经济衰退。其次，美联储缩减资产负债表的目标规模具有一定的不确定性。资产负债表的缩减规模将取决于美联储对联邦基金利率管理方法的选择，即一是美联储采用实行危机前的公开市场操作方式通过调整准备金的供给来控制联邦基金利率的波动范围，二是美联储采用以超额准备金利率、隔夜反向回购利率作为上下限的利率走廊，来管理联邦基金利率的水平，这两种方式对联邦基金利率的调整度，又反过来被资产负债表的缩减部分取代，因此在一定程度上缓和了因利率的提高导致的经济不利影响。再次，在美国国际贸易方面，美联储缩表助推美元走强，而美元升值会降低美国产品及服务在国际市场上的竞争力，进而不利于美国出口。但对于美国进口而言，因从货币相对贬值而显得便宜的国家购进商品或原材料，所以美国进口会扩大；在美国金融市场方面，缩表作为紧缩性的货币政策之一，会引发全球流动性的边际收紧，从而助推美债收益率走高，利空股指；在全球影响方面，因全球流动性收敛，导致多国同样收紧货币政策，以稳定汇率套利空间，减缓资金回流美国的压力。最后，美联储缩表也存在一定的经济风险，因美联储资产以中长期国债和MBS为主，所以缩表将影响美国的房地产市场，同时也给美国经济带来下行风险。

三 印尼央行资产负债表分析

印尼央行资产负债表由基础货币、流通货币（商业银行和农村银行外的货币、银行保险库现金）、商业银行在印尼央行的活期存款、私人部门活期存款、印尼央行证券 SBI、国外净资产（对非居民的债权、对非居民的负债）、对其他存款性公司的债权（流动性信贷、其他）、对中央政府的债权净额（对中央政府的债权、对中央政府的负债）、其他部门的债权、对其他金融机构的债权（贷款、其他）、对私人部门的债权、公开市场操作、对商业银行和农村银行的其他负债、存款、股票和其他权益、其他项目净额组成。

由图 4-1 得知，印尼央行最大的资产是国外净资产、对中央政府的债权净额；最大的负债是基础货币、流通货币和商业银行在央行的活期存款。自 2009 年后，印尼央行的资产规模不断扩大，而其负债的规模上升得更快。总体上，印尼央行的负债规模大于资产规模，而且印尼央行不断在扩表，没有减少的趋势，这反映印尼经济发展的势头不减。

就资产端，印尼央行的资产以国外资产为主，由 2005 年 12 月的 2501420 亿卢比上升到 2017 年 9 月的 17102600 亿卢比，中间虽然有一定波动，但是占比一直最高。印尼央行国外净资产，它等于对非居民的债权减去对非居民的负债。相对于对非居民的负债来说，对非居民的债权大了一个数量级，因此印尼央行国外净资产由印尼央行对国外非居民的债权来决定，且其波动性也是由对非居民的债权来引领（见图 4-2）。而央行对中央政府的债权净额在 2014 年 12 月后有显著下降，由 2014 年 12 月的 1680982 亿卢比下降到 2015 年 12 月的 918143 亿卢比、2016 年 12 月的 824551 亿卢比再到 2017 年 9 月的 362768 亿卢比。在这个过程中，央行对中央政府的债权相对稳定，直到 2016 有相对显著下降；而央行对中央政府的负债则在 2014 年 12 月有增长近一倍，从 2014 年 12 月的 691201 亿卢比跃升到 2015 年 12 月的 1498951 亿卢比。而有两项指标公开市场操作、股票和其他权益是央行占比较大的负资产，说明印尼央行干预市场、稳定经济的力度非常大。

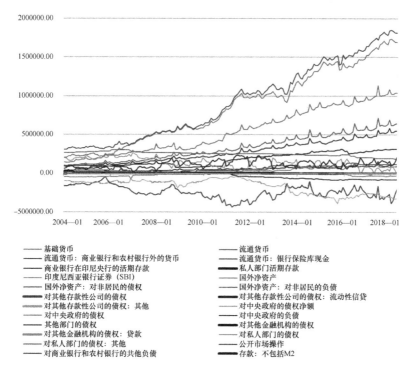

基础货币	流通货币
流通货币：商业银行和农村银行外的货币	流通货币：银行保险库现金
商业银行在印尼央行的活期存款	私人部门活期存款
印度尼西亚银行证券（SBI）	国外净资产
国外净资产：对非居民的债权	国外净资产：对非居民的负债
对其他存款性公司的债权	对其他存款性公司的债权：流动性信贷
对其他存款性公司的债权：其他	对中央政府的债权净额
对中央政府的债权	对中央政府的负债
其他部门的债权	对其他金融机构的债权
对其他金融机构的债权：贷款	对私人部门的债权
对私人部门的债权：其他	公开市场操作
对商业银行和农村银行的其他负债	存款：不包括M2

图 4 - 1　印尼货币当局资产负债表曲线分布图　单位：十亿印尼卢比

资料来源：Wind 资讯。

—— 印尼：货币组成部分：国外净资产　　—— 印尼：货币组成部分：对非居民的债权

图 4 - 2　印尼央行国外净资产结构曲线图　单位：十亿印尼卢比

资料来源：wind 资讯。

表4-4　　　　　　　**印尼央行国外净资产结构**　　　　单位：十亿卢比

指标名称	国外净资产	对非居民的债权	对非居民的负债
2004	244772.00	342026.00	97254.00
2005	250142.00	343898.00	93756.00
2006	377879.00	385820.00	7941.00
2007	530896.00	538775.00	7880.00
2008	558357.00	566959.00	8603.00
2009	585912.52	621814.58	35902.06
2010	829284.65	862979.11	33694.46
2011	965873.39	1015081.05	49207.66
2012	1056084.40	1152720.60	96636.20
2013	1169688.55	1279281.89	109593.35
2014	1351402.18	1424330.77	72928.59
2015	1422445.48	1529331.43	106885.95
2016	1525700.74	1642137.04	116436.31
2017（截至9月）	1710260.75	1828076.17	117815.42

资料来源：印尼央行、wind资讯。

表4-5　　　　　　**印尼央行对中央政府债权—债务结构**　　　单位：十亿卢比

指标名称	对中央政府的债权净额	对中央政府的债权	对中央政府的负债
2004	226620.00	273670.00	47050.00
2005	238967.00	286756.00	47789.00
2006	265919.00	280806.00	14887.00
2007	249072.00	264474.00	15404.00
2008	172012.00	264233.00	92222.00
2009	200956.24	255498.46	54542.22
2010	160777.29	252348.89	91571.60
2011	166928.19	256519.64	89591.45
2012	200520.04	252214.15	51694.11
2013	185248.64	245029.20	59780.56

续表

指标名称	对中央政府的债权净额	对中央政府的债权	对中央政府的负债
2014	168098.22	237218.36	69120.14
2015	91814.32	241709.50	149895.18
2016	82455.13	207514.99	125059.86
2017	36276.83	193458.45	157181.62

资料来源：印尼央行、wind 资讯。

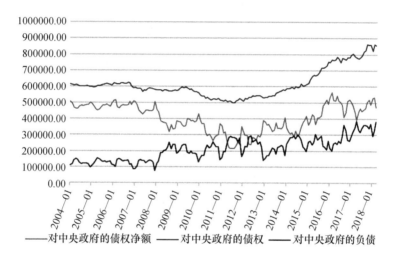

图4-3　印尼央行对中央政府债权—债务曲线图　单位：十亿印尼卢比

资料来源：wind 资讯。

　　而在负债端，占大头的是基础货币、流通货币和商业银行在央行的活期存款。其中，基础货币的总额一直比其他两个指标的增长数额都大，尤其在 2008 年后其增长速度加快。而商业银行在印尼央行的活期存款经历了在 2008 年底至 2010 年的平稳后，在 2010 年底之后平缓上升。流通货币则一直在平缓低速增长；而其中的银行保险库现金一直很稳定，流通货币的波动主要由商业银行和农村银行外的货币带动，也就是两者的波动性趋同（见图4-5）。

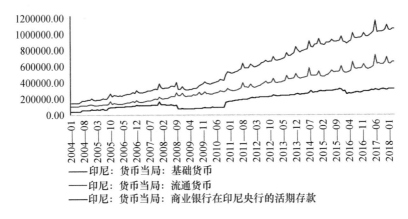

图4－4　印尼央行基础货币、流通货币、商业银行在印尼央行的活期
　　　　存款曲线图　单位：十亿印尼卢比

资料来源：wind 资讯。

表4－6　　　　　　　　　印尼央行流通货币结构　　　　　单位：十亿卢比

指标名称	流通货币	商业银行和农村银行外的货币	银行保险库现金
2004—12	126895.00	109028.00	17867.00
2005—12	144869.00	123991.00	20879.00
2006—12	178572.00	150654.00	27918.00
2007—12	220785.00	182967.00	37819.00
2008—12	264391.00	209747.00	54644.00
2009—12	279028.77	226006.03	53022.74
2010—12	318575.31	260226.78	58348.53
2011—12	372972.20	307759.79	65212.41
2012—12	439720.41	361897.34	77823.07
2013—12	500020.36	399608.66	100411.70
2014—12	528537.31	419261.84	109275.48
2015—12	586762.55	469534.21	117228.33
2016—12	612544.71	508123.74	104420.97
2017—09	614409.05	519377.01	95032.04

资料来源：印尼央行、wind 资讯。

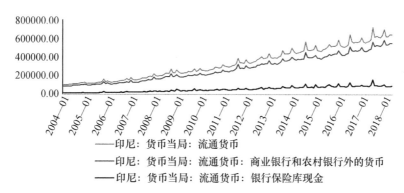

图 4 - 5　印尼央行流通货币构成曲线图　单位：十亿卢比

资料来源：Wind 资讯。

四　印尼央行对美国缩表的策略响应预判

中央银行为了影响宏观经济，会通过所设定的货币政策，对资产负债表里的各个指标进行调控。印尼与美国资产负债结构不同，以及印尼扩表的趋势，决定了印尼在应对美联储缩表问题上会采取相应适合自己国情的策略。而笔者认为无论采取什么策略都是以下两个预判的细化：

第一，针对美联储缩表，美国会对市场上的基础货币进行抽离。基础货币的抽离会导致利率提高，也就是使得收益率提高，进而使得世界上的资本流向美国市场，这就让急需资本来发展的印尼面临"无米下炊"的窘境。这就可能会倒逼印尼央行提高利率，降低引入战略投资者门槛，加强与包括中国在内的资金充裕国家的联系，支持中国"一带一路"的发展。

第二，美联储缩表会引起流动性的收紧，美元升值，印尼盾的处境就会恶化、贬值。虽然这会有利于印尼商品出口、劳务输出、来印尼旅游人数的增加。但是印尼央行不控制印尼盾贬值的长期势头，会使得印尼本地资金外流，弱化这几年印尼通过税收优惠、赦免等措施吸引资金回流的努力。这就会倒逼印尼央行收紧货币投放，抛售国外资产，对外汇市场进行干预，通过管控进行有利于贸易顺差的经济政策。

参考文献

[1] 陈昕:《印尼金融危机原因及影响分析》,《东南亚研究》1998 年第 4 期。

[2] 李健等:《东盟十国金融发展中的结构特征》,中国社会科学出版社 2017 年版。

[3] 李永焱:《美联储缩表时点与方式》,《中国金融》2017 年第 14 期。

[4] 骆永昆:《全球化背景下的东南亚伊斯兰金融》,《东南亚纵横》2010 年第 6 期。

[5] 宁智平:《印尼金融改革浅析》,《东南亚研究》1991 年第 4 期 。

[6] 宋湘燕、叶代鹏:《美联储缩表方式及影响》,《中国金融》2017 年第 9 期。

[7] 徐葵君:《美联储缩减资产负债表:原因、影响与进程》,《国际金融》2017 年第 6 期。

[8] 赵诚:《东亚模式,一个神话的破灭》,《科技智囊》1998 年第 11 期。

[9] 中国驻印尼大使馆经商参处, http://id. mofcom. gov. cn/article/ddgk/201007/20100707018463. shtml。

[10] 印尼央行官网, http://www. bi. go. id/id/Default. aspx。

[11] 中国银行业监督管理委员会, http://www. cbrc. gov. cn/chinese/home/docView/3D4F461ED03946ABB37C6AC35D448541. html。

[12] 印尼金融服务管理局, https://www. ojk. go. id/en/berita-dan-kegiatan/info-terkini/Pages/OJK-Issues-New-Fintech-Regulation. aspx。

[13] 印尼金融服务管理局, https://www. ojk. go. id/en/berita-dan-kegiatan/info-terkini/Pages/OJK-Issues-Four-Policies-to-Sustain-Financial-System%E2%80%99s-Resilience-and-Stability. aspx。

第五章 新加坡金融体系
考察与分析

　　新加坡作为东南亚的新兴城邦国家，金融业同样经历了一个从无到有、从弱到强的发展阶段。在新加坡政府的积极管理以及有效扶持下，新加坡不断围绕着金融机构体系、金融市场体系、金融监管体系、金融调控体系四个领域着力构建拥有本国特色的金融体系，逐步成长为地区乃至全球范围内的金融中心。

　　本章将从以下五个部分展开：首先通过梳理新加坡如何通过对金融业的管理，一步步从兴起阶段发展到完善阶段，继而从金融机构体系、金融市场体系、金融监管体系以及金融调控体系出发，对新加坡现行金融体系的基本架构进行分析，并以此为基础，深入分析新加坡金融体系的主要特点与影响因素。综上，从新加坡金融业发展的相关经验与现实利益出发，提出中国与新加坡金融合作的突破点。最后一部分为中新金融合作报告，对新加坡人民币离岸市场与在岸货币供给的相关性展开分析。

第一节　新加坡金融体系的发展历程

　　新加坡金融体系的发展历程包括发展和完善两个阶段，无论是从 19 世纪初的港口贸易时期还是 20 世纪末金融"大爆炸"时期，新加坡政府、国内以及国外金融机构三个主体都为新加坡金融业的发展起到了有力的推进作用。

一 新加坡金融业的发展

新加坡金融业按"先外国银行，后本国银行"的顺序最早从银行业开始发展。马来西亚的港口贸易自 19 世纪初期开始发展，在吸引外资流入的同时，推动了马来西亚早期华人企业家的诞生。20 世纪前后，数十家小型华人银行在金融需求激增的背景下成立。直到 1932 年，华商及华侨三家福建银行合并为现在的华侨银行，新加坡正式跨出了金融集团领先亚洲的一大步。新加坡独立以来，天然资源匮乏这一缺陷使新加坡着重发展传统的中介和服务贸易。在推行国内工业化的同时，新加坡政府以打造国际金融中心作为发展目标，不断扶持金融部门，利用地理位置优势，大力发展离岸金融市场。1968 年新加坡政府成立了国有发展银行，为国有企业融资和担保，但本地银行的规模和经营与市场上的欧美银行相比还是较为落后，缺乏国际化的业务能力，主要服务对象也仅限于本地居民和本地企业。20 世纪 60—70 年代，新加坡主张"打开大门"引进外资。在这一阶段，新加坡政府大力扶持外国资本和外国银行，允许外国银行从事本地银行可进行的所有业务。但是，新加坡政府发现这样的方针政策很快使其银行业陷入被外资银行主导的被动局面，不利于本地银行的生存和发展。1999 年 5 月新加坡金管局宣布实施五年开放项目，在确保本国银行占据相当的市场份额的前提下，提高本国银行的市场竞争力。

同时，新加坡证券业在从无到有的四十多年时间里发展迅速。新加坡建国早期仍在长达 7 年的时间里与马来西亚共用一个证券市场，直到 1973 年 5 月马来西亚政府决定中止两国货币互换，才彻底分割为两个证券市场。同年 6 月，新加坡证券交易所正式营业，开启了新加坡资本市场的发展之路。截至 2016 年 3 月底，新加坡共发放资本市场服务许可 533 家，其中证券交易 137 家，期货交易 68 家，企业财务咨询 40 家，基金管理 367 家，杠杆式外汇交易 27 家，证券融资 17 家，证券托管服务 37 家，房地产投资信托管理 36 家，信用评级服务 4 家。除了资本市场持牌机构，截至 2016 年 3

月底，获许信托公司53家，注册基金管理公司273家。

二　新加坡金融业的完善阶段

新加坡殖民地的历史，造成其外资银行占主导、本地银行发展较缓的局面。为了既能保护本土银行业，又能继续扩大外资、引进外国银行，1970年后，新加坡金融管理局（简称金管局）对银行实行全面银行和离岸银行的分级牌照管理，重点在银行的零售业务方面确保本土银行占据市场主要份额。其中，全面银行、外资全面银行、离岸银行在零售和国际业务被允许的经营范围依次愈加收缩，分级牌照至此演变为"全面—限制—离岸"三级牌照。

经济全球化和科学技术的高速发展，使新加坡当局意识到主动开放的重要性。为了使新加坡本地银行提升与国际大型银行的竞争力，新加坡金管局于1999年5月宣布实施五年开放项目，确定了两个基本出发点。一是确保银行业的发展服务于新加坡经济利益；二是确保提高本国银行与外资银行的竞争力，这就要求政府要前瞻性地管理竞争，及时调整策略。

新加坡银行业五年开放项目以"三年内逐步执行一揽子开放方案"为主体，在依旧限制外资银行零售网点扩张的前提下，开始逐步放宽各类牌照的外资银行数，并加快减少不同牌照外资银行的业务经营权限制。此外，新加坡当局意识到加强本土银行竞争力的关键在于良好的公司治理和一流的人才。考虑到新加坡公司治理监管规定新加坡公民或永久居民才能组成本地银行董事会，有银行高管的决策权，金管局决定废除40%的外资入股限制，并要求本地银行在充分考虑国家利益的前提下，积极改进公司治理模式。

尽管取消了上述诸多限制，金管局对股权开放仍然秉持审慎原则，采取了"管制—审慎逐步开放"的模式。首先，在银行资本金和管理层人员构成等指标上严格审核外资银行准入资格，限制外资银行机构开设分支网点；其次，审慎开放外资持股本土银行，确保国家利益优先；再次，本土银行在对外开放进程中应当积极关注人才的培养，挖掘优秀人才，进一步提高管理层的专业水平；最后，设定银行业改革绩效三年一评估的标准，并依据结果制订下一步的开放战略。

在金融监管方面，新加坡以严格著称的金融监管政策使其在1997年的东南亚金融危机中明哲保身，但也在很大程度上限制了新加坡金融市场的创新和发展——监管机构对于商业的限制也将商业带来的利润和机会拒之门外。东南亚金融危机之后，新加坡为了适应全球金融一体化的趋势，规范新加坡金融环境，在1998年至2000年间进行了大规模金融体制改革，成立了由李显龙负责的金融部门检讨小组（FSRG），研究对债券市场、股票市场、基金管理、国债及风险管理、企业融资、保险和再保险、全球电子银行等领域的整改建议。金融监管转型后，新加坡的监管逻辑发生了一系列变化。首先，由管制向监督过渡，坚持审慎原则和严格监督，确保稳定的金融环境；其次，面对日益复杂的银行业务和环境，应该构建以风险控制为核心、自上而下的银行监管；第三，银行评估以管理水平、风险管理与控制系统为重点；第四，提高披露标准、增强透明性、鼓励市场自律；最后，政策应该跟随金融市场的变化和革新时刻调整。

为了吸引海外基金的兴趣，新加坡政府投资公司（GIC）和金管局于1998年宣布将350亿新元（约合210亿美元）资金作为种子资金交由市场管理。在此推动下包括ABN-Amro与Capital International在内的国际资产管理公司将其全球调度中心搬到了新加坡，随后摩根士丹利资产管理部门和邓普顿、施罗德基金也扩大了在新加坡的业务。[①] 截至2016年底，由新加坡资产管理机构管理的总资产（Assets Under Management，AUM）规模同比增长7%，由2015年的2.6万亿新元增加到2.7万亿新元，5年的复合年增长率为15%。在区域和国际投资中，新加坡的服务地位凸显，2016年新加坡78%的资产管理规模源于国外，其中亚太占比高达55%，北

---

① 李健等：《东盟十国金融发展中的结构特征》，中国社会科学出版社2017年版，第226页。

美和欧洲也相应达到 19% 和 17%。

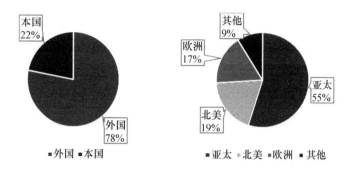

图 5 - 1 新加坡资产管理地区来源

资料来源：引自新加坡金管局《2016 年新加坡资产管理调查报告》。

第二节 新加坡现行金融体系的基本架构

历经了跨越世纪的不断发展，新加坡金管局（MAS）被确立为新加坡金融中心机构，负责制定并执行国家货币信用政策，管理商业银行、财务公司、商人银行以及邮政储蓄银行等金融机构。

一 金融机构体系

新加坡金管局（MAS），其作用是监管金融机构，制定货币政策和金融财政的相关法令。金管局通过再贴现国库券和贸易票据、规定金融机构的流动资产比率和最低现金储备率等手段，实现币值稳定、经济高速增长和金融结构现代化等目标。不同于其他国家央行，新加坡金管局利用外汇对新元市场进行管控。

就商业银行来说，受殖民历史的影响，新加坡保留了本地银行和外国银行并存发展的"双重银行体系"，主要分成三大类商业银行：一是完全执照银行，不限网点开设，所有在新加坡内的银行业务均不受限，且能无限制接受存款；二是限制性执照银行，禁止接收新元，也不能办理定期和储蓄存款①的业务，仅能进行经营外汇、发放信用卡等少量业务，并仅能在新加坡境内设立一家办公机构；三是离岸性执照银行，业务范围集中在亚洲货币单位交易，国内金融业务受到众多限制，例如禁止从事新加坡居民的存款业务、限制其他存款金额等。

财务公司方面，新加坡财务公司的业务范围包括证券投资、住房贷款、租赁融资、分期付款信贷等境内经营的业务，还可以吸收定期存款和储蓄存款，但超过 5000 新元的无担保贷款是不被允许的。

就投资银行来说，新加坡商人银行主要业务为短期货币市场业务，就是为企业安排融资，而非直接对项目融资。此外，商人银行禁止接受公众存款，只有少数获批的商人银行可经营亚洲美元存款业务，因而其资金来源有限，必须从银行间市场借入资金。但商人银行的主要业务涵盖较广，主要涉及租赁融资、中长期公司融资、股票投资、单位信贷许可、黄金交易等，但通常情况下商业银行都只从事其专长业务。

就邮政储蓄银行来说，新加坡的邮政储蓄银行不接受公司存款，主要业务是将吸收到的存款大量运用于购买政府债券以及为国营公司提供贷款，只留下少部分进行股票投资和私营公司债券投资。房产贷款业务也涵盖在邮政储蓄银行的服务范围之内。

就中央公积金局来说，新加坡中央公积金局作为政府法定公积金管理机构，独立于政府财政，隶属劳工部，负责制订相关规则制度，主要资金由下属政府投资公司负责运营。随着保障体系由最初只含退休保障扩大到包括退休、医疗、住房和家庭等多项保障，中央公积金局的职能也在不断扩大。

此外，新加坡的金融体系中还包括保险公司、国际货币经纪商、黄金交易商、租赁公司、单位信托等众多金融机构。

---

① 25 万美元以上的定期存款。

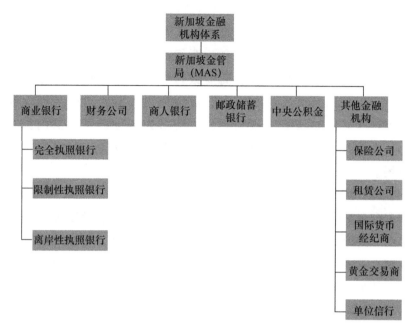

图 5 - 2　新加坡金融机构体系

二　金融市场体系

(一) 货币市场

新加坡货币市场是亚洲美元市场中心，主要包括银行间市场和贴现市场。银行间市场是货币市场的主体，为了满足商业银行、商人银行、邮政储蓄银行和金融公司等的资金拆借需求，对于交易金额和期限未设置最低限制。同业拆借的利率作为新加坡主导性基准利率，主要由供求和离岸金融市场价格决定。在银行间市场上，银行可以通过经纪人交换流动性。银行同业间经营新加坡元的同时也拆借外汇，因此其不仅是国内金融市场的重要组成部分，对于连接国内外资金市场也具有重要意义。

在贴现市场中，贴现行可以利用银行的短期存款投资债券以赚取利润。贴现市场包括商业票据市场、国库券市场、可转让存款单市场和回购协议市场等，以短期债券的发行、流通和贴现为主。银行间市场可以通过贴现行融资,但银行禁止该操作。

(1)商业票据市场。贸易的融资需求和因印花税废除导致的票据交易成本下降,促使商业票据市场繁荣发展。该市场的主要参与者包括进出口商、商业银行、四大贴现行、部分金融与非金融公司,交易品种以商业汇票为主。由于对交易面额和期限没有限制,票据又有真实商业交易为基础,银行信用为背书,商业票据市场发展很快,成为仅次于银行间市场的第二大市场。

(2)国库券市场。新加坡发行的国库券是为了满足政府调剂短期资金余缺的需求而诞生的短期债券。政府指定一级和二级市场交易商,为国库券的成交提供服务。为了使金管局在控制国库券发行规模上掌握更大的主动权,同时也为了促进新加坡的金融市场的发展,新加坡国库券从 1973 年就由随要随供方式转为了招标方式。目前新加坡政府发行的国库券包括 91 天、182 天、273 天和 364 天期限四种,91 天期限的发行规模最大。国库券的面值以 1 万新元为倍数,集中在 1 万到 100 万新元之间。

(3)可转让存款单市场。市场参与者包括发行者、投资者和二级市场交易商。新加坡的存款单面额限制在 100 万新元以下,并要求为 5 万新元的整数倍。在总额不变的情况下,一张大存单可拆分成若干张小存单。期限为 3 个月至 3 年,除 4 个月和 5 个月外都必须是 3 个月的倍数。利率分为固定利率和浮动利率,但固定票面利率居多。总的说来存款单利率比同期定期存款利率高,比亚洲美元存款单利率要低很多。

(4)回购协议市场。新加坡回购协议市场的参与者包括造市商、金管局、银行和金融公司。除金管局作为调剂货币市场的唯一部门,其他参与者都是为了满足资金短缺的需求。买方和卖方无须经过中介即可直接交易,但禁止造市商与非银行公司企业利用回购协议进行交易,并对资产总额提出限制。① 新加坡的回购协议无交

---

① 资产总额不允许超过调整后净资本的 20 倍。

易额的限制，多为隔夜回购。

（二）资本市场

新加坡建国初期仍与马来西亚共用一个证券市场长达 7 年，直到 1973 年 5 月马来西亚政府决定中止两国货币互换，才彻底分割为两个证券市场。

1. 新加坡股票交易所（SES）

新加坡股票交易所由交易委员会、证券行业委员会（SIC）和新加坡金管局三个主要机构进行管理和监督。交易委员会直接管理新加坡股票交易所；证券行业委员会负责规范证券市场；新加坡金管局负责管理和监督交易所。

1973 年设立的证券行业委员会（SIC），其职能为制定整个股票行业政策，为金管局提供咨询顾问，负责实施《证券行业法》和《接管和合并法》。金管局的主要官员担任主席，并从政府和私人机构中挑选其他成员。

交易委员会基本反映金管局的立场，有权完成交易所经营目标和执行交易所决策，其成员有九人，由金管局任命五人，另外四名由股票交易所的经纪人担任。交易所的日常经营活动由委员会指派的总经理领导管理，而经纪人既提供自营交易、认购和经纪服务，也为客户提供投资咨询和其他服务，且仅能独立经营。

新加坡股票交易所分为实行自动指示系统的第一交易部和采用"中央限制指示记录系统"的第二交易部，达不到在第一交易部上市标准的公司转入第二部。新加坡股票交易所改革了以往的固定抽佣制，变为灵活佣金制。新加坡股票交易所也能上市交易政府和企业债券，但规定该企业当前收益有持续向好的趋势，至少有 200 人持有这一债券，每一期限的债券价值至少为 35 万新元。另外，新加坡股票交易所还设立了电子中央票据清算所，以缩短交易时间和降低管理成本。

2. 债券市场

新加坡政府债券的交易量很小，私企也几乎不发行公司债券。尽管政府债券有很大的发行量，但持有者基本只选择到期贴现，而不是在二级市场上进行交易。这样使得资本市场的众多资金由于被公共债务吸收而未真正回流到市场中，活跃在股票交易所的只有为数不多的私企股票。为了促进债券在二级市场流通，金管局和中央公积金通过参与政府债券的买卖，降低政府债券交易的佣金率，降低每手交易的最低金额。同时，新加坡为适应资本市场债务证券化，还推出了"备用债券"（NIF）和"包销备用债券"（RUF）等新品种。意大利拉澳罗国民银行在新加坡亚元市场中推出"牛市"与"熊市"商业票据，丰富了新加坡的债券市场。

3. 期权与期货交易市场

1977年2月，新加坡股票交易所成为亚洲首个有组织的期权交易市场，并在1984年成为亚洲最早进行金融期货交易的期货交易市场。除已在其注册国的证交所上市的外国公司，其他外国公司想要在新加坡股票交易所上市必须符合以下条件：

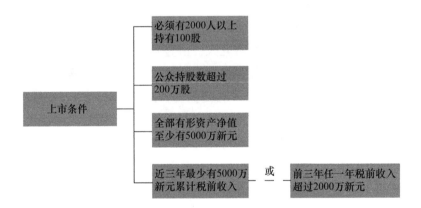

图5-3 未在注册国上市的外国公司在新加坡股票交易所第一交易部上市条件

新加坡金融期货交易所与芝加哥商品交易所属下的国际金融市场实现联网，通过相互抵销系统，实现了两个交易所的交易商交叉贸易和结算，更延长了交易时间，为国际金融期货实现24小时全天候交易创造了条件，大大促进了新加坡国际金融交易所的交易量。此外，新加坡期权与期货交易市场还通过推出高硫黄燃油期货合约等，成为亚太区第一个从事能源期货交易的金融市场。

4. 自动报价市场（Catalist）①

新加坡自动报价市场（Catalist）主要功能是为新加坡的成长型公司提供融资渠道。1987 年 5 月，新加坡开设了"政府证券自动报价系统"，开始由人工转为使用电脑系统发行、交易、兑付政府证券，为客户提供转让、过户及登记注册等多种简单服务。1988年 3 月，Catalist 与美国 NASDAQ 对接后，新加坡投资者也开始能对 NASDAQ 上市证券开展交易。Catalist 由一些注册的造市者负责维持市场稳定，新加坡股票交易所的会员公司和获准交易该系统证券的合伙人是投资者进行证券交易的唯一中介。Catalist 证券账户所有交易记录的保存和更新，都通过中央保管有限公司（CDP）清算。

5. CLOB 国际市场②

为避免马来西亚公司在新加坡股票交易所重复上市，新加坡秉承着建立自身国际股票交易市场，为周边新兴工业化国家提供股票交易服务的初衷，于 1990 年 1 月成立了 CLOB 国际市场。截至1990 年 3 月底，共有 131 家马来西亚公司，12 家香港公司，1 家菲律宾公司的股票在这个市场成功上市。

三　金融监管体系

随着金融集团化和金融全球化的深入，新加坡为更好的应对外来挑战，提升本土金融机构的竞争力，制定了相关金融监管法案。1970 年新加坡议会通过了《新加坡金管局法》，并据此在 1971 年 1月 1 日创立新加坡金管局（MAS），其法定功能相当于中国人民银行、证监会、保监会、银监会的总和。该机构的设立改变了新加坡中央银行所承担的金融功能被多个政府部门和机构瓜分的状况，对促进新加坡金融稳定，实现新加坡经济稳定增长发挥了重

---

① 原 SESDAQ 市场。

② 也称店头市场。

要作用。

（一）　新加坡金管局的发展历程

新加坡金管局在东南亚金融危机后为适应金融全球一体化的进程，在1998年启动金融体制改革，立足风险，加大市场公开透明力度，增强市场参与者与监督者的互动交流。此外，金管局还鼓励市场参与者站在风险管控和内部制度完善的基本面积极创新。为了帮助金管局更好地履行监管职能，对企业风险承受能力的评估更为准确，新加坡形成了自己独特的风险评估体系，主要包括统一风险评估和冲击力评估。新加坡特色风险评估体系的建立为金管局监管手段多样化和灵活性提供了必要的条件。

在坚持审慎原则的前提下，为提高本地银行的国际竞争力，金管局在大力支持本地银行并购整合、成立金融控股公司的同时①，不同程度地限制外资银行及其零售网点的扩张，力保本土银行占据境内存款和支付体系一半以上的市场份额，建立新加坡稳定的金融环境。这种"内扩外限"的政策是为了确保银行业的长期利益服务于本国的经济发展，并且金管局会通过监测随时调整开放范围和开放速度，平衡经济稳中向好发展。

在风险评级和监管上，新加坡金管局于2004年10月发布了《外包监管指引》，对银行将业务外包给境外服务商做出了特别规定：客户信息保密至上；银行必须事先告知金管局外包协议包含透露客户信息的条款；银行及其委派的独立审计机构有权代表金管局现场检查服务商的控制环境，并上报检查结果；境外监管机构将银行信息透露给任何第三方均属于违法行为。另外，如果境外服务商受到境外监管机构监管，则该机构需书面授权金管局及其委派的审计机构取得相关文件，但该机构除履行监管职责外，均不能在未通知金管局的前提下从外包服务商处获得任何有关银行的信息。

在危机处理上，新加坡当局综合考虑与平衡国家利益、国民待遇以及外资特殊性，对外资银行子行或分行的最低资本充足率、最

---

①　将对本地银行资本充足率的要求从7%下调到6%。

低流动水平均做出明确规定，并且限制其零售存款、同业拆借等业务范围，限制其利润转移，对外资银行经营活动的监管也更为严格。

（二）新加坡金管局的金融监管功能

就金融市场来说，金管局的功能主要表现为对金融市场的管制、监管和监督：管制强调金管局在制定市场行为准则、风险资本要求和审慎标准上的决定性地位；监管强调金管局与金融机构之间的协调和沟通；监督强调金管局在经济发展方向上的指导性作用。

就金融机构来说，金管局的功能包括持续性非现场监管和现场检查。持续性非现场监管表现为，例如联合金融机构举行监管会议、查阅关于监管的审计报告及管制表格、监控关键指标和商业发展。这些措施主要是了解金融机构的日常经营活动，确定其经营活动的潜在风险，以及评估监管行动以便提出合适的政策性建议。

（三）新加坡金管局的执法功能

金管局的执法功能主要表现为：在金管局进行资本充足率、合法操作、经理人声誉等评估后授权金融机构的经营范围；规范金融市场纪律，做到向市场披露公正、充分的信息，遵循市场交易规则；指导公司治理，对破坏审慎原则的个人和企业，金管局将采取行政制裁或者将事件移交刑事司法当局处理，还可根据调查结果实施民事处罚。

四　金融调控体系

调控利率通常被很多国家的中央银行作为金融调控政策来控制通货膨胀，但新加坡的金融调控并不干涉利率。新加坡的利率通常比较低，其主要根据国外的利率和投资者对新加坡元的走势的判断而定。由于新加坡的经济规模小，对外依存度高，新加坡元与外币的汇率会直接影响其国内的物价水平，因此新加坡的货币政策从20世纪80年代起就主要以控制新加坡元的汇率为手段，使其保持稳定的通货膨胀率，以达到经济可持续发展的目标。

　　(一) 新加坡货币政策的调控因素

　　新元名义有效汇率是指新加坡货币和与其发生贸易的主要国家的货币进行兑换的值。新加坡的外贸情况将决定每种货币所占的比重。这种新元与一篮子货币的权重汇率可以避免只和单一货币挂钩而引起的新元的大幅度波动,使新元汇率趋向稳定。但新加坡当局不对货币篮子里的货币种类和权重进行说明。

　　新加坡当局规定汇率的波动区间。目的是使新元汇率稳定,同时能消化短期外汇市场震动给新加坡货币带来的影响。当波动范围上升,新元将平稳升值。例如,从2010年4月至今,新加坡金管局要使新加坡货币稳步升值,波动范围总体呈现上涨走势。

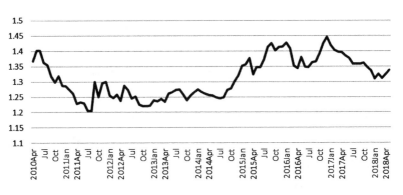

图5-4　2010年4月—2018年5月美元兑新元汇率

资料来源:新加坡金融监管局。

　　当波动范围平行,表示新加坡政府对市场采取中立的政策,使新加坡货币的价值持平。比如2008年4月至2009年10月之间,金管局的政策趋于中立。自2001年发表货币政策声明以来,金管局一直都保持不让汇率呈现贬值趋势的原则。

　　(二) 新加坡金管局调控货币手段

　　为了保证新加坡货币的波动在其政策允许的范围内平稳地运行,监督和测定新加坡货币与各主要贸易国货币汇率的加权便是新加坡金管局的日常工作之一。当新加坡货币汇率出现超出波动范围的剧烈波动时,新加坡金管局就会通过即期和远期外汇交易进行干涉。出于技术层面的考虑，新加坡金管局有时会在干预中允许新元汇率先突破政策区间，有时会预测到新元汇率有可能突破波动范围而提前进行干预。干预的主要手段是调节新元和美元之间的交易量和频率。金管局会对汇率进行不定期的干预，是否干预是根据情况而定，主要让市场调控汇率在规定的范围内波动。调控的方向主要有：

1. 把可波动范围的中间点上下移动：新加坡金管局在 2010 年 4 月就通过提升其政策波动范围的中线，使新元币值在短期内骤升。

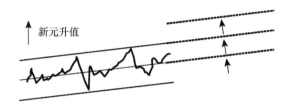

图 5 - 5　新加坡货币调控（一）

引自：新加坡福智霖

2. 对政策规定的波动范围的上限和下限进行扩大或缩小：对于汇率市场的剧烈波动一般采取该办法。例如美国 911 事件发生后，金管局于 2001 年 10 月宣布扩大可波动范围，应对当时金融市场的震荡。

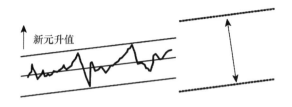

图 5 - 6　新加坡货币调控（二）

引自：新加坡福智霖

3. 对政策波动范围的斜度进行调整，使新加坡货币降低（调低斜度）或提高升值速度（调高斜度）：2015 年 1 月，由于油价大跌导致通胀走低超出预期，金管局宣布调低坡度，让新元放慢升值步伐。

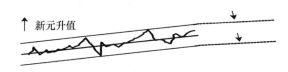

图 5 - 7　新加坡货币调控（三）

引自：新加坡福智霖

由于外汇干预会影响货币供应量和市场利率，为保证市场流动性，新加坡金管局会进行货币市场操作，具体包括在货币市场上提供日间流动性便利、日终流动性便利和常备便利三种融资方式。日间流动性便利方式是新加坡金管局于 2003 年 9 月引入，旨在保证银行间结算的流动性。新加坡金管局指定的主要交易商可用这种方式进行融资。日终流动性便利是指在每天晚些时候提供的再贷款，旨在解决金融机构每天的结算资金不足问题，新加坡金管局通过政府债券回购的方式提供融资，这种融资方式面向新加坡所有的银行。融资利率比交易当日新加坡银行协会确定的新加坡银行间利率（SIBOR）[1] 高 2%。常备便利是新加坡金管局于 2006 年 6 月采用的融资方式，旨在提供主要交易商的借出/存入资金。每天在上午 10∶45—10∶55、下午 6∶15—6∶25，新加坡金管局会以较低的固定利率接受存款、以固定利率采用政府债券抵押的方式借出资金实施两次常备便利。参考利率以主要交易商每天上午货币市场操作中对 5 亿新元隔夜存款成功报价的加权平均利率来确定。新加坡金管局的存款利率低于参考利率 0.5 个百分点、贷款利率高于参考利率 0.5 个百分点。

---

[1]　期限为 1 个月的新加坡银行间利率。

对于每次对汇率干预及货币市场的操作情况，新加坡金管局会在货币和投资政策会议上汇报，新加坡金管局为加强同市场、媒体和公众的沟通会定期出版《宏观经济评论》，介绍新加坡金管局内部有关货币政策的研究以及分析货币政策面临的形势，新元的名义有效汇率每周也会在网站上公布；每年的货币政策的制定和实施情况也会在新加坡金管局的年报中出现。

第三节　新加坡金融体系的主要特点与影响因素分析

新加坡独特的金融体系，对于塑造新加坡金融业在金融结构、金融监管以及金融市场等方面的主要特点起到至关重要的作用，独特的金融体系特点也使得新加坡对于外部环境具有强烈的依赖性和适应性，这使得地理与国际环境成为影响新加坡金融体系的重要因素。

一　新加坡金融体系的主要特点

新加坡是市场主导的金融体系结构。虽然建国时间较短，但是证券市场在短短几十年里发展迅速，无论是交易量还是总市值都达到较高水平，且上市公司在资本市场直接融资是其主要融资方式。此外，新加坡保险业高度发达，保险深度和保险密度都超过中国。

新加坡构建起较完善的金融监管体系，主要体现在监管理念、监管制度与监管手段三个方面。新加坡金管局具有特殊性，由国会通过的法令授予和限制权力，其局长则由总统委任，确保金融监管的独立性和灵活性。首先，在监管理念上，由保守转为开放。一直强调严格监管的金管局，在1998年新加坡金融体制改革后，确立"风险为本、注重披露、与所有利益相关者同心协力、亲商"的监管新理念。既强调政府的监管，又注重市场与被监管者的力量，鼓励市场创新，防止政府主导市场。维护金融监管与金融发展之间平衡的同时，也要保证金融政策和系统的稳定性。其次，新加坡实行高度集中的监管制度，金管局集货币政策、金融监管和促进金融发展三种职能于一身，高度集权的体制能使货币政策与监管政策有效配合。金管局下设货币政策与投资、发展与国际化、金融技术与创新、金融监管、企业发展等多个部门，各司其职，宏观与微观政策相互配合，能有效实现促进金融发展的目标。再次，金管局在建立特色监管体系的同时，不断改进监管手段，创建了极具特色的风险评估方法。运用影响程度和风险评估模型，通过各项指标对金融机构进行评估打分，根据不同的风险类别确立不同的监管措施。既有利于监管资源的合理配置，又提高了监管和金融机构经营的灵活性。

新加坡具备商业银行主导、外资银行占优的金融市场。这与新加坡的金融监管政策相关。在早期，新加坡本地银行业并不发达，为了促进本地金融的发展，新加坡积极引进外资，充分支持外资银行的发展。外资银行的引进带来了先进的管理技术与经验，但也为本地银行的发展带来一定的威胁。开放银行业的同时，新加坡也开始注重保护本国银行的发展，提高本国银行的竞争力，区别对待本国与外国银行，在监管政策上对本国银行进行一定的倾斜。例如，降低新加坡本地注册银行的核心资本充足率、鼓励国内银行并购等。金管局监管银行业的政策之一就是将新加坡的银行划分为商业银行和证券银行两大类，其中商业银行细分为全面性银行、限制性银行和岸外银行，每种类型的银行都规定了不同的经营范围和机构设置。同时，在保护本国银行的前提下，谨慎引进外资银行，不仅要求外资银行拥有充足的资金和盈利前景，还要求其能提供有效的服务、充足的经验，从而为新加坡金融发展、银行业良性竞争起到一定的促进作用。并且通过限制外资银行的营业范围、确立经营性指标的最低要求等来保证本国银行的市场地位，严格监控外资银行，确保金融安全。

新加坡的离岸市场发达。其发展始于 1968 年新加坡首次允许银行设立亚洲美元单位。在 20 世纪六七十年代，面对日本、香港地区的竞争压力,新加坡却率先开启了离岸业务,并在后期形成了较为发达的离岸金融市场。在国际动荡、海外资金寻求庇护的情况下,新加坡首先通过设立亚洲货币单位,吸收了大量境外美元存款,并采取多项积极措施,促进了亚洲货币单位的发展。随着亚洲美元债券的兴起,新加坡推动外汇、税收等一系列金融改革,吸引外资,推动亚洲货币单位和亚洲美元债券发展,并创立浮动利率可转让美元存款证、大额美元固定利率可转让存单等离岸金融新品种。1990年欧洲日元期货合约的期权在新加坡国际金融交易所首次交易,离岸业务的飞速发展,促使新加坡于1998年成为世界第四大外汇交易中心,紧接着推出离岸保险业务,新加坡离岸金融市场日趋完善与发达。

二 影响新加坡金融体系的主要因素

(一) 地理环境

新加坡地理位置十分优越,地处物产富饶的东南亚中心,可谓"物产集散地,货物转运站";毗邻马六甲海峡,处在太平洋与印度洋的航运要道上,扼守"十字路口"的交通"咽喉",又有天然良港有利于各国船舶的停靠、中转,是世界重要的转口港及联系亚、欧、非、大洋洲的航空中心。优越的海陆空位置,使其成为东南亚的重要港口和贸易中心,物流与贸易的蓬勃发展也为金融带来良好的发展时机。伴随贸易发展,新加坡逐渐出现外资银行和部分小型本地银行,形成了银行业的雏形;金融需求的增加又提高了对金融服务的要求,新加坡金融监管也伴随金融业不同的发展阶段不断改进,形成极具新加坡特色的监管体系。另一方面,新加坡的地理位置赋予其时区优势,可有效衔接美国收市和欧洲开市之间的时间缺口,有助于实现全球24小时不间断金融服务,这为新加坡发展资本市场和离岸国际中心奠定基础。

(二) 国际环境

尽管新加坡经济发达,是亚洲金融中心,但其高度依赖国际市场。新加坡自然资源匮乏,凭借金融、贸易、服务业等发展,对美、日、欧和周边市场经济有极高的依赖性。[①] 根据新加坡统计局的最新统计数据显示,2016 年新加坡货物进出口总额为 8461 亿新元,而同年的 GDP 折算约 4000 亿新元,仅为货物出口额的一半。贸易为主的新加坡,由于本身就是一个较小的经济体,极易受到国际贸易的影响。金融危机的爆发使新加坡经济增速持续下降,新加坡银行存贷比由 1997 年的 120% 高位下降至 2011 年的约 90%。受全球贸易低迷和能源价格走低的影响,新加坡油气服务业疲软,新加坡三大银行呆账准备金大增,银行业遭到冲击。

第四节　基于体系现状的中国—新加坡金融合作突破点

纵观新加坡的金融体系,可以发现,新加坡的金融发展是与国情相符的。新加坡作为一个海上小国,优越的地理位置和稀缺的自然资源促使其专注本国的金融中介和贸易服务功能,领导人的高瞻远瞩、定位明确使其迅速崛起,成为著名的国际金融中心。在新加坡金融的发展过程中,新加坡人审时度势,金融业不断完善的同时,金融监管理念也发生相应的改变。前文提到,新加坡金融体系极具特色,一方面,其金融监管体系极为完善,相比我国来说新加坡的金融监管更为灵活和独立,高度集权的金融监管制度使新加坡的货币政策和监管政策有效配合,特色的监管体系更提高了监管的效率。另一方面,其金融市场富有商业银行占主导、外资银行占优的特点,利用外资银行促进本国银行业的发展,也注重保护本国银行的利益。此外,新加坡离岸金融市场十分发达,充分利用国际环境的机遇,率先发展离岸业务,并通过政府实施一系列金融改革政策,为新加坡离岸金融市场的发展保驾护航。

---

① 李健等:《东盟十国金融发展中的结构特征》,中国社会科学出版社 2017 年版,第 217 页。

新加坡金融体系的现状和特点显示，新加坡的金融政策大部分都行之有效，尽管部分政策与新加坡国情相关，我们仍可从中提炼总结相关经验，提出中国与新加坡金融合作的突破点。首先，在银行业方面，新加坡本国银行与外资银行并重的格局为我国的银行业发展带来一定的启示。随着利率市场化改革和市场准入进一步放宽，我国银行业将面临激烈的竞争，如何在开放我国银行市场的前提下促进我国银行业的发展，提升我国银行的竞争力，是值得深思的问题。同时，市场开放的冲击，对我国银行业的监管和长期战略规划也提出了新的要求。其次，新加坡作为国际金融中心，其金融市场已十分发达，金融服务完善，金融衍生产品丰富，而我国债券市场也面临深化改革、促进开放的迫切需求，促进两国债券市场的开放，既是促进我国金融发展也是符合新加坡利益需求的重要举措。再次，随着中国与东盟联系日益密切，中国与新加坡金融合作不断深化，强化两国的高层对话与交流富有重要意义。完善顶层设计，明确战略布局，有利于双方在共同搭建的框架下细化合作，实现共赢。

一　银行业开放与合作

鼓励我国银行布局新加坡。新加坡鼓励和支持外资银行的发展，这是我国银行"走出去"的良好机会。早在 1936 年，中国银行新加坡分行就已成立。近几年，我国银行积极在新加坡发展各项业务。中国银行、中国建设银行、中国工商银行和中国农业银行等都获批在新加坡建立海外分行，主要业务包括：双边贷款和银团贷款、贸易融资、跨境人民币业务等。此前新加坡交易所 SGX 与中国银行、中银国际就人民币合作已达成合作意向，签署合作框架，推动有助于中新金融市场合作项目的发展，包括携手合作研发更多人民币计价产品，并加强人民币清算和支付领域的合作。

中国与新加坡深化"一带一路"合作，目前已有多笔人民币计价的"一带一路债券"成功发行，融资需求较大。由此看出，新加坡与中国在银行业的开放和合作上还有很大的空间，应进一步扩大货币互换协议范围，充分发挥人民币清算行的重要作用。此外，我国银行在推动人民币业务的同时，也可以适时推出和发展非人民币品种的各类外汇交易和金融衍生产品业务，促进金融业务多样化发展，增强自身竞争力。

鼓励和支持新加坡银行在中国积极拓展业务。华侨银行、大华银行和星展银行等都在中国建立分行，积极借鉴其在衍生品、利率和汇率产品以及贸易融资方面的丰富经验，为中国的银行发展提供良好的示范。同时，学习新加坡银行的管理经验，加强中国银行的内部治理。此外，在"一带一路"和我国数码银行兴起的背景下，新加坡银行将利用良好时机转型，开辟新的市场。我国也应充分利用机遇推动双赢，学习其转型模式和经验，支持新加坡银行发展业务的同时促进我国金融业的发展。谨慎制定外资银行政策。金融监管方面，在保证我国金融安全的前提下，适时放开监管限制，如缩短审批时间、放宽对外资银行接受存款的额度等。其次，鼓励战略清晰、长期发展、母行支持度高、经验丰富、资源充分的新加坡银行在我国进行业务扩张。当然，在放开银行监管的同时，也要关注新加坡银行自设机构和投资入股中资银行带来的利益冲突。

二　开放债券市场

中国与东盟致力于促进亚洲间债券市场的发展，新加坡作为国际金融中心，其债券市场较为成熟。开放我国的债券市场，促进中新两国的交流合作，有利于双方金融业的发展。首先，加强我国债券市场的建设，完善相关的法律制度，借鉴新加坡债券市场的风险评级、信息披露等制度建设，创造一个良好的投资环境。其次，深化两国经济交流，积极促进双方跨境贸易和结算，提高我国金融服务能力。再次，扩大债券发行种类和品种，创新金融工具，吸引外资。

三　加深中新两国政府间交流

目前，中新（重庆）战略性互联互通示范项目已经取得初步成效，中国与新加坡的金融合作政策体系在金融服务方面已现雏形。可以充分利用其示范效应，加深政府间交流，为两国金融合作提供更充分便利的条件。深化高层对话，扩大试点范围和优惠政策受惠范围。中国政府应配套出台更多优惠政策，如完善我国金融体系，推动国际金融中心建设。通过两国交流，学习新加坡建设国际金融中心的经验，引进新加坡技术和资金，促进两国金融合作进一步发展。

第五节　中新金融合作报告：新加坡人民币离岸市场与在岸货币供给的相关性分析[①]

我国 2015 年提出的"一带一路"倡议和成立亚洲基础设施投资银行在有关国家得到了积极的响应。该倡议中提出的大力加强基础设施建设目前在多渠道融资的支持下在沿线各国正在如火如荼地进行。大规模的基础设施建设必将带动巨大的投资，也必将促进大规模的国际资本的流动。同时，在"一带一路"的发展愿景中也指出"要促进中国和海外各个国家贸易畅通，解决中国投资贸易便利化问题，消除投资和贸易壁垒，构建区域内和各国良好的营商环境，积极同沿线国家和地区共同商建自由贸易区"。这也必将促进国际贸易的蓬勃发展。据亚洲开发银行预计，2010 年到 2020 年，亚洲各经济体基础设施需要投入 8 万亿美元，而据中国人民银行2017 年 2 月 7 日发布数据显示，截至 2017 年 1 月 31 日，中国外汇储备规模才为 29982.04 亿美元，因此，融资需求和融资缺口巨大。按人民币对美元汇率 6.65:1 计算，8 万亿美元就是 53.2 万亿元人民币，其中使用人民币结算投入能达到三分之一，中国就必须向这

---

① 作者：广西大学中国—东盟研究院新加坡助理，陈才建；广西大学中国—东盟研究院新加坡助理，余俊杰；广西大学中国—东盟研究院舆情研究助理，盆凌宸；广西大学东盟学院国际金融实验班，胡弘

些亚洲经济体供应大约 18 万亿元人民币。

从我国角度看，一带一路沿线国家的大规模投资和活跃的贸易必然在直接投资、项目融资、贸易结算和货币互换等方面为人民币国际化带来重大机遇，这也必将促进人民币在离岸市场的交易和连续流动。随着"一带一路"倡议的进一步推进以及投资和贸易的加速，"一带一路"沿线国家对人民币的认可度也会加大，这条横跨欧亚大陆和海上丝绸之路的世界最大的经济带中将逐步形成"人民币的资金池"，从而促进人民币离岸市场的快速发展。

然而，人民币离岸市场是一把"双刃剑"。离岸人民币在快速集聚的同时也会给在岸市场也带来不同程度的影响和冲击，如果大规模的离岸人民币明显反常地回流进入在岸市场，必将对在岸市场产生多元化的负面影响。此外，如果在建设人民币离岸市场的过程中，选择了不适应的路径和规模，就会引发系统性金融风险，从而影响国内的金融稳定，如果选择相适应的发展规模和路径，则有利于人民币国际化的推进、助推国内金融改革，加快资本项目可兑换，从而促进"一带一路"倡议在沿线各国的顺利实施。目前，在影响国际收支平衡和国际资本流动的众多要素中，人民币离岸市场的作用越发重要，因此研究人民币离岸市场和在岸市场货币供给之间的相关性，离岸人民币资金的跨境流动将得到有效的监控，从而防范与人民币资金跨境流动相关的金融风险。对促进人民币离岸市场的健康发展和推动"一带一路"倡议在沿线国家的实施具有现实意义。

新加坡是"一带一路"沿线的重要国家之一，也是世界著名的金融中心之一。最近几年，新加坡人民币离岸市场的发展得到了迅速发展。首先，在新加坡，人民币的认可度得到了大幅度的提升。截至 2017 年 6 月，其人民币存款余额达到了 1380 亿元，是其在 2012 年 6 月 600 亿元的两倍还多。其次，中国人民银行与新加坡金管局于 2010 年首次签订了货币互换协议并两次续签至 2019 年，规模达 3000 亿人民币。在 2013 年，中国工商银行新加坡分行作为首家人民币清算行正式启动离岸人民币清算业务，同时，渣打银行和汇丰控股在新加坡发行了首批人民币离岸债券，使新加坡人民币离岸市场建设进入了一个新阶段。第三，新加坡具有独特的地理位置和先进的金融结算系统、方便快捷的国际结算和发达的外汇交易市场。国际结算银行发布的报告显示，新加坡在2014年4月的日均外汇交易量达到了3830亿美元，与2010年相比增加了44%，而全球市场同期增长幅度约为35%。因此，新加坡人民币离岸市场的迅速发展就显得越来越重要，它对促进我国"一带一路"倡议的实施和人民币国际化的进程都有着示范性的作用。选择新加坡人民币离岸市场与在岸货币供给进行相关性分析，研究它如何在理论上影响在岸市场货币供给量，并从实证角度深入研究离、在岸市场货币供给量的影响关系，这对如何避免新加坡人民币存款对中国货币供给会产生的负面冲击影响，如何有效防范新加坡人民币离岸市场给在岸市场带来的货币风险具有理论和现实意义。其研究结果可为我国在实施"一带一路"倡议的进程中，继续发展人民币离岸业务，推动人民币国际化进程，完善国内金融市场、制定相关金融政策提供详尽而有据的理论依据。

一　理论依据和文献综述

（一）人民币离岸市场

香港作为全球第一大人民币离岸市场，向来是学者研究的热点。众多学者运用实证分析香港人民币离岸市场，主要包括两大类。跨境贸易人民币结算和离岸人民币债券方面，董有德、张弘意（2013）通过实证分析证明，离岸人民币债券收益率、离岸人民币存款规模、离岸市场人民币升值预期、政府政策的出台都对跨境贸易人民币结算业务有长期的影响。货币与汇率方面，黄庆祥（2012）用VAR模型研究得出，香港离岸人民币对中国货币供给存在负面冲击。相反，任苑（2013）运用VAR模型论证香港离岸人民币与我国货币供给、汇率均存在正面影响。伍戈、裴诚（2012）运用AR-GARCH模型检验香港离岸人民币（CNY）市场、境内银行间外汇（CNH）市场以及离岸无本金交割远期（NDF）市场之间的联动关系，实证表明，CNY 市场能引导 CNH 市场，CNY 和 CNH 市场价格会影响 NDF 市场价格。杨承亮（2014）运用 Johansen 协整检验法检验得出，境内银行间即期询价市场人民币/美元汇率 CNH、香港 CNH 市场即期人民币/美元汇率 CNY 在不同时间段均存在长期的均衡稳定关系；并对境内银行间即期询价市场人民币/美元汇率 CNH 与香港 CNH 市场即期人民币/美元汇率 CNY 即期之间的格兰杰因果关系进行分析，发现 CNY 变动是 CNH 变动的原因。

新加坡人民币离岸市场方面的实证分析较少，大多数学者从新加坡人民币离岸市场发展的现状、必要性和可行性方面分析。仇堃（2014）提出发展新加坡人民币离岸市场对人民币国际化带来的好处，包括扩大人民币交易时段，降低人民币的使用成本和持有风险；更方便快捷地输出到全世界；减少境外资本对境内的冲击，避免了国内经济的大幅波动。李欢丽、李石凯（2013）也指出新加坡交易时段与其他重要的金融中心的交易时段相差无几，有利于外汇业务的发展。

（二）人民币供给与汇率

吴远远、赵啟麟（2017）总结人民币在岸、离岸市场汇差受汇率预期、两地市场投资者风险偏好差异、两地利差、人民币汇率政策调整和鼓励人民币回流政策影响显著。同时，两地市场参与者结构差异在实需原则限制、市场交易主体上对汇率变动敏感度不同，避险行为调整时间和幅度存在差异，也会加大两地汇差及其波动性。严佳佳、陈彩玲、何乐融（2017）总结影响我国外汇储备变动的因素有离岸市场、在岸市场因素和香港离岸市场的发展。其中，离岸在岸利率比的扩大、人民币跨境贸易结算额的增加都将推动我国外汇储备规模增加，离岸在岸汇率比和人民币直接投资总额的扩大则会对我国外汇储备规模的增长具有负效应。

二 模型选取与实证分析

本节主要研究新加坡人民币离岸市场与我国货币供给的相关性，选取新加坡离岸市场人民币存款与中国的货币供应量 M2 两个指标，通过约翰森协整检验和格兰杰因果关系验证二者是否存在长期均衡关系和因果关系，同时建立 VAR 模型验证其是否存在冲击影响。

（一）数据的选取和处理

本文主要采用新加坡离岸市场人民币存款近似代表新加坡人民币离岸市场，以广义货币 M2 代表在岸货币供给。采用 2013 年 6 月—2017 年 6 月的季度数据，一共 17 个样本。其中，新加坡离岸市场人民币存款数据来源于新加坡金融监管局，M2 数据来源于中国人民银行。由于季度时间序列包含季节效应，需要对其进行季节调整以消除该影响。我们令调整后的新加坡人民币存款为 x1，调整后的中国货币供给为 y。

为了避免时间序列非平稳性产生的"伪回归"问题，需要做单位根检验。结果显示调整后的新加坡人民币存款和调整后的中国货币供给的原时间序列变量 ADF 检验的 t 统计量均显著大于 1% 的临界值，二者均不平稳。调整后的新加坡人民币存款的二阶差分和调整后的中国货币供给的一阶差分通过检验，这说明调整后的新加坡人民币存款为二阶单整序列，调整后的中国货币供给为一阶单整序列。序列的平稳性检验通过后，需要确定模型的滞后期数。结果显示，根据 LR 统计量、FPE（最终预测误差）、AIC 信息准则、SC 信息准则和 HQ 信息准则五个指标，可以综合确定模型的滞后期为 3 期。

表 5 – 1　　　　　　VAR 模型滞后阶数选择

Lag	LR	FPE	AIC	HQIC	SBIC
0		9. 80E + 14	40. 1986	40. 1687	40. 2794

Lag	LR	FPE	AIC	HQIC	SBIC
1	31.592	1.40E+14	38.2327	38.1429	38.4751
2	3.4846	2.20E+14	38.6089	38.4593	39.013
3	31.088	4.10E+13	36.6849	36.4755	37.2506
4	18.645*	2.9e+13*	35.7978*	35.5285*	36.5252*

通过协整检验我们得知,新加坡人民币存款与我国货币供给之间不存在长期均衡关系。

通过做格兰杰因果检验得知,新加坡人民币存款与我国货币供给之间互不为原因。

表5-2 格兰杰因果检验结果

原假设	F统计量	p值	结论
Δx 不是 y 的格兰杰原因	0.30	0.5926	接受原假设
y 不是 Δx 的格兰杰原因	1.24	0.2882	接受原假设

(二) VAR平稳性估计

通过对滞后期数检验,可以确定模型的最优滞后期数为3期,由此建立VAR(3)模型。使用AR根对模型进行平稳性检验,结果如下。所有特征值均在单位圆之内,故此VAR模型是稳定的;但有三个根十分接近单位圆,意味着有些冲击有较强的持续性。

(三) VAR脉冲响应

在VAR模型稳定的前提下,为估计新加坡人民币存款对我国货币供给的影响,做新加坡人民币存款对中国货币供给的脉冲响应函数。通过正交化的脉冲响应函数图我们可以看出,新加坡人民币存款对中国货币供给产生较大的负面冲击影响。短期内新加坡人民币存款会持续加大对我国货币供给的负面影响,随着时间推进,新加坡人民币存款长期的负面冲击会趋于平缓。

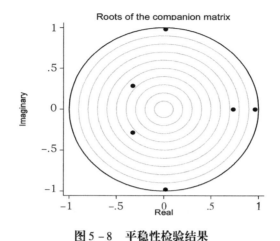

图 5 - 8　平稳性检验结果

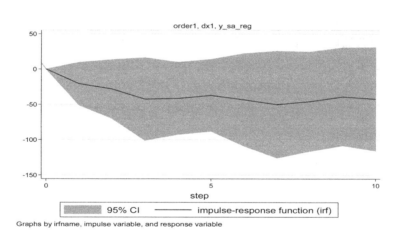

Graphs by irfname, impulse variable, and response variable

图 5 - 9　脉冲响应函数

三　结论与建议

本文运用 VAR 模型对新加坡人民币存款和我国货币供给之间的相关性进行了分析，实证结果显示：新加坡人民币存款和我国货币供给之间不存在协整关系和格兰杰因果关系，但 VAR 模型通过平稳性检验，二者的脉冲响应函数表明，新加坡人民币存款对中国货币供给会产生较大的负面冲击影响，这种影响在短期会持续加大，但长期将趋于平稳。由此对发展新加坡离岸人民币市场、防范和应对我国货币风险提出相关建议。

（一）提高人民币的流动性，完善人民币回流机制

新加坡人民币存款在短期会持续加大对中国货币供给的负面冲击影响，如何应对该风险，我们必须提高人民币的流动性。新加坡的金融监管制度较为成熟，可以有效降低新加坡人民币离岸市场的风险度。我们应该在坚持审慎原则的基础上，维持金融体系流动性与结构性的均衡。

（二）推出更多人民币产品，提高人民币持有的吸引度

一方面，新加坡的人民币业务较少，主要集中在跨境贸易领域和人民币存、汇款业务等，新加坡市场上可选择的人民币产品不足；另一方面，新元与人民币的走势具有较高的相似度，持有人民币对新加坡人民的吸引度不高。新加坡银行业应积极开拓以贸易融资为主的人民币非居民贷款市场，同时开放新加坡银行之间的人民币银行间拆借、以人民币债券或票据为抵押的人民币回购业务。

（三）加大对新加坡人民币离岸市场建设的支持力度，推进人民币国际化

外汇方面应面向 FDI 投资者加大开放力度，此外要逐步取消对人民币贷款的真实贸易要求，取消对个人人民币兑换的上限以及对企业人民币兑换条件的限制，允许各种金融机构参与人民币汇率市场。同时，加大对人民币债券市场的发展，吸引更多投资。政策上，加大对新加坡建设人民币离岸市场的扶持力度，提高人民币的开放度。同时，中国金融机构应积极推动合作，畅通两国的交流渠道，积极拓展市场。

参考文献

[1] 陈丽英、江宏伟：《上海自贸区人民币离岸金融中心的模式选

择研究——内外分离型与渗透型的比较分析》,《浙江金融》
2016 年第 4 期。

[2] 陈义顺:《新加坡金融服务监管法律制度研究》,硕士学位论文,厦门大学,2009 年。

[3] 仇堃:《在伦敦与新加坡建立人民币离岸市场的优势》,《经济纵横》2014 年第 4 期。

[4] 丁鹏:《海南省离岸金融业务发展问题研究》,硕士学位论文,海南大学,2013 年。

[5] 董有德、张弘意:《离岸人民币债券市场与跨境贸易人民币结算:基于香港市场的实证研究》,《上海金融研究》2013 年第 12 期。

[6] 郭海雄:《构建海南国际旅游岛离岸金融市场的思考》,《区域金融研究》2010 年第 9 期。

[7] 何帆、张斌、张明、徐奇渊、郑联盛:《香港离岸人民币金融市场的现状、前景、问题与风险》,《国际经济》2011 年第 3 期。

[8] 胡颂:《新加坡内外分离型离岸金融市场的有效性研究》,硕士学位论文,复旦大学,2011 年。

[9] 胡智、邱念坤:《货币主义模型在人民币汇率决定中适用性的实证检验》,《河北经贸大学学报》2005 年第 6 期。

[10] 李蓓:《借鉴新加坡经验　创建滨海新区成为北方的离岸金融中心》,《特区经济》2006 年第 12 期。

[11] 李伯侨、张祎:《上海自贸区离岸银行税收政策风险的法律控制》,《当代经济管理》2014 年第 5 期。

[12] 李博方:《新加坡离岸再保险市场的发展及启示》,《保险理论与实践》2017 年第 3 期。

[13] 李欢丽、李石凯:《新加坡人民币离岸中心的比较优势》,《中国金融》2013 年第 17 期。

[14] 李健等:《东盟十国金融发展中的结构特征》,中国社会科学出版社 2017 年。

[15] 李小牧、于睿：《发展中国家的离岸金融市场：回顾与展望》，《国际贸易》2005 年第 11 期。

[16] 林幼平、胡绍华：《香港　新加坡离岸金融市场比较》，《长江论坛》1997 年第 3 期。

[17] 林毓珮、汤月琴、张军、乔飞：《新加坡离岸金融市场的发展及其对我国的启示》，《上海金融》1995 年第 11 期。

[18] 刘冲：《我国发展离岸金融市场的路径及模式选择研究》，硕士学位论文，新疆财经大学，2009。

[19] 孟文能、永年：《共同撰写亚洲增长故事　新加坡在亚洲经济一体化、离岸人民币市场与基础设施融资中的角色》，《博鳌观察》2015 年第 2 期。

[20] 邱琦：《汇率决定的货币主义模型实证检验——基于五国数据》，《经济论坛》2016 年第 2 期。

[21] 邱琦：《货币主义汇率模型实证检验的文献综述》，《商业经济》2016 年第 1 期。

[22] 任蔷蔷：《新加坡国家认同教育研究》，硕士学位论文，西北师范大学，2014 年。

[23] 任苑：《香港人民币离岸市场的发展及对在岸货币供给和汇率的影响研究》，硕士学位论文，西南财经大学，2013 年。

[24] 陶杰：《新加坡离岸人民币业务高速发展》，《经济日报》2014 年 5 月 8 日第 4 版。

[25] 王锦霞：《充满机遇的新加坡离岸保险业务》，《中国保险》2014 年第 6 期。

[26] 王晓静：《新加坡离岸金融市场发展状况及启示》，《价格月刊》2007 年第 4 期。

[27] 吴文科：《新加坡离岸金融市场的运作与管理（上篇）》，《中国城市金融》1995 年第 10 期。

[28] 吴文科：《新加坡离岸金融市场的运作与管理（下篇）》，《中国城市金融》1995 年第 11 期。

[29] 吴远远、赵啟麟：《人民币在岸市场和离岸市场汇差影响因

素研究》，《价格理论与实践》2017 年第 10 期。

[30] 徐美娜、彭羽：《中国（上海）自由贸易试验区离岸贸易发展战略研究》，《亚太经济》2014 年第 3 期。

[31] 许闲、董博、房至德：《新加坡离岸保险及对中国的借鉴》，《亚太经济》2015 年第 3 期。

[32] 严佳佳、陈彩玲、何乐融：《香港人民币离岸市场是否冲击了我国外汇储备？》，《浙江金融》2017 年第 2 期 。

[33] 杨承亮：《人民币离岸市场与在岸市场联动关系研究》，博士学位论文，中国社会科学院研究生院，2014 年。

[34] 杨沐、张紫琼：《新加坡是怎样建成一个国际金融中心的》，《城市观察》2011 年第 1 期。

[35] 杨维新：《上海自由贸易区离岸金融发展：国际比较与路径设计》，《亚太经济》2014 年第 4 期。

[36] 易华、刘俊华：《银行业的对外开放与监管——以新加坡为例》，《中国金融》2007 年第 12 期。

[37] 袁蓉君：《新加坡离岸人民币业务加速发展》，《金融时报》2014 年 6 月 19 日第 8 版。

[38] 张建英：《基于弹性价格货币模型的人民币汇率实证研究》，《宏观经济研究》2013 年第 8 期。

[39] 张琦：《新加坡成为第二大人民币离岸交易中心的可行性分析》，《金融发展评论》2013 年第 5 期。

[40] 张正宗、吉敏：《新加坡人民币离岸金融业务发展分析》，《吉林金融研究》2013 年第 8 期。

[41] 周宏达：《新加坡：离岸人民币创新之埠》，《中国金融家》2015 年第 7 期 。

[42] 周文龙：《新交所与中国银行及中银国际 进一步加强人民币业务合作》，《联合早报》2015 年 4 月 18 日。

[43] Chuyang Kou, Liuliu Kong ed., *The Effect of CNH Market on Relationship of RMB Spot Exchange Rate and NDF*, Springer Berlin Heidelberg Press, 2014.

第六章 泰国金融体系考察与分析

泰国金融业于 20 世纪 80 年代末到 90 年代初的金融自由化时期得到高速发展，之后泰国也创下全球最高的经济增速，1985—1996 年的平均 GDP 年度增长率达到 12.4%。然而 1997 年的亚洲金融危机最先发生于泰国，对国家的经济和金融体系造成了严重损害。随后为解决危机而被迫进行的金融体系改革成为泰国持续至今的金融改革的开始。在 2004 年开始分阶段实施的《金融部门改革总体规划》的框架下，泰国金融体系经历了重建、调整和更新，稳定性和机制弹性逐步得到加强。

本章首先简述泰国金融体系的兴起、发展、1997 年金融危机爆发以及后续的危机治理，简介金融体系改革的系列措施和成效；再从金融机构体系、金融市场体系、金融监管体系、金融调控体系四个方面介绍泰国现行的金融体系架构；然后在分析泰国金融体系的主要特点与影响因素的基础上，提出中国与泰国进一步加深金融合作的突破点。

第一节 泰国金融体系的发展历程

泰国金融体系于 20 世纪 40 年代开始成形，之后经历了 60 至 70 年代政府严格保护的"金融抑制"时期、80 年代末至 90 年代金融自由化时期、90 年代后期的金融危机以及危机后的金融重组、调试和重建。整体来看，泰国近年来的金融体系改革呈现长远发展的面貌，资本市场继续发展，专门金融机构履行职能的同时开始规范化运营，必要的配套机构已经运作，获得金融服务的渠道也得到拓展，非银行金融部门不断发展，金融体系的金融深化程度不断提升。

一　泰国金融业的建立

泰国银行业、证券业和保险业的建立集中在 20 世纪 30 至 40 年代，其后在 60 至 70 年代在政府的严格保护下成长。然而政府的保护措施也限制了金融体系的长期稳定发展。

（一）20 世纪 30—40 年代：金融体系初步形成

20 世纪 30—40 年代，泰国商业银行体系开始规范化运营，证券市场以及保险业初步建成，泰国金融体系开始建立。商业银行是泰国最早出现的金融部门。1888 年，英属汇丰银行在曼谷开设的分行是泰国银行业历史上第一家商业银行；1906 年，第一家泰资银行，汇商银行（Book Club Bank）设立。随后，大批华人家族银行在政府保护下迅速建立。1939 年，泰国成立国家银行局，履行中央银行功能监管银行，1942 年更名为泰国银行。泰国首只债券则是 1903 年在伦敦和巴黎发行的泰国皇家政府债券，发行额 100 万英镑，主要用于发展铁路项目。泰国的企业债权法于 1928 年出台，1933 年泰国财政部发行了泰国第一只政府债券，标志着泰国证券市场的诞生。20 世纪 30 年代泰国有多达 30 多家外国保险公司，这一时期被视为泰国保险业的开始。

（二）20 世纪 60—70 年代：金融体系在政府严格保护和限制下成长

20 世纪 60 至 70 年代泰国金融体系在政府的严格保护下发展。这一时期，泰国经济经历了四十多年的稳定增长，经济发展强调进口替代和基础设施建设。这个时期泰国的金融体系具有典型的"金融抑制"特征，以银行主导型间接融资为核心，政府严格管制利率和汇率，大部分国内工业仍然受到关税壁垒保护，金融市场发展缓慢。由于金融体制的封闭性，泰国银行业所有权结构高度集中，15家银行集团包括华人家族主导的王室控股的汇商银行、军队控股的泰军人银行和政府控股的泰京银行。这个时期也是泰国本土证券市场和保险业的萌芽发展期。1962年，一些个人投资者建立了一个股票交易机构，这个机构于1963年成为曼谷证券交易有限公司（Bangkok Security Exchange，BSE），泰国资本市场正式起步。由于缺乏政府支持，投资者也对股票市场缺乏了解，BSE于1973年关闭，至此进入1974—1981年的规范化发展时期。泰国政府开始倚重专业意见，将建立有序、有效的证券市场纳入1967—1971年的第二个经济社会发展计划。1974年泰国制定证券交易法，开始鼓励私人储蓄进入资本市场。1975年泰国官方证券交易所开始营业，1991年正式更名为泰国证券交易所。20世纪60年代，泰国政府严格管理外资保险业务，同时扶持泰资保险业，泰国本土保险业开始发展起来，与外资保险共同分享泰国市场。

金融抑制时期的泰国经济仍然实现了快速和平稳的增长。究其原因，是政府的严格保护措施为新兴的金融体系保障了一定的生存发展时间和空间，但是金融抑制的政策局限了金融体系的发展，无法保证金融体系长期和稳定的成长。

二 泰国金融业的发展阶段

泰国金融业的高速发展开始于20世纪80年代末、90年代初的金融自由化。这一时期，泰国金融体系的各项指数高速增长。然而增长之下潜藏危机，1997年的金融危机使泰国的金融体系遭遇重创。但危机也促使泰国反思发展举措、修正和规范金融业发展政策，危机治理成为泰国金融业继续深化改革的契机。

（一）20世纪80年代末—90年代初：金融自由化时期

20世纪80年代末，泰国在1987—1991年的第六个发展计划期间放弃了进口替代政策，开始推行贸易自由化，给予外资各种优惠，着重发展外向型经济，实行更自由化的出口导向政策。1992—1996年第七个发展计划继续实施该战略，由于快速工业化，投资比重较高，国内储蓄不足，为吸引外资流入，泰国开始实践金融深化理论，全面实行金融自由化。银行业方面，90 年代初期，银行业在放松管制的同时，接受国际货币基金组织的协议条款；1993年，泰国政府设立曼谷国际银行设施（BIBF），促进外资进入泰国。证券市场经历了 1962—1973 年的萌芽发展期、1974—1981 年的规范化发展时期、1982—1985 年的恢复时期后，于 1986—1991年飞速增长。1986 年下半年开始，交易量和交易市值迅速增长，帮助证券市场恢复的主要因素是政策倾斜、利率下调、石油价格下降，以及泰国政府重新修订证券交易法，扩大外国对泰国证券市场的投资，由此鼓励了国内外更多的投资者进入证券市场。保险业方面，泰国从 1993 年起开放保险市场，1996 年的《外商投资和所有制法》放宽了外资股份额度，激发了海外保险业者的投资热情，泰国本土的一些保险公司也纷纷组合兼并，增强竞争能力。

泰国通过贸易自由化和吸引外资，成为日本和亚洲"四小龙"制造业的转移基地，10 年间经济高速发展，平均增长率达到9.45%。金融自由化之后，银行业、股票市场高速增长，泰国金融体系虽然仍是银行主导型，但金融结构趋于多元化。1993 年末，银行贷款相当于当年 GDP 的 84.2%，股市市值相当于 104.9%，债券余额则相当于 8.3%。

需要注意的是，泰国的金融市场化使经济飞速增长，也伴随着潜在的危机。具体表现在：（1）泰国金融机构也并没有为自由化做好充分准备，泰国央行缺乏监督管理金融机构的能力，大多数企业缺乏融资纪律和公司治理，商业银行公司亦是治理混乱，信贷投放轻率，融资处置失当的问题普遍存在，银行资产质量恶化；（2）金融自由化过分"冒进"。1994 年泰国在大力推进金融业开放、推进本币可兑换及利率自由化，大量外资持续流入泰国，FDI 及外债均大幅增加。部分境外资金流入股市和房地产市场，导致资产泡沫形成；同时，使得泰国企业部门、银行对外国资本过分依赖，货币政策有效性完全丧失；（3）金融自由化并未解决泰国金融体系的一些传统结构性问题。例如，商业银行仍然在金融系统中占绝对主导地位，是资金配置的主要渠道，承担大部分金融职能。债券市场规模仍然很小，由于政府债券供给有限，无风险基准利率很难形成，债券市场缺乏定价基础，降低了二级市场流动性的同时，阻碍了公司债的发行。在混业经营模式下，商业银行的经营范围不断扩大，于1992年3月获准承销政府和国有企业债券，以及提供经济、金融信息和相关咨询服务。而由于政界及王室成员参股，银行业受到严格保护，全国15家银行中，12家由家族控制，形成了高度的集中，仍然保有传统的强势地位。

（二）20世纪90年代末—20世纪初：金融危机和危机治理

1. 危机爆发

1997年初，对冲基金开始攻击泰铢，为坚持固定汇率制，泰国政府动用230亿美元干预汇率，导致净外汇储备在当年6月急剧下降到28亿美元，其时短期外债则高达485亿美元。1997年7月2日，在游资的不断冲击下，泰国央行宣布放弃固定汇率政策，实行浮动汇率制，泰铢急剧贬值，在数月内就转变成了一场全面的金融危机。危机迅速蔓延到其他东南亚国家，引发了东南亚金融危机。危机爆发后，外国投资撤出泰国，给泰国金融体系造成巨大冲击，泰铢贬值，银行业的不良贷款剧增。大批泰国企业和银行陷入流动性危机和破产危机，汇率和股票交易市场崩溃，股票指数跌回1987年的低水平，外汇交易市场波动剧烈，大多数金融机构被关闭，资本加速外逃，几乎所有的金融机构都需要进行资金重组，信贷危机严重，经济萎缩，1998年GDP下降约10%，1997年和1998年泰国的GDP连续出现负增长，大批工厂停工或倒闭，同时出现了大面积的失业，通货膨胀严重。泰国银行业是受危机冲击最严重的部门。危机最严重的时候，泰国银行净亏损巨大，净利率下降，资本水平低，不良贷款率在1998年占总贷款的43%。金融危机冲击下，1997—1999年是泰国保险业的衰退和萧条时期，1997年保费收入下降7.2%，1998年更为严重，下降达17.5%；1999年下滑缓和，但增长仅为0.7%。到2000年金融危机影响渐缓，保险业才开始复苏。

2. 危机治理

1997 年 8 月泰国接受了国际货币基金组织（IMF）紧急援助安排，承诺将遵循援助条件进行金融秩序整顿和金融体制改革，同时推行开放经济金融等自由化政策。1998 年危机治理正式系统性展开。1998 年 11 月—2000 年 12 月执政的川立派政府严格遵守 IMF 的规定，开始进行全方位的金融体系重组，抛弃通货紧缩政策，开始实施减税和扩大公共开支的财政政策。首要保存泰国金融体系的紧急措施主要包括：第一，政府稳定金融体系，保证大部分的储蓄，集中于资本重整和注资、债务重组，由此保存了银行，随后得以应用坏账处理机制以及金融机构的资本充足处理累积不良贷款。2001 年底，不良贷款率下降到约 10%，之后持续下降。第二，关闭破产的金融机构，使之与其他机构合并，极大地减少了金融机构的数量。作为资产最雄厚的金融机构分支的商业银行数量没有很大减少，但危机前资产位居第二的金融公司等，从 91 家剧减到 7 家。金融机构亦进行重组，促进理性化运作。第三，政府明确鼓励外资银行更多参与泰国金融部门，以稳定泰国金融机构，并获得技术升级。危机之前，泰国严格限制签发外国人开设银行的许可以及业务活动，因此外资银行只占 5% 的金融资产份额。危机后外资银行第一次得到许可购买本土银行的一些主要股权，在泰国金融领域的投资组合持有量从 25% 上升到 49%，业务运营的受限也减少了。外资金融机构获得了超过 15% 的市场份额，对泰国金融体系的影响也前所未有的增强了。

泰国银行业和股市在危机中被削弱，政府顺势而为，央行大力进行银行业改革，遵循《巴塞尔协议》，提高本土银行资产质量，减少银行系统信用风险和市场风险。在政策导向上，积极鼓励发展金融市场（即股票市场和债券市场），开始严格管制银行业和其他金融中介。金融体系中债券市场比重逐渐与银行业和股票市场相当。监管和规章制度改革同时推进。根据 IMF 的要求，泰国政府进行严格的金融体制改革，紧缩财政支出以求财政平衡，加强银行的公司治理，积极推进资本市场的深化和扩大，并继续推行经济自由化、金融自由化政策。川立派政府推行的"新自由主义改革"虽然使经济得以缓慢复苏，但因为外资对泰国经济控制加强，贫困人口扩大等原因招致泰国社会的反对，2000 年 6 月泰国退出 IMF 的计划。2002 年，"他信经济学"开始引领泰国金融体系的恢复和改革。

三　泰国金融业的完善阶段

泰国为应对金融危机进行了一系列的改革，这些改革具有强制性变迁的特征。泰国的汇率制度由固定汇率制向浮动汇率制进行转变。金融体系由银行主导型向市场主导型转变。为了解决危机而被迫进行的金融体系改革由此成为泰国后续长远和持久金融改革的开始。

（一）泰国金融体系改革的举措（20 世纪初至今）

泰国从全球金融危机获取的经验教训是需要拥有一个健全和适应性强的金融体系才能防止危机风险、帮助经济应对冲击和震荡。在这个认识的基础上，泰国进行了第二阶段的金融体系改革以进一步强化金融部门。这一阶段的改革着力于通过更激烈的竞争提高金融系统效率，降低金融系统成本，拓宽获取金融服务渠道。通过发展更健全和精密的金融市场和基础设施来提升银行风险管理能力。

1. 亚洲开发银行的技术协助

2006 年，泰国政府开始向亚洲开发银行（ADB）寻求技术支持，包括寻求建立市场间监控系统以加强市场监管，根据证券和交易法进行调查和起诉不公平贸易活动以及现金和期货市场的市场间滥用罪行。泰国政府希望引进一个市场间监控系统来发现不公平交易活动和跨现金和期货市场的市场间滥用行为。另外，政府支持泰国证券交易所（SET）的股份化进程和非交易活动运作；改善政府的现金管理以发展债券市场；在维持宏观经济和金融稳定的同时，开发金融套期保值产品来加强国内金融市场；完善风险管理抵押保险。

ADB 的中期介入计划为：2006—2007 年的诊断阶段，2008—2009 年的设计阶段，2009—2012 年与整体规划并行的实施阶段。技术协助项目开展诊断性研究，确诊泰国资本市场运行领域的弱点，并启动改革进程。这个技术支持按照泰国资本市场改革的进展情况，分阶段进行。第一阶段是支持资本市场发展计划，资本市场发展整体规划在这一阶段出台。第二阶段为 2008 年的资本市场发展阶段 2（capital market development phase II），对资本市场改革提供分析意见和政策建议；第二阶段始于 2008 年，为资本市场改革提供分析和政策建议，设计资本市场改革整体框架，这个框架设定了有序推进的目标来建立有国际竞争力的资本市场，以在不发生货币形式扭曲和期限错配的情况下满足基础投资需求。泰国 2009—2013 年资本市场整体规划是这一阶段的主要成果。第三阶段则是支持实施整体规划里的选定部分。这一阶段寻求政策咨询的技术协助，来支持实施政府的《资本市场发展整体规划（2009—2014）》（CMDMP）。

泰国经济内阁于 2009 年 11 月 4 日批准从 2009—2013 年实施 CMDMP，8 项核心改革措施为：（1）改革法律框架，提高市场效率；（2）通过股份化和设立资本市场发展基金（CMDF）发展资本市场，以消除垄断，提升泰国证券交易所（SET）的竞争力；（3）发展国内债券市场；（4）开发新的金融产品；（5）放开证券业务以提升市场效率；（6）精简税制；（7）设立新国民储蓄基金；（8）发展储蓄和投资文化。

2. 施行金融整体规划

2004 年泰国施行金融整体规划（Financial Sector Master Plan Phase I 2004 - 2008，FSMP），在该规划的协调下，泰国金融体系各个部分的重建、改革有序推进。规划的总目标是要提高金融体系的效率、拓展融资渠道，以及改善消费者保护。一个多样化的金融体系更有"韧劲"，即在应对冲击时更能维持稳定。

整体规划 I 是对泰国金融体系的"诊断"。泰国由于产权投资市场规模小、上市企业少、交易量小，相应的改革措施旨在升级金融机构，以提升资本市场对发行人和投资人的吸引力。规划 I 的实施使泰国金融指标恢复到危机前的水平。整体规划 II 是全面推进金融改革进程。其举措之一就是出台资本市场发展整体规划（Capital Market Development Master Plan，CMDMP），推动债券和股票市场的发展。整体规划 II 的四个重点为：针对债券市场薄弱的问题推动发展一个企业债券市场；提高个人投资者债券市场份额以解决低流动性问题；增加产权投资市场的机构交易以降低私人投资份额，减少杂讯交易（noise trades）；提升风险缓释工具的效率。

3. 加强监管和制度建设

泰国政府强势推进监管和规范制度革新，目的是要将泰国金融监管建成和国际最优模式齐平的基于防范风险的框架结构。改革的核心举措包括推行巴塞尔协议 II（Basel II）的风险监管、强化监管，以及阶段性实施更为严格的金融交易监管措施 IAS 39。规划的总目标是要提高金融体系的效率、拓展融资渠道，以及改善消费者保护。就对保险业的监管来说，2001 年泰国政府提出保险的"五年策略计划"（Five Year Strategic Plan），致力于达成五大目标：促使保险业在竞争中稳定成长；提升一般大众对保险的认知；改善保险厅的监管功能；更新保险监管架构；发展电子资讯管理能力。

4. 出台《2007—2011 国家伙伴战略》

泰国政府逐渐认识到只有发展资本市场才能够拓展支撑公共和私营领域的资金资源、提高金融领域的稳定性，同时实现与全球经济的融合。因此，泰国在《2007—2011 国家伙伴战略》中明确了将资本市场的发展确定为提升泰国经济竞争力的 3 个核心战略领域之一。2006 年，泰国政府确定了系统性、长期发展资本市场的方向和战略。由此资本市场正式成为泰国经济发展的关键驱动力。2008 年，泰国财政部成立了资本市场发展工作委员会，制定一个全面、系统的资本市场整体规划，规划包括的层面有产权投资市场、债券市场、衍生市场（包括商品市场）和货币市场等。

（二）发展现状和存在的问题

2017 年是东南亚金融危机发生 20 周年，泰国央行发布《1997 年经济危机 20 周年：平衡与可持续发展经济道路上的教训》称，泰国从危机的教训中学会保持政策平衡、重视风险管控、增强经济体系信心、执行弹性的政策并系统性解决问题等。20 年的努力之下，泰国金融体系摆脱了对银行贷款驱动的依赖，已经逐步转向多元化，金融规模不断扩大，金融结构也更加平衡，能够更好地应对风险和冲击。目前泰国银行业整体资产质量优良，资本充足率在 2016 年超过 17%，远低于《巴塞尔协议Ⅱ》8% 的最低要求，泰国外债比例控制在合理健康的范围。

如今，泰国金融体系已经从"被迫改革"回复"正常"状态，但是深入的结构改变仍在继续进行。泰国央行认为泰国在现阶段面临许多新型风险。资本市场、非银行金融机构、机构发展这三个因素在泰国近期金融改革中至关重要。尤其需要注意的是，为帮助泰国中小企业适应全球经济放缓的冲击，泰国必须通过金融改革以保证金融体系的正常运行。

第二节　泰国现行金融体系的基本架构

一　金融机构体系

泰国的中央银行是泰国银行（Bank of Thailand），其前身是泰国国家银行局，2018 年泰国货币政策仍将以支持经济增长和降低通胀率为目标。泰国目前的金融机构，可分为存款类和非存款类金融机构。存款类金融机构包括商业银行、特殊金融机构、存款公司、信用合作社、货币市场共同基金等。非存款类金融机构包括共同基金、保险公司、公积金、证券公司等。

表 6 - 1   泰国 2015 年末金融机构数量及资产规模统计

金融机构	数量（家）	在金融机构总资产中所占的百分比（%）
存款性金融机构	2037	70.4
商业银行	31	47.8
特殊金融机构	6	15.6
存款信用合作社	1，960	6.3
货币市场共同基金	40	0.7
非存款性金融机构	6，983	29.6
共同基金	1，374	10.1
保险公司	86	8.1
租赁公司	769	2
个人信贷公司	42	2.6
公积金	412	2.4
政府退休基金	1	1.9
资产管理公司	36	0.8
证券公司	52	0.8
农业合作社	3613	0.6
典当行	598	0.2

资料来源：泰国银行（BOT）网站。[①]

据统计，泰国内资和部分合资拥有本地银行牌照的商业银行罗列如下：（1）盘古银行；（2）泰京银行；（3）泰国商业银行；（4）泰国开泰银行（前泰国农民银行）；（5）大城银行；（6）Thanachart 银行（前泰国城市商业银行）；（7）泰国军人银行（Kiatnakin）；（8）CIMB 银行（马来 CIMB 泰国分支）；（9）渣打银行（英国渣打银行泰国分支）；（10）UOB 银行（新加坡 UOB 银行泰国分支）；（11）Tisco 银行；（12）工商银行（中国工商银行泰国分支）；（13）兆丰国际商业银行（台湾兆丰国际商业银行泰国分支）。

---

① 最新数据仅公布到 2015 年。

除以上商业银行外，泰国还有专门做信用卡业务的日本永旺株式会社，用户也相当可观。泰国拥有人寿保险牌照的公司罗列如下：（1）曼谷保险公司（盘古银行旗下）；（2）泰京保险公司（泰京银行旗下）；（3）普通保险公司；（4）泰国人寿；（5）泰国商业保险（泰国商业银行旗下）；（6）泰国海事保险（Thanachart 银行旗下）；（7）曼谷 saha 保险（协成昌集团旗下）；（8）Prudential 保险（Prudential 保险泰国分公司）；（9）曼谷大都市保险（曼谷政府所有）；（10）日本海事保险；（11）泰国人保险；（12）泰国三星保险（前身泰国城市商业银行保险）；（13）AIA 保险；（14）大城保险（大城银行旗下）；　（15）AIS 保险（ AIS 通信旗下）；（16）ING保险；（17）飞利浦保险。

泰国政策性金融机构体系具有政府持有率较高、依经济结构特点来建立政策性金融机构、对外融资比率较高、与商业银行业务有交叉等特点。政府住房银行（The Government Housing Bank，GHB）是按照泰国国王普密蓬阿杜德（Bhumibol Adulyadej）于 1953 年 1 月 9 日签署的《政府住房银行法》建立的，当年 9 月 24 日在财政部监督下开始营业。该行由政府全资所有，首要目标是为泰国公众提供住房融资，重点为中低收入居民提供资金。泰国中小企业开发银行（以下简称中小企业开发银行）成立于 1964 年 3 月，当时名称为小工业开发贷款局，1970 年改为小企业金融局。小企业金融局的运行受有限资金的限制，资金来源只依靠政府预算，缺乏灵活性。因此，1991 年通过《小企业金融公司法案》，将小企业金融局改为小企业金融公司，注册资本 3 亿泰铢，并赋予其法人地位，可以在国内外筹资。2000 年，财政部又向小企业金融公司注入资本，使其股本增至 25 亿泰铢。2002 年 12 月 20 日，《泰国中小企业开发银行法案》开始实施，小企业金融公司改为泰国中小企业开发银行。它归属于工业部工业促进厅监督管理，日常业务由一个 9 人组成的贷款委员会（均由政府内阁任命）负责管理。该局的职能是为小工业提供优惠贷款和技术指导。泰国进出口银行是根据 1993 年《泰国进出口银行法》建立的，该法从 1993 年 9 月 7 日开始实施，泰国进出口银行在 1994 年 2 月 17 日正式开始营业。

在亚洲金融危机前，泰国的金融发展主要体现为规模扩张，商业银行是金融体系中推动经济发展的重要因素。但自 1994 年泰国实行资本开放后，金融自由化加快使国际资本流动规模不断扩大，债券市场和股票市场取得较快发展，加上外资引进数量增多，泰国储蓄率和投资率上升，经济维持高速增长。整体上看，在金融深化过程中，泰国金融发展呈现结构变迁的特征，金融体系由银行主导向市场主导转变，企业金融结构由外源融资型到内源融资型转变，从银行间接融资到市场直接融资调整。泰国作为发展中国家，尽管在金融深化的过程中取得了一些成就，但由于金融深化的过度，太快实行金融机构化和金融自由化，使得过程中仍然存在很多问题。主要问题是：金融体系比较落后，银行储蓄—投资转化功能下降，金融监管不够健全，宏观调控能力不够强，汇率制度的不完善等。在每个经济发展阶段。金融发展与经济增长的相互作用是不同的。因此，对像泰国这样的发展中国家，维持金融发展与经济增长速度之间的匹配是至关重要的。

随着一带一路的建成和中国—东盟自贸区的不断深化，中泰双方在很多领域开展了合作往来。比如，2006 年 10 月 8 日，中泰两国中央银行签署了《跨境银行监管合作谅解备忘录》。2008 年 6 月 30 日，中国人民银行与泰国反洗钱署签署《金融情报交流合作谅解备忘录》；2011 年 12 月 22 日，两国中央银行共同签署了 700 亿元人民币的双边货币互换协议，有效期 3 年，经双方同意可以延期。而且双方商业性银行机构很早就进入了对方的国家并开展业务，1994 年中国银行首先在曼谷开设分行；1986 年，盘古银行在北京设立代表处，之后在北京、厦门、深圳、重庆设立分行，并在上海自由贸易试验区设立支行。2016 年 2 月 24 日，银联国际与泰国最大的 4 家商业银行——盘古银行、泰京银行、开泰银行、汇商银行在曼谷宣布，以银联技术标准建设的泰国本地转接网络 TPN 正式上线。

二 金融市场体系

泰国的金融市场体系包括货币市场、资本市场、外汇市场、衍生产品市场。其中，货币市场即是同业拆借市场、回购协议市场、商业票据市场，等等。资本市场包括中长期银行信贷市场、证券市场、保险市场，等等。

泰国的股票和债券市场在持续地发展，并在支持泰国经济和金融体系方面发挥了重要作用。在 2014 年末，包括短期和长期债券在内，泰国债券市场所拥有的流通在外的债券价值达到了 93000 亿泰珠。与此同时，资本市场的资本达到了 142000 亿泰珠。外汇市场上，参与者每月监管交易额平均达到了 68000 亿泰珠。货币市场上主要交易者为金融机构，规模达到 21000 亿泰珠。对比来看，衍生市场较不发达。

泰国证券监督管理委员会（SEC）一直担任泰国资本市场的监管机构，负责制定监督、促进、发展及运营证券市场的法律法规，以确保资本市场的公平，保障资本市场效率，保持长期稳定发展，以及增强泰国证券市场的国际竞争力等。

监管机构包括 SET—泰国证券交易所、新兴股票投资市场（MAI）、泰国债券交易中心（ThaiBDC）以及泰国清算系统。泰国的清算系统由 BAHTNET（Bank of Thailand Automated High-value Transfer Network，泰国银行自动高效转账系统）、支票清算系统、大额支付系统、ATM 资金转移系统等组成。

三 金融监管体系

（一）银行业监管体系

泰国的银行业包括泰国中央银行、商业银行、作为专业金融机构的银行。《泰国银行法》设立财政部长和中央银行可以共同维护国家金融秩序稳定。一旦发生有可能影响或者破坏金融稳定的事件时，泰国银行应当及时向财政部长报告，分析问题，解决问题，将危害降低到最小。随着泰国金融行业综合化和混业经营程度越来

高，泰国金融行业也将逐渐实行统一监管模式。根据泰国政府
1942 年颁布的泰国银行法案，规定将所有中央银行的职能划分给
泰国银行，泰国银行由泰国财政部监管。泰国财政部（MOF）是泰
国政府内阁级部门。它被认为是泰国政府最重要的部门之一，财政
部主要负责泰国国内公共财政，税务，国库，政府物业，政府垄断
经营，创收等事务。泰国财政部为泰国政府机构，金融机构以及国
有企业提供贷款担保业务。泰国财政部负责管理泰国国家的财政收
入征收，进行财产管理和王室的基金管理。

泰国商业银行主要有商业银行、零售银行、外国银行分行和外
国银行子银行等。根据 1962 年出台的商业银行法，泰国商业银行
由泰国中央银行——泰国银行，进行监管。泰国银行的主要职能包
括：制造以及发行货币；维持金融体系的稳定以及制定货币政策；
管理泰国银行的资产；为政府提供贷款以及发行国债；为金融机构
提供贷款；建立支付系统并维系其运转；监督金融机构的运作；管
控货币汇率系统以及管理国家外汇储备。

在对外资银行监管方面，在外资银行设立分行数量以及在泰国
国内进行融资等方面有很多限制。例如，外资银行在泰国境内只能
设立四家分行，在曼谷及其周边地区只能设立一家。银行如果想进
行商业银行业务等，必须为有限责任公司形式同时还要获得泰国银
行批准的营业执照。泰国银行设立较高的外资银行进入门槛，对于
外资银行采取严格控制与监管。截至 2015 年末，中资银行在泰国
设立了两家银行，分别是中国工商银行和中国银行。

（二）政策性金融机构监管体系

泰国的政策性金融机构，即国有专门金融机构包括：政府住房
银行，农业和农业合作社银行，泰国工业金融公司，泰国中小企业
开发银行，泰国进出口银行。其中，政府住房银行、农业合作社银
行和泰国进出口银行由财政部和泰国银行共同监管；泰国工业金融
公司（IFCT）按照股份制公司原则建立，由财政部监管；泰国中
小企业开发银行是小企业金融公司改名而成，由工业部工业促进厅
监管。

（三）资本市场监管体系

泰国的资本市场主要包括证券市场、债券市场等。泰国证券市场由证券交易和管理委员会（SEC）监管。SEC 是管理泰国证券发行以及交易的最高权力机构，有权力和责任制定政策，有责任监督与证券相关的事务。SEC 的职能主要包括：对从业机构和从业人员进行监管；直接管理一级市场，对二级市场则实行间接管理，比如制定规则，指导意见等。任何证券的发行和公开出售必须得到 SEC 的批准；任何其他金融机构想从事证券经营必须得到 SEC 的批准；任何证券交易都受到 SEC 监管。

泰国债券市场受到证券交易和管理委员会和泰国银行共同监管。和亚洲的新兴市场一样，泰国债券市场主要由政府和其他相关部门的债券组成，大约占总发行债券的 2/3。在公司债券方面，泰国本土只有极少数的几家大型公司的财务状况符合阳光的信息披露和外部评级要求。

四　金融调控体系

（一）中央银行调控

货币发行量的稳定对于一个国家的经济发展至关重要。泰国银行作为泰国中央银行，严格把控货币发行量。依据西方发达国家和一些发展中国家的经验，通货膨胀率应该为 4%—6%，应当小于国民收入增长率。泰国除了严格把控货币发行量之外，也更加注意通胀率。泰国银行严格把控商业银行的注册，对注册银行作了许多规定，对于商业银行的经营进行有效的控制，干预和调节。以此来避免一些银行之间出现的恶意竞争，促进商业银行的发展以及保护客户的利益。对于注册商业银行有关规定主要有：（1）泰国银行有权审查、核实商业银行经营管理账户；（2）泰国银行规定商业银行的现金储备率；（3）规定商业银行保持一定的资本与风险资产比率；（4）规定商业银行贷款最高额度。

一个国家的中央银行还有一个重要的职能，那就是使市场资金供需平衡。泰国银行还可以调控市场资金供求。当泰国商业银行之间的资金供求不能达到平衡时，中央银行就会通过公开市场业务这一做法，回购或者出售国库券、政府债券来控制资金，保障资金市场的稳定，促进了泰国经济的稳定发展。

中央银行还有一个职能就是能够有效地控制国内的通货膨胀率。2017 年 12 月泰国通货膨胀率年比增加 0.78%，连续第五个月呈现增长，民众消费力基本持平，这可反映出泰国经济良好增长。12 月份的通货膨胀率上扬，部分原因是泰国国内燃油价格攀升。糖度税使得非酒精饮料价格上升，加上娱乐服务的价格持续上扬使得通胀率上升。泰国央行对于控制通胀率上升的主要措施有：一，平衡泰政府的政府财政预算；二，控制国内资金供求平衡；三，对商业银行的贷款业务进行严格的管理和监督；四，刺激国内储蓄水平。

（二）泰国政府宏观调控

从六十年代开始，泰国实行"以民间经济为主的经济体制"，也就是市场经济体制。泰国根据本土国情，并没有完全效仿西方早期自由放任的经济发展模式，而是实行一套具有本国特色的半干预调控政策。

泰国政府多采用经济杠杆来调控经济活动，较少采取直接干预的手段。八十年代中期，泰国政府进行金融改革，打破长期以来严格的金融管制以及政府导向型市场，推行金融自由化和国际化的金融改革。为了实现金融国际化的目标，泰国政府实行了一系列措施：1. 取消利率限制。1989 年开始，国家银行宣布放宽国内利率的管制，取消一年期以上的定期存款利率。到 1992 年，利率最高限额取消，这表明，泰国利率已经实现市场自由化。2. 放宽外汇管制。1990 年，泰国政府宣布接受国际货币基金组织协定的规定。到 1991 年，准许企业和一般民众买卖外汇等。到 1992 年，进一步扩大了外汇管制的范围，准许出口商从非居民存款账户中来偿还出口货款等。3. 加强对金融机构的监管。泰国银行落实巴塞尔协议中关于资本充足率的规定，商业银行资本金对风险资产的比率在1993 年时达到 7% 左右，以此提高泰国银行的信用和安全性。并于

1993 年成立信用评估机构，用来评估私人债券。

泰国政府根据市场的实际变化，结合本国国情，制定实施相关发展计划。泰国政府在第三个五年计划中，顺应发达国家大力发展高科技新兴产业，大规模转移劳动密集型产业的时期，提出"进口替代"向"出口替代"的口号。第五个五年计划从高速度向高效率转变，以结构调整和转移经营方向为侧重点。第六个经济发展计划实施期间，根据东亚地区亚洲"四小龙"和日本对外转移资金和技术的情况，改善本国的投资环境，吸引外资和技术到来。

第三节 泰国金融体系的主要特点与影响因素分析

一 泰国金融体系的主要特点

（一）宏大的金融部门结构

以 2016 年年初的数据来看，存款性金融机构在金融机构总资产中所占百分比达到了 70.4%，对比来看，非存款性金融机构的占比仅为 29.6%，小于存款性金融机构。其中，存款性金融机构以商业银行为主，其次是各种政府开办的专门金融机构（政策性金融机构）。非存款性金融机构以共同基金为主，其次是保险公司。即便非银行金融机构发挥着越来越重要的作用，商业银行仍在泰国金融体系中占据着中心地位。外资金融机构发挥着重要但是有限的作用。

（二）多元化持股与政府主导

政府在泰国主要商业银行的持股比例从 30% 到 50% 不等。除此之外，泰国商业银行呈现出负债多元化的特征，越来越多的银行开始和中小企业打交道，提升了他们风险资产的收入。

（三）四家大型全能银行结构有利于稳定市场

1997 年金融危机之后，泰国实体经济部门和金融机构得到了较为全面修复，杠杆率均处于安全边界以内。近年来金融监管体制机制持续关注风险,使得泰国金融体系审慎经营水平大幅提高;泰国央行规模庞大的外汇储备资产,也较好地维护了金融体系稳定。

(四)商业银行安全性较低

泰国商业银行抢劫案件发生率高,同时,泰国对于顾客验证的操作存在很高的风险,如支票、支票号码不需要和公司或者个人账号绑定入库,再如存折没有密码,银行卡也是老式的磁卡,没有芯片和 ATM 双向验证。

(五)以中央银行为中心的管理制度

在泰国的金融体系结构中,金融机构制度比较完善,金融机构种类繁多,但是各类金融机构在整个资产负债结构中所占的比重差距很大。中央银行(泰国银行),只管理商业银行和金融公司。泰国实行市场经济制度,商业银行都是私营银行,中央银行管理商业银行这类金融机构主要通过以下途径:立法,再贷款、再贴现手段,买入商业银行在回购市场上出售的政府债券。泰国中央银行还十分注重经济分析工作,设有经济研究局等机构。

(六)以传统金融行业经营为主,新兴行业为辅

根据相关资料,泰国的金融体系主要包括商业银行、政策性金融机构、非银行金融机构和资本市场。截至到 2016 年初,商业银行这类传统金融行业在金融机构总资产中占比为 47.8%,而数量仅为 31 家。泰国的商业银行系统是泰国金融体系的支柱。截至 2017 年底,泰国商业银行净贷款总额也在加速增长。根据泰国开泰研究中心报告,2017 年 12 月商业银行未偿贷款净额比上个月增加 2200 亿泰铢,创近 4 年来单月净贷款最大增幅,月环比增长 2.0%,从而使 2017 年全年净贷款总额达 11.06 万亿泰铢,同比增长 4.3%。传统行业如商业银行,经营业绩良好并占据主导地位,随着新兴产业的发展,传统行业的经营方式会随之转变,顺应经济发展潮流。根据泰国中央银行 2017 年 2 月报告,泰国商业银行在全国共有 6980 家分行,与去年同期的 7060 家比较减少 80 家。细分为曼谷的分行数量减少最多达 38 家,从 2169 家降至 2131 家;其次是中部减少 17 家,由 2230 家降至 2213 家;北部减少 10 家,

自 842 家减至 832 家；东北部降低 7 家，由 961 家减至 954 家；以及南部减少 8 家，从 858 家降至 850 家。[①] 自从 2015 年起至 2017 年首季期间，泰国商业银行分行减少的数量比增加的要多。因为泰国居民的消费行为和生活方式开始改变，先进的科技为客户提供了多样化的服务，能够更好地服务大众。同时，随着数字时代的来临，互联网等新兴行业发展，传统金融行业的发展也与之密切相关。于是，商业银行重新激活分行数量，增加手机银行或者网络银行等新兴渠道，使得客户能够自己处理简单业务，有助于降低经营开支。由此可见，泰国的金融行业仍然依托传统的金融行业发展，而传统金融行业可以借助新兴行业的科技提高运营效率。

二　影响泰国金融体系的主要因素

一个国家的金融体系受诸多因素的影响。作为发展中国家的泰国，金融体系深受国内经济发展水平、经济结构、经济制度完善程度的影响；在参与经济、金融国际一体化的过程中，不可避免会受到全世界资本、股票和货币市场的高波动性的冲击；国内的政治环境以及社会发展也会制约金融体系的改革和进一步完善；而金融改革政策内容和推行策略更会直接影响金融体系的长远发展和稳定。

（一）经济发展因素

长期及横向研究发现，金融体系的发展与整体经济的发展相一致。金融结构内生于经济发展水平和产业结构，最优金融结构取决于经济发展水平、发展战略和经济结构。经济增长与金融体系的发展变迁具有双向关系，金融体系为经济增长承担支付清算功能、资源配置功能、信息提供功能和监督及风险管理功能。因此泰国第十个经济与社会发展规划的 5 大战略中，包含基础设施发展、资本市场发展和能源效率提升。资本市场的发展与完善和经济、社会发展的其他方面息息相关，例如，资本市场的活跃度受民众的储蓄率、购买力的影响，金融体系的稳定也取决于社会整体发展的稳定。

---

① 资料来源：泰国中央银行。

2015 年泰国经济增长低迷，直接加剧了近十年来外国资本第一次大规模撤离的势头，2015 年上半年，境外投资者抛售泰国有价证券累计净值就已高达 14.6 亿美元。

（二）国际市场因素

伴随资本自由化进程，国际资本流入发展中市场经济国家，给这些国家带来巨大的金融风险和金融危机。快速以及总量较大的国际游资的流入使得泰国形成初步的泡沫经济市场，最终导致了泰国 1997 年金融危机爆发。其后的危机治理目标之一是尽力摆脱对发达经济体的依赖，但泰国经济和金融仍会受到更广泛的全球金融和经济活动的影响，例如，2009 年受到世界金融危机以及国内政局动荡的影响，泰国的 GDP 增长率为 - 2.3%。泰国 2011 年的 GDP 原先预计会有 4%—5% 的增长，而最终因受到洪灾以及全世界（尤其是欧美）经济下滑的影响，GDP 只比上年增长 0.1%。

（三）金融机构建设因素

金融发展研究以及金融市场改革的经验显示，金融体系的发展不只是发展深度的问题，还取决于推进的步骤以及机构的质量。"机构质量"指的是部门和治理体制的正常运转极大影响金融体系全要素生产率的提高。因此在向金融市场转化的长期过程中，必须建立的部门，除了核心机构如商业银行、资本市场外，还有配套机构，包括监督部门和可靠的会计准则或破产条例等。目前的泰国金融体系，非银行金融机构的地位和作用日益重要。而动态市场力量与政府的监管之间存在博弈和拉扯。这些力量之间的有效均衡决定金融体系的长远成功。因此，专家提出的政策建议包括，进一步按照整体规划理性化金融部门结构，如果金融公司和信贷公司转变为商业或零售银行，那么就可能精简专门金融机构，并将非银行金融机构纳入其他金融中介机构领域，并一视同仁接受监管；在资本市场的发展中，机构的质量比机构的种类重要，而发展中的经济更依赖也更能获益于银行，而非资本市场，因此激励政策应该回应和反映这些经济收益。

（四）国际金融规则变化的因素

为应对金融风险和金融危机，国际监管原则也在快速发展和变化，例如，全球银行业监管的标杆的巴塞尔协议，作为对2007—2009年金融危机的回应，2013年开始施行巴塞尔协议Ⅲ，旨在解决危机前监管框架的弱点，降低风险加权资产的过度变异性，使银行体系更具"韧性"。这必将引发国际金融监管准则的调整和重组，影响银行的经营模式和发展战略。泰国是一个发展中国家，民众的教育水平及平均收入水平不高，然而泰国金融体系参与国际一体化，在全球市场中运转，一些部门必须与最先进的产品竞争。对泰国金融体系的监管制度来说，未来的关键问题是如何适应新的国际监管程序而不影响经济复苏。金融体系必须发挥的作用，是促进内需使之成为增长的引擎，更有效地使这个国家的高储蓄率转化为生产性投资。

（五）社会发展水平因素

研究发现，在泰国东北部欠发达的农村地区，金融服务受限对企业活动的局限比中部发达地区更严重；而政府在关键社会和经济领域的投资增加，以及私营领域的灾后重建花费，都给银行业务的发展带来机遇，可见改善获得金融服务的渠道能够获得双重红利。因此泰国一直重视发展农村以及推进城乡减贫工作，金融整体规划也重视改善金融基础设施，包括告知和支持商业银行为低收入家庭提供服务；升级农业银行与农业合作社，使之发展成为成熟的农村发展银行；扶持小额金融机构等社区金融组织。金融体系改革也必须要发展适合偏远乡村地区的高效的小额金融工具，要发展电子债券交易等。

（六）政治因素

重大政治事件的发生会对泰国金融体系造成显著具有冲击力的影响。2006年，泰国推出了一系列颇具争议的经济和金融政策，对金融市场造成了很大的冲击。2006年12月，泰国股市一度在一天内下跌近15%，创历史最大单日跌幅纪录，直接原因是军政府宣布的一项新规定，要求投资泰国股市和债市的外国投资者需将投资资金的30%存入央行的一个无息账户作为保证金，存期至少一年。当全球在位最久的君主泰国国王普密蓬2016年10月13日去世时，市场曾一度产生恐慌情绪，投资者纷纷抛售股票；在13日国王死讯确认后，泰国SET综指大幅下挫至年度最低。由此可见，泰国作为议会制君主立宪制国家，国王的状态会影响到泰国的政治形势，从而对金融体系产生一定的影响。

（七）政策因素

1. 金融基础设施建设与金融法律

金融基础设施涉及金融内部环境与金融外部环境，金融环境的有效运行依赖于金融基础设施的建设，金融基础设施因素对金融系统的运行效率有着重要影响。法律环境影响投资者与政府之间的权利分配，决定着金融结构的形成。法律体系也是决定金融结构的关键因素之一，运行良好的法律体系有利于金融功能的发挥。

2. 货币政策和财政政策因素

货币政策和财政政策可直接或间接作用于金融体系。货币政策方面，泰国货币政策由货币政策委员会制定。泰国自2015年4月29日以来一直维持1.5%的政策性年利率。2017年7月6日，泰国中央银行国家货币政策委员会宣布继续维持政策性年利率1.50%的水平不变。货币政策委员会认为，国家经济复苏好转势头持续，其中又以出口不断好转和增长势头最为明显，同时国内需求逐步稳定好转和增长，相对宽松的货币政策将促使经济保持增长趋势。

财政政策方面，目前泰国政府实行宽松的财政政策。内阁在2017年9月的一次例会上讨论并批准通过了启动2018年财政预算支取加速措施的方案，旨在更高效地实现财政预算有效利用，进而为经济成长注入更多的动力。泰国政府编制的2018年全年财政预算总金额约为2.9万亿泰铢，其中包括4500亿泰铢的赤字额。

（八）国际短期资本的流动

在经济全球化的大背景下，作为开放的沿海国家泰国也会融入经济全球化大浪潮中，在贸易往来中会产生国家之间资本的流动。国际资本流动是指资本在国家间的转移，具体包括以下几种方式：

贷款、援助、输出、投资、债务的增加，以及利息收入等。资本账户自由化的结果使得大量国际游资通过有效渠道进入到泰国的金融市场，这些渠道包括：大宗商品贸易、证券市场交易、债券市场交易等。国际短期资本的流动受利率影响较明显，国际资本流动在浮动汇率制度下对利率的变化更加敏感。泰国作为发展中国家，广大发达国家将资本集中投资在泰国。对于资本流入国泰国来说，有利于缓解泰国金融市场资本不足的状况，能够促进泰国本土金融行业的发展；国际短期资本流入对于泰国来说意味着本国外汇收入增加，在一定程度上可以平衡国际收支。但是也有一定的不利影响，比如短期的资本流入很有可能造成泰国金融秩序的混乱，这源于泰国的金融体系发展并没有很完善，在一定程度上会受到较大的冲击和影响，严重时可能会造成金融危机。资本流入过多会加重泰国的外债负担，有可能会陷入债务危机。

（九）汇率变动

对于东道国泰国来说，贸易国货币升值幅度如果高于泰铢的升值幅度，那么在贸易国货币地区和本地区会出现投资其他货币币种的热潮，在这一情况下会促使更多的外汇流入泰国。对于证券市场是一个积极因素，可以促进短期内证券市场交易频繁，经济环境繁荣，但同时也可能导致泰国股市和泰铢起伏波动，出现不稳定。对于债券市场来说，泰铢升值将会降低进口商品特别是进口石油的成本，这对于泰国工业发展也有推动作用，能够在一定程度上减轻通货膨胀的压力，从而有利于减轻泰国债券利率上升压力。同样，汇率变动将会增加汇率风险，不仅仅会影响双边贸易国的进出口商，而且还会对泰国本土银行的外汇储备造成一定的负面影响。

（十）利率波动

利率是资金的时间价值，是资本这一特殊生产要素的价格。泰国是东南亚第二大经济体，泰国央行自2015年4月份以来保持1.5%基准利率不变。2017年9月，泰国财政部常务次长建议中央银行下调政策性利率，配合财政政策。低利率政策可以吸引国外游资流入。商业银行存款利率的变化对经济影响比较明显。泰国商业银行存款利率上升，会引起贷款、再贷款利率的提高，从而使得信贷规模收缩。中小企业贷款成本增加，对中小企业的经营也较为不利。信贷规模收缩也就是紧缩银根，会导致股市下跌，进而影响泰国的证券市场。同样，基建规模也会缩减。泰国当前金融管制放松，在这样一个条件下，利率风险无处不在。因此，双边贸易国可以运用良好的管理手段以及较高的管理水平，将泰国金融市场风险降到最低。

第四节　基于体系现状的中国—泰国
金融合作突破点

泰国与中国的经济金融机构具有相似性，同属于中低收入水平发展中国家，二元经济结构明显，金融结构同属于银行主导型，两国金融合作具有双赢基础和广阔前景。随着中国—东盟自由贸易区（CAFTA）的建成，中国与泰国在金融领域的合作取得进展，但合作的继续深化存在制约因素，比如说，中泰贸易结构不平衡，泰国对中国出口贸易层次较低，主要是农产品、矿产品等初级产品，贸易逆差不断扩大，不利于两国经贸的持续发展；而泰国社会对于中国"一带一路"倡议以及企业"走出去"策略存有一定疑虑，担心中资企业挤压泰国本土企业生存和发展空间，这种信任缺失的状况阻碍了两国合作的深化发展。根据泰国金融体系的特点和改革的长远发展方向，结合泰国目前施行的国家总体发展规划以及中国金融体系发展的需求，中国—泰国金融合作的突破点包含以下几个方面：

（一）先进支付手段的共享以及推动人民币跨境支付

泰国本土的移动支付发展缓慢，由于使用信用卡对持有人有很高的要求，使得银行卡也不普及。并且相对于欧美市场，由于中泰在旅游业方面的密切关系，泰国的移动支付市场相对而言是比较容易进入的。这使得先进支付手段，即扫码支付，在泰国具有很大的发展空间。自 2013 年 5 月中国第一批跨境支付试点名单公布后，国内第三方支付企业在泰国打开了广阔的市场。目前，以微信、支付宝等为代表的先进支付手段在泰国市场拓展情况良好。

（二）深化双边中央银行和商业银行协作

就现阶段而言，中泰两国的中央银行和商业银行的合作处于某些具体业务的个别合作，不属于全面战略合作的阶段。双方合作的基础是要在两国商业银行之间互设分支机构的数量达到一定程度，显然，中泰双方并没有达到这一合作基础。双方合作主要是通过设立的代理行来参与由当地的金融机构提供的货币兑换以及企业贷款等服务，这样会使得货币兑换成本提高，会在一定程度上降低企业资金利用效率，使得企业在融资成本上面花费过多，不利于双方跨境企业自身的发展。因此，促使商业银行成为双边金融合作的主要实体，深化中泰双边中央银行和商业银行合作的层次及规模是当前亟待解决的重要问题，也是中泰合作的重要突破点。

（三）推进金融科技监管合作

在当前科技与金融深度融合、金融科技迅猛发展的形势下，中、泰两国都更加重视金融业务风险与技术风险叠加后产生的扩散效应，平衡行业发展与风险监管间的关系。目前两国面对的共同问题包括有效监管框架尚未形成、风险检测管控难度加大、监管手段无法满足风险监测需求等，因此两国可在共同关切问题上密切交流与合作，比如在对加密数字货币的监管方面相互借鉴经验。

（四）培养高素质金融人才

跨国金融业务需要熟悉目标国经贸和法律制度以及语言文化背景的专业金融人才，目前在中泰合作中，这方面的人才仍然十分缺乏，一个稳定高质量的人才培养机制还有待建立。中泰可以通过定向交流和合作加强金融人才培养机制建设，通过突出人才培养的实用性、针对性，提高人才培养的效益。

（五）借助"一带一路"战略促进金融合作

泰国是中国"一带一路"倡议的积极响应者，也是"一带一路"倡议重要的战略支点。加强和泰国的金融合作有利于务实推进两国关系。自2014年以来，泰国政府出台了一系列投资、贸易、财税等优惠政策，为中泰两国经贸合作提供了良好的环境和条件。截至2014年底，中泰双边贸易额达到726亿美元，中国已经成为泰国第一大贸易合作伙伴。中泰两国目前正在致力推进"金融互通"。从双边商业银行合作现状看，根据中国银行官网数据，截至2016年底，中国工商银行在泰国设立23家分行①，中国银行在泰国设立9家分行。② 根据中国银行业监督管理委员会数据，从2009年开始泰国盘古银行开始在北京设立分行，至此已有三家银行在中国设立分行。盘古银行在中国已设立5家分行，开泰银行在中国设立2家分行，泰京银行在中国设立1家分行，空间布局覆盖到处于西部地区的成都和昆明。中国商业银行在泰国本土设立分行的数量可以逐渐增加，拓展业务范围，便利两国贸易合作。为实现人民币在泰国地区的"金融互通"，中国银行（泰国）股份有限公司正努力推进这一互通。2014年以来，中国银行（泰国）股份有限公司加强与泰国证券交易所的合作，就人民币结算、港股联通、中股联通等进行推进工作，促进泰国证券市场币种结算多样化。

（六）推进中泰双边大额投资项目的金融合作与支持

根据泰国二十年国家战略、国家发展规划和4.0战略方针组成的总体发展战略，泰国提出建设东部经济走廊（EEC），计划建成泰国深化改革建立的区域平台，以带动泰国整个产业调整，实现泰国经济社会的发展和升级。建设原则之一是招商引资，打造新经济增长引擎。2017年7月，泰国在北京举行了中泰投资合作开发论坛暨泰国东部经济走廊投资路演，参会的中国官员表示，泰国东部经济走廊的规划内容和"一带一路"倡议下的基础设施互联互通以及国际产能合作高度契合，希望中泰共同努力，将EEC打造成为"一带一路"建设在中南半岛的成功典范。泰国也表示，EEC计划与中国"一带一路"倡议紧密相关，是吸引中国投资者的桥梁，能

---

① 资料来源：中国工商银行泰国股份有限公司。

② 资料来源：中国银行泰国股份有限公司。

够作为支持中国"一带一路"倡议的"动力阀门"。这样的双边大额投资项目需要中泰金融合作与支持。而中国在 EEC 的投资也将面临其他国家的竞争,因此解决人民币国际化、中资银行机构延伸、直接融资和金融产品推广等问题,建立双边金融合作的稳定平台,是保障双边投资项目成功及深化金融合作的基础。

（七）合作推进面向农村地区、中小企业的金融服务

中泰两国金融发展中同样面临农村地区、中小企业及低收入群体融资难等问题,两国金融体系的健康发展需要解决的还有缩小城乡差距,消除阶层对立与动荡根源问题,尽力保证国内经济的持续平稳发展。2008 年以来,中国重视推动农村发展与改革的解决方案,提倡符合农村的金融服务项目助力农村发展,而小额信贷业务和微型的金融服务被列为最有效的解决方案之一。但是,目前我国农村小额信贷公司在政策支持、信用环境、金融监管、存款来源等方面存在一系列的问题。这些问题始终没有得到很好的解决,因此阻碍了我国农村小额信贷公司的发展。泰国农业合作银行在推行农村小额信贷服务方面可以为中国提供相关经验。泰国内阁于 2017 年 12 月批准 2450 亿泰铢的金融支持计划,旨在通过政府控股的金融机构帮助中小企业。2018 年 4 月泰国最低日薪将上涨,为改善中小企业的资金流动性,泰国中小企业发展银行（SME Bank）2 月开始为受影响的中小企业发放了 780 亿泰铢贷款。

（八）合作推进关切社会发展和民生福利的金融合作

泰国国家总体发展规划的目标包括降低经济发展过程中的不平衡、不平等问题,实现社会公平,以及促进合理分配资源的可持续发展绿色增长。这也是中国的社会经济发展目标。目前两国均重视减贫工作,此外,还可将金融合作延伸到其他社会问题的解决举措,比如两国都面临的人口老龄化问题等。在推动社会发展和促进民生福利方面进行金融合作,能够有利于两国金融体系的长远健康发展。

泰国与中国的经济金融机构具有相似性,两国金融合作具有双赢基础和广阔前景,但合作的继续深化存在制约因素。结合泰国目

前施行的国家总体发展规划以及中国金融体系发展的需求,中国—泰国金融合作的突破点包括:(1)推进先进支付手段的共享以及推动人民币跨境支付。泰国本土的移动支付发展较缓慢,以微信、支付宝等为代表的先进支付手段在泰国展现出了良好的发展前景。而推动人民币跨境支付则将有利于贸易合作企业尤其是中方企业规避汇率风险,减少贸易成本。(2)深化双边中央银行和商业银行合作的层次及规模。促使商业银行成为双边金融合作的主要实体,深化中泰双边中央银行和商业银行合作的层次及规模,将有利于减少贸易成本以及增加兑换货币的便利性。(3)推进金融科技监管合作。两国可在共同关切问题上密切交流与合作,比如在对加密数字货币的监管方面相互借鉴经验。(4)培养高素质金融人才。中泰可以通过定向交流和合作加强金融人才培养机制建设,通过突出人才培养的实用性、针对性,提高人才培养的效益。(5)借助"一带一路"战略促进金融合作。泰国是中国"一带一路"倡议的积极响应者,也是"一带一路"倡议重要的战略支点,中泰两国目前正在致力推进"金融互通",加强和泰国的金融合作有利于务实推进两国关系。(6)推进中泰双边大额投资项目的金融合作与支持。泰国东部经济走廊的规划内容和"一带一路"倡议下的基础设施互联互通以及国际产能合作高度契合,EEC计划与中国"一带一路"倡议紧密相关,是吸引中国投资者的桥梁,能够作为支持中国"一带一路"倡议的"动力阀门"。这样的双边大额投资项目需要中泰金融合作与支持。(7)合作推进面向农村地区、中小企业的金融服务。中泰两国在金融市场发展时,也会面临农村以及中小企业等融资难的问题,两国金融体系的健康发展需要解决的还有缩小城乡差距,消除阶层对立与动荡根源问题。目前中国农村小额信贷公司在政策支持、信用环境、金融监管、存款来源等方面存在一系列的问题,而泰国农业合作银行在推行农村小额信贷服务方面可以为中国提供相关经验。(8)合作推进关切社会发展和民生福利的金融合作。目前泰、中两国均重视减贫工作,还可将金融合作延伸到其他社会问题的解决举措。

第五节　中泰金融合作报告：中泰政治 关系、泰国制度环境与中国 对泰直接投资[①]

对外直接投资（Outward Foreign Direct Investment，简称 OFDI）是当一国自身经济发展到一定水平，积累足够资本、技术和生产力后走向海外市场，参与并优化全球资源配置的重要经济举措。尤其作为新兴经济体代表的中国，自 2000 年始开启"走出去"对外开放战略以来，中国对外直接投资持续、迅猛发展，在全球范围内引发关注与热议。根据我国商务部、国家统计局、国家外汇管理局联合发布《2016 年度中国对外直接投资统计公报》，我国的对外投资流量蝉联全球第二，占比首次超过一成，连续两年实现双向直接投资项下资本净输出。2016 年，在全球外国直接投资流出流量 1.45 万亿美元，较上年下降 2% 的背景下，中国对外直接投资流量创下 1961.5 亿美元的历史新高，同比增长 34.7%，在全球占比达到 13.5%。

有关新兴经济体对外直接投资的研究，很多学者从政治风险和制度理论的视角提出了对影响母国对外直接投资的因素分析。其中，制度理论是用以分析影响新兴经济体对外直接投资增长因素最多的视角之一。North（1990）认为制度是人类社会在长期发展过程中形成的现世游戏规则，包括限制人际交往、生产活动、商业交往等社会实践活动中一系列有形或无形的规则限制。有形的规则包括明文规定的法律法规、契约文书等，又称正式制度；还有能潜移默化影响人们行为选择的政治文化、价值信仰系统等，被称为非正式制度。另外，如果东道国与母国之间的制度的差异越大，母国企

---

① 作者：广西大学中国—东盟研究院泰国研究助理，赵乐子；广西大学中国—东盟研究院舆情研究助理，徐静怡；广西大学东盟学院国际金融实验班，李淑安。

业适应东道国营商环境的时间就会越长，由此产生的时间成本与运营风险都会加大，因此，理智的企业通常不会选择对制度距离过大的东道国进行投资决策（Habid 和 Zurawicki，2002）。

2017 年是中国与泰国正式建交 42 周年、是《东盟—中国自由贸易协定》签订 15 周年、是《大湄公河区域经济协议》签订 25 周年。中国与泰国素来关系友好，经济交往也是源远流长。中泰双方关系的友好亲善，源于文化上的相似与融合，也为中泰之间的投资、经贸奠定了认同的基础，创造了发展的机遇。早在 2010 年，中国已取代美国成为泰国第一大出口市场、第二大进口来源国和第二大贸易伙伴。2013 年，中国超越日本成为泰国第一大贸易伙伴。时至今日，中泰经济联系已经非常紧密。随着习近平总书记"一带一路"倡议的实施与深化，处于中南半岛中部的泰国，本身具备一定的发展基础和战略需求，中泰两国的贸易合作势必进一步强化。尤其对于中泰两国由上而下的政治文化而言，政治关系对经济合作的影响相对较大。因此，如何更好地识别中泰政治关系对中国企业对泰直接投资的促进效应，降低东道国政治风险对投资的不利影响，减小泰国制度环境差异对中国企业对泰直接投资带来的隐性成本，是中国企业选择对泰直接投资时考虑的关键问题。

随着中国综合国力的增强，在世界范围内的影响力也在不断增强。近年来，中国日益注重经济外交与政治外交之间的相互促进以及从周边区域开始推动人类命运共同体的意识普及。尤其在制度相对较不完善的地域，一个相互信任、具有共同体意识、达成合作共识的双边政治关系，毫无疑问，势必会有效促进企业在东道国的直接投资，大大降低企业海外投资的风险（Li and Vashchilko，2010；张建红和姜建刚）。因此可知，中泰政治关系与泰国制度环境都是影响中国企业考虑对泰直接投资的重要因素。至于，在企业对泰直接投资的过程中，政治关系与制度环境的交互影响作用，现有的研究尚未深入探讨。

本文通过建立多元时间序列回归模型，研究中泰两国的双边政治关系、泰国的制度环境对中国企业对外直接投资泰国的影响，并重点考察中泰两国的双边政治关系与泰国制度环境之间的交互效应。在国别层面的研究基础上，本文通过中国—泰国维度下的宏观经济数据，实证分析了中泰政治关系与泰国制度环境的互补效应，并提出了相应的结论启示与政策建议，在一定程度上为中国企业对泰直接投资过程中风险的识别与规避以及投资策略的优化提供了一定的经验支持。

一　文献综述

在中国企业对泰直接投资的过程中，企业需要明了泰国的政治局势、与中国政治关系的变化，要投入并适应泰国特有的制度环境。

（一）中泰政治关系对中国对泰直接投资的影响

泰国是一个政治频繁动荡，社会相对稳定的国家。中泰政治关系自 1975 年正式建交以来整体上保持着友好往来。与交易成本的理论一致，国家间友好的双边政治关系有助于降低经贸合作中的不确定性，促进两国经济合作的发展。现有的文献主要是从中泰历史友好关系、泰国地缘政治环境对中泰政治关系的影响以及中泰双边投资协定的签署等角度进行分析。首先，两国的政治交往历史愈悠久、政治愈互信、双边关系愈友好，愈有利于泰国作为东道国完善各种规则和保护我国企业投资者利益，进而有利于我国企业投资者在泰国的适应与发展（张建红和姜建刚，2012）。另外，双边投资协定的签订也成为保障与调节对外直接投资的重要手段，通过保障外资在东道国获得公平甚至是优惠对待，促进了双边的经贸投资（宗方宇，2012）。与长期的正式外交关系相比，短期的高层互访对企业对外直接投资的规模和多元化程度上促进效应尤其明显，而双边的政治冲突则对企业对外投资产生了显著的抑制效应（杨连星等，2016）。因而，在国家实施"一带一路"的推进过程中，要积极重视并发挥好双边政治关系对经贸投资的促进作用。潘镇和金中坤（2015）在讨论双边政治关系与东道国制度环境对企业对外直接投资的影响时认为，中国对外直接投资首选的是政治关系较好的东道国，而政治关系在发达国家和发展中国家对外国直接投资产生的影响有明显不同，在制度风险较大的国家，良好的双边政治关系有助于减弱东道国制度安排的不确定性，可以作为制度的替代性安排，促进企业对外直接投资的选择。

（二）泰国制度环境对中国对泰直接投资的影响

制度的主要功能是为母国企业在东道国的直接投资提供一个合理合法的稳定性保障。泰国制度环境也直接影响着中国企业对泰直接投资的选择与运营风险。岳咬兴和范涛（2014）认为区位选择是中国企业对外投资的重要考虑因素，而针对企业对外投资区位选择的问题已经从最初的传统经济因素转化为制度性因素，并选取了中国对亚洲 26 个主要国家 9 年的投资数据进行相关实证分析。研究表明相比于东道国的制度环境，投资双方之间投资制度环境差距对投资效果的影响更为显著，中国更偏向投资于自身制度环境较差的国家或地区，该研究提出中国要扩大合作伙伴范围，拓展多个合作机制的"南南"投资合作。周经、张利敏、葛瑶（2015）在此研究基础上，基于 Heckman 两阶段选择模型，搜集中国对 48 个国家 10 年的数据进行研究，最终得出与前者相似结论。

在文化距离对中国对外投资的研究方面成果颇丰。田晖和颜帅（2015）指出现有研究表明国家与国家之间的文化差异已经成为经济贸易的重要影响因素，梳理了现有大部分的文化距离测度指标，介绍了 KS 指数、欧式指数等指标，并作出了相应评价。祁春凌和邹超（2013）采用 Hofstede（1980）提出的国家文化指数，选取 2003—2009 年中国对 51 个国家的投资数据进行分析，结果表明文化距离会对中国对外投资形成障碍。刘威和肖光恩（2015）构建包含制度因素和文化距离的引力模型，通过大量数据分析得出文化距离和地理距离一样对跨境股权投资有着显著的阻碍影响。相反，也有大量学者研究发现文化距离对对外直接投资存在促进作用。例如 Thomas（2001）选取 11 个 OECD 国家作为母国，分析其对墨西哥的直接投资，最终得出的结果显示，文化距离越大，对国际直接投资流入墨西哥的促进作用就越大。此外，蒋冠宏（2015）通过数据分析了双边文化距离对我国企业对外直接投资风险的影响，认为二者之间呈现"U"形趋势，即适度的文化距离有利于降低我国企业的对外直接投资风险，但是文化距离过大将大大增加风险。

总结过往学者的优秀研究成果可以看出制度环境对于中国对外投资有着较为为重要的影响，并已经取得较多成果，但针对国别制度环境的研究较少，因此本文针对泰国制度环境进行研究具有一定价值。

（三）中泰政治关系与泰国制度环境的交互影响效应

从研究以上文献可知，中泰双边友好的政治关系可能对泰国的制度环境具备一定的优化互补效应。具体来讲，泰国的制度环境越稳定、制度质量越高，对投资国企业的保护就越到位。中泰双边政治友好关系，包括高层互访、政治互信和政治合作等，也为中国投资企业创造了一系列投资合作的制度性安排，降低了企业海外投资的交易成本，在一定程度上抵御了海外投资的风险冲击，增强了中国企业对泰的投资信心。正如学者刘晓光和杨连星（2016）基于中国企业近 10 年来对外投资的数据构建双边政治关系和东道国制度环境的指标进行实证分析的研究表明，国家间友好的政治关系对制度环境有一定的促进作用，进而显著提高企业对外投资成效。

二　计量模型构建

（一）模型设计

本文基于多元回归时间序列模型，研究中泰政治关系、泰国制度环境对中国对泰国直接投资的影响，重点考察了中泰政治关系与泰国制度环境之间的交互作用。为实现研究目标，本文建立了以下模型：

$$OFDI = \alpha + \beta_1 \cdot dlt \times rul + \beta_2 \cdot scc^* rul + \beta_3 \cdot dlt + \beta_4 \cdot scc + \beta_5 \cdot rul + \beta_6 \cdot gdp + \beta_7 \cdot fer + \beta_8 \cdot tr + \mu$$

本文变量的选取主要参考了以往权威文献对中国对外直接投资的分析中主要考量的影响因素。在上述模型中，OFDI 为中国对泰直接投资额，dlt 表示中泰外交关系的持续时间，scc 表示中泰政治合作与政治冲突的综合影响因子，rul 为泰国正式制度环境变量，gdp 为以 2010 年平价表示的实际国民生产总值，fer 是泰铢对美元的名义汇率，tr 表示泰国的贸易开放度，即以泰国贸易总额占泰国 GDP 的比重衡量，μ 为随机误差项。

dlt、scc 为本文中描述中泰双边政治关系的变量，dlt 表示中泰外交关系的持续时间，表示中国与泰国建立外交关系的持续时间，本文选取了特定的观察年份与最初的建交年份（1975 年）的差。scc 表示中泰政治合作与政治冲突的综合影响因子，本文选取的是 GDELT 项目数据库（The Global Database of Events，Language，and Tone）中 2003—2015 年中泰政治合作（正值）与中泰政治冲突（负值）之和作为综合影响的标准。rul 为本文描述正式制度差异的变量，是基于 WGI 指数来计算。泰国国内生产总值 gdp，汇率 fer 和贸易开放度 tr 数据来自世界银行数据库。

（二）描述性统计

本文研究使用的中国对泰直接投资额（OFDI）数据来源自世界银行数据库。中泰双边政治关系变量最初设计的是中泰外交关系的持续时间、中泰高层互访以及中泰政治冲突等，来自中华人民共和国外交部官方网站。在交互效应的讨论中，为统一权重标准最终选用了来自 GDELT 项目数据库的中泰政治合作和政治冲突分值。中泰政治合作与政治冲突的综合影响因子，本文选取的是 GDELT 项目数据库（The Global Database of Events，Language，and Tone）中 2003—2015 年，中泰政治合作（正值）与中泰政治冲突（负值）之和作为综合影响的标准。双边投资协定，来自联合国贸发会议的 BIT 数据库。对于中泰正式制度差异的变量选取，本文采用世界银行专门开发的 WGI 指数，即一个包括腐败监管指数（Control of Corruption）、民主自由权利指数（Voice and Accountability）、法律制度指数（Rule of Law）、政治稳定性指数（Political Stability）、监管治理指数（Regulatory Quality）和政府监管效率指数（Government Effectiveness）六个方面的指数体系，它可以比较概括的反映出一国的制度环境。在数据的处理上，本文采取的是先将中泰两国 2003—

2015 年 WGI 六项指标相加之和作为每年综合评定指标，在对比差异时依据的是中泰两国综合评定的指标数据相减所取的绝对值，差的绝对值越大表明中泰两国制度环境差异越大，差的绝对值越小表明中泰两国制度环境的差异越小。泰国国内生产总值，汇率和贸易开放度数据来自世界银行数据库。

主要回归变量的含义和相关变量的描述性统计结果见表 6 - 2。

表 6 - 2　　**主要变量指标的数据描述性统计**（Descriptive Statistics）

variable	Mean	Sd	p50	min	max
OFDI/万美元	27301.92	32569.48	6686	477	83946
外交关系持续时间	33.5	3.61	33.5	28	39
中泰高层互访情况	37.92	11.54	39	21	61
双边冲突情况	-12.67	8.12	-12	-28	-4
双边投资协定生效时间	23.5	3.61	23.5	18	29
WGI 差异	1.94	1.07	1.56	0.9	4.46
实际 GDP/万美元	29000000	9500000	29000000	15000000	42000000
人均 GDP/万美元	0.44	0.13	0.43	0.24	0.62
汇率	84.43	7.69	85.92	67.18	95.53
贸易开放度	0.000571163	0.00002324	0.000574984	0.000527469	0.000617078

三　中泰正式制度环境比较分析

（一）政治制度差异比较分析

本文基于世界银行专门开发的 WGI 指数，即一个包括腐败监管指数、民主自由权利指数、法律制度指数、政治稳定性指数、监管治理指数和政府监管效率指数六个子指标的指数体系，整理出中国与"21 世纪海上丝绸之路"国家（以下简称"一路"国家），包括泰国的政治制度差异，以从比较的角度分析泰国的政治投资环境，绘制图 6 - 1 如下：

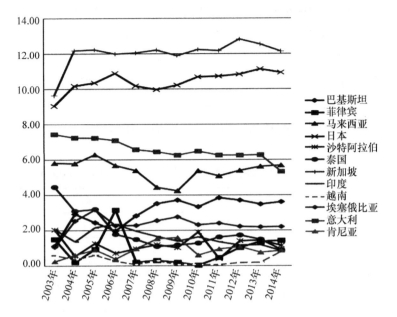

图6-1 中国与"一路"国家之间的正式制度差异

资料来源:引自曹振燕《制度差异在中国对"一路"国家OFDI中的影响研究》,山东财经大学,硕士学位论文,2016年。

从图6-1可以看出,2003—2014年中泰两国之间的政治制度差异在图中国家处于中等偏下的水平,并且正在逐渐平稳地减小。

(二)经济制度差异的比较分析

对于经济制度的度量,我们采用经济自由度指数(EFI)来衡量东道国的经济制度环境,公布该指数的是美国传统基金会。贸易政策、市场活动、政府对经济的干预、资本流动与外国投资、货币政策、金融业、规制、产权和工资及物价十个方面,该指数比较概括地反映了一个国家的经济制度情况。根据该指数体系整理出中国与"一路"国家的经济制度差异并绘制图6-2:

由图6-2可以看出,中泰经济制度差异在中国与其他国家之间的经济制度差异中处于中等偏上的水平。并且从2003—2014年,中泰之间的经济制度差异波动率较高。

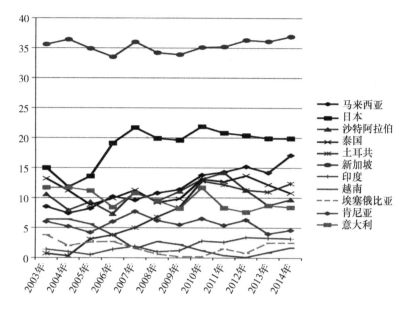

图6-2 中国与"一路"国家之间的经济制度差异

资料来源：引自曹振燕《制度差异在中国对"一路"国家 OFDI 中的影响研究》，硕士学位论文，山东财经大学，2016 年。

（三）文化制度差异

通过查阅霍夫斯泰德（Hofstede，2014）的文化价值观评价体系，整理出中国和"一路"国家关于不确定性规避指数、个人主义与集体主义指数、权力距离指数、刚柔性指数（又称男性化和女性化）4 个方面的分值，并综合计算了中国与包括泰国在内的世界上主要国家之间的文化制度差异指数，绘制图 6-3：

从上图中可以看出，中泰之间的文化制度差异相对中国与其他"一路"主要国家的文化差异处于较低水平。

四 实证分析与检验

本文采用 2003—2015 年共计 13 年的数据来进行时间序列的实证检验。在进行回归分析之前，本文首先采用方差膨胀因子（VIF）对模型变量进行了多重共线性检验，结果发现不存在多重

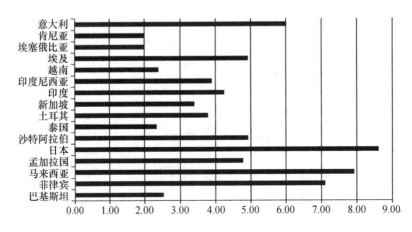

图6-3 中国"一路"国家之间的文化差异

资料来源：引自曹振燕《制度差异在中国对"一路"国家 OFDI 中的影响研究》，硕士学位论文，山东财经大学，2016年。

共线性问题。gdp 以自然对数 lngdp 来衡量。然后，本文对所有变量进行了平稳性的单位和检验。其中，scc * rul 合作冲突综合影响因子为平稳变量。OFDI，dlt * rul，rul，tr 为一阶平稳变量，于是在模型中引入它们的一阶差分序列，lngdp、fer 为二阶平稳变量，于是在模型中引入它的二阶平稳序列。本文通过逐步回归以逐渐提高模型的拟合度和变量的显著性，回归结果如表6-3。

表6-3 时间序列模型系数及显著性

D1. OFDI	系数	$p > |t|$
D1. dlt * rul	− 15753. 76	0. 047
scc * rul	57. 98794	0. 91
Scc	− 1007. 084	0. 185
D2. fer	− 2659. 913	0. 045
D1. WGI	506244. 1	0. 302
D2. lngdp	175623. 9	0. 075
D1. tr	− 8. 07E + 07	0. 711
常数项	35080. 26	0. 044

该时间序列模型可决系数达到了 89.27%，调整后的可决系数达到 64.24%，拟合优度较高，且残差项序列平稳。从回归系数的正负及显著性来看，外交关系持续时间与正式制度差异的交互项为负并且比较显著，表明该交互作用对中国对泰直接投资额起到抑制作用。正式政治制度差异的系数为正并且比较显著，表明中泰正式政治制度差异对中国对泰直接投资起到正的促进作用。中泰双边政治合作冲突综合因子与泰国正式制度环境差异的交互项、gdp 的系数为正但是不显著，说明其对直接投资额有一定的、但是有限的促进作用。双边合作冲突的交互影响因子、汇率、贸易开放度的系数为负但是不显著，说明其对中国对泰直接投资有一定但是有限的抑制作用。

对于产生上述现象的可能解释包括：首先，中国倾向于对正式制度环境差异较大的国家进行直接投资，此时东道国的体系虽不完善，但是资源丰富，且本身需要快速发展经济以融入全球化进程。其次，泰国的权威政治体系在一定程度上，推进了投资项目的进展，弥补了正式制度差异方面的负面影响，促进了中国对泰直接投资。再次，中泰政治关系对泰国制度环境有一定的优化效应，即当泰国制度环境较为恶劣时，友好的中泰政治关系在一定程度上可以改善中国企业在泰的投资环境；当泰国国内经济发展较快，投资机会增多时也在一定程度上促进了中国企业在泰的投资。最后，中泰双边产生政治冲突时，会在一定程度上恶化泰国制度环境，增加中国企业的投资成本，对中国对泰直接投资产生一定程度的抑制作用。

表6-4　　　　　　　　中泰政治关系对正式制度差异的影响

WGI	系数	p >	t	
Dlt	-0.0537836	0.00
Scc	0.0033791	0.052
dlt * rul	0.0345828	0
scc * rul	-0.0000345	0.977
Cons	1.591668	0

当投资母国与东道国存在显著的制度差异时,企业对外直接投资容易遭受潜在的制度风险,反过来,制度差异较少的国家更加容易接纳彼此的制度环境和交易规则,因此可以促进企业 OFDI 的提升(Habib and Zurawicki,2002)。基于此,本文通过构建中泰之间正式制度差异与双边政治关系的交叉项,考察在中国企业对泰国直接投资中,双边政治关系对于中泰之间正式制度差异的影响效应。

表 6 – 3 是中泰双边政治关系与中泰制度差异的回归结果。模型的可决系数为 99.85%,调整后的可决系数为 99.78%,说明模型的拟合程度较高。估计结果显示,对于中泰双边之间的正式制度差异,外交持续时间呈显著的负向促进效应。这说明随着中泰建交时间的增长,中泰之间的政治制度差异在逐渐减小。这可通过本文的"数据的描述性统计"部分证明。另外通过模型的分析结果可以看出,中泰合作与冲突的综合影响对双边政治制度差异起到有限的正向促进作用。说明 2003 年以来中泰之间合作和冲突的交互影响在一定程度上加大了中泰之间的政治制度差异。这可能是由于2003 年以来每年中泰的冲突大于合作所致。

五 结论及政策建议

2017 年 6 月 7 日,联合国贸易和发展会议(以下简称"贸发会议")发布了《2017 年世界投资报告》。报告显示,中国 2016 年对外投资飙升 44%,达到 1830 亿美元,这是中国在该报告中首次成为全球第二大对外投资国。随着"一带一路"倡议和国际产能合作的推进,中国对外投资仍将保持快速增长,同时也应看到,中国对外投资的质量和结构仍有进一步提高的潜力。本文基于中国对泰直接投资的数据,通过构建多元回归时间序列模型,重点考察了中泰政治关系与泰国制度环境之间的交互作用。通过实证分析发现:首先,中泰高层领导的互访,在一定程度上推进了中国企业对泰直接投资,而中泰政治冲突则对泰国制度环境产生了一定的恶化效应;其次,友好的中泰双边政治合作在一定程度上对泰国制度环境起到优化效应,促进了中国对泰直接投资;最后,中国倾向于对正式制度环境差异较大的国家进行直接投资，对于泰国而言，其威权政治体系在某种程度上推进了中国对泰直接投资。

（一）政府层面

第一，中泰政府间需加强互联互通，特别是当制度环境尚不完善的时候，增强中泰政府层面的互访外交活动对中国企业对泰直接投资具备一定的促进作用。第二，在"一带一路"倡议推进的过程中，面对制度环境尚不完善的领域，注重加强与泰国的友好政治交流，通过政府层面的沟通协调，可以降低制度环境不利领域的投资风险，保障中国企业在泰直接投资成效。第三，从长远发展的角度说，完善双边贸易合作规则的谈判合作机制，加强双边正式制度建设，才能为跨国投资行为营造良好的正式制度环境。第四，重视非正式制度差异对中国企业对泰直接投资的影响。由于文化制度的差异越大越容易产生涉及宗教信仰、价值观、经营理念等方面的文化冲突，进而增加企业交易成本，并对中国企业对泰直接投资产生抑制效应。因而，政府应积极提供对泰投资的信息咨询服务，使有意向对泰投资的企业可以及时而充分地了解泰国的投资政策、市场信息以及风土人情，从而使中国企业在对泰投资前能够充分把握泰国政治、经济及文化信息，从而减少投资过程中可能出现的文化摩擦，保证对泰直接投资活动得以顺利进行。

（二）企业层面

第一，企业应加强自身应对风险的能力，积极主动地了解泰国的具体信息与政策。企业在对泰投资前，要认真研究商务部等政府部门、贸易投资促进会等投资促进机构、中信保等政策性金融组织发布的指引、预警和报告等文件信息，加强与中国驻泰使领馆、驻泰投资促进机构、中资企业协会等政府及企业组织的联系，探索与泰国当地企业的合资合作、对泰国本地员工的雇佣培训、对海外投资保险的购买以及寻求泰国法律保护支持等，结合实地调查对即将投资的项目进行充分论证，聘用第三方进行有效的风险评估和管理，避免跟风炫耀等不理性因素的驱使。同时，要积极承担驻泰企业的社会责任，树立中国形象，尊重泰国具体的文化习俗，在加强自身安保自卫能力的基础上争取泰国政府及国际组织的支持与协助。第二,对泰投资的中国企业要充分了解泰国的政局变化以及善用中泰政治关系。对于海外投资企业来说,中泰高层的互信互访以及中泰政治的良性互动对于企业在泰国的投资环境而言具备优化效应,但是企业也要保持警醒,不能过于依赖双边政治关系进行直接投资;最重要的还是提高自身技术、产品质量以及运营管理方面的能力,构筑自身的所有权优势,从实质上营造有利的投资氛围,提高对泰投资成效。第三,中国企业在对泰直接投资过程中,除了考虑中泰政治关系与泰国既定的制度环境外,还要考虑到中泰双边贸易量、泰国国内生产总值与人均国民收入、泰国的贸易开放度等因素,从而尽可能减少对泰直接投资活动的偏差,切实提高投资成效。

参考文献

[1] 蔡卫星、赵峰和曾诚:《政治关系、地区经济增长与企业投资行为》,《金融研究》2011年第4期。

[2] 曹振燕:《制度差异在中国对"一路"国家OFDI中的影响研究》,硕士学位论文,山东财经大学,2016年。

[3] 陈险峰:《政治关系对企业投资决策的影响分析:基于发展中国家视角》,《数学的实践与认识》2014年第20期。

[4] 陈运森和朱松:《政治关系、制度环境与上市公司资本投资》,《财经研究》2009年第12期。

[5] 戴丽君:《泰国近五年投资环境及其经济数据分析》,《产业观察》2016年第21期。

[6] 郭桂霞,赵岳和巫和懋:《我国"走出去"企业的最优融资模式选择——基于信息经济学的视角》,《金融研究》2016年第8期。

[7] 冀相豹:《制度差异、累积优势效应与中国OFDI的区位分布》,《世界经济研究》2014年第1期。

[8] 冀相豹：《中国对外直接投资影响因素分析——基于制度的视角》，《国际贸易问题》2014 年第 9 期。

[9] 蒋冠宏：《制度差异、文化距离与中国企业对外直接投资风险》，《世界经济研究》2015 年第 8 期。

[10] 刘威，肖光恩：《文化距离、制度效应与跨境股权投资》，《经济管理》2015 年第 5 期。

[11] 刘晓光和杨连星：《双边政治关系、东道国制度环境与对外直接投资》，《金融研究》2016 年第 12 期。

[12] 潘镇和金中坤：《双边政治关系、东道国制度风险与中国对外直接投资》，《财贸经济》2015 年第 6 期。

[13] 祁春凌和邹超：《东道国制度质量、制度距离与中国的对外直接投资区位》，《当代财经》2013 年第 344 期。

[14] 綦建红，李丽和杨丽：《中国 OFDI 的区位选择：基于文化距离的门槛效应与检验》，《国际贸易问题》2012 年第 12 期。

[15] 邱立成和赵成真：《制度环境差异，对外直接投资与风险防范：中国例证》，《国际贸易问题》2012 年第 12 期。

[16] 田晖和颜帅：《国家文化距离的测度研究》，《企业导报》2015 年第 14 期。

[17] 杨连星、刘晓光和张杰：《双边政治关系如何影响对外直接投资——基于二元边际和投资成败视角》，《中国工业经济》2016 年第 11 期。

[18] 叶亚杰：《制度距离视角下中国企业对外直接投资研究》，《河南社会科学》2017 年第 6 期。

[19] 岳咬兴，范涛：《制度环境与中国对亚洲直接投资区位分布》，《财贸经济》2014 年第 6 期。

[20] 张建红和姜建刚：《双边政治关系对中国对外直接投资的影响》，《世界经济与政治》2012 年第 12 期。

[21] 周方冶：《"一带一路"建设与中泰战略合作：机遇、挑战与建议》，《南洋问题研究》2016 年第 4 期。

[22] 周经，张利敏和葛瑶：《制度环境对中国跨国企业海外投资

的影响——基于 Heckman 两阶段选择模型的分析》,《国际商务——对外经济贸易大学学报》2015 年第 1 期。

[23] 宗芳宇、路江涌和武常歧:《双边投资协定、制度环境和企业对外直接投资区位选择》,《经济研究》2012 年第 5 期。

[24] Kolstad, Arne Wiig, 2012, "What Determines Chinese Outward FDI?" *Journal of World Business.*

[25] North, D. , *Institutions, Institutional Change and Economic Performance*, New York: Norton, 1990.

[26] Aporn Wattanadumrong, Alan Collins, Martin C. Snell, 2014, "Taking the Thai Trail: Attracting FDI via Macro-level policy", *Journal of Policy Modeling.*

[27] Habid, M. and Zurawicki, L. , "Corruption and Foreign Direct Investment", *Journal of International Business Studies*, Vol. 33, No. 2, 2002.

[28] Kefei YOU and Offiong Helen SOLOMON, 2015, "China's outward foreign direct investment and domestic investment: An industrial level analysis", *China Economic Review.*

[29] Li, Q. and Vashchilko, T. , "Dyadic Military Conflict, Security Alliances, and Bilateral FDI Flows", *Journal of International Business Studies*, Vol. 41, No. 5, 2010.

[30] Xiqian Cai, Yi Lu, Mingqin Wu, Linhui Yu, "Does Evironmental Regulation Drive Away Inbound Foreign Direct Investment? Evidence from a Quasi-natural Experiment in China", *Journal of Developmemt Economics*, 2016.

第七章　文莱金融体系考察与分析

位于东南亚的文莱，在当今世界是一个独特的马来伊斯兰君主制国家，宗教几乎贯穿其国内的政治、经济、文化以及社会生活等方方面面，同时文莱还是一个从以农渔业为主的落后国家跻身到世界人均收入水平位居前列的发达国家，经济实力的转变，不仅使文莱在本地区话语权增强，在全球政治体系、经济体系的地位也都有所提升。金融作为文莱经济发展的重要组成部分，起步较晚，且由于文莱以石油起家的特殊的经济状况，其金融体系相较于世界其他国家的金融体系而言发展还非常不充分，但正是这一极不完善的金融体系却能满足国内经济发展的需求，这值得学者深思。基于此，笔者将从文莱金融体系的发展历程、现行金融体系的基本架构、金融体系的主要特点与影响金融体系的因素几个方面着手，对其金融体系进行深入分析，最后，根据现行金融体系的现状找出中文金融合作的几点突破点。

第一节　文莱金融体系的发展历程

文莱金融体系的发展历程大致可分为三个阶段：文莱金融体系的兴起，即诗里亚石油资源的发现，吸引外资金融机构入驻；文莱金融体系的发展，即独立后，文莱本土银行和其他类型金融机构兴起，金融危机后，伊斯兰金融也初见端倪；文莱金融体系趋于完善，即构建离岸金融中心，着力建设现代化的金融体系。

一 文莱金融体系的兴起 (1929—1983 年)

1929 年，文莱在诗里亚地区首次发现石油资源，石油的大量开采带动了文莱贸易的蓬勃发展，石油收益直接为文莱国内各项事业发展提供了资金支持，国家经济开始活跃，以石油为中心的贸易空前繁荣，金融体系也因此开始兴起。

1888 年，文莱开始沦为英国的保护国之一，1906 年被迫与英国签订补充协定，英国便开始派驻扎官掌管文莱相应政务。从这以后，文莱虽然名义上还是一个苏丹王国，但实际上已变成英国的殖民地。此后英国殖民者肆无忌惮掠夺文莱的经济资源，文莱的民族经济也因此受到极大摧残，国家财政萧条，只能依靠借贷维持开支，使得国家经济长时间停滞不前。文莱在诗里亚发现石油后，便给英国殖民者带来巨额利润，英属马来石油公司也因此大量雇用外国员工，海外员工的工资支付等问题引发了文莱对于银行服务的迫切需求。1935 年，文莱出现了第一家银行——邮政储蓄银行，开始接受公众存款，并由政府为这些存款提供一定的担保。但是该邮政储蓄银行将吸取到的存款用于大量购买海外证券，因此一定程度上阻碍了本国的贷款业务发展。在文莱邮政储蓄银行未成立之前，主要由英属马来石油公司提供有关的银行服务，主要目的是解决为开采石油而雇佣的外国雇员和工人存取款工资的问题。

1942 年，文莱被日本占领，本土的邮政储蓄银行也受到很大影响，大部分业务不能办理。文莱被日本占领的时期，由日本成立的日本横滨银行成为文莱的第一家外国银行。1945 年日本投降后，这家银行也随之停业。1946 年 11 月，文莱的邮政储蓄银行又开始恢复正常营业，但是邮政储蓄银行的业务未能进一步满足文莱民众日益多样化的金融需求。1976 年，邮政储蓄银行便停止接受公众存款，随后不久便宣布停业。也正是由于本土的邮政银行的信用受到严重冲击，促使了大量外国银行的入驻。

二战后，文莱的第一家外国银行，是由香港汇丰银行在 1947

年设立的分行。除此以外，二战结束后英国渣打银行（1958 年）、马来西亚的马来银行（1960 年）和合众银行（1963 年）、美国的花旗银行（1972 年 3 月）以及美洲银行（1972 年 11 月）、新加坡的华联银行（1973 年）都纷纷在文莱开始设立起分行。与此同时，文莱国民银行和文莱国际银行也在此期间诞生。其中以英国渣打、香港汇丰和文莱国民银行的规模最大，这三家银行主要以利率投标和商定利率的形式存放"通知存款基金"，但金融服务对象主要是两个垄断客户：文莱的壳牌石油公司和文莱政府。

20 世纪 70 年代，由于国际石油危机的爆发，导致国际石油价格飞速上涨，文莱经济也因此迎来阶段性的腾飞。这一时期，文莱国内的基础设施和社会福利设施、采矿业、交通运输业等也依托石油产业发展迅猛，人民的生活水平得到大大的提高，自然而然拉动了国内的消费增长，国家经济的快速发展进一步促进了金融的发展，直接带动了银行业的兴起。但是，文莱金融业是在众多外资银行入驻的环境下起步的，由于这段时期石油资源主要被壳牌石油公司集团垄断，而文莱壳牌石油公司与其他企业的往来经常通过赊账买卖等方式进行，银行这一金融媒介在中间发挥的作用十分微弱，受此影响，文莱的金融市场体系在这一时期仍然非常落后，还处于初级阶段。

二　文莱金融体系的发展阶段（1984—1999 年）

1984 年 1 月 1 日，文莱宣布正式独立，成立"文莱达鲁萨兰国"。并于同年 1 月 7 日，成为东南亚国家联盟成员之一。这一时期，文莱得以平稳发展，国内的经济结构也发生了变化，与东盟其他国家的经济联系也越来越紧密，出口市场也随之扩大，因此文莱国家的发展对金融服务的需求也变得越来越迫切，从而推动金融业呈现多元化发展态势。尤其是文莱在独立当年，积极参加伊斯兰会议组织，加强与其他伊斯兰国家之间的经济合作，国内的伊斯兰金融也随之逐渐兴起。

文莱在独立之前，国内的第二产业和第三产业交替增长，伴随着石油和天然气源源不断地输出，其经济结构也因此发生了翻天覆地的变化。1974 年，工业占 GDP 比重高达 90%，而服务业只占 8% 左右，金融业更是发展缓慢。文莱政府为扭转这一失衡状态，在第三个五年计划中就重点提出促进经济多元化发展，改变经济发展结构，其中文莱的金融业也因此得到快速发展。到 1986 年第五个五年计划时，服务业的增加值占 GDP 比重则上升至近 40%，工业增加值占 GDP 比重却下降到 60%，金融业在服务业中占很大份额[①]。

20 世纪 80 年代初，文莱出现了五家金融公司：信贷公司、合众国民金融公司、工业资源公司、抵押金融公司和国民金融公司。在 20 世纪 80 年代，文莱国民银行则设有 10 处办事处，渣打和汇丰两家银行在文莱各设有 7 处办事处，除此，其他的商业银行也在文莱境内设有相应的办事处。但文莱政府把国内大量的资金存放在外国银行里，主要为香港汇丰分行、英国渣打分行和文莱国民银行，而这三家银行将多余的资金存放在新加坡的银行，也不拆放给文莱当地的其他银行机构，旨在削弱其他银行竞争实力。面对这三家银行的举措，其他商业银行被迫提升存款利率，以吸收社会存款，维持正常的业务运作。这也导致文莱的同业拆借市场难以发展起来。同时，文莱的贷款部门结构也相对简单，银行贷款的发放方向主要是建筑部门、商业部门和杂业部门，以及对外放款。文莱金融多元发展的同时，金融机构之间的不当竞争也一定程度上抑制了文莱金融体系的完善。

此外，这一时期出现了新的金融业形式，即 1991 年文莱成立了一家伊斯兰教金融机构：文莱伊斯兰教信托基金（TAIB）。由于伊斯兰教作为文莱的国教，其最真实目的是为公众提供伊斯兰形式的相关金融服务，在这样的背景下的伊斯兰金融便迅速成为文莱国内穆斯林普遍认同的金融服务。到 1993 年的时候，文莱

---

① 李健等：《东盟十国金融发展中的机构特征》，中国社会科学出版社 2017 年版，第 326—327 页。

国际银行进一步转变为文莱伊斯兰银行，同时也变成了文莱的国有银行，文莱王室占有文莱伊斯兰银行80%的股份。此后，文莱又陆续成立了3家银行：文莱发展银行、佰度瑞银行和文莱伊斯兰信托基金。保险业方面，文莱伊斯兰保险机构在全国设有超过11家分支保险机构。文莱金融体系的发展与伊斯兰金融的关系也因此变得越来越密不可分，伊斯兰金融对传统金融的发展也产生了巨大影响。

总的来看，在这一时期，由于受到国际油价下跌、美元汇率波动以及文莱国内石油开采的政策影响，文莱金融业受到了一定影响，特别是20世纪90年代末的东南亚金融危机，使得国家经济增长放缓，对文莱的金融也带来了不可避免的冲击。因此，文莱政府进一步对经济结构进行战略性的调整，着力促进国内的非石油部门的发展，文莱的金融业也加快迈向多元化发展，最突出的标志就是20世纪90年代伊斯兰金融的兴起。虽然文莱国内消费市场有限，经济结构也尚未完善，但是文莱的"马来伊斯兰君主制"政体却为发展国内的伊斯兰金融提供了保障，并且文莱苏丹重视文莱伊斯兰政治和伊斯兰文化的发展，大力推行伊斯兰经济。文莱伊斯兰基金、伊斯兰银行和伊斯兰保险的出现和发展，更是凸显出伊斯兰金融在文莱有着不容小视的发展潜力。这一时期，文莱的金融服务不再是只存在一般的传统金融服务，伊斯兰金融的发展为众多文莱民众提供了相应的伊斯兰金融服务，并且进一步促进文莱金融业的多元化发展。

三　文莱金融体系趋于完善阶段（21世纪以来）

面对20世纪末亚洲金融危机给金融业带来的重挫，进入21世纪后，文莱开始危机后的经济复苏，也意识到金融对国家的重要性，文莱的国家经济理事会召开众多会议，并且为此制定出一系列的应对措施，完善国家的金融体系。2001年，国家提出第八个五年计划，继续强调发展非石油产业，提出重点发展金融业，旨在走出危机的阴影，促使经济再次繁荣。

2000 年 7 月 15 日，文莱设立国际金融中心，并且把发展离岸业务作为国家经济多元化发展的方向之一，文莱政府旨在把文莱建成金融、保险、银行和证券中心。到 2007 年，文莱的离岸金融公司发展迅速，超过 6000 家离岸公司选择在文莱建立的离岸金融中心注册，涵括信托基金及信托公司、基金管理公司。文莱的财政部也积极为完善文莱的离岸市场，做出一系列的经济部署计划，推动新产品和新服务的创造来适应国内外金融市场的需求。在金融市场的法律法规体制上，文莱进行相对应的完善，向成为世界一流的伊斯兰金融体系迈进。同时，为确保文莱的国际岸外金融中心在世界具有强大的吸引力，文莱通过立法为相关的岸外公司设立无税奖励，文莱也成为所有国家中少数几个提供无税奖励的国际岸外金融中心。通过这一段时期的发展，文莱吸引到众多国际知名银行到此注册发展离岸金融业务，如加拿大皇家银行、英国花旗银行和香港汇丰银行等都不约而同来到文莱离岸金融中心注册。除此以外，在 2002 年，文莱成立了国内第一家证券交易公司——国际文莱交易公司（简称 IBX），与此同时也成为第一家泛亚洲交易所。IBX 的成立不仅进一步完善了文莱的金融体系，并且在与传统的交易所的对比上，大有不同。

进入 21 世纪以来，伊斯兰金融是文莱金融体系发展的一大突出特点。2006 年 6 月 12 日，文莱财政部正式宣布成立伊斯兰金融监管理事会，其主要职能是管理和处理文莱相应的伊斯兰金融、银行和保险等事务，也是为文莱能够更好地建设金融中心。同时，文莱政府允许国内的液化天然气公司向民众发售为期 10 年的伊斯兰债券，而且相继出台一系列可以促进文莱伊斯兰金融发展的法律法规。除此以外，文莱政府发行了国内第一个短期的伊斯兰金融债券，又把文莱伊斯兰发展银行（IDBB）和文莱伊斯兰银行（IBB）合并在一起。随后不久，又建立起文莱达鲁萨兰伊斯兰银行（IBBD），该银行成为文莱仅有的伊斯兰教银行。文莱的种种举措使得文莱伊斯兰银行在世界也变得更加具有竞争力，通过不断开拓海外业务，进一步为文莱打造区域性和国际性的金融中心奠定基础。文莱伊斯兰银行快速发展，同时也带动了整个文莱的伊斯兰金融发展，当前的伊斯兰金融一直保持良好的发展趋势，逐渐与传统金融并驾齐驱，2015 年，伊斯兰银行便处于主导地位，伊斯兰银行资产占文莱银行总资产的 52.4%，到了 2017 年，占银行业总资产的比重提升到61.49%。除伊斯兰银行外，文莱的伊斯兰保险以及其他的伊斯兰金融业务也随之蓬勃发展。

全球金融危机后，文莱进一步通过制定审慎的经济政策和财政政策来减轻金融危机带来的影响，并且坚决反对通过外借负债的方式解决国内经济问题的措施。同时为进一步防范和应对金融危机，文莱更加注重加强国际金融合作，并且还成立了保障经济可持续发展的基金，确保国家经济长期稳定发展。此外，文莱政府还为所有正式银行和金融机构提供贷款担保，并且加强反洗钱与反恐融资的举措，为文莱提供一个良好的金融发展环境。2011 年，文莱国家金融管理局的正式成立进一步完善了文莱在金融业的监管，文莱金融管理局的成立很大程度上提高了文莱对金融风险的防御能力。目前，随着文莱金融体系的不断完善，国内金融机构不良贷款的占比也不断下降，尤其是银行业经营表现特别突出。其中，文莱佰度瑞银行被国际金融杂志 Global Finance 连续两年评选为文莱最安全的银行。

根据 2017 年文莱金融管理局的统计报告显示，金融业对 GDP 的贡献大约在 5.1%，在文莱 2016—2025 年的金融部门蓝图规划中，提出到 2035 年，金融部门对 GDP 的贡献将会扩大到 8%。政府将采取多种措施提供多样化金融服务，满足更多的融资需求，促进中小企业、伊斯兰金融和基金管理的发展，促使本国金融转型，实现"政府依赖"到"自力更生"型的转变。除发展国内金融外，文莱还将利用在东盟发展的机会，积极为国际客户提供伊斯兰金融服务，打造一批具有竞争力和创新性的金融服务机构。文莱政府还提出要发展"金融生态系统"，即一个拥有现代金融基础设施、领先的边缘监管体系以及拥有世界级技能和人才的金融部门，从而实现文莱金融市场的进一步完善。总之，如今促进金融服务多样化和发展伊斯兰金融成为完善文莱金融体系的两大方向。

第二节　文莱现行金融体系的基本架构

相对于世界各国平均的金融发展水平，文莱的金融体系较为落后。文莱金融机构体系以银行业为主导，证券保险业金融机构发展较快；金融市场体系方面，货币市场缺失，资本市场发展还处于初期阶段；金融监管体系方面，文莱无中央银行，设置金融管理局负责管理国家金融事务，制订货币政策并监管国内金融机构；同时配以适当的调控措施来维持文莱金融业的平稳发展。

一　金融机构体系

文莱金融机构体系大致表现为"银行业占主导，保险业发展势头良好，传统金融与伊斯兰金融并存，但同业拆借市场缺失，仅存在伊斯兰债券市场"。如此单一的金融格局，却能满足本国经济发展和金融需求，并且文莱金融市场发展相对稳健。

（一）金融机构构成

文莱金融体系主要由 9 家银行、13 家保险公司构成，可见文莱银行业、保险业的发展潜力与重要作用，并且其中传统银行、传统保险数量构成多于伊斯兰银行、伊斯兰保险，说明目前文莱国内仍以传统金融为主，伊斯兰金融发展潜力较大。截至 2016 年底，主要金融机构的总资产为 215.8 亿文元，其中银行业一枝独秀，占比达 83.1%，传统银行和伊斯兰银行分别占比 32.5%、50.6%；其次，金融公司规模达 21 亿文莱元，占比约为 9.7%；另外保险业发展势头良好，占比达 6.9%，传统保险和伊斯兰保险分别占比4.7% 和 2.1%；最后是离岸银行和离岸保险公司，两者规模较小，分别占 0.1% 和 0.2%（如表 7 - 1）。

表 7 - 1 文莱金融机构构成

金融机构	2016		
	机构数量（家）	规模（十亿文莱元）	规模占比（%）
存款机构	13	20.04	92.9
银行业	9	17.92	83.1
传统	7	7.01	32.5
伊斯兰	2	10.91	50.6
金融公司	3	2.10	9.7
离岸银行	1	0.02	0.1
其他金融机构	15	1.54	7.1
保险公司	13	1.48	6.9
传统	9	1.02	4.7
伊斯兰	4	0.46	2.1
离岸保险公司	2	0.05	0.2
合 计	28	21.58	100

资料来源：文莱金融管理局。[①]

（二）金融机构经营情况
1. 银行业金融机构经营情况

表 7 - 2 文莱银行类金融机构一览表

序号	公司名称	地区	分支机构数量	成立时间	机构类型
1	佰度瑞银行	文莱	13	1993	传统银行
2	中国银行	中国香港	1	2016	传统银行
3	马来亚银行	马来西亚	2	1960	传统银行
4	马来西亚兴业银行	马来西亚	1	1964	传统银行
5	渣打银行	英国	7	1958	传统银行
6	汇丰银行	中国香港	8	1947	传统银行

---

① 最新数据仅公布到 2016 年。

续表

序号	公司名称	地区	分支机构数量	成立时间	机构类型
7	大华银行	新加坡	1	1974	传统银行
8	文莱伊斯兰银行	文莱	14	2005	伊斯兰银行
9	文莱伊斯兰发展银行	文莱	—	—	伊斯兰银行
10	新鸿基国际银行	—	—	2003	离岸银行

资料来源：文莱金融管理局。[①]

　　从文莱银行业务构成来看，文莱仍以传统银行业务为主，即存贷款利息差仍是文莱银行业的主要收益来源，其中存款规模约为贷款的2—3倍，两者呈现此消彼长趋势。近年来，文莱存款规模逐年趋减，2016年稍有回暖，较2015年增加6%，这主要是因为2016年机构存款的大幅增加；另外，受国际经济形势的影响，文莱银行业资产规模也在逐年缩减，在2016年有小幅度的跃升，较2015年增加5.1%，这对文莱未来经济走向是一大利好趋势（如图7-1）。

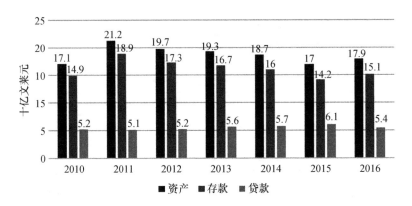

图7-1　文莱银行业总资产与存贷款规模

资料来源：文莱金融管理局2016年年报。[②]

---

① 最新数据仅公布到2016年。

② 最新数据仅公布到2016年。

从贷款流向来看，银行业贷款的主要构成是家庭贷款和企业贷款，两者贷款额基本平衡。家庭贷款中分为个人贷款、住房抵押贷款，个人贷款规模稍高于住房抵押贷款，这可能与文莱国民存款意识淡薄，习惯于超前消费有关；企业贷款中分为建筑业贷款、一般商业贷款、制造业贷款、交通业贷款、服务业贷款等五种贷款流向，其中服务业贷款占比较大，其次是建筑业和一般商业。与2015 年相比，2016 年文莱贷款规模稍有缩减，家庭贷款相较于企业贷款占比稍有上升，且个人贷款显著高于住房抵押贷款，企业贷款中制造业贷款规模显著下降，降幅达 - 59.40%，这与文莱政府近年来越来越注重发展多元经济，希望摆脱严重依赖石油、天然气的开采与加工有关。此外，国际石油价格不甚明朗，文莱政府也有意减少石油天然气的产量（如表 7 - 3）。

表 7 - 3　　　　　　　　　　文莱银行业贷款流向

部　门	2015		2016		同比增速（%）
	贷款额（十亿文莱元）	占比（%）	贷款额（十亿文莱元）	占比（%）	
家庭贷款	30.96	50.60	30.45	56.5	- 1.50
个人贷款	16.54	27	16.49	30.6	- 0.30
住房抵押贷款	14.42	23.60	13.96	25.9	- 3.20
企业贷款	30.19	49.40	23.48	43.5	- 22.20
建筑业贷款	5.91	9.70	5.18	9.6	- 12.40
一般商业贷款	4.71	7.70	4.08	7.6	- 13.50
制造业贷款	5.35	8.80	2.17	4	- 59.40
交通业贷款	3.3	5.40	2.98	5.5	- 9.70
服务业贷款	7.96	13	6.87	12.7	- 13.80
其他	2.95	4.80	2.21	4.1	- 25.10
合　计	61.15	100	53.93	100	- 11.80

资料来源：文莱金融管理局。[1]

---

[1]　出于数据可得性等原因，上表中文莱所用数据为 2015 年到 2016 年数据（最新数据仅公布到 2016 年）。

就文莱银行业主要指标而言，关键的财务稳健指标维持在健康水平且表现强劲。对资本充足指标进行分析，根据《巴塞尔资本协议》，资本充足率不低于 8%，核心一级资本充足率不低于 5%，比率越高表明金融市场资本越充足，文莱资本充足率高达 21% 水平，可见文莱银行业资本较为充足，不存在挤兑风险；对资产质量进行分析，2016 年文莱银行业不良贷款较 2015 年有所上升，不良贷款率为 5.7%，但尚处于安全警戒线 10% 范围内，拨备覆盖率为 50.6%，虽未达到最佳水平 100%，但仍属风险可控、相对稳健；对盈利能力进行分析，股本回报率是比较同一行业内不同企业盈利能力的指标，2016 年文莱银行业股本回报率为 7.6%，相较 2015 年有所下降，表明文莱银行业的盈利能力有所下降，这可能与文莱银行业贷款规模下降，净利润减少有关；资本回报率衡量资金使用效率，2016 年文莱银行业资本回报率为 1.1%，较 2015 年有所下降，表明资金使用效率不甚理想，并且股本回报率与资本回报率均处于低位，预示着文莱银行业盈利潜力有待进一步挖掘；就流动性指标进行分析，文莱银行业流动资产比重高达 40% 以上，流动比率高达 60%，可见文莱银行业流动资金充足，但市场上过多的流动资金也从侧面反映出文莱货币投资渠道有限，金融体系不健全（如表 7 - 4）。

表 7 - 4 　　　　　　　　　　文莱银行业主要指标 　　　　　　　　　（%）

银行业主要指标	2015	2016
资本充足指标		
资本充足率	21.7	21.9
核心一级资本充足率	22.9	23.4
资产质量指标		
不良贷款率	4.9	5.7
拨备覆盖率	55.2	50.6
盈利能力指标		
资本回报率	1.3	1.1

续表

银行业主要指标	2015	2016
股本回报率	8.7	7.6
效益比例	52.4	52.8
流动性指标		
流动资产比重	45.5	50.5
流动比率	54.5	60.0
存贷款比率	46.4	40.7

资料来源：文莱金融管理局2016年报。[①]

由此可见，文莱银行市场流动资金较多，但资金的利用效率有待加强，并且近年来银行业的强势发展稍有回落，但整体保持在健康稳健发展水平。

2. 保险业金融机构经营情况

如表7-5所示，文莱目前共13家保险公司，其中传统保险：伊斯兰保险的比例为9：4，传统保险又分为6家非寿险、3家寿险。可见，目前文莱仍以传统保险为主，但近年来伊斯兰保险快速崛起，发展迅速，保险业发展势头良好。

表7-5　　　　　　　　　　文莱保险公司

序号	公司名称	公司性质	传统/伊斯兰保险
1	友邦保险有限公司	寿险	传统保险
2	大东方人寿保险有限公司	寿险	传统保险
3	东京海上人寿保险新加坡有限公司	寿险	传统保险
4	奥德利保险私人有限公司	非寿险	传统保险
5	Etiqa保险有限公司	非寿险	传统保险
6	MBA保险私人有限公司	非寿险	传统保险
7	国家保险有限公司	非寿险	传统保险

① 最新数据仅公布到2016年。

序号	公司名称	公司性质	传统/伊斯兰保险
8	标准保险私人有限公司	非寿险	传统保险
9	东京海上保险新加坡有限公司	非寿险	传统保险
10	伊斯兰泰益一般回教保险私人有限公司	一般保险	伊斯兰保险
11	伊斯兰泰益家庭回教保险私人有限公司	家庭保险	伊斯兰保险
12	文莱一般回教保险私人有限公司	一般保险	伊斯兰保险
13	文莱家庭回教保险私人有限公司	家庭保险	伊斯兰保险
14	迈凯轮（B）私人有限公司	特许保险公估公司	传统保险
15	韦莱保险经纪（B）私人有限公司	特许保险经纪公司	传统保险

资料来源：文莱金融管理局网站。

表 7 - 6 　　　　　　　　　　　　文莱保险业规模

	2012	2013	2014	2015	2016
总资产（百万文莱元）	1146.0	1326.6	1337.7	1366.3	1483.5
总保费收入（百万文莱元）	282.7	306.9	307.5	318.1	301.2
总赔付额（百万文莱元）	114.1	131.5	136.9	142.7	174.2

资料来源：文莱金融管理局。[1]

　　如表 7-6 所示，近年来，文莱保险业资产总额逐年递增，截至 2016 年末，文莱保险业资产总额为 14.84 亿文莱元，同比增长了 2.14%，2012—2016 年保险业资产平均增速约为 6.84%。2016 年全年文莱保险业实现保费收入 3.012 亿文莱元，较同期稍有回落，总赔付额逐年递增，说明文莱人保险意识在加强，保险市场具有发展潜力。

　　就保险业资产结构而言，寿险占据较大市场份额，且呈现逐年缓增趋势，非寿险常年保持在寿险规模三分之一水平，同时规模也在逐步扩张，这与近年来文莱保险市场上一般保险产品种类增加有

———————

　　① 最新数据仅公布到 2016 年。

关。传统保险公司仍占主导地位，但伊斯兰保险近年来发展势头迅猛（如图 7 - 2）。

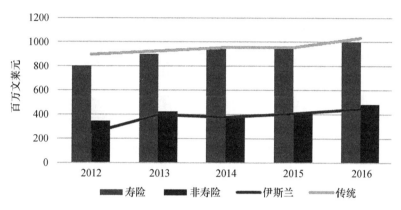

图 7 - 2　文莱保险业资产结构

资料来源：文莱金融管理局年报。[①]

　　文莱保险业保费收入呈现缓增趋势，在 2016 年稍有回落，这可能与世界经济形势不乐观有关，但总体保险业呈现良好发展势头。就其保费收入结构进行分析，非寿险种类多，收费途径广，其保费收入显著大于寿险业务保费，伊斯兰保险与传统保险保费收入占比相对稳定，伊斯兰保险保费收入稍高于传统保险，可能与伊斯兰保险风险程度较大、保险业务种类丰富有关，且说明伊斯兰保险发展潜力较好（如图 7 - 3）。

　　3. 债券业金融机构经营情况

　　文莱目前仅发行短期伊斯兰债券，且仅有发行市场而无交易市场，统一由文莱金融管理局负责发行和管理。2006 年，文莱政府充分考虑本国国情，发售短期伊斯兰债券，投资者通过买卖债券及租借债券来获益，不需支付利息费用，完全符合伊斯兰教义。

　　自 2006 年文莱伊斯兰债券首次发行，文莱政府共发行了 106 只伊斯兰债券，累计筹资 104.28 亿文莱元（如表 7 - 7）。就文莱

---

① 最新数据仅公布到 2016 年。

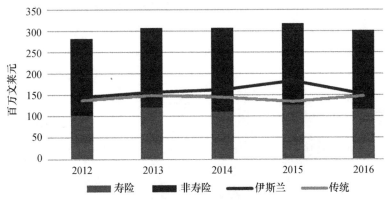

图7-3 文莱保险业保费收入结构

资料来源：文莱金融管理局年报。[①]

伊斯兰债券发行量、品种丰富度、债券发行额来看，其大致呈现逐年增加趋势，说明文莱多元化发展金融的决心，但所发行的债券均为一年期以下的短期债券，其中以三个月债券发行量最大，并且文莱政府发行的伊斯兰债券利率波动较大，某些年份甚至出现利率倒挂现象，表明文莱债券市场不甚完善，存在较大风险。

表7-7 　　　　　　　　　　　　**文莱债券市场**

年份	债券发行数量（只）				债券发行总额（百万文莱元）	平均收益率（%）			
	91天	182天	273天	364天		91天	182天	273天	364天
2006	4	—	—	—	570	3.375	—	—	—
2007	6	—	—	1	450	2.506	—	—	2.3
2008	10	—	—	2	374	0.831	—	—	1.325
2009	16	—	—	2	617	0.339	—	—	0.475
2010	14	—	—	1	649	0.3	—	—	0.34
2011	11	—	—	1	991	0.181	—	—	0.35

---

① 最新数据仅公布到2016年。

续表

年份	债券发行数量				债券发行总额（百万文莱元）	平均收益率（％）			
	91 天	182 天	273 天	364 天		91 天	182 天	273 天	364 天
2012	14	—	—	1	1500	0.18	—	—	0.28
2013	12	1	2	1	1579	0.171	0.18	0.195	0.2
2014	7	4	3	1	1500	0.17	0.215	0.313	0.25
2015	4	3	2	2	1025	0.698	0.873	0.695	0.915
2016	8	3	2	2	1173.2	0.750	0.854	0.875	1.078
小计	106	11	9	14	10428.2				

资料来源：文莱金融管理局 2016 年年报。[1]

二　金融市场体系

文莱货币市场和资本市场均表现乏力，并且政府对金融市场披露与统计不甚完备，仅通过理论层面对文莱货币和资本市场进行分析。

（一）货币市场

文莱银行业在金融机构中占据主导地位，但文莱国内银行间基本不存在同业拆借业务，而国际同业拆借也仅有文莱的银行同新加坡的银行短期资金融通这一先例。可见，文莱银行业拆借市场等同空白。因文莱国内资金拆借市场空白，为实现资金融通，文莱的银行曾向新加坡的银行进行过资金拆借。追溯往期，在 20 世纪末，汇丰、渣打、文莱国民银行三家独大，其所吸收的定、活期存款占文莱全国定、活期存款总额的绝大部分，文莱国内的其他银行明显陷入竞争困境。为此，其他银行纷纷提高存款利率，以吸收更多存款，甚至向新加坡的银行进行资金拆借，以供应贷款需求，由此产生了文莱国内同国外的拆借业务。但就文莱国内同业拆借而言，其历史等同空白。

---

[1]　最新数据仅公布到 2016 年。

此外,文莱的金融体系虽不健全,但能较好满足居民部门和国内企业的资金需求,其对于构建多元化的金融体系稍显动力不足。除了同业拆借市场空白外,文莱的票据市场、短期债券市场发展都较为落后,其货币市场建设还有较长征程。

(二)资本市场

文莱的资本市场发展不甚完备,尚处于初级阶段,同业拆借和票据市场等同空白,股票市场正处于筹备阶段,尚未启动,债券市场目前只有政府发行的短期伊斯兰债券。随着文莱"2035 宏愿"的提出,文莱政府开始在资本市场进行革新。2016 年,文莱持有资本市场服务牌照(Capital Markets Services Representative's Licence,简称 CMSRL)的代表数量激增,共计 124 个牌照持有人[①]。2016 年,文莱资本市场牌照持有人总资产增长明显,达到 63.5 亿文莱元,较 2015 年上涨约 38%,这表明了文莱资本市场的逐步发展(如图 7 - 4)。

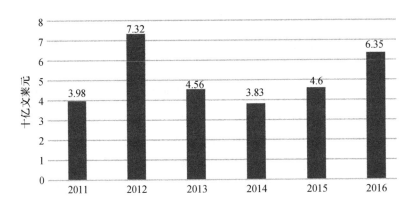

图 7 - 4 文莱资本市场牌照持有人资产

资料来源:文莱金融管理局年报。[②]

---

① 牌照持有人:在遵循文莱政府颁布的《证券市场条例 2013》和《证券市场准则 2015》的前提下,在证券市场上提供投资咨询服务。

② 最新数据仅公布到 2016 年。

截至 2016 年，文莱共拥有 13 项集合投资计划（Collective Investment Scheme，简称 CIS），其中包括 6 项伊斯兰 CIS，5 项传统 CIS，2 项私有地方伊斯兰 CIS，相较于 2015 年的 14 项 CIS，其数量在减少；就其规模来看，也呈现缩减趋势，2016 年文莱 CIS 总额达 155.78 百万文莱元，相较于 2015 年的 191.97 百万文莱元（如图 7 - 5），缩减明显，这主要是因为大量传统和伊斯兰 CIS 的赎回。可见，文莱资本市场集合投资计划发展有待加强。

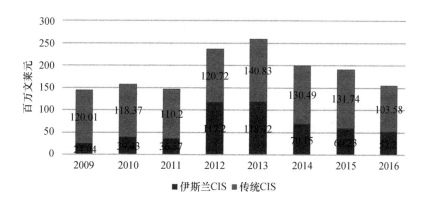

图 7 - 5　文莱集合投资计划规模

资料来源：文莱金融管理局年报。①

（三）特定市场

1. 货币汇兑市场

近年来，文莱外币汇入的规模逐年缩减，年均降幅约为 10.9%，这主要与世界石油天然气市场不景气有关，文莱石油出口规模逐步缩减，但外币汇出规模逐年缓增，这主要是因为文莱国内金融市场投资渠道有限，使得文莱政府更倾向于将石油美元投资于发达国家的股票或债券。

---

① 最新数据仅公布到 2016 年。

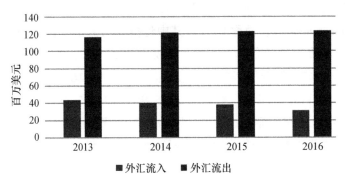

图 7 - 6 文莱货币汇兑规模

资料来源：笔者经 Excel 处理文莱金融管理局年报数据所得。[①]

2. 汇款市场

汇款市场同金融市场密不可分，前期，由银行业、汇款金融企业负责款项汇入与汇出，后期，客户收到汇款后可广泛用于购买金融理财产品，汇款业务不断与金融产品相融合。因此，文莱汇款市场的表现在一定程度上反映了银行业、汇款金融企业的发展状况。

就文莱汇款市场而言，其汇款规模总量大，但呈缩减趋势，汇款业务量波动下降，2016 年文莱汇款规模总额约为 69.25 百万美元，同比缩减了 2.53%，2016 年文莱汇款业务量为 1328344 起，较前几年业务量呈波动下降趋势；就文莱汇款市场交易方式和交易对象而言，目前文莱的汇款市场仍主要采用传统的汇款路径，即以现金为主导进行存款和收款，并且文莱个人间汇款业务（包括跨境与境内）居汇款市场的主导地位，占比约为 97.7%。

可见，文莱汇款市场虽总量可观，但发展后劲不足，正处于瓶颈期，急需积极创新，如可通过提倡汇款方式多样化，引入大批提供支付结算服务的网络金融企业；健全银行业速汇体系建设；款项用途金融理财化，即文莱个人间汇款占比较大，但个人用款途径有限且回报率不佳，可通过健全款项金融投资理财渠道，实现个人间

[①] 最新数据仅公布到 2016 年。

汇款款项带动金融市场发展，同时，金融市场发展带动实体经济发展，进而带动汇款市场发展，实现两者循环稳步互推。

表7-8　　　　　　　　　文莱汇款业务规模

年份	2013	2014	2015	2016
汇款规模总额	$ 762545661	$ 734736265	$ 710469692	$ 692510309
汇款业务数量	1288297	1341417	1366326	1328344

资料来源：文莱金融管理局年报。①

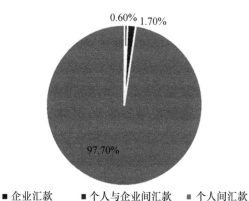

图7-7　文莱2016年汇款市场结构

资料来源：文莱金融管理局年报。②

三　金融监管体系

（一）无货币发行局阶段（1967年6月前）

1967年6月11日之前，文莱国内无货币发行单位，主要依靠马来西亚、新加坡共同成立的货币专员委员会作为货币发行机构。1960年，马来西亚、新加坡、文莱宣告成立共同的货币发行机

---

① 最新数据仅公布到2016年。

② 最新数据仅公布到2016年。

构——货币专员委员会，三国统一货币，并签署了《1960 年马来亚与英属婆罗洲货币协定》作为官方法律协定，这一举措，一方面使文莱政府丧失了货币政策这一宏观调控手段，但另一方面，因在此期间，正值文莱国内政局、经济动荡，三国统一货币增强了经济的相对稳定性，并且促进了三国间金融贸易合作，利于三国经济发展。

（二）货币委员会阶段（1967—2004 年）

1967 年 6 月 12 日，文莱国内无特定货币发行局时代终于结束，同日，文莱苏丹随即颁布了《1967 年货币法案》，并成立了文莱货币委员会，其相继在 1967 年发行了第一版文莱元，1970 年发行了文莱元的纪念硬币，1972 年发行了第二版文莱元，1989 年发行了第三版文莱元，1996 年首次发行了塑料钞票。文莱货币委员会的成立标志着文莱国内具备了独立发行货币的权力，标志着货币政策这一宏观调控工具亦能有效发挥作用，标志着文莱国内经济发展将迎来一大迈进。与此同时，新加坡为继续同文莱开展良好的贸易合作，深化睦邻友好关系，于 1967 年同文莱签订《货币等值互换协议》，即新加坡元和文莱元保持 1∶1 挂钩，两国货币能自由流通。

（三）货币与金融委员会阶段（2004—2011 年）

随着文莱金融体系的逐步完善，货币发行机构的职能、形式也在发生变化。2004 年 1 月 1 日，文莱政府颁布《货币与金融法令》，对货币发行与金融市场作了更为明确的指示，更为契合文莱的国情发展，1 个月后，文莱政府进一步扩展文莱货币委员会职能范围，将文莱货币委员会更名为文莱货币与金融委员会。由此，文莱中央银行体系框架初步构建完成，文莱货币与金融委员会充当货币司，主要负责进行货币政策调控，同时，金融机构局充当财政司，主要负责财政政策调控。时代在进步，管理在完善，文莱政府于 2010 年 7 月 15 日颁布《文莱金融管理局法令》，对文莱货币与金融委员会的结构与职能再次作出详细指标，并提出相关革新升级建议，文莱监管体系再次迎来革新。

（四）金融管理局阶段（2011 年至今）

2011 年，文莱国内政治、经济日趋平衡，格局已初步奠定，文莱政府急需在稳中求进，大力发展经济以振兴国家，富民利民，并且随着文莱国内金融体系的逐步发展，对国家货币、财政政策的效应十分敏感，基于以上原因，文莱国家金融管理局正式成立。文莱金融管理局是一个集金融机构局、研究与国际局、文莱国际金融中心、文莱货币金融委员会所有功能于一身的金融调控监管机构，同时下设货币政策与管理部、货币市场操作部、金融监管部等。文莱金融管理局的主要职责包括有效实施货币政策、安全监管金融真空范围、稳物价、促发展，对于文莱多元化金融体系的构建意义重大。

文莱金融管理局的最高权力机构为董事会，董事会主席由文莱苏丹任命，文莱王储穆赫塔迪·比拉为现任董事会主席。文莱金管局在董事会之下设有若干执行部门分管各类事务。图 7-8 为文莱金管局之组织架构图：

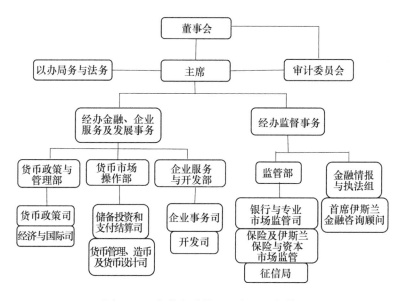

图 7-8 文莱金融管理局之组织架构

2013 年文莱金管局颁布证券市场法规，加强了对资本市场的管理，希望以此推动更多资金流入非能源私人投资领域。文莱的金融监管体系逐步完善，由最初单一的货币监管部门，发展为现阶段的"银行与专业市场监管司""保险及伊斯兰保险与资本市场监管司""征情局"等分业监管体系，并特设"金融情报与执法组""首席伊斯兰金融咨询"，有助于推进文莱金融发展，并且切实符合文莱伊斯兰金融的特色，文莱目前的金融监管体系是能同当前的金融格局相匹配的，并且金融监管体系也在随着金融程度的深化逐步完善。

四 金融调控体系

近日，国际货币基金组织（IMF）结束与文莱第四条款年度磋商，高度评价文莱财政和货币政策，称文莱稳健的政策有利于促进其宏观经济发展和维护社会稳定。

就文莱货币政策而言，自 1967 年 1 月 12 日文新货币互换协议生效以来，文莱元锚定新加坡元，其汇率基本保持在 1：1 水平。一方面，两国均从对方的货币稳定和经济增长中受益，文莱这一相对封闭的小国，货币的国际认可度低，其依托新加坡元，开拓海外市场，进出口贸易额显著增加，贸易开放度指标优良，发展潜力巨大，同时，文新货币的挂钩，进一步提升了新加坡元的国际认可度，并且便利了新加坡对文莱石油天然气资源的进口，对促进文新两国经济发展具有重要意义；另一方面，文莱元受新加坡元影响较大，当新加坡元受国内或国外重大事件影响时，文莱元可能会受到相应程度的冲击，并且随着文莱货币市场和资本市场愈加开放，其货币政策的调控效果也在削弱，因此，金融体系的自动调节能力有限，急需货币管理局适时介入，加强汇率管控与货币发行量管控，进行逆经济风向调节。

就财政政策而言，近年来，由于能源产量下降带来的影响，文莱的经济增长速度呈现出放缓的趋势，但文莱国内充足的储备资产起到一定的缓冲作用，并且文莱政府有效实施扩张性财政政策，增加对私营企业的贷款力度、减少税收,扶持私营企业发展,对增加文莱国内就业,发展多元化经济具有积极作用,显著促进了经济增长。

总之,因文莱元与新加坡币挂钩,文莱货币管理局采取货币政策时需格外谨慎,财政政策的作用空间则更大,因其方式多样,程度可控,方向可调,表现为文莱政府通过多样化的财政政策对金融体系进行调控。

第三节 文莱金融体系的主要特点与影响因素分析

根据前面两节的分析,笔者发现在文莱金融体系的发展与形成过程中,石油发挥了非常关键的作用。同时,作为一个伊斯兰国家,大力发展伊斯兰金融以致伊斯兰金融资产规模逐渐超过传统金融资产规模,这都是文莱金融体系所展现的主要特点。下面就文莱金融体系的主要特点及其影响因素进行具体阐述。

一 文莱金融体系的主要特点

与世界绝大多数伊斯兰国家一样,文莱的金融体系也呈现伊斯兰金融和传统金融并存的态势,但与完全伊斯兰化的巴基斯坦、伊朗、苏丹等国有所不同,文莱的金融体系有其自身特点,石油对其金融体系的引擎作用、银行是其金融体系发展的主力军,使得文莱的金融体系区别于传统意义上的金融体系,呈现自己特有的发展模式。

(一)石油是文莱金融体系发展的引擎

1929年诗里亚油田的发现改变了文莱贫穷落后的经济发展状况,使其逐渐发展成为人均国民收入居世界前列的石油富国。石油作为文莱经济的引擎,为文莱经济持续稳定发展提供了强有力的支撑,不仅使现任苏丹陛下曾荣登世界首富之位,还为国家财政收入和经济多元化的发展提供了重要资金来源，提高了国民收入水平。再加上20世纪3次大的石油危机的爆发[①]，使得文莱石油美元倍增。但由于文莱国内市场狭小，对石油美元的吸纳能力有限，因此其资金主要是以资本输出的方式在国外运用。且长期以来，文莱的对外投资大部分是购买其他国家，主要是西方发达国家的政府债券，同时对现金、黄金、股票和房地产进行有限的投资。可以说，石油美元的出现是文莱金融体系发展的动力之源，同时也为金融体系的进一步发展完善奠定了坚实的物质基础。而进入21世纪以来，随着金融在经济领域中发挥的作用越来越重要，越来越多的金融产品及其衍生品进入大众视野，作为金融衍生的重要工具——石油期货交易在经济全球化、虚拟化时代得到迅速发展，供求因素已不能完全决定石油价格，其越来越受政治、资金、期货投机以及石油库存等综合因素的影响，石油价格的表现形式和运动规律也因而越来越具备不确定性；此外，国际市场上石油操作越来越频繁，使得石油的产量和价格弹性之间发生了一定变化，进一步促进了国际石油经济金融化的发展。

石油与金融之间越来越频繁的互动，使得石油成为国际金融市场的重要组成部分，而文莱作为世界上重要的产油国，其在金融市场上的话语权与影响力也因此得到一定程度的提升。

（二）银行业是文莱金融机构体系发展的主力军

与东盟其他国家一样，文莱的金融体系也以银行业为主导，银行部门资产总额占金融体系总资产的90%以上，非银行金融资产总额占金融体系总资产的10%不到，货币市场发展滞后，同业拆借市场几乎不存在，资本市场仍处于筹建阶段，债券市场也仅有发行市场而无交易市场，国内投资机构数量少，主要是一些小型的投资公司、设在商业银行内的信托部门和保险公司。但即便如此，银行体系仍很好地满足了国内居民和企业的金融需求。

此外，由于文莱是资源型国家，1973年第一次石油危机的爆

---

① 分别发生在1973年、1979年和1990年。

发，使得国际石油价格不断攀升，文莱因而积累了大量的石油外汇和财政盈余，以沙特阿拉伯等欧佩克产油国为主的世界范围的石油输出国掀起了设立主权财富基金的第一次浪潮，文莱也于 1983 年成立文莱达鲁萨兰投资局，专门管理文莱的主权货币基金。据美国主权货币基金局（Sovereign Wealth Fund Istitute，SWFI）2018 年最新公布的数据显示，文莱主权货币基金额达 400 亿美元，全球排名第 24 位。由文莱投资局管理的主权货币基金不仅规避了资金的流动性风险，而且通过选择更有效的投资组合，提高了资金回报率。

（三）传统金融渐与伊斯兰金融并驾齐驱是文莱金融体系发展的特色

伊斯兰金融凭借其与传统金融完全不同的业务理念和运作模式，以及更加注重融资与实体经济之间的互动的特点，很好地规避了 2008 年全球金融危机给其整体经济金融体系带来的严重冲击。因此，伊斯兰金融越来越受到世界各国广泛关注。文莱作为一个政教合一的伊斯兰国家，在文莱发展伊斯兰金融具有良好的发展土壤和先天条件，再加上文莱雄厚的资金实力，文莱伊斯兰金融发展与上升速度非常迅速，无论是伊斯兰银行还是伊斯兰保险资产规模都有所增加。据文莱金融管理局公布的数据显示，自 2015 年，伊斯兰银行在银行体系中的资产份额已经超过传统银行，2016 年继续延续此趋势，伊斯兰银行资产规模达 109.1 亿文莱元，占所有金融资产总额的 50.6%，比传统银行资产规模占所有金融资产总额的比重高了 18.1 个百分点，伊斯兰保险资产规模相比 2015 年也有所增加。截至 2017 年最新数据，文莱伊斯兰银行的总资产为 107 亿文莱元，已占银行业总资产的 61.49%。

文莱伊斯兰金融从无到有，从小规模到与传统金融并驾齐驱，其在文莱发挥的作用越来越重要。而传统金融与伊斯兰金融并存的金融体系模式满足了当地民众多样化的金融服务需求，也为小国规避系统性金融风险、维持本国金融平稳发展提供了一种行之有效的模式。

二 影响文莱金融体系的主要因素

金融是现代经济的核心，国内外学者对影响一国金融体系的分析往往仅局限于经济因素，不同经济发展水平的国家金融发展程度也不尽相同。但仅分析经济因素对金融体系的影响是不全面的，对于文莱这样一个宗教氛围非常浓厚的君主制国家而言，政治、宗教、石油以及金融全球化对其金融体系的影响尤甚。因此，本节在分析影响文莱的金融体系的因素时，着重从政治因素、宗教因素、石油资源以及金融全球化四个方面分别分析其对文莱金融体系的影响。

（一）政治因素对文莱金融体系的影响

政治与金融的关系首先是建立在政治与经济关系基础之上的，根据历史唯物主义的观点：经济基础决定上层建筑，上层建筑反作用于经济基础。而金融作为现代经济的核心，必然受上层建筑的影响，本节主要阐述政治因素对文莱金融体系的影响。具体来看，政治因素又可细分为国际政治和国内政治两个方面：国际政治因素主要是独立前英国、日本对文莱的殖民统治期对其金融发展的影响，国内政治因素则包括文莱的政治体制、司法体制等因素。

国际政治方面，除在 1942 年春至 1945 年 7 月被日本殖民统治外，文莱的政治、经济、外交、国防自 1906 年就一直全方位处于英国的殖民统治之下，直到 1959 年才获得自治权。英国殖民统治期间，一方面大肆掠夺文莱的经济资源，夺取文莱土地开展橡胶种植，还操纵森林资源开发，使得文莱传统的民族经济受到极大摧残，国家财政萧条低迷，靠借贷维持开支，因此该时期支撑文莱金融业发展的经济基础异常薄弱；另一方面，英国的殖民统治也给文莱带来大量的工业资本输出，使其融入资本主义的世界经济体系，加快了文莱参与全球经济治理的步伐，其金融业也在石油的大量开采以及外资强势入驻的背景下逐渐发展起来。

国内政治方面，文莱政治体制落后，属于典型的君主制国家，文莱苏丹掌管国家的一切经济与金融事务，而他又是一个忠诚的伊斯兰信徒，因此虽然文莱设有立法会，但立法会却形同虚设，苏丹有权不经过立法会直接以敕令方式颁布法律。且文莱法律是建立在伊斯兰教法基础之上的，国内的政治、经济、社会文化事务都受伊斯兰教法相关规定的限制。在此背景下，以禁息为主要突出特征的伊斯兰金融逐渐成为金融发展的时尚"宠儿"，而以利润为目的的私营金融机构的发展则越来越缓慢。

（二）宗教因素对文莱金融体系的影响

当今世界，文化与经济、金融相互交融、相互影响，作为世界三大宗教之一的伊斯兰教深刻影响着世界各伊斯兰国家的政治形势和经济发展，进而对伊斯兰金融的形态产生了重要影响。伊斯兰教对金融的影响主要体现在伊斯兰教法中关于"禁止利息"的规定上，严禁支付和收取利息是开展全部金融活动的基本准则，所有金融活动必须严格遵守伊斯兰教法的原则。而在实际应用中，禁止利息的做法却让以贷款利息收入为其收入来源之一的私营银行望而却步，文莱进入国际金融市场的步伐也会受阻。此外，根据伊斯兰金融思想，货币仅仅是交换的媒介，其本身不是能够用于买卖的商品，将货币投入实体经济中创造财富的行为才是合法的，像股票、债券及其金融衍生品在内的金融产品都属于高风险的投机行为，不符合伊斯兰教法的规定。种种规定使得文莱国民对于资本市场的逐利性并不热衷甚至排斥，阻碍了传统商业银行的发展壮大，但却促使了伊斯兰金融在文莱的发展。

更进一步地，随着全球金融危机后，伊斯兰金融所呈现出的规避风险的优点，使得世界各国对伊斯兰金融越来越重视，伊斯兰金融已成为传统金融的重要补充。但由于文莱的伊斯兰教影响深远，伊斯兰金融业的发展也受到伊斯兰教法的监管与束缚，这就使得伊斯兰金融业出现自身发展的二律背反。这就决定了伊斯兰金融无法完全取代传统金融，其只能作为传统金融的补充，在国际金融体系中也只能处于从属地位。

（三）石油资源对文莱金融体系的影响

地处东南亚一隅的文莱原是经济贫穷落后的小国，当地居民长期以渔猎和农耕为主。自 20 世纪 30 年代末开始石油和天然气开采后，文莱的经济结构发生了根本性变化，石油和天然气成为文莱经济的主要支柱。出口油气带来的丰厚外汇收入使人民生活水平大幅度提高。正如文莱国家博物馆石油发展厅展出的两幅图的图注所说，"没有石油的世界缺乏色彩，有了石油的世界绚丽多彩"。油气产业的发展使文莱很快成为富甲一方的石油王国。

首先，石油催生文莱金融体系。1929 年诗里亚油田发现前，文莱经济非常落后，国内没有金融机构，直到 1935 年，文莱才出现第一家银行，主要是为壳牌石油公司的工人进行工资发放和存取用。随着石油产量的不断增加，香港汇丰银行、渣打银行、花旗银行等外资银行密集驻入，文莱本土银行才逐渐发展起来。

其次，与世界其他资源型国家，主要是中东产油国沙特、阿联酋等国家一样，石油对文莱金融体系的影响也是由于 70 年代后石油美元的积累。巨额石油美元的存在，一方面为国内经济、金融事业的发展提供了雄厚的资金支持；另一方面，石油美元通过回流发达国家的股票、债券市场，在给本国带来经济利润的同时，还缓解了石油进口国的国际收支状况，弥补由于石油进口造成的巨额国际收支逆差。但不容忽视的是，石油美元本质上还是一种短期逐利资金，其在国际市场的迅速移动又将严重地影响国际金融市场的稳定。

最后，石油也在一定程度上限制了文莱金融体系的发展完善。壳牌石油公司是最早涉足文莱油气产业的石油公司，其在文莱油气产业中一直处于主导地位。但长期以来，壳牌石油公司与其他企业的商务来往通常是以赊买、赊卖的方式完成的，几乎不需要通过银行这一金融中介完成资金的周转及拆借，这就在很大程度上限制了国内银行业务的发展。此外，为提高自身的盈利水平，国内的商业银行往往更倾向将资金转存新加坡的银行，享受更高的利息，这也是妨碍文莱国内货币市场形成的因素。

（四）金融全球化对文莱金融体系的影响

金融全球化是经济全球化的高级阶段，是贸易一体化和生产一体化的必然结果。金融全球化一方面为文莱金融体系的发展与完善带来了机遇，同时又使其面临严峻的挑战。

1. 金融全球化对文莱金融体系的正面影响

（1）全球配置金融资源，增加文莱金融资金存量

依赖油气资源的大量出口，文莱积累了大量的石油美元，但文莱国内市场异常狭小，劳动力不足，国内难以消化如此巨额的石油美元，将资金投入国际市场赚取收益成为文莱政府的必然选择，金融全球化的发展就为文莱资金走出去提供了相当大的便利。文莱资金通过涉足海外金融市场，赚取大量收益，又为本国金融发展提供资金支持，如此便形成"石油美元→国际市场（股票、债券等）→国内金融市场"的良性循环。

（2）引进国外先进金融管理经验，提高文莱金融服务实体经济效率

由于发达国家确立市场经济的时间较早，经过长时间的探索，其已积累了丰富的经验，其国内金融体系发展较为完善，金融风险控制机制比较成熟。而金融全球化的发展在为文莱金融与发达国家金融提供更多互动机会的同时，还有利于文莱学习其先进的金融管理经验，逐渐完善本国现有的金融体系。此外，金融全球化加剧了全球金融行业之间的竞争态势，倒逼文莱金融机构加大金融创新力度，降低交易成本，提高盈利能力，更好地服务于实体经济。

2. 金融全球化对文莱金融体系的负面影响

（1）金融全球化给文莱国内金融业带来生存压力

推动本国金融参与金融全球化，符合该国长远利益。但对文莱来讲也许并非如此。这主要与文莱金融业发展不成熟，金融体系非常不完善，金融业盈利能力和金融风险防范和控制能力非常有限有关，且文莱国内的银行大都是在外资银行进驻的情况下发展起来的，其发展在成立之初就一定程度上受到国内已有外资银行的制约。虽然近些年来，文莱政府意识到发展本土金融机构对本国发展具有战略性意义，但也只是将重点放在伊斯兰银行的发展上，对于本土传统银行的支持力度却稍显不足。

（2）金融全球化为国际游资制造风险提供了条件，增加了金融市场的不稳定性

金融全球化虽然扫除和减少了资本在国家间流动的障碍，使资本可以迅速而自由地从一个国家流向另一个国家，从一个市场流向另一个市场，为世界经济发展带来巨大活力。对于文莱这样一个无外汇管制的国家而言，在文莱国内利率和汇率发生波动时，国际游资会便会自由的选择进出文莱金融市场，开展套利和套汇行为。但是，由于国际游资普遍具有逐利性、投机性和高风险性的特点，再加上金融全球化并未约束国际游资的任何套利活动，这就极大地增加了国际金融市场的不稳定性。具体表现在一旦国际金融形势发生变化，国际上的游资就会大量地从文莱撤走，从而降低文莱金融体系的安全性，并且给文莱金融造成巨大冲击。但至今为止文莱国内本身并没有产生大的金融动荡，一方面与其货币盯住新加坡元有关，另一方面还与其银行业流动性充足，政府有巨额财政盈余有很大关联。

3. 金融全球化会给文莱的金融监管和调控带来严峻挑战

金融全球化意味着金融资本在全球范围内自由流动与获利。出于获利的需要，国际上许多金融资源被无序、过度开发，金融投机性凸显。加之现代金融交易工具发展迅速，在极短时间内即可完成巨额资金的交易与转移，其去向不确定性很大。这既给文莱金融监管与调控带来严峻的挑战，也削弱了其货币政策的调控力度。

总体上看来，政治、宗教、石油资源以及金融全球化都对文莱金融体系的形成、发展有重要影响。无论是国际政治和国内政治都对文莱金融体系的发展有一定的阻碍作用；而宗教因素则在抑制传统金融业发展的同时，催生出了伊斯兰金融，使伊斯兰金融成为文莱金融体系的重要内容；石油资源则是文莱金融产生的催化剂，对金融体系的发展起着中流砥柱的作用；金融全球化则因其特殊性，对文莱金融体系的发展既带来一定机遇，又对其提出了挑战。

第四节　基于体系现状的中国—文莱金融合作突破点

中文关系源远流长，历史上，两国人民有长期友好交往的历史。文莱独立后，两国高层往来频繁，政治关系非常稳定，政治上的互动使得两国经贸合作与投资也迅速发展起来。但总的来看，双方贸易额还非常有限，贸易产品类型也比较单一，主要是中国从文莱进口石油和石油制成品，文莱则主要从中国进口食品、纺织品、钢铁和建筑材料等制造品，且自 2012 年以来中国对文莱一直保持贸易顺差，根据最新公布的数据显示，2017 年 11 月，中国成为文莱第一大进口来源国，但双方仍以美元作为结算货币，增加了汇兑成本。此外，随着"一带一路"倡议的有效推进，文莱作为 21 世纪海上丝绸之路的关键节点，中文各领域的合作将会越来越频繁，加强金融合作、实现资金融通成为两国合作的必要环节，无论对我国还是文莱来说意义都非常重大。为进一步提高两国合作的效率和水平，笔者从以下五个方面提出健全双方金融体系的政策建议：

一是互设金融机构，发挥各自传统金融与伊斯兰金融业务优势，探讨加强金融体系稳定性的新模式。我国虽不是伊斯兰国家，但是在我国西北部新疆、青海一带，却存在众多伊斯兰信徒。为顺应伊斯兰民意，我国政府近年来也在西部地区推行伊斯兰金融业务试点，但进展却不尽如人意。文莱具有发展伊斯兰金融良好的先天条件和后天成果，对于我国探索伊斯兰金融服务，建立完善、稳定的金融体系有重要的借鉴意义。同时，我国作为一个银行主导型国家，在传统商业银行业务的发展上拥有较丰富的经验。中文两国合作，可以通过互设金融基础设施、开展相关业务实现优势互补。对于中方来说，这一进程不宜过快，早期应主要以在中资传统银行下设伊斯兰服务窗口为主，学习文莱伊斯兰业务的经营管理经验，建立起一套适合我国伊斯兰金融发展的监管法律标准，待时机成熟后再尝试引入文莱伊斯兰银行的驻入；文莱方面，则应通过吸引中资银行入驻，激发本地商业银行创新活力，更好地服务本地中小企业、跨国公司等实体经济。

二是深化资本市场业务合作，提高资本市场服务水平。我国资本市场虽然也处于发展阶段，但近几十年的发展可谓是经验与教训并存，目前已具备一定金融市场规模，金融品种、金融业务种类相对较为齐全，金融创新逐渐活跃。文莱虽然是伊斯兰教国家，但其传统金融业务与伊斯兰金融业务并驾齐驱，文莱也把发展资本市场作为其未来转型中的国家发展重要战略目标之一，因此，两国合作可以帮助文莱建立起完善的现代资本市场，同时在探讨文莱资本市场发展路径的过程中也有利于我们自身的反思。在两国的资本市场合作中，一方面，两国应增进定期、机制化的信息交流，进一步了解双方市场；另一方面，我国应继续推进改革，完善合格境内机构投资者（QDII）、合格境外机构投资者（QFII）和人民币合格境外机构投资者（RQFII）管理制度，鼓励更多文莱投资者投资包括债券市场在内的中国资本市场，引导更多中国投资者投资文莱资本市场，在加强互动中，推进两国资本市场更加完善。

三是推进人民币国际化，促进投融资便利化。目前，我国与文莱之间的石油贸易结算仍使用美元，但双方贸易若一直采用第三方货币进行结算，会增加汇兑成本，不利于双方贸易扩大，而采用人民币结算可以有效规避上述风险，符合两国长久利益。因此，一方面，中国央行与文莱应加快推进货币互换协议的签署，稳定跨境贸易领域的人民币与文莱元的支付能力；另一方面，针对人民币国际化发展的优良契机，以及中国成为文莱第一大进口来源地的现实条件，我国应尽力争取与文莱政府签订使用人民币进行石油贸易结算的协议，以中银（香港）文莱分行为主抓手，部署人民币清算业务在文莱的落地，将人民币跨境支付系统（CIPS）延伸到我国和文莱之间的跨境贸易及金融领域，不仅可解决中文两国之间货币兑换的障碍问题，而且可以进一步促进两国的贸易和投融资便利。

四是加强金融监管当局之间的交流与合作，防控系统性金融风险。中国人民银行和文莱金融管理局作为两国的中央银行，二者展开深入合作，可以有效地增进对对方国家金融体系的了解，更容易建立互信。在此基础上，进一步了解对方国家的市场准入准则，共同消除各种不合理的壁垒和限制，提供开放、公平、有序的监管环境。此外，监管当局还应加强在跨境机构处置和危机管理、反洗钱、宏观审慎等方面的监管合作，更好地维护金融体系稳定，防控金融风险。未来，随着"一带一路"的进一步推进，我国在不断加大对文莱进行项目投资和融资的同时，还要继续加大我国在文莱设立金融机构的力度，充分考虑文莱独特的金融环境，根据当地实际建立满足文莱本地人需求的多层次、多元化的投融资体系，更好地服务于"一带一路"建设，维护金融安全，实现互利共赢。

　　总而言之，随着中国的"一带一路"倡议的进一步推进，文莱作为21世纪海上丝绸之路的关键节点，对于中国来说具有举足轻重的地位。因此，中国与文莱的关系将越来越密切，经济与贸易也将迎来空前繁荣的新时代，在金融方面的合作也将越来越频繁。因此，我们更应立足于长远，通过双方的努力共同建立起健全的金融体系，而迈出的第一步就是，相互设立金融机构。中国在传统的金融机构建设方面有着丰富的经验，中资银行入驻文莱将发挥出自己的优势，帮助文莱进一步完善传统金融体系。另一方面，由于中国西北部新疆、青海一带，居住着众多伊斯兰信徒，为发展当地的伊斯兰金融，中国也迫切需要借鉴文莱的伊斯兰金融发展的经验，建立起一套完善、稳定的伊斯兰金融体系。因此，中国应该打开大门，欢迎文莱伊斯兰金融机构入驻，促进当地伊斯兰金融协调发展。除此以外，中文双方更应该加强在金融创新方面的交流合作，共同探讨出能够加强传统金融体系稳定性的新模式，从而实现在现有的伊斯兰金融体系更上一层楼。而在资本市场业务合作方面，中文双方更应该携起手来共同努力，不断完善资本市场的法律法规，共同创造出一个良好的金融环境，从而提高整个资本市场服务水平。同时，还需要进一步开拓资本市场的新业务，满足人们对金融市场的多元化需求，从而实现进一步活跃资本市场的目标。为此，不仅需要双方通过密切合作，增强有关方面的信息交流，还需要中文双方共同努力开展全面深化金融改革。对于中国来说，随着"一带一路"带来的空前繁荣的贸易，我们不得不面对国际结算问题，这就要求我们进一步推进人民币国际化，从而促进中文投融资便利化，不断消除障碍，实现资本在两国之间自由流动。因此，是否能够更深入一步使用人民币结算，前提就要求中文双方能够达成一致协定，两国致力于解决两国之间货币兑换障碍问题，实现跨境贸易及金融领域的便利化。然而，在当今金融市场的发展过程中，由于金融市场缺乏足够的监管，国际市场上屡屡发生重大的金融危机事件。因此，中文在未来的金融监管合作方面，需要双方保持高度的互信，才能在提高金融监控、防范金融风险方面，做出相应的合作，提供开放、公平、有序的监管环境，维护金融安全，最终实现互利共赢。

第五节　中文金融合作报告：文莱金融 发展与经济增长的关系研究

——基于金融发展对石油和非石油部门 经济不同影响程度的假设前提①

　　20世纪30年代，随着诗里亚油田的发现，文莱这个东南亚地区的贫困"渔村"迅速发展起来，且一直处于世界银行划分的高等收入国家行列。截至2016年，文莱人均GDP已达2.69万美元，世界排名第28位。石油和天然气出口收入占到国内总收入的60%左右，在以能源资源（石油和天然气）为基础的石油经济背景下，文莱金融业最初是在众多外资银行进驻的环境下逐渐发展起来。但近年来，随着国际油价的大幅下跌及替代性清洁能源的出现，文莱国

---

　　① 作者：广西大学中国—东盟研究院文莱助理，刘静；广西大学中国—东盟研究院舆情研究助理，李雪；广西大学东盟学院国际金融实验班，黄俊杰。

内石油市场出现量价齐跌态势，导致文莱经济总量连年下跌。因此，为改变这种单一的经济增长模式造成的文莱经济的脆弱性，文莱在第三个 5 年发展计划期间（1975—1979 年）首次提出实现经济多元化的发展目标，2000 年，文莱苏丹哈桑纳尔博尔基亚提出建立文莱国际金融中心，2008 年的"2035 宏愿"再次提出将文莱发展成为伊斯兰金融中心，以此刺激日益衰退的国内经济。由此可见，文莱政府越来越重视金融业在国民经济发展中的作用。

根据国内外学者对发达国家与发展中国家的大量实证研究发现，金融发展对经济增长呈显著地促进作用，但由于缺乏对文莱这一资源依赖型东南亚小国的研究，因此文莱金融发展与经济增长的关系还有待检验。因此，本文着重研究丰富的石油对金融发展与经济增长关系的影响如何？金融发展对石油部门和非石油部门经济的影响又如何？在金融发展和经济增长关系中是否能够发现"资源诅咒"的迹象等问题。

根据文莱的经济增长方式及金融特点，本文引入石油部门和非石油部门经济增长这一变量，通过假设金融发展对石油和非石油部门经济具有不同程度影响这一前提，通过构建模型分别研究文莱金融发展对总体经济增长、石油部门经济增长以及非石油部门经济增长的影响，并根据实证结果从有效促进经济增长的角度提出促进文莱金融发展与体制改革的一些政策建议。

一　文献综述

关于金融发展与经济增长关系的研究一直是学界普遍关心的问题，但关于二者关系尚未形成一致的结论，为研究文莱金融发展与经济增长关系，本文从以下三个方面进行文献的梳理：

（一）对金融发展与经济增长关系的研究

国内外学者关于金融发展与经济增长之间因果关系的观点可分为四类：（1）金融发展是"供给主导型"，金融发展能够促进经济增长，金融体系越发达，对经济增长的贡献度越大。如 Schumpeter（1932）、King 和 Levine（1993），战明华（2003），Christopoulos 和

Tsionas（2004）；（2）金融发展是"需求追随型"，即其通过对经济增长所引致的新增金融服务需求来产生影响，因此金融发展附属于（handmaiden）经济增长；如 Patrick（1966）、Jung（1986），Ang and McKibbin（2007）等；（3）金融发展与经济增长为双向因果关系，如 Demetriades and Hussein（1996），Blackburn 和 Hung（1998）、Luintel 和 Khan，史永东、武志（2003）等，Hassan et al（2011）发现除撒哈拉以南和东亚太平洋地区国家外，金融发展与经济增长也呈双向因果关系；（4）金融发展与经济增长为非线性因果关系。短期内金融发展影响经济增长，而从长期看则是经济增长影响金融发展。如 Patrick（1966）、Lucas（1988），Stern（1989）等。此外，一些实证研究发现金融发展与经济增长存在负相关关系。如 De Gregorio and Guidotti（1995），Van Wijnbergen（1983）和 Buffie（1984）等。

（二）对资源型国家金融发展与经济增长关系的研究

对于资源型国家金融发展与经济增长关系的研究也非常有限，主要集中在石油部门对金融发展与经济增长关系的影响，以及金融发展与经济增长关系中是否存在"资源诅咒"迹象两个方面。如 Levine（1997）认为石油开采并出口到国际市场后，就可视为金融机构的额外资源，增强金融发展与经济增长的关系。但石油收入会成为私人储蓄的替代品，降低投资项目的效率并阻止价格机制发挥作用，导致国家经济发展畸形。Nili 和 Rastad（2007）利用 t 检验，将产油国和非产油国进行对比，发现金融发展对石油出口国的影响要小于石油进口国，金融机构的脆弱性使得产油国经济增长表现不佳。Gylfason 和 Zoega（2006）将 85 个国家进行对比发现，某国对自然资源的依赖程度越高，则该国金融发展程度越低（以 M2/GDP 来衡量）。相反，Thorsten Beck（2010）则发现金融发展对资源型国家和非资源型国家的经济发展都具有重要影响，但相比于非资源型国家，资源型国家的金融系统更不发达。Al-Malkawi H N 和 Abdullah N（2011）以 13 个中亚和北非国家为研究对象，选取 1985—2005 年面板数据，利用混合效应、固定效应和随机效应模型，发现金融发展能够促进经济增长。Mosesov 和 Sahawneh（2005）以阿拉伯联合酋长国为例，选取该国 1973—2003 年的时间序列数据，发现金融发展对经济增长无影响。Samargandi N，Fidrmuc J，Ghosh S（2014）以沙特阿拉伯产油国为例，通过选取 1968—2010 的数据，利用 ARDL 模型回归发现，长期来看金融发展对石油部门经济增长有积极影响，而对经济总量并无影响。

（三）对文莱经济和金融方面的研究

对文莱经济和金融之间关系的研究几乎没有，仅有少数学者分别将文莱经济和金融单独进行研究。

国内学者对文莱经济和金融方面的研究非常有限，且主要集中于对文莱经济现状的描述和对其经济历史的回顾，具体到文莱的油气产业及多元化经济发展目标的主要发展领域；对文莱金融发展的研究则更少，只有少数几个学者简单地分析了文莱的金融业发展的经济背景和其较为单一的金融机构，陈臻（1989），李健、黄志刚、董冰冰等（2017）。研究方法主要为定性研究，定量研究文莱金融发展与经济增长关系的几乎没有。

国外学者对文莱经济和金融方面的研究，主要是对文莱伊斯兰金融的研究，如 Shahid Ebrahim 和 Tan Kai Joo（2001）、Latiff（2007）、Abul Hassan（2009）、Abul Hassan 和 Abdelkader Chachi（2008）、Najeeb 和 Vejzagic（2013）。对文莱经济的研究则主要研究其石油和天然气对经济增长的影响，如 Islam 和 Bahari 等（2012）通过选取 2000—2010 年的数据，发现文莱经济增长受到石油和天然气出口的推动，石油和天然气的出口价格越高，其对经济的贡献率也就越大。

（四）文献评述

大量的研究通过选取多个国家为样本，假设每个国家金融发展与经济增长的关系都是线性的，发现金融部门发展是经济增长的关键因素。但大多数研究并未将资源依赖型国家纳入考察体系，专门分析文莱金融发展与经济增长的研究更是少之又少，因此本文以文莱为主体，研究文莱金融发展与经济增长的关系，并创造性的研究金融发展与石油部门经济增长和非石油部门经济增长的关系，以图丰富该领域的研究成果。

二 文莱金融发展与经济增长现状分析

(一) 文莱经济发展概况

文莱是东南亚的主要产油国和世界主要天然气生产国。自1929年白拉奕区诗里亚镇发现第一口油井后,文莱逐渐踏上从贫穷走向富裕的道路。2016年,文莱竞争力在全球137个经济体中排名第46位,国内生产总值也已达到114亿美元,人均国内生产总值为2.69万美元,截止到2017年,国内生产总值增加到127.4亿美元,同比增长0.55%,人均国内生产总值为2.97万美元。石油和天然气收入依旧是文莱国民经济的主要来源,始终占国民生产总值的60%左右。为避免经济结构过于单一,近年来文莱一直朝经济多元化方向努力,大力发展农林渔业、建筑业、运输业、金融服务业,取得可观成就。但国内市场狭小,本地人才短缺等因素依旧是制约文莱经济长期可持续发展的主要障碍。

1. 文莱经济发展历史回顾

自20世纪50年代,在文莱发现近海石油资源以来,石油和天然气便成为国民收入的主要支柱。20世纪70年代中期到80年代早期,由于国际石油价格处于高位,凭借超高的石油天然气价格,文莱取得大量出口创汇收入,这一时期的文莱可谓是赚得"盆满钵满",文莱政府一直处于财政盈余状态。在此基础上,文莱建立起近乎完善的社会福利制度,包括受教育免费(从小学到大学)、为公民提供免费的医疗服务等;1984年文莱独立以来至20世纪90年代末,文莱经济发展总体趋于平稳,但经济增速过慢,有些年份甚至为负增长,一方面归因于国际石油价格调整,另一方面与国内经济结构过于单一有很大关联。这一时期,文莱积极推行经济多样化政策,包括引进外资,发展新的出口导向型和进口替代型工业,发展油气下游产业及能源工业,扩大粮食和蔬菜种植面积,重视教育和培训,特别是对高技术人才的培养等措施;2000年至2008年国际金融危机爆发期间,受"9·11"事件、伊拉克战争、加息政策、炼厂事故、卡特里娜飓风等不稳定因素的影响，国际油价屡次刷新过去 20 年来的历史最高纪录。2008 年后，油价大幅冲高并突破每桶 90 美元的价位，文莱经济因此持续走高，2008 年人均收入已达 3.80 万美元，国内生产总值也达到 143.93 亿美元。这一时期，文莱继续实施经济多元化发展计划，包括建设石油下游产品及制造业特区基础设施，支持中小企业发展，加快人力资源转变；2008 年至今，受全球金融危机的影响，国际经济复苏缓慢，国际石油市场交易量萎缩，石油价格大幅下跌，文莱经济发展低迷，动力不足。这一时期，文莱政府创造性地提出"2035 宏愿"发展战略，分别提出教育、经济、安全、机制发展、本地企业发展、基础设施、社会保障和环境保护等八大发展战略，以图助力本国经济多元化，实现可持续发展。

2. 文莱经济发展现状分析

（1）文莱的经济体量小，人均产值高。根据世界银行的统计划分标准，文莱一直处于高等收入国家行列。1989 年，文莱国内生产总值为 3.31 亿美元，2017 年跃升至 127.4 亿美元，28 年间上涨了 38 倍之多；1989 年，人均国内生产总值仅为 1.19 万美元，但 2017 年其人均国内生产总值已达 2.9 万美元，世界排名第 23 位。但由于文莱经济结构较为单一，缺乏其他增长动力的刺激。因此，总体上看文莱经济呈上升趋势，但经济增长速度缓慢，有些年份甚至呈负增长（如图 7-9）。

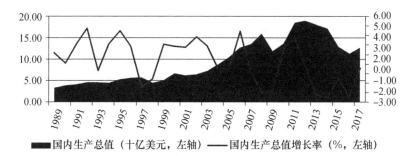

■国内生产总值（十亿美元，左轴）　—国内生产总值增长率（%，左轴）

图 7-9　1989—2017 年文莱国内经济发展规模及其增长率

资料来源：国际货币基金组织。

对文莱这一历史上的产油国来讲，其经济收入的主要来源为石油和天然气出口创汇收入，占到国内生产总值的60%左右，占出口收入的90%。因此，文莱经济与国际原油价格息息相关，国内生产总值随油价的波动而波动（如图7-10）。

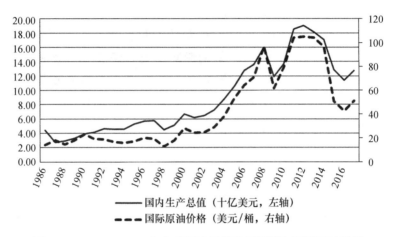

图7-10 1986—2017年文莱国内经济发展规模与国际原油价格

资料来源：国际货币基金组织。

（2）经济发展结构：农业长期低位徘徊，二、三产业"此消彼涨"。文莱属于热带雨林气候，全年高温，雨量较充沛，从地理环境上来看，适合进行农业生产。但文莱国土面积的75%均被森林覆盖，耕地面积仅占全国土地面积的0.95%，且土壤贫瘠。因此，文莱农业基础都非常薄弱，生产力水平非常低，对国内经济的贡献率非常有限，1974年以来农业增加值仅占国内生产总值的1%左右；再观文莱的工业和服务业，由于20世纪30年代石油的发现，到六七十年代石油、天然气的大量开采，文莱的经济结构发生了根本性变化，石油和天然气成为经济的支柱性产业。1974年，工业占国内生产总值的90.51%，服务业仅占8.15%。为转变经济结构的极度不平衡状态，文莱政府于"三五"期间（1975—1979年）首次提出经济多元化的发展目标，并取得积极效果，工业比重逐年下降，服务业比重逐年上升。1988年，文莱工业和服务业比

重分别为 52. 26% 和 44. 57%，且该占比在此后的 10 年间一直保持
稳定；进入 21 世纪后，工业与服务业又呈分化发展态势，2000—
2011 年，工业比重继续升高，服务业比重持续下降，2011—2016
年，工业比重连年下降，服务业比重则逐年增加。总体来说，文莱
的工业和服务业呈"此消彼涨"的发展态势，农业则一直在低位徘
徊（如图 7 - 11）。

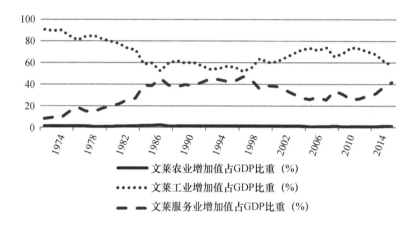

图 7 - 11　1974—2016 年文莱农业、工业、服务业增加值占 GDP 比重

资料来源：世界银行。①

（二）文莱金融发展概况

在文莱的金融体系中，不论是从其金融组织体系、金融市场体
系，还是从其金融监管体系、金融环境体系来讲都是较为落后的。
银行业是其金融组织体系的核心，保险业次之；金融市场更为不发
达，仅有为数不多的几只短期伊斯兰债券发行，且仅有发行市场没
有交易市场，同业拆借市场和票据市场几乎不存在，股票市场也尚
在筹建。但如此落后的金融体系却能支持国内经济的有效运转，无
疑与文莱充足的资金量有很大关联。

---

① 部分指标最新数据仅公布到 2016 年。

1. 文莱金融发展历史回顾

由前述分析得知，在诗里亚镇发现石油之前，文莱一直是一个经济异常落后的贫困小国。因此，直至 1935 年文莱才出现第一家当地银行——邮政储蓄银行。石油发现之后，英属马来石油公司雇佣大量外国雇员和工人，引起对银行服务的需求。邮储银行开始接受公众存款，但随之而来的二战，严重破坏了银行信用，邮储银行于 1976 年宣布停止营业。1947 年，香港汇丰银行在文莱首府斯里巴加湾港设立分行。同年，又在瓜拉贝拉亦设办事处，此后渣打银行（1958 年）、马来亚的马来西亚银行（1963 年）和合众银行（1963 年）、美国的花旗银行（1971 年）和美洲银行（1972 年 11 月）以及新加坡的华联银行（1973 年）相继在文莱设立分行，此时的外资银行主要服务于壳牌石油公司及文莱政府储蓄。随后，文莱伊斯兰信托基金（1991 年）、佰度瑞银行（1994 年）、佰度瑞金融公司（1996 年）、文莱伊斯兰银行（2005 年）等本土金融机构也逐渐发展起来。如今，文莱已形成以银行业为主导、传统金融与伊斯兰金融并存的特色金融体系。

再观文莱的金融监管体系。文莱历史上长期不设中央银行，其金融管理由文莱财政部通过其下属的货币局与金融局行使，货币局负责发行国家货币并控制和维持国内货币流通，金融局负责监管金融体系运作，所有银行机构都受 1956 年银行法的制约。此外，2000 年成立的文莱国际金融中心也为文莱财政部的附属机构，主要为开展区域和国际业务提供基础设施，即同新加坡、中国香港等一样提供海外金融中心业务。为此，文莱出台了相关的法令，包括国际银行法（2000 年），国际商业公司法（2000 年）、证券法（2001 年）、国际保险和基金法等。这些法令为文莱建立全球商业伙伴提供了法律框架。直到 2010 年，文莱金融管理局才开始筹建，2011 年正式运行，执行央行职能，集国家货币政策制定与执行、金融监管等多种职能于一身，确保货币政策的有效实施。文莱经济和金融的稳定状态也证明混业监管模式是与国家经济和金融发展相适应的。

2. 文莱金融发展现状分析

（1）文莱金融发展总量分析

金融总量是用来衡量一个国家或者地区范围内金融发展的总体性指标，金融总量的增长是金融发展的表现之一。自 1984 年文莱独立以来，随着经济的不断发展，以货币、债券等为代表的金融资产规模也逐渐扩大，经济货币化程度增强。

通常，以货币为代表的金融资产规模用广义货币 M2 来代替。据图 7-12，1999 年以来，文莱广义货币量逐年增加，2014 年广义货币总量已达 115.41 亿美元，相比 1999 年增加了近 80 亿美元，近两年虽有所下跌，但总体来说跌幅不大，且从 M2/GDP 的走势来看，近两年 M2/GDP 的比重一直呈上升趋势。因此，广义货币量的下跌很大程度上与国内经济不景气有关，但广义货币量的波动幅度要小于经济总量的波幅，因而会产生广义货币量减少，但占国内生产总值比重增加的特点。此外，文莱的准货币 M2 所占比重一直较高，2011—2016 年间，基本维持在 68.5% 左右。

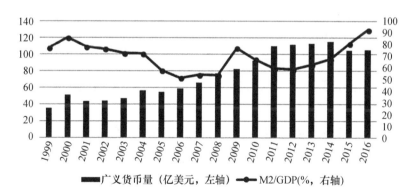

图 7-12　文莱广义货币（亿美元）及其经济的货币化程度

资料来源：世界银行。[①]

（2）文莱金融发展结构分析

---

① 部分指标最新数据仅公布到 2016 年。

文莱的金融起步较晚,金融机构发展不健全,且自主性较差,各类经济金融行为受皇权制约严重,在马来伊斯兰君主制"三位一体"的政治制度下,文莱逐渐形成了以银行业为主导、传统金融与伊斯兰金融并存的金融结构。此外,文莱目前正积极筹建完善的资本市场。

首先看银行业①。银行是文莱最重要的金融机构,伊斯兰银行和传统银行构成其独特的银行体系。文莱银行业资产总额占金融体系总额的90%以上。截至目前,文莱共有银行类金融机构60家(包括各银行的总部及分支机构,除离岸银行外),其中伊斯兰银行10家(包括文莱伊斯兰信托公司及其分支机构和伊斯兰银行集团金融公司及其分支机构),传统银行50家。

其次是保险业。保险业金融机构是文莱除银行外最重要的金融机构,伊斯兰保险较为发达。截至2016年8月,文莱共有13家保险公司、1家保险公估公司及1家保险经纪公司。在13家保险公司中,传统保险公司9家,占比69.23%,其中寿险公司3家,非寿险公司6家;伊斯兰保险公司4家,占比30.77%,其中从事家庭保险和一般保险业务各2家。总体来看,文莱保险业金融机构也呈现伊斯兰保险和传统保险并存的特点。

最后是证券业。目前为止,文莱国内还没有独立的股票和债券交易所。

(三) 文莱金融发展与经济增长关系的初步判断

1. 文莱金融发展与经济增长关系

根据前文对文莱金融发展与经济增长做了总体的描述后,可以发现文莱金融总量和经济总量都呈上升趋势,且石油部门对经济增长的贡献率较大。因此,本节从三个角度分析金融发展与经济增长的关系,分别是金融发展与整体经济增长的关系、金融发展与石油部门经济增长的关系以及金融发展与非石油部门经济增长的关系。

---

① 由于文莱的金融公司可以同商业银行一样,进行吸收存款和发放贷款的业务活动,故将金融公司与银行列于一处。

此外，对于金融发展，本文主要运用 King 和 Levine（1993）和 Levine（2005）提出的衡量金融发展的指标，即以金融机构全部流动性负债与 GDP 的比值衡量的金融发展深度和金融机构对私人部门信贷与 GDP 的比值衡量的市场化程度开展初步的研判。

（1）金融发展深度与经济增长关系判断

全部金融中介体的流动负债实际上就是 M3，但由于文莱缺乏 M3 的统计数据，本文使用 M2 替代。而 M2/GDP 实际衡量的是在全部经济交易中，以货币为媒介进行交易所占的比重。通常来说，该比值越大，说明经济的货币化程度越高，在合理范围内的趋高，有利于经济增长。如图 7－13，亚洲金融危机后，文莱 M2/GDP 比重不升反降，2006 年该比例降为 51.34%，而经济却呈逐渐上升趋势；2008 年国际金融危机后，二者又延续亚洲金融危机后的增长趋势，即 M2/GDP 比重下降，经济总量增加；2012—2016 年，M2/GDP 比重呈上升趋势，经济总量又呈下降趋势，2016 年该比例已上涨为 92.6%。总的来看，文莱以货币为媒介进行交易的比重较

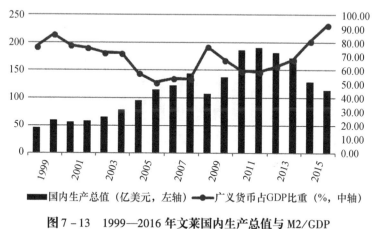

图 7－13　1999—2016 年文莱国内生产总值与 M2/GDP

资料来源：世界银行。①

---

①　部分指标最新数据仅公布到 2016 年。

低，且由于 M2 包含了定期存款，特别是中长期存款，用于非交易目的，所以以货币为媒介的交易量会更少；此外，金融发展深度与经济增长长期呈逆向走势。这是因为文莱是高福利国家，国民长期以来奉行"高福利、低工资"的政策，本国居民的很多福利并不体现在货币中，货币量的波动幅度要小于经济增长的波动幅度，所以反映在图中会呈现此种走势。

（2）金融发展市场化程度与经济增长关系判断

金融机构对私营部门的信贷占 GDP 的比重，描述了与整体经济规模相比，金融机构发放信贷给私营部门的比例，该比值越高不仅表明国内投资水平越高，还表明金融体系越发达。据图 7 – 14，受东南亚金融危机的严重冲击，文莱政府逐渐减少对私营部门信贷额，在图中表现为 2000—2005 年私营部门国内信贷占 GDP 比重逐年下跌，6 年下跌了将近 20 个百分点；此后，因全球金融危机的到来，文莱政府再度缩紧国内信贷，这一比值于 2012 年降到历史最低点；2012 年后，该比值开始呈上升趋势。

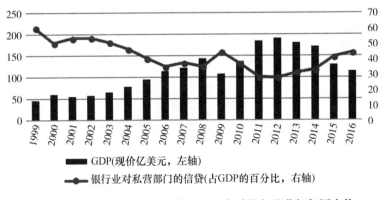

GDP(现价亿美元，左轴)

银行业对私营部门的信贷(占GDP的百分比，右轴)

图 7 – 14　1999—2016 年文莱国内生产总值与私营部门国内信贷占 GDP 比重

资料来源：世界银行。[1]

———————

[1]　部分指标最新数据仅公布到 2016 年。

但从总体上看，这一缺口长期处于较高位置，累积风险较大。理论上，经济增长应与该比例的走势图一致，但图中却显示了一种"逆向走势"，即在私营部门国内信贷/GDP 比重增加时，经济呈下降趋势；对私营部门国内信贷/GDP 比重减少时，经济反而呈上升趋势。究其原因，一方面可能与文莱私营部门经验缺乏，从而导致经营效率低下有关；另一方面还可能因为，经济上升期间，油价较高，金融机构更多的将资金贷给政府和国有企业，主要是壳牌石油公司，从事与石油有关的经济活动，进而减少对私营部门的信贷额。

2. 文莱金融发展与石油部门经济增长关系

文莱经济严重依赖石油部门，是世界上主要的石油出口国之一。石油收入占其国内总收入的 60% 左右，也占其出口收入的 90% 以上，因此本节将石油部门生产总值从总国内生产总值分离出来，单独研究文莱金融发展与石油部门经济增长之间的关系符合文莱的经济发展特点。

（1）金融发展深度与石油部门经济增长关系判断

据图 7 - 15，亚洲金融危机和全球金融危机后，文莱石油部门

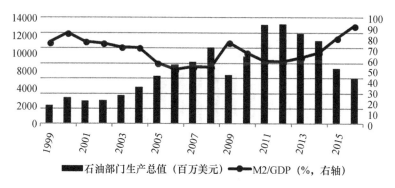

图 7 - 15　1999—2016 年文莱石油部门生产总值与 M2/GDP

资料来源：世界银行，文莱政府统计年鉴、经济计划与发展局年报等经笔者计算整理。①

———————

① 部分指标最新数据仅公布到 2016 年。

生产总值都呈现逐年上涨趋势,2012 年文莱石油部门生产总值达到历史最高点,为 131.54 亿美元,占国内生产总值的 67.97%,2012 年后受全球经济增长疲软,国内石油出口量价齐跌的影响,石油部门生产总值逐年下降,2016 年,石油部门生产总值下跌到 59.98 亿美元,相比 2012 年减少一半以上。反观 M2/GDP,则在两次金融危机后都呈现下降趋势,2012 年后又呈上升趋势。总的来看,文莱石油部门生产总值与金融发展深度呈逆向走势。可能的原因是由于壳牌石油公司作为文莱的主要财团,在石油价格上升期间,会更倾向于将资金用于石油的采掘和生产上,从而造成国内广义货币量的减少。

(2)金融发展市场化程度与石油部门经济增长关系判断

文莱石油部门生产总值与私营部门国内信贷占 GDP 比重各自走势如前所述,此处不再赘述。仅将二者走势结合起来看发现,以私营部门国内信贷占 GDP 比重衡量的金融发展市场化程度与石油部门生产总值也呈逆向走势,即私营部门国内信贷占 GDP 比重上升,GDP 下降;反之,私营部门国内信贷占 GDP 比重下降,GDP 增加(图 7-16)。这可能与政府的"相机抉择"策略有关,即政

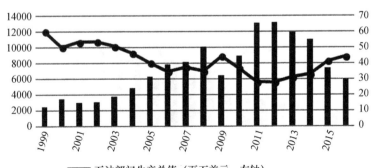

图7-16　1999—2016 年石油部门生产总值与私营部门国内信贷占 GDP 比重

资料来源:世界银行、文莱政府统计年鉴、经济计划与发展局年报等经笔者计算整理。①

---

① 部分指标最新数据仅公布到 2016 年。

府在预见到国际石油价格下跌时，会更多地将国内信贷提供给私营部门，发展多元化经济。

3. 文莱金融发展与非石油部门经济增长关系

政府的多元化经济发展措施使文莱非石油部门也显现出发展生机，非石油部门对国内经济的贡献率逐渐加大，因此本节着重探讨金融发展与非石油部门经济增长的关系。

（1）金融发展深度与非石油部门经济增长关系判断

如图 7 - 17 所示，非石油部门生产总值变化趋势较为平缓，特别是在 1999—2009 年 11 年间，仅增长了 21 亿美元，这与文莱长期依赖石油部门发展经济，经济多元化措施没有落实到位有很大关联；2008 年文莱苏丹政府提出《2035 宏愿》，再次将经济多元化发展作为国家的主要任务，此后，非石油部门国内生产总值逐年攀升，2014 年上涨为 61.29 亿美元，占国内生产总值的 36.68%。近两年，受国内总需求不足的影响，非石油部门生产总值逐年下降，但其在国内生产总值中的比重却逐年上升，2016 年末，非石油部门生产总值占国内生产总值的 47.39%，基本与石油部门保持平

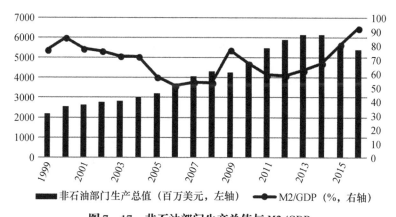

图 7 - 17　非石油部门生产总值与 M2/GDP

资料来源：世界银行，文莱政府统计年鉴、经济计划与发展局年报等经笔者计算整理。①

————————

① 部分指标最新数据仅公布到 2016 年。

衡。将以 M2/GDP 衡量的金融发展深度与非石油部门生产总值结合起来看，两者发展趋势既存在同向走势，又存在逆向走势。

（2）金融发展市场化程度与非石油部门经济增长关系判断

文莱非石油部门生产总值与私营部门国内信贷占 GDP 比重各自走势如前所述，此处不再赘述。仅将二者走势结合起来看发现，以私营部门国内信贷占 GDP 比重衡量的金融发展市场化程度与非石油部门生产总值两者发展趋势既存在同向走势，又存在逆向走势（如图 7 – 18）。

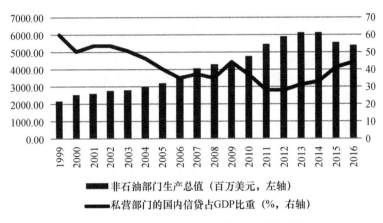

图 7 – 18　非石油部门生产总值与私营部门国内信贷占 GDP 比重

资料来源：世界银行，文莱政府统计年鉴、经济计划与发展局年报等经笔者计算整理。①

总的来说，文莱经济发达，但经济体量有限，金融发展较为稳定，但金融发展整体水平较低，银行业占主导地位，金融结构单一。且通过分析金融发展与整体经济、石油部门以及非石油部门经济的关系，发现金融发展与整体经济和石油部门经济都呈逆向走势，而与非石油部门经济既存在同向走势，又存在逆向走势。但这只是对金融发展与经济增长关系的一个定性判断，为了进一步说明

---

① 部分指标最新数据仅公布到 2016 年。

问题，需要运用计量经济学软件对二者关系进行更深入的分析。

三　变量选取和建模

（一）变量选取

根据前面各章节的分析，本文在变量选取中继续采用 King 和 Levine（1993）和 Levine（2005）所提出的相关变量。

1. 被解释变量

国际上通常采用两种方法来测量经济增长。一种是实际 GDP，另一种是人均 GDP。但因一些影响 GDP 水平的估计误差也影响对人口的估计，因而误差可能被抵消，所以人均 GDP 数据比 GDP 总量数据可能出现的错误更少，所以本文也采用人均 GDP 作为解释变量。且因本文想进一步探究金融发展分别与石油部门和非石油部门之间的关系，所以将石油部门 GDP 和非石油部门 GDP 也作为被解释变量，分别构建模型。

2. 解释变量

根据 Levine et al.（1993），本文选取以下 2 个指标衡量金融发展：

（1）金融发展深度，即 M2／GDP。M2/GDP 实际衡量的是在全部经济交易中，以货币为媒介进行交易所占的比重。总体上看，它是衡量一国经济金融化的初级指标。通常来说，该比值越大，说明经济货币化的程度越高。

（2）金融发展的市场化程度，用私人部门信贷/GDP 来衡量。该指标描述了与整体经济规模相比，金融机构信贷分配给私人部门的比例。该比值越高表明国内投资水平越高，金融体系越发达。

此外，根据文莱经济发展特点，本文还选取了影响经济增长的其他指标，如石油价格（OILP），政府支出/GDP，贸易开放度（TRD）=（进口＋出口）/GDP，通货膨胀率以及投资/GDP 等，将其纳入模型进行各变量拟合优度检验，经检验，去除不显著的几个指标，最终选取石油价格（OILP），贸易开放度（TRD）、金融发展深度（M2/GDP）及金融发展市场化程度（私人部门信贷/

GDP）4 个指标为解释变量进入模型。

（二）数据说明

由于文莱数据量较少，本文仅选取 1989—2016 年最新的 28 个年份的年度数据，相关指标介绍及资料来源如表 7 - 9 所示：

表 7 - 9　　　　　文莱金融发展与经济增长变量选取及数据来源

	变量选取	指标构建	数据来源
解释变量	金融发展深度	M2/GDP	世界银行
	金融市场化程度	私人部门信贷/GDP	世界银行、文莱金融管理局
	石油价格	OILP = 月度现货原油实际市场价格之和/12	国际货币基金组织
	贸易开放度	TRD =（进口额 + 出口额）/GDP	世界银行
被解释变量	人均 GDP	GDP/人口数	世界银行
	石油部门人均 GDP	GDPO = 石油部门 GDP/人口数	世界银行、文莱政府统计年鉴、文莱经济计划与发展局年报、文莱金融管理局、IMF、中国驻文莱大使馆经济商务参赞处及相关文献整理
	非石油部门人均 GDP	GDPN = 石油部门 GDP/人口数	世界银行、文莱政府统计年鉴、文莱经济计划与发展局年报、文莱金融管理局、IMF、中国驻文莱大使馆经济商务参赞处及相关文献整理

（三）模型设计

据前文分析，本文拟建立三个模型，分别分析金融发展与经济总体、石油部门经济增长、非石油部门经济增长的关系。

模型 I：人均 GDP = f（金融发展深度，金融发展市场化程度，石油价格，贸易开放度），表示为：F（$\ln y1/\ln x1$，$\ln x2$，$\ln x3$，

$\ln x4$)；

模型Ⅱ：石油部门人均 GDP = f〔金融发展深度，金融发展市场化程度，石油价格，贸易开放度（TRD）〕，表示为：F（$\ln y2$/$\ln x1$，$\ln x2$，$\ln x3$，$\ln x4$）；

模型Ⅲ：非石油部门人均 GDP = f（金融发展深度，金融发展市场化程度，石油价格（OILP），贸易开放度（TRD），表示为：F（$\ln y3$/$\ln x1$，$\ln x2$，$\ln x3$，$\ln x4$）。

四　实证分析

本文主要基于长期 OLS 回归，并在此基础上进行短期误差修正，拟通过误差校正机制来调节长期关系的偏差，防止其规模或数量扩大，进而达到由短期预测长期的目的。本文运用 stata13.0 进行操作，默认置信水平为 95%，α 值为 5%。具体分析如下。

（一）协整检验

协整的概念最早由 C. W. J. Granger（1983）提出，即经济变量在长期被牵制着以大致相同的速率作同向运动且不至于分岔太远，在短期他们有可能分岔，但经过若干期调整又返回原有的运动轨道，即协整分析是揭示变量之间是否存在一种长期稳定的均衡关系的方法。

对于协整检验，本文采用 E-G 两步法：第一，需对各变量进行单位根检验，原假设序列存在单位根，即序列不平稳，通过 ADF 检验结果的 P 值进行判断，如 P 值显著，则拒绝原假设，说明序列平稳，如 P 值不显著，则说明序列不平稳，此时还需对变量的差分值进行 ADF 检验，验证其为几阶差分平稳序列；第二，需对残差是否平稳进行检验，也是通过 ADF 检验结果的 P 值进行判断，如 P 值显著，则拒绝原假设。当时间序列各变量表现为同阶平稳且残差也平稳时，说明变量间存在协整关系。

1. 单整性检验

通过 ADF 检验，对各变量进行单整性检验，提出原假设，各变量间存在单位根,即表现为非平稳序列,则备择假设的各变量为平稳序列。由表 7 - 10 可知,各变量水平检验时均为非平稳序列,经一阶差分后绝大部分变量表现为平稳,经二阶差分后,全部变量均表现平稳,即可说明变量 lny1、lny2、lny3、lnx1、lnx2、lnx3、lnx4 均为二阶单整平稳序列,因各变量在 2 阶差分时均表现平稳,即说明各变量间为同阶单整。

表 7 - 10 各变量单整性检验

	lny1	D1. lny1	D2. lny1	结论
P 值	0.6546	0.0475 **	0.0000 ***	2 阶差分平稳
	lny2	D1. lny2	D2. lny2	
P 值	0.6307	0.0689 *	0.0000 ***	2 阶差分平稳
	lny3	D1. lny3	D2. lny3	
P 值	0.1816	0.0006 ***	0.0000 ***	2 阶差分平稳
	lnx1	D1. lnx1	D2. lnx1	
P 值	0.5930	0.0748 *	0.0006 ***	2 阶差分平稳
	lnx2	D1. lnx2	D2. lnx2	
P 值	0.1855	0.0032 ***	0.0000 ***	2 阶差分平稳
	lnx3	D1. lnx3	D2. lnx3	
P 值	0.6765	0.0617 *	0.0000 ***	2 阶差分平稳
	lnx4	D1. lnx4	D2. lnx4	
P 值	0.0194	0.0002 ***	0.0001 ***	2 阶差分平稳

注:*、**、***分别表示10%、5%、1%的显著水平。

2. 检验残差是否平稳

因变量 lny1、lny2、lny3、lnx1、lnx2、lnx3、lnx4 均表现平稳,则可通过 OLS 回归处理,对各变量间的长期关系进行分析,可分别得到三个模型的三个残差值,再通过 ADF 检验分别判别残差序列是否平稳。提出原假设 H_0:残差项为非平稳序列;备择假设 H_1:残差项为平稳序列,通过检验结果的 P 值是否显著来判断残差序列是否平稳。

表 7 - 11　　　　　　　　　　残差项 ADF 检验结果

残差项	P 值结果
Reg e1 lag（1）	0.012 **
Reg e2 lag（1）	0.013 **
Reg e3 lag（1）	0.010 ***

注：*、**、***分别表示 10%、5%、1% 的显著水平。

残差项 e1、e2、e3 分别对应整体经济、石油部门经济、非石油部门经济中相关变量进行 OLS 回归得到的残差值，通过对残差及其滞后阶进行回归，判断其是否平稳。由表 7 - 11 可知，在 ADF检验下，三个模型各自的残差项对应的 P 值均显著，即拒绝原假设，说明残差项为平稳序列。

（二）长期 OLS 回归结果

表 7 - 12　　模型Ⅰ—变量 lny1、lnx1、lnx2、lnx3、lnx4 的 OLS 回归

回归量	系数	标准误差	T 统计量	P 值
lnx1	3.1063	1.2552	2.47	0.021 **
lnx2	5.3397	0.8804	6.07	0.000 ***
lnx3	4.0970	0.1901	21.56	0.000 ***
lnx4	5.6789	1.8325	3.10	0.005 ***

注：*、**、***分别表示 10%、5%、1% 的显著水平。

表 7 - 13　　模型Ⅱ—变量 lny2、lnx1、lnx2、lnx3、lnx4 的 OLS 回归

回归量	系数	标准误差	T 统计量	P 值
lnx1	2.3765	1.0852	2.19	0.038 **
lnx2	4.6376	0.7611	6.09	0.000 ***
lnx3	3.7436	0.1643	22.78	0.000 ***
lnx4	4.7725	1.5843	3.01	0.006 ***

注：*、**、***分别表示 10%、5%、1% 的显著水平。

表 7 - 14   模型Ⅲ—变量 lny3、lnx1、lnx2、lnx3、lnx4 的 OLS 回归

回归量	系数	标准误差	T 统计量	P 值
lnx1	3.5930	1.2436	2.89	0.008 ***
lnx2	5.1540	0.8722	5.91	0.000 ***
lnx3	3.8558	0.1883	20.48	0.000 ***
lnx4	5.7154	1.8156	3.15	0.004 ***

注：* 、** 、***分别表示 10%、5%、1% 的显著水平。

（三）ECM 短期误差修正模型

在长期回归的基础上，进一步构建 ECM 短期误差修正模型如下：

$$\Delta \ln y = \sum_{i=1}^{p} \gamma_i \Delta \ln y_{t-i} + \sum_{j=0}^{q_1} \sigma_j \Delta \ln x1_{t-i} + \sum_{j=0}^{q_2} \varphi_l \Delta \ln x2_{t-l} +$$

$$\sum_{m=0}^{q_3} \theta_m \Delta \ln x3_{t-m} + \sum_{m=0}^{q_4} \eta_k \Delta \ln x4_{t-k} + \beta_0 + \delta e_{t-1} + \xi_t$$

（四）平稳性检验

图 7 - 19、7 - 20、7 - 21 分别为模型Ⅰ、Ⅱ、Ⅲ Cusumsq 检验结果：

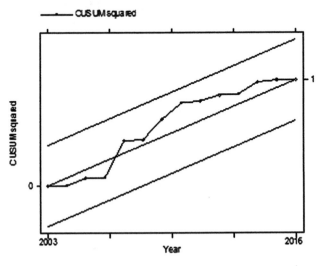

图 7 - 19 模型Ⅰ的 cusum² 检验

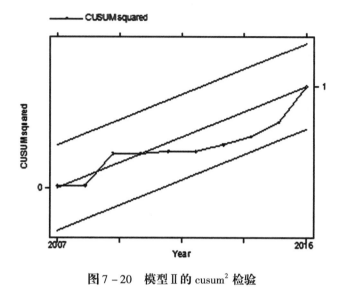

图 7 – 20　模型Ⅱ的 cusum² 检验

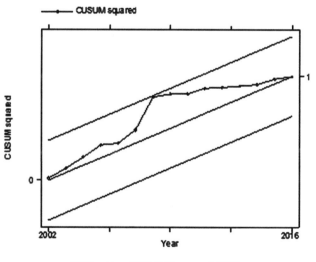

图 7 – 21　模型Ⅱ的 cusum² 检验

由图 7 – 19、7 – 20、7 – 21 可知，波动变化范围在上下两条平等直线之间，即说明 CUSUMSQ 保持在临界界限为 5% 的显著性水平，证实了短期系数在误差修正模型中是稳定的，由此，可通过短期平稳来推导预测长期走向，据此为文莱经济的未来布局提供理论依据。

（五）模型结果分析与结论

运用 OLS 进行长期回归，对文莱金融发展与经济增长关系的线性回归结果如表 7-15、表 7-16、表 7-17 所示，三个模型中，四个解释变量对经济增长（包括石油部门经济和非石油部门经济）均表现为显著的正向促进作用。长期看，这完全符合经济理论意义，即一国金融发展促进经济增长。对文莱这一产油国来说，国际石油价格的上升会显著的促进整体经济、石油部门经济的增长，进而间接带动非石油部门经济增长，文莱依托大量石油出口，贸易开放促进经济增长。

运用 ECM 检验，对文莱金融发展与经济增长关系的线性回归结果如表 7-15、7-16、7-17 所示：

表 7-15　　　　　　　**模型 Ⅰ，被解释变量为 D. lny1**

回归量	系数	标准误差	T 统计量	P 值
D. lnx1	0.0613	0.0712	0.86	0.402
D. L1. lnx1	− 0.0720	0.0762	− 0.94	0.359
D. lnx2	− 0.6297	0.1189	− 5.30	0.000 ***
D. lnx3	0.3338	0.0600	5.57	0.000 ***
D. lnx4	− 0.1186	0.1156	− 1.03	0.320
D. L1. lnx4	− 0.0833	0.1103	− 0.76	0.461
D. L2. lnx4	0.2389	0.1208	1.98	0.065 *

注：*、**、***分别表示 10%、5%、1% 的显著水平。

表 7-16　　　　　　　**模型 Ⅱ，被解释变量为 D. lny2**

回归量	系数	标准误差	T 统计量	P 值
D. lnx1	− 0.1868	0.1727	− 1.08	0.296
D. lnx2	− 0.1817	0.3343	− 0.54	0.595
D. L1. lnx2	− 0.2351	0.3128	− 0.75	0.464
D. lnx3	0.6913	0.1588	4.35	0.001 ***
D. lnx4	− 0.2745	0.2849	− 0.96	0.351
D. L1. lnx4	− 0.3330	0.3069	− 1.09	0.295

注：*、**、***分别表示 10%、5%、1% 的显著水平。

表 7 - 17　　　　　　　　　模型Ⅲ，被解释变量为 D. lny3

回归量	系数	标准误差	T 统计量	P 值
D. lnx1	0.4697	0.1785	2.63	0.018 **
D. lnx2	- 0.9381	0.2858	- 3.28	0.004 ***
D. lnx3	- 0.0243	0.1335	- 0.18	0.858
D. L1. lnx3	0.0946	0.0710	1.33	0.200
D. L2. lnx3	0.1704	0.0782	2.18	0.044 **
D. lnx4	0.2598	0.2424	1.07	0.299

注：*、**、***分别表示 10%、5%、1% 的显著水平。

从表 7 - 15 可以看出，对模型Ⅰ，x1 和 x4 没有显著地进入增长回归模型，x1（-1）滞后变量在统计上也不显著，说明金融发展深度对经济增长的影响非常有限，笔者认为这可能与文莱金融体系不完善，交易成本居高、资金配置不当有关。而 x4（-2）在统计上较为显著且系数为正，说明贸易开放度在一定程度上能够促进经济增长。x2 和 x3 显著地进入增长回归模型中，x2 的系数为负，说明短期内金融市场化程度制约经济增长，可能与文莱私营部门治理结构不完善，经营效率低下，从而影响经济增长有很大关联。x3 的系数为正，说明石油价格上升能够有效地促进经济增长。

从表 7 - 16 可以看出，对模型Ⅱ，x1、x2、x4 都没有显著地进入增长回归模型，且其滞后变量在统计中也不显著，x3 则非常显著，说明从短期看，金融发展深度、金融发展市场化程度以及对外贸易开放度基本都与石油部门经济增长无影响，其中一个非常重要的原因是，文莱石油部门经济的增长取决于国际石油价格，这一结果是非常符合文莱实际的。此外，金融发展过程中的"资源诅咒"也可能是导致金融发展指标未能显著地进入模型的重要原因。

从表 7 - 17 可以看出，对模型Ⅲ，x1、x2 都显著的进入增长回归模型，x3（-2）也显著进入模型，说明短期看，金融发展深度、金融发展市场化程度以及国际原油价格都影响非石油部门经济增长，且 x1 的系数为正，x2 的系数为负，说明金融发展深度促进非石油部门经济增长，金融发展市场化程度则阻碍非石油部门经济增长。究其原因，一方面由于文莱私营部门效率低下，盈利能力差，另一方面与文莱存在金融抑制有很大关联。x4 没有显著地进入增长回归模型，说明贸易开放度与非石油部门经济增长无关，这可能与长期以来文莱都为贸易顺差，而顺差主要归因于石油出口，因此贸易开放度与非石油部门经济增长无关。

总体来看，短期内金融发展对整体经济和石油部门经济增长影响不大，即使有影响也是负向的，抑制经济总体和石油部门的发展；而金融发展对非石油部门经济增长则有显著影响，值得一提的是金融发展市场化程度与非石油部门经济增长负相关，表明一味增加对私营部门信贷额而不注重技术、管理经验的灌输，不但不能促进经济增长，甚至会对经济起抑制作用；而从长期看，无论是对整体经济、石油部门经济还是非石油部门经济，金融发展都对其有显著的促进作用。因此，对于文莱未来经济的持续增长而言，成立国际金融中心的行动势在必行。

五　政策启示与展望

根据前文实证结果分析，本文试图找出以下几点可能的政策启示：

（一）政策启示

加快经济结构转型，促进多元化经济发展。在维持国内石油部门经济发展的同时，文莱要着力推进石油中下游产业的发展，同时继续提高对非石油部门的重视程度，发展新型农业和服务业，调整产业结构，推进产业升级。具体可利用本国拥有清真认证资格，发展清真产业，同时推动本国金融业、酒店和旅游业、建筑业、交通运输业等多个产业共同发展，降低对石油资源的依赖，打破"资源诅咒"。

进一步发展特色金融，助力经济增长。文莱经济结构处于转型期，未来对资金的需求会越来越大，因此对文莱金融体系进行改革是必由之路。在金融改革过程中要根据国家经济结构的调整，进行金融产业格局重构，建立完善的货币市场和资本市场，提高金融机构的资金配置效率。此外，充分利用本国伊斯兰金融的发展优势，设计多款伊斯兰金融产品，推进伊斯兰银行、伊斯兰债券与伊斯兰保险协同发展，与传统金融一道为经济发展提供安全、稳定的金融支撑。

加大技术和人才支持，引导私营部门良性发展。由于文莱公司管理经验短缺、人力资源不足，导致私营部门一直是文莱经济增长的薄弱环节。为扭转此种状态，要求政府当局不仅要对私营部门提供资金支持，更重要的是为其提供技术上的指导，通过引进国外先进管理经验，培养和引进高素质人才，缩减成本，提高私营部门的盈利能力和抗风险能力，进而促进国内经济发展。

（二）中文合作展望

当前，我国正在全力落实"一带一路"倡议，加强互联互通，免不了与沿线各国进行金融方面的合作，文莱作为"一带一路"沿线的重要节点国家，我们不仅希望在能源领域能够与文莱继续保持紧密合作，在其他领域也有很大合作空间，尤其是在金融方面。中文两国作为发展传统金融和伊斯兰金融的典型代表，通过合作，我国可以借鉴文莱伊斯兰金融发展经验，为宁夏地区伊斯兰金融的发展提供经验指导，文莱也可以借鉴我国先进的传统金融管理模式，创新金融产品，为文莱金融市场发展注入活力。展望未来，两国合作前景十分广阔。

参考文献

［1］陈臻：《文莱金融初探》，《南洋问题研究》1989 年第 2 期。

［2］姜英梅：《中东金融体系的伊斯兰特色 》，《当代世界》2013年第 1 期。

［3］姜英梅：《中国—伊朗金融合作研究与展望——基于"一带一路"的视角》，《国际经济合作》2017 年第 5 期。

［4］ 李健等：《东盟十国——金融发展中的机构特征》，中国社会科学出版社 2017 年版。

［5］ 刘轶文：《金融全球化对中国金融体系的影响与对策研究》，《商场现代化》2009 年第 9 期。

［6］ 骆永昆：《全球化背景下的东南亚伊斯兰金融》，《东南亚纵横》2010 年第 6 期。

［7］ 马金案：《文莱：2008 年回顾与 2009 年展望》，《东南亚纵横》2009 年第 2 期。

［8］ 马金案：《文莱：2008 年回顾与 2009 年展望》，《东南亚纵横》2009 年第 2 期。

［9］ 马静、马金案：《文莱：2009 年回顾与 2010 年展望》，《东南亚纵横》2010 年第 3 期。

［10］ 马静、马金案：《文莱：2014 年回顾与 2015 年展望》，《东南亚纵横》2015 年第 2 期。

［11］ 马静、马金案：《文莱：2015 年回顾与 2016 年展望》，《东南亚纵横》2016 年第 2 期。

［12］ 史永东，武志，甄红线：《我国金融发展与经济增长关系的实证分析》，《预测》2003 年第 4 期。

［13］ 吴国祥：《货币银行学学习辅导》，《当代电大》2004 年第 3 期。

［14］ 杨励：《金融全球化与中国金融的应对策略》，《求是学刊》2001 年第 6 期。

［15］ 佚名：《文莱成立金融中心》，《东南亚纵横》2000 年第 10 期。

［16］ 腾讯新闻网，http：//news. qq. com/a/20070508/001372. htm

［17］ 战明华、王忠锐、许月丽：《金融中介、金融市场的发展与经济增长—基于中国的实证》，《预测》2003 年第 1 期。

［18］ 中国银行业监督管理委员会，http：//www. cbrc. gov. cn/chinese/home/docView/A3A7D91DA36A4B0E9D2F9C2495E2C487. html。

［19］ 主权货币基金局官方网站，https：//www. swfinstitute. org/sovereign-wealth-fund-rankings/。

[20] Abul Hassan, "Risk management practices of Islamic banks of Brunei Darussalam", *The Journal of Risk Finance*, Vol. 10, 2009, Issue: 1, .

[21] Al-Malkawi, H. N., Abdullah, N., "Finance-Growth Nexus: Evidence from a Panel of MENA Countries", *International Research Journal of Finance and Economics*, Vol. 65, No. 3, 2011.

[22] Beck, T., "Is There a Resource Curse in Financial Development?", *Finance and Oil*, 2011.

[23] Blackburn, K., Hung, V. T. Y., "A Theory of Growth, Financial Development and Trade", *Economica*, Vol. 65, No. 257, 1998.

[24] Buffie, E. F., "Financial Repression, the new Structuralists, and Stabilization Policy in Semi-industrialized Economies", *Journal of Development Economics*, Vol. 14, No. 3, 1984.

[25] Christopoulos, D. K., Tsionas E. G., "Financial Development and Economic Growth: Evidence from Panel Unit Root and Cointegration Tests", *Journal of Development Economics*, Vo l. 73, No. 1, 2004.

[26] Demetriades, P. O., Hussein, K. A., "Does Financial Development Cause Economic Growth? Time-series Evidence from 16 Countries", *Journal of Development Economics*, Vol. 51, No. 2, 1996.

[27] De Gregorio, Jose, and Pablo E. Guidotti, "Financial Development and Economic Growth", *World Development*, Vol. 23, No. 3, 1995.

[28] Gylfason, T., Zoega, G., "Natural Resources and Economic Growth: the Role of Investment", *The World Economy*, Vol. 29, No. 8, 2006.

[29] Hassan, M. K., Sanchez, B., Yu, J. S., "Financial Develop-

ment and Economic Growth: New Evidence from Panel Data", *The Quarterly Review of Economics and Finance*, Vol. 51, No. 1, 2011.

[30] Hassan, Abul, and Abdelkader Chachi, "Corporate Governance of the Islamic Financial Services Industry in Brunei Darussalam", *Journal of Islamic Economics, Banking and Finance*, Vol. 4, No. 1, 2008.

[31] Islam, S., Bahari, Z., Begawan, B. S., *Third IAEE Asian Conference of International Association of Energy Economics: Energy Commodities for Economic Growth of Brunei*, Held In Kyoto on, 2012.

[32] Jung, W. S., "Financial Development and Economic Growth: International Evidence", *Economic Development and Cultural Change*, Vol. 34, No. 2, 1986.

[33] King, R. G., Levine, R., "Financial Intermediation and Economic Development", *Capital Markets and Financial Intermediation*, 1993.

[34] Latiff, S. H. A., "Islamic Banking in Brunei and the Future Role of Centre for Islamic Banking, Finance and Management (CIBFM)", *An overview of Islamic Banking and Finance: Fundamentals and contemporary issues*, 2007, p. 277 – 300.

[35] Levine R, "Finance and growth: Theory and Evidence", *Handbook of Economic Growth*, Jan 2005.

[36] Lucas, R. E., Jr, "On the Mechanics of Economic Development", *Journal Monetary Economics*, Vol. 3, No. 2, 1988.

[37] Luintel, K. B., Khan, M., "A Quantitative Reassessment of the Finance-growth Nexus: Evidence from a Multivariate VAR", *Journal of Development Economics*, Vol. 60, No. 2, 1999.

[38] M. Shahid Ebrahim, Tan Kai Joo, "Islamic banking in Brunei Darussalam", *International Journal of Social Economics*, Vol. 28 Is-

sue: 4, 2001.

[39] Mosesov, A., Sahawneh, N. M. F. UAE, "Financial Development and Economic Growth", *Skyline Business Journal*, 2005.

[40] Najeeb, S. F., Vejzagic M., "Development, Growth and Challenges of Islamic Capital Markets: Comparative Insights from the Malaysian, Indonesian, United Arab Emirates and Brunei Markets", *Journal of Emerging Economies and Islamic Research (JEE-IR)*, Vol. 1 No. 3, 2013.

[41] Nili, M., Rastad, M., "Addressing the Growth Failure of the oil Economies: the Role of Financial Development", *The Quarterly Review of Economics and Finance*, Vol. 46, No. 5, 2007.

[42] Patrick, H. T., "Financial Development and Economic Growth in Underdeveloped Countries", *Economic Development and Cultural Change*, Vol. 4, No. 2, 1966.

[43] Samargandi, N., Fidrmuc, J., Ghosh, S., "Financial Development and Economic Growth in an Oil-rich Economy: the Case of Saudi Arabia", *Economic Modelling*, No. 43, 2014.

[44] Schumpeter, J. A., *The Theory of Economic Development*, Harvard University Press, Cambridge, 1932.

[45] Wijnbergen, S. V., "Credit Policy, Inflation and Growth in a Financially Repressed Economy", *Journal of Development Economics*, Vol. 13, No. 1, 1983.

第八章 菲律宾金融体系
考察与分析

　　菲律宾金融体系是以混业经营的全能商业银行为中心，全能商业银行从事一般商业银行、证券公司等业务，辅以农村银行以及其他非银行机构。整体而言，菲律宾基本按照美国模式建立了较为先进的、完善的金融市场制度体系。菲律宾金融业发展起步时间早、起点较高，与大多数东南亚国家横向相比较来说，其金融业较为发达。但以其自身金融发展角度纵向比较，菲律宾金融业的发展速度远低于预期，债券市场等金融市场虽然具备较为完善的制度，但发展规模和层次较低，金融产业和市场功能效率不高。

　　下文将从菲律宾金融体系的发展历程、菲律宾现行金融体系的基本架构、菲律宾金融体系的主要特点与影响因素分析、基于体系现状的中国——菲律宾金融合作突破点以及中菲金融合作报告（从金融稳定视角审视菲律宾的"中等收入陷阱"）几个方面着手考察菲律宾金融体系。

第一节　菲律宾金融体系的发展历程

　　1946 年菲律宾建立共和国，由于菲律宾长期处于美国殖民统治之下，其建国初的金融体系就吸收了美国的金融体系安排，较早的拥有了商业银行体系、证券交易所等金融部门。20 世纪 70 年代初，菲律宾采纳世界银行和国际货币基金组织联合调查提出的金融改革方案，开始进行金融自由化改革。

一 菲律宾金融业的兴起

菲律宾金融业发展起步时间早、起点较高，与大多数东南亚国家横向相比较来说，其金融业较为发达。二战结束后初期，菲律宾的金融体系在东南亚国家中是比较完整的。1949 年菲律宾成立自主度较高的中央银行，但仍带有一定的殖民色彩，不具备完全的独立性。

至 20 世纪 60、70 年代末，菲律宾金融业的发展却落后于同地区其他国家，在货币化程度、金融机构数量的增长与资产规模扩大等方面，远不及新加坡、马来西亚、泰国和印尼。究其原因，一方面与该国经济发展不符合预期有关，另一方面与典型的金融约束政策直接相关。这导致菲律宾金融体系经营效率极低，使得菲律宾金融中介成本极高。菲律宾在建国之初就全盘接受了发达经济体的金融体系安排，却不具备与之匹配的各项经济金融条件。同时期，马科斯政府腐败导致的垄断、权力寻租，以及金融市场的封闭，导致菲律宾金融体系陷入全面失灵的状态。

20 世纪 70 年代初，菲律宾采纳世界银行和国际货币基金组织联合调查团提出的金融改革方案，开始进行金融自由化改革，包括放开利率管制、重启中央银行市场调控手段等。同时，菲律宾着手改善自身庞大而低效的银行体系，通过限制最低资本要求、提高监管标准等方式，促进银行之间的收购合并，培养高效的大型商业银行。在 1972 年，菲律宾尝试进行了初步金融改革，修订了银行业相关法律，重塑货币体系，菲律宾中央银行开始摒弃一般性金融业务，加速对商业银行经营机制的完善，将投资银行从商业银行的业务范围内分离出来，强化原有金融机构的专业性，扩大金融机构规模和加强中央银行对国内信贷的控制，但收效甚微。接着允许非银行机构在中央银行的控制下实施自由利率，70 年代中期，菲律宾采取措施来推动其国内证券业健康发展。自 70 年代末以来，菲律宾金融资产规模不断扩大，结构不断变化，呈现出以下一系列特点。第一，商业银行规模迅速扩大，成为金融体系的主体，呈现集中、大型化发展的趋势。第二，中央银行实力增长迅速，政府商业银行资产份额下降，政府转向通过增强中央银行的实力来强化货币政策的执行与金融宏观调控，可见政府在金融管理中的职能与方式有所转变。第三，非银行金融机构发展快，金融体系趋于多样化。政府为健全金融体系，主要发展社会保障、保险机构。第四，金融体系中二元结构特征明显，表现在两个方面：一是正规的金融市场与非正规金融市场并存，二是金融业中传统部门与现代部门并存。

（一）在金融市场的发展上

菲律宾的银行同业拆借市场始建于 1963 年，是银行之间和非银行金融机构之间短期资金供给与需求的中介。汇兑市场开始于1965 年，主要开展期票、票据回购协议和储蓄替代业务。在银行的共同参与下，从 60 年代末到 70 年代汇兑市场稳定发展。但菲律宾在 80 年代初国内发生的金融危机，造成汇兑市场严重萎缩，主要原因在于政府加强了对票据融通的管制。政府债券市场正式建立于 1966 年，但长期不发达，部分归因于低利率的限制。但是债券市场在 1981 年国内金融危机后得到迅速发展。主要原因在于当时的马科斯独裁政府大力增加公债发行以弥补扩大的财政赤字，推行以市场利率发行的国库券，因此给货币市场带来了结构性的变化。70、80 年代，菲律宾资本市场和外汇市场发展十分不景气，股票市场交易由 1973 年的 593300 万比索下降为 1981 年的 134900 万比索，外汇市场交易量也从未超过 10 亿美元，其主要原因一是宏观经济发展状况不佳，二是汇率管制导致汇率扭曲。

（二）在金融调控上

70 年代中期以前，菲律宾实行的是严格管制的货币政策，货币发行速度慢，国内信贷紧缩，限制利率，汇率管制，波动都不是很大。70 年代中期以后，货币政策开始松动。80 年代初，重大的金融改革开始实施。1980 年 8 月，菲律宾取消了两年以上定期储蓄利率的最高限额；81 年底，进而取消银行活、定期存款利率的最高限额。而此时其国内相当一部分信贷却不按市场条件仍由公共部门金融机构进行分配，俎是国内信贷的规模、货币发行速度、利率水平都大为提高，同时采取了贬值的汇率政策。然而当时世界经济的不景气严重影响了菲律宾经济，1983 年 10 月菲律宾国内出现外汇危机，财政赤字扩大，1984 年通货膨胀率达到 50%。在这同一时期，国内信贷以年均 25% 的速度增长，1983 年达到 30%。当时货币政策的放松加剧了这种不稳定的状况。1980—1983 年间，存贷利率几乎没有管制，使得实际利率得以主动调整。与 70 年代实际利率为负相比，金融市场价格扭曲在很大程度上得到纠正，这促进了金融储蓄货币化程度的提高。由于金融放松管制，因利率变化而决定的投机资本的流动也引起了相应的利率变动，特别是在 1986 年以后通货膨胀和汇率相对稳定的阶段。

二　菲律宾金融业的发展阶段

20 世纪 80 年代和 90 年代，菲律宾经历了经济过山车，20 世纪 70 年代经过强劲增长之后，菲律宾在 80 年代初陷入债务和经济危机。国民生产总值在 1981—1983 年期间逐渐减少，经济逐步恶化。菲律宾经济在 1986—1990 年间得到恢复。由于国内金融业薄弱，国内的政府赤字融资以及中央银行的巨额亏损导致通货膨胀压力加大，私营部门被挤出国内信贷市场。

（一）80 年代以来的金融体系改革

1980 年，在世界银行和国际货币基金组织的参与指导之下，菲律宾着手进行进一步的金融改革，放宽银行业限制，允许金融机构参与更多业务，推动发展大型全能商业银行。金融改革主要目标有三个：一是加强金融中介作用，提高储蓄和货币化水平；二是建立中长期产业发展资金；三是推动金融机构的扩张。为此，菲律宾采取了利率自由化，金融机构一体化，准备率降低以及利率和收入税制改革等措施，使得当时的金融体系得到了较大发展。1981 年又实现利率完全自由化。1962 年成立的菲律宾首都银行在不断的并购下，逐渐发展成为菲律宾最大的全能商业银行，同时也是一家集商业银行、投资银行等多项金融业务于一体的大型银行集团。菲律宾银行业经历两次大规模收购合并后，逐渐发展出以几家大型全能商业银行为核心，辅以数量众多小型存款银行的金融体系。

然而，在接下来的几年里，由于财政赤字巨大，外债增加和宏观经济波动加剧，出现了严重的金融危机，这些努力迅速中止。从1983年到1986年，菲律宾国内的经济危机严重束缚了银行业的发展，其主要的两家国有银行——菲律宾发展银行（DBP）和菲律宾国家银行（PNB）因付款困难，而被迫向菲律宾中央银行寻求帮助。1985年，菲律宾关闭了从事非法贷款的菲律宾银行，并开始全面重塑金融业。1987年，菲律宾金融部门开始复苏，新政府重新启动了改革，主要措施是：（1）通过降低中间贷款成本为金融部门减税，降低实际利率，促进其国内投资；（2）为了控制通货膨胀，政府发行债券并逐步取代央行的借贷账单，成为公开市场操作的主要工具之一。（3）整顿和重组政府金融机构，建立审计监督机构，取消政府特殊减税和贷款特权以及政府债务担保，这些措施加快了菲律宾金融发展步伐。

（二）90年代以来的金融体系改革

在20世纪80年代，菲律宾遭受了马科斯的铁拳统治，政治动荡和经济下滑。与此同时，1980年的金融改革并没有给菲律宾金融业带来预期的结果，因为菲律宾中央银行采取了一些不恰当的措施来协调金融改革。菲律宾较为成功的金融体制改革始于90年代初期，1993年7月3日菲律宾中央银行依据1987年《菲律宾宪法》有关条款和1993年颁布的《新中央银行法》正式成立，取代1949年1月3日成立的菲律宾中央银行行使货币当局职能。1992年拉莫斯总统上台后，他采取了一系列积极措施振兴经济，菲律宾经济开始全面复苏。在全球金融自由化浪潮和IMF贷款条件压力的双重作用下，从1992年起，菲律宾金融业也朝着自由化和非制度化方向发展。伴随着一系列金融改革政策的出台，如1992年成立资本市场开发委员会，全面开展资本市场开发研究，同一年部分放开外汇市场的管制；1994年菲律宾市场允许外资银行进入；1995年允许外资银行在菲律宾全方位开展业务，同年菲律宾中央银行提高资本充足率标准，实施巴塞尔协议，等等，菲律宾的金融业有了较大的发展。在八九十年代，在市场机制尚不成熟、金融体制尚不健全的情况下，菲律宾过早地开放金融市场，放开了对关键资本项目的管制，而这也为1997年的亚洲金融危机埋下祸根。菲律宾国内金融市场受到了亚洲金融危机的重大创伤，其受损程度相对于其他东盟国家较轻，在这之后菲律宾政府实施一系列的举措提高抗风险能力，推动金融市场向前发展。

三　菲律宾金融业的完善阶段

（一）菲律宾1997年东南亚金融危机以来的金融改革举措

菲律宾中央银行自1997年东南亚金融危机发生以来，采取了多种措施使其国内银行体系加强抵御全球化影响和风险的能力。这些措施的主要目标是制定与国际接轨的更为审慎的银行业标准和规则，不断改进管理方法，并努力减少道德风险，同时制定处理问题银行的一系列程序和规则。

1. 提高国内银行资产质量

与其他亚洲国家有所不同，菲律宾政府解决其银行体系不良资产的能力十分不足。为此，在东南亚金融危机后，菲律宾政府主要动员私人资本解决和恢复银行不良资产。（1）为了帮助借款人提高偿付能力，菲律宾中央银行一直采取审慎的政策，以期通货膨胀率和国内利率保持相对稳定的环境。在2002年，正式把对通货膨胀的控制作为货币政策的目标。（2）菲律宾中央银行制定银行贷款损失准备金标准，要求银行等金融机构做好充分准备来应对贷款可能带来的损失。（3）菲律宾中央银行努力通过提供法律框架来减少银行不良资产，推动建立私营部门主导的资产管理公司。（4）菲律宾中央银行要求不良资产率较高的银行采取措施，逐步使不良资产损失准备金率不断提高。

2. 加强风险管控

菲律宾中央银行不断加强银行体系风险管控，强调加强监管的最终目标是在技术进步和监管放松的条件下给予银行更多的自主性,以便更好地应对不断产生变化的经济状况。2001 年,菲律宾中央银行通过了第 280 号公告,开始采用巴塞尔协议 I 框架并颁布资本充足率标准。2002 年,进一步要求银行计量并实施市场风险和信用风险的资本冲销。2004 年 12 月,菲律宾中央银行宣布实施巴塞尔协议 II,采纳协议三大要素,即最低资本要求、监管部门的监督检查和市场约束,来加强银行体系的风险管控能力

3. 发展资本市场

为了帮助发展国内资本市场,BSP 实施了以下改革举措:

(1) 建立私营部门主导的固定收益交易所(FIE)。从 2001 年开始,这是为了帮助固定收益证券二级交易的流动性和价格发现机制的制度化,为公众提供除传统股票之外更多的投资选择,并为私营和公共部门发行人开辟更多的渠道来挖掘低成本的资本。

(2) 第三方证券保管制度化。证券独立保管人通过确保所有交易均由相应的债务工具支持,为投资者提供更好的保护,防止多重证券销售的欺诈行为。由于托管人记录证券的买卖价格,托管人制度也可以防止价格操纵。第三方托管进一步补充了外资企业的设立,为建立回购和证券借贷市场铺平了道路。因此,为了使独立的第三方证券保管机构制度化,BSP 规定银行在 BSP 监管下将(用于准银行职能的)证券在 2003 年转让给 BSP 认可的保管人。菲律宾货币委员会已经批准了六家第三方托管商的认证:四家外资银行(渣打银行,德意志银行,香港上海银行和花旗银行);一家本地银行(菲律宾银行);和非银行金融中介(菲律宾托管和信托公司)。

(3) 设立单位投资信托基金(UITFs)以取代普通信托基金(CTFs)。作为投资产品,UITF 将更具竞争力,因为它们将不再受到准备金的要求,并且可以免除单一借款人的极限计算。UITF 也允许以独立美元来源的投资者以美元计价的形式提供。不过,UITF 有更清晰的保障措施,可以将它们与存款替代品区分开来。保障措施包括要求 UITF 持有的资产每日标记在市场上,并由第三方保管,以保护投资者免遭基金管理人员的不当行为。

(4) 将支付结算系统升级为实时总结算系统(RTGS)。主要用

以提高支付交易的效率、可靠性、速度和及时性。2002 年，实时总结算系统正式应用于政府证券回购和银行同业拆借，这个体系显著提高了结算效率和支付系统的可靠性。

4. 其他一些改革措施

2004 年，菲律宾中央银行与证券交易委员会（SEC）、保险委员会（IC）和菲律宾存款保险公司（PDIC）共同发起成立了金融业论坛（FSF），来促进行业内政策法规的协调和进行资源共享。菲律宾中央银行还要求金融业采用与国际接轨的菲律宾新会计准则，以提高银行和其他金融机构财务报表的透明度和准确性。

（二）菲律宾全球金融危机以来的金融改革措施

1. 政府实施一系列改善宏观经济政策

放宽对于政府重点建设项目的贷款限额，比如菲律宾对其国内能源与发电行业的项目给予优惠贷款支持。理顺政府的养老金和退休计划，增加监管机构并对养老金支付进行改革的可行性进行研究。努力增加中小企业资金来源。这些改革极大地增强了投资者的信心，提高了公司管理的透明度，帮助建设和完善必要的金融构架及提高谨慎性规则等。在经历金融危机的情况下，菲律宾政府采用降低利率、扩大货币供给等政策，帮助菲律宾银行系统逐渐从金融危机中恢复过来。

2. 中央银行强化监管、化解系统风险

国际金融危机爆发后，菲律宾中央银行实施了一系列防范化解系统风险的举措，包括：把控信贷质量、对商业银行等各类金融机构进行大力监管等。菲律宾中央银行加快推进金融执法规范化，修改金融业相关法规，不断提高透明度和加强问责制，防止和尽量减少符合国际标准的系统性风险发生。

3. 银行业加强经营管理水平、提高抗风险能力

国际金融危机发生后，菲律宾银行体系经历了一系列变革，首先银行之间不断兼并，商业银行和农村银行分支机构不断增加。菲律宾银行体系的存款规模增长十分迅速，1996 年存款规模为 12710 亿比索，2008 年为 41950.66 亿比索，到 2018 年 4 月，达到约

119489.38亿比索。银行机构数量因并购而下降，但业务网络不断扩大，通过并购，资本运营的规模竞争力得到提高。其次，贷款计划放宽，以满足政府的优先事项，截至2018年4月其贷款规模达到约90677.10亿比索，比1996年的12217亿增长了五倍多。最后，加强对银行系统客户的管理，实施反洗钱措施。就不良贷款来说，2008年菲律宾银行不良贷款率为4.65%，之后不断下降，到2016年降至1.72%。以上举措确保银行体系在08年国际金融危机发生后得以平稳发展。

第二节　菲律宾现行金融体系的基本架构

菲律宾金融业实行混业经营，全能商业银行可以申请银行、券商、信托、保险等多种牌照。其金融业在菲律宾中央银行（BSP）的监管和指导下，以银行业为主导，辅之当铺、准银行、非储蓄贷款机构等非银行金融机构。

一　金融机构体系

菲律宾现行金融机构体系是在菲律宾中央银行的体系下构成的，Bangko Sentral ng Pilipinas（BSP）是菲律宾共和国的中央银行。它于1993年7月3日依照1987年"菲律宾宪法"和1993年"新中央银行法"的规定成立。菲律宾中央银行（BSP）作为该国的中央货币当局，菲律宾金融机构便在此基础上主要由银行和非银行金融机构这两部分组成。其中银行又分为全能商业银行（也称为扩大的商业银行）、投资银行、存款银行（包括储蓄与抵押银行、股票、储蓄与贷款协会以及私有发展银行）、农村合作银行和伊斯兰银行。非银行金融机构包括投资公司、证券交易商与保险公司、典当行以及其他非银行金融机构（非股票储蓄与养老基金等）。

对于一个由多民族组成的国家，它融合了伊斯兰教、佛教等习俗特点、异域情调。但菲律宾作为发展中国家，曾经的"亚洲四小

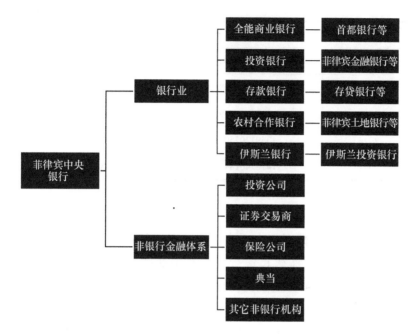

图 8 - 1　菲律宾金融机构体系

虎"之一，贫富差距仍然较为严重。纵观菲律宾以往的历史事件，菲律宾政局时常动荡，此外政府贪污腐败甚为严重，尽管经济此前也经历过一些较快增长，但社会动荡已成为阻碍本国发展的重要因素之一，因此，当下菲律宾的金融机构体系中银行占据着很大的比重，而其他非银行金融体系只占据着少数份额。

表 8 - 1　　　　　**菲律宾金融机构资产（百万比索）**

年份	银行总资产	非银行总资产
2008	5675680813. 66	177. 482
2009	6192284548. 17	240. 167
2010	6918321905. 21	278. 674
2011	7335683739. 04	373. 359824
2012	7362128622. 43	379. 2142535

续表

年份	银行总资产	非银行总资产
2013	9970839104.20	354.574
2014	11168982198.92	336.422
2015	12089143639.98	410.267068
2016	13591202502.39	442.142534
2017	14787461847.99	485.1865493

资料来源：菲律宾中央银行。

根据表8-1数据可以看出，菲律宾银行业资产远大于非银行金融体系的资产。菲律宾银行业在整个菲律宾金融体系占据着绝对的地位，而非银行金融机构仅仅作为补充的一小部分。从2008年的1.77482亿比比索增加到2017年的4.851865493亿比比索，年平均增长率在17.3%；同时看出菲律宾金融体系仍然是以银行业为主导，但近年来非银行金融机构的总资产也慢慢地有所提高。

（一）银行业

目前，菲律宾的银行业主要由五部分组成——全能商业银行、投资银行、存款银行、农村合作银行、伊斯兰银行。

1. 全能商业银行是银行业的核心

银行系统是根据其资本规模及业务类型来进行分类的。从资本规模划分来看，全能银行与普通商业银行的最低资本要求分别为54亿比索和28亿比索。全能商业银行是指可以经营一切金融业务，包括各种期限和种类的存贷款，各种证券买卖以及信托，支付清算、投资银行业务、租赁业务、保险业务等金融业务的商业银行。当下，全能商业银行是菲律宾国内最大规模、资源最充足的金融机构，能够提供最全面的银行金融服务。图8-2显示出最近全能商业银行数量逐渐增加，菲律宾全能商业银行在混业经营的基础上，合并、收购其他银行及金融机构，逐渐占据了菲律宾银行业的绝对核心地位。

图 8 - 2　全能商业银行机构总数

资料来源：菲律宾中央银行。

　　2012 年，菲律宾全能商业银行共有 38 家，而 2017 年菲律宾全能商业银行有 43 家。比如 Metropolitan Bank&Trust Co. （Metrobank）成立于 1962 年 9 月 5 日，后来成为全球首屈一指的全能银行，也是菲律宾最重要的金融机构之一。它提供全面的银行和其他金融产品和服务，包括企业、商业和消费者银行业务，以及信用卡、汇款、租赁、投资银行和信托银行业务。Metrobank 目前拥有跨越全国 2300 多台自动柜员机的统一网络；950 多家国内分支机构；和 32 个外国分支机构、子公司和代表处。

　　据菲律宾《商业世界报》2016 年 11 月 1 日报道，菲央行数据显示，6 月末，菲首富施至诚拥有的 BDO 银行资产达到 2.04 万亿比索，继续维持菲第一大银行地位。名列第二的为同为华人大班的郑少坚拥有的首都银行和信托公司，资产为 1.42 万亿比索。阿亚拉家族拥有的菲岛银行资产为 1.3 万亿比索，超过国有的土地银行（资产 1.29 万亿比索，第四位）升至第三。陈永栽的国家银行（0.68 万亿比索）、多方控股的信安银行（0.61 万亿比索）和政府所有的开发银行（0.49 万亿比索）分列五到七位。施至诚拥有的另一家 China Banking 公司以 0.48 万亿比索的资产位列第八。华人大班杨应琳所有的中华银行（Rizal Commercial Bank）和阿博伊蒂兹家族拥有的联盟银行分别以 0.41 万亿和 0.37 万亿比索的资产位列第九和第十位。菲律宾全能商业银行通过类似结构的层层持股，构建了一个覆盖了几乎所有金融业务的综合性金融集团，成为菲律宾银行业乃至金融业的核心。

2. 以传统业务为主的存款银行

存款银行也称储蓄银行、平民银行，主要包括存贷银行、股票储蓄贷款机构和微型存款银行。存款银行被允许吸收公共存款并进行投资，对国内商业系统提供短期流动性和中长期融资服务，并向政府鼓励的市场、行业，尤其是中小企业和个人提供金融服务。与商业银行不同，存款银行的主要客户群体集中在个人客户，贷款主要以小额、短期消费贷为主。虽然菲律宾银行业发展较早，但其发展速度和规模远低于预期。

根据图 8 - 3 数据，菲律宾银行业资产负债结构中贷款占资产50% 以上，且近几年保持相对稳定的趋势。同时依据图 8 - 4，说明菲律宾银行业仍以传统存贷款业务为主，且没有明显进步的趋势。

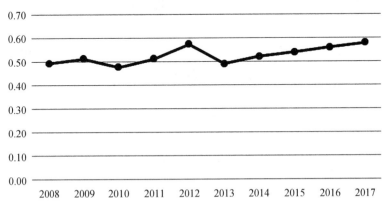

图 8 - 3　菲律宾银行业总贷款占总资产比率

资料来源：菲律宾中央银行。

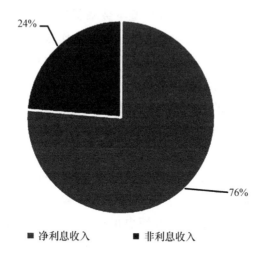

图8-4　2017年菲律宾银行业收入构成

资料来源：菲律宾中央银行。

因此，对于菲律宾全能商业银行业的大量业务来说，经营传统业务的存款银行当前的发展层次还不高，仍旧是以传统的商业银行存贷业务为主，所以看不到明显的业务提升和创新。

3. 国有转为政策性银行

早期菲律宾国有银行有：菲律宾土地银行、菲律宾国家银行、菲律宾发展银行。菲律宾三家国有银行最初均为菲律宾前十大商业银行之一，从20世纪80年代开始，菲律宾政府逐渐收缩国有银行规模，将国有银行转型为专门政策性银行。

菲律宾土地银行成立于1963年，是菲律宾政府控制的最大公司，在农村拥有庞大的分支网络。土地银行主要服务于农民、渔民，提供农业信贷等服务，是菲律宾综合土地改革计划中的主要金融中介机构。菲律宾发展银行是国有开发银行，旨在通过资助各项业务和经济部门，使经济按照政府思路发展。

4. 其他类型银行

目前其他类型的银行主要就是农村合作银行与伊斯兰银行。

农村合作银行在菲律宾农村商业体系中占有重要地位，其主要是向农村商业体系中的个人提供基本金融服务，从而以一种更合理和有效的秩序提升和扩展农村商业。农村合作银行在农民生产的各个环节提供帮助，从种子购买到农产品销售。农村合作银行同样也是私人所有管理或者集体合作所有，不同银行所有权不同。由于菲律宾没有全国统一的身份系统，菲律宾居民不具有个人信用记录。农村合作银行通过村民互保、实地调查等方式对村民信用情况进行调查，建立了基础性的信用记录系统。

菲律宾 Al-Amanah 伊斯兰投资银行（Al-Amanah Islamic Investment Bank of the Philippines）是菲律宾第一家伊斯兰银行，也是菲律宾唯一一家伊斯兰银行。其历史可追溯至 1973 年根据菲律宾第 264 号总统法令由菲律宾总统马科斯成立的菲律宾 Amanah 银行。菲律宾 Al-Amanah 伊斯兰投资银行拥有 100 万比索初始资本，起初，该银行覆盖：巴西兰岛，哥打巴托，北拉瑙，南拉瑙，巴拉望岛，苏禄，塔威—塔威，北三宝颜和三宝颜。其总部位于三宝颜市，董事长兼首席执行官为 Atty. Jose Luis L. Vera。1974 年，菲律宾 Al-Amanah 伊斯兰投资银行章程是根据菲律宾总统第 542 号令修改的，允许它在马京达瑙省和苏丹库达拉开设分支机构。修订后的章程还要求银行根据伊斯兰原则来提供银行服务。1989 年，菲律宾 Al-Amanah 伊斯兰投资银行依据菲律宾 6848 号法案重新资本化，并随后更名为菲律宾 Al-Amanah 伊斯兰投资银行，拥有 10 亿比索资金。1990 年至 2007 年，菲律宾国债局负责管辖该银行。2008 年，菲律宾 Al-Amanah 伊斯兰投资银行被出售给另一个菲律宾政府拥有的银行—菲律宾发展银行。然而在 2012 年，菲律宾发展银行宣布剥离菲律宾 Al-Amanah 伊斯兰投资银行，因为它不具备专业知识来处理伊斯兰金融机构。

（二）非银行金融机构

1. 证券市场

菲律宾证券交易所（Philippine Stock Exchange）是菲律宾国家证券交易所，该交易所于 1992 年由马尼拉证券交易所和马卡蒂证券交易所合并而成。自 1927 年成立以来，该交易所一直都在运营。

目前，它拥有两个交易大厅，一个总部位于马卡蒂市的中央商务区，另一个是在奥提加斯中心帕西格市菲律宾证交所。其董事会由15人组成，并由 Jose T. Pardo 领导。

菲律宾证券交易所主要指数包括菲律宾证券交易所综合指数或菲律宾证券交易指数（PSEI），该指数是由30家上市公司组成。该交易所是由成立于1927年8月8日的马尼拉证券交易所和成立于1963年5月27日的马卡蒂证券交易所合并而来的。虽然两者的MSE和MkSE交易是同一家公司的同一个股票，但是证券交易所股市是分开的。直到1992年12月23日，这两家交易所被统一合并成为菲律宾证券交易所上市。

在菲律宾证券交易所交易的证券，主要有普通股（A、B）和优先股、街头证券。对于这两种普通股，它们的表决权完全一致。然而，对于普通股A类、街头证券而言，这些交易的限制条件是本国或拥有该国国籍的法人。对于普通B类，则可以出售给外国投资者。然而无论哪一种证券，不但可使用现金交易，也可以进行保证金交易。菲律宾证券交易所拥有八个组成指数：菲律宾证券交易所所有股票指数，菲律宾证券交易所综合指数，菲律宾证券交易所金融行业指数，菲律宾证券交易所控股企业指数，菲律宾证券交易所工业指数，菲律宾证券交易所采矿和石油指数，菲律宾证券交易所性能指数，菲律宾证券交易所服务指数。

菲律宾证券市场的主要参与者分为一般性证券公司和投资银行，一般性证券公司通过持有经纪业务牌照和自营业务牌照从事相应业务，投资银行专门从事证券承销保荐业务。

2. 保险行业

菲律宾保险业发展较早，起始于19世纪末期，该国第一家真正意义上的保险公司由加拿大永明投资成立。随后，菲律宾成立第一家本土的寿险公司；菲律宾保险业近年来更是突飞猛进，据 Timetric（IIC）发布的名为《2020年菲律宾人寿保险主要趋势及机遇》报告指出，菲律宾人寿保险市场总值预计将以8.4%的年复合增长率快速发展，有望在2020年左右上升至3023亿比索（约合

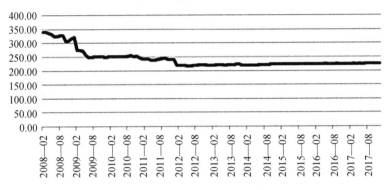

图 8 - 5 菲律宾国内证券总资产（十亿比索）

资料来源：Wind 数据库。

413.23 亿人民币）。而此前，该产业的发展趋势十分迅猛，2011 年时的市场总额仅为 969 亿比索（约合 132.32 亿人民币），实现了 20.2% 的年复合增长率。同时，人寿保险的市场渗透率也从 2011 年的 1% 提升至 2015 年 1.5%。近几年，菲律宾寿险业持续快速发展。同时随着 2014 年菲律宾人口突破一亿人大关，根据菲律宾人口委员会统计发现，2014 年该国人口增长率为 2.04%，位居全亚洲榜首。人口的快速增长也必将会给寿险业带来利益。2014 年，菲律宾央行放松了管制，银行代理保险产品没有股权要求。菲律宾保险机构严格分为寿险机构和非寿险机构，寿险机构实力较强，非寿险机构中大多数公司为小型民营公司。从保费量角度来看，2014 年寿险保费量达到 25515 百万美元，非寿险保费量仅有 1198 百万美元，寿险保费占 85%，寿险业务占保险业的主要地位。

2016 年，寿险机构有 27 家，非寿险机构有 66 家，由于菲律宾保险委员会对寿险和非寿险机构的严格区分，菲律宾寿险和非寿险市场界限较为明显。根据图 8 - 7，近五年来，菲律宾保险业陆续出现了收购合并案例，非寿险机构中一部分实力较弱的小型保险公司退出或者被收购，保险机构，尤其是非寿险机构数量出现一定幅度的减少。菲律宾前五大寿险机构保费收入占总收入的六成以上，说明寿险市场集中度较高，大型寿险公司占据了主要市场份额。

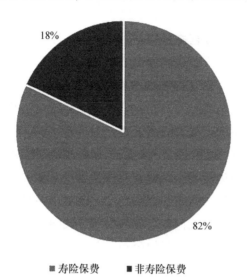

■寿险保费　■非寿险保费

图 8 – 6　2016 年菲律宾保险业保费收入结构

资料来源：菲律宾保险委员会。

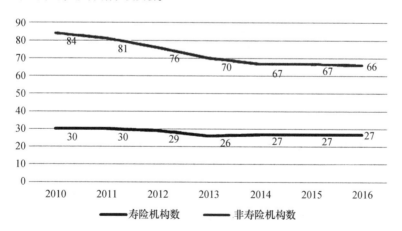

——寿险机构数　——非寿险机构数

图 8 – 7　2010—2016 年菲律宾保险机构数①

资料来源：菲律宾保险委员会。

---

①　数据目前仅公布到 2016 年。

二 金融市场体系

（一）外汇市场

菲律宾目前官方宣称采用自由浮动的汇率制度，实际上采取了比索盯住美元的汇率制度。当汇率出现剧烈波动时，菲律宾中央银行（BSP）会适当干预。供给和需求决定汇率，BSP 在外汇市场的作用主要是保证市场有序运转。汇率市场在进行以市场为导向的改革，采取外向型的策略，稳定价格，实现效率。

菲律宾银行家协会通过菲律宾交易系统在各大商业银行和菲律宾中央银行之间进行比索兑换美元的交易。大多数比索与美元交易使用的电子平台称为菲律宾交易和交流公司。该公司瞬时传输价格信息并确认交易。与此同时，银行和 BSP 也可以通过经纪人交易。目前，菲律宾有四大外汇经纪公司。美元和菲律宾比索的交易在付款结算时使用当地银行间即期和远期外汇市场的电子系统（PVP）。当下菲律宾结算公司主要有：菲律宾证券结算公司（PSSC）、花旗银行等。该系统允许在线、实时全额结算国内银行间美元转移和第三方账户到账户的美元转移。此外，该系统也为外汇交易网上查询和解决提供了一个便捷设施。

尽管实行严格的外汇管制，但菲律宾还存在着一个外汇"灰"市场。居民合法持有的外币存款在该市场里出售，兑换比索。值得注意的是这些外币存款均可合法地调往国外。

（二）证券市场

菲律宾证券交易委员会于 1936 年 10 月 26 日根据第 83 号联邦法成立。菲律宾证券业发展较早，其证券交易所是亚洲最早的证券交易所之一，证券交易市场较早地开始了活跃的股票交易，也建立了比较完善的证券市场体系，主要包括国债市场和企业债券市场。菲律宾债券市场的主要组成部分如下：

1. 投资者

菲律宾央行以及其他金融机构等作为债券市场的主要投资者，自 20 世纪菲律宾央行破产后，中央政府便开始通过发行国债来进行缓冲。此外由于菲律宾央行对于该国的其他商业银行的长期政府债券不要求提取准备金的规定，这使得商业银行大量持有政府债券，成为债券投资的主体。

2. 投资工具

短期、长期政府债券以及普通政府债券，以及为一些机构特殊要求而创立的债券均是菲律宾债券市场上的主要投资工具。这些债券期限为 2 年、3 年、4 年、5 年、7 年、10 年和 20 年等，这也是菲律宾国家财政部门最重要的融资手段之一。

近年来，随着固定利率的中期国债逐步发展，其在债券市场的地位也缓慢上升，其中与美元挂钩的比索凭证是一种以比索记价的国债凭证，债券的净值随比索兑美元汇率的变化而变动，菲律宾政府一直很少使用这种债务工具，至今只发行了 4 次这种凭证。债务创新工具主要包括零售国债、固定利率期票等。

3. 发行和流通市场

菲律宾证券交易所是一个私人组织，提供和维持一个公平、高效、透明、有序的购买和出售股票和其他证券的市场。它形成于该国的两个前证券交易所合并，马尼拉证券交易所（MSE），成立于 1927 年 8 月 8 日，与马卡蒂证券交易所（马卡蒂股票交易所），创建于 1963 年 5 月 27 日。目前，菲律宾证券交易所是全国唯一的股票交易所。截至 2017 年，有 264 家上市企业。股票价格的主要指标是 PSE 复合指数（PSEI）。在发行市场上，国债的监管由财政部下属的国库局负责，公司债券的监管则由菲律宾证券交易委员会实施。菲律宾二级债券市场统一由菲律宾证券交易委员会和中央银行监管。

（三）货币市场

在菲律宾的金融市场中，最为发达的就是货币市场，而且该国的货币市场情况也是东盟地区最为复杂的之一。同业银行通知贷款市场以及商业票据市场是该国货币市场的两个较为重要的次级市场，这两个市场也是紧密联系在一起的。

1. 同业银行通知贷款市场

在该市场上，银行和准银行在前一天晚上进行直接的借贷交易，对每天的储备头寸进行调整，而不求助于中央银行。此外，菲律宾银行家协会为管理会员银行间的贷款交易也相应设置了规章制度，但由于当时连续的国际收支逆差以及菲律宾紧缩性的政策，使得商业银行遭遇准备金等难题。之后，同业银行利率出现了大幅度波动，一些精明的银行开始在市场上买入卖出，迫使利率进一步上升。

根据图 8 - 8 看出，自 1997 年东南亚金融危机以后，整个菲律宾银行间同业拆借的利率开始逐步下降，在近几年保持相对的平稳状态。

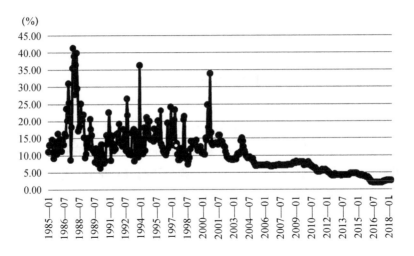

图 8 - 8　菲律宾银行间同业拆借利率（%）

资料来源：Wind 数据库。

2. 商业票据市场

该市场由 1965 年公司间借贷市场发展而来。通过借贷票据在资金盈余公司以及季节性资金短缺公司之间发挥中介作用。之后商业银行也开始通过发行自己的期票参与了这项业务，根据图 8 - 9 看出菲律宾国内银行平均贷款利率逐渐下降，在最近几年趋于平稳，这也给那些资金缺乏的公司提供了良好的借贷机会。在一些投资公司的鼓动下，一部分公司借款人开始将自己的商业票据带入市场，同时，为了满足一些小型或者短期投资的需求，商业票据市场采用了参与凭证和回购协议这两种新的方式，这也使得投资者能够方便、快捷的参与该业务。

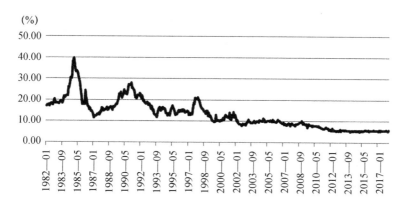

图 8 - 9　菲律宾国内银行平均贷款利率（%）

资料来源：Wind 数据库。

（四）股票市场

菲律宾资本市场早在二十年代中期就形成了。当时采矿业的兴起和支持采矿的大量资本支出要求建立一个有秩序的股票市场。菲律宾股票交易所是菲律宾国家股票交易所，于 1927 年成立，是东南亚历史悠久的交易所之一。当前随着商业银行业务的扩展，股票市场的承销达到较为可观的数量。

根据图 8 - 10 显示，菲律宾股票市场正在逐步发展，同时世界证券交易所联合会报告显示，在 2012 年菲律宾股票成交手数增长率排名较为靠前。此外，菲律宾证券交易指数表现良好，在亚洲仅排在泰国之后。据菲律宾央行公布，2017 年菲律宾股票市值达到 17583119.61 百万比索，也是创历史新高，同时股票交易量较前几年也相对稳定，2017 年也达到 21810.73 百万手。

三　金融监管体系

由于在 1997 年东南亚金融危机中，菲律宾遭受过较为猛烈的

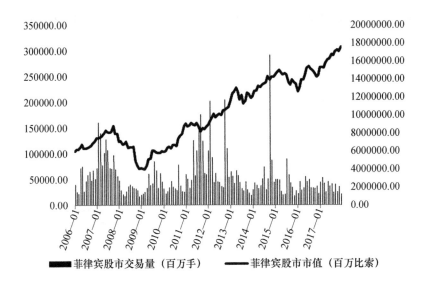

图 8 - 10　菲律宾股票市场市值与交易量

资料来源：Wind 数据库。

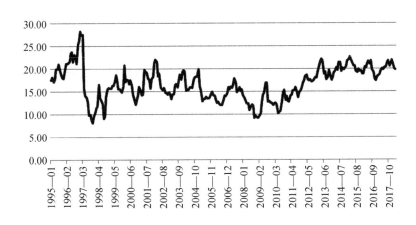

图 8 - 11　菲律宾股市市盈率

资料来源：Wind 数据库。

打击，菲律宾政府自金融危机后一直都很注重金融体系的监管。由
于银行业在菲律宾金融机构中占据重要位置，因此菲律宾政府对银
行的监管甚是严格。1997 年东南亚金融危机后，菲政府针对各银

行在很大幅度上提高了对资本的要求，例如位于大马尼拉地区总部的储蓄银行最低资本由3.25亿比索提高至10亿比索，其他银行的最低资本由5200万比索也提至2.5亿比索。与此同时，菲律宾中央银行对商业银行要求达到20%的法定存款准备金，此外还有菲政府对银行政策性贷款的要求——银行必须有一定比例的贷款投向农业、小微企业，否则会有相当比例的罚款。

此外，菲律宾在2001年便引入了《巴塞尔协议》来监管银行。比如引入巴塞尔协议I框架对银行风险进行管理，使用资本充足率标准。在2004年菲律宾中央银行开始引入塞尔协议II，采用协议的三个主要内容即最低资本要求、监督程序和市场规范。菲律宾政府引入的巴塞尔协议一方面完善了银行业整体的风险管理体系，另一方面也推动了银行基础部门的发展。

在菲律宾，金融监管机构主要是中央银行、证券交易委员会、合作社发展局和信贷委员会，它们监管不同的小额信贷机构。

（一）菲律宾央行

菲律宾中央银行专门成立了小额信贷监管组，负责监管一些商业银行的信贷业务。通常，菲律宾央行对商业银行信贷业务每年检查一次，从而了解评估其资产负债、风险管理等方面情况。但是由于部分商业银行的小额信贷具有一定风险，因为这些小额信贷业务没有设置抵押，因此，菲律宾央行也通过发布发布一些通知或备忘录，为小额信贷提供优惠政策并为它们提供一些方针策略。

（二）证券交易委员会

1997年菲律宾政府将小额信贷非政府组织纳入正规金融监管体系。因此目前所有的小额信贷非政府组织，不仅要求在证券交易委员会注册为非营利性的组织，还要求提交给证券交易委员会相关的年度财务报告。但其却不用接受来自政府监管机构的审慎监管，因为它们不吸收公众存款，也不必向任何监管代理汇报，没有任何机构拥有非政府组织金融相关业绩的全部信息。但事实上，大部分非政府组织仍然向会员收取一些储蓄费用，目前，证券交易委员会对非政府组织的监管还存在许多问题，有待进一步规范和完善。

（三）合作社发展局

菲律宾合作社发展局成立于1990年，它监管包括储蓄信用合作社在内的所有合作社，由于菲律宾合作发展局隶属于总统办公室，并负责储蓄信用社下面合作社及其联合社和协会的注册，此外，注册机构每年必须提交相关财务报表。但是由于信用合作社可以吸收成员的存款，且数量较大，为保护社员的存款安全，因此必须对信用合作社实行审慎监管。

（四）信贷委员会

信贷委员会目前主要分为国家信贷委员会和小额信贷委员会。通常，国家信贷委员会分工负责一些监管机构间的协调以及制定国家信贷相关战略。小额信贷委员会监管小额信贷机构。在1997年，国家信贷委员会颁布了小额信贷的国家战略，同时还强调私营部门在小额信贷的作用。此后，国家信贷委员会制定了对所有类型的小额信贷机构的绩效标准，主要目的是对小额信贷机构进行评价，通过小额信贷机构的财务报告进行对比。小额信贷委员会的成立在一定程度上对小额信贷机构、非政府组织机构也有监管的作用。小额信贷委员会也可与菲律宾非政府组织机构、认证委员会建立激励机制，使得小额信贷机构提交关于它们的经营及财务状况的相关信息。

然而，菲律宾虽然对金融机构有严格的监管制度，但因政府腐败、私人家族势力强大等原因，使得菲律宾金融机构实际情况未必如表面所表现的一般。例如为了逃避菲政府对银行政策性贷款的要求，很多家族财团会建立符合政策性支持的企业，所属银行按政府要求将贷款发放至自身所控制的企业，避免资金流出。

四　金融调控体系

当代经济生活中，一国的中央银行是金融调控的积极引导者。因此，菲律宾中央银行通过货币政策来调控本国的货币供给量，从而保持社会的物价稳定和总需求与总供给的均衡。菲律宾央行一是实施货币政策，运用"三大法宝"等货币政策工具，调节货币供给量以实现宏观经济调控目标；二是实施汇率政策，主要包括选择好的汇率机制，使得比索汇率保持基本稳定，实现国内外经济的同时动态平衡；三是保持金融体系的稳健运行，防范金融风险，警惕金融危机，是中央银行实施货币政策和汇率政策，实现调控目标的基本前提。

菲律宾中央银行货币操作是指购买或者出售政府证券，以相关资产作为抵押物的借或贷，接受定期存款，外汇掉期以及其他货币工具来影响潜在的需求。菲律宾中央银行在 2016 年 6 月正式采用利率走廊（IRC）制度作为进行货币业务的框架。IRC 是一个指导短期市场利率的系统，即菲律宾中央银行政策利率，它包括中央银行贷给银行的利率（通常是隔夜贷款利率）和利率（存款利率）。

（一）公开市场操作

在逆回购或者回购交易中，菲律宾中央银行从银行购买政府证券，承诺在指定的未来日期以预定的价格卖出，从而对流动性产生扩张效应。相反，在逆回购操作中，菲律宾中央银行也是政府债券的卖方，而银行向菲央行的支付对流动性有紧缩作用。

（二）外汇掉期

外汇掉期是指在交易日（第一阶段）以约定的利率在特定日期实际交换两种货币（仅限本金）的交易，以及以相同的两种货币在交易日同意的日期（第二阶段）进一步进行交易（与第一阶段适用的汇率不同）。

（三）接受定期存款

与其他中央银行一样，菲律宾中央银行提供定期存款作为吸收流动性的货币工具之一。1998 年 11 月，菲央行向银行提供了特殊存款账户（SDA），并于 2007 年 4 月将其通道延伸至银行和非银行金融机构的信托实体。

（四）常设流动性设施

菲律宾中央银行提供长期流动性（贷款和存款）窗口，以提供或吸收对手方的主动性流动性。在菲律宾中央银行营业时间期间，这些站立式隔夜设备可根据需要提供给有资质的交易对手。构成走廊上下界的两个常设设施在政策利率（新 IRC 结构下的隔夜利率）附近设定 ±50 个基点（bps）。

（五）隔夜拆借利率

隔夜拆借利率设置的利率反映了货币政策的立场，并作为菲律宾中央银行的主要货币政策工具。隔夜拆借利率设施每天使用固定利率和全额分配方式提供给有资质的交易对手，其中个别投标者根据其投标规模获得总投标金额的一部分。

第三节　菲律宾金融体系的主要特点与影响因素分析

菲律宾金融体系在全球金融市场仍存在不确定性的情况下，保持了 2016 年的强劲增长势头。银行体系是金融体系的核心，它的稳定表现为资产质量的改善、流动性充裕、资本化和盈利能力的提高，以及资产、贷款组合和存款的扩张。非银行金融机构（NBFIs）由 NBFIs 的准银行功能（NBQBs）和非股票储蓄和贷款协会（NSSLAs）组成，有较强的资产基础和持续盈利能力。BSP 继续追求积极的监管改革，旨在扩大获得金融服务，促进金融体系竞争力，加强公司治理和风险管理标准，加强监察监督 NBFIs，加速和促进资本市场的发展。这些改革举措是基于 BSP 促进金融稳定和金融包容性的政策目标。

一　菲律宾金融体系的主要特点

（一）金融部门结构特点

1. 银行业在菲律宾金融体系中占据主导地位。

菲律宾金融体系的核心——银行业，是具有弹性的。在菲律宾金融体系中，银行占主导地位，占整个系统资产的三分之二。自 20 世纪 90 年代末的亚洲金融危机以来，良好的经济环境、银行重组和整合，以及不良资产的流失，都有助于提高银行的稳健程度。

在一定程度上，2008 年全球金融危机对菲律宾的影响比最初预期的要温和得多。尽管宏观经济风险依然较高，但菲律宾当前银行体系资本充足，流动性良好，资产质量普遍较高。菲律宾国内 10 家最大的银行对信贷、市场和流动性风险的适应能力都很强。但是，储蓄、合作社和农村银行的资产质量较弱，而且准备金较低。非银行金融部门仍然疲弱且不发达。在 20 世纪 90 年代的亚洲金融危机之后，菲律宾的银行体系在经历了一次重大的整合之后，2009 年 6 月由 804 个存款机构组成，包括环球银行和商业银行，以及储蓄银行、农村银行和合作银行，资产总额几乎达 6 万亿比索，约占 75% 的 GDP 或金融机构资产总额的 2/3。

截至 2017 年 9 月年底，菲律宾央行数据显示，有 592 家运营银行和 10979 家银行分行和其他办公室。此外，截至 2016 年底有 691 家微型银行办公室（MBOs）。还有 19084 台自动柜员机（ATM）和 119 家拥有电子银行设施的银行。因此，BSP 表示，它将继续在国家金融纳入战略下扩大金融接入点。银行系统的外币存款系统（FCDU）显示了资产的扩张、储户的稳定资金和更高的净利润。与此同时，信托行业的总资源增长 10.8%，达到 3.0 万亿比索，占银行总资产的 21.8%。2016 年，外资银行分支机构和子公司表现较好，6.8% 的资产扩张得到了来自现有和新外国投资者的存款和资本注入的支持。菲律宾央行（BSP）表示，在 2017 年 11 月，菲律宾央行总资产达到 4601.33 百万比索，银行系统在资产、贷款、存款和净收入方面实现了两位数的增长。此外，BSP 特别指出在 2016 年，银行系统的年度资产增长 12.4%，至 13.6 万亿，并由持续流入的存款提供资金，这些存款增长了 13.8%，达到 10.5 万亿。此外，银行净收入增长了 14.2%，达到 1538 亿比索。银行的不良贷款率也下降了 1.9%，资本充足率（CAR）也下降了 15.4%。与此同时，银行体系仍以国内为导向，跨境金融在银行中的地位是最低的。

2. 尽管近来贷款增长强劲，但菲律宾的存款中介仍相对较低。

私人部门的银行信贷增长缓慢，尽管在 2006 年之后增长加速，当前与东盟地区其他国家相比，净贷款（唯一的银行贷款）的存量仍相对较低。贷款仅占银行总资产的49%，投资于证券（主要是长期政府证券）的比例为25%。住房金融发展迅速，但相对于地区同行来说，仍然较低，3个公共实体占住房贷款的一半以上。一些政府机构存在重叠的任务，从政府补贴中受益，这扭曲了住房融资。许多国有住房金融机构的贷款组合非常薄弱，管理不善，并代表着财政或有负债。

3. 非银行部门相对不发达，增长不均衡。

股票市场的上市几乎停滞，私人债券市场相对于地区同行仍然相对较小。保险业规模也相对较小，自2002年以来甚至出现了实际收缩。复杂和异质性的税收和对产品分销的过分限制性规定阻碍了这些行业的发展。2008年底，菲律宾证券交易所（PSE）上市的公司有246家，比2003年增加了12家。2008年，市场资本化率急剧下降至GDP的54%，与2002年的水平差不多，低于泰国和新加坡的水平。共有45家共同基金的资产达到了630亿比索（在亚洲最低），由一系列经纪自营商或投资公司（其中最大的一家隶属于银行）管理。此外，115个单位投资信托基金（类似于共同基金，但由银行操作）拥有约1000亿比索的资产，而银行私人资产管理或信托部门则控制着另一个1.4万亿比索资产。政府债券继续主导债券市场，尽管近年来公司债券有所增加，但公司债券市场仍然相对较小（约占GDP的4%）。尽管保险公司数量众多，产品种类繁多，但市场规模很小（2008年的保险保费总额仅占GDP的1%多一点），而且除了小额保险之外，从2002年起就出现了实际收缩。

4. 企业集团是菲律宾金融体系的一个重要特征

许多公司在电信、能源、房地产、零售业以及银行业都有自己的业务。大约60%的银行资产是由属于企业集团的银行控制的（10家最大的银行中有7家属于大企业集团）。此外，大部分上市公司（估计有效的市值）也属于大企业集团。

（二）金融市场特点

1. 信贷市场资产质量不佳

菲律宾银行的信用文化往往依赖于抵押贷款，而在金融危机期间房地产泡沫的破裂导致了结构性不良贷款。由于资产负债状况不佳，银行一直规避风险，导致投资信贷减少。这使得系统在大银行倒闭时容易受到冲击和传染效应的影响。借款人违约率的上升是由于公司业绩的恶化，因为许多借款人陷入了汇率急剧下降、利率飙升、房地产和股票价值暴跌，以及期间商业活动普遍放缓的汇合点。许多不良贷款与房地产泡沫贷款有关。

2. 金融服务创新使得风险敞口增大

放松管制、技术进步、金融创新、口味和人口结构的变化，以及日益激烈的市场竞争，都使金融服务业发生了翻天覆地的变化。这是一个持续的动态过程。其结果是，银行业别无选择，只能重塑其产品和服务，并将其交付给客户以保持竞争力。然而，尽管这些发展打开了新的机遇之门，但它们也引入了信贷、市场和流动性风险，这些风险需要得到妥善管理。在过去的 10 年里，市场波动性的增加，增加了交易对手未能履行其义务的风险。银行面临的信贷增加促使菲律宾央行要求更严格的贷款程序，以减轻这种风险对金融稳定构成的威胁。同样，由于利率和其他市场价格波动加剧以及定制产品的使用越来越多，银行也面临着越来越大的风险。特别是市场价格可以非常迅速地波动，有时，在市场风险敞口下，市场风险敞口可能是相当大的。随后，虽然大多数银行的信用风险敞口最大，但市场风险已成为一个重要的次要风险因素。因此，菲律宾央行已经采取了一系列措施来降低市场风险。

3. 资本市场出现转折性发展

在初期，菲律宾资本市场是贷款市场的同义词。然而，20 世纪 90 年代初，菲律宾资本市场出现了重大的变化，包括根据新的《宪章》建立独立的中央银行、逐步降低存款准备金率、放宽外国银行准入、放宽银行分支等一系列政策。与金融市场自由化相辅相成的是，改革导致政府债券市场成为动员长期资金的主要场所。这些，再加上马卡蒂和马尼拉证券交易所合并到菲律宾证券交易所，将其他金融中介机构的出现视为资本融资渠道。债务证券和股票市场成为资金的替代来源。随后，虽然银行仍是资本市场的主要参与者之一，但投资机构、股票经纪公司、货币市场基金和其他基金管理机构的重要性不断上升。

（三）金融监管特点

1. 金融系统监管立法框架薄弱

在亚洲金融危机期间，在处理不良银行资产提供便利的实践中，菲律宾金融体系的监管框架和菲律宾央行的监管能力得到增强。资本市场和保险监管在很大程度上仍然是合规的，这些行业的法律框架和监管机构需要进一步加强，金融部门存在着过多的重叠和扭曲的政府政策，监管机构的法律保护虽然有所改善，但仍然薄弱。自2008年金融危机以来，监管在银行业、资本市场和保险方面得到了相当大的加强。然而，在这三个方面的进一步进展，都要取决于是否通过立法。银行业的进展引人注目，特别是采用了巴塞尔协议 II 和 IFRS，加强了基于风险的监管，但其他领域的进展并不均衡。目前银行监管的主要优先事项包括通过对新中央银行法案（NCBA）的拟议修正案。资本市场监管应集中于加强现场检查、执法和自我监管机构的使用。在这里取得进展需要使证交会的任务合理化，并向它提供足够的资源。保险监督的加强，需要通过对保险法规的未决修订，并补充规定，为委员会提供一套更广泛的酌情干预工具。在这三个领域中，必须撤销银行保密条款，这将妨碍 PDIC 和监管者获得个人存款和投资信息，并为他们提供充分的法律保护，符合巴塞尔协议的核心原则。非银行部门的发展可以促进增长和风险多样化。住房金融政策应该合理化，因为有许多具有重叠任务的公共机构，其中许多是有负债的。它们应该被限制在其核心任务中，它们的贷款受到与银行相同的审慎规则的约束，而那些缺乏明确商业理由的银行应该被关闭。通过对金融产品和服务的税收待遇进行协调，可以提高资本和保险市场的效率，减少债务和共同基金产品的时间和费用，取消对买卖共同基金的不必要限制，并促进更广泛的保险产品供应。

2. 缺乏完整的综合监管机构

随着时间的推移，创新和全球化催生了新的商业结构和混合产品，它们不再与传统上受监管的机构相适应。这为监管套利创造了巨大的空间，也鼓励了金融机构的聚集，并需要一个综合监管机构的诞生。在缺乏一个完整的监管机构的环境下，有必要对主要监管机构菲律宾央行（BSP），证券交易委员会（SEC），保险委员会（OIC）和菲律宾存款保险公司（PDIC）在政策和程序上监管衔接得更加无缝和信息共享，以有效地约束金融市场和金融机构。然而，监管机构之间的机构能力差异阻碍了协调，这可能导致一个不公平的竞争环境，或许会使银行处于竞争劣势，因为银行受到 BSP 越来越多的约束性监管，在某种程度上也受到 PDIC 的约束。另一方面，财政缺乏透明度阻碍了市场纪律以最有效的方式运作。会计和信息披露的做法有很大的改进空间。外部审计人员似乎很难在他们的公共职责和商业利益之间找到正确的平衡。此外，由于评估标准不佳，资产估值不可靠，导致财务报表可能被夸大。由于信息披露不佳，菲律宾国内金融系统也更容易受到谣言驱动的传染。然而，鉴于银行体系已经处于弱势，必须谨慎管理和调整公开披露，以避免过度恐慌。

二　影响菲律宾金融体系的主要因素

（一）菲律宾政府在提升银行系统的行动计划方面能力有限

与其他受金融危机影响的亚洲国家相比，菲律宾政府在帮助银行系统处理国家行动计划方面的能力有限。因此，出于财政需要，菲律宾央行提升金融系统资产质量的策略是调动私人投资，清理银行的资产负债表，恢复银行体系。从亚洲金融危机之后，菲律宾央行的货币政策的立场是谨慎的，允许过去的利率削减在经济中发挥作用，同时保持对价格稳定的潜在威胁的警惕。由于菲律宾央行推动通过了旨在提供法律框架的关键立法，以促进私人资产管理公司的成立，从而加速了银行的不受限制。菲律宾国会于 2003 年 1 月通过了《共和国法案》第 9182 号，以及 2002 年的 SPV 法案。《共和国法案 9267》和《证券化法案》也于 2004 年 3 月签署成为法律，这标志着菲律宾货币当局加强银行体系制度化的决心。

(二) 金融系统风险管理能力薄弱

基本上,在亚洲金融危机期间,银行薄弱的风险管理实践促成了银行资产质量的大规模恶化。多年来,特别是在1997年亚洲金融危机之后,菲律宾央行一直在加强银行系统应对全球化带来的挑战和全球经济危机带来的冲击的能力。特别地,菲律宾央行重点是加强审慎监管标准,并与国际规范一致,以加强风险管理,促进良好的公司治理和提高透明度,并减少道德风险。同时,通过程序确定和处理有偿付能力的和濒临破产的银行的潜在问题。

(三) 资本市场欠缺深度发展

资本市场是金融体系不可分割的一部分。一方面,强劲的国内资本市场补充了金融中介的银行体系,提供了另一种融资方式,以确保为政府机构和私人实体的大规模或长期项目提供有效和可持续的资金。发达的资本市场也确保了更广泛的金融工具的可用性,从而鼓励更高水平的储蓄,进而转化为更高水平的投资,以支持更快的经济增长。此外,强大的资本市场将为银行系统提供更大的灵活性,以管理和重新分配其风险,特别是通过证券化和对冲。因此,发展国内资本市场将有助于国家金融部门的稳健。反过来,一个运转良好的金融市场支持有效的货币政策行为,这是实现价格稳定的主要因素。由于这个原因,作为唯一的金融权威和银行体系的监管者,菲律宾央行加大了对菲律宾资本市场的加速发展监管的力度。

尽管如此,银行仍然是资本市场的主要参与者,政府证券市场一度繁荣却缺乏必需的市场基础设施,从而阻碍了企业债券市场的发展,使私人证券变成了流动性较差且贸易成本较大的金融工具。1997年爆发的地区金融危机进一步打击了私人部门的投资热情,抑制了公司债券市场的发展。今天,菲律宾的债务证券市场几乎是政府证券市场的同义词,公司债券市场实际上是不存在的。由于债务证券市场主要是政府的一种基金生成市场,而市场则是系统内部和外部条件的虚拟镜像,传统的贷款市场仍然是资本基金的提供者和使用者的选择市场。菲律宾国内资本市场的不发达状态,使得银行系统在经济发展和财政赤字方面承担了不成比例的巨大负担,这使得菲律宾金融体系极易受到利率变化的影响。

第四节　基于体系现状的中国—菲律宾 金融合作突破点

整体来说，菲律宾属于欧美国家传统势力范围，欧美国家金融机构很早之前就进入了菲律宾市场，菲律宾金融机构接触世界先进金融机构的时间和程度要优于中国金融机构，对于金融合作的要求更高，因此，在单纯的金融合作方面，中国金融机构对菲律宾的吸引力较小，没有明显的优势。中国与菲律宾的金融合作需要结合中国自身的优势和特点，以开拓新的金融市场为经营起点。

一　金融机构合作

中菲两国金融机构之间的合作，目前已经具体深入到菲律宾金融机构的薄弱环节，例如中小企业金融支持等。2016 年 9 月 5 日，菲律宾财政部称希望与中国加强贸易和金融往来，其中金融往来具体包含了通过货币互换的双边金融合作、项目融资等。目前我国金融机构走向菲律宾的仅有中国银行一家，中国银行当前的金融支持目标是为菲律宾等具有发展潜力的经济体提供全方位金融服务，积极支持菲律宾基础设施建设、民生改善和中小企业发展。2017 年 10 月 21 日中国银行与菲律宾相关部门签署了《促进中菲中小企业跨境贸易与投资战略合作协议》，并与菲律宾 7 家企业签署了《银企合作谅解备忘录》，促进两国银企合作。当前中菲金融机构之间的合作，除中资银行在菲律宾设立分支机构这种传统银行业务扩张模式以外，还可以中菲合资银行的形式在菲律宾新设金融机构，或者以股权投资的方式收购菲律宾当地的银行机构，这样更能增强菲律宾国内民众的普及度和认可度，更好的开展银企合作以及小微金融业务。

二 金融市场合作

(一) 普惠金融合作

菲律宾国内目前正在力推微型金融业务。当前菲律宾有三个类型的微型金融机构：AGO、NGO、银行和合作社。菲律宾关于微型金融的国家战略是呼吁微型金融走市场化道路。当前菲律宾国内小贷微型金融以私有领域为主，政府计划提供市场导向的信贷政策。菲律宾已经取消了政府的直接介入的信贷项目，目前菲律宾的微型信贷主要由私有小贷机构来主导的。当前，微型金融是菲律宾减贫的核心项目之一，菲国法案承认微型金融也是合法的银行业务活动。2011年菲律宾提出微型金融的法律和监管框架，没有其他明确的法律条款，可以覆盖所有从事微型金融的机构，包括监督微型金融机构的运营也仅有菲律宾中央银行在执行。菲律宾是公认的微型金融非常发达的亚洲国家之一，经济学人智库及环球微型金融通视都认为菲律宾微型金融监管环境在亚洲国家中名列前茅。

2016年11月29日，由中国小额信贷联盟主办的"2016年中国小额信贷国际峰会"以"普惠与融合"为主题探讨了小微金融。菲律宾小贷行业协会（MCPI）总裁罗伯特阿兰参加论坛并发表演讲，介绍了菲律宾国内的小微金融与普惠金融实施的环境。2017年2月8日，中国蚂蚁金服宣布投资菲律宾版支付宝，共推普惠金融。菲律宾的数字金融公司Mynt宣布，与支付宝中国公司所属的蚂蚁金服签署协议，并引入蚂蚁金服的注资。

中国与菲律宾在普惠金融方面的合作，目前需要注意的就是在供给方面，要提供强大的金融机构，包括银行和非银行金融机构。其次，消费者保护和公民金融支持方面做到产品合理化。最后，普惠金融涉及在菲国的防灾、抗灾和灾后重建的工作。只有把上述考虑周全了，才能实现中菲普惠金融合作的可持续发展。

(二) 资本市场合作

2016年10月，杜特尔特访华期间，中菲发表联合声明，并签署了《关于加强双边贸易、投资和经济合作的谅解备忘录》。其中，第 25、26 条强调中菲双方将在优惠贷款、优惠出口买方信贷、债券、贷款、投资、证券及其他双方同意的如开发性专项贷款等领域加强金融合作，同时愿在亚投行和其他国际和地区银行框架下加强合作。同时，双方愿扩大双边贸易和投资本币结算，协调积极推进清迈倡议多边化等区域金融合作和双边本币互换安排。并且，中国方面欢迎菲律宾央行参与中国银行间债券市场。

在上述背景下，2018 年 3 月 20 日，中国银行作为牵头主承销商及簿记管理人，协助菲律宾在中国银行间债券市场成功发行 14.6 亿元人民币债券，期限 3 年，票面年利率 5%。境外投资人通过"债券通"参与了本次债券发行，境外获配占比为 88%。该笔债券是菲律宾进入中国银行间债券市场发行的首只主权熊猫债，这也是推动中菲两国"一带一路"双边政经合作的一个成功案例。同时，该笔债券是东南亚地区第一只主权熊猫债，为东南亚地区及更多准备尝试在中国资本市场融资的国际主流发行人树立了成功的样板。

中菲两国在债务资本市场有了成功合作的经验之后，可以此为样板，推广到资本市场的其他领域。

三　金融监管合作

早在 2005 年 10 月 18 日，中国银监会便与菲律宾中央银行签署了合作备忘录。2016 年杜特尔特上台后，中国与菲律宾在金融方面的合作开始向深化方向发展。菲律宾与中国发表的联合声明表示，愿意在亚投行和其他国际和地区银行框架下加强合作。这意味着，菲律宾开始认同中国在金融方面的支持政策和计划，也为两国以及地区性金融监管合作打下了良好的基础。同时，菲律宾在 2017 年 7 月表示，菲律宾央行将向外国银行开放到该国扩张业务的渠道。

中国与菲律宾双方之间的银行业合作集成框架并未成形，两国之间金融机构的合作案例实际上在杜特尔特上台之前并不多见。目前，中菲双方在金融监管方面的合作主要是根据合作协议构建合作框架。当然，根据地区性金融合作大框架来安排两国的监管合作也是一条值得借鉴的道路。同时，中国方面应该利用本国金融体系所形成的专业服务和网络优势，为菲律宾与中国的各领域合作提供有力的金融支撑，并定期召开论坛和讲座介绍中国发展历程和具体做法，深入研讨两国经济金融领域合作空间。

当前菲律宾金融体系改革的未来方向主要集中在银行业和资本市场上。银行业的政策方向将集中在两个主要的政策目标上，这些目标是：促进一个更强大、更稳定的金融体系；发展国内资本市场，以改善投资，保护投资者，并为中小企业提供更便捷的融资渠道，这两项业务都是增长的关键。在金融监管方面，菲律宾央行（BSP）改革措施将着眼于维持健康的银行体系，包括通过遵守国际会计准则 2005 年的规定进行资产清理和资本基础建设，并在 2007 年通过《巴塞尔协议 II 资本充足率框架》；通过加快推进基于风险的监管，提高菲律宾央行的监管技术和能力，促进公司治理，改善监管环境。BSP 还将提倡通过关键立法，包括延长 SPV 法的有效性和修订 BSP 宪章。为了进一步发展国内资本市场，从而刺激国内储蓄和提供投资机会，BSP 将继续支持全面实施第三方托管制度和固定收益交换业务；促进建立更多的信用评级机构，支持建立中央信贷信息局；扩大银行利用资本市场的机会，继续对其他托管基金进行信托改革；支持其他有利于资本市场发展的立法。特别地，BSP 将支持信用报告法案、企业复兴法案等相关修正案的通过。为了加强 BSP 政策的社会维度，BSP 将继续提倡小额信贷，让穷人和小企业家能够分享国家经济发展的成果。BSP 还将开展经济和金融扫盲计划，向消费者、投资者、海外菲律宾工人和他们的受益者伸出援手，帮助扩大他们的投资选择，确保他们的经济前景。

因此，中国与菲律宾金融合作的突破点如下：

第一，中国金融机构在菲律宾开设的分支机构拓展融资贷款渠道，支持菲律宾中小企业融资，支持在菲小额信贷的业务拓展。同时，利用菲律宾放开外资限制的政策，综合利用直接投资、股权投资等形式增加在菲律宾中资金融机构的数量。在此基础上，能够有效加大信贷投放，加快机构拓展。

第二，中国的非银行金融机构可以在普惠金融的基础上，推广更多更丰富的金融组合产品，向菲律宾国内的消费者、投资者以及广大海外菲律宾工人普及，与菲律宾一起帮助扩大以上人群的投资选择，确保他们的经济前景。

第三，中国与菲律宾央行之间的监管合作。中国可以和菲律宾分享监管技术与风险管理的经验，促进金融监管国际合作，在反洗钱、反恐融资等方面实现信息共享与合作。

第四，中国与菲律宾资本市场实现合作与经验共享，邀请菲律宾资本在中国资本市场进行发行与投资，也同时鼓励中国民间资本参与菲律宾资本市场。

第五节　中菲金融合作报告：从金融稳定视角审视菲律宾的"中等收入陷阱"[①]

1960—1970 年，东亚新兴经济体开始从进口替代工业化模式转向出口导向式，菲律宾也不例外。出口导向经济以结构转型和产品出口构成转变为基础，菲律宾在此次转型过程中并不成功。新加坡历时三年完成转型实现跨越式发展，而菲律宾历经近二十年发展仍然停滞在中下收入水平。1950—1960 年这段历史时期，菲律宾各项经济指标表现很好，政治体制、教育水平等都沿袭美国先进的制度，本应顺势进入跨越式发展的行列。但在 1980 年代初，菲律宾的经济发展却进入拐点，陷入了所谓中等收入陷阱。

经济波动幅度的增大是其收入不稳定的根源，如图 8 - 12 所示。最容易受到冲击的金融部门会率先呈现出不稳定特征，例如，

[①]　作者：广西大学中国—东盟研究院菲律宾助理，方晶晶；广西大学中国—东盟研究院舆情研究助理，张波；广西大学东盟学院国际金融实验班，李钢。

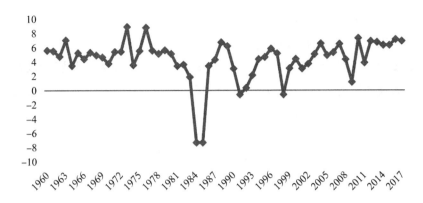

图 8 - 12　菲律宾 GDP 实际增长率（%）

资料来源：Wind 数据库。

1984—1985 年马科斯执政末期，菲律宾 GDP 出现 - 6.8% 的增长，这并不是突然出现的，实际上其金融系统各项指标早就呈现出经济崩溃的态势。1982 年菲律宾外贷相比 1975 年扩大了 7 倍，股票交易量在 1984 年仅相当于 1980 年的 45.6%，通货膨胀率在 1985 年达到 50%，出现恶性通货膨胀。1986 年马科斯下台前夕，菲律宾美元黑市价格比官方价格高出约 42.2%。Reinhart，Rogoff（2011）在《The Second Great Contraction：From "This Time Is Different"》一书中指出，中等收入国家在经济不稳定状态下爆发金融危机是较为频繁的。那么菲律宾在长达几十年的时间内一直徘徊在中下收入水平，是否也是和金融不稳定有关联呢？本文将利用因子分析法对菲律宾各个历史时期的金融稳定情况进行评判，然后再与菲律宾收入水平发展趋势进行对比分析。

一　文献综述

"中等收入陷阱" 的概念出自于 2007 年世界银行《东亚复兴—关于经济增长的观点》的报告，由印德米尔特·吉尔和霍尔·卡拉斯两位首席经济学家在该报告中首次提到这个概念。简单来说，就是通过一个经济体的人均 GDP 来判断国家经济当前所处发展水平，上述两位经济学家认为一个经济体人均 GDP 达到 4000 美元就算进入中等收入国家行列，如果该经济体在此之后人均 GDP 长期徘徊在 3000 美元和 5000 美元之间，难以继续保持高增长，就算是陷入了中等收入陷阱。Gill, I. S., & Kharas, H.（2016）在 2015 年 5 月，对谷歌学者的搜索返回了 3000 多篇与"中等收入陷阱"相关的文章，约 300 篇文章的标题都包含了这一术语。但是他们认为当前文献并没有给中等收入陷阱一个完善的理论解释。目前，全球四分之三的人口生活在中等收入经济体，但经济学家尚未提供一种可靠的增长理论，以帮助中等收入经济体的政策制定者实现从中等到高等收入的过渡。大部分学者都试图通过索罗—斯旺模型和卢卡斯—罗默内生经济增长模型来解决中等收入陷阱的跨越，但是这两个基础理论并没有提供一个良好的增长框架。

相当多的学者认为中等收入陷阱与国家的经济结构和战略息息相关。Felipe, J., Abdon, A., & Kumar, U.（2012）认为经济体能否跨越中等收入陷阱的关键在于国家是否有能力扭转经济结构。Jankowska, A., Nagengast, A., & Perea, J. R.（2012）研究了拉丁美洲收入趋同，认为缺乏提高生产率的结构性转变的能力使得这些国家无力跨越中等收入。Bulman, D., Eden, M., & Nguyen, H.（2014）认为低收入和高收入水平的增长决定因素可能有所不同，中等收入国家可能需要改变增长战略，以便平稳过渡到高收入增长战略。Tran, V. T.（2013）以东盟为例，根据东盟国家发展阶段提出跨越中等收入陷阱的决定因素，研究结论认为东盟中等收入国家印尼、马来西亚、菲律宾为了跨越陷阱，应该升级比较优势结构向创新密集型内容的产品靠拢。Kanchoochat, V., & Intarakumnerd, P.（2014）根据现存的各种文献，总结了当前提出的跨越中等收入陷阱的三种途径，第一是提高获取教育与培训的权利，第二是遵循比较优势改变出口构成，第三是进行前瞻性产业升级。但是通过对现有中等收入国家的研究，发现：教育本身并不能保证收入水平的成功跨越；良好的政府治理在理论和经验上是有缺陷的；生产结构的转型是经济发展的关键，但成功的结构性转变需要积极的国家干预。

中等收入陷阱概念提出 10 余年，学者们基于在东亚、拉丁美洲和中欧等国家在过去经济发展中的表现，提出跨越中等收入需要更加关注人口因素，创业和外部制度性转折点。但是也有学者开始从经济金融稳定视角去考虑中等收入陷阱，张平（2015）提出东南亚国家不能成功跨越中等收入，其实是源于货币危机，并不完全是外债危机。姚枝仲（2015）则认为中等收入陷阱源于中等收入经济体的经济不稳定，而经济不稳定则主要源于频繁爆发的金融危机。而金融危机的频发又是由于中等收入国家经济与社会转型所引起的。方芳，赵净（2012）则以金融脆弱性为视角，探讨了中等收入国家无法跨越中等收入陷阱的原因。

目前中等收入陷阱并没有明确的量化标准，因此不适宜将中等收入陷阱作为解释变量代入回归分析。鉴于此，上述从金融视角分析中等收入陷阱的学者，都是通过分析一个经济体的金融发展趋势与特点，从中找出中等收入陷阱的部分原因。因此，本文将结合上述学者的观点，试图通过对比分析解释菲律宾陷入中等收入陷阱与金融稳定的关联。

二 菲律宾陷入中等收入陷阱与金融稳定性关联

熊琦（2017）总结了菲律宾陷入中等收入陷阱的原因，分为结构性因素诸如政治动荡、腐败丛生、灾害频繁、政府负债，以及非结构性因素诸如经商环境、基础设施和收入分配。很多学者在菲律宾的增长滞缓问题上都倾向于认为政治因素占主要成分。实际上，姚枝仲（2015）认为政治会极大影响财政收入结构且可能直接引发频繁的债务危机，但是政治因素对陷入中等收入陷阱的国家更重要的影响是对其金融稳定机制建立的阻碍。目前并没有直接证据证实中等收入陷阱与金融稳定的特定关联性，Reinhart，Rogoff（2011）明确指出，当经济体发展到中等收入的某个阶段以后，其财政收入与支出结构不能完全适应经济增长的结构变化，就容易引起财政赤字。政府解决财政赤字只能靠内源性融资或者举借外债，抑或发行货币。而这些举措都容易引发金融不稳定，若政府依靠国外资金来融资，则更容易发生外债危机，若政府试图通过发行货币来偿债则极易发生通货膨胀危机。反观菲律宾的经济发展史，其历史上爆发的债务危机和通货膨胀危机，确实符合这样一个规律。

（一）菲律宾陷入中等收入陷阱的判断

世界银行 2017 年最新的关于收入水平高度的界限划分标准是人均 GNI 在 1005—3955 美元区间算中下等收入，人均 GNI 在 3956—12235 美元区间算中上等收入，按照世界银行自 1987 年公布的收入水平分组标准来看，菲律宾的收入水平长期处于中下水平，如图 8 - 13 所示。按照世界银行标准，菲律宾确实自 20 世纪 80 年代开始，其人均 GNI 一直徘徊在中下水平，长时间内并未保持持续高速增长。尽管世界银行关于收入高度水平的判断是一种较为主观的人为界限划分，该指标主要是依据价格指数每年调整，并不能进行横向比较。但这个划分在某种程度上来说，给了我们一个观测参照线。

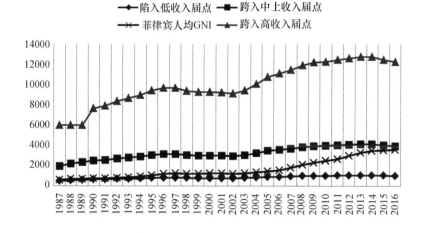

图 8 - 13　菲律宾收入水平分组以美元计——按世界银行标准
（1987—2016 年）

资料来源：世界银行数据库。[①]

---

①　最新数据仅公布到 2016 年。

　　为了进一步证明菲律宾陷入中等收入陷阱的状态，我们引入一个相对指标，量化菲律宾收入水平的相对高度，即收入水平量比 R-income 等于经济体人均收入/世界人均收入。通过该量比指标取自然对数处理，消除人均收入指标的价格因子，将变量之间的关系线性化，得到的收入水平率（PIR）指标公式如下：

$$PIR = \ln（本经济体收入水平量比 R - income）$$
$$= \ln（经济体人均收入/世界人均收入）$$

　　该指标更能直观表达菲律宾的收入水平和全球人均水平相对高度的变化，这也是评判和对比发展中国家是否跨越中等收入陷阱的一个依据。上述公式中的人均收入在本文中利用人均 GDP 指标代替，如图 8 - 14 所示。通过观察 PIR 轨迹，发现菲律宾在 1982 年达到收入水平高点后，遭遇拐点回落，在长达 20 多年的时间内一直处于中下收入水平，直到 2015 年前后才重新回到 1982 年的收入水平。根据 PIR 这个相对指标的佐证，从一定程度上说明菲律宾在上世纪 80 年代到现在，确实处在所谓中等收入陷阱之中。

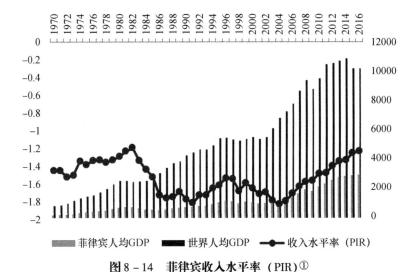

图 8 - 14　菲律宾收入水平率（PIR）[①]

资料来源：根据世界银行数据计算而得。

———————

　　① 最新数据仅公布到 2016 年。

（二）菲律宾的金融稳定性趋势判断

当前学者们对金融稳定的考察，实际上是从稳定的对立面来说明。简单来说，目前的文献对金融稳定的描述基本上用的是金融风险衡量指标。1999 年 IMF 和世行的金融系统稳定评估报告（FSAP）提出若干从金融系统脆弱性视角来衡量金融体系稳定性的指标，诸如宏观审慎指标如经济增长、通货膨胀、利率等类别。FSAP 对菲律宾金融稳定的衡量采用核心指标法以及宏观压力测试法来阐述菲律宾的金融稳定状况。由于技术原因限制，核心指标法难以确定阈值，宏观压力测试又缺乏数据模型等。本文采用主成分因子分析法，将所选取指标的公因子作为综合量化指数，以综合指数走势图来代表菲律宾金融稳定性趋势。

1. 指标选取与数据说明

世界银行在 FSAP 报告中对菲律宾宏观经济和金融市场的发展选取的代表性指标是 GDP 增长率，CPI，经常账户差额，公共财政（支出、收入、盈余），国际储备与外汇，新兴市场债券指数（EMBI）利差，利率和股票指数。FSAP 报告指标的选取比较全面且具有一定代表性，大部分代表了菲律宾的宏观经济环境。另外，Reinhart, Rogoff（2011）在书中所提，八百年的金融危机数据研究显示，对于中等收入经济体来说，通货膨胀危机、货币危机、债务危机（包括对内和对外）和银行危机这几类金融危机均会频繁发生。本文结合世界银行的指标体系兼顾数据可得性，利用 Reinhart, Rogoff（2011）的观点对衡量菲律宾金融稳定性的指标如下分类，表 8 - 2 所示。这些指标大部分都是风险性指标，指标值越高代表着金融系统越不稳定。指标数据均来自 WIND 数据库提供的世界银行统计数据。

表 8 - 2　　　　　　　　金融稳定衡量指标

通货膨胀指标	货币指标	公共债务指标	银行指标
CPI 同比	比索对美元汇率（年）	国际储备总额对偿债负担比率	银行不良贷款率

续表

通货膨胀指标	货币指标	公共债务指标	银行指标
GDP 平减指数	M2 占 GDP 比率	偿债负担占 GDP 比率	对私人部门的信贷占 GDP 的比率
—	经常项目差额	偿债负担占经常账户收入的比率	—
—	外汇储备	—	—

2. 统计量的检验及因子提取

用 factortest 检验 KMO 值为 0.6793 > 0.6，同时巴雷特球形检验的显著性水平为 0.000 满足条件，即当前指标可以选择进行因子分析。采用主因子分析法，发现金融稳定性指标前面的三个因子的特征值均大于 1。其中，第一个主成分的特征值为 6.8044，解释了总变异的 63.87%；第二个主成分的特征值为 1.87112，解释了总变异的 17.56%；第三个主成分的特征值为 1.19743，解释了总变异的 11.24%。三个因子解释观测变量总变异的 92.67%。因此可用三个公共因子代替原来的 11 个变量。如表 8 - 3 所示，方差的累积贡献率达到 92.67%，占据了样本指标的绝大多数信息，因此均选取前三个公因子作为新的综合评价指标。

表 8 - 3　　　　　　　　　　　总方差解释

因子	方差	方差贡献率%	累积贡献率%
公因子 1	6.24793	0.5864	0.5864
公因子 2	2.15077	0.2019	0.7883
公因子 3	1.47425	0.1384	0.9267

3. 最大方差正交旋转

根据表 8 - 4 的旋转成分矩阵表，我们可以看出公因子 1 中载荷值较大的指标为：比索对美元汇率（年）、M2 占 GDP、经常项目差额、外汇储备、国际储备总额对偿债负担比率、偿债负担占

GDP、偿债负担占经常账户收入，因此可以称之为货币与债务风险主因子；公因子 2 载荷值较大的指标为：CPI 同比、GDP 平减指数，因此可以称之为通货膨胀主因子；公因子 3 载荷值较大的指标为：银行不良贷款率、对私人部门的信贷占 GDP 的比率，故可以称之为银行风险因子。

表 8 - 4　　　　　　　旋转后因子载荷矩阵

指标	公因子 1	公因子 2	公因子 3
CPI 同比	- 0.0425	0.9211	- 0.2204
GDP 平减指数	0.3906	0.8885	- 0.0097
比索对美元汇率（年）	0.8275	0.0008	- 0.2375
M2 占 GDP	- 0.7217	- 0.3178	0.2971
经常项目差额	- 0.7708	- 0.4686	- 0.2761
外汇储备	- 0.9340	- 0.2443	0.0664
国际储备总额对偿债负担比率	- 0.9340	- 0.2454	0.1073
偿债负担占 GDP	0.9837	0.0268	0.1534
偿债负担占经常账户收入	0.9720	0.0828	- 0.0386
银行不良贷款率	0.7966	0.1721	0.5085
对私人部门的信贷占 GDP	- 0.0462	- 0.1875	0.9514

4. 计算因子综合得分

依据三个主因子的方差贡献率作为权重进行加权汇总，得出综合得分函数：

$$F = (0.5864 * Factor1 + 0.2019 * Factor2 + 0.1384 * Factor3)/0.9267$$

其中，综合得分函数里面各系数分别为主成分因子的方差贡献率，0.9267 是累积方差贡献率，最终得到菲律宾金融稳定性评判的综合指数——即金融风险性指数 F，如表 8 - 5 所示。

表 8 - 5 因子得分综合表

年份	Factor1	排名	Factor2	排名	Factor3	排名	F	排名
1990	0. 248813599	8	0. 64089193	10	- 0. 658779691	24	0. 198689183	8
1991	- 0. 30739716	11	1. 478456204	2	- 0. 842336624	27	0. 001794782	13
1992	- 0. 618511182	15	1. 029922842	8	- 0. 817017111	26	- 0. 289013385	17
1993	- 0. 652989364	16	1. 135511693	6	- 0. 283596457	16	- 0. 208161111	16
1994	- 0. 428200092	13	1. 138468926	5	0. 121360689	12	- 0. 004794797	14
1995	- 0. 38421981	12	0. 762855307	9	0. 782070317	9	0. 039875388	11
1996	- 0. 913435127	19	1. 558582052	1	1. 627805293	2	0. 004669915	12
1997	- 0. 759088285	17	1. 320384642	3	2. 169150338	1	0. 131290273	10
1998	0. 004448396	10	0. 607700931	11	1. 464201509	4	0. 353888903	7
1999	0. 580596726	7	- 0. 28744105	15	1. 410837981	5	0. 515471618	5
2000	0. 729991667	5	- 0. 54773335	18	1. 3844255	6	0. 54935172	4
2001	1. 166860888	3	- 0. 96217175	23	1. 589520964	3	0. 76613192	2
2002	1. 664981633	2	- 1. 97930106	26	1. 072280275	7	0. 782484014	1
2003	1. 709286208	1	- 2. 10525637	27	0. 911022271	8	0. 758993907	3
2004	0. 940770799	4	- 1. 19492984	25	0. 472436945	10	0. 405521673	6
2005	0. 604222805	6	- 0. 83411329	22	- 0. 102140382	13	0. 185359393	9
2006	0. 219474123	9	- 1. 11457964	24	- 0. 398688343	18	- 0. 163496784	15
2007	- 0. 474277623	14	- 0. 80214417	21	- 0. 637893551	23	- 0. 570145434	19
2008	- 1. 143687509	21	1. 104003373	7	- 0. 458764215	21	- 0. 551692071	18
2009	- 0. 771806075	18	- 0. 60668471	19	- 0. 790733684	25	- 0. 738657891	20
2010	- 1. 016024686	20	- 0. 33271219	17	- 0. 635252276	22	- 0. 810284214	21
2011	- 1. 206047475	22	- 0. 01567008	12	- 0. 420179505	20	- 0. 829332979	22
2012	- 1. 441830147	24	- 0. 25378062	14	- 0. 405852255	19	- 1. 028269621	24
2013	- 1. 407568156	23	- 0. 67308793	20	- 0. 293979499	17	- 1. 081235764	25
2014	- 1. 68233137	25	- 0. 32850838	16	- 0. 110050438	14	- 1. 152558474	27
2015	- 1. 687452534	26	- 0. 1241821	13	- 0. 191219383	15	- 1. 123404873	26
2016	- 1. 99348002	27	1. 270114036	4	0. 165062087	11	- 0. 960069134	23

5. 金融稳定评判指数走势图及趋势分析

结合表 8 – 5 与图 8 – 15，我们看到菲律宾金融风险指数 F 的走势经历了一个时间跨度较长的完整波段，且呈现出周期性，这与菲律宾经济所呈现的"繁荣—崩溃"周期是较为吻合的。

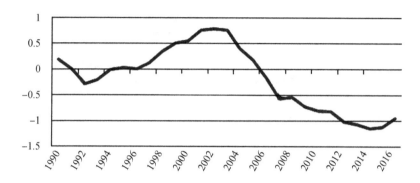

图 8 – 15　菲律宾金融风险指数 F 排名走势

资料来源：根据上表 8 – 5 中的 F 值绘制。

（三）中等收入陷阱量化指标与金融风险性指数的相关性

利用图 8 – 15、图 8 – 16 的数据，我们对两个指数进行了皮尔逊相关系数的相关性检验，衡量定距变量间的线性关系。结果测算出中等收入陷阱量化指数 PIR 和金融稳定综合评判指数 F 的相关系数是 0.7894，即 PIR 与 F 呈现强相关。这进一步验证了我们的假设：菲律宾的收入水平率与金融稳定是存在极大关联的，随着金融风险的上升，菲律宾的收入水平率就持续下降；反之，菲律宾金融系统稳定性上升，其收入水平率就持续上升。如图 8 – 16 所示，两者呈现出相反的走势。

三　研究结论

菲律宾政治局势的更迭通常会引发金融市场的持续震荡。从图 8 – 15 分析以及图 8 – 16 对比来看，菲律宾长期陷在中等收入陷阱，不仅仅表面上的政治更迭引起的经济发展失衡，更进一步来讲，是因为菲律宾对国家金融体系的放任和随意，给国家经济发展造成一定的阻碍。

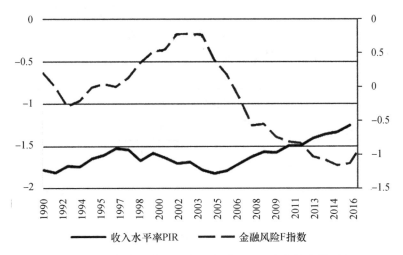

图 8 - 16 菲律宾收入水平率与金融系统风险率的走势对比

资料来源：根据世界银行数据计算和上表 8 - 5 中的 F 值绘制。①

第一，1986—1992 年科·阿基诺执政期间，菲律宾经济进入转型期。阿基诺政府与国际金融机构的几轮磋商，化解了马科斯政府遗留的沉重的外债负担。科·阿基诺执政的前三年菲律宾经济金融指标向好，但是 1990 年前后由于自然灾害、世界市场石油价格上涨以及军事政变等原因，经济发展又进入了停滞状态。图 8 - 15 显示了阿基诺政府执政期间金融稳定性的变化，证明菲律宾当时的债务危机化解对金融稳定产生了巨大作用，为持续的经济增长打下了基础。

第二，1992 年—1998 年，拉莫斯政府推行自由化改革，加大金融改革力度。尽管拉莫斯时期的改革成效明显，使得菲律宾经济于 1993 年底走出了萧条。但其金融自由化的改革却因为过早开放了资本账户的限制，使得金融系统风险性上升。拉莫斯政府 1992 年宣布放弃实施了近 40 年的外汇管制，没有留下任何缓冲配套措

---

① 数据只更新到 2016 年。

施。这使得菲律宾在相当长的一段时间内，外汇汇率居高不下，增加了外汇投资成本。从图 8 - 16 可以看出，在拉莫斯时期进行的金融自由化改革使得金融风险上升，金融不稳定的后果就是收入水平出现下降。

第三，1998 年—2001 年埃斯特拉达上任短短三年期间，菲律宾经历了亚洲金融危机，菲律宾因为金融自由化改革而不能幸免于难。其金融稳定状况受区域化影响，金融风险陡升，国际投资评价下降，财务状况恶化。

第四，2001 年—2010 年阿罗约政府在首个任期内与国会关系不睦，难以推动经济改革。2004 年，菲律宾陷入了严重的财政危机，当时国债占 GDP 约 1.3 倍。因亚洲金融危机的爆发菲律宾国债自 1997 年已上升超过一倍，其中一半是国内借贷，当时严重的国债危机严重威胁了本土银行。IMF 与世界银行在 2002 年对菲律宾进行 FSAP 评估，提出菲律宾金融稳定的改进建议，即加强在银行业和资本市场以及保险方面的监管力度，并通过立法来保障。2009 年第二次 FSAP 审查，世行认为菲律宾金融体系的核心—银行业已经呈现弹性，尽管宏观经济风险依然较高，但银行体系资本充足，流动性良好，资产质量普遍较高。因此，菲律宾的金融不稳定状况在 2004 年前后达到极值后，由于良好的监管，其风险呈现出了下降趋势。金融风险下降的同时，菲律宾的收入水平出现缓慢抬升。

第五，2010 年—2016 年，阿基诺三世执政期间，菲律宾经济取得较好的发展，经济增长的动力主要来源于服务业和工业驱动。这个时期正值全球货币政策面临收紧，菲律宾的经济发展模式是以资本流入和信贷扩张为特征的，未来资产泡沫破裂风险加剧，本币面临较大贬值压力。因此 2014 年大公国际资信将菲律宾的主权信用调至负面，同时维持其本、外币主权信用等级 BB-。图 8 - 16 所示，2014 年菲律宾金融风险回升，当时菲律宾发展模式面临外部流动性收紧的严峻挑战，这将给该国本、外币偿债能力造成下行压力。此时菲律宾的收入水平所受到的影响预计滞后一年才能观察出来。

综观菲律宾国内经济与金融的发展，频繁发生主权债务危机不仅是因为国家对经济发展阶段性的矛盾解决不畅，更重要的是政治更迭带来的不稳定波动使得国家财政结构矛盾更为突出。例如菲律宾政治体制的民主自由并没有给予政府适当的财政约束，使得国家经济一谈发展就要大量举债，举债的后果就是频繁发生债务危机，或出现货币超发的通货膨胀危机。因此，陷入中等收入陷阱无法自拔的菲律宾，在保持经济与金融稳定的情况下，才有希望实现中等收入陷阱的跨越，而实现经济稳定的前提就是，政治必须保持一定的稳定性。

参考文献

［1］方芳、赵净：《中等收入国家金融脆弱性研究——泰国金融脆弱性指数检验》，《国际贸易问题》2012 年第 7 期。

［2］魏达志：《东盟十国经济发展史》，海天出版社 2010 版。

［3］熊琦：《菲律宾陷入"中等收入陷阱"的原因探析》，《南洋问题研究》2017 年第 3 期。

［4］姚枝仲：《金融危机与中等收入陷阱》，《国际经济评论》2015 年第 6 期。

［5］张平：《中等收入陷阱的经验特征、理论解释和政策选择》，《国际经济评论》2015 年第 6 期。

［6］Bulman, D., Eden, M., & Nguyen, H., "Transitioning from Low-income Growth to High-income Growth: is There a Middle-income trap", *Policy Research Working Paper*, 2014.

［7］Felipe, J., Abdon, A., & Kumar, U., "Tracking the Middle-income Trap: What is it, Who is in it, and Why?", *Ssrn Electronic Journal*, 2012.

［8］Gill, I. S., & Kharas, H., "The Middle-income Trap Turns

Ten", *Policy Research Working Paper*, 2016.

[9] Jankowska, A., Nagengast, A., & Perea, J. R., The Product Space and the Middle-income Trap, 2012.

[10] Kanchoochat, V., & Intarakumnerd, P., "Tigers Trapped: Tracing the Middle-income Trap Through the East and Southeast Asian Experience", *Competence Centre on Money Trade Finance & Development*, 2014.

[11] Reinhart, C. M., & Rogoff, K. S., "The Second Great Contraction: from 'This Time Is Different'", *Princeton University Press*, 2011.

[12] Tran, V. T., "The Middle-income Trap: Issues for Members of the Association of Southeast Asian Nations", *Adbi Working Papers*, 2013.

第九章　柬埔寨金融体系
考察与分析

　　跟很多东南亚国家相比，柬埔寨的金融市场在几十年战乱后从百废待兴的状态开始得以迅速成长，因此要显得更为年轻，但正如其他发展中的生态系统一样，星星之火已经被点燃，在 GDP 增速平均达到7%的这五年中，今后的燎原之势也是尤可期，原本落后的现状也正在被不断地改变。迄今为止，柬埔寨已然保持了二十多年的经济持续增长。到 2015 年，柬埔寨已经达到中下等收入国家水平。而随着经济水平的提高，大量柬埔寨国内新的中层阶级的涌起，他们所体现出的消费水平和消费者行为也引领了一股新的支付、信贷和移动技术潮流。在 2000 年，全柬国仅有10%的成年人使用存款、贷款和结算等金融服务，而到了 2017 年，这一比例已经达到了 54%。2017 年 6 月，柬埔寨王国政府颁布实施《2016—2025 金融业发展战略》，这反映了柬政府的长远视野和发展金融业的决心。该战略评估了柬金融业取得的成果和面临的挑战，并且提出了下一个十年各阶段的金融发展行动计划，这也将为柬未来金融业发展提供指针及依据，在吸引国际投资、促进金融产品及服务的多元化、提升服务效率方面提供了有力的支撑。

　　下文将首先探索柬埔寨金融体系的发展历程，对柬埔寨金融业的兴起、发展以及逐步趋向完善的不同阶段进行探讨；并从金融机构体系、金融市场体系、金融监管体系、金融调控体系四个方面介绍柬埔寨金融体系的基本架构；同时对柬埔寨的金融体系主要特点和影响其发展的主要因素进行解析；并结合柬埔寨金融体系现状，提出中国—柬埔寨金融合作的突破点；最后依据柬埔寨保险业结构优化的实证研究，在"一带一路"战略背景下探索中柬保险业创新合作方向。

第一节　柬埔寨金融体系的发展历程

由于历经几十年内忧外患的战争，柬埔寨金融业的起步较于其他东南亚国家较晚。柬埔寨金融体系发展历程可大致被分为三个阶段：一、兴起阶段，即在摆脱殖民统治，国家独立后的金融起步阶段；二、发展阶段，即柬埔寨在 1991 年巴黎协定签订后进入和平发展时期的金融发展阶段；三、完善阶段，即柬埔寨在近十年间的经济增长快速期的金融发展阶段。

一　柬埔寨金融业的兴起阶段

柬埔寨金融发展起步较晚，但其发展速度相对较快。柬埔寨政府在 90 年代得到国际金融机构的支持和帮助，进行了一系列金融改革，逐步建立和整合了以银行体系占据绝对主导地位，小额金融形成有效补充，证券及保险行业共同发展的金融体系，但货币市场尚未形成，资本市场才刚刚起步。

柬埔寨国家银行始建成于 1954 年。1954 年柬埔寨摆脱法国殖民统治，赢得国家独立之后，柬埔寨银行获得了柬埔寨货币——瑞尔的印刷权，自 1954 年以来，该银行一直负责管理柬埔寨的银行体系至 1964 年。1975 年红色高棉执政柬埔寨期间，柬埔寨国民银行被废除，其银行大楼被摧毁。因此，柬埔寨货币瑞尔的使用直到 1975 年被中止。1980 年，红色高棉政权结束后，柬埔寨国家银行开始重建。1992 年，柬埔寨国家银行改名成为影子机构，而它仍有权发布规则与公告说明。自 1993 年至今，柬埔寨国家银行正在现有金融体系的基础上逐步实现现代化。

柬埔寨保险业的发展实际上始于 1956 年。然而，在 1975 年红色高棉政权期间，保险业的发展被打断了。直到 20 世纪 90 年代柬埔寨保险业才开始发展，当时只有一些必要的法律法规被用来满足社会经济发展的需要，用以补偿受害者的自然灾害、事故和其他灾难。但是保险的全部功能直到 2000 年颁布"保险法"并随后几年相关法律法规才开始得以实现。2000 年 8 月，柬埔寨经济金融部 MEF 颁布了关于"金融业部门组织和运作"法规。金融工业部保险部门（FID）的任务就是发展保险业，重点关注保险业的法律法规、监管框架、制度框架、举办保险研讨会以讨论市场发展、培训课程和培养公众意识到使用保险服务的好处，等等。特别是为了提高了柬埔寨保险市场的公众可信度和透明度。

柬埔寨证券业于 2006 年 11 月出现，柬埔寨经济和财政部与韩国证券交易所签署了关于"柬埔寨证券市场发展"的备忘录。2008 年，双方签署了关于"在柬埔寨王国建立柬埔寨证券交易所"的备忘录。2009 年 3 月，代表柬埔寨皇家政府的柬埔寨经济和财政部（MEF）与韩国交易所签署了"合资协议"，并计划以《一般公共企业法》为依据建立第一个证券市场——"柬埔寨证券交易有限公司"。该公司于 2010 年 2 月 23 日正式注册。

二　柬埔寨金融业的发展阶段

经过二十多年的曲折而又高速发展，柬埔寨的经济规模取得了突破性发展。从 1993 年到 2016 年的 22 年间，柬埔寨 GDP 年均复合增长率达到 10.90%，2016 年 GDP 达到 200.16 亿美元。就产业结构而言，在柬埔寨 GDP 构成中，服务业增加值基本稳定在 40% 左右；农业增加值由 1993 年的 50% 左右下降到 2015 年的不足 30%，工业增长明显，基本达到 30% 左右。总体来说，柬埔寨的农业、工业和服务业比例为 3∶3∶4，基本形成了三足鼎立的经济结构。

具体而言，柬埔寨农业一直在努力实现产业多元化，逐步开展种植业和水产业，大力发展橡胶、棕榈油、棉花草、甘薯等农业产业结构。工业仍以劳动密集型产业为主，逐步形成以服装制造业和建筑业为主的产业结构。尽管柬埔寨近年来也开始发展化学和电子机械产品，但柬埔寨工业部门的结构还比较单一，工业品种少，技术落后，制约了柬埔寨的经济发展。在服务业方面，一方面柬埔寨服务业的发展以旅游业为主，并逐步带动餐饮业和酒店业的发展。另一方面，金融业、信息业和房地产业已成为柬埔寨服务业深入发展的积极环节。从柬埔寨经济规模和结构来看，一方面，经济的持续快速增长，必然内生相关的金融服务需求，但柬埔寨本身的金融发展则相对滞后，因此存在着极大的金融需求缺口，柬埔寨经济急需得到金融发展的支持以维持长久的增长动力；另一方面，从经济结构看，无论是以家庭为基础的农业发展还是小规模的企业发展，都具有资金需求小、分布广泛、频率高的特点。旅游业的发展会带动本国产业的发展，同时也会带来大量外国游客的日常金融需求，如支付和汇兑。这需要以提供有针对性的金融服务为基础，并将形成柬埔寨金融发展的独特特征。

柬埔寨的金融发展起步较晚，但由于得到了国际金融组织的支持，充分了解并吸收了各国金融发展的经验，发展过程中的战略错误或政策错误导致的曲折和弯路较少。中央银行作为监管机构的核心主题，银行业发展迅速，初步建立起了比较完善高效的银行体系，而证券、保险等行业发展相对滞后，规模相对较小。经过一段时间的高速发展，柬埔寨财政规模迅速扩大，但占 GDP 的比重依然很小。

在 1975—1979 年的柬埔寨内战影响下，1979 年柬埔寨金融市场的发展几乎完全停滞。而自 1979 年一直到 2010 年，柬埔寨的经济增长速度惊人，每年以约 8% 的速度增长，这主要得益于公开市场经济的实行和柬埔寨的比较优势的利用。这无疑为私人投资提供了更加有利的金融环境。在稳健的财政和货币政策的支持下，柬埔寨的国内政治稳定也为政府的宏观调控提供了基础和支持。但是政府也意识到，如果没有金融业的积极贡献，国家就无法发挥潜力和充分发展。因此，近年来，政府为加快经济发展步伐，还致力于加强金融市场和金融结构的发展。加强立法、政策措施和建立机构也成为金融部门改革的重要组成部分。

从柬埔寨证券业的角度来看,早在 1995 年,柬埔寨就在财政部的指导下,成立了一个证券工作小组起草证券市场法规,为证券交易所的成立做好准备。然而,由于 1997 年 7 月的柬埔寨政治动荡和武装冲突以及持续的经济衰退,导致了此项工作的中断。2012年 4 月 18 日,柬埔寨证券交易所首个股票金边税务局正式挂牌,这也标志着柬埔寨证券市场从无到有的建立。自此,柬埔寨证券市场开始了从小到大的进程,但进展不是很顺利,柬埔寨的市场规模和交易量发展都相当缓慢。

柬埔寨保险业仍处于发展初期,但发展速度很快。截至2016 年,柬埔寨共有 11 家保险公司,其中 7 家是普通保险,4家是人寿保险。柬埔寨的保险业由国家保险公司和私人保险公司组成。购买保险的主要部分是从柬埔寨最初的国际机构或非政府组织逐渐过渡到普通柬埔寨人民。保险正在得到越来越多的人的认可。

三 柬埔寨金融业的完善阶段

在国际金融机构的帮助和支持下,柬埔寨政府进行了一系列重大经济改革,以维护国家经济发展始终在正确的道路。即计划经济模式转变为市场经济模式,且与国际金融业重新建立联系,确保金融业稳定发展。柬埔寨逐步建立和巩固了由银行体系绝对主导、有效补充小微金融机构、证券保险业共同发展的柬埔寨金融体系。

在柬埔寨重建的初期,公众对银行体系的信心很低。金融体系的宏观调控效果非常有限。在此基础上,柬埔寨政府继续推进法律法规改革、能力建设、标准提升、金融透明化和主要财务基础建设等措施,促进了柬埔寨银行体系的建设。通过加强金融改革和金融市场整合,加强对中央银行的监管,柬埔寨银行业取得了一定进展,形成了比较完善和高效的银行体系。

近年来,柬埔寨的金融总量和占 GDP 的比重一直在上升,M2

的广义货币稳步上升，1993 年占 GDP 的比例不到 10%，到 2014 年则超过了 60%。柬埔寨经济货币化水平的提高反映了柬埔寨金融发展水平的显著提高。但是，从全球来看，柬埔寨的经济货币化仍然落后于发达国家，其金融发展有待进一步深化。

从金融业产值看，柬埔寨金融业产值增长速度低于经济货币化和第三产业产值增长速度，其在 GDP 中的比重仍然较低。2013 年，柬埔寨的金融业产值为 1，014，229.96 百万瑞尔（约合 202.85 百万美元），相比于 1996 年翻了一番，但仅占 GDP 的 1.64%。

自 2010 年以来，柬埔寨在小型金融方面取得了快速而显著的增长。小型金融机构的增长可以从消费者贷款、消费者存款、资产、新机构、新型金融服务和产品等方面的增长体现出来。在农村地区，小型金融作为资金来源扮演着重要的角色，让农村人民建立和发展中小企业，这对减轻农村贫困状况，提高人民生活水平，特别是拉动农村乃至全国的经济发展都有着积极的贡献。因为借款人需要在获得贷款审批前提交清晰的业务计划和还款计划，平均贷款规模的增加不仅表明农民的信贷需求和使用不断增加，也反映出农村生活水平的提高和经济的增长。另一方面，增加公众对经济和财务状况的信心和认识，促使存款显著上升到占 GDP 的 7.07%（Central Bank NBC，2016）。小金融机构严格按照规定执行，流动性水平和偿付能力也保持较高水平，分别为 138.46% 和 19.26%，远高于最低监管要求所规定的 100% 和 15%。

融资租赁业务自 2012 年参与市场以来取得重大进展。截至目前，根据金融租赁和金融租赁业务规则，柬埔寨国家银行 NBC 租用了 9 家金融租赁公司，这一行业在补贴中小企业方面发挥了重要作用，帮助它们扩大了经营，为人民创造了收入，为经济社会发展做出了贡献。这一部门的主要积极作用体现在资产翻番和信贷增长中，分别从 2014 年的 1863 亿瑞尔、1470.6 亿瑞尔增加到了 2015 年的 4103.5 亿瑞尔、3449.7 亿瑞尔。总公司有 857 名员工和 17 家分支机构，为 4341.3 万名消费者提供服务。

第二节 柬埔寨现行金融体系的基本架构

柬埔寨的金融业尽管起步较晚，但发展速度较快。2001 年，柬首次颁布实施《2001—2016 年金融业发展战略》，并且每五年更新一次。在王国政府大力发展金融业的决心下，目前的柬埔寨的银行体系功能相较于十年前已经不断被完善。柬埔寨的银行业监管采用的是单一监管体系，中央银行为其监管机构。而柬埔寨银行机构规模较小，商业银行、专业银行和各种所有制形式的小微贷款机构相辅相成。

一 金融机构体系

（一）银行体系占据绝对比例

总体看来，柬埔寨的银行体系功能齐全，开放程度深并且高效。商业银行、专业银行和各种所有制形式的小微贷款机构相辅相成。资产总额和存贷款继续增加，为柬经济发展形成强有力的支撑。

1. 功能完备且开放程度较深的银行体系

随着柬埔寨银行体系的不断发展和优化，柬埔寨银行业发展迅速。截至目前，由商业银行、专业银行、外资银行分行、办事处以及一些小型金融机构构成的银行体系已经基本形成。截至 2015 年底，柬埔寨共有金融机构 47 家，其中商业银行 36 家，专业银行 11 家，小额金融机构等金融机构 100 多家。柬埔寨的银行体系占金融体系总资产的 90% 以上。

柬埔寨的金融业开放程度加深，形成了有国有、民营、内资、中外合资、外商独资等多种所有制并存的银行体系。其中，商业银行包括 7 家 100% 由本国出资的银行，5 家合资银行和 24 家外资银行子公司或分支机构出资的商业银行。

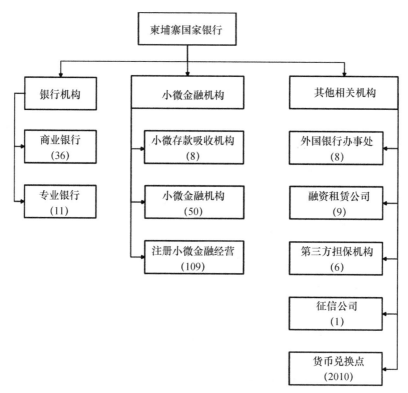

图9-1　柬埔寨金融体系基本架构①

值得注意的是，在柬埔寨中央银行的定义中，小额信贷机构和包括租赁公司在内的其他金融机构也包括在银行体系的范围内，这主要是从信贷支持等金融机构的间接融资功能性的出发点来考虑。

（1）商业银行

根据银行和金融机构的法律要求，银行在银行业务中进行日常业务包括：①估值，包括租赁，担保和承诺在内的信贷业务，当然这些信贷业务需要签字确认才能生效。②公共非预留保证金收取。③支付给客户的、任何单位或组织开展以上三种业务的货币和外汇

---

① 李健等：《东盟十国金融发展中的结构特征》，中国社会科学出版社2017版，第493页。

支付手段的规定处理都被视为从事银行业务。

根据利率市场化的有关规定，银行有权决定汇率和存贷款利率。

（2）专业银行

在中央银行颁发银行牌照后，银行许可批准资本要求，如果专业银行在当地注册，至少有一个有影响力的股东在银行或金融机构有投资评级，评级机构需要有一定的信誉。此外，必须有最低资本金一百亿瑞尔。股份制银行必须有最低资本金三百亿瑞尔。商业银行需要设立一个账户，并存入柬埔寨国家银行5%的保证金。

（3）小额信贷金融机构（MFI）

持有执照的小微信贷机构只能开展根据银行和金融机构的法律第二条规定以内业务。除非明确禁止与项目相关的许可条款，应该允许信贷和储蓄。

所有小微信贷机构，非政府组织和协会不得从事以下任何一项活动：①现场和远期的黄金、贵金属、原材料和商品的租赁，衍生品和交易。②通过支票账户提供支付服务，交换或转发外汇交易。持有许可证的小额信贷机构的最低注册资本应为2亿5000万瑞尔。

小微信贷机构需要获得小额信贷机构的经营许可后三年，才能开展业务。其中包括：①只能储蓄存款和定期存款，个人客户的储蓄不得超过公司净资产的3%。②客户个人贷款不能超过公司净资产的2%，机构贷款不得超过公司净资产的3%。③在任何时候保持偿付能力充足率不低于该机构净资产的15%。④至少50%的流动比率。⑤机构应永久性存入至少10%的注册资本作为机构资本保证金。

2. 小微金融机构形成银行体系的有效补充

与此同时，随着银行业金融机构的迅速发展，柬埔寨的小微金融机构也保持了较快的发展。柬埔寨小微金融机构资产总额由2009年的15,258.26亿瑞尔增加到2015年的146,259.23亿瑞尔，六年内增长近10倍，年均复合增长率为45.7%，成为对银行体系的补充。

小微金融机构的贷款总额也保持着较高速度的增长，2015年达到了 122，443.57 亿瑞尔，不良贷款率则仍保持较低水平，2015 年其不良贷款率只有 0.77%，远低于同期商业银行的不良贷款率水平。

另外，租赁公司也从无到有，从小到大发展起来。无论从资产总额、贷款总额、所有者权益，还是从员工数量和客户数量来看，初始增长都是迅速的，并逐渐成为银行体系的新补充。同时也应看到，随着业务的发展，租赁公司的不良贷款率也迅速上升，需要密切关注。

（二）保险业历经波折发展较快

直到 20 世纪初柬埔寨的保险业才走上正轨。保险业规模小，财产保险市场和人寿保险市场都处于起步阶段。然而，保险业正在快速发展，并越来越受到重视。柬政府制定了一系列法律法规，为保险业健康发展提供了有力保障。

从结构上看，柬埔寨财产保险市场起步早，发展迅速。截至 2014 年底，柬埔寨财产保险市场有 6 家财产保险公司和一家其他类保险公司。

总的来说，柬埔寨的财产保险市场还处于起步阶段。只有少数企业和个人可以坚持续保。大多数在市场上购买商业保险的客户是外商投资企业和居住在柬埔寨的外国人。与银行业相比体量较小，尽管近年来有所发展，但非寿险保费占 GDP 的比重仍然只有 0.25%，未来仍有很大的增长空间。

然而，人寿保险市场在 2012 年才刚刚起步，虽然起步较晚，但发展迅速。到 2016 年柬埔寨共有 4 家人寿保险。仅 2016 年上半年，柬埔寨保险业务收入高达 5600 万美元，比去年同期的 4090 万美元增长 37%。其中，人寿保险增幅最大，增长率为 113.2%，其次是普通保险，增长率为 16.2%。其他还包括火灾保险和车辆保险等，均保持增长。

近年来，柬埔寨保险业的快速发展有两个主要因素：一是鉴于国家的政治稳定和经济的快速发展，越来越多的外国投资者涌入柬埔寨投资，公众的经济收入也有所上升。外国投资者和收入较好的人组成柬埔寨保险的主要购买者,并形成了柬埔寨保险发展的基础。其次是柬埔寨人民对保险了解的增多,逐渐认识到保险的重要性,更加愿意购买保险。

(三) 证券市场规模小 市场发展处于停滞状态

柬埔寨是亚洲建立证券市场的最后一个国家。柬埔寨王国政府计划在 1995 年建立证券市场,但是由于 1997 年 7 月的柬埔寨政治动荡和武装冲突以及持续的经济衰退,这个计划随即被推迟。

到 2006 年左右,柬埔寨经济经过十年来的高速增长,也使柬埔寨政府意识到,目前国内很多企业资金解决途径十分局限,融资成本太高,无法适应持续快速发展的国内经济的需要,建立股票市场的计划再次提出。同年 11 月,柬埔寨财政部与韩国证券交易所签署备忘录,约定共同发展柬埔寨股市。该备忘录同意柬埔寨财政部和韩国证券交易所共同合作分担风险,并计划在 2009 年在柬埔寨建立证券交易所。但是,由于国际金融危机的影响,2008 年该计划又被推迟。

经过多年筹备,由韩国证券拥有 45% 股权和柬埔寨拥有 55% 股权的柬埔寨证券交易所(CSX)于 2011 年 7 月正式成立,目的是通过资本市场实现资本的快速积累,促进资本积累持续快速生长。2012 年 4 月 18 日,柬埔寨首只股票金边税务局正式开始交易。2014 年,台资制衣厂昆州(柬埔寨)有限公司上市。2015 年,金边港集装箱码头在证券交易所正式挂牌上市,公开发行股票已经完成。2016 年,金边经济特区正式上市。这四家公司中,有两家是国有企业,两家是民营企业。

然而,柬埔寨证券市场的上市公司数量、总市值、股票账户数量和股票交易数量自正式成立以来增长非常缓慢。2014 年,证券市场成交量仅为 4020 只,交易总量不到 4500 美元,这意味着柬埔寨股市仍处于停滞状态。由于市场规模小,难以在证券市场发挥应有的作用。

2016 年 8 月,柬埔寨正式启动证券交易平台,要求股票承销商进行直接交易,以促进交易活动。交易平台启动后,柬埔寨七家股票承销商直接进行了股票交易账户的买卖账户,交易价格由双方协商确定。这就是说，经过多年的停滞，柬埔寨证券交易所正在逐步放开证券市场，完善股票市场的建设。

二　金融市场体系

柬埔寨金融市场十分不发达，货币市场、资本市场及衍生品市场均处于发展起步阶段。

（一）尚未形成的货币市场

柬埔寨尚未形成严格意义上的货币市场。票据市场，短期政府债券市场和回购市场均没有建立。柬埔寨的货币市场还处于增长的初期阶段。这主要是由于：（1）银行间市场缺乏资金；（2）缺乏做市商和中介机构的网络；（3）发行证券缺乏基准利率。

由此，柬埔寨国家银行于 2010 年 10 月 15 日颁布了 B-5-010-183《柬埔寨国家银行发行可交易证券的有关规定》部门规定，建立银行间市场开发项目。银行间市场开发项目的目标是：（1）在担保的基础上促进银行间同业拆借；（2）为货币政策和汇率政策目标提供更有效的工具；（3）重新分配金融机构的金融资源，促进金融市场的金融流动性；（4）满足市场暂时的流动性过剩需求。

（二）发展停滞的资本市场

柬埔寨资本市场仍处于起步阶段，以柬埔寨证券市场为主。但是，与银行体系相比，其资本市场的规模很小。资本市场上市公司只有 4 家，虽然交易非常活跃但交易量较小，如 2014 年总交易量不足 4500 美元，基本上不能起到资本融通的作用。可以看出，柬埔寨政府希望通过融资渠道补允业务的初步设想还没有达成，它的存在更具象征性。

（三）初步建立的金融衍生品市场

2016 年 8 月 15 日，经柬埔寨证券监督管理委员会批准发行专职"中央对手方"营业执照的金融公司——金边衍生产品交易所（金边衍生品交易所）在柬埔寨的首都金边正式成立。金边衍生品交易所是柬埔寨和其他国家衍生品电子交易的平台，是柬埔寨首个涵盖现货黄金、白银和外汇期货等多种金融产品的衍生品交易所。

其目的是将柬埔寨的衍生金融交易提高到一个新水平，促进柬埔寨当地的经济发展，实现与世界金融外汇交易的融合。但是，金融市场究竟能做些什么还有待时间的进一步检验。

三 金融监管体系

（一）中央银行为主的监管主体

柬埔寨国家银行作为柬埔寨的中央银行，是柬埔寨的货币发行机构和金融监管机构。在业务层面，柬埔寨国家银行已经成立了 5 个部门负责开展常规的中央银行业务：总秘书处、央行理事会、银行监督委员会、现金监督和监察总监在总统的监督下，有 21 个分部门执行日常的货币政策和进行监督。

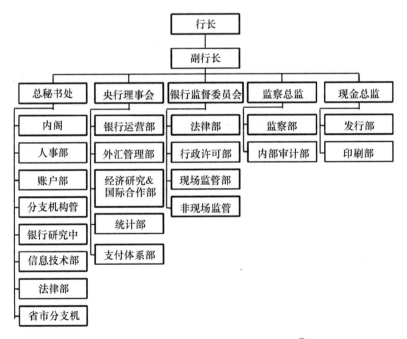

图9-2 柬埔寨国家银行结构示意图①

---

① 李健等：《东盟十国金融发展中的结构特征》，中国社会科学出版社 2017 版，第 488 页。

（二）现场与非现场结合的监管制度

柬埔寨国家银行履行监管职责，监督银行体系，确保柬埔寨银行体系的透明度、安全性和稳定性，增强公众对柬埔寨银行体系的信心。柬埔寨国家银行主要通过场外和现场监督，实行基于规则和风险的监管办法。

一方面，柬埔寨国家银行通过定期审查、监测、信息分析和商业银行的定期报告，定期对商业银行进行非现场监管。同时，柬埔寨国家银行也将根据实际需要进行专项监督。另一方面，无论是全面的还是有针对性的检查，柬埔寨国家银行每年都要进行现场检查，并在必要时安排专门的现场检查。现场监督包括对银行和金融机构进行评估，包括资本充足率、资产质量、管理、净资产、流动性和敏感度，重点包括战略风险、信用和市场风险、操作风险和流动性风险。

在监督银行和金融机构方面，柬埔寨国家银行使用 CAMELS 评估（资本、资产质量、管理质量、盈利能力、流动性和市场风险评估）来评估每个机构的优势和健康以及整个银行体系的敏感性。同时，柬埔寨国家银行同样关注银行和金融机构合规情况的定期监督和监督，包括这些机构的流动性和偿债能力等法律法规，讨论和引入严格的防范措施，已经采取严厉措施防止消费贷款增长，更好地管理下列领域的系统性风险：重新审视小额信贷机构的规则，以避免监管套利。讨论贷存比率，贷款价值比率和债务与收入比率等宏观审慎措施，以防止信贷风险和房地产业造成的高消费者债务问题。为了加强监管并改善测试结果，引入了符合巴塞尔协议 III 的流动性比率。确保这些机构的资本充足率并讨论银行和金融机构的最低资本。

另一方面，针对银行业发展及其符合国际标准的情况，柬埔寨银行加强执行审慎规则，通过修改现行规定，有效监督和颁布新规。柬埔寨国家银行还颁布了管理国内和国外管理人员之间信息共享以及为银行和金融机构提供流动性的法规。最近，柬埔寨国家银

行还发布了关于银行和金融机构流动性覆盖规则和风险管理框架的
规定。

四 金融调控体系

柬埔寨的货币发行以及监管的权威机构是柬埔寨国家中央银行
和柬埔寨国家银行。柬埔寨国家银行在 25 个省市设有 21 个分行。
柬埔寨国家银行总部设在柬埔寨首都金边。柬埔寨国家银行的任务
是在柬埔寨的经济金融政策框架内,确定和引导货币政策,保持物
价稳定,促进经济发展。在柬埔寨国家银行与王国政府谈判并考虑
柬埔寨的经济和金融政策框架之后,货币政策的指导原则如下:作
为货币当局,柬埔寨国家银行是瑞尔的唯一发行人;作为监管机
构,柬埔寨国家银行已授权或撤销银行执照,颁布法律和规定,并
对柬埔寨银行和金融机构进行监管。

柬埔寨国家银行的主要任务是确定和指导在国家经济和金融政
策框架内维持价格稳定和促进经济发展的货币政策。通过谨慎施行
货币政策,当通货膨胀率每年低于 5% 时,就能促进国家适度发
展。但是,以美元计价时,该货币政策有限性不够,柬埔寨国家银
行就不再具备作为贷款人的能力。目前来看,维持物价稳定的货币
政策手段是设定存款准备金率,通过国家银行实施外汇干预。同
时,积极发展货币政策工具,通过发展可转让存款证(NCDs),通
过促进银行、货币市场、货币政策的发展来加强货币政策的有效性
的使用。此外,柬埔寨国家银行的主要目的是在宏观经济条件下更
有效地发展货币政策。

柬埔寨国家银行最高决策机构是董事会,由政府、学术界、
私营公司以及柬埔寨国家银行的五名代表组成。柬埔寨国家银行
负责实施政策和日常活动的董事会由皇室指令任命以取代和解
雇。从实施层面,柬埔寨中央银行下设了 5 个部门,负责日常管
理工作。

第三节　柬埔寨金融体系的主要特点与影响因素分析

　　柬埔寨具有鲜明的银行主导型金融结构，银行体系在金融结构中占据着相当重要的地位，截至 2014 年，银行业总资产约 159 亿美元，贷款约 92 亿美元，存款约 97 亿美元，盈利 2.05 亿美元。与东盟的菲律宾比较，存贷款规模分别是菲律宾的 1/12 和 1/14，与老挝和缅甸处在一个水平上。柬埔寨的商业银行共有 35 家，其中，本国银行 26 家，外资银行 9 家。此外，柬埔寨银行市场上还有限制牌照银行和兑换交易所。金融市场发展滞后，金融工具极其匮乏，企业融资以外源融资为主，外源融资中间接融资占据主导地位。同时，柬埔寨金融体系高度开放，外国资本对柬埔寨金融结构的形成和发展发挥了重要影响，由此也促使柬埔寨的金融体系高度的美元化，导致其本币瑞尔的使用度偏低。

　　这样的金融体系是多方面原因综合作用的结果。从产业结构上来看，柬埔寨 GDP 构成中，服务业增加值基本平稳保持在 40% 左右；而农业增加值逐渐缩减，由 1993 年的 50% 左右下降到 2015 年的不足 30%；工业增长明显，基本达到 30%。总体看来，柬埔寨农业、工业、服务业比重为 3∶3∶4，基本形成三足鼎立、并驾齐驱的经济结构格局。柬埔寨经济结构三足鼎立、以小农经济和微型经济为主的经济结构，是柬埔寨银行业发展迅速、间接融资占据主导的根本原因，这也使得资本市场发展滞后。相对落后的经济发展水平和居民素质较低以及诚信意识缺失的情况，又进一步制约了资本市场及其他金融市场的发展。同时，政府的政策选择及国际非政府组织对柬埔寨的援助历史，是造成柬埔寨对外开放程度较高的主要原因。此外，高度的美元化既是柬埔寨金融结构的重要特点也是其金融结构形成的重要原因。

一　柬埔寨金融结构的主要特点

（一）银行体系占据绝对主导

经过十余年的发展，柬埔寨金融体系形成了以银行体系占绝对主导地位，起步晚且发展速度相对较慢的保险业和证券业同步发展的金融产业结构。银行体系中商业银行、专业银行和小微贷款机构发展稳定，银行系统的经营范围以及规模都得到了迅速的发展。虽然银行体系在柬埔寨金融体系中发挥着愈加重要的作用，而保险、证券业在金融体系中的地位尚需提高，尚未发挥出其应有作用。在2012年4月期间，柬埔寨交易所正式开始营运证券交易，到2018年，柬埔寨国内累计有四家上市公司在证券市场交易上市，因为股票本身就是无形的东西，许多柬埔寨人对股票市场不是非常信任，因此在交易所上市至2018年期间，柬埔寨证券市场实质上没有发生大幅变化。柬埔寨保险行业2000年开始起步，2012年之后才开始正式发展人身保险，因为大多数人还没有保险意识也并不完全信任，所以柬埔寨目前的保险业发展仍处于较低的水平，但是过去五年保险业的发展速度大大增加，并且保持每年持续增长，截至2016年，柬埔寨共有11家保险公司，其中7家是普通保险，另外4家是人寿保险，保险正受到越来越多民众关注。

（二）金融总量小但发展快

近年来，柬埔寨金融总量及其在GDP中所占的比重一直处于上升状态，其广义货币M2不断提高，占GDP的不重也由1993年不足10%提升至2016年的70%左右，柬埔寨经济货币化水平不断提高，反映出柬埔寨的金融发展水平得到了显著提高（图9-3）。然而，从全世界范围来看，柬埔寨的经济货币化水平仍然与发达国家存在较大差距，金融发展有待进一步深化。

从金融产业产值来看，柬埔寨金融产业产值增速相较于经济货币化速度及第三产业产值整体增速较缓，且其在GDP中所占比例仍然较低。2016年，柬埔寨金融业产值为1，55，629.41百万瑞尔，较1996年增长近2倍，但占GDP的比重仅为1.91%（图9－4）。

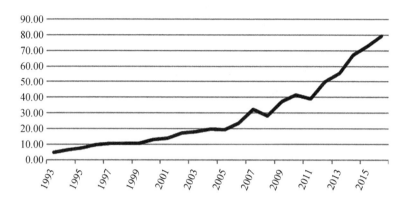

图9－3　1993—2016年柬埔寨广义货币M2与GDP的比重（单位:%）

资料来源：Wind 数据库。①

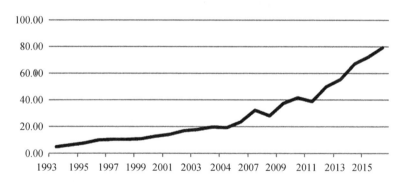

图9－4　1996—2016年柬埔寨金融业产值及占GDP比重
（单位：百万瑞尔）

资料来源：Wind 数据库。②

（三）金融体系和金融结构完全开放

作为一个高度开放的国家，柬埔寨对金融方面的监管几乎

---

① 出于数据可得性等原因，图9－3 中1993—2016年柬埔寨广义货币M2 与GDP 的比重的数据仅更新至 2015 年（2016 年发布）。

② 出于数据可得性等原因，图9－4 中柬埔寨金融业产值及 GDP 比重为 1996 年至 2016 年数据（最新数据仅公布到 2016 年）。

不存在任何限制。自柬埔寨重建后，便确立了较为开放的金融政策，并以法律法规的形式保障了国外资本进入柬埔寨金融领域的权利，外国资本的进入是对柬埔寨国内金融体系的有力补充。

柬埔寨实行外汇自由兑换政策，外资可以自由进出柬埔寨，除土地投资外，对包括金融业在内的其他投资，基本不受投资比例的限制，外商既可以直接投资设立新的金融机构，亦可以入股现有的金融机构。这种开放包容的政策环境，形成了柬埔寨当前多种所有制共同存在的金融机构体系，多元化主体的金融机构，共同构成了柬埔寨金融体系，为柬埔寨金融发展注入活力。

（四）金融市场发展滞后，金融工具极其匮乏

在柬埔寨银行体系占据绝对主导的金融体系中，金融市场发展滞后，货币市场、资本市场、外汇市场、黄金市场、衍生品市场均处于萌芽起步阶段，尚未形成基本规模，且金融工具极度匮乏，企业、居民缺少可供选择的投资工具。

柬埔寨直接融资市场极度落后，股票市场发展停滞，直接债务融资市场也尚未发展，未形成可以有效调节资金余缺的资本市场，企业和居民的资金需求和供给也难以通过合理的金融工具体系形成有效匹配，企业融资成本较高。

（五）高度的美元化

作为整个东盟乃至全世界美元化进展最快的国家之一，高度的美元化是柬埔寨金融结构体系的又一大重要特征，柬埔寨的美元化程度接近95%，而本国货币瑞尔仅仅是作为美元的补充。柬埔寨存贷款结构中，美元始终占据着95%以上的比例，美元在柬埔寨金融体系中扮演着完全的货币职能。尽管柬埔寨政府为了脱离美元化，强调本国货币瑞尔的地位，并推出了多项举措来提高瑞尔的使用范围，但鉴于柬埔寨当前高度开放的经济政策，柬埔寨国家在较长时间内仍无法脱离美元化。

二　影响柬埔寨金融体系发展的主要原因

(一) 三足鼎立的产业结构

一方面，从柬埔寨产业经济结构来看，三足鼎立 (农业、工业、服务业)、大规模企业较少、以小农经济和小微经济为主的经济结构决定了柬埔寨金融需求具有小额、高频的特点，因为小农经济和小微经济的主体难以进行直接融资而只能选择对其进行间接融资，这一状况直接促进了银行体系的发展；另一方面，柬埔寨重建初期，金融体系脆弱，公众对银行体系的信心很低，金融体系的宏观调控作用非常有限。基于此，柬埔寨政府持续促进法律和规章的改革、能力的建构、标准的改善、金融透明化与主要金融基础设施的建立，以强化柬埔寨银行体系，通过加强金融改革和金融市场整顿、强化央行的监控，使得柬埔寨的银行体系迅速发展，逐渐占据了主导地位。

(二) 开放的金融发展政策

柬埔寨历史上受国际援助较多，国际非政府组织在柬埔寨的金融活动成为柬埔寨金融体系的最初基础。1993 年柬埔寨重建后，为了保持国家正确的经济发展道路，在国际金融机构的帮助和支持下，柬埔寨政府进行了一系列重大的经济改革，包括采取较为开放的金融发展政策，试图通过加强与国际金融体系的联系，实现国内金融体系的快速稳定建立，而这一方针政策也逐渐产生了效果，各种外国资本进入的同时带来了较为先进的人才、理念和技术，极大促进了柬埔寨金融体系的快速建立。开放的金融体系也因此保留下来，并且开放程度逐渐加深，形成如今完全开放的金融体系。

(三) 市场发展滞后以及缺乏人力资源

柬埔寨金融市场起步晚、发展慢，主要归结为两个原因。一方面是由于以银行为主导的金融体系的建立，对维护柬埔寨金融体系稳定起到了良好的促进作用，且现阶段企业对金融市场的需求尚未释放，使得其金融市场发展的动力不足；另一方面是柬埔寨缺乏相关领域的人才基础，也缺乏相应投资于金融市场工具的投资者基础，再加上本来有的金融市场发展计划受到多种客观原因阻碍，导致了金融市场发展的严重滞后。

（四）美元的需求较大以及瑞尔的信任度较低

柬埔寨高度美元化的原因，可以概括为两个方面：一是从货币供给角度看，柬埔寨人民共和国在 1979 年成立后，美元逐步开始在柬埔寨流通，它的开端是联合国和 NGO 再次入驻柬埔寨，在那之后，这些组织开始对柬埔寨进行了国际援助。在 1991—1993 年联合国柬埔寨临时权力机构（UNTAC）管理柬埔寨期间，美元化得到了迅速发展，流通的美元总额达到近 20 亿美元，相当于 1993 年柬埔寨 GDP 总额的 75%。二是从货币需求角度看，90 年代中期以后，在柬埔寨开放的经济政策下，外资企业、工厂迅速增加，这些外资企业工作的职工以美元领取工资。同时，为避免汇率变动风险，减少交易成本，纺织品原料的进口，以及加工后成品的出口均以美元结算，同时柬埔寨银行危机加剧了柬埔寨人民不再相信银行和瑞尔，由此便使得美元化发展加速。这些都不同程度地加速了柬埔寨美元化程度。

第四节　基于体系现状的中国—柬埔寨金融合作突破点

近年来，随着中柬贸易、投资的不断深化，中柬双边金融合作也不断发展。柬埔寨是传统农业国，工业基础薄弱。事实上虽然柬埔寨近年来发展迅速，但世界银行统计显示柬埔寨仍属于世界上最不发达国家之一。农业是柬埔寨经济的第一大支柱产业，工业被视为推动柬国内经济发展的支柱之一，但基础薄弱，门类单调，服务业，尤其是旅游业是带动柬经济发展的动力产业。这也充分说明了柬埔寨经济发展潜力巨大，中柬经贸金融合作前景广阔。

一　中柬金融合作现状以及存在的问题

通过中国与东盟各成员国共同参加的区域金融合作机制（东南亚和新西兰以及澳大利亚央行组织（SEANZA）、东南亚央行组织（SEACEN）、东亚及太平洋央行行长会议组织（EMEAP）、东盟央行论坛、亚太经合组织财长机制、东盟财长机制、亚欧会议财长机制和"10＋3"财长机制等8个组织的大背景下，中柬金融合作取得了较大进展。

此外，中国国内的银行与柬埔寨国内的银行也保持着密切的沟通和联系。自2010年开始，在中国—东盟银行联合体框架下，中国开发银行与柬埔寨成员行开启了授信及金融合作，为柬埔寨农业发展提供了信贷支持。同时在2010年，中国银行金边分行获得由柬埔寨中央银行核发的营业执照，开始经营柬埔寨国内及国际所有商业银行产品及服务，主要从事公司金融、贸易金融、个人金融及全球市场业务等。此外，中国工商银行金边分行也于2011年11月正式开始对外营业。这不仅促进了中柬两国的金融合作，也给柬埔寨的金融业发展带来了新的金融产品和专业知识，促进了柬埔寨的金融进步和经济发展。

自2010年两国建立全面战略合作伙伴关系以来，双边经贸合作空前活跃，成果丰硕。据商务部统计，截至2016年，中柬双边贸易额为3.81亿美元，同比增长39.08%。其中，我国出口3.21亿美元，环比增长43.42%；进口0.6亿美元，同比增长19.73%。此外，对柬投资和援助是中柬经贸合作的重要支撑。据柬埔寨发展理事会统计，截至2017年，中国全年在柬投资总额达到14.31亿美元，是柬最大的外资来源国。此外中国企业在柬埔寨修建了许多公路、桥梁、水利和电网等基础设施，为柬埔寨经济、社会发展做出了重要贡献，未来中柬金融合作有很大的空间。

同时，作为"一带一路"下中柬合作的新典范、"21世纪海上丝绸之路"的重要沿线和中柬产融结合重要合作项目的西哈努克港经济特区建设项目，目前已经成为柬埔寨境内规模最大的经济特区，并逐步呈现出国际工业园区的雏形。该项目实现了中国企业迫切"走出去"的意愿和柬埔寨经济发展阶段性需求的有效对接，极大促进了中柬两国贸易，也带动了中柬两国金融合作的深化。在中柬双边贸易中，柬埔寨政府提出的如鼓励人民积极持有人民币进行结算等促进两国金融发展的举措，极大促进了中柬两国金融合作的不断深化。但是目前中柬合作中仍然存在以下两个问题。

（一）金融合作范围较小

目前柬政府实行对外开放的自由市场经济，推行经济私有化和贸易自由化。在这一政策的推动下，中柬的经贸合作也取得了很大进步。据海关数据统计，2016 年 3 月，中国与柬埔寨双边贸易总额达 3.81 亿美元，环比增长 39.08%。其中，中国自柬埔寨进口 0.6 亿美元，环比增长 19.73%；中国对柬埔寨出口 3.21 亿美元，环比增长 43.42%。中国自柬埔寨主要进口的前五位产品是针织服装，电子，谷物，毛皮、人造毛皮及其制品，累计进口额为 4,478.76 万美元，出口方面，当月中国对柬埔寨主要出口的前五位产品是：针织物及钩编织物，棉花，机械，电子，羊毛、动物细毛或粗毛，马毛纱线及其机织物，累计出口额为 1.84 亿美元，占中国对柬埔寨出口总额的 57.37%。

由此看出，中柬两国的经贸主要以纺织业等轻工业和农业为主，其他产业的合作少之又少。在经贸基础上的两国金融合作也局限于两国金融机构间的货币互换，其他领域的金融合作也较少。

（二）金融一体化程度低

由于政治和经济等原因，柬埔寨直至 2012 年才建立股票市场，证券市场发展起步较晚且发展程度较低。除此之外，柬埔寨也没有自主的商业银行体系和资本市场，金融市场发育程度较低。与此相比，中国的金融市场发展虽比柬更成熟，但也有许多需要改进的地方，例如，中国的利率市场化、人民币汇率改革、资本市场的开放程度等还有待继续发展改革。

中柬两国的经济发展水平、金融市场的发育程度有很大差距，在两国进行金融合作的时候，难免会出现很多问题，所以两国还是很有必要继续展开合作，继续推进金融一体化的进程。

二　中柬金融合作的建议

未来五至十年间，在当前经济环境背景下，中柬金融合作的不断深化将成为一种必然趋势和不可逆转的潮流，并具有较大的合作空间和较强的可行性。

一、中国与柬埔寨经济增长率周期波动较为一致，两国间贸易、投资规模持续扩大，为中柬两国的未来经济发展奠定了良好的基础。二、作为柬埔寨最大的援助国、最大的投资国和第一大侨国，中国与柬埔寨有深厚历史基础和合作基础，为未来深化合作提供了有力保障。三、在全球化浪潮下，各区域成员逐渐意识到了加强区域合作的紧迫性，纷纷寻求开展金融合作路径，且中国也在区域金融合作方面摆出了较为积极的姿态，形成合作的一大助力。四、中柬间金融合作，对于促进中柬各国自身经济发展，维护自身金融稳定，具有重要意义，自政府至民间都有强烈的动力去推动两国间金融合作。五、支付宝作为全球领先的移动互联支付手段已经在柬埔寨国内逐渐涌现，未来将成为支撑自下而上的中柬金融合作的强大助力。六、柬埔寨工业体系中，建筑业占据较大比重，且建筑业具有前期投入资本多、投资回收周期较长的特点，而中国资本丰富，甚至存在过剩现象，二者结合，将创造出巨大的合作空间。

因此未来中柬合作，可以民间合作为基础和突破，结合柬埔寨金融结构现状和金融需求特征，创造更广阔的金融合作空间。

（一）继续加大中柬两国双边贸易投资合作

针对柬埔寨而言，因为经济发展落后的原因，相对其他国家来说，金融行业的发展显得较为落后。突出表现在金融行业规模太小，金融市场体系、机构发展并不健全。所以，要完善柬埔寨金融市场首要问题是扩大金融规模，同时，还应该意识到金融领域规模的发展即是实体经济的发展，金融的本质即是满足实体经济中多层次的融资主体多元化的金融需求，金融领域的合作与实体经济领域间的合作是相辅相成的，贸易与投资的合作往往能够促进金融合作，而金融合作的发展又会进一步带动贸易和投资的融合发展。鉴于近年来，柬埔寨开放的金融体系给柬埔寨带来的各种外国资本，同时带来了较为先进的人才、理念和技术，极大促进了柬埔寨金融体系的快速建立以及柬埔寨的经济增长，而目前，在中国"一带一路"的大背景下，当前我国企业有强烈"走出去"的意愿，而柬埔寨国家基础设施不完善、资金缺口较大、中柬两国双边贸易不断发展的背景下，要继续加强对柬埔寨的投资和贸易往来，为进一步深化金融合作提供着力点，继续加大中柬两国双边贸易投资。

（二）加强宏微观金融联系，推动中柬两国金融合作主体构成

中柬两国的金融合作，既有政府间宏观战略上加强两国金融联系、推动金融经济体系一体化、建立联动机制的需求，又有微观金融机构间加强合作、提升金融服务能力的需求，还有民间经营主体便利贸易投资结算、促进经济交流的要求。因此，要重视各主体在深化两国金融合作中的作用，既要形成政府主导自上而下的合作机制，又要强化民间机构对两国金融合作的助推作用，多主体共同发力，深化中柬两国金融合作。例如，根据调研发现，支付宝在柬埔寨国内已经得到越来越多的使用，未来可以其为重要突破口，利用支付宝在民间生活支付场景中的强大渗透力，依托其开展金融合作。

（三）探索金融产业的多元化合作，扩展金融合作广度和深度

目前中柬两国的金融合作范围较窄，主要以贸易投资基础上的金融合作为主，局限于两国金融间的货币互换，其他金融合作相对较少。随着中柬两国贸易投资的不断发展，金融合作可随之扩大范围，探索更加丰富和多元化的金融合作模式，创新金融产品和服务，开发适合中柬金融市场的金融工具。包括开展双边股权合作、银团贷款、融资代理等合作，提升金融服务水平。同时，积极拓展跨境人民币业务，加大人民币在两国间的直接结算比例，促进中柬两国贸易投资的便利化。

（四）树立大国心态，加强中柬两国功能性金融合作

要树立大国心态，立足于中柬两国长期发展，加强功能性金融

合作，利用我国在金融发展中积累的经验和资本，帮助柬埔寨弥补不发达的金融业在支持实体经济发展方面的不足，并以具体问题为切入点展开金融合作，以点带面，从而降低合作成本，减少合作阻碍。加强中柬金融业务合作，提升服务水平，随着中柬经贸往来的不断扩大，金融合作也更加频繁，此时更需要有满足双边市场特点、适应各国企业需求，更加丰富和多元化的金融业务作为支撑。为此，两国应健全合作机制，推动中柬两国金融产品等方面发展。

根据双边市场特点，应着眼企业在资金收付、信贷支持等方面的实际需求，加大产品研发力度，创新金融产品和服务，开发适合中柬金融市场的金融工具。开展双边股权合作、银团贷款、融资代理等合作，拓宽金融服务范围，提升金融服务水平。加强在结算和清算领域的业务合作，提升双边贸易效率，加快企业资金周转，提高资金使用效率。

（五）拓展跨境人民币业务

在中柬双边贸易中使用人民币进行结算，不仅可以减少对第三方货币的依赖，避免汇兑成本和汇率风险，降低货币风险，而且可以促进中柬两国贸易投资便利化，增进两国人民的福祉。根据国际清算银行公布的市场调查结果，人民币已经成为第九大外汇兑换货币，目前除柬埔寨政府以外的东盟许多国家鼓励在双边贸易中使用人民币结算。人民币的使用在国家的对外贸易和经济活动中的地位显著上升。

目前中柬两国的双边贸易中直接使用人民币结算的概率虽然有所增加，但是这一比例与两国的经贸额相比还很低。为此两国政府应共同作出努力，例如推动货币互换、创新跨境贸易结算方式、推动和授权更多柬埔寨银行提供人民币结算服务等措施，提高人民币结算在中柬双边贸易中使用。

（六）加强金融人才培养和交流

经济的发展离不开人才，中柬双边金融合作的深入开展，更是离不开金融人才。中国和柬埔寨的金融机构要充分发挥在人才资源上的互补优势，加强在金融人才培训和交流方面的合作，共同培养国际化、复合型金融人才，为深化两国金融合作输送新鲜血液。建立人才培养合作机制，建设中国—柬埔寨人才培养基地，开展高端金融人才培训项目。拓展两地人才业务交流渠道，通过互访等方式加强区域内金融人才的交流，增进彼此了解，促进经验传播。

第五节 中柬金融合作报告："一带一路"倡议背景下中柬保险业创新合作探索
——基于柬埔寨保险业结构优化实证研究[①]

随着柬埔寨结束三十年内忧外患的战争蹒跚走进和平建设的新阶段，在近十年当中以 GDP 年平均增长率高达7%的速度在全球经济增长国家排名中名列前茅。2004 年，柬埔寨以"第一个低收入国家"的身份加入世贸组织，金融开放程度仅次于作为地区金融中心的新加坡。而随着国民经济增长的态势、实施柬埔寨王国四角战略第三阶段既定方针的不断深化、区域一体化和东盟一体化建设的融入度更趋强势以及外国直接投资的持续迅速增加，柬埔寨保险业在近几年获得了惊人的迅速发展。根据柬埔寨保险协会（IAC）报告显示，柬埔寨保险业在 2016 年期间收入达到 1 亿 1360 万美元，比 2015 年的 8370 万美元相比增长了 35.6%。其中，普通保险增长了14%，人寿保险大幅增长达至95%。保险业不仅在促进国家金融形势稳定中扮演着重要角色，而且也参与推动了国家经济长期的发展。本文将回顾中柬在金融保险业合作的理论资料和文献，对柬埔寨现状和问题进行探析，进而利用近几年的数据对柬埔寨保险业的结构及其优化进行计量分析，在事实数据的基础上进行理论分析和研究其市场结构，用数据结合柬埔寨政府推出的保险业政策法规提出相应的优化措施，在保险业于柬埔寨正不断发挥着促进金融形

① 作者：广西大学中国—东盟研究院柬埔寨助理，程雨；广西大学中国—东盟研究院舆情研究助理，周红梅；广西大学东盟学院国际金融实验班，陈悄悄。

势稳定发展的重要角色背景下，也在中柬两国处在政经往来最频繁也是最好的时代背景下，对"一带一路"战略背景下中柬保险业创新合作的探索提出新思路。

一　文献综述

（一）柬埔寨保险业结构与经济增长

由于战乱和历史遗留原因，柬埔寨保险业从 2000 年才起步。直至 2012 年得以开始快速发展，而柬国保险业的起飞不仅得益于近年快速的经济增长，也来源于其美元化的全面进展和近乎零障碍的外资参与，田中秀和刘晓民认为柬埔寨的这种经济开放策略有效地避免了外资合作时汇率风险所带来的损失。根据中国驻柬埔寨使馆经商处报道，在 2012 年，柬埔寨保险业得到阶段性的持续增长，保险产品种类不断增加，保险业年增长率达 15%，柬埔寨境内共有 6 家保险公司，即富得保险公司、CAMINCO、亚洲保险、CAMPUBANK LONPA 保险、INFINITY 保险和柬越保险公司，险种类型主要涉及财产险、工程保险、火险和汽车险等传统险种。2012 年 5 月 21 日，柬埔寨首家人寿保险公司—柬埔寨人寿保险（Cambodia Life）正式成立。该公司由柬埔寨财经部和 4 家外国保险公司（印尼 PT Asuransi Central Asia 保险、香港亚洲保险、泰国曼谷保险和曼谷大众保险）合资成立，双方持股比例为柬财经部 51% 和 4 家外国公司 49%。公司投资额 280 亿瑞尔，约合 700 万美元，主要推出定期寿险、终身寿险和抵押贷款寿险等三种人寿保险产品。虽然柬埔寨保险市场目前仍处在早期发展阶段，尚不成熟，但其发展情况渐入佳境，每一年都会出现不少市场玩家投身于保险业。柬埔寨籍金融领域博士周南成指出，截止到 2014 年 12 月，总共有 11 家持证保险公司开始运营，其中，6 家为普通保险公司，3 家人身险公司，而有 2 家属于小额保险公司。

谢和均与张潘东提出柬埔寨保险业事实上在 1993 年，即结束内战后的第一次大选年时就建立了社会保障局（Department of Social Security，DOSS），负责对私有企业工人实施社会保障，并于 2007

年设立了柬埔寨国家社会保障基金（NSSF）来替代原有的社会保障局，并在2008年开启第一个项目——工伤保险（EII）。但此类保险非商业保险，所有关于柬埔寨商业保险分析的文献极为稀少，在我们大量翻阅所有相关文献资料的情况下仅仅找到与其相关的些许新闻报道，但从这些对于柬埔寨在和平新时期搭上经济快车的新兴保险业的不吝赞叹之词即可以窥见柬埔寨的保险业拥有巨大的发展前景和合作空间等待开发与拓展。

（二）中—柬保险业合作

2016年9月，由中国保监会和广西壮族自治区人民政府于2015年共同发起成立的中国—东盟保险合作与发展论坛召开了第二届，其主题是"开拓创新，探索中国与东盟保险监管合作新思路"，当时的与会代表们提出，中国—东盟保险合作机制的持续发展将在更广泛领域交流和分享保险监管经验层面上搭建更有利的发展平台，有力促进区域保险业发展和监管措施的改善，使得保险业发展的成果惠及区域内更广泛的社会大众。而中国与东南亚国家的保险业合作虽有迹可循，但中国与柬埔寨之间的保险业合作却鲜见报道，文献更是无迹可寻，这其中很重要的原因是中国目前在保险业方面的合作仍处在零的状态，而面对柬埔寨保险市场在起步阶段且整体规模较小，其保险的密度深度与广度都大大低于同期世界其他地方的平均水平，作为一个新兴产业，事实上，保险业对柬埔寨经济社会发展的贡献程度仍然非常低，对民生的保障仍远远不够，所以中国与柬埔寨在保险业当中如探索出较为有效而正确的方向进行开发合作，发展前景可谓是潜力十足。而随着中国企业在"一带一路"沿线国家的投资规模在近几年中以更大更深的趋势在不断扩大，其投资速度不断在加快，中企"走出去"的势头也越来越强劲，中国在柬埔寨的投资也已然跃升为第一投资来源国，那么在这样"走出去"浪潮中能够启动这个柬埔寨新兴产业寻找出合作双赢的道路必定在这条丝路驿站中添上亮丽的一笔。

二　柬埔寨保险业发展分析

（一）历史发展情况分析

柬埔寨历史上被称为扶南，扶南在古时候是秦、汉的属国，有两千年以上的历史，国力曾十分鼎盛，具有举世闻名的高棉文化，其版图曾经包括今日柬埔寨全境以及越南、泰国、老挝三国之部分地区。明宣德五年（1430 年）暹罗入侵柬埔寨，此后柬埔寨国势衰败，此后倍受其他邻国侵略或大国殖民。但此后于 1975 年柬埔寨建立的红色高棉政权为柬埔寨的经济发展和文明建设造成了巨大的摧毁，红色高棉不相信金钱，他们甚至炸毁了相当于联邦储蓄银行的机构，不仅如此，他们还禁止金钱流通，大大阻碍甚至摧毁了柬埔寨市场经济的发展。而即使是在红色高棉后续的历史发展和经济市场化的进程中，由于腐败等因素，绝大多数财富都集中在政府官员手中，此时的国家经济却举步维艰。在这样的历史背景下，柬埔寨的经济金融发展可谓是从被完全摧毁到从零开始的百废待兴。

由于从 1975 年至 1979 年柬埔寨国内惨绝人寰的内战，1979 年柬埔寨金融市场的发展几乎为零。但值得庆幸的是，和平重建后的几十年间柬埔寨保持了近 7% 的经济增长速度，迅速成长为东亚地区经济增长明星国家。这很大程度上是因为执行了开放市场经济政策，并利用了柬埔寨的比较优势，为私企投资提供了一个前所未有的有利环境。经济的持续增长带来了国民财富的快速增加和贫困率的大幅下降。2013 年，柬埔寨人均 GDP 一举跨越 1000 美元大关，20 年间正好翻了两番，柬埔寨经济也因此站上了新的增长起点。而在比以往更加审慎的财政政策和更稳定的货币政策支持的情况下，柬国内的政治环境趋于稳定也为政府能够以更大的空间适当进行宏观经济调控提供了较好的基础。然而柬埔寨政府同样也意识到如果缺乏来自金融业的积极贡献，一个国家就没有办法发挥其内在潜能进行适度发展。于是，柬埔寨政府在近几年来也一直在致力于加强金融市场发展以及金融结构的构建，加强金融业法律法规的建立，创建相关助力机构，并以此作为金融行业在改革基础上的重要组成部分。

1956 年，柬埔寨保险业开始真正得以发展，但 1975 红色高棉政权时期柬埔寨国内内战爆发，柬埔寨的保险业发展被迫完全中断。一直到 20 世纪 90 年代后，柬埔寨保险业才开始重新发展，但在其发展初级阶段只有一些必要的基础法律法规来满足当时社会经济发展的需要，如补偿受害人因意外，或自然灾害和其他灾祸造成的伤害等，保险的服务涉及范围仍然非常狭小和有限。直到 2000 年，柬国保险的全部功能在其保险法的颁布以及更加详细的相关法规如由柬埔寨经济和财政部 MEF 发布的 Prakas 法规关于"金融业部门组织和运作"出台后得以实现。而柬埔寨政府也设立了金融工业部保险部门（FID），其目的就是提高国内保险市场的透明度和公信度，促进发展保险业，重点关注保险业的法律法规、机构与监督框架、举办相关的保险研讨会、培训课程等，提高公众使用保险服务利益的意识。

目前，柬埔寨保险市场虽然还处在早期的发展阶段，但从 2012 年开始越来越多的市场玩家开始注意到柬埔寨的这个潜力股，每一年都有许多企业对柬埔寨保险业进行不同程度的投资，截止到 2014 年 12 月已经有 11 家持证保险公司开始经营。此前，柬埔寨保险市场的驱动还处在一次性项目的保费的初级阶段上，不属于每年持续的循环业务。而且大多数的商业险保费几乎都是源自所得利息。但是这一趋势正在随着柬埔寨近五年来的迅猛发展逐步发生变化。

表 9-1 柬埔寨保险市场发展大事记

年份	大事记
殖民地时代	法国保险公司占据市场
1956 年起	伴随着柬埔寨独立，柬埔寨国内保险公司逐渐取代外资保险公司占据市场
1970 年起	柬埔寨内战开始，经济活动停滞不前，保险业基本失去作用

续表

年份	大事记
1992 年	内战结束，重建经济秩序，柬埔寨国家保险公司成立
1999 年	加入东南亚国家联盟
2001 年	开始市场经济体制改革，政府部门重组并制定各种法律制度，第一家民营财产保险机构获准设立。
2002 年	成立国营再保险公司
2004 年	加入 WTO
2005 年	柬埔寨财险协会正式成立
2012 年	第一家寿险公司成立

资料来源：中保网。①

综上所述我们可知，由于柬埔寨历史上外敌入侵、内战频繁、官员腐败等因素制约了柬埔寨保险业的历史发展，但在当今和平发展的大背景下，柬埔寨保险业发展速度和未来的发展前景仍十分可观。只要我们立足现有的初步发展阶段基础，全面分析其优势弊端并扬长避短，再加上中国尚未与柬埔寨保险业有相关联系合作，推动中柬保险业合作的发展大有可为。

（二）非人身保险及新兴人身保险发展现状分析

非人身保险是柬埔寨保险业里业务量最大的险种，占整个财险保费收入的 35%，主要的投保对象是以纺织制造为主的工厂，过去十年中，财产一切险的赔付率达 74%；车险是第二大险种，约占财险保费收入的 18%；个人意外险位居第三，约占 17%。销售渠道方面，市场中约 90% 的保单依靠保险公司的营销人员销售，全国只有 2 家保险代理公司和 1 家保险经纪公司。在柬埔寨，无论是经纪公司还是代理公司都需要获得政府经济财政部颁发的许可证，并在国库中存入一定数额的保证金（代理公司 1 万美元、经纪公司 5 万美元）。专业保险中介机构在柬埔寨市场发展缓慢。盈利

---

① 关于柬埔寨保险市场发展的网络最新整理数据仅更新至 2016 年。

能力方面，非人身保险业务是否盈利主要取决于当年度有无洪水、制造工厂有无大规模火灾事故等因素。从 2012 年和 2013 年的数据来看，尽管赔付率维持在一个较低的水平，但是经营成本居高不下，综合成本率均超过 100%。总体来看，非人身保险市场的发展仍处于初级阶段，能够坚持续保的企业和个人很少。市场上购买商业保险的客户主要是外资公司或居住在柬埔寨的外国人。

从 2014 年至 2015 年，合计共 6 家保险公司被颁发了许可证，如表 9－2 显示，福特保险公司 Forte Insurance Company 占了总额的 45.3%，Infinity 保险公司占总额的 14.7%，Campu Lonpac 和亚洲保险公司分别占 12.3% 和 11.9%。柬—越 Cambodia-Vietnam 保险公司占总额的 8.7%，而 Caminco 保险公司份额最小，占 7.3%。而在 2015 年新建立的保险公司 People and Partners PPI Pic 占市场份额的 0.2%。财险市场在 2013 年保费收入达到了 2075 亿柬埔寨瑞尔（约合 4150 万美元），财险深度为 0.26%，财险密度是 13000 柬埔寨瑞尔（约合 2.6 美元）。保费收入中的大部分都作为再保险保费流向了国外保险市场，因此净保费收入不到原保费收入的一半。但是，财险市场发展态势良好，在过去 5 年里，除了 2009 年受到金融危机的影响增长率下滑以外，每年都保持着两位数的增长。2013 年末财险业总资产为 4270 亿柬埔寨瑞尔（约合 8540 万美元）。

表 9－2 柬埔寨保险市场情况

公司名称	2014 年		2015 年	
	总保险费（美元）	市场份额（%）	总保险费（美元）	市场份额（%）
Forte	23868605	45.10%	27894139	45.30%
Infinity	8032010	15.20%	9039087	14.70%
Campu lonpac	6813312	12.90%	7567225	12.30%
Asia	635967	11.80%	7343504	11.90%
CVI	4564833	8.60%	5372719	8.70%
Caminco	3461014	6.50%	4294467	7.30%

续表

公司名称	2014 年		2015 年	
	总保险费（美元）	市场份额（%）	总保险费（美元）	市场份额（%）
PPI	—	—	139795	0.20%
总计	52975741	100.00%	61645937	100.00%

资料来源：柬埔寨保险组织。①

　　而在图 9 - 5 中，柬埔寨非人身保险市场一直到目前为止都保持较为迅猛的增长态势，其总损失率都平稳维持在 30% 到 40% 之间，除了 2011 年之外，由于当年有一火灾保险索赔，因此才导致索赔比率增长到 73%。而在过去十年期间，柬埔寨普通保险的保费年均都维持着 19.7% 的增长率，从 2011 年至 2016 年，保费从 3596 万美元上升至高达 7040 万美元。2009 年全球经济危机期间，这一增长速率稍微放缓，普通保险保费仅仅增长了 2%。但柬埔寨的保险市场却迅速得到了有效恢复，与 2009 年过后柬国经济发生 V 型"反弹式复苏"的情况相类似。2014 年非人身保险同期的增长纪录相比其过去的五年达到 26.7% 的新高，在 2015 年和 2016 年间非人身保险增长速率下滑至 16.4% 和 14.2%。

　　而相对于非人身保险来说，柬埔寨寿险业发展几乎刚刚起步。柬埔寨目前共有 4 家人身保险公司，其中包括 Manulife 人身保险公司、柬埔寨人身保险公司 Cambodia Life Insurance、柬埔寨再担保公司 Cambodia Reinsurance Company 以及 Prudential 人身保险公司。2013 年金融业部门报告指出，Manulife 人身保险公司、Prudential 人身保险公司保持最高的每股收益 49% 的比率，而柬埔寨人身保险公司仅占到 2%。小额保险和人身保险从 2012 年才刚开始在柬国保险市场上推出。在销售渠道方面，Cambodia Life Insurance 在 2013 年与柬埔寨最大的 ACLEDA 银行签订了银行保险的合作协议，可以在 ACLEDA 银行下属的 200 多个营业网点销售产品，配合其最新推

---

　　①　出于数据可得性等原因，在表 9 - 2 中，柬埔寨保险组织（IAC）所公布的柬埔寨保险市场情况的最新数据只更新至 2016 年。

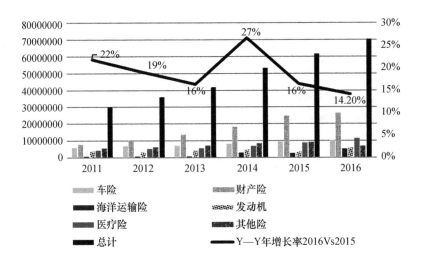

图 9 – 5 柬埔寨 2011—2016 年非人身保险保险发展情况

资料来源：柬埔寨保险组织。

出的兼顾储蓄和保障的重点产品，发展潜力相对来说较大。而其他
小额人身保险公司则侧重选择发展营销员制度，人寿业务范围也
广泛。

（三）现存保险业相关法律法规

《柬埔寨保险法》于 2000 年 6 月 20 日在第二次立法会议上通
过，并经参议院批准。该法对何人能承保保险等一般条例、保险合
同内容、财产保险、个人保险、机动车及第三方责任险和施工保险
等强制保险的相关内容做出了法律解释和有关规定。如：

第一章：一般规定

第一条：该法律的制定是为了规范保险活动，以保护当事
人的合法权益，加强对保险业务的监督和控制，为保险业的发
展做出贡献。

第二条：本法律适用于柬埔寨王国境内的所有保险活动。

……

第二章：保险合同

第一节：一般规定

第八条：保险对有保险的自然人或者有保险利益的法人或者人寿保险的非人寿保险，应以保险公司授权的保险公司为对象并在柬埔寨王国承保保险业务。

……

第三章：强制保险

第一节：机动车或者第三者责任保险

第三十六条：在公路上经营和经营商业机动车辆业务的自然人或者法人要求从保险公司购买第三者责任保险，包括财产损失或损害赔偿由机动车操作引起的第三方，包括所有类型的拖车。本保险单应包括机动车车主、司机和保管人。应由Anukret机构来界定属于强制保险的商业机动车类型。

《柬埔寨保险法》共分为3章，有法律条文42条，法规也基本翔实到位，但与我国的《中华人民共和国保险法》的八章一百八十五条相比，结构不完善，存在较大的改进空间。柬埔寨于2004年正式加入WTO，按照柬埔寨的入世承诺，对外资的准入并无特殊限制，但是如果外国公司与柬国有公司合资发起成立保险公司，那么柬方至少需要控股51%；柬埔寨法规尽管允许外资直接设立保险分公司，但必须要接受与法人实体相同的资本金以及偿付能力监管要求。同时，在跨境服务方面，《柬埔寨保险法》虽然规定柬国境内标的需在境内保险公司投保，但是在实际操作中，直接投保至国外的保险公司的案例仍旧屡见不鲜。

三 模型设计

笔者构建灰色理论模型对未来5年非人身保险的参保人数比例做出预测，对柬埔寨未来保险业的上升潜力做一个评估和检验。灰色预测法是一种对含有不确定因素的系统进行预测的方法，灰色预测是对既含有已知信息又含有不确定信息的系统进行预测，就是在一定范围内变化的与时间有关的灰色过程进行预测。

柬埔寨人身保险数据系统既含有已知信息，也有未知信息，它是本征性灰色系统，符合灰色理论模型的建模条件，因此选择灰色预测法中灰色时间序列预测模型来预测柬埔寨人身保险参保比例。

表 9 – 3   柬埔寨 2009—2014 年非人身保险参保人数比例

序号	年份/年	参保比例/%
1	2009	2.4
2	2010	17.6
3	2011	21.8
4	2012	19.0
5	2013	16.3
6	2014	26.7

资料来源：柬埔寨保险组织。①

建模的第一步，是建立柬埔寨非人身保险参保人数比例数据时间序列：

$$X^{(0)} = (x^{(0)}, x^{(0)}(2), \cdots, x^{(0)}(6))$$
$$= (2.4, 17.6, 21.8, 19.0, 16.3, 26.7)$$

第二步，求级比：

$$\sigma = (k) = \frac{x^{(0)}(k-1)}{x^{(0)}(k)}$$

$$\sigma = (\sigma(2), \sigma(3), \cdots \sigma(7))$$
$$(0.136, 0.807, 0.872, 0.859, 0.6104)$$

第三步，级比判断：

$$\sigma(k) \in (e^{-\frac{2}{n+1}}, e^{\frac{2}{n+1}}) \qquad (0.751, 1.3307))$$

---

① 出于数据可得性等原因，表 9 – 3 中所用数据为 2009 年到 2014 年柬埔寨保险组织（IAC）在 2015 年公布的柬埔寨 2009—2014 年非人身保险参保人数比例官方最新数据（数据仅更新至 2015 年）。

由于所有的 $\sigma(k) \in [0.751, 1.331]$，但是由于模型数据在 $\sigma(k)$ 的取值区间范围内，于是对原始数据做相应的处理变换，对原始数据做一次累加：

$$x^{(1)} = \sum_{m=1}^{k} x^{(0)}(m), (k = 1, 2, \cdots 6)$$

得：

$$X^{(1)} = (x^{(1)}, x^{(1)}(2), \cdots x^{(1)}(6))$$

$$(2.4, 20.0, 41.8, 60.8, 77.1, 103.8)$$

构造数据矩阵 B 以及数据向量 Y：

$$Y = \begin{bmatrix} x^{(0)}(2) \\ x^{(0)}(3) \\ x^{(0)}(4) \\ x^{(0)}(5) \\ x^{(0)}(6) \end{bmatrix} = \begin{bmatrix} 2.4 \\ 17.6 \\ 21.8 \\ 19 \\ 16.3 \\ 26.7 \end{bmatrix} \qquad B = \begin{bmatrix} -z^{(1)}(2) & 1 \\ -z^{(1)}(2) & 1 \\ -z^{(1)}(2) & 1 \\ -z^{(1)}(2) & 1 \\ -z^{(1)}(2) & 1 \end{bmatrix} = \begin{bmatrix} 11.2 & 1 \\ 30.9 & 1 \\ 51.3 & 1 \\ 68.95 & 1 \\ 90.75 & 1 \end{bmatrix}$$

第四步，利用最小二乘估计求参数序列 $P = (a, b)^T$

$$\hat{P} = (\hat{a}, \hat{b}) = (BB^T)^{-1} B^T Y$$

$$\begin{pmatrix} 0.066626 \\ 16.91137 \end{pmatrix}$$

于是得到 $\hat{a} = 0.066626$，$\hat{b} = 16.91137$

因此建立模型如下：

$$x^{(0)}k + 0.066626 \quad z^{(1)}(k) = 16.91137$$

解得时间响应序列为：

$$\hat{x}^{(1)}(k+1) = \left(x^{(0)}(1) - \frac{\hat{b}}{\hat{a}} \right) e^{-\hat{a}k} + \frac{\hat{b}}{\hat{a}}$$

$$= -251.4240 e^{-0.066626k} + 253.82$$

求得数列生成数列值 $\hat{x}^{(1)}(k+1)$ 及模型还原值 $\hat{x}^{(0)}(k+1)$，令 $k = 1, 2 \cdots 6$ 带入时间相应函数 $\hat{x}^{(1)}(k)$，可算得还原值。

表 9 - 4　2009—2014 年柬非人身保险参保拟合数据及精度检验数据

年份	原始值	模型值	残差	相对残差
2009	2.4	2.4	0	0
2010	17.6	17.65	0.053	0.003
2011	21.8	18.86	2.931	0.134
2012	19.0	20.17	-1.169	0.062
2013	16.3	21.558	-5.2585	0.3226
2014	26.7	23.044	3.66	0.137

表 9 - 5　　　　　　　模型的精度检验表

残差平方和	相对精度%	P 值	后验差比值 C 值：
50.98	86.829	1	0.284

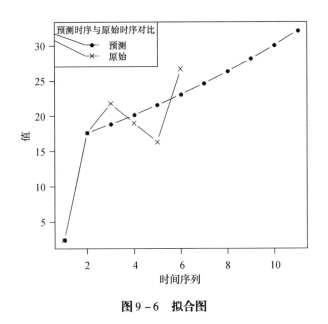

图 9 - 6　拟合图

由于 C < 0.35，P > 0.95，模型的相对精度为 86.829%，因此

GM（1，1）预测精度等级较好，利用此模型，本文可预测柬埔寨非人身保险的参保人数比例的结果如下：

从表9-6所得出的直观结论是：柬埔寨自2015年至2019年（完成此文时间为2017年，但无法在官方权威发布数据中查到确切的2015、2016、2017年的非人身保险参保人数比例）这五年期间非人身保险的参保人数比例在逐年上升，且其年平均增长率达到约2%。预测结果符合近年来柬埔寨保险业随着整体宏观经济的增长而在不断得到提高的态势。

表9-6　　　2015—2019年柬埔寨非人身保险参保人数比例预测值

年份/年	参保比例/%
2015	24.631
2016	26.329
2017	28.143
2018	30.081
2019	32.154

四　结论与建议

从以上的现状分析和实证分析结果来看，柬埔寨的保险业主要的发展领域仍在非人身保险部分，是业务量最大的险种，且参保人数呈现逐年以2%的增长率稳步发展。从总体来看，柬埔寨非人身保险市场的发展仍处于初级阶段，而事实上能够坚持续保的企业和个人很少。市场上购买商业保险的客户主要是外资公司或居住在柬埔寨的外国人，而非柬埔寨当地人。尽管如此，柬国政府仍然能充分意识到在这样一个历经战乱三十年而如今处在相对贫穷的国家中大力促进小额保险发展的重要意义与价值，并在《柬埔寨保险法》中对柬国内小额保险公司的监管要求和设立条件上进行了专项规定，并且通过小额保险等市场化的金融扶贫手段，在为农村和城市中的低收入人群提供产品和服务上做出了一定程度的改善。而对比起柬埔寨较为滞后的保险业发展，中国的保险业在2006年开始就已经在与国际经验接轨的背景下开始大力发展其小额保险，并在2007年4月，中国保监会已申请加入国际 IAIS-CGAP 小额保险联合工作组，促进了中国国内农村小额人身保险的发展。

相对于保险，特别是针对发展中国家或贫困国家的国民来说，小额保险的发展与突破有着长远的社会经济意义，在中国与柬埔寨处在双方关系最好的时代里，在"一带一路"倡议背景下，以及在柬埔寨金融保险业处在上升发展期阶段，中柬两国完全可以加大交流力度和相互借鉴。尽管目前中资机构大量进入柬埔寨市场的时机并未十分成熟，完全从经济利益分析来看，事实上并不符合经济利益最大化原则，但可以预见的是，以更长远的发展眼光去看，在往后的五年或第二个五年里，当中国与柬埔寨保险业合作的市场机制和条件基本具备，并且可以形成良性的互补关系，即中国以其相对较成熟的保险体制和柬埔寨目前亟待开发的保险市场之间进行互补，两者的合作发展的空间和潜力十分巨大。因此，双方之间的政府相关部门和保险机构应立足长远，努力创造保险业合作的基本条件，在其发展过程中不断完善相关的法规体系，加快相关的险种设计和保险的证券化步伐。

据联合国发展基金会调查显示，有97%的柬国受访者已经能够意识到各种风险，足以可见柬埔寨人对于风险意识处在较高认知水平，这与柬埔寨在近代史中经历几十年的内忧外患的战乱之苦有着剪不断的联系。但也有78%的受访者希望每年在保险上的投入不要超过十五美元，少于三分之一的受访者表示购买了保险。因此，在中国与柬埔寨创造保险业合作的市场条件上首先要提高柬埔寨国民的保险意识和合理的投保消费概念。其次，柬国保险市场目前仍旧没有稳定的销售渠道，并极度缺乏保险业相关的精算人员，且投资渠道较为狭窄和有限，相关的保险业监管机构在消费者保护方面也没有任何明文规定。柬国在保险业监管制度上事实上仍处于草创阶段，因此，选择或复制国际上的任何一种既定体系的监管模式都会在很大程度上形成路径依赖。但鉴于中柬两国双方高度的外交关系，对其进行技术援助和培训，介绍消费者保护等方面的经验，参考中国的保险监管模式创造出最适合柬埔寨保险之路模板，帮其定制符合柬国市场特点偿付能力监管制度的最佳简化版，为将来柬埔寨市场发展能走出初级发展阶段过渡到相应阶段时能更好地接受世界上更为先进的监管技术奠定基础。

参考文献

［1］高怡松：《柬埔寨经济特点与中柬合作的机遇》，《东南亚纵横》2011 年第 11 期。

［2］葛红亮：《东南亚：21 世纪"海上丝绸之路"的枢纽》，中国出版社 2016 年版。

［3］蒋玉山：《柬埔寨：2011—2012 年回顾与展望》，《东南亚纵横》，2012 年第 3 期。

［4］李健等：《东盟十国金融发展中的结构特征》，中国社会科学出版社 2017 版。

［5］梁薇：《柬埔寨：2015 年回顾与 2016 年展望》，《东南亚纵横》2016 年第 2 期。

［6］罗传钰：《中国—东盟金融合作问题浅析》，《法制与经济》2011 年第 6 期。

［7］王志刚：《开放经济下的高增长奇迹：重建后柬埔寨经济评析》，《东南亚研究》2015 年第 4 期。

［8］谢和均，张潘东：《柬埔寨社会保障制度研究》，《东南亚纵横》2013 年第 7 期。

［9］徐新：《中国与柬埔寨金融合作研究》，《中国市场》2016 年第 24 期。

［10］张小青：《中国与东盟合作现状与前景展望》，《中国信用卡》2014 年第 3 期。

［11］周南成：《柬埔寨银行业结构优化研究》，博士学位论文，广西大学，2013 年。

［12］ 田中秀和，刘晓民：《柬埔寨的经济发展及金融部门现状》，《南洋资料译丛》2008 年第 2 期。

［13］ 中保网，http：//xw. sinoins. com/2016-01/21/content_ 18262 6. htm.

［14］ 驻柬埔寨使馆经商处，http：//cb. mofcom. gov. cn/article/sqfb/201205/20120508141193. shtml.

［15］ 中国网，http：//finance. ifeng. com/a/20160919/14887560_ 0. shtml.

［16］ 东盟百科信息网，http：//asean. zwbk. org/showlemma/% E6% 9F% AC% E5% 9F% 94% E5% AF% A8% E5% 8E% 86% E5% 8F% B2% E4% B9% 8B% E8% BF% 91% E4% BB% A3% E5% 8F% B2/1. html.

［17］ Ministry of Economy and Finance：http：//www. mef. gov. kh/.

［18］ Insurance Association of Cambodia. Cambodia Insurance at Glance，www. iac. org. kh.

第十章 缅甸金融体系
考察与分析

缅甸，旧称洪沙瓦底，西南靠近安达曼海，西北毗邻印度和孟加拉国，东北连接中国，东南与泰国相邻。缅甸自然条件优越、资源丰富，虽然是历史悠久的文明古国，然而自 1044 年形成统一国家以来，历经坎坷，如今仍是世界上最不发达国家之一，其产业结构仍以农业为主导。缅甸金融体系的发展相对滞后，目前，主要包括银行业、保险业、证券业。其中银行业和保险业的发展较早，但由于缅甸政局动荡，也历经了多次变迁，而证券业发展较迟，近年来才刚刚起步。

下文将从缅甸金融体系的发展历程入手，探讨缅甸金融业的兴起、发展和完善阶段；接着从金融机构体系、金融市场体系、金融监管体系、金融调控体系四部分出发，介绍缅甸现行金融体系的基本架构；之后对缅甸金融体系的主要特点和影响其的因素进行分析；最终提出针对缅甸金融体系现状，中国—缅甸金融合作的突破点。

第一节 缅甸金融体系的发展历程

缅甸金融体系的发展历程大体上可分为三个阶段：①缅甸金融业初步建立阶段，以 1962 年奈温军事政变为标志，介绍缅甸金融从初步兴起到停滞落后的风雨飘摇经历；②缅甸金融业改革发展阶段，即 1988 年苏貌接班后重整缅甸经济，采取一系列改革措施恢复缅甸金融业；③缅甸金融业完善阶段，即 2010 年缅甸民主改革后，缅甸金融业获得了长足的发展，形成了完善的现代金融体系。

一 缅甸金融业的兴起

根据迈克尔·阿达斯（Michael Adas）、伊恩·布朗（Ian Brown）和其他缅甸经济史学家的说法，缅甸在前殖民地经济时代本质上是一种自给自足的经济，大多数人口参与在大米种植以及其他形式的农业生产上。直到敏东王统治的 19 世纪中期，缅甸仍然缺乏正式的货币体系。

英属缅甸期间，虽然缅甸曾是世界最大的大米出口国，并在当时是继菲律宾之后最富裕的东南亚国家。由于处于殖民统治时期，缅甸的金融业虽然在英国的扶植下取得了初步的发展，但是由于主权的丧失，政治秩序混乱，缅甸并没有积累丰富的金融业发展经验。随着 20 世纪 30 年代的经济大萧条的发生以及历经两次世界大战，缅甸金融业受到了极其严重的打击。直到 1948 年 1 月 4 日，缅甸宣布独立后，才获得了初步发展的条件。

脱离英联邦的缅甸在独立后并没有进入和平发展阶段，缅甸国内民族矛盾斗争严重，政治动荡、暴乱频发。直到《缅甸联邦银行法》在 1952 年 7 月颁布，成立于 1948 年 3 月、初始资本为 5000 万缅元的缅甸联邦银行才得以与缅甸货币局合并，并从中取得了货币发行的权力，结束了其在成立初期所缺失的中央银行的全部权力的局面。缅甸国家保险公司于 1952 年在仰光成立，由于该保险公司为国家所有，依靠国家信用，被人们称为"不会被清算的保险公司"。缅甸国有保险公司储备基金巨大，包括了寿险基金、普通基金和一般储备基金在内的三大类别，因此在政府支持下，能够承担巨额赔偿时的全部偿付责任。缓慢的发展速度、单一的结构体系，初步建立的缅甸金融业仅以国有银行和保险公司为主，并且在这一时期，缅甸联邦银行还无法独立制定货币政策。

1962 年，奈温在缅甸发动了军事政变，并于次年宣布在缅甸实行计划经济制度，将缅甸转变为社会主义国家。在军人统治时期，缅甸闭关锁国的计划经济体制在极大程度上影响了初步建立的金融体系。首先，奈温政府将所有私人银行收归国有，同时结合1967年颁布的《缅甸联邦人民银行法》，使缅甸联邦人民银行在缅甸取得独家垄断的地位。这一垄断地位直到1972年《缅甸联邦银行法》的出台，缅甸外资银行、缅甸投资商业银行、缅甸经济银行以及缅甸农业与发展银行四家国有银行的成立才得以改变。其次，奈温政府在20年间一共开展了三次废钞行动（1965年、1985年与1986年），相继废除了50与100、25、35和75面值的货币。由于奈温上台后，为了快速切断反政府武装财源，防止反政府武装做出应对措施，在废钞前，缅甸政府没有及时的告知与提醒普通企业和民众与废钞政策相关的信息，并且在废钞后，奈温甚至不允许废钞持有人提取等额面值的缅元，三次废钞行动中缅甸政府的一系列行为使得缅元可信度大大降低，缅甸金融体系的根基难以稳固。三次废钞行动过大的打击面以及过猛的打击效果使缅甸普通民众蒙受了巨大的损失，缅甸金融体系的发展也在初步兴起后停滞了脚步。

二　缅甸金融业的发展阶段

由于军人统治者奈温实行的货币改革，百姓倾家荡产，民怨沸腾。1988年3月，缅甸爆发了空前的反政府群众性运动，直至9月苏貌接班并推行顺应民心的改革措施，才使缅甸经济得以重新恢复活力。虽然这一时期缅甸国内政治秩序依然充满危机，但此后的二十年期间，缅甸金融业进入了相对较快的发展时期。

（一）银行业的恢复

1. 缅甸中央银行的建立

在《缅甸中央银行法》于1990年7月颁布之后，缅甸中央银行也随之依法成立。新阶段下，缅甸中央银行共设置了行政部、货币部、会计部、内部审计部、研究培训部、资本市场部等六个部门，并在成立初期便收入5亿缅元资本；随着银行业务发展的深入，缅甸中央银行于1992年12月建立外汇管理部，并于次年2月开始对外发行外汇券（截至 2012 年底，缅甸发行了价值 3092 万美元流通的外汇券）。新世纪后，缅甸中央于 2001 年 1 月建立银行监管部，加强了银行监管体系的建设。

2. 缅甸银行间合作和银行支付结算系统的建立

缅甸银行业由于发展滞后，其结算系统在以往都以人工结算为主。这一低效率的结算系统往往导致缅甸银行流动性处于大量积累的状态。银行流动性紧缺是缅甸银行在深化发展过程中首先需要解决的问题之一。缅甸中央银行结算中心为提升银行结算效率，增加即时支付系统的覆盖率，将人工结算系统升级为自动结算系统，并开展了一系列促进信息有效传递、深化合作的改革升级步伐，具体内容如下：

（1）1999 年 4 月成立缅甸银行协会；

（2）2004 年 3 月引入环球银行金融电信协会系统（SWIFT）；

（3）2007 年开始建立缅甸银行间网络和报告系统；

（4）2008 年实现网络化；

（5）2010 年 10 月成立支付系统更新委员会。

3. 开放缅甸私人银行与外资银行准入

缅甸经济改革之后，实行市场经济体制，这意味缅甸改变了过去闭关锁国的局面，开始实行对外开放的政策：

（1）1988 年 11 月《缅甸联邦外国投资法》颁布，允许外国银行开设分行和办事处。

（2）1990 年《金融机构法》颁布，允许建立私人银行。

（3）1993 年至 2000 年，缅甸总共设立了 50 家外资银行代表处。

然而亚洲金融危机给缅甸金融业带来了巨大的打击，危机过后，在缅甸的外资银行代表处减少至 12 家。截至 2010 年，缅甸外国银行代表处共 13 个、私人银行共 19 家。

（二）保险业的初步发展

1989 年《国有经济企业法》和 1993《缅甸保险法》使保险业成为缅甸政府垄断行业。直到 1996 年《保险商业法》和 1997 年

《保险商业条例》出台，政府才开始放开国有垄断，关注民间资本的参与。与此同时，缅甸保险业监督委员会（IBSB）于 1996 年成立，主要职责包括实收资本、资产、负债、保险基金、许可费标准等。

（三）证券业的起步发展

缅甸通讯基础设施建设相对落后，因此缅甸证券市场的起步与发展也落后于银行与保险行业。自 1993 年 12 月起，为建设发展资本市场，扩大公众储蓄的途径，缅央行相继发行 2 年、3 年、5 年期，利率分别为 8.75%、9%、9.5% 的国债。缅甸证券交易中心作为国内唯一的股票交易所也于 1996 年正式成立，这标志着缅甸证券市场正式启动。然而这一证券交易中心的功能有限，其职责仅作为央行操作政府债券的工具，对于缅甸国内广大投资者而言，仍然不能参与到股票交易的行列之中。

三 缅甸金融业的完善阶段

2010 年缅甸民主改革的推进，使得缅甸开始成为全球资本竞相逐利的地方。2010 年至今，缅甸金融业借鉴国际多方经验，开始了"由一到多"和"由多到一"两方面全面改革与发展：（1）"由多到一"方面。首先，缅甸中央银行的权力更加自主，能够更加自由地制定政策；其次，缅甸缅元的汇率也由多重汇率制转变为单一汇率制。（2）"由一到多"方面。首先，缅甸银行业将改变国有垄断的局面，开始逐步向私人、外资开放；其次，缅甸资本市场也将不断完善发展，为缅甸后续经济改革、吸引外资等一系列改革措施提供有力保障。

（一）缅甸银行业走向国际化

1. 缅甸中央银行的独立性

长期以来，缅甸中央银行都隶属于缅甸财政部，缺乏独立自主制定相关政策的权力，在这样的背景下，缅甸央行的功能仅为政府资金运作的执行者。2013 年 7 月年缅甸颁布《中央银行法》，缅甸央行才得以能够独立自主地制定政策。这一法律规定了缅甸央行的主要职责，即：负责发行本国货币、监督金融机构、管理国家外汇储备等。目前，缅甸中央银行维持缅甸金融秩序稳定的货币政策工具主要有：（1）准备金制度；（2）利率政策；（3）公开市场操作。

2. 外资银行业务的开放

虽然外资银行进入缅甸的时间可以追溯至 1988 年，但在那之后，随之而来的西方经济制裁和亚洲金融危机阻碍了在缅外资银行的进一步扩大与发展。在吴登盛上台之后，缅甸改革的重要举措之一就是吸引外资。西方国家也在这一时期逐步解除了对缅甸的经济制裁，再加上 2012 年 11 月缅甸新《外国投资法》的出台以及次年 1 月颁布的外国投资实施条例，为外资银行在缅投资营造了不错的营运环境以及发展机遇。缅甸银行走向国际化以来，外资银行在缅发展情况如下：

（1）截至 2014 年 10 月 1 日，共有 9 家外资银行获批在缅甸开设分行机构，这也是缅甸 50 多年来首次允许外资银行在境内开设全资分行。

（2）截至 2015 年 8 月 31 日，缅甸金融管理局已向 250 家小型金融机构颁发了营业执照，涉及 7 家国际非政府组织、24 家非政府组织、77 家合作社组织、18 家国内公司、22 家外国公司和 3 家联合体组织。

（3）2016 年，缅甸外资银行业务执照颁发委员会又向印度国家银行（State Bank of India）、越南投资与发展银行（BIDV）、中国台湾玉山商业银行（E. SUN Bank）及韩国新韩银行（Shinhan Bank of South Korea）等 4 家外资银行给予了在缅开设分行的批复。

（4）截至 2018 年，缅甸自 2014 年 10 月以来先后批准了 13 家外资银行在缅甸设立分行。分别为：1. 日本三菱东京日联银行（BTMU）；2. 日本瑞穗银行（MIZUHO）；3. 日本三井住友银行（SMBC）；4. 新加坡大华银行（UOB）；5. 新加坡华侨银行（OCBC）；6. 中国工商银行（ICBC）；7. 澳大利亚澳新银行（ANZ）；8. 马来西亚马来亚银行（May Bank）；9. 曼谷银行（Bangkok Bank）；10. 韩国新韩银行（Shinhan Bank）；11. 印度国家银行（SBI）；12. 中国台湾玉山商业银行（E. SUN Bank）；13. 越南投资与发展银行（BIDV）。

（5）截至 2018 年，缅甸央行已两次放宽对外资银行的限制，第一次是允许外资银行在经济特区设立分行；第二次是允许外资银行与缅甸国内银行合作向缅甸企业提供服务；第三次是即将允许外资银行直接向缅甸企业提供服务；下一步还计划允许外资银行经营零售银行业务。但计划的实施将会先考虑缅甸银行业的稳定和央行的管理能力。

3. 缅甸银行卡业务国际化发展

随着缅甸银行业于 2008 年告别传统低效的工作模式、实现电子化之后，缅甸银行卡业务国际化发展的步伐也进一步加快：

（1）2011 年缅甸宣布成立缅甸支付联盟（以下简称"MPU"）。目前 MPU 的银行成员共有 23 家，主要负责提供国家支付结算系统、ATM 机和 POS 机交换等服务。

（2）2012 年 MPU 首次发行 MPU 银行卡，截至 2015 年 MPU 银行卡一共获得了 180 万个用户。持卡用户可在任何 MPU 成员银行的 ATM 机中进行存取钱、汇款、查询余额等操作。

（3）2012 年下半年开始，MPU 与万事达、Visa、日本 JCB、韩国 KBE Hana、中国银联国际签署合作协议。

（4）2016 年 8 月 MPU 拟加入亚洲支付网，从而促进缅甸支付结算的国际化，推动缅甸与亚洲其他国家在汇款、支付、在线购物等方面的发展。

（5）2016 年缅甸推出了国家历史上的第一张国际信用卡，即由缅甸合作社银行与中国银联国际联合推出的 CB 联名信用卡。持有该卡的用户除了能够在缅甸国内使用此卡外，还可以在其他 160 个与中国银联国际合作的国家和地区使用。

（6）缅甸支付联盟（MPU）联合缅甸央行对 ATM 卡系统进行了全线升级。截至 2017 年 11 月升级工作已经完成了 90%。2018 年，使用新升级的 ATM 卡系统的银行将可以实现跨行转账。

4. 取消外汇券与单一市场汇率制改革

缅甸银行业的国际化发展还体现在外汇市场与汇率制度两个

方面。

外汇方面,在 2011 年之前,缅甸国内仅有 3 家国有银行拥有经营外汇业务的权利。而在 2011 年 9 月,缅甸陆续将货币兑换牌照发放给符合资质的 17 家私人银行,允许这些银行机构开展结售汇业务。在获得牌照的银行中,有 11 家将作为经销商银行来经营国外银行业务。缅甸希望借此能够建立以市场利率为主导的银行间批发市场。2013 年,随着外汇业务的进一步发展,缅甸决定废除已经实施 20 年的外汇券制度。

在汇率方面,2012 年 4 月,缅甸废除多重汇率制,改用与特别提款权(SDR)挂钩的浮动汇率制度,即外汇兑换供需情况将决定未来缅元的兑换比率。缅甸实行汇率制度改革,其目的是为了配合民主改革、经济发展的需要。在这一阶段,汇率对于缅甸而言,能够影响其国家外债规模与出口竞争力。只有完善汇率制度,缅甸才能吸引外资投资,从而实现国家工业化、走上出口主导型道路。

(二)私营、外资保险业务的推进

与银行业改革同步推进的还有缅甸私人保险业务领域。2012年 9 月缅甸 IBSB 向 12 家私营保险公司授予了经营许可证,并在次年相继向其授予保险牌照。私营保险公司从招标、审查到营业的整个流程大概需要花费 3 个月的时间,其中各保险业务的公司启动资金如表 10 - 1 所示。一旦申请获得批准,私营保险公司还须将 40% 的资金存放在缅甸经济银行中,以避免无法偿付的风险。

表 10 - 1　　　　　　　　　　经营保险的公司启动金

经营保险类别	人寿保险	综合保险	人寿、综合保险
公司启动金	60	400	460

在允许本国私营企业开展保险业务的同时,缅甸还将陆续准许外资保险公司进入本国保险市场。一方面,这是由于在缅外企的增

加提高了市场对于保险的需求；另一方面，这也是因为缅甸保险市场目前还存在资金缺乏、技术经验不足等问题，外资的进入能够为缅甸保险业提供先进的技术支持。为了在初期为国内保险公司提供一个相对良好的环境，避免与外资保险公司直接竞争，缅甸政府出台了保护本国保险公司的三步走战略：（1）批准外资保险公司在缅境内设立保险办事处；（2）批准部分外资保险公司在"土瓦经济特区""迪洛瓦经济特区"及"皎漂经济特区"等3个经济特区内经营保险业务；（3）逐步向外资保险公司发放保险牌照。"三步走"战略的循序渐进能够最大限度地推动本国保险市场与保险公司的发展。

（三）证券业的发展与股票市场的建立

缅甸资本市场的发展以2008年7月资本市场发展委员会的成立为标志，此后证券市场发展委员会、公司小组委员会、资本市场培训委员会、教育委员会和资讯委员会、证券市场会计和审计准则委员会的陆续成立，为缅甸证券法律法规制定、培训、监管等做出了巨大的贡献。2013年7月《缅甸证券交易法》的颁布以及次年8月缅甸证券交易委员会的成立也为日后证券交易创造了良好监管环境。

2015年11月，仰光证券交易所合资有限责任公司在缅甸成立。该公司是缅甸在日本的援助下，由缅甸经济银行与日本大和证券、日本交易所合资建立，并先后获得了外国投资许可和股票交易许可，其股票资金结算银行为甘波扎银行。

2015年12月9日，仰交所正式开业并于次年3月开始股票交易；5月推出首个缅甸股票价格指数（MYANPIX）。由此，虽然目前仰交所只接受缅甸投资者使用缅元交易，但这依然标志着缅甸证券交易迎来了全新发展的时代。

2018年，TMH电信的股票正式在仰光证券交易所（YSX）上市交易。至今，缅甸已经有5家上市公司。

第二节 缅甸现行金融体系的基本架构

缅甸的金融机构以银行业为主导，证券保险业金融机构的发展较为滞后，近年来才逐步向民营与外资企业开放。金融市场方面，缅甸金融市场还不够发达，业务种类不够多样化，主体部分仍是货币市场和资本市场，外汇市场和黄金市场占比较小。缅甸政府于2013年才初步建立完备的金融监管体系，主要由缅甸中央银行在财政部的指导下负责缅甸金融业的金融稳定和监管。缅甸还配以适当的货币政策目标和工具来调控和维持缅甸金融业的平稳发展。

一 金融机构体系

缅甸的金融机构体系是以银行业为主导，保险业和证券业发展较晚，发展速度较慢，主要包括以下几个方面：

（一）缅甸中央银行

缅甸中央银行的前身是缅甸联邦银行，于1948年4月3日根据《缅甸联邦银行法》成立。据缅甸新政府介绍，缅甸中央银行需要独立制定货币政策，控制国内市场价格稳定，维护缅币内外价值。根据缅甸议会于2013年颁布的《缅甸中央银行法》，缅甸中央银行成为一个自主独立的监管机构，在财政部的指导下负责发行本国货币、监督金融机构、管理国家外汇储备等。监管的覆盖范围包括缅甸的国有银行和私人银行。目前采用两种主要的方法（现场检查和非现场监督）对金融稳定进行监管。缅甸中央银行是由一位行长，三位副行长和六位总经理（行长办公室、行政及人力资源发展部、货币政策与银行监管部、金融机构监督部、会计部、外汇管理部）构成领导集体。

（二）四国有银行

1. 缅甸农业发展银行。它是1953年成立的国家农业银行（SAB）的继承者，后来于1976年成为缅甸农业银行（MADB）。

它有一个由 14 个地区办事处组成的全国性网络，169 个分支机构和 44 个代办处，向农民提供短期和长期信贷。

2. 缅甸经济银行。它在 1976 年 4 月 2 日成为国有商业银行（SCB）的子公司。1963 年，由于缅甸的社会主义道路，所有银行都被国有化。缅甸政府此前已经将所有这些国有化的银行归并到缅甸联邦人民银行。缅甸联邦人民银行成立时，成立了缅甸经济银行，作为主要的存款和普通银行机构。

3. 缅甸外贸银行。它是缅甸唯一一家通过合作协议和信用额度协议与其他海外金融机构合作的银行，以支持和发展各个行业。专门从事外国银行业务，为缅甸的政府、国营企业和国际社会提供贸易融资和与外汇有关的银行服务。

4. 缅甸投资和商业银行。其主要在仰光和曼德勒开设分行，主要业务有商业贷款、以本国货币计值的商业、投资和发展活动贷款，也作为外国投资活动的银行中介，还负责管理缅甸的官方外汇储备。

（三）私营银行和小额贷款公司

缅甸目前有 24 家私营银行，经营的业务种类繁多，利润分配目的也不同，控制权隶属于军方、国内私营企业、跨国企业等各个方面。缅甸政府允许外国人或外国资本在缅甸建立外资银行或外国银行办事处。目前，共有 9 个国家的银行在缅甸开设了外国银行办事处 17 家。近年来缅甸开始允许外国银行设立代表处，目前已有中国工商银行等 30 余家外国银行在缅甸设有代表处。小额贷款公司是为适应市场经济政策的需要，增进金融活动效率，从缅甸经济银行分离出来后单独成立的，办理小额贷款业务。

（四）保险公司

19 世纪中期时，缅甸的保险公司曾一度多达上百家。1963 年，缅甸对所有保险公司进行国有化，并在此后停止了保险业。1993 年，缅甸设立了产寿兼营的缅甸国家保险公司进行垄断经营。2013 年缅甸保险业引入民营资本，12 家本地民营保险公司获得了保险业务牌照，其中 4 家财产险，8 家寿险。这 12 家保险公司均为国内出资，大多数隶属金融集团或者汽车厂商，并且或多或少都有政府及军方背景，但国有保险公司仍然占据着不可撼动的主导地位。缅甸还将逐步放开外资保险公司。出于对国内保险公司的保护，缅甸政府计划首先允许外资保险公司在缅设立办事处，然后允许部分保险公司在三大经济特区内经营保险业务，最后逐步发放营业许可。目前已有 14 家外资保险公司获准在缅甸设立代表处。

（五）证券机构

缅甸证券市场起步较迟，近年来才有较大发展。2014 年 8 月缅甸证券交易委员会成立。位于缅甸仰光的仰光证券交易所是该国唯一的证券交易所，它是缅甸财政部下属的缅甸经济银行和日本大和证券集团、日本东京证券交易所合资成立的合资企业，于 2015 年 12 月 9 日正式开业，从事政府债券、股票的经纪、销售代理等业务。2016 年 3 月 6 日仰光交易所开始首个股票交易，缅甸第一投资公司（FMI）在仰光证券交易所上市后，成为缅甸首个上市公司，结束了缅甸没有证券交易的历史。证券交易市场亦受到了热烈的追捧，但之后从 2016 年开始就陷入冷淡。为了复苏缅甸股市，使其成为一个标准化的金融投资市场，缅甸方面计划与泰国证券交易委员会合作，由泰国方面为仰光证券交易所的相关负责人及工作人员提供相关金融培训。缅甸将于 2018 年 8 月正式推行备受期待的新《公司法》，缅甸新《公司法》的推出有望让外资进入仰光证券交易所进行交易，以激活仰交所目前平淡的股票价格和买卖。

二 金融市场体系

缅甸的金融业发展较晚，金融市场还不够发达，业务种类不够多样化，主体部分仍是货币市场和资本市场，外汇市场和黄金市场占比较小。

目前，商业票据市场、承兑贴现市场、基金市场、拆借市场、短期政府债券市场和银行短期信贷市场基本构成了缅甸的货币市场。一般是由银行和政府来发行这些短期金融凭证，它们的特点是流动性高和风险性较小。目前，缅甸没有公司债券市场，政府债券仅由当地金融机构拍卖，政府财政债券的短期期限在三个月至一年之间。从 2010 年 1 月 1 日开始，以 1 万、10 万、100 万和 1000 万为单位的 2 年期政府公债已广泛发行给公众。目前政府国债利率分别为 2 年 8.75%、3 年 9.0%、5 年 9.5%。

缅甸的资本市场包括储蓄市场、证券市场、长期信贷市场和保险市场。证券市场分为一级市场和二级市场。缅甸的证券市场近年来刚开始发展，为了发展有效的市场基础设施和政府债券的交易市场，自 2010 年 1 月起，缅甸经济银行和缅甸证券交易中心有限公司已被任命为代理出售政府债券，二级市场交易自 2013 年 4 月起被允许。根据缅甸的《证券交易法》，当不少于 3 家的证券公司可以联合提出申请，获得批准后可以成立场外交易市场。

仰光证券交易所作为缅甸唯一的证券交易所，目前已有五家上市公司在此进行股票交易。为了发展有效的市场基础设施和政府债券交易市场，自 2010 年 1 月起，缅甸经济银行（MEB）和缅甸证券交易中心有限公司（MSEC）被任命为出售政府国债的代理人。关于债券市场的发展，根据东盟债券市场行动（ABMI）计划，在日本—东盟技术援助基金（JAFTA）的协助下，东盟秘书处指定了大和研究所（DIR）帮助。技术援助第一阶段于 2011 年 6 月至 2012 年 5 月实施。第二阶段也从 2013 年 6 月至 2014 年 5 月实施。为了支持缅甸资本市场的发展，日本交易所集团，大和研究所有限公司，日本财务省政策研究所，泰国证券交易所，泰国证券交易委员会和韩国交易所为缅甸资本市场开发提供技术助理。目前缅甸的保险市场大部分份额被"缅甸保险公司"所占据，它是一家国有保险公司，由政府支持，政府根据"缅甸保险法"承担所有责任。所以，缅甸保险是永不会被清算的保险公司，永不离开合法的索赔。

金融市场体系由货币市场、资本市场、外汇市场和黄金市场四个部分组成。为扩大缅元的使用，缅甸正逐步取消外汇在缅甸国内市场的流通。根据缅甸的"外汇管理法"，除授权经销商以外的人均不得在缅甸境内与任何不是授权经销商的人交换任何外汇；除缅甸中央银行授权的汇率以外，任何人不得进行外汇交易；除经允许或授权外不得将任何黄金，珠宝、宝石，或任何货币进行外汇交换。目前，从事进出口业务的贸易商大多通过在银行账户之间进行转账这一方式完成外汇的划转，一般是把美元储存在离岸银行账户中。这种方式得到了银行和政府的默许，然而这一方式却导致了本国银行外汇存量的减少。当地的一位银行从业者表示：银行系统中只有缅元，美元的存量非常小。国际银行中有美元，虽然可以进行货币交易，但是美元的数量仍然不够，依然需要具备一定规模的银行间货币市场。

缅甸的黄金产量在世界上排名比较靠后，黄金储备也较少。但缅甸当地对黄金的需求很高，因为缅甸人认为贵金属是一种价值储备。除了房地产以外，本地投资者通常更倾向于投资金条和金块。在缅甸，黄金一直被列为限制商品。截至 2017 年 12 月 31 日，根据自然资源和环境保护部的资料，仅有五家大型矿业公司和 350 家小型黄金矿商获准开采黄金。为了提高税收和黄金开采收入，并在国际上推广缅甸制造的黄金产品，缅甸政府不久前宣布放宽黄金市场。这是缅甸历史上第一次允许出口本地生产的黄金和黄金产品。政府的目标是在全球黄金价格上涨的时候，合法化本地黄金的自由交易并实现税收最大化。根据最近的 2017 年"联邦税法"，当地企业如珠宝和其他配饰等黄金产品的交易必须向政府缴纳销售价格的 1% 的商业税。

三　金融监管体系

随着缅甸议会于 2013 年颁布的《缅甸中央银行法》的实施，缅甸建立了包括财政部、缅甸中央银行以及金融监管部在内的监管体系，主要由缅甸中央银行在财政部的指导下负责缅甸金融业的金融稳定和监管。

目前，缅甸中央银行主要通过借助公开市场操作、利率政策和准备金制度等货币政策工具来保证缅甸金融秩序的稳定。中央银行还发布了法定准备金要求，资本充足率，流动性的分类指引，以及坏账准备，单笔贷款限额等。金融机构的准备金要求，流动性和资本充足率按照国际清算银行（BIS）的标准规定。

金融监管机构的覆盖范围包括缅甸的国有银行和私人银行。目前采用两种主要方法（现场检查和非现场监督）对金融稳定进行监管和监督。现场检查包括评估银行的财务活动和内部管理，确定需要采取纠正措施的领域，并分析其银行交易和财务状况，确保其符合现行法律法规。非现场监督通常以银行向缅甸中央银行提交的每周、每月、每季度和每年报告为基础。

2001 年 1 月 1 日经财政部批准设立银行业监督管理部，负责制定银行监管和监管金融部门的条例法规，指引银行和金融机构。针对银行和金融机构的"反洗钱"和"打击资助恐怖主义"要求颁布审慎规定，并开展特别审计计划；评估有关财务方面的贷款、援助、赠款和债券交换协议；与内部和国际银行及金融机构进行协调与合作。

根据《保险法》的规定，缅甸保险市场的监管由政府财政纳税部下属机构"保险监管理事会"（IBSB）负责，IBSB 由中央银行、司法部门、审计部门以及议会代表组成，但具体监督管理职能由缅甸国家保险公司承担。保险公司的投资政策需要得到 IBSB 的批准；保险公司需要向 IBSB 递交审计报告、财务年报等资料。

2014 年 8 月，为进一步促进金融业开放，缅甸政府决定专门设置全新的金融监管部，即（Financial Regulatory Department FRD），担负起对保险、证券、银行的监管职能，缅甸国家保险公司的监管职能在未来将逐渐被 FRD 取代。缅甸小额信贷监管企业于 2014 年 9 月 1 日改制为金融监管部门，为了配合金融监管部门的设立，它主要执行以下工作：包括小额供资机构的管理，国有银行和私营保险公司的监管，以及国家彩票企业章程。为了规范国有银行、私营保险公司和国家彩票企业，金融监管部门已经接受了缅甸经济银行、缅甸中央银行、缅甸保险公司和国内税务局在工作培训、联合检查方面以及国际组织提供的培训。目前，缅甸央行依照 2016 年通过的《缅甸银行和金融机构法》为基准对缅甸金融机构进行监管，《缅甸银行和金融机构法》将对银行资本金和存款准备金等方面提出更高要求，该法案规定银行存款准备金率为 5%，资本金不低于 200 亿缅币。新法案与《巴塞尔协议》保持了一致，在风险管理方面遵守《巴塞尔协议 III》有关法规，对反洗钱和审慎监管方面提出了具体要求。《缅甸银行和金融机构法》颁布前，缅甸银行遵守的是 1990 年制定的《缅甸金融机构法》，但该法案只对总体的原则作出笼统规定。新法案则对商业银行、国有银行、私人银行和外资银行分别制定了涵盖不同方面的准则，对非银行金融机构、政策性银行等目前还没成立的主体也作出了规定，还要求银行必须为有限责任公司，以便与现行的《缅甸公司法》和《缅甸特殊公司法（MyanmarSpecial Company Act）》保持一致。

四　金融调控体系

伴随着缅甸经济金融体制的改革和市场经济的开放，缅甸的金融宏观调控体系也在不断探索、调整、完善。

（一）货币政策目标

货币政策目标是指中央银行制定和实施某项货币政策所要达到的特定的经济目标，包括最终目标和中间目标，最终目标是中央银行实行一定货币政策在未来时期要达到的最终目的，中间目标是指中央银行为了实现其货币政策的终极目标而设置的可供观测和调控的指标。

据新政府介绍，2011 年 3 月 30 日成立的缅甸中央银行必须独立制定政策。缅甸央行需要独立制定货币政策，控制国内市场价格稳定，维护缅币内外价值。根据缅甸央行的官方网站了解到："在维持宏观经济稳定的同时促进国内储蓄"是它货币政策的主要目标，并且利用利率作为主要工具。根据新的中央银行法（草案），缅甸中央银行将设置实收资本 3000 亿缅元，其中 1000 亿缅元将由国家缴足。中央银行的目标是控制国内市场的价格稳定，并保持缅甸元的内部和外部价值。根据其目标，中央银行将努力实现这些目标，以促进有效的支付机制，健全金融系统的流动资金、偿付能力和适当运作，并促进货币、信贷和金融条件以有利于经济的有序、平衡和持续发展。缅甸政府将具有针对性的财政、货币、贸易和外币控制政策写入了第二个五年发展规划中，拟全面抑制通胀率持续增长。

（二）货币政策工具

缅甸中央银行制定并实施了符合经济和生产增长率的货币政策。一国央行制定什么样的货币政策工具来实现货币政策最终目标，并不存在最优或者普适的模式，需要根据不同时期的经济金融发展水平、宏观调控的现实需要及经济主体对政策的敏感性等多种因素来确定。

目前，缅甸中央银行主要借助有限的公开市场操作，准备金政策和利率政策等货币政策工具，以实现与转型市场经济一致的金融部门稳定。根据《缅甸时报》的报道（2016年1月28日），《缅甸银行和金融机构法》已经在议会获得通过，将对银行资本金和存款准备金等方面提出更高要求，该法律在总统签署后即可生效。该法案规定银行存款准备金率为5%，资本金不低于200亿缅币。根据缅甸联邦共和国新一届行政管理要求，汇率统一从2012年4月1日开始，并充分与特别提款权挂钩，实行有管理的浮动汇率制度。此外，外汇拍卖从2012年4月2日开始。根据缅甸央行副行长所说，缅甸央行（CBM）将不会修改银行存款、借款和政府国债的利率。由于必须保持通货膨胀的稳定，并维持政府为财政赤字融资的速度，央行没有计划在2020年之前改变现有的利率。

第三节　缅甸金融体系的主要特点和影响因素分析

由于缅甸经济体制和政治体制变迁的制约，缅甸的金融体系发展相对来说比较缓慢。长期以来，缅甸金融体系以银行业为主导，直到近年来，其保险与证券行业才取得了突破性的发展。民主化改革后，缅甸政府初步建立了以银行、保险、证券为主体的金融体系，然而金融产业内的金融机构发展不均衡，行业结构严重失衡。缅甸金融发展水平有待进一步提高。

一 缅甸金融体系的主要特点

缅甸金融业发展较晚，起点较低，相比于其他东盟国家，金融体系的建设还有待进一步完善。在全球化浪潮下，为了满足自身经济发展以及对国际社会的需求，缅甸金融改革的步伐进一步加快。在此背景下，缅甸金融体系的主要特点主要呈现为如下几个方面：

（一）缅甸金融市场体系发展滞后，有待进一步完善

由于缅甸金融改革起步较晚，金融市场体系发展较为滞后，目前货币市场的发展还不是十分健全。虽然在货币一级市场上，缅甸政府尝试采取引进外资银行等方式来增加货币市场的规模并提高政府的筹资能力，如2016年11月4日中国工商银行仰光分行成为首家进入缅甸国债一级市场的外资银行，但在二级市场的建设中，缅甸还未采取有效的方案来解决二级债券交易市场流动性差的问题。由于二级债券市场不能发挥作用，缅甸债券市场的参与主体以私营银行以及外资银行为主，普通居民与企业很难直接利用该金融工具进行投资。

相比于货币市场，缅甸证券市场的建设则更为迟缓。1996年缅甸证券交易中心的成立仅仅作为买卖证券代理中介和代表缅甸中央银行操作政府债券的身份而存在。随着缅甸证券交易委员会于2014年8月成立，缅甸证券市场的发展才出现曙光。各项进程的推动都进入了快车道。缅甸首家证券交易所——仰光证券交易所于2015年12月9日正式开业。而缅甸第一投资公司则于2016年3月6日在仰交所上市交易，成为缅甸首支上市交易的股票，从而填补了缅甸证券市场的空白。然而在初期的热潮降温之后，缅甸证券市场并未呈现快速的发展趋势。2016年共有3家公司在仰交所上市，而2017年全年只有1家公司挂牌上市。虽然2018年初，在TMH电信和缅甸永鑫娱乐上市后，在仰交所上市的公司增加至6家，但缅甸证券市场的整体情况不容乐观。2016年，仰交所共成交股票

250 多万股，总成交额为 700 亿缅币；2017 年，股票交易数量上升至 260 万股，但由于股价下跌严重，全年总交易额仅为 220 亿缅币。

缅甸金融市场体系不健全使得企业无法通过直接有效的正规融资渠道进行融资，而选择如非正规信贷市场和非正规外汇汇款和兑换渠道来满足自身的资金需求。非正规金融市场的畸形发展已根植于缅甸经济的各方各面，并由于其投机性、高利率、高风险的特性，一旦出现问题如非正规金融机构的倒闭，将对缅甸经济产生严重的危害。

（二）金融机构体系发展不均衡，层次相对单一

截至 2018 年，缅甸国有银行、保险公司、证券公司、私人银行、外国银行、外国银行及其代表处以及其他金融机构的数量分别为 4 家、13 家、5 家、24 家、13 家、48 家和 25 家，这反映了银行业在缅甸金融机构体系发展中一直处于主导和领导地位，在缅甸金融运行中起到了重要的支撑作用。而在缅甸银行业体系内又以国有银行为中心进行建设发展。国有银行拥有的资产占据了其银行体系资产的 64.3%，国有银行在缅甸金融发展过程中有着举足轻重的作用。虽然缅甸银行业在发展过程中逐步从由单一国有银行——缅甸联邦人民银行垄断过渡成国有与非国有银行并存，缅甸中央银行的职能也逐步恢复。但由于银行数量少、自由化程度低，以及对国有银行的扶持和对私营银行、外资银行的严格管制，层次单一的缅甸银行业整体运行效率较低。

由于受到缅甸中央银行的严格监管限制，普通的缅甸银行只能经营传统业务，并且只提供担保、短期和定期贷款业务。业务类型单一与融资产品缺乏多样性，使得缅甸银行业无法发挥作为重要金融机构的全部作用。与银行业的情况类似，缅甸保险业务领域发展滞后，2012 年才对私人全面开放，且要求严苛。由于缅甸保险业处于起步阶段，目前其保险机构业务结构单一，其业务增长的速度也相对缓慢。金融机构业务层次单一也进一步体现了缅甸金融机构体系发展的不均衡。

（三）金融体系逐步对外开放，但程度较低

在缅甸金融改革的推动下，缅甸金融体系告别了长期封闭于全球化进程之外的局面，但由于对外开放水平较低，缅甸金融体系对外资企业有着极其严格的限制。随着 2010 年缅甸民主化改革的进行以及加入东盟后，逐步开始与国际社会对接。2012 年，缅甸颁布《外商投资法》使得外资金融机构在缅甸迎来了新的机遇。

银行业方面，2014 年缅甸首次批准 9 家外资银行在境内设立全资分行。同时，在银行卡业务上，缅甸于 2011 年成立缅甸支付联盟，开启了国际化发展的进程。从 2012 年起，缅甸支付联盟与中国银联国际等机构签署协议，进一步加强了缅甸与其他国家在支付、汇款、在线购物等领域的合作。其中 2016 年缅甸合作社银行与中国银联国际联合发行了缅甸第一张国际信用卡，可以在与中国银联国际合作的 160 个国家和地区使用。保险业方面，缅甸逐步放开外资保险公司对本国的投资，并实施三步走战略，即先允许外资保险公司设立办事处，然后在此基础上批准部分公司在皎漂等三大经济特区内经营保险业务，最后根据情况逐步发放营业许可证。证券业方面，缅甸积极学习他国经验，并与日本合资建立仰光证券交易所，取代了缅甸证券交易中心，结束了没有股票交易的历史。在汇率方面，缅甸于 2014 年废除了多重汇率制，采用与特别提款权挂钩的浮动汇率制，从而进一步加强了缅甸与国际社会的联系，促进本国金融与经济的发展。

虽然在缅甸对外开放的背景下，外国资本的流入能够为缅甸金融业的发展起到积极的作用，但金融改革的复杂性以法律细则与技术上的限制，缅甸金融体系的对外开放程度较低，仍处于缓慢的发展之中。

二　缅甸金融体系的影响因素

（一）政治体制与政治局势的变化

从 1948 年至今，缅甸金融体系随着国内政局以及政治体制的变更经历了四次较为巨大的变化：（1）二战后独立初期，缅甸国内纷争不断，政治派系斗争激烈，在此背景下缅甸金融体系发展十分缓慢，初步建立以国有银行与保险公司为主的金融机构体系，金融结构较为单一，且新成立的缅甸联邦银行还无法独立承担制订货币政策的职责；（2）1962 年，奈温政变，缅甸进入了军政府统治时期，并在 1963 年成为社会主义国家，实行计划经济体制、闭关锁国。在这样的政治体制和政治局势的影响下，缅甸金融体系发生了巨大的变革。一方面，所有私人银行被缅甸政府收归国有，形成了少部分国有银行独大的垄断局面，再加上奈温政府还曾三次废钞，大大降低了缅元的信用度，对缅甸金融体系造成了极其严重的危害；（3）1988 年，缅甸发生大规模反政府群众性运动，新政府上台后逐步改变过往封闭的国家政策与体制，开始与国际社会接触。尽管存在较多限制与条件，缅甸政府逐步允许外资银行进入；（4）2010 年，缅甸结束了军政府统治，进行了一系列民主改革。国内政治局势相对缓和，缅甸金融体系改革进入了新的时期，无论是机构体系、市场体系、调控体系还是监管体系都取得了突破性的进展。

从上述分析中可以发现，从缅甸 1948 年脱离英联邦并宣布独立至今，缅甸政治体制与政治局势对缅甸金融体系有着极其重要的甚至于根本的影响。政治局势稳定、国家对外开放对缅甸金融体系有着正向拉动的作用。反之，缅甸金融体系的改革推进就会受到层层阻碍。

（二）经济发展对金融体系建设的需求

根据联合国现行标准划分，截至 2017 年，缅甸仍是全球最不发达的国家和地区，经济发展水平落后。缅甸作为以农业为主要产业的国家，农林牧渔产业占缅甸 GDP 比重一直保持在 33% 以上，其自给自足的经济特征意味着缅甸的经济主体对资金的需求量以及对完善金融体系的动力相对较小，金融体系的运作主要体现在资金融通之中。因此，基于以农业为主的经济发展方式下，为了能够有效满足缅甸经济主体的融资需求，缅甸形成了以银行为主导的金融体系。此外，缅甸人民生活条件相对艰苦，国民人均收入水平相对较低，因此缅甸居民可支配的闲置资金较少，并在传统观念的影响下人们更倾向于将资金以储蓄的形式存于银行，而不是用于参与金融投资，因此缅甸居民对股票、期货等创新性的金融工具的需求较小。相对较弱的货币资金流动性以及缺乏一定需求的金融市场，使得缅甸整体的金融规模较小，证券交易所的成立虽然结束了没有可供交易、流通的二级货币市场的历史，但也未能取得快速的增长。不过，随着缅甸经济改革的推进，农业就业人口比重的降低以及社会经济发展的提高，缅甸经济发展方式逐渐向工业产业转型，三大经济特区的建立也预示着其对金融机构、金融工具的需求也日益多样化，这将逐步推动缅甸金融体系的进一步完善。

（三）全球化进程下，对接国际社会的需要

在2010年民主化改革之后，缅甸加强了与国际社会间的联系，共同加入到全球化的浪潮之中。在全球化进程下，缅甸金融体系对外开放程度逐渐升高。为了吸引外资企业进入本国投资，缅甸政府进一步完善了本国的金融体系，放宽了外资企业在缅甸投资的门槛，同时在银行业务上积极与各国银行组织展开合作，以便本国居民和企业能在境外消费、投资。

在美国"重返亚太"战略的背景下，日本作为美国盟友，加大了在缅甸的投资与影响力。其中，日本积极为缅甸金融市场体系的完善提供帮助，并与缅甸经济银行合资成立了仰光证券交易所，填补了缅甸证券市场的空白。此外，中国也加强了与缅甸的金融合作，尤其是商业银行与中央银行层面。前者主要为两国货币结算提供帮助，而后者则是针对两国商业银行业务，通过监督、督促的方式进行政策引导性上的合作。同时，2015年东盟经济共同体的成立让对缅甸经济及其金融体系有着重要、深刻的影响与意义。作为东南亚中央银行组织一员，缅甸得以在金融安全、政策协调、金融监管、政策目标等方面向其他金融体系健全完善的东盟国家学习借鉴经验，展开国际金融领域的合作。

随着外资企业逐步进入缅甸，跨国金融集团的全球化运转和全能化运作，为缅甸金融体系带来的丰富的经验和创新。为了满足对接国际社会的需要，缅甸金融体系的完善与创新也成为缅甸金融体系改革的必然选择。

第四节　基于体系现状的中国—缅甸金融合作的突破点

在当前缅甸金融体系中，银行业仍占据主导地位。因此中缅两国在金融领域的合作也主要集中于在政府主导下的货币互换、结算以及设立分支金融机构等方面。随着 2010 年缅甸民主化改革的推进，缅甸金融体系对外开放程度日益提高，中缅金融合作不应局限于当前有限、低效的合作，而应在如下几个方面取得进一步的突破：

第一，加强民间金融机构合作。当前中缅金融领域的合作仅停留在政府层面，主要是央行与国有银行之间的合作。两国下层金融机构、私营企业以及民间力量并没有渠道积极参与其中。而后者是中缅金融活动往来的主要参与者，只有基层金融体系运转顺畅，满足中小企业在贸易、小微融资的有效需求，才能推动中缅在金融领域的健康合作。因此，以边境经贸金融为契机，中缅双方可以深化在金融领域的合作，引导民间金融资本、机构在两国投资发展，加强相互管理水平与业务开发经验，促进两国金融合作的全面、稳定、长远发展。

第二，加强金融安全与金融监管合作。中缅边境线较长，又处于"金三角"的范围之内，私人赌场、地下钱庄、非正规汇款系统的泛滥让该地区成为"毒资"和"洗钱"的圣地。混乱的地区局势与非正规金融市场的猖獗对中缅两国边境安全以及金融安全造成了极其严重的危害。因此中缅两国在金融安全领域的合作十分必要。两国应通过建立金融监控系统对双边资金流动和外汇兑换进行严格的管控，以提高两国的金融安全，减少非法资金的流动。同时，中国可将本国金融监管的经验为缅甸金融体系提供借鉴。因为相比于美日等国的发展模式，中国作为改革开放政策实施的先驱，其金融发展的经验对于缅甸具有重要的实际意义和参考价值，能够让缅甸避免中国曾犯下的错误。

第三，加强中缅两国资本领域的开发性金融合作。缅甸自然资源丰富，农业、林业以及基础设施项目等产业具有极高的潜在投资价值。然而缅甸国内的经济水平和金融条件无法满足产业建设的资金需求。中国拥有全球最多的外汇储备，在中缅两国开发性金融合作的过程中，在金融合作方式上可采用出口信贷、贷款、担保技术援助、货币直接兑换等多元化方式，支持本国有实力的企业进入缅甸投资。在中国开放性金融合作的过程中，中国要注意缅甸政局的不稳定性以及项目开发的风险，以 2011 年中缅合资密松水电站的失败案例为教训，总结经验，创新合作模式，避免不必要的风险损失。目前在中国的帮助下，缅甸于 2013 年建立了皎漂经济特区。"经济特区"因其地位的特殊性，中缅在该区域的经济合作能够避免单一工程项目所遇到的风险，从而在长期时间内，中缅金融合作能够在一个稳定、有效的区域环境进行。经济发展是两国全方面合作的原动力。因此，中缅金融合作应以此为突破点，根植于两国经济合作的土壤之中，让经济合作推动金融合作，并在政治互信的基础上，根据缅甸金融体系的现状与改革目标，逐步从传统的银行业务合作转向其他深层次的金融领域之中。

第五节　中缅金融合作报告：缅甸金融
发展指标测评
——基于因子分析法[①]

　　随着民主化进程的不断推动和对外开放前景日益明朗，缅甸迎来了经济发展的新时期，走上了振兴的道路，缅甸金融业也备受国际社会关注。作为"大湄公河次区域经济合作组织"的重要成员，

---

① 作者：广西大学中国—东盟研究院缅甸助理，甘若谷；广西大学中国—东盟研究院舆情研究助理，周泽奇；广西大学东盟学院国际金融实验班，刘书睿。

缅甸的金融发展对中缅金融合作极为重要。本文旨在针对缅甸金融发展中存在的问题，结合金融发展指标，用"因子分析法"进行实证分析，进而为推进缅甸未来的金融发展提出相关的政策建议。目前大部分学者关于缅甸金融业的研究多侧重于对缅甸金融发展的历程及风险问题进行系统性的梳理，鲜少从相关数据的定量分析这一角度进行研究。基于此，本文的研究十分重要且必要。

一 文献综述

（一）缅甸经济简述

缅甸自然条件优越，资源丰富。相较于传统的产业结构变迁过程，缅甸的产业结构有其自身的特殊性，产业划分为农业、工业、服务业。缅甸作为世界上最不发达的国家之一，其产业结构仍以农业为主导。农业是缅甸国民经济的基础，服务业是缅甸的第二大产业，而工业多年来发展较慢，限制了缅甸经济增长的速度。由图10-1可见，2006年至2015年近10年内，缅甸产业结构发生了

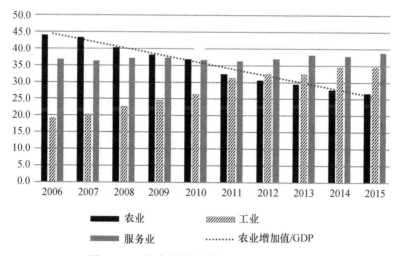

图 10-1 各产业增加值占 GDP 比例（%）

资料来源：Wind 数据库。①

___

① 最新数据仅公布到 2016 年。

较大变化，农业增加值占 GDP 的比例急剧下降，由 2006 年的 43.9% 降至 2016 年的 25.5%；增长速度变慢，而服务业的增长相对比较平稳，占比变化在 2% 左右。近十年来，缅甸的进出口贸易由顺差向逆差转变，进出口额的增长速度均较快。自 2012 年开始，缅甸的贸易赤字不断扩大，2016 年进口总额超过出口总额高达 55.17 亿美元。缅甸经济发展的历史轨迹大致包括：

1. 古典时代

从历史上看，自公元前 100 年以来，缅甸是印度和中国之间的主要贸易路线。根据迈克尔·阿达斯（Michael Adas），伊恩·布朗（Ian Brown）和其他缅甸经济史学家的说法，缅甸在前殖民地经济时代本质上是一种自给自足的经济，大多数人口参与在大米种植以及其他形式的农业生产上。直到敏东王统治的 19 世纪中期，缅甸仍然缺乏正式的货币体系。缅甸所有土地都由君主所有。柚木是缅甸主要的一个出口产品，由于其耐用性，常被用于欧洲国家船只生产，这使柚木成为缅甸 17 世纪到 19 世纪出口贸易的亮点。

2. 英属缅甸（1885—1948）

英国人进入缅甸后，缅甸成为菲律宾之后最富裕的东南亚国家。它曾经是世界上最大的大米出口国。英属缅甸时期，缅甸通过缅甸石油公司供应石油。这个供应市场在 20 世纪 30 年代的经济大萧条中受到了打击。缅甸和同地区的其他国家一样，受到全球贸易总量下滑的影响。

3. 独立后（1948—1988）

1948 年议会制政府成立后，时任缅甸总理吴努着手实行国有化政策。他试图通过采取中央计划措施使缅甸成为福利制国家，政府试图实施一个被后人认为思路不清的八年计划（Eight-Year plan）。到了 20 世纪 50 年代，缅甸大米出口下降了三分之二，矿物出口也下降了 96% 以上。该计划的一部分是通过印钞票来筹集资金，这导致了通货膨胀。1962 年的政变之后，缅甸又实行了一个名为"缅甸社会主义之路（Burmese Way to Socialism）"的经济计划，即除农业外所有行业的国有化计划。这个灾难性的计划导致缅甸成了世界上最贫穷国家之一。1987 年，缅甸被联合国评为世界上最不发达的国家之一。

4. 军政府时期（1988—2011）

1988 年以后，之前的集权政府被推翻。军政府开始允许私营部门适度扩张，允许一些外国投资，并获得急需的外汇。2009 年，缅甸被评为亚洲经济最不自由国家之一，所有的基本市场制度被抑制。在此期间，缅甸的企业通常是由国家共同拥有或间接拥有的，且腐败问题严重。腐败监督机构国际透明组织（Transparency International）在 2007 年 9 月 26 日发布的 "2007 年腐败认知指数（2007 Corruption Perceptions Index）" 报告中将缅甸列为世界上最腐败的国家，与索马里并列。

缅甸的国家货币是缅元。缅甸目前有一个类似于古巴的双重汇率制度。2006 年，缅甸市场汇率比政府规定的汇率要低大约 200 倍。2011 年，缅甸政府征求国际货币基金组织（International Monetary Fund）的援助，对当前的汇率制度改革方案进行评估，以稳定国内外汇交易市场造成的经济扭曲。双汇率制允许政府和国有企业转移资金和收入，同时也让政府对当地经济有更多的控制权，并暂时抑制通货膨胀。

缅甸的通货膨胀率在 2005 年至 2007 年期间的平均值为 30.1%，通货膨胀成为缅甸经济的严重问题。2007 年 4 月，全国民主联盟举办了为期两天的经济研讨会。研讨会的结论是，通货膨胀率暴涨阻碍了经济增长。研讨会中有学者认为，自从军政府在 2006 年 4 月提高政府职员的薪水以来，缅甸的基本商品价格上涨已经从 30% 上升到了 60%，全国的通货膨胀与腐败有关。全国民主联盟的发言人也表示，通货膨胀是当前经济危机的重要根源。

近年来，中国和印度都试图加强与缅甸的经济交流。但包括美国和加拿大在内的许多欧美国家都对缅甸实施了投资和贸易制裁。美国禁止所有从缅甸进口的产品，尽管这一限制在近年已经解除。缅甸的外来投资主要来自中国，新加坡，韩国，印度和泰国。

5. 经济自由化时期（2011 年至今）

2011 年，吴登盛政府上台后，缅甸实施了反腐败、汇率、外资法律和税收等重大改革政策。外来投资从 2009—2010 年的 3 亿美元增加到 2010—2011 年的 200 亿美元，增长了约 6567%。对此，政府放松了进口限制，取消了出口税。2012 年，亚洲开发银行正式与缅甸再次合作，为该国的基础设施和发展项目提供融资。512 亿美元针对银行服务、公路、能源、水利和教育项目等重大投资的贷款是由亚开行向缅甸 30 年来的首次贷款合作。2012 年 3 月，缅甸出台了 20 多年来的第一个外商投资法草案。此草案的出台使得缅甸的经济空前自由化。例如规定外国人不再被要求与当地的合作伙伴在国内开展业务，可以合法租赁土地等。草案还规定，缅籍员工数量必须至少占公司熟练劳动力的 25%，并在随后的培训中达到 50%—75%。

2013 年 1 月 28 日，缅甸政府宣布与国际放贷人达成协议，取消或再融资了近 60 亿美元的债务，这几乎占外债贷款的 60%。其中日本注销了 30 亿美元，巴黎俱乐部集团（the group of Paris Club）注销了 22 亿美元，挪威注销了 5.34 亿美元。

自改革以来，缅甸的对外直接投资稳步增加。根据麦肯锡全球研究所 2013 年 5 月 30 日发布的一份报告，缅甸的未来看起来很光明，如果投资于更多的高科技产业，到 2030 年经济预计将翻两番。但是，这前提是毒品、民地武问题等其他因素不会加以影响。

（二）缅甸金融简述

缅甸实行严格的利率管制制度，利率受到管制，还没有实现市场化。政府正在逐步放开固定汇率制度，监管制度尝试与国际接轨。虽然取消了多重汇率制，但市场化的汇率形成机制所需条件尚未成熟，汇率风险依然较大；虽然外汇管理制度进行了改革，但是外资企业的利润汇出仍困难重重；且通货膨胀率一直处在较高水平，且波动较大。

在金融市场结构中，货币市场的规模有所增加，但是二级市场的流动性较差，目前并没有建立有效的二级债券交易市场。从金融资产结构的角度来看，随着经济的持续快速发展，缅甸的货币流通结构日趋合理。在融资结构中，缅甸企业的外界融资主要是以民间融资等非正规金融为主，且私人信贷比不高。而缅甸的金融开放结构是以长期外债为主，且高度集中于公共部门。

目前缅甸的金融结构体系以银行为主导。相对于保险市场和证券市场来说，缅甸的银行业起步较早、发展较快。银行业资产高度集中，国有银行占据统治地位，国有银行的资产占据了整个银行体系的 64.3%，利息收入是银行收入的主要来源。虽然在外资大量涌入的利好带动下，缅甸金融业呈现出了良好的发展势头，但金融改革有其自身的复杂性和规律性，很难一蹴而就。尽管缅甸政府颁布的新《外国投资法》原则上允许外国企业在缅甸成立独资公司，但是因为法律细则和技术限制，目前进入缅甸的 11 个国家的 23 家外资银行仍以代表处形式存在。根据缅甸中央银行的规定，限制外国银行投资于缅甸银行业的占股比例，比例上限为 41%。截至 2017 年 10 月，只有不到 10% 的缅甸人拥有银行账户。

缅甸保险业务结构单一，且业务量增速相对较低，其保险行业的发展有待未来的进一步提高。1988 年到 2010 年，缅甸的保险业务从国家垄断逐步的向私人开放，允许私人经营。2012 年缅甸真正放开了私人保险业务领域。2012 年 9 月，12 家私营保险公司经缅甸政府财政纳税部的下属机构——保险监管理事会（IBSB）的允许，被授予了经营许可证，2013 年又相继获得了保险牌照。按照规定，私营保险公司从招标、审查到营业约需三个月，申请获准后须存放 40% 资金于缅甸经济银行用以预防无法偿付情况。

此外，缅甸还将逐步放开外资保险公司。一方面，缅甸外企增加造成保险需求增加；另一方面，缅甸保险市场存在资金缺乏、技术经验不足等问题，缅甸政府也期望通过吸引外资获得技术支持。出于对国内保险公司的保护，缅甸政府计划首先允许外资保险公司在缅设立办事处，然后允许部分保险公司在三大经济特区内经营保险业务，最后逐步发放营业许可。

缅甸证券市场起步较迟，近年才有较大发展。2014 年 8 月缅甸证券交易委员会成立。2015 年 12 月 9 日缅甸首个证券交易所——仰光证券交易所正式开业。2016 年 3 月 6 日仰光交易所开始首个股票交易，缅甸第一投资公司（FMI）在仰光证券交易所上市后，成为缅甸首个上市公司，结束了缅甸没有证券交易的历史。证券交易市场亦受到了热烈的追捧，但之后从 2016 年开始就陷入冷淡。为了复苏缅甸股市，使其成为一个标准化的金融投资市场，缅甸方面计划与泰国证券交易委员会合作，由泰国方面为仰光证券交易所的相关负责人及工作人员提供相关金融培训。此外，通过证券交易平台，泰缅双方在贸易及投资领域的互动与交流也得到了提高，促进了两国投资与贸易领域的发展。

由于缅甸经济体制和政治体制变迁的制约，缅甸的金融体系发展相对来说比较缓慢。经过近年来的发展，缅甸政府初步建立了以银行、保险、证券为主体的金融体系，然而金融产业内的金融机构发展不均衡，行业结构严重失衡。由于缅甸政府对不同主体的金融活动界定严格，对外开放程度不高，金融发展水平有待进一步提高。目前国内外学者对于缅甸金融业的研究主要集中在缅甸金融风险、金融改革、东盟货币区合作、中缅边贸结算方面，学界在亚洲金融危机影响、缅甸高通胀原因、中缅边贸不规则结算方案问题仍存在争议。

综上所述，缅甸的金融发展在历史轨迹中经历了金融机构由军事集权政府高度管控到逐步向市场开放等阶段。学者们对不同国家的金融部门发展道路进行研究。Johnson 和 Robinson（2005）的研究中强调了 19 世纪和 20 世纪初美国和墨西哥分配政治权力对塑造金融部门发展道路的重要性。他们指出，美国的银行和金融服务业发展迅速，是因为美国的政客们没有权力在银行业建立垄断以使得他们可以从中榨取租金。美国政治体系的联邦性质意味着各州需要通过相互竞争以吸引外来投资。这反过来又使得国家整体对银行业竞争的限制保持在相对良性的水平。另一方面，1910 年墨西哥的国家权力集中在独裁者 PorfirioDíaz 手中。在此期间国民的普选权受到高度限制，这使得当时的墨西哥成为一个没有竞争的联邦制国家，这意味着政治权力高度集中。在此背景下，集权主义使得政府授予垄断权的银行能够"获得高收入，并向政治支持者进行租金再分配"。即只有与银行和政治家有密切联系的企业才能获得资金，这种现象阻碍了墨西哥金融行业的长期发展。

Rajan 和 Zingales（2003）着眼于利益集团的影响力来解释金融部门发展中的横截面和时间序列变化。他们认为，工业和金融界行业中的当权者们有动机反对在向他们提供持久融资的金融部门中出现更大的竞争，因为这会降低他们的市场份额和利润率。跨境资本流动限制了政府的直接抵免能力，使这些企业的原有补贴减少。新的外国公司的到来将促使银行为吸引外资去提高他们的信息披露水平和改善合同执行难度，因为他们不会与外国公司建立私人关系。当权企业将无法依靠他们在银行业的关系来获得贷款，由此将推动更多的竞争，降低各公司进入金融部门的门槛，从而提高他们的融资渠道。在此研究中，贸易和资本流动的增加是一种外生冲击，使得经济精英的激励机制发生改变。精英们对激励公平竞争产生了动力，并确保每个人都按照同一套规则进行竞争。

近年来，缅甸政府意识到之前国家金融业由政府高度控制的方式已不适用于世界经济增长缓慢以及近几年缅甸 GDP 增长率低于预期的现状。2016 年 10 月，缅甸总统吴廷觉在财政委员会会议上表示，缅甸将加快金融改革步伐。改革措施中包括为中小企业提供更多金融支持，财政支出公开透明，同时还将继续改造或重建国有企业等。

（三）金融发展理论简述

发展中国家和新兴市场的金融发展是其经济发展战略中刺激增长和减少贫困的重要部分。金融业包括金融机构，金融工具、金融市场，以及金融交易活动中的法律和监管框架。信息、交易和执法成本经过不同类型和组合，结合不同的监管、法律和税收制度，激发了不同时期各国不同形式的合同，中介和市场。基本上，金融的发展关注克服金融体系中的"成本"。

一个国家的金融体系的五个主要职能是：（1）为可能的投资和

资本分配提供必要信息;(2)提供资金保障及对其投资进行监督和执行治理;(2)推动交易,对风险进行多样化和管理;(4)动员和筹集储蓄;(5)推动商品和服务的交换。一个国家的金融及其各部门的发展依靠其金融工具,市场和中介机构共同努力以降低信息、执法和交易的成本。稳健而健康的金融部门是经济增长的强大引擎。它产生本地储蓄,从而产生本地企业的生产性投资。此外,完善而有效的银行系统可以引导外汇的进入。因此,金融部门为国家及其国民的收入增长和就业创造提供了基础。

金融业发展在经济发展中起着重要作用。Valickova(2013)对67项研究进行分析发现,金融发展与经济增长密切相关。通过资本积累和技术进步促进经济增长,提高储蓄率,提供和传递投资信息,优化资本配置,调动和积蓄储蓄,促进和鼓励外资流入。金融体系发达的国家往往有一个持续的增长期,研究证实了两者之间的因果关系:金融发展不仅仅是经济增长的结果,这也是增长的动力。金融的发展有助于中小企业(SME)的发展,金融部门为其提供融资渠道。中小企业通常属于劳动密集型,为国民创造的就业机会也因此大于大公司,这对新兴经济体的经济发展作出了重大贡献。因此,金融发展提供了扶持扩大贫困人口和弱势群体的机会,有助于减少贫困和弱势群体的脆弱性,提高投资和生产率,创造更高收入,促进风险管理,从而减少贫困和不平等。

(四)金融发展测量

衡量金融发展水平对于评估金融部门发展的进展和了解对经济增长和减贫的相应影响至关重要。然而,鉴于金融市场所包含的复杂性和维度,衡量金融发展是困难的。迄今为止所做的经验性工作通常是基于可适用于大多数国家较长时期的标准量化指标。如金融机构资产占 GDP 的比重,流动负债占 GDP 比重,存款占 GDP 的比例等。

金融发展指标包括金融中介指标和金融市场指标。金融发展离不开金融中介的发展,正是金融中介的发展,为厂商提供了储蓄、提高了资源的配置效率、影响了储蓄率,将更高比例的储蓄转化为

投资，促进了经济增长。因此，金融中介发展指标主要包括：金融
中介发展规模指标，即戈德史密斯的金融相关比率 FIR，简化的
FIR 等于金融资产总值/GDP；麦金农的经济货币化指标（M2/
GDP）以及 Levine 和 King（1993）设计的 DEPTH 指标、BANK 指
标等。Beck，Kunt 和 Levine（2000）还运用存款货币银行或其他金
融机构的总资产占 GDP 的比重来衡量一国总体的金融发展水平。
金融中介效率指标主要有 King 和 Levine（1993）提出的传统的金
融深度指标 LLY 即全部金融中介的流动负债与 GDP 的比值，
PRIVATE指标，即提供给非金融私人企业（或非金融私人部门）的
信贷与扣除提供给存款货币银行的信贷后的总信贷的比率；以及
PRIVY 指标等于提供给非金融私人企业（或非金融私人部门）的
信贷与 GDP 的比率。金融市场是资金由多余者向资金短缺者转移
的直接融资的市场。股票市场、债券市场和外汇市场是三类主要的
金融市场。在实证研究中，金融市场发展的指标包括证券市场规模
指标、证券市场效率指标和证券市场国际化指标等。常见的指标主
要有：股票资本的市场总值占 GDP 比值（STOCK），用来度量股票
市场的规模，相当于交易的上市股票价值除以 GDP。而 Levin 和
Zervos（1998）使用"股票市场交易总值占 GDP 比"（TVT）来度
量股票市场的活动或是流动性，这被定义为股票市场交易的总股票
交易额除以 GDP。而股票市场换手率（TOV，Turnover Ratio）即总
股票交易价值占股票资本的市场总值比率，作为用来测量股票市场
效率的指标。

世界银行的"全球金融发展数据库（GFDD）"提供了一个全
面但相对简单的"4×2 矩阵"概念来衡量全球金融发展。GFDD 综
合提出了一系列金融发展指标，将大量的不同种类的衡量金融中介
和金融市场的市场规模、程序和效率等指标纳入了一个统一的分析
框架。该框架确定了代表运行良好的金融体系的四组代理变量：金
融深度，可及性，效率和稳定性。这四个维度在金融部门，即金融
机构和金融市场中被分解为两个主要部分。

表 10 - 2　　　　　　　　缅甸金融机构与金融市场代理变量

代理变量	金融机构	金融市场
深度	私人部门贷款/GDP；银行资产/GDP；总存款/GDP；银行私人部门贷款/GDP；央行资产/GDP；金融机构总资产/GDP；寿险金/GDP；非寿险金/GDP；保险公司总资产/GDP；养老金/GDP	股市市值加本国私人债券余额/GDP；股市市值/GDP；国内私人债券余额/GDP；国内公债余额/GDP；外国公债余额/GDP；外国私人债券余额/GDP；国外债券发行量/GDP；总外债余额/GDP
可及性	商业银行账户数量/千人；成人金融机构账户拥有率；成人存款率；成人贷款率	前十大以外上市公司市值占比；交易最活跃 10 公司交易量占比；工商企业债券余额/总债券余额
效率	净息差；存贷利差；非利息收入/总收入；管理费用/总资产；ROA；ROE；成本收入比	股市换手率；股价同步性；大笔订单对市场价格的影响
稳定性	Z 值；银行资本充足率；银行不良贷款率；风险加权资本充足率；流动比率；贷款拨备覆盖率	股价指数波动性；政府债券指数波动性

（五）文献评述

在金融领域，缅甸有严格的利率管制制度，利率受到管制，市场化还未实现。但政府正在逐步尝试与国际接轨。金融开放结构以长期外债为主，且高度集中于公共部门。缅甸金融结构体系以银行为主导，资产高度集中，国有银行占据统治地位。缅甸保险业务结构单一，业务量增速低，1988 年至 2010 年从国家垄断逐步的向私人开放。缅甸证券市场在近年才有较大发展。由于缅甸经济体制和政治体制变迁的制约，缅甸的金融体系发展相对来说比较缓慢。总体来说，缅甸金融业还存在着法律体系尚不健全，国家的经济改革目标尚不稳定，政府相关部门工作透明度差等问题。近年来缅甸政府也在复盘金融业所面临的相关问题，并为此展开讨论，推出了一系列金融改革措施。另一方面，缅甸金融系统中各项指标的数据公开工作进展缓慢，尤其受缅甸证券市场发展较晚，相关数据因时间跨度短等问题使得本文难以根据综述上搜集的各项指标数据进行分析，故本文在实证部分会根据世界银行以及亚洲发展银行公布的相关数据对缅甸金融业的发展进行因子分析。

二　实证分析

因子分析法的目的是用少数几个关键的公共因素来表示、描述多个指标或变量之间的联系。运用这一方法，我们在研究具体问题时就能将众多复杂的变量指标归类为少数几个能够反映原始数据大部分信息的关键性因子，从而简化研究过程，更好地把握和分析问题的核心变量。因此，本文将采取因子分析法来分析测评缅甸金融发展水平。

（一）指标变量选取与数据来源说明

金融作为经济发展的核心要素，需要从多个维度的数量指标来体现其发展水平大小。由于缅甸证券业仍处于初期建设发展阶段，数据公布具有滞后性，无法提供相关具体数据，本文根据缅甸实际情况，从基本指标、银行业、保险业等几个层面选取 6 个指标，且6 个指标中的数据仅公布至 2016 年。即：国内信贷占 GDP 比重（C_ G）、国内储蓄占 GDP 比重（S_ G）、广义货币占 GDP 的比重（M_ G）、金融保险活动（IN）、投资率（I_ G）和直接投资额（DI）等指标进行分析。以上六个指标数据来源于 Wind 数据库和亚开行出版的《Key Indicators of Developing Asian and Pacific Countries 2017》，重点选取进入 21 世纪后，缅甸 2000 年至 2016 年的相关数据进行分析，目的是在这 6 个指标中提取公共因子，以反映缅甸金融发展水平的状况与趋势。

（二）因子分析过程

运用 Stata 统计软件对缅甸六大金融指标数据进行因子分析。首先，为了消除各指标变量在数量级以及量纲上的不同，将原始数据进行标准化处理。我们运用 KMO 检验和球形检验（Bartlett's test）在对因子分析的适合度进行检验。运用 stata 软件对标准化后的数据进行主因子分析，结果如表 10 – 3 和图 10 – 2 所示：

表 10 – 3   Factor analysis

Factor	Eigenvalue	Difference	Proportion	Cumulative
Factor 1	4. 22548	2. 91066	0. 7506	0. 7506
Factor 2	1. 31482	1. 18950	0. 2336	0. 9841
Factor 3	0. 12531	0. 12456	0. 0223	1. 0064
Factor 4	0. 00075	0. 01315	0. 0001	1，0065
Factor 5	– 0. 01240	0. 01199	– 0. 0022	1. 0043
Factor 6	– 0. 02439	—	– 0. 0043	1. 0000

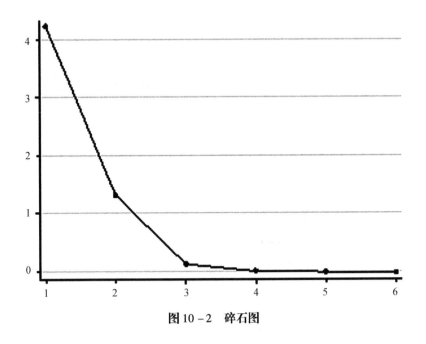

图 10 – 2　碎石图

可以看出，特征值大于 1 的因子是 Factor 1 和 Factor 2，两者的特征值分别是 4. 22548 和 1. 31482。并且这两个因子的方差贡献率分别为 75. 06% 和 23. 36%，两者累计方差贡献率达 98. 42%，说明这两个特征值的方差贡献率占据六个变量组合中的绝大部分，因此在后面的分析中可以忽略第 3 至第 6 个因子的影响，只用考虑 Factor 1 和 Factor 2 两大因子的作用。

因子旋转会进一步简化因子结构，运用 Stata，在提取因子后进行因子旋转，从而得到旋转后的因子载荷阵。

表 10 - 4　　　　　　　　旋转后的因子载荷阵

变量	Factor 1	Factor 2
C_ G	− 0. 0286	0. 8403
S_ G	0. 6052	0. 7632
M_ G	0. 3468	0. 9240
Insurance	0. 9576	0. 1762
I_ G	0. 9469	0. 2801
Direct	0. 9594	0. 1956

从表 10 - 5 中可看出，F1 和 F2 的相关性非常小。根据表 10 - 4,将缅甸金融发展的六大指标按照因子载荷分为两类主要影响因子。其中，将国内信贷占 GDP 比重（C_ G）、储蓄额占 GDP 比重（S_ G）和广义货币占 GDP 比重（M_ G）三个指标称为"金融发展总量因子"（Factor 1）；将金融保险活动（IN）、投资率（I_ G）和直接投资额（DI）称为"金融发展结构因子"（Factor 2）。

表 10 - 5　　　　　　　　因子得分协方差矩阵

	Factor 1	Factor 2
Factor 1	1. 000	
Factor 2	0. 0040	1. 000

表 10 - 6　　　　　　　　**因子得分系数矩阵**

	Factor 1	Factor 2
贷款/GDP	0.05444	0.03189
储蓄额/GDP	- 0.00906	0.02089
M2/GDP	- 0.35380	1.17769
金融保险活动	0.17967	- 0.04494
投资率	0.78099	- 0.71866
直接投资	0.21262	0.32031

记"金融发展总量因子"和"金融发展结构因子"为 F1 和 F2。通过计算各年份因子得分，为使得分符合一般指数表达形式，以 2008 年为基期 (=100%)，将最后的因子得分标准化处理，得出 2000 年至 2016 年的金融发展总量水平、金融发展结构水平以及金融发展综合水平，结果如表 10 - 7 和图 10 - 3 至图 10 - 5 所示：

表 10 - 7　　　　　　　　**金融发展水平（%）**

年份	金融发展总量水平	金融发展结构水平	金融发展综合水平
2000	6.23	121.38	- 46.89
2001	2.29	113.01	- 59.87
2002	1.53	90.06	- 78.03
2003	23.54	73.83	- 51.79
2004	32.93	89.55	- 23.97
2005	44.76	84.29	- 7.31
2006	57.98	82.12	18.20
2007	86.50	100.65	77.08
2008	100	100	100
2009	119.06	121.71	148.97
2010	139.21	155.15	208.45

续表

年份	金融发展总量水平	金融发展结构水平	金融发展综合水平
2011	168.83	192.66	287.34
2012	160.76	184.16	267.12
2013	176.20	204.68	308.95
2014	175.68	213.10	314.22
2015	192.37	244.50	366.21
2016	190.87	243.66	362.99

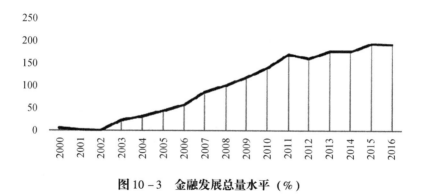

图 10 - 3　金融发展总量水平（%）

图 10 - 4　金融发展结构水平（%）

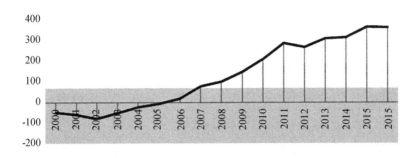

图 10 – 5　金融发展综合水平（%）

（三）实证分析结论

上述因子分析中可以发现，21 世纪以来，缅甸金融发展水平总体呈现不断上升的趋势。其中可以分析发现：

第一，缅甸金融发展总量得分提升迅速，从 2000 年的 6.22%增长至 2016 年的 190.87%。这期间，缅甸金融发展总量水平的发展可以划分为 3 个阶段：1. 平缓发展阶段（2000—2002 年）。这一阶段的缅甸金融发展总量水平较低，并保持在较低位置停滞不前；2. 快速发展阶段（2003—2011 年）。在此期间，缅甸金融发展总量水平迅速提升，从 2002 年的 1.53% 大幅提升至 2011 年的 168.83%，这体现了缅甸金融改革的显著效果。3. 波动发展阶段（2012 年—2016 年）。这一期间，缅甸金融发展总量水平的提升速度相对放缓，并开始出现波动上升的现象。

第二，缅甸金融发展结构水平波动性加大，并以 2008 年为分界点，经历了先下降后上升的两个发展阶段：1. 缓慢发展阶段（2000—2008 年）。21 世纪初，缅甸金融发展结构水平不断下降，并于 2003 年达到最低点，虽然 2003 年之后开始缓慢恢复，但整体提升缓慢。2. 快速发展阶段（2008—2016 年）。不同于 2008 年之前的波动恢复，这一阶段的缅甸金融发展结构水平开始迅速提升，并于 2015 年达到 243.66% 的最高点。

第三，缅甸金融发展综合水平变化较大，由 2000 年的 –46.89% 提升至 2016 年的 362.99%，并根据其发展趋势分为 3 个阶段：1. 低水平阶段（2000—2005 年）。在这一期间，缅甸金融发展综合水平指数呈现负值，这说明缅甸金融还处于较低水平的初期发展阶段，各项制度措施都发展得不够完善。2. 快速发展阶段（2006—2011 年）。这一阶段，缅甸金融发展综合水平指数为正值，并呈现较快的发展速度，缅甸金融发展稳步提升，未出现较大波动。3. 波动发展阶段（2012—2016 年）。在此期间，缅甸金融发展综合水平出现波动上升，增速放缓。

从上述分析中可以看出，缅甸金融发展综合水平与缅甸金融发展总量水平的发展趋势较为相似，这说明目前银行业在缅甸金融发展中占据重要的主导作用。投资、保险等其他金融活动仍有大幅的提升空间。

三 政策展望

综合以上研究，我们对缅甸未来的金融发展做出以下几点政策展望：

加快落实金融改革，力促经济发展多元化。在维持国内农业特色优势的同时，缅甸需要维持推动旅游业、通讯业、IT 等服务行业的态势，同时继续提高对制造业的重视程度，发展服装业等轻工业，调整产业结构，推进产业升级。具体可通过与先进国家进行合作，加大吸引外来融资，构建更多融资渠道，同时推动本国各行业发展。

进一步落实政策透明，提高国内各部门公信力。缅甸金融处在发展初期，国家的经济发展对外来融资的需求会越来越大，因此对金融体系进行改革是必然的。在金融改革过程中要从经济现状出发，加大缅甸监管部门的效率及公信力，避免类似密松电站的闹剧再度发生。此外，相关金融改革政策要确保落实于实际，避免部门间腐败产生，做到政策透明。

加大技术和人才培养，出台政策吸引相关人才。在缅甸，金融业与通讯业等高技术指向行业一样，高等技术人才相当紧缺，拥有技术的缅甸民众甚至不愿意在国内从事相关行业，他们更加愿意到泰国等能提供更高薪水的邻国工作。为扭转此种现状，政府不仅要对金融及其他相关部门提供培训的资金支持，更重要的是出台一系列吸引海外高技术缅甸人回国工作的政策，如此节省了部分培训的资金成本，同时也可在短时间内获得国家发展需要的人力资源支持。

着力提高金融各项数据构建，加大金融行业开放程度。现阶段缅甸还有相当数量的金融指标数据还处于不公开或者未统计的状态，政府需要加快落实相关金融数据的公开的统计工作，通过寻求金融体系较为完善的国家的技术指导，开设学习统计等数据构建知识体系的课程。

参考文献

[1] 戴树人：《缅甸保险市场即将开放》，《中国保险报》2016 年 1 月 14 日第 005 版。

[2] 李健等：《东盟十国金融发展中的结构特征》，中国社会科学出版社 2017 年版。

[3] 汤先营：《信用卡引领缅甸金融改革之路》，《光明日报》2012 年 12 月 24 日第 008 版。

[4] 徐晶：《缅甸金融业研究的综述与展望》，《时代金融》2017 年第 8 期。

[5] 徐晶，杨甜：《缅甸金融业的发展历程（1948 年至今）》，《时代金融》2017 年 1 月 31 日。

[6] 张金宝：《外资投资缅甸的经济和金融风险分析》，《前沿》2013 年第 17 期。

[7] 周小川：《建立符合国情的金融宏观调控体系》，《中国金融》2011 年 7 月 1 日。

[8] Fullbrook, David, "So long US, hello China, India", *Asia Times*, July 14, 2006.

［9］ Calderon, Justin, "Myanmar's Economy to Quadruple by 2030", *Inside Investor*, May 30, 2013.

［10］ Nehru V., Banking on Myanmar: A Strategy for Financial Sector Reform, 2014

［11］ Acemoglu, "Johnson and Robinson, Institutions as a Fundamental Cause of Long-run Growth", *Handbook of Economic Growth*, 2005.

［12］ Rajan, Zingales, "The Great Reversals: the Politics of Financial Development in the Twentieth Century", *Journal of Financial Economics*, 2005.

第十一章 老挝金融体系
考察与分析

老挝是东盟十国中经济发展水平较低的国家，其金融业起步较晚，金融结构比较单一，一直处于落后不健全状态，资本市场虽然发展迅速，但不发达。作为东南亚内陆小国，老挝是中国在"一带一路"沿线的重要合作伙伴和澜湄合作重点国家，也是我国开展金融合作的重要对象国。

由于老挝信息相对闭塞，有关老挝金融基本知识的资料相对有限，基于此，以下将从老挝金融体系的发展历程、现行金融体系的基本架构、金融体系的主要特点和影响做全面分析介绍，并针对老挝金融体系现状，寻求中国—老挝金融合作的突破点。

第一节 老挝金融体系的发展历程

1975 年老挝人民民主共和国成立，这在一定程度上导致老挝金融业起步较晚，但在韩国、越南、日本等外资的支持下老挝的金融业发展较为迅速。以采掘、农林、零售和贸易为主的经济结构，使老挝的银行业相对发达，资本市场相对落后。经过一系列的金融改革，目前，老挝境内已经形成以商业银行为主体、小微金融和农村金融为补充的二元金融体系。总体而言，老挝金融体系经历了从计划到市场的改革历程，从大一统的银行体系逐渐转变为央行、商业银行分离，银行、证券、保险三业分明的金融体系，相应地，老挝金融业的效率和功能也有了很大的提高。

一　老挝金融业的兴起

老挝金融业的兴起分为建国前的老挝金融业和建国后的老挝金融业。建国前的老挝金融业从 1954 年到 1975 年，建国后的老挝金融业的兴起主要指 1975 年到 1986 年。

（一）建国前的老挝金融业

老挝人民民主共和国成立于 1975 年，在成立前，是法国的殖民地。当时老挝经济水平低下，人民生活水平不高，老百姓基本上没有融资需求，银行由私人创立且为法国政府服务。在 1954 年，老挝政府成立了财政部以规范和发展自己的金融市场，负责管理与货币流通等金融活动相关的事项，但由于当时老挝的金融市场被法国垄断，因此财政部的权利范围很小。

（二）建国后的老挝金融业

金融业是一个国家经济发展过程中必不可少的行业，老挝金融业在国家统一后发展迅速。金融改革是老挝经济发展的一个重要组成部分，银行业是老挝最初的金融机构。老挝人民民主共和国刚成立时的经济状况因与改革开放前的中国经济相似，老挝便开始学习中国经济体制改革的经验，进行社会主义改革，实行计划经济体制。该体制下，老挝金融业只有位于首都万象的老挝国家银行这一所银行，其下设省、市、县支行，实施"一级银行系统"。老挝国家银行负责履行所有银行职能，既是金融活动管理机构，又是国家金融活动具体执行机构，该银行的重要职位，如行长、副行长都是由政府亲自指派具体人选。随着老挝经济开始发展，老挝国家发展也面临着一些问题。1986 年，老挝在其第二个五年经济社会发展规划中提出要进行经济结构调整，实行从计划经济体制向市场经济体制的转变，进行了一系列的改革，金融改革也是改革中很重要的一部分。在这一背景下老挝的金融业开始有所发展。

二 老挝金融业的发展阶段

建国后，老挝经济不断发展导致老挝对金融业的需求增加，开始对银行业进行改革，并且不断学习中国、越南资本市场的成功经验，发展老挝证券业和保险业，这些举措使得老挝的金融体系得到发展。老挝金融业，尤其是银行业和保险业在1986年到1995年间得到较大发展，证券业的发展虽从1996年已起步，但到2011年首家老挝证券交易所才正式投入运营。

（一）银行业的发展

银行是老挝金融市场中最初也是最主要的金融机构，在第二个五年经济社会发展计划提出之前，老挝只有老挝国家银行（BOL）这一所银行，它既执行中央银行的职能又执行商业银行的职能，即它既是国家金融市场的监管部门又从事各种具体的金融活动。在当时老挝"大一统"的银行体制下，政府可以直接管理银行的资金活动。

1986年，第二个五年经济社会发展计划中提出老挝经济体制改革，金融改革是其中很重要的一部分。在1987年的老挝中央人民革命党委员会会议上，老挝提出建立以央行为中心、商业银行为主体的两级银行系统，老挝银行系统开始了从"一级银行管理系统"向"二级银行管理系统"的转变。1988年3月12日，老挝国务院通过了《社会主义的经营体系的转变》法案，开始改革老挝的金融业。老挝国家银行不再执行商业银行的职能、从事具体的金融活动，而是转变为从事金融管理、制定和实施货币政策的机构。同年老挝人民民主共和国下发了《关于推动金融体系向社会主义经营制转变的决议》和《关于加强商品货币流通方针与措施的决议》，这两大决议的颁布为老挝金融业改革奠定了法律基础，推动了老挝金融系统向经营核算制转变，并将行政管理与企业经营分开，加强了金融系统的经营作用。

经过这一系列的提议以及法律法规的颁布，1989年老挝外贸银行作为第一家商业银行成立，随后老挝发展银行、农业促进银行两家国有商业银行成立以及合资商业银行、国有的政策性银行、私有银行、信用社也一并出现。经过老挝国家银行和老挝银行的多轮合并重组，老挝终于在1995年成立了中央银行。中央银行是具有金融市场监管职能的部门，中央银行职能和商业银行职能的分离，完成了老挝银行从"一级银行管理系统"向"二级银行管理系统"的转变，同时也标志着老挝现代银行体系框架的形成。

（二）证券业的发展

随着老挝经济以及中国、越南资本市场的逐步完善，老挝国家希望通过建立资本市场吸引有效资金使本国经济得到进一步的发展的同时也为年轻人带来更多的就业机会。

早在1996—2000年，第四个五年经济发展计划中，老挝提出改善投资环境来更好地吸引外资，参与国际金融市场以及国际金融项目的合作。1997年老挝政府在整理中央银行金融市场的相关资料，研究调整企业的融资来源时，萌生出创立老挝证券交易所的想法，并开始筹建老挝证券交易所，但之后发生的亚洲金融危机使筹建遭到停滞。2001年，老挝在人民革命党第七次全国代表会议和第五个"五年经济社会发展计划"中再次提出："为商业投资者提供良好声誉，积极扩大国家财政实力和深入研究与建立金融市场。"2002年2月26日，中央银行安排员工学习证券市场。

在2006年至2010年的五年计划中，老挝计划建立证券市场，对于证券交易所的建立工作高度重视，命令证券交易市场由担任老挝中央银行工作的领导人来推动建立。2007年9月19日，老挝中央银行与韩国证券交易所签署谅解备忘录。2009年5月25日，老挝政府宣布成立老挝证券及证券市场管理委员会，由老挝政府常务副总理担任主席，老挝中央银行负责操作并指导证券市场建设运营工作。2009年7月，老挝政府与韩国证券市场签订建立老挝证券交易所的协议，该交易所在2010年10月挂牌成立，并于2011年1月11日正式启动、投入运营。该证券交易所由老挝中央银行控股，拥有51%的股权，韩国证券交易所拥有49%的股权。证券市场的建立是老挝资本市场历史进程的标杆。

（三）保险业的发展

随着老挝经济的不断发展，老挝保险业也开始起步。由于老挝经济水平较低、个人可支配收入较少加之老挝公民对保险业的了解较少，导致老挝的保险业较周边国家处于落后状态，但近年来老挝的保险业也取得了一定的发展。

1990 年 12 月老挝第一家保险公司——老挝国家保险公司（AGL）成立，它是由老挝政府与法国保险公司共同出资建立的。老挝财政部持有 51% 的股份，法国安联保险持有 49% 的股份。老挝国家保险公司目前在全国有 17 个分支机构，在全国享有良好声誉，年利润 2 亿美元。它为个人和机构消费者提供一系列综合完善的保险产品服务。

老挝政府曾颁布一系列法律支持保险业，如：1990 年颁布的《保险法》以及 1992 年 1 月 23 日颁布的《关于保险法实施细则》。政府要求在老挝境内授权的保险公司必须从老挝的相关机构获得营业和投资许可，具有法人资格。经营的业务必须是保险业务。保险公司的类型是公司制企业，包括国营企业，联营企业或公开上市的私营企业或有限责任公司以及外国保险公司的分支机构。到老挝投资的外国保险公司有合资和独资两种方式。

三　老挝金融业的完善阶段

在金融业发展过程中，老挝证券业和保险业的出现，使得金融业不断地完善。目前，老挝金融体系框架基本形成，初步建立起了从单一的"大一统"银行体系发展到中央银行与商业银行并存，国有、股份制、私有和外资等多种所有制银行并存，银行、保险公司与非金融机构并存的现代金融体系。金融资源的配置方式，也从过去纯粹的资金纵向计划分配发展到银行间接融资、货币市场和资本市场直接融资并存的格局。金融工具日益丰富，种类增多，从基本的贷款工具发展到债券、股票、基金、保险并存的金融衍生工具。金融市场发展日益成熟，其中主要以证券业和保险业发展较好。老挝金融业中银行业和保险业发展较早，它们的完善主要从 1996 年发展完善至今，但证券行业的起步较晚，老挝政府对于证券业的完善主要是从 2011 年发展完善至今。

（一）银行业的完善

老挝银行业发展较早，是老挝金融业的主要构成部分，银行业的完善对老挝金融体系的完善发挥着十分重要的作用。

1. 老挝中央银行的管理制度得到完善

老挝中央银行主要负责货币、信贷方面的宏观管理以及金融、货币法规制定，与此同时还负责向地方商业银行和金融机构提供贷款，外币申请和进口物品的审批，出具外资资金汇入的银行证明，私人货币兑换网点、地方抵押机构和信用合作社成立手续的审批等。

老挝中央银行下辖四类共计 21 家直属和分支机构。第一类，央行自身管理与货币发行机构，包括行政管理部、组织与人事部、内部审计部、会计部、信息技术部、货币发行部和印务公司。其中，货币发行部主要负责货币发行，印务公司负责印钞。第二类，货币政策与金融机构监管机构，包括货币政策部、商业银行监管部、银行业务部和金融机构监管部。其中，货币政策部负责货币政策的制定、管理和操作，是中央银行执行其职能的核心部门，商业银行监管部负责商业银行制度的建立和管理、商业银行风险管控等商业银行的监管，金融监管部负责非银行机构的监管，银行业务部负责中央银行与金融机构的业务往来。第三类是下辖的职能分支机构，包括证券交易委员会办公室、老挝证券交易所、资产管理中心、储户保护基金、反洗钱情报组和银行业协会等。其中，证券交易所负责证券市场的管理，证券交易委员会办公室负责证券业以及证券市场的监管和建设。第四类是央行的二级省级分行，包括 4 家位于不同省的二级分行。

2. 商业银行数量增多，体系完善

老挝境内的商业银行经过一系列的整顿与合并，截至 2004 年，老挝境内还剩三家商业银行。它们分别是：老挝外贸银行（BCEL）、老挝发展银行（LDB）、农业促进银行（APB）。随着老挝银行体系的不断完善，商业银行的数量有了大幅度的提高。目前，老挝共有 42 家商业银行，其中老挝国有商业银行有 3 家，专业银行 1 家，合资银行 3 家，私营商业银行 7 家，国外分支银行 19 家，附属银行 9 家。但是老挝外贸银行、老挝发展银行以及农业促进银行这三家国有商业银行是老挝主要的贷款机构，其贷款额占到整个市场一半还要多，从中可以看出，以国有商业银行为主体的银行体系日益完善。

（二）证券业的完善

因为老挝经济发展的需要，近年来老挝的证券业得到了一定的完善，其主要表现为老挝目前已有上市公司以及证券市场制度得到完善。

1. 证券交易所已有上市公司

目前老挝证券交易所有六家上市公司，它们分别是老挝外贸银行（BCEL）、老挝世界集团（LWPC）、老挝石油（PTL）、大众发电（EDL-Gen）、苏万尼公司（SVN）、普西建筑开发公众公司（PCD），其中老挝外贸银行和大众发电上市较早，均在 2011 年 1 月 11 日上市。老挝外贸银行是老挝最大的国有商业银行，它发行了 20% 的股份，2010 年收益约为 1920 万美元。大众发电是老挝电力公司，老挝电力资源较为丰富，大众发电经营较好，因而众多投资者想在该企业中分得一杯羹。它共发行 25% 的股票，其中 10% 的 IPO 股票面对外国投资者。老挝证券市场发展过程中，韩国政府帮助老挝建立起了证券交易所，而越南和泰国则为老挝证券交易所提供了一定的人力资源以及发展所必需的其他资源。

2. 证券制度得到完善

老挝政府希望通过证券交易来吸引外资发展本国经济，但为了本国货币稳定，在证券市场发展过程中，老挝对本国和外国投资者制定了一系列交易规则。对于本国投资者，老挝政府要求老挝境内所有交易必须使用本国货币——基普，交易时间为除国家法定节假日以及每年的最后三个工作日外的所有工作日的 8：30—11：30 进行交易。对于计划在老挝境内上市的公司，要求该公司已经运营至少三年，并且拥有超过或等于 100 万股的股份。资本金大于或等于 100 亿基普，市值大于或等于 200 亿基普；中小股东人数为 100 人，持股比例为 10/100；最近的一年，销售额超过或等于 300 亿基普，有 3 年的盈利史且连续 2 年获利。对于外国投资者，老挝政府要求他必须选择老挝当地的经纪人作为代理人。其次，外国投资者必须办理老挝身份认证。此外，外国投资者需要开立银行账户和证券公司 2 种账户。

（三）保险业的完善

随着老挝经济的不断发展，金融行业的不断完善，人们的保险意识逐渐增强。保险行业的保险密度和保险深度都呈增加的趋势，即人均保费收入和保费收入占本国 GDP 的比值都在增加。

1. 保险公司数量增多

目前老挝市场上有 7 家保险公司。老挝—越南联营保险公司是老挝镜内的第二家保险公司，它由越南投资发展银行与越南 BIC 保险公司、老挝外商银行、老—越联营银行多方代表共同签署，在 2008 年 1 月 8 日成立。目前它的主要险种是汽车保险、人身意外险等普通险种。在 2010 年前 10 个月该公司实现了 278% 的业务增长。老挝的第三家保险公司是 TOKO 保险公司，该保险公司由日本（MSIG）保险公司在 2009 年 4 月 30 日与老挝财政部签署成立，该公司经营的保险业务与老挝—越南联营保险公司相似，主营业务都是汽车保险与人身意外保险。2017 年 5 月 3 日上午在老挝南部成立了中资老挝环宇保险公司，该保险公司主要经营财产类、人寿类、农业类等业务，种类较为丰富。

2. 保险法规完善

老挝政府于 1990 年颁布的《保险法》以及 1992 年 1 月 23 日颁布的《关于保险法实施细则》对老挝境内的保险业的快速发展奠定了一定的法律基础。此后，老挝政府在 2014 年 2 月通过了实施新《保险法》等各项监管举措，构建现代监管体系，完善了老挝境内保险业的法律法规，使老挝境内的保险业更加规范，有利于其保险业的快速发展。

第二节　老挝现行金融体系的基本架构

老挝总体金融发展水平较低，但其在近些年发展速度较快，在金融效率和金融功能方面都有大幅进步。在近 30 年间，老挝的金融体系从"计划"转化成为以"市场"为主体的结构。截止到目前，老挝的金融体系已从较为单一的人民银行系统转变为商业银行和中央银行相结合，银行业、非银行金融机构与保险体系等相辅相成的较为完善的金融结构体系。金融机构也不再只是单方向的重新纵向分配资金而是转变为可以向市场间接融资，其货币和资本市场在金融市场上也越发成熟。同时在金融市场上的金融工具也不断在丰富发展，从只有简单的信贷方式衍生发展出多种现代金融市场最常见的融资工具如股票、债券等。金融市场也在向越来越广和越来越深的方向发展。同时近年老挝国内资本市场发展较快，现已形成初步雏形，对外开放程度也在不断放大。

同时老挝政府也在制定有关于金融业发展的总体战略，其主要目标是创造条件使得各种所有制形式的保险公司可以被允许进入金融市场，并鼓励发展出符合现代技术条件的服务和产品，以促进整体金融行业的发展，发展稳定的金融体系并进一步发展保险等金融服务业。

一　金融机构体系

金融机构是金融体系中最重要的一部分，金融服务业主要包括银行业、证券、保险、信托、基金等行业，与此对应产生了银行、证券公司、保险公司、信托投资公司等。但由于老挝金融业发展起步较晚，所以商业银行在其国家金融体系中所占比例较大。

（一）银行机构

商业银行是老挝目前最重要的金融机构。1958 年 7 月 14 日，王国政府正式成立了"老挝王国国家银行"，并开始独立自主发行货币基普。老挝王国国家银行成立之后接受政府机关、委员会成员的直接领导，作为政府管理货币、信用以及外汇的职能部门。

1987 年老挝开始进行经济金融改革，在银行体系方面经过 30 年的金融改革，老挝银行业有了较为明显的改善，不再是单一的国有商业银行，而是在老挝国家银行下多种所有

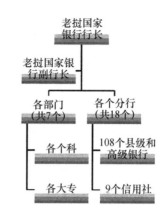

图 11 - 1　改革前的老挝银行体系

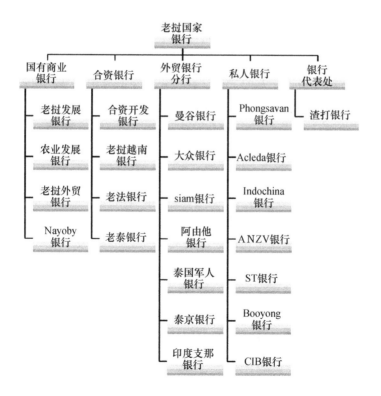

图 11 - 2　改革后的老挝银行体系

资料来源：老挝中央银行。

制银行相辅相成。这将对老挝金融业的发展起到良好的促进作用。

目前存、贷款业务仍是老挝商业银行最主要的业务,其主要的收入来源也是利息收入,银行业务结构仍然较为简单,收入结构也十分单一。同时老挝外贸银行在商业银行中有较为明显的垄断地位。

保证老挝国家货币价值的稳定和银行体系的安全,并尽可能地促进老挝经济和社会发展是老挝中央银行的主要目标。这一目标是老挝依据世界上其他国家中央银行的基本目标并结合其自身经济文化背景所提出的,其目的也是希望在推动老挝国家社会经济发展的同时吸引更多外资来老挝投资。

现在老挝中央银行的主要职能包括:组织、印刷、发行、保管和运转货币,从而保证社会对货币的各种流通需要;提供对商业银行资本的短期信用和适合的经济结算工具;积极准备放大开放老挝国家的资本市场和货币市场;管理国家的货币和外汇储备,保证国家的国际结算可以正常的进行,并积累一定的外汇储备;执行代理国库的职能,并管理国家政府的财政预算。

老挝银行业经过了 30 多年的不断发展,从单一级银行管理体系发展到了二级,在资源及人力方面也逐渐步入现代化的管理体系中。但是这对于一个想要保持持续高速的经济发展的国家是不够的,老挝目前还是欠发达国家,尤其在银行和金融业还有很大的发展空间。所以在未来,老挝也要根据国民的需要和世界的发展,不断改善其监督管理体系和科学技术,加强其金融业现代化程度。

(二)证券公司

老挝证券交易所(LSX,Lao Securities Exchange),简称"老交所",是老挝为了推进国家经济快速发展所创造的一个成熟的多层次资本市场结果的重要组成部分。老交所也是其国家的第一资本市场,用来吸引更多的有效资金并重新有效配置,是老挝金融体系中必不可少的一个有效部分。为了继续扩大其金融市场和招商引资工作,老挝政府从 2006 年开始决定发展国家债券市场。老挝政府意识到长期基金的资金来源是企业稳定发展的前提,未来需要以多元化的资本市场、加强企业的生产和运转能力，来促进老挝金融市场发展的完善。因此，政府最终批准创立了老挝证券交易所，这标志着老挝在金融市场上的巨大突破。

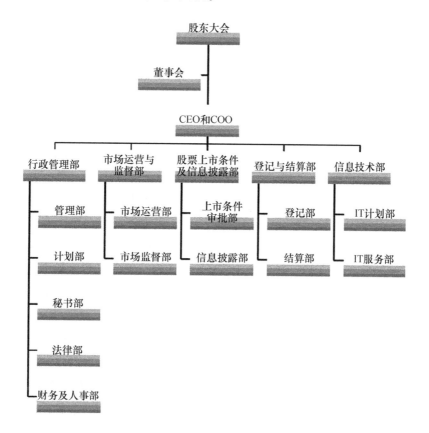

图 11 - 3　老挝证券交易所组织结构图

资料来源：老挝证券交易所网站。

（三）保险公司

随着老挝国家经济和金融业的向前发展，保险业也得到了发展。然而，与周边国家相比，老挝保险市场的地位仍然处于落后状态，由于该国居民的可支配收入较低，对保险功能的认识不足，同时缺乏保险意识，使得在老挝的大多数被保险人是在老挝的外国机构和个人，一定程度上造成老挝保险业发展总体低于东南亚国家。加上监管法规较少，使得老挝保险业长期处于初级发展阶段。保险业的落后也让其保险监管没有得到有效的重视和广泛的管理。

目前，老挝的保险市场中财产保险占了最大的销售量，保险销售总额中的近98%都是产业保险。2013年，老挝保险市场的产业保险费约为6900万美元，比上年增加了近30.2%，保险深度为0.65%，保险密度为每人10.2美元。其中，财产保险中最重要的产品是工程险，占全部财产保险费的一半左右，其次是财产保险、海上保险和车辆保险。在老挝的保险市场紧随其后的是人寿保险，保费约为120万美元，保险费增加了18.1%，保险深度为0.01%，保险密度为每人0.2美元，但人寿保险远不如财产保险发达，投资者一般只限于在老挝工作的高收入中产阶级或外籍工人。成立于1990年的老挝国家保险公司（AGL），既是老挝成立的第一家保险公司，也是老挝目前最大的保险公司，主要经营的个人险种包括健康险、旅游险、人身意外险、定期人寿保险、汽车保险、住宅保险和养老保险；商业险包括工伤保险、交通运输保险、海上运输保险、航空保险和混合险。

为规范保险业发展，老挝于1990年首次颁布关于保险业的重要法律《保险法》。2014年2月，老挝通过实施《新保险法》等监管行为，推动国家保险市场的发展和现代保险监管体制的建成。由于老挝经济水平较为落后、居民可支配收入低、人口少、保险意识不足，所以无论是在深度还是密度上其都处在较为基础的层次。但瑞士再保公司的分析指出，自2003年以来，老挝保险业的需求每年增长30%，该公司预计，随着人均国民生产总值增长1%，保险需求将增长2%。从这个角度看，老挝国家的保险业还是拥有一定的发展潜力。

二 金融市场体系

老挝资本市场起步较晚，是一个没有丰富经验的新兴市场，又受到经济水平低和人口基数少等因素影响，使得证券市场相对疲软。然而，老挝证券市场对其国家的经济社会发展已经做出了巨大贡献。当一个健康的经济市场发展到相应的程度，就会衍生出证券公司市场以更好的处理资本的供需平衡问题，并可以更好保持资金的流动性。在一个完善的证券市场上资金的供求者和富裕者都可以更好的实现资源的有效配置。证券市场是完整的市场体系的重要组成部分，老挝证券市场的出现将成为老挝未来经济发展的主要原动力。

（一）市场结构

目前，老挝的资本市场即证券市场，可以分为一级市场和二级市场。一级市场可以为资金需求者提供筹措资金的渠道，并利用市场固有的机制对筹资成本进行自动调节。对于投资者建立了一个有效的平台将多余的资金进行更多优化的处置，使得社会资金向更有效的方向流动，推动社会经济有更大的发展潜能。对于资金的需求者，可以以较为合理的成本得到资金，以进一步扩大生产拓宽市场，但这往往要求其有较好的信用和被看好的发展前景。

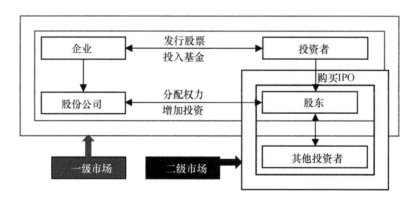

图 11 - 4　一级市场和二级市场的交易过程以及两者之间的关系

二级市场，即流通市场，是发行股票和交易的场所。投资者可以根据自己的判断和需求来买卖股票，买卖双方决定交易价格。二级市场是为了使得市场可以更加有效地运作，成为股票市场上上市股票交易的中心。一二级市场之间息息相关。因此，证券交易所的管理涉及买卖双方之间的交易过程和透明的信息的提供并确保交易顺利等。

（二）市场规模

老交所设立在老挝首都万象，于 2011 年 1 月 11 日开始运营，首日交易仅有两家上市国有公司，分别是老挝外贸银行和老挝公众电力，融资规模分别为 16 亿基普和 21.38 亿基普。到目前为止，老挝证券市场有 6 家证券公司符合规定。老挝中央货币政策管理中，只能用老挝货币交易。

表 11-1 老挝证券交易所的上市公司

上市公司名称	股票简称	上市日期	经营范围
Banque Pour Le Commerce Exterieur Lao Public	BCLE	2011.01.11	银行
EDL Generation Public Company	EDL-Gen	2011.01.11	电力
Lao world Public Company	LWPC	2013.12.25	商场
Prtoleum Trading Lao Public Company	PTL	2014.12.09	石油
Souvanny Home Center Public Company	SVN	2015.12.11	家具

表 11-2 老挝证券交易所的证券公司

证券公司名称	公司简称	成立年份	证券公司的性质
BCEL-KT Securities Co., Ltd	BCEL-KT	2010	全面服务
Lanexang Securities Public Company	Lanexang	2010	
Lao-China Securities Co., Ltd	LCS	2013	
APM（Lao）Securities	APM	2013	投资顾问服务

（三）市场运营与管理

2011，老挝证券交易所正式启动运营，营业时间为除国家法定节假日以及每年的最后三个工作日外的所有工作日的 8：30—11：30。自 2014 年 12 月 3 日起，实施了持续招标的模式。在清算方面，证券公司和客户的清算时间为 T+2，10：00；老交所与证券公司之间的结算时间为 T + 2，14：00。证券公司每天关门后，负责向客户通报开盘、收盘价格、实际成交金额、价格等相关信息；股票市场准时更新，使投资者能够实时更新信息。为了降低投资者的风险，老交所规定，每日股票价格的波动应控制在 5% 至 10% 之间。最初的最小交易量是一股，但它可以在 2016 年 1 月 11 日改为 100 股。除了一定的成本外，国内外投资者需要支付相关费用，也就是说，购买时支付总金额的 0.7%，销售时支付卖出总额的 1%。

三　金融监管体系

老挝目前金融体系还较为单一，金融监管体系也较为简单。

法属殖民地时期，金融监管体系主要是由在 1954 年建立的财政部负责，但由于当时还处于被垄断时期，所以真正老挝对其金融市场进行有限的监管是在 1975 年后，首先对银行业进行了改革，在上一节提到的二级银行管理体制下，老挝国家银行是作为老挝金融市场的管理部门，主要对银行体系下的其他商业银行和金融机构进行统一的监督和管理。

《老挝人民民主共和国国家银行法》第二部分中，第二条规定："老挝人民民主共和国国民银行是有权集中管理和调整商业银行业务的机构，也是处理各种业务的机构。"这意味着老挝国有银行具有政府机构的性质。其主要负责老挝货币基普、信贷方面的宏观管理，金融、货币法规方面的制订，向地方商业银行或金融机构提供贷款，外币的申请和进出口物品的审批。老挝的银行结算中心则主要负责商业银行和金融机构的监管，包括它们的货币、信贷执行情况以及外汇管理等。

除中央银行的监管职能外，财政部于 1990 颁布《保险法》后，履行了保险监管的职能。当时，《保险法》内容还较为浅显，采用了混合财产和人寿保险的运作模式。由于财政部也是部分保险公司的股东，监管的独立性还没有得到很好的处理。根据新的《保险法》的有关规定，财政部仍是保险监管机构，具体监管隶属于财政部的独立保险管理机构，并设立了独立的行业监管保险管理机构。

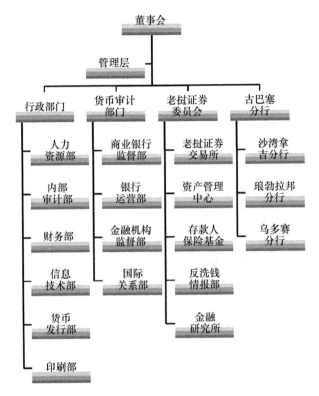

图 11-5 目前老挝中央银行组织结构

老挝也是国际保险监管协会 IAIS 的成员，承认其监管的核心理念是 IAIS 颁布的保险监管核心原则，但总体实施与其的要求还有很大差距。根据新《保险法》的规定，保险公司偿付能力的保证金应占保险收入总额的 20%，和已收取的净保险费的 40% 应作为保险公司的准备金。

在《保险法》中规定，外资保险公司有 5 多年的保险从业经验，可以通过设立合资企业或独资企业，进入老挝保险市场，在老挝开展保险业务。老挝保险公司的注册资本最低为 200 万美元。实际缴纳的资金不得低于注册资本。保险公司申请成功后，注册资本不少于 1/3 应立即存入老挝商业银行。财政部正式颁发营业执照 90 天后，需要缴纳 80% 的注册资本存入老挝当地商业银行，其余

20% 也将在一年内存放。

老挝保险公司允许投资国债，也可以通过银行存款赚取利息收入。按照规定，商业银行保险公司的存款总数额不得超过准备金的 80%。其中，商业银行存款金额不得超过其储备的 30%；房地产投资金额不得超过准备金的 30%；股权产品的投资金额不得超过其储备的 20%；企业债券不能超过其储备的 40%。从老挝保险公司的投资现状来看，主要投资方向是银行存款和房地产。

四　金融调控体系

一般来说，货币政策和财政政策是政府可能获得的主要宏观经济调控手段。老挝作为一个发展中的小国家，金融结构还不甚完善，调节体系也尚在发展成熟的过程中。

（一）货币政策

作为宏观经济稳定工具的货币政策是由老挝中央银行（BOL）统一进行管理，是在政府的批准和任命之下，主要是为了维持货币币值稳定和促进经济发展。鉴于对财政政策的制约，货币政策可能在改善经济周期方面发挥重要作用。通过改变货币供应量，从而影响经济的产出。在 2007 年美国次贷危机爆发后，人们对老挝 GDP 增长率提出了担忧。因此老挝央行决定实施扩张性货币政策，降低贷款利率，通过调整货币供应量达成其经济目标。其主要目标有抑制高通货膨胀率，保持价格水平、控制货币总量、固定其汇率的稳定。但由于老挝目前金融市场比较简单，发展不够成熟，所以可使用的调节工具受限。同时老挝金融体系较弱，统计工作不到位，这样的结果也很难对政策进行有效、准确的制定。

（二）财政政策

老挝目前主要的财政目标是维护宏观经济稳定，为中期可持续增长创造条件。重点在于提高汇率灵活性和积累储备，逐步允许汇率随市场力量波动。将人口纳入生产活动，增加金融包容性。

目前老挝由于税收和非税收收入大幅下降，财政赤字情况不断上升。老挝政府需要降低债务负担，实现这一目标需要强有力的收入和支出措施。财政政策主要是调整和管理税收政策，其中一个关键的目标就是提高税收占 GDP 的比例，为支出和投资提供有余地的空间。包括扩大税基，减免免税，加强税收管理，都可以提高非商品性收入。老挝近期采取了一些重要举措，提高了进口车辆的估值，计算进口税额，取消公共工程的石油豁免，修改消费税，更好地管理增值税等政策。公共财政管理改革重点在通过加快公务员制度改革，降低公共部门工资支出，减少非经常性支出等措施来抑制非资本支出，通过财政运作减少预算外支出，控制支出。

第三节　老挝金融体系的主要特点与影响因素分析

一　老挝金融体系的主要特点

从上文的描述中，可以看出老挝金融体系较为单一，主要以银行业为主，银行业对外开放程度不高，证券和保险行业起步较晚。但近年来，老挝的金融业发展较为迅速，出现了证券市场、保险市场不断完善老挝的金融体系，而且老挝的银行业也不断地进行改革和完善，从大一统的银行系统变为二级银行系统，并且商业银行的数量也在不断增多、管理制度不断得到完善。具体的，老挝金融体系具有以下几方面的特点。

（一）金融发展水平较低，但发展迅速

老挝人民民主共和国成立于 1975 年，这在一定程度上造成了老挝的金融业起步较晚，老挝国家自身经济水平较低导致了其对金融业的需求不高，因而老挝的金融业主要以银行为主，银行的短期贷款也成为老挝最主要的融资方式。据统计，2016 年，老挝国家的 M2/GDP 比重仅为 47.6%，银行存款占 GDP 比重仅为 47.18%。与全球平均水平相比，从以上两个数据可以看出，老挝的金融发展水平较低。但近十年来随着老挝经济不断增长，对金融业的需求也有所增加，金融业得到快速的发展，信贷年平均增速达到了 33%，十年间银行信贷总额增长了 16 倍。2008 年的全球金融危机不仅没有对老挝经济造成影响，反而为正在起步的老挝金融业的发展带来了契机。虽然现行的老挝金融体系在不断的发展过程中，但仍然有很大的提升空间，还需要不断地进行发展和完善。

（二）以银行业为主导的金融体系

老挝金融业目前主要有银行、证券、保险三大类。但老挝证券市场起步较晚，2010 年在韩国政府的帮助下成立了老挝的第一家证券机构，老挝证券交易所是老挝目前唯一的股票市场。老挝的保险业发展的也不完善，也是在外资的援助下成立的老挝保险公司，保费收入占 GDP 的比重仅千分之一上下，目前老挝全国只有 7 家保险公司。银行业是老挝一直有的一个部门，在老挝未建国前，银行业便已存在，只是当时的银行业是为法国政府服务的，没有什么实权，在老挝建国后，银行业经历了一系列的改革，得到了发展和完善，老挝企业的融资主要是靠企业内部融资，其次是银行融资，很少依靠债券、股权融资。因此，老挝的金融体系主要是商业银行，其经济活动主要依赖银行的支持。

（三）银行集中度高且业务单一

老挝建国后，经济发展较快，老挝金融业得到了高度重视，作为老挝最初的金融机构银行业也得到了一系列的改革，从大一统的银行系统发展为两级银行系统，老挝的货币、政策的制定，信贷机构不再由老挝国家银行进行垄断，商业银行开始出现，管理老挝国家的信贷业务。但是发展到目前老挝银行业仍有较大的提升空间，老挝外贸银行作为老挝的第一家商业银行，也是老挝唯一的一家上市商业银行，其资产总额占全部商业银行资产的三分之一。由此可见，老挝的银行业集中度极高，主要集中于国有商业银行。此外，存、贷款业务仍是老挝商业银行最主要的业务，收入来源也是利息收入，银行业务结构仍然较为简单，收入结构也十分单一。

（四）金融体系较好地支持私有经济的发展

虽然老挝的银行业是老挝金融体系的主要组成部分，银行业的集中度较高，主要是国有商业银行，但是银行的工作效率十分高，近年来很好地为中小企业服务，对私营企业的信贷支持在逐年上涨，较好的支持了私营企业的发展。从银行信贷的所有制结构看，老挝银行业对私营企业的贷款额是老挝私营企业总贷款额的百分之八十多，其中商业银行对私营企业的贷款比重超过 90%。此外，虽然老挝的证券市场起步较晚，还处于完善之中，但在老挝的证券市场中，超过一半的企业是私营企业，由此可见，私营部门利用资本市场进行融资的比例也较高，老挝的证券市场也为老挝的企业融资发挥了较大的作用。因而，老挝的金融体系较好的支持了私有经济的发展。

二 影响老挝金融体系的主要因素

（一）经济基础薄弱，经济发展落后决定金融体系总体水平低下

经济发展决定金融运行[1]，金融体系发展和融资机制的完善与经济发展需求息息相关。老挝金融业起步非常晚，1989 年第一家商业银行成立，1995 年才成立老挝中央银行，2010 年在韩国的帮助下才成立老挝证券交易所，从证券交易所挂牌成立发展至 2017 年 10 月，仅上市了 6 家公司，社会融资功能差。尚未建立个人信用体系，金融产品有限，几乎没有什么衍生性金融产品和服务，零售支付系统非常不发达，信用卡没有普及。老挝金融业不发达，行业结构和经营方式单一，金融体系不健全，以银行业为主，资金实力弱，金融产品少，金融总产值相对较低，主要受老挝经济发展落后影响。

老挝虽然国内生产总值的增长始终保持到 7% 左右，但经济总量少，负债高，民众穷，无论国家抑或是个人闲散资金都非常少。老挝是东南亚最贫穷的国家，2016—2017 财年，人均收入为 2472 美元，80% 的老挝人住在农村地区，贫困人口家庭总数估计为 252449 户，

---

① 范祚军等：《中国—东盟区域经济一体化研究》，经济科学出版社 2016 年版，第 396 页。

占住户总数的28.08%，脱贫是老挝国民经济和社会可持续发展目标之一，而老挝国家负债繁重，根据世界银行（World Bank）的数据，2017年老挝公共债务达到国内生产总值（GDP）的70.5%，根据老挝2017年10月份召开的国民议会，2018年老挝支出中有40%应该要用于偿还债务，高水平的债务已经是减缓经济发展的主要因素之一。而金融本质上就是钱生钱的过程，没钱自然很难发展起来。经济发展水平低下成为制约老挝金融体系发展的最主要因素，导致老挝金融总体发展水平低下，证券业不发达，行业结构单一。

（二）以农业为主、工业和服务业处于发展初级阶段的经济结构决定老挝的金融体系以银行业为主导

老挝是传统农业国家，70%的人口从事农业生产，且民众多满足于自给自足的生产模式，因而手上的闲散资金相对较少。以农业为主的小农经济和自给自足的生产模式对金融发展的需求较低，决定了整个金融体系呈现以银行为主导的态势。不过，为摆脱最不发达国家现状和实现脱贫任务，老挝制定了经济发展规划，工业和服务业已经得到了较大发展，根据2017年老挝政府的初步计算，工业占GDP的比重为30%，增长最快，服务业占比重最大，为42.08%，农业占比最低，为16.34%。亚洲开发银行（ADB）在2017年9月26日发布的年度旗舰经济出版物《亚洲发展展望》（Asian Development Outlook，ADO）中表示，2017年老挝经济增长主要依靠强劲的电力出口、大型基础设施建设项目以及经济作物的生产和出口的激增来推动。依据老挝目前经济发展规划，老挝经济发展以水电、道路等基础设施投资为主，而这些项目不仅资金需求大而且周期长，项目的开展势必会涉及投融资问题。因此，伴随老挝经济的不断增长，尤其是工业和服务业的快速发展，老挝对于金融产品的需求将多元化，老挝证券市场的未来发展也将面临新的机遇，从而推动金融发展。

（三）金融基础设施建设落后，金融信息化程度及联网通用度低制约金融产品的多样性发展

金融信息化使得金融活动从物理性空间向信息性空间转变，有

利于促进金融市场的一体化发展，加速资本的流动和金融衍生品的
需求。信息化时代，无论是个人信用体系的建立、银行网络体系的
形成还是证券上市公司参与市场运作等都严重依赖信息技术的开发
和利用，尤其是证券行业，安全和效率是影响证券市场稳定运行的
基本保障，信息化程度低就会严重制约证券业的发展。此外，信息
化程度低还制约了银行业间的联网互动和信息共享，提高了金融风
险，同时也限制了衍生性金融产品和服务的提供，使得零售支付系
统非常不发达，信用卡没有普及，老挝金融普及和办理存在区域上
的局限性，在落后地区银行覆盖率不强。受老挝金融信息化建设发
展水平的限制，除老挝万象大型商场可使用中国银联、VISA、万事
达、JBC 等国际知名银行卡外，省级城市还无法使用中国银联卡。

第四节　基于体系现状的中国—老挝 金融合作突破点

伴随"一带一路"和"澜湄合作"的持续推进，中老经贸关
系取得快速发展，中国已成为老挝的第一大投资来源国与第二大贸
易对象国。经贸关系的快速发展需求凸显中老双方金融合作的必要
性；老挝金融体系单一，融资能力较低，凸显中老双方金融合作的
紧迫性。针对老挝金融体系现状，中老金融合作还需注重从以下几
方面进行着力和突破：

一　以贸易投资为基础，扩大经贸合作

金融的发展立足于实体经济也服务于实体经济，经贸合作与金
融合作相互影响和促进，通过经贸合作来引领和创造金融合作的需
求，可以推动加深中老双边金融合作。因此，中老两国要充分利用
好"一带一路"和澜湄合作平台，持续深化中老经贸合作，将老挝
打造成为连接中国与东盟之间的重要走廊，以此推动中老金融合作
的深化。同时，中老金融合作应有利于双方的经贸往来，而货币结

算和推广使用直接对贸易形成影响，经贸合作需要人民币结算支持，因此要加强双方在结算领域的合作，在实践上改善边贸结算系统，规范中老边贸结算平台，提高结算水平和效率，进一步发挥中老经贸合作机制的作用。尤其是随着电子商务的快速发展，手机支付、网上支付等新型支付手段日渐成熟，建立广泛的统一结算和货币转换系统，可提高消费和支付效率，促进经贸活动的开展。老挝工贸部报告显示，2013—2016 年老挝从中国的进口商品主要为电子产品、车辆、钢铁、纸张等。老挝向中国出口的商品主要为铜、农作物、橡胶、家具和铁矿石等。中国是老挝第一大投资来源国，占老挝经济特区投资的 23%，中国企业对老挝的投资主要涉及租赁和商务服务业、电力/热力/燃气及水的生产供应业、采矿业、建筑业、农/林/牧/渔业以及房地产业。

二　以银行等基础金融机构的合作为切入点

虽然老挝的金融体系以银行业为主，但老挝银行业的分布并不均匀，中老总体金融合作规模不大，中老银行等金融机构的合作始于 2011 年，自 2011 年以来，中国银行、中国农业银行和中国工商银行在老挝设立分支机构。2013 年太平洋证券与老挝农业促进银行、老挝信息产业公司成立合资证券公司，2014 年富滇银行与老挝外贸大众银行成立首家中老合资银行。中国工商银行万象分行于 2012 年成为老挝央行批准的唯一人民币清算行。银行作为基础性金融机构，其合作是金融合作的重要内容之一，中老的金融合作应从基础做起，鼓励在老挝设立更多以银行为代表的金融分支机构，推动与老挝在银行业、证券业、保险业等领域共同合作，建立金融合作技术性问题解决机制，推动银行等基础金融机构的合作向多元化方向发展，帮助老挝提升金融基础设施建设的同时，更好地、更便捷地服务广大在老挝投资的中国企业，为双边贸易提供更好的金融配套服务。

三 布局投融资行业为着力点

金融服务于实体经济,依据老挝目前经济发展规划,老挝经济发展以水电、道路等基础设施投资为主,中国企业对老挝的大型投资也集中于水电等基础设施领域,而这些领域相关项目的投资不仅资金需求大而且周期长,项目投资的开展势必会涉及投融资问题。鉴于老挝总体证券市场极不发达,融资问题是中资企业投资老挝面临的重要问题之一,老挝经济增长劲头十足,也迫切需要流入大量的外国资本、技术,因此中老金融合作要立足于融资平台机制建设和金融合作模式创新,通过布局投融资行业,保证经济增长以及投资所需资金来源,提高总体资源配置。

四 推动信息化建设以及信用体系建设

老挝经济发展水平低,工业基础薄弱,政策变动较大,市场不完善,导致市场分析难度大,加之境外项目建设条件原本较国内更为复杂,而老挝的市场信用系统根本就还没有建立,优质客户少,资信评估难,老挝很多企业甚至政府的信用概念都不强,合同违约率高,项目能否按期完成存在不确定性,导致评估存在困难,对融资方的信用结构难以建立,对融资条件的设立形成挑战,从而增加了融资风险。为此,中老在布局投融资行业时应先从信用体系的建设开始,协助老挝建立和健全企业以及个人征信体系,债券市场评级体系,包括在征信市场发展、征信机构监管、信用评级体系和标准、防范信用风险、保护信息主体合法权益等多方面加强沟通和合作。

五 注重加强资本市场合作和发挥多边金融合作平台的作用

在布局投融资行业为着力点的同时,考虑到中国投资老挝的项目以周期长、资金需求量大为主要特点,而老挝金融资源十分短缺,证券行业刚刚起步,通过老挝上市的上市公司才仅有 6 家,为此,老挝加强投融资基础设施建设的任务极为繁重,而其自身高负债、低外汇储备，国穷民穷，因而中老金融合作需要注重加强资本市场合作，中国可通过自身资本市场发展经验帮助老挝建立起完善的现代资本市场，为老挝金融系统提供包括财富管理、货币运行和金融统计等现代金融管理理念的培训，提升金融管理水平，帮助其制定货币政策和编制国家发展规划纲要等，推动实施更有效率的货币政策，控制财政赤字，并引导和鼓励更多中国投资者和民间资本参与投资老挝资本市场，以进一步推进老挝资本市场的完善和发展。此外，还应注重发挥多边金融机构以及中国—东盟间的金融合作平台的作用，以此来增强融资能力，通过多样化的合作来促进金融合作的稳定。例如，亚洲基础设施投资银行可以发挥政策性银行和商业性银行双重作用[1]，扩大基础设施投资的融资渠道，增加直接融资的深度与广度。

六　加强货币和金融监管合作，推动信息共享平台建设

设立跨境资金流动监管体系，加强金融监管合作，及时发现金融体系风险，促进金融合作的稳定性，这就需要夯实信息共享平台，完善地区监督机制。

由于老挝金融发展较晚，自身经济基础较为薄弱，导致其金融业现状较为落后，金融产品结构单一，金融管理水平落后。为此，中国应从智力上下功夫，帮助其建立现代金融管理体系，协助开发更好的货币危机预警指标系统，协助发现和应对潜在的危机，提供包括财富管理、货币运行和金融统计等现代金融管理理念的培训，提升金融管理水平，完善银行监督管理制度，严格信息披露制度以及风险应急机制等，提升银行法制化和规范化程度，甚至是同老挝开展反洗钱合作，利用金融监管进行打击贩毒和非法交易活动，跟踪非法资金流向，切断贩毒、走私等活动的资金联系，确保金融安全等。

---

① 范祚军等：《中国—东盟区域经济一体化研究》，经济科学出版社 2016 年版，第407 页。

七　建立起金融交流合作平台

建立金融交流平台，加强双方在中央银行、财政部、金融监管部门等机构的政策协调对话和沟通联络，及时共享信息，定期分享宏观经济发展和金融市场分析报告，通过定期召开金融合作论坛围绕金融部门间以及金融相关领域的合作展开磋商，商讨推动中老金融合作的大计。通过派遣相关领域的学者和官员开展定期互动交流等方式，可以加深彼此在金融发展领域的了解，促进共同发展进步。

金融是国家的核心竞争力，随着中老经贸关系的进一步深化以及互联网的广泛应用，对金融服务的相关需求也随之增大。中老金融合作不仅有助于促进老挝经济社会的发展，减少老挝与次区域和区域发展差距，也可以提升中国在区域的影响力。尽管中老双方的金融合作早已开启，也取得一定进展，但合作还不够深入。促进金融合作，共建中老经济关系，以金融助力中老经济走廊建设已成为当前中老合作中的重要方面。鉴于老挝金融体系发展还处于相对较初级阶段，金融市场不发达，征信体系弱等特点，为充分发挥金融在推动两国友好关系中的作用，提高金融力量在中老双边合作中的效力和影响力，实现确保老挝经济金融稳定性以及加强同地区和国际社会的融合，中老金融合作的突破必须首先立足于双边贸易与投资基础上，通过扩大经贸关系来拉动金融需求与发展需要。而在金融具体合作方面，应以银行等基础金融机构的合作为切入点，以布局投融资行业为着力点，通过金融支持缓解其融资瓶颈，从而服务老挝经济社会发展，推动双边关系持续友好向前发展。通过货币和金融监管合作来深化和提升双边金融合作，充分发挥多边金融合作平台作用。同时还应注重加强资本市场合作，在老挝市场建设、信用建设以及信息化建设方面发挥积极作用。

第五节　中老金融合作报告：中国
援老金融外交研究[①]

随着中国成为世界第二大经济体，中国开展对外经济援助能力大幅提升，已经从受援国变为纯援助国，华尔街日报、纽约时报、华盛顿邮报、经济学人等报纸杂志所揭示的数据表明：在影响力上，中国已经是可以与西方传统援助国相媲美的国家。然而作为新兴的对外援助国，外界对中国援助活动的性质和影响了解甚少，不仅中国资金流动以及经济援助对受援国经济增长的影响一直是研究中国外援的一大盲点，金融力量作为一国对外援助的重要支柱力量，甚至是主导力量，在中国对外援助中所扮演的角色以及影响力也常常被忽略。

老挝作为东南亚内陆小国，是中国在"一带一路"沿线的重要合作伙伴和澜湄合作重点国家，作为世界上 20 个最需要援助的国家之一，经济发展对外援依赖严重，接受了大量来自经济合作组织成员国、非经济合作组织成员国以及世界银行、亚洲开发银行等多边组织的援助。而中国从 20 世纪 50 年代中期即开始对老挝提供经济援助，虽然中间由于历史和政治的原因，中断了一段时间，但伴随中老友好关系的推进，中国对老挝援助力度持续增长，于 2012 年取代位于第一援助国长达 20 多年的日本，成为老挝第一大外来援助国，中国对老挝的援助成了中老双边关系中的重要一环。

本文选取金融和援助两个关键词，从中国援老金融外交方式与特点、中国援老金融外交影响力与挑战以及如何通过对老援助来更好地发挥金融外交三个方面展开研究，在捋清楚中国援老金融外交现状和问题的基础上，提出相应的建议，以期提高金融力量在中国

---

① 作者：广西大学中国—东盟研究院老挝助理，杨卓娟；广西大学中国—东盟研究院舆情研究助理，曹晓彤；广西大学东盟学院国际金融实验班，赖彦洁

发展对老挝援助中的效力和影响力。

一　文献综述

金融外交作为一个时代的"新生儿",伴随着金融事务在国际中的地位越来越重要,金融外交渐渐成为经济外交的核心,也被越来越多的学者所关注。虽然出现了一些关于中国在金融外交方面的研究,但关于以金融为工具对外进行援助的文献研究较少,关于中国援助老挝的金融外交更是少之又少,基本上都夹杂在美国或中国对东盟国家的经济外交援助分析中。总体来看,国内外主要从以下三方面展开了研究。

(一)强调以金融为工具,开展金融外交

晓健指出,金融外交体现的是一个国家的软实力,我们应该充分发挥金融外交对外走出去的战略,应充分利用金融外交作为国家谋取利益的工具,加强对走出去战略的支持。李巍则从保护金融利益和金融安全需要入手,认为金融外交作为一种新的外交形态逐渐在中国兴起,并从区域互助方面谈了中国与东盟的金融外交,认为中国目前的金融外交更加着眼于新兴国家和周边国家。Richard Rosecrance[1] 认为金融是现代经济的血液,特别是在一个虚拟经济制胜的年代里,它越来越成为国际竞争的核心领域,运用金融工具开展外交工作也显得尤为重要。

(二)强调金融在对外援助中的作用

邵长峰通过中美两方比较得出中国和美国对东盟在金融方面的援助都主要是优惠贷款,只是中国对东盟国家的援助比例更大,其中大多数用于基础设施项目,并认为贷款援助对受援国的帮助更大。海英兰认为中国对东盟国家的援助强调不干涉原则和双边协商,中国对老挝在金融方面的援助改善了老挝人民对中国动机的认识。李丹在分析通过提高优惠贷款在援助中的比例这一对外经济援

---

[1]　Richard Rosecrance, *The Rise of the Virtual State: Wealth and Power in the Coming Century*, New York: Basic Books, 1999.

助中的金融创新过程所带来的积极影响后，倡导应该重视金融在我国对外经济援助工作中的作用，推动金融成为我国对外经济援助的主导力量。

（三）强调货币合作在金融援助中的作用

高海红认为东南亚合作机制存在流动救助机制可用性有限、缺乏有效的政策对话和经济监控以及区域金融市场发展缓慢等问题，认为应该加强与东南亚国家的货币合作以更好地开展金融援助工作。孔玥从亚投行的成立对"一带一路"沿线国家的金融支撑的角度来分析，认为亚投行加快了人民币国际化的进程，在货币金融合作中起到了关键的作用，促进了中国对东南亚国家在金融外交方面的援助。周叶菁从中国加入世贸组织而与美国展开长达十多年的贸易谈判，从而直接促进了中国商务外交的兴起的角度进行分析，认为中国货币的兴起在金融外交中起到了核心的作用，货币合作将会促进中国更好地对其他国家进行援助。Kaiwai，Masahiro and Ganeshan Wignaraja 指出人民币流通域的扩展对于促进区域内贸易的作用日渐明显，人民币作为各国贸易结算货币甚至作为储备货币以扩充各国货币篮子的种类值得期待。人民币的金融合作对中国在东盟国家的影响力在不断增强，有利于中国更好地在东南亚国家开展金融外交工作。

总之，虽然人们早已意识到金融是一个国家力量兴衰的重要源泉，金融外交是国际金融体系形成与变革中不可或缺的一环，但对于金融外交的研究却较为滞后。随着"一带一路"倡议的实施，中国—东盟自贸区的建立，亚洲基础设施投资银行，丝路基金等金融机构的设立，中国援助老挝的金融外交力量在日益加强。本论文将努力在消化和吸收国外学者的研究成果以及中国政府的具体实践的基础上，详细分析中国金融力量在援助老挝方面所发挥的作用，从中国与老挝的利益出发，提出推动发挥金融力量在中国援老中的效力和影响力的政策建议。

二　中国援老金融外交现状及特点

国际援助是老挝发展外部融资的主要来源。老挝接受援助的历史可以追溯到20世纪50年代法国殖民时期。1955—1971年期间，美国是老挝的最大援助国，而从1975年到1985年，苏联对老挝的援助占到50%以上，1986年至2002年，日本一直是老挝最大的双边援助国，占所有援助额的40%以上。但从2000年起，老挝对官方发展援助（ODA）的依赖度降低，官方发展援助占老挝国民收入的比重从2005年的11.1%下降至2015年的4%左右。由于认为老挝在2011年已经达到低中等收入国家水平（LMIC），亚洲开发银行和世界银行等多边机构从2012年起就减少了对老挝的援助力度，双边援助国如瑞典甚至停止了对老挝的援助，或者将援助调整为低息贷款。而与此同时，中国对老挝的援助在大幅度提升，于2012年超过日本成为老挝第一援助国。

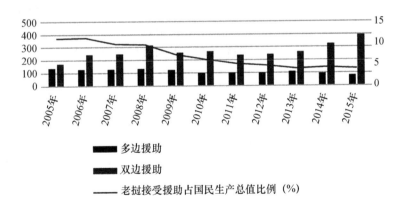

图11－6　2005—2015年老挝接受来自多双边援助（单位：百万美元）
　　　　　及援助占国民生产总值的比例情况（%）

资料来源：Aidflows.①

---

①　双边援助指来自OECD-DAC成员援助（最新数据仅公布到2015年）。

其中，2011—2013 年期间，中国占了来自非经合组织国家对老援助总额的 86%，当中的 74% 来自中国其他官方资金（图 11 -7)①。根据 ShakiraMustapha 和 RomillyGreenhill 研究老挝来自非经合组织国家（非传统援助国）发展援助资金情况的报告，中国向老挝政府提供的贷款几乎就是其他官方资金（OOF），虽然这一评价不一定准确，但足以说明金融机构尤其是开发性金融机构在对老援助中所发挥的重要作用。接下来，本文将优先探讨中国援老金融外交方式。

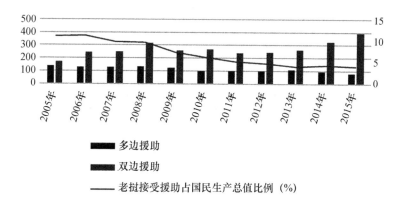

图 11 -7　2011—2013 年老挝发展资金来源占比（非经合组织国家）

资料来源：Shakira Mustapha&Romilly Greenhill, "Age of Choice Lao People's Democratic Republic in the New Development Finance Landscape", *Research Report*, April 2016, www. odi. org.

（一）援老金融外交方式

1. 提供资金支持，帮助融资

资金援助上，中国主要向老挝提供了三种官方发展资金援助，即无偿援助、无息贷款和优惠贷款，其中优惠贷款是主要援助方式，主要流向了基础设施及其他与老挝经济发展密切相关的部门（表 11 -3；表 11 -4）。中国向老挝提供的优惠贷款以其他官方资

---

① 其他官方资金是指由援助国政府指定的专门银行或基金会向受援国银行、进口商或本国的出口商提供的资金援助，在我国主要是国家开发银行和中国进出口银行承担这一任务（仅有 2011—2013 年的数据）。

金（OOF）为主，即主要通过中国进出口银行和中国国家开发银行来提供，贷款的利率范围在2%到3%之间，低于人民银行规定的基准利率，差额部分由援外财政资金予以补贴。

表11－3 中国开发性机构在老挝具有援助性质的投资项目

年份	项目	金额（百万美元）	出资方
2006 年	NamKhan2 号和 3 号水电站建设	308.5	中国进出口银行
2007 年	体育馆建设	90	中国国家开发银行
2008 年	琅勃拉邦机场重建	57.8	中国进出口银行
2009 年	NamNgiep 水电站建设	345	中国国家开发银行
2010 年	NamOu 水电站建设二期	1000	中国国家开发银行

资料来源：上海国际问题研究院《中国与老挝发展合作的评估与展望》。

表11－4 2013—2014 年中国对老挝援助金额及使用领域

年份 （年）	无偿援助金额 （千万美元）	优惠贷款金额 （千万美元）	援助总额 （千万美元）	使用领域
2014	0.61	8.2	8.9	优惠贷款：工业、采矿及建筑 无偿：社会服务部门、政府、健康及教育
2013	6.02	20.73	26.75	优惠贷款：交通、存储、水电供应 无偿：健康等

资料来源：Aiddata.

相对于官方发展援助（ODA）以援助为基本目的，对援助国提供的不低于总额25%的赠予比率，其他官方资金主要为了商业或示范项目，且赠予比率低于25%。老挝是获得中国其他官方资金最多的十个国家之一。2011 年至 2013 年，中国提供的其他官方资金占了来自非经合国家对老挝援助总额的 74% 左右。2006 年至

2013 年，其他官方资金中的 70% 由中国国家开发银行提供，17% 由中国进出口银行提供。2005 年至 2014 年之间，中国以买方信贷方式（buyers' credit loans）向老挝提供了 41.9 亿美元的资金，涉及 51 个以水电开发为主的项目。

2. 帮助其发展金融市场，推动银行、金融体系建设

由于老挝金融业起步较晚，经济基础较差，所以金融业一直处于落后不健全状态，在中国援老金融外交中中国不仅授之以鱼，同时也授之以渔帮助其发展资本市场，推动银行、金融体系建设，主要体现在以下几方面：

第一，援老挝中央银行卡支付系统项目，助老挝境内银行卡实现联网通用。2014 年 11 月 28 日，中国国家开发银行副行长、纪委书记周清玉与老挝中央银行副行长宋赛在万象签署援老挝中央银行卡支付系统项目实施合同，项目将建设和运营覆盖老挝全境的统一的银行卡跨行信息交换网络，负责老挝境内发行银行卡跨行交易的信息转接和资金清算，实现老挝国内发行的银行卡联网通用。该项目由中国银联、中国国家开发银行和老挝中央银行三方合作建设，于 2015 年 11 月 30 日正式启动，使老挝境内发行的银行卡实现联网通用。

第二，推动信用卡在老挝的使用。2012 年，中国银联与老挝外贸银行合作开通银联卡业务，中国发行的带有银联标志或 VISA 及万事达卡可以在当地较大商店使用。老挝八成 ATM 和商户都可受理银联卡，满足到访和本地银联卡持卡人的支付需求。老挝已发行 60 万张银联卡，占全国已发行银行卡总量的 70% 以上，"银联"已成为老挝第一大银行卡发卡品牌。

第三，中国金融机构走进老挝，活跃本土资本市场。工商银行老挝万象分行成立于 2011 年，是我国首家在老挝投资的金融机构，2012 年便成为老挝中央银行指定的唯一人民币清算行，是工行境外机构中首家获得所在国监管机构授予人民币清算行业务牌照的分行。进入老挝后，工商银行老挝万象分行推动资产业务本土化发展，加大在老挝的信贷投放力度，其中包括通过项目贷款方式直接

支持 2013 年亚欧峰会主要接待酒店等一批当地重点基础设施项目。该行与中国出口信用保险公司合作，在老挝外交公寓项目中成功办理老挝首笔非主权担保的"信保＋银行"融资，探索出一条解决企业融资难问题的新路径。截至 2016 年 6 月末，工行万象分行总资产规模超过老挝外贸银行，成为老挝资产规模最大的商业银行。

中国农业银行泛亚业务中心在 2015 年也落户昆明，并同步成立磨憨分中心，逐步引导非主要国际储备货币兑换走向正规化、合规化和规范化。中国银行万象分行也于 2015 年 3 月开业。目前来说，中国银行业占了老挝银行体系总资产的 24%，而这些资产为老挝的社会经济发展作出了贡献，提供了 10.4 万亿基普的银行贷款，而这些贷款使本地人民币支付达到 144 亿元。

除了在老挝建立分行，我国银行还与老挝合资在银行业、证券业、保险业等领域共同合作，成立于 2013 年的老—中证券有限公司是中国证监会批准在境外设立的第一家中外合资证券公司，成立于 2014 年的老中银行是老挝央行批准的首家中老合资银行，也是中国银监会批准的中国城市商业银行在境外设立的首家经营性机构。目前诚泰财险公司在老挝设立机构获老挝同意，并与老挝财政部签署了合作备忘录。

第四，中国老挝实现货币互换。货币互换是双边层次上国家之间的相互援助，对维护国家金融稳定和货币安全起到重大作用，中老依托清迈倡议多边化协议，于 2010 年实现双边货币互换。老挝国家自身货币稳定性较差，容易受到国际市场的冲击，中国与老挝货币互换对维护其国家金融稳定和货币安全起到重大作用，削弱了其单一对美元的依赖，同时货币互换提高了老挝向国际社会获取贷款资金的容易程度。

3. 设立基金，建立借款安排，协助老挝从资本市场获得流动性资金。

丝路基金是中国于 2014 年建立，服务于"一带一路"倡议的中长期开发投资基金，为"一带一路"的发展提供投融资服务，呈开放性和包容性特征，资金量没有限制，同时投资形式和领域多元化。亚洲基础设施投资银行是 2016 年 1 月，由中国倡议、57 国共同筹建成立，其主要的功能是为"一带一路"沿线国家基础设施提供投融资服务。澜湄合作专项基金于 2016 年 3 月由李克强总理在澜湄合作首次领导人会议上提出，服务于澜湄六国中小型合作项目，此外，中方还愿设立 100 亿元人民币优惠贷款和 100 亿美元信贷额度，包括 50 亿美元优惠出口买方信贷和 50 亿美元产能合作专项贷款，用于支持澜湄地区基础设施建设和产能合作项目。设立这些基金的目的就是帮助解决融资问题，满足沿线国家基础设施建设对融资的需求，老挝作为"一带一路"沿线国家和"澜湄合作"重点国家，属于这些基金的融资援助对象国，有利于老挝从国际市场上获得更多资金来源，将在很大程度上弥补老挝获取贷款援助的缺口、完善其投融资体系。

4. 其他：不仅为老挝提供融资支持，也提供融智支持，推动全方位支持

融智支持一方面体现在积极支持老挝国民经济和社会发展规划编制。作为全球最大的开发性金融机构和中国最大的对外投融资银行，国家开发银行在中老稳固、友好的外交框架下，自 2006 年以来积极支持老挝"七五""八五"国民经济和社会发展规划编制，累计支持近 20 名老挝留学生来华深造。另一方面体现在在金融人力资源培训、金融安全网建设、反洗钱等方面同其开展合作，为其提供支持。2016 年 11 月老挝琅勃拉邦省和农业促进银行高管曾赴华参加"农业与小额信贷"培训，重点包括农信社小额信贷产品、小额信贷系统操作介绍，以及小额信贷风险控制、农民小额贷款贴息、小额信贷从事管理制度、小额信贷薪酬制度等。2016 年 9 月中国反洗钱监测分析中心和老挝反洗钱情报办公室签署了《关于反洗钱和反恐怖融资信息交流合作谅解备忘录》。根据该谅解备忘录，双方将基于互惠原则在涉嫌洗钱和恐怖融资及其相关犯罪的信息收集、研判和互协查方面开展合作。

综上，中国援老金融外交方式主要通过资金援助、帮助其发展

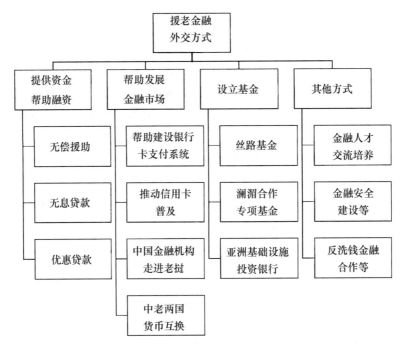

图11-8 援老金融外交主要方式

资本市场、设立基金，建立借款安排以及帮助其做好国民经济和社会发展规划编制、提供金融人力资源培训等方面展开，其中开发性金融机构以低息形式开展的对老投资是最主要援老金融外交方式。

（二）援老金融外交特点

与传统对老挝实施援助的国家和组织相比，中国援老金融外交具有开放性、效率高，可预测以及拥有专属对接渠道等特点。

1. 开放性方面。中国援老金融外交通常不附带政治和人权条件，没有传统西方援助国复杂，而世界银行以及西方援助国往往因这些条件而对老挝重大项目进行限制。另外，中国的援助很少包括额外昂贵的咨询费，而这是世界银行项目中常见的条款。除了不附加条件的做法，中国愿意承担一些偏远地区的复杂项目，而其他国家则不这么做。

2. 效率高，紧随老挝国家需求。对于贷款项目一般3—6个月便可完成审批，而传统援助国家则需要1至3年的时间。而且援助的贷款项目无论是水电还是铁路抑或是房地产开发都是老挝国家发展需求项目。

3. 可预测，交易成本低。中国援老项目比较少出现断贷现象，且90%以上的贷款项目都获得了通过，而传统援助国家只通过30%—50%的申请项目。中国对老挝的援助是积极的，提供了高效的低成本交付和援助渠道。

4. 援助渠道方面，老挝方面设有老中合作委员会专门负责整个与中国有关的援助、投资以及贷款等事宜。

从前期收集数据、协调规划，中期筛选项目、提供建议到后期监督执行，都有老中合作委员会的身影。老中合作委员会是老挝专门成立负责与中国协调官方发展援助的机构，属于老挝计划与投资部的一个机构，但管理上不隶属计划与投资部，国家副总理作为主席直接管理中老合作委员会。中国涉老挝的金融援助外交主要涉及贷款方面，通常，老挝每年2次向中国提出贷款申请，一次在年初，一次在年中，援助的一般是区域或省级项目，通过与项目相关的不同层级和部门的协商最终提交至老中合作委员会，然后申请提交至中国驻老挝大使馆，随后中国商务部和进出口银行决定援助的项目类型。随后老挝政府通过老挝财政部同中国政府签署借贷合约。

三　中国援老金融外交影响

（一）对老挝的影响

首先，与传统援助国相比，中国对老挝金融援助为老挝提供了相对便捷的融资渠道。虽然老挝所需外援巨大，但老挝大型项目开发难以从境外获得大额长期融资支持。一方面，传统援助国家或多边组织认为老挝已经迈入了低收入国家水平，减少了援助力度和份额，提供的优惠贷款有限，而且优惠贷款覆盖的领域主要是社会和环境影响评估方面；另一方面，为支持国民社会经济的发展，老挝需要大力发展基础设施项目,而这些项目需要投入的资金巨大,建设周期长,回报率低,在老挝高负债的背景下,风险高,因此在国际市场上更没有办法实行融资。而中国对老挝的金融援助正好补上了传统援助国家的缺口,中国市场巨大的潜力以及强大的外汇储备能力,给金融机构,尤其是开发性金融机构的国际合作提供了可靠的信用保障,提高援助效率和速度。且在开发银行贷款中引入援助资金,扩大了融资平台,降低了贷款利率,进而降低了项目综合成本,有利于项目建成运营及投资回收。加上中国专门发起成立了亚洲基础设施投资银行,丝路基金以及澜湄专项合作基金,用以支持"一带一路"沿线国家融资所需。这一切都为老挝巨额资金需求提供了较好的融资平台。

其次,服务老挝国家需求,推动老挝经济社发展。老挝经济社会发展需要加强基础设施建设,通过基础设施互联互通打破内陆国家的地理劣势,从陆锁国变陆联国,同时计划通过水电致力于成为东南亚的蓄电池,而中国对老挝的援助资金主要流向了电力、道路建设等基础设施建设领域,正符合老挝国家整体发展需求。

(二) 对中国的影响

首先,通过金融援助,推动了人民币在老挝的流动,促进人民币离岸市场在老挝的兴起。中国对老挝的金融援助所投入的资金主要集中在能源、交通等基础设施,在带动老挝经济社会发展的同时,也扩大了两国投资和贸易总量,从而带动对人民币的需求,扩大人民币在老挝的使用。中国对老挝的资金援助,重点用于中老合作项目,而项目开展中需要的大量设备仪器和材料等,这些援助资金中的一部分将用于从中国购买相关材料:这一方面直接扩大了两国贸易总量,提高了双方以人民币计价的贸易比重;另一方面,提高了人民币在与老挝进出口贸易中以人民币计价结算的比例,提高了人民币在与老挝开展贸易中的定价优势。中标的中国企业对老援助项目进行开发建设时,不仅会用到中国的产品设备、人力资源,还会更多地使用本币——人民币作为建设营运资金,从而带动人民币在当地的流通和使用，增加了对离岸人民币的需求，带动在老挝经营人民币的金融机构的建立，促进人民币离岸市场兴起。

其次，加强中老两国之间的关系，提升中国影响力。中国对老挝的金融援助既可为老挝的建设提供更加充足的资金需求，有利于缓解老挝的经济发展乏力的症结，也可拉动双边经贸和投资关系，促进双边经贸关系的紧密性，推动中国与老挝的关系升级。中国在老挝面临高负债、低外汇储备、金融投资风险加大的前提下，还依然选择通过加大金融援助力度支持老挝的基础设施建设，以推动老挝经济和社会发展，足见中国对老挝的情谊，不仅有利于加强两国间的关系，也有利于提升中国负责任大国的形象和影响力，为中国铺设信誉之路。

总之，通过援老金融外交，既缓解了老挝经济发展对资金的需求，也降低了单纯金融机构参与融资需承担的风险，有利于促进经济良性循环发展，同时有利于推动人民币在老挝的流动以及中老关系的发展，实现中老双赢。

四　援老金融外交挑战

（一）老挝方面

主要面临偿还贷款能力低、市场分析难度大两方面挑战，具体如下：

第一，老挝政府高负债以及低外汇储备，增加了外部支付风险，提高了资金收回的难度。人民币援老以有偿贷款为主，利率在2%—3%之间，由于中国对老挝的大部分援助资金流向了资源性产业以及基础设施建设部门，这些建设周期长，耗资大。而老挝自身负债高，还债能力弱（表11-6），2017年老挝公共债务达到国内生产总值（GDP）的70.5%（往年请看表11-5），而根据老挝的经济状况和净现值，最高水平不应超过40%。加之老挝又缺乏明确的债务政策，高负债以及政策的不确定性，导致信用等级的下降，2017年7月13日，考虑到老挝银行资本不足，国有银行不良

贷款份额巨大，负债持续升高导致政府财政状况恶化以及 2014 至
2015 年经常账户中高达两位数字的贸易赤字所导致的抵抗外部风
险的脆弱性，且伴随商品价格的下降以及进出口的疲软，经常项目
赤字继续扩大，尤其是该国的外汇储备一直低于国际货币基金组织
的审慎标准和同行平均基准，马来西亚信用评级机构 RAM 将老挝
信用评级等级从 gB1（pi）/Negative/gNP（pi）调至 gB2（pi）/
Stable/gNP（pi），下调 1 级。法国科法斯集团 2017 年 1 月对老挝
国家风险评级、商业环境评级均是 D。根据世界银行发布的《2018
年营商环境报告》，在 190 个国家中，总体营商环境排名为 141 位，
其中信贷获取排名第 77 位，相较于综合排名，具备较强优势。而
解决无力偿债问题，排名第 168 位，债务收回率为 0，表明风险极
大。在高负债、低外汇储备和低息为主要援助形式的前提下，会导
致债务持续涨升，还债能力下降，加大债务收回困难。

表 11 - 5　　**老挝财政收支及公共债务占 GDP 比重（%）**

年份	财政收入 /GDP	财政支出 /GDP	财政余额 /GDP	基本财政 余额/GDP	公共债务 （十亿美元）	公共债务 /GDP
2014 年	24.1	27.8	-3.7	n. a.	7	60.4
2015 年	22.4	27	-4.5	n. a.	8	63.2
2016 年	19.7	26.6	-6.9	n. a.	8.49	58.7

资料来源：世界银行。

表 11 - 6　　　　　　　　**2014—2016 年老挝外债情况**

类别	2014 年	2015 年	2016 年
外债总额（存量，亿美元）	110	110	120
偿债率（债务占货物服务出口和初级收入比重,%）	10.1	19.3	10.1
负债率（中央政府债务占 GDP 比重,%）	91.5	87.4	83.2
债务率（债务占货物和服务出口的比重,%）	303.5	288.2	306.6
公共外债（长期，亿美元）	60	50	60

续表

类别	2014 年	2015 年	2016 年
公共外债/公债（%）	n. a.	n. a.	n. a.
公共外债/外债（%）	55. 2	57. 2	n. a.
短期外债（亿美元）	8. 23	7. 21	10
短期外债占外债总额比重（%）	8. 08	6. 19	n. a.
债储率（短期外债占外汇储备比重,%）	67. 56	69. 11	n. a.

资料来源：IMF、亚洲开发银行、世界银行。

第二，老挝金融市场不发达，征信体系弱，企业信用难以把握，市场分析难度大。由于老挝经济发展水平低，工业基础薄弱，政策变动较大，市场不完善，导致市场分析难度大，加之境外项目建设条件原本较国内更为复杂，而老挝的市场信用系统根本就还没有建立，优质客户少，资信评估难，老挝很多企业甚至政府的信用概念都不强，合同违约率高，项目能否按期完成存在不确定性，导致评估存在困难，对融资方的信用结构难以建立，对融资条件的设立形成挑战，从而增加了低息贷款援助风险。

（二）中国方面

主要面临融资渠道单一，复杂外部环境等挑战，具体如下：

第一，融资渠道相对单一，人民币流通有限。一方面，中国主要通过国家开发银行和进出口银行提供低息援助的方式在老挝开展项目合作，商业银行以及多边开发金融机构的作用有限，中国对老援助中的相当大一部分资金流向了基础设施和能源项目，这些项目具有资金需求大，工程建设条件复杂，建设周期长的特点，单一融资渠道使得有时一家银行根本满足不了项目融资需求，使得融资瓶颈突出，存在融资难度。另一方面，中资企业尚不能使用人民币在老挝开展跨境贸易和投资合作，人民币仅在老挝北部中老边境地区兑换使用。

第二，复杂的外部环境，援老资金流向资源性领域受指责。中国对老挝的援助遭受指责，有研究者认为中国对老挝的援助只是为了"资金、原材料以及政治影响力"，给贫穷国家增加了三大风险：（1）更大的不可持续的债务；（2）延缓治理改革；（3）过度推动无效益的资本项目的扩散。老挝当地的一些国际机构和社会组织也认为中国援老的主要目的是为了获得当地的自然资源。

五 中国援老金融外交政策建议

尽管中国对老挝的援助取得了巨大进步，金融在中国援老方面发挥了积极作用，也取得一定进展，但作用并不明显，进展也不够深入。为充分发挥援老的金融外交作用，提高金融力量在中国发展对老挝援助中的效力和影响力，还需从观念上、制度上以及金融机构三个方面进行着力。

（一）观念层上，要重视金融在我国对老经济援助中的重要作用，发挥金融聚集资金的杠杆作用。

虽然中国从20世纪50年代中期即开始对老挝提供经济援助，并于2012年取代位于第一援助国长达20多年的日本，成为老挝第一大外来援助国。但相当长一段时间内，无息和赠款仍是我国对老外援的首要方式，无息贷款的不足之处除了收回比例不高，在经济上获利少，同时还不利于长时间大规模的援助。而老挝的经济建设和社会发展中所需的资金具有金额大、周期长的特点，如果仅仅依靠传统的援助方式难以满足老挝国家发展的资金需求。金融作为现代经济和社会发展的核心力量，其影响体现在社会发展的各个方面。为促进共同进步和发展，推动对老经济援助也应充分发挥金融聚集资金的杠杆作用，充分发挥开发性金融机构在布局国家战略中的作用，将金融方式引入对老援助，通过开发新的金融援助方式，改变援助即为无私奉献的传统观念，推动实现中老双方国家利益与金融机构间的利益均衡，使金融力量成为我国对老经济援助中的重要支柱力量，成为实现双方共赢的重要武器。

（二）制度安排上，加强统筹协调，增强整体效应

中国对外援助的主管机构是商务部，协管机构是外交部、财政部、人行及各专业部委。在给予老挝援助的过程中，赠款、无息或

低息贷款均由不同部门负责，缺乏统一连贯性标准，各金融机构间也缺乏统一有效的沟通联络平台。分散的安排削弱了作为整体来协调对老挝的援助能力。为此，外交部、商务部、财政部以及地方政府等各对外部门要充分发挥好协调作用，统一对外金融政策，为金融外交保驾护航。同时也可考虑在国务院有关领导的指导下由外交部与若干国家战略金融机构联合牵头，组建一个跨部门的半官方国际金融合作协调委员会，在方向、战略、重点、规模及结构等方面加强统筹协调，形成金融外交新思维。

（三）金融机构自身，创新援助方式，发挥援老资金的杠杆作用

1. 在理念上，金融机构实施援老外交时要注重紧跟国家战略，推动在商业利益、中国国家利益以及老挝国家利益三者之间实现整体利益均衡最大化

一般来说，一国开展对外援助都是基于政治、经济、外交以及人道主义援助等综合因素的考量。著名的国际政治学大师汉斯·摩根索认为，无论什么形式的对外援助，本质都是政治性的，主要目标都是促进和保护国家利益[1]。

中国援老金融外交涉及的主要金融机构是开发银行，"服务国家战略"始终是贯穿开发银行历史的一根主线，开发性金融机构担负着国家使命，在对老援助的金融资源配置上一定要充分体现国家战略和政府意图。对老开展援助的时候也必然会将老挝的利益置于考量之内，同时作为国际资本市场的参与方和建设方，开发性金融机构也需要充分考量自身以及项目的整体利益。也就是说开发性金融机构在开展对老金融援助时，本质上就需要寻求商业利益、中国国家利益以及老挝国家利益三者之间整体利益均衡最大化。

为此，开发性金融机构在实施援老金融外交时，需要做到：第

---

[1] 卢光盛：《中国和大陆东南亚国家经济关系研究》，社会科学文献出版社 2014 年版，第 125 页。

一，始终坚持推动实现国家对老挝的中长期战略规划，服务中国对老经济外交政策，在实施对老金融外交援助过程中注重提升中国影响力，强化老挝对华友好与信任；第二，始终关注老挝自身需求，选择优先支持符合老挝发展规划，事关老挝切身利益和实现老挝发展战略的项目；第三，结合国家对外援助政策，综合评估援老项目情况，对国际合作过程中的整体商业利益进行分析，在实现国家援助计划的同时，确保实现保本微利；第四，推动建立多边金融援助机构，扩大投融资体系建设。

2. 在实践上，金融机构应寻求通过发挥援老资金的杠杆作用、创新金融援助方式来提升援助水平

首先，创新金融援助开发方式，降低援老投融资风险。

从宏观层面来看，中老双方致力于继续推动全面战略合作伙伴关系，两国关系持续向好，援老的金融外交遭遇外交关系变动的国别风险不大。但微观层面的风险较高，正如前面所分析的，开发性金融机构在通过低息贷款开展项目援助时，存在市场分析难度大，融资方信用结构难以建立以及低息援老涉及的金额往往都非常巨大等挑战。

为此，为防范风险：在机制建设方面，应建立有效的跟踪、监管项目平稳状况的机制。开发性金融机构在参与一项具有援助性质的项目融资时，在整个过程中，应能做到超前介入，积极参与项目顶层设计，跟踪好项目的战略动向，明确开发方向，找准项目切入点。在开发方式方面，援老金融机构既要充分利用政府援助资金，因为一方面援助资金体现了国家援外意图，另一方面，可以为项目以低息途径申请到贷款，解决融资难题。同时也要创新援老融资方式，发挥援老资金的杠杆作用，通过优化金融机构设计，整合多家金融机构，设计多级风险分担机制，使风险通过多样化的资产组合得以降低。具体而言，可依据实际情况，推动采用 PPP 合作模式，在来自传统援助国家总体援助下降，老挝负债提升的前提下，基于中国对老挝资金援助重点流向水电等大型基础设施项目，通过 PPP 模式援助老挝是一条可取的渠道，既可降低短期内融资难的问题，

也可降低后期资金回收风险，且 PPP 模式已成为老挝政府大力推动的合作模式。

其次，拓宽援老金融外交援助渠道，提供智力支持

由于老挝金融发展较晚，自身经济基础较为薄弱，导致其金融业现状较为落后，金融产品结构单一，金融管理水平落后。为此，中国援老金融外交除了资金，也应从智力上下功夫，帮助其建立现代金融管理体系，协助开发更好的货币危机预警指标系统，甚至是帮助其制定货币政策和编制国家发展规划纲要等，推动实施更有效率的货币政策，控制财政赤字。例如可以为老挝金融系统提供包括财富管理、货币运行和金融统计等现代金融管理理念的培训，提升金融管理水平。同老挝开展反洗钱合作，利用金融监管进行打击贩毒和非法交易活动，跟踪非法资金流向，切断贩毒、走私等活动的资金联系，确保金融安全等。

金融是国家的核心竞争力，是国家实施对外援助中的重要工具，金融外交是国际关系中的一个重要现象。中国作为老挝第一大对外援助来源国，在配合我国"一带一路"战略以及对老经济外交工作中，金融力量主要通过开发性金融机构以低息形式为国家对老援助提供资金支持，除此外，还通过帮助其发展资本市场，支持其国民经济和社会发展规划编制，开展金融人力资源培训等方面提供融智支持。援老金融外交既为老挝提供了相对便捷的融资渠道，推动老挝经济社会发展，也推动了人民币在老挝的流动，提升了中国影响力。但是鉴于老挝高负债以及低外汇储备，金融市场不发达，征信体系弱等特点，除了在观念上要重视金融力量在援老中的作用，制度上要加强统筹协调外，金融机构本身在实施对老援助时，要充分发挥援老资金的杠杆作用、创新金融援助方式来提升援助水平，以降低援老投融资风险，推动在商业利益、中国国家利益以及老挝国家利益三者之间实现整体利益均衡最大化，提高金融力量在中国发展对老挝援助中的效力和影响力。

参考文献

[1] 老挝投资与规划委员会：《老挝第六次的 5 年（2006—2010 年）经济—社会发展计划报告》，2005 年。

[2] 上海国际问题研究院：《中国与老挝发展合作的评估与展望研究报告》，2016 年。

[3] 老挝证券委员会：《老挝证券市场年度表现报告》，2015 年。

[4] 白松：《老挝证券市场发展的回顾和展望》，《时代金融》2017 年第 18 期。

[5] 高海红：《后危机时期东亚货币合作的路线图》，《国际经济评论》2011 年第 5 期。

[6] 葛欣然：《老挝金融环境对交通基础设施融资的影响研究》，硕士学位论文，云南财经大学，2017 年。

[7] 国家开发银行党校课题组：《关于开发银行助力"一带一路"建设的几点思考》，《开发性金融研究》2016 年第 6 期。

[8] 郭勇等：《老挝金融改革与发展研究》，《区域金融研究》2011 年第 5 期。

[9] 海英兰：《中国与美国对东盟国家的对外援助比较研究》，硕士学位论文，外交学院，2013 年。

[10] 康莎妮：《中国证券市场监管体制及其对老挝的借鉴作用》，硕士学位论文，山东大学，2010 年。

[11] 康未来：《老挝国有商业银行改革研究》，硕士学位论文，吉林大学，2007 年。

[12] 康未来：《老挝农村金融研究》，博士学位论文，吉林大学，2012 年。

[13] 孔玥：《新时期中国周边金融外交战略——以亚投行筹建对 GMS 成员国影响为例》，《云南社会科学》2015 年第 5 期。

[14] 拉沙米，文淑惠：《老挝金融发展与经济增长的关系研究》，《昆明理工大学学报（社会科学版）》2013 年第 3 期。

［15］刘丁，苏桑兰·文沙拉欣：《"一带一路"战略实施中的金融法律风险研究——以老挝为例》，《理论月刊》2017 年第 3 期。

［16］李丹等：《我国对外经济援助中的金融创新》，《理论月刊》2015 年第 5 期。

［17］韦拉琪：《中国大陆与老挝银行体制比较研究》，硕士学位论文，广西大学，2005 年。

［18］李巍：《金融外交在中国的兴起》，《世界经济与政治》2013 年第 5 期。

［19］邵长峰：《冷战后中美对东盟援助比较研究》，硕士学位论文，外交学院，2013 年。

［20］晓健：《金融外交：谋求国家利益的重要工具》，《红旗文稿》2010 年第 15 期。

［21］谢平等：《开发性金融国际合作机理分析》，《开发性金融研究》2015 年第 1 期。

［22］中国人民银行西双版纳州中心支行周边国家金融信息化建设调研课题组：《老挝金融信息化状况及影响调查分析》，《金融电子化》2011 年 1 月。

［23］周叶菁：《美国对华金融外交研究—以人民币汇率问题为例》，博士学位论文，复旦大学，2009 年。

［24］网易新闻，http：//news. 163. com/17/1213/11/D5HHO22F00018AOQ. html.

［25］中国银联，http：//corporate. unionpay. com/infonewsCenter/infoCompanyNews/file_ 125315256. html.

［26］新华网，http：//www. xinhuanet. com/fortune/2016-08/23/c_1119441749. htm.

［27］商务部，http：//www. mofcom. gov. cn/article/i/jyjl/j/201412/20141200816856. shtml.

［28］老挝证券交易所网站，http：//www. lsx. com. la/.

［29］老挝中央银行网站，http：//www. bol. gov. la/.

[30] RAM Rating Services Berhad, *RAM Ratings Downgrades Laos' Rating to gB2 (pi)*, June 13 2017.

[31] AxelDreher. et a. l, Aid, "China, and Growth: Evidence from a New Global Development Finance Dataset", *Working Paper* 46, A Research Lab at William & Mary, October 2017.

[32] Sunida Aroonpipat, "Governing Aid from China Through Embedded Informality: Institutional Response to Chinese Dvelopment Aid in Laos", *China Information*, Vol. 32, No. 1, 201.

[33] Savannarideth, VImaly, "The transmission of monetary policy in the Lao People's Democratic Republic", *Philipps-Universität Marburg*, 2015.

[34] Moisés Naím, "Rogue Aid: What's Wrong with the Foreign Aid Programs of China, Venezuela, and Saudi-Arabia? They are Enormously Generous. And They are Toxic".

[35] Masahiro Kaiwai & Ganeshan Wignaraja, "Regionalism as an Engine of Multilateralism: A Case for a Single East Asian FTA", *ADB Working Paper Series on Regional Economic Integration*, No. 14, Feb, 2008.

[36] Richard Manning, "Will 'emerging Donors' change the Face of International Co-operation?" *Development Policy Review*, Vol. 24, No. 4, 2006.

[37] Bank of the Lao PDR, *Lao Monetary Statistics Report Q2/2017*, 2017.

[38] Shakira Mustapha & Romilly Greenhill, "Age of Choice Lao People's Democratic Republic in the New Development Finance Landscape", *Research Report*, April 2016.

[39] Alex Wooley & Soren Patterso, "Aiddata Releases First-Ever Global Dataset on China's Development Spending Spree".

[40] KPL, "Phousy Construction Listed on Lao Securities Exchange".

[41] Vientiane Times, http://www. vientianetimes. org. la/.

第十二章 基于东盟金融体系特征，"一带一路"金融先行的策略建议

东盟作为政治、经济、安全为一体的区域合作组织，包括10个处于不同的经济和金融发展阶段的国家：文莱、柬埔寨、印尼、老挝、马来西亚、缅甸、菲律宾、新加坡、泰国和越南。地区人口结构优势凸显，劳动力充足，储蓄率高。但也存在大量与推进城镇化、该地区的中产阶级发展壮大以及加强互联互通并提供硬件和软件基础设施相关的投资需求。

自1991年中国与东盟正式建立对话关系以来，双方不断围绕着共同利益建构、彼此间关系发展的基石，努力深化全方位合作。金融作为现代经济的核心，影响着一国乃至地区经济的平稳高效发展，因此中国在密切与东盟关系的同时，高度重视金融领域的合作议题。20世纪末亚洲金融风暴爆发后，东盟与中国、日本以及韩国共同签署了关于区域货币金融合作的联合声明，也称"清迈倡议"（Chiang Mai Initiative，CMI），这一声明有效提升了地区对金融危机的防范能力，中国与东盟间金融合作的历史征程由此开始。此后中国与东盟继续在东盟与中日韩"10＋3"以及中国东盟"10＋1"框架内，不断拓宽中国—东盟金融合作的宽度与深度。

2013年，面临风云突变的世界环境以及国内经济步入新常态的深刻变化，我国正式提出"一带一路"重大倡议，如何有效推进"一带一路"建设，促进沿线国家经济繁荣与区域经济合作，成为摆在中国政府、企业、智库等面前的重要议题。资金融通作为"一

带一路"建设的重要支撑,基于东盟地区的金融体系特征,如何深化中国与东盟间的金融合作是关键。本章在总结东盟国家金融体系发展、框架以及影响因素的基础上,分析了"一带一路"倡议下东盟在金融方面的需求,提出了中国—东盟共同推动"一带一路"建设中,金融先行的策略与建议。

第一节 "一带一路"金融先行的需求分析

一 中国—东盟间贸易与投资规模不断扩大

今年恰逢中国—东盟建立战略合作伙伴关系 15 周年,在过去的 15 年里中国与东盟共同取得了丰硕的合作成果,伴随着中国—东盟自由贸易区以及自贸区升级版的全面启动,中国—东盟间贸易与投资规模不断扩大。2017 年,中国与东盟的双边贸易总额已突破 5148 亿美元,2018 年第一季度,双边贸易额达到 1336.4 亿美元,同比增长 20.9%,截至 3 月底,中国东盟双向投资额累计达 1966.4 亿美元。中国已持续第四年成为东盟第一大贸易伙伴。东盟连续三年成为中国的第三大贸易伙伴。中国和东盟建成了世界上最大的发展中国家自贸区,其所带来的贸易与投资合作规模的扩大以及深度的拓展,都激发了双边金融合作的巨大需求。

二 提升地区金融体系的风险防范能力

全球的新兴经济体特别是东盟国家由于金融体系的内外脆弱性,数十年来促使其成为全球短期资本流动的重要被掠夺地。尽管在 1997 年亚洲金融风暴后,东盟各国逐渐开始关注对短期跨国资本的监控,并将其纳入所确立的合作框架之中,但是未在此后的实践中取得实质性的突破。2008 年第二季度以后,大量外国资本撤出东亚新兴经济体,导致地区内金融体系陷入混乱,外汇价格波动幅度巨大,资本市场价格也出现了大幅下跌。而自 2009 年第二季度以来,热钱重新席卷东亚新兴市场,地区内各国货币大幅升值。

但面对美元升值和本币贬值，大量资金又再次撤离本地区，这一现状也使得风雨飘摇中的东盟金融体系变得岌岌可危。虽然东盟地区金融安全网建设在过去数年得以加强，但是面对新的国际金融环境、本地区对外开放的扩大以及内部管制的放松，仍然有许多问题亟待解决，因此中国—东盟区域金融需要进一步的加强合作，确保东盟成员国金融体系的稳定。

三　人员往来更加密切，金融服务需求激增

伴随中国东盟间政治、经济、文化关系的不断密切，以及中国—东盟间基础设施的便利化，以公务、商旅以及求学等为目的的人员往来愈加密切。2017年中国—东盟成员国人员往来接近5000万人次，每周有2700多架次航班往来于中国与东盟国家。中国与东盟国家逐步成长为彼此重要的客源地与旅游目的地，当前赴东盟国家旅行已成为中国人的"新潮流"。据中国教育部的最新数据显示，2017年共有48.92万名外国留学生在我国高等院校学习，规模增速连续两年保持在10%以上，在华留学生源国前10位中有3个东盟国家，依次为泰国、印尼和老挝。

中国—东盟间人员的频繁往来所带来的金融需求，给双方相应的金融服务水平和水准提出了更高的要求，因此强化中国和东盟间的金融合作，以满足大规模人员往来的金融服务需求成为摆在眼前的现实问题。

第二节　"一带一路"金融先行的基本原则

一　坚持市场运作，政府引领

各国政府与各类金融机构需要遵循市场规律和国际通行规则，充分发挥市场在资源配置中的决定性作用和各类企业在对外金融合作的主体作用，调动各方积极性形成金融体系构建的各个层面协调发展。同时发挥好政府的作用。充分利用政府间现有多边、双边机

制，搭建稳固合作平台。更好地将政府与市场的作用联结起来，完善体制机制，营造良好发展环境，才能推动东盟地区金融秩序健康有序发展。

二 坚持上下联动，内外统筹

各国在进行金融国际合作的过程中，需要注意统筹国际和区域发展布局，有效引导地方依据自身特色与沿线国家开展交流合作。围绕东盟一体化金融体系构建的目标，按照党中央的统一部署，主动呼应，加强对接，统筹推进。紧密围绕《愿景与行动》提出的任务要求，将区域金融发展与国内金融发展有机结合，将国内金融发展专业优势与"一带一路"沿线国家地方特色有机结合，同时，从一带一路沿线国家的实际情况出发，加强沿线区域范围内的可协调的金融资源统筹，面向各国金融发展中的迫切需求，确定重点国别、优先领域和关键项目，既要突出重点、有所侧重，又要兼顾各方、均衡协调，确保金融体系的生命力与稳定性。

三 坚持突出重点，以点带面

选择一批条件成熟的跨境金融企业以及相对成熟的地区分类开展金融项目创新试点，突出重点，先易后难，形成可复制推广的经验，以包容开放的精神，逐步推进与沿线国家的发展战略对接。依托重要合作机制，选择重点国别、重点领域有序推进"一带一路"资金融通。推动形成多渠道、多层面区域金融合作模式。立足沿线各国不同发展现状，因地制宜，分类施策，有区别地选择合作领域、模式和项目，制定和实施符合实际的合作路线和措施。

第三节 "一带一路"下东盟地区金融
先行的主要策略与建议

在"一带一路"背景下，中国与东盟建立高层次的区域经贸合作必须在成员国的竞争与妥协中达到目标的一致性，并根据所确定的共同发展目标，做相应的发展规划和设计，生成指导性的纲领性文件。中国和东盟应该加强政策沟通和信息交流，推动双方金融体系和规则相近性，扩展在金融调控、金融市场、金融机构、金融监管等方面的合作，为将来开展更深入的合作奠定基础。

一　金融调控合作

（一）构筑金融合作平台

亚洲金融危机的爆发使东盟整个地区经济遭受巨大损失，各国开始认识到区域金融合作的重要性。而金融合作须以各国金融当局及时沟通与交流、及时协商解决遇到的各种问题为前提，因此有必要在国家之间建立沟通、交流机制，构筑金融合作平台。2000 年东盟"10＋3"达成《清迈协议》，开创了中国—东盟金融合作新局面，其后中国—东盟博览会的举办，中国—东盟自由贸易区的建立，"一带一路"倡议的提出，"澜沧江—湄公河合作"机制的形成，都为中国—东盟的金融合作提供了重要平台。中国与东盟未来的金融合作要充分利用现有平台，特别是以中国—东盟自由贸易区为重点，开展更加深入的合作交流。要继续巩固发展现有金融合作平台，促使各方积极主动进行交流，共同解决合作过程中遇到的问题，采取措施进一步扩大区域贸易规模和互利互惠的投资，推动双边和多边的经贸合作。随着中国与东盟国家间经贸往来日益加深，金融合作面临新机遇和新挑战，合作广度深度有待拓展。中国和东盟各国要在现实基础上进一步创新金融服务方式，增加分支机构，加强金融监管和信用体系建设，以创新的理念和手段搭建更为便利、更为安全的金融合作平台。形成完善稳定安全有效的金融合作交流机制，促进共同发展进步。

（二）推动货币合作

1. 扩大货币互换合作

货币互换便于双方在贸易投资中使用本币结算，规避汇率风险，降低汇兑成本，有利于维护金融市场稳定，推动经济的增长。

加大人民币和东盟各国货币互换合作，有助于实现区域内的国际储备资产多样化，为区域金融提供短期流动性支持，减少对美元的依赖，维护储备资产的稳定，从而降低外部冲击带来的金融风险。

清迈倡议框架下建立的地区货币互换机制由一系列双边互换协议组成，导致谈判成本较高且难以保证及时性。亚洲金融危机之后，我国为了减轻外汇储备压力，开始与泰国、印尼、马来西亚、新加坡等国签署货币互换协议。尽管货币互换规模不断扩大，但是目前中国—东盟自由贸易区贸易结算货币还是主要以美元为主，这对区域金融合作的开展十分不利。为进一步加深区域经济合作，中国要在原有货币互换协议基础上继续扩大货币互换规模，推动区域货币互换多边化。

首先，要扩大货币互换规模，中国要积极续签即将到期的货币互换协议，并进一步与缅甸、新加坡、越南、老挝等国签订货币合作协议，扩大协议范围，为区域投资贸易提供便利。其次，要完善货币互换体系，判断东盟各国合理的货币互换水平，根据各国不同情况采取"一对多"和"多对多"的方式，若条件成熟可逐渐将双边互换协议过渡到多边化，以形成更完善更有效的区域货币互换机制。最后，要积极促进人民币与东盟国家货币的直接兑换，人民币作为东盟地区规模最大、使用最为普遍的货币之一，已在越南等周边国家得到一定程度的认可和接受，若能直接与东盟货币兑换，将大大增加中国—东盟金融合作的实效性。

2. 建立中国—东盟货币基金

区域货币基金组织可在宏观上监督各国经济金融发展状况，且在一定程度上具有预警金融危机并迅速作出反应的作用。目前世界上有国际货币基金组织、欧洲货币基金组织和亚洲货币基金组织等。但是亚洲金融危机发生时，国际货币基金组织的表现令人失望，后果估计不足、救援迟缓、救援力度不够等使得金融危机爆发造成巨大损失。因此，很有必要建立一个区域性货币基金组织来维护和促进中国东盟的金融合作稳定健康发展。一旦发生危机，基金组织可以按协议对成员国提供及时有效的救助。

亚洲金融危机过后，东盟各国认识到区域金融合作的重要性，加之经济全球化和金融全球化的推进以及中国和东盟各国愈加亲密的合作关系，建立中国—东盟货币基金组织具有很大的现实意义及可能性。但是也要认识可能受到来自各方政治宗教和历史等方面的阻力，东盟各国间领土边界争端不断以及金融发展受域外国家干预都是潜在的不稳定因素，之前亚洲货币基金组织曾遭受多方反对的历史预示中国—东盟货币基金的创建或许面临更多阻力。因此中国需要发挥积极引导的作用，以中国—东盟自由贸易区为依托，主动与东盟各国交流，加强政治互信，排除不利因素影响，着手建立基金组织。

3. 推进人民币区域化

近年来，人民币相继成为菲律宾、马来西亚和泰国的储备货币，且已经在越南等东盟周边国家得到了一定程度的认可和接受。虽然目前中国—东盟自由贸易区的投资贸易仍然以美元为主，人民币区域化尚处于初级阶段，但是仍然具有良好的发展前景。如果能推动人民币区域化，不仅可以摆脱对美元的依赖，让人民币发挥更大影响力，而且可以降低汇率波动的风险，提高外汇储备的安全性，大大减少交易成本，提高中国—东盟金融合作的实效性。值得一提的是，互联网金融的发展，将是人民币区域化的一大助力。目前，中国的互联网金融特别是移动支付处于世界领先地位，以微信、支付宝等为代表的先进支付手段在泰国、柬埔寨等国家展现出了良好的发展前景，预计未来将在一定程度上成为人民币区域化的强大推力。中国与东盟货币合作的最终目标是实现区域货币一体化。最优货币区理论提出：要素流动比较自由、经济开放度较高、产品比较多样化、通货膨胀率和经济发展水平接近的国家（地区）较适宜组成独立的单一货币区。目前比较成功的有欧洲货币一体化和拉美国家美元化。尽管目前中国—东盟货币一体化条件尚不成熟，但可充分借鉴成功合作案例，并结合当前东盟各国政治经济条件以及所处世界环境，稳扎稳打，逐步前行。

（三）加强汇率合作

1. 加强汇率政策协调

在 1997 年亚洲金融危机爆发前，东盟各国普遍实行盯住美元的汇率制度。但是当时美元货币频繁变动，给东盟带来了强烈外部冲击。危机过后，由于东盟十国金融发展程度差异巨大，大多数国家金融市场不发达，故又普遍回到正式和非正式的盯住美元的汇率制度。不稳定的汇率制度，给地区金融的发展带来极为不利的影响。因此，为保障区域金融稳定和经济健康发展，有必要加强区域汇率政策协调。

目前，中国与东盟国家尚不能实现单一货币，汇率协作是双方政策协调的主要内容。通过政府合作建立区域汇率协调机制，可维持汇率相对稳定。中国和东盟各国应尽快携手在区内构筑一个汇率协作的平台。通过该平台及时沟通与交流金融信息，协商汇率合作事宜，及时解决合作中遇到的各种问题。特别是应加强汇率政策的沟通与合作，当区域内出现汇率较大波动时，建议以联合干预外汇市场为主要政策手段，尽量稳定区域内各国汇率水平，最大限度地预防金融和外汇风险。

2. 统一汇率制度

由于世界主要货币的汇率发生变化，采取不同汇率制度会影响中国和东盟各国的双边汇率。双边汇率的不稳定会增加国与国之间贸易投资的成本，不利于区域经济的发展，因此中国和东盟各国应尽快选择相近的汇率制度。在条件成熟时，可建立盯住共同货币篮子的汇率制度。由于人民币与东盟其他国家货币之间存在的汇率联动关系表现出多样性，目前还无法采用单一形式的汇率合作方式。但可以结合东盟各国金融发展情况，让发展相近国家比如泰国、马来西亚和菲律宾，先建立货币合作组织，互相协调汇率变动，逐步减小汇率波动幅度，最终达到统一。

二 金融市场合作

（一）推动区域内金融市场开放

1. 促进银联体发展

从整体上看，东盟国家的金融机构主要以银行类为主，大多数东盟国家的银行业承担国内绝大部分金融服务，规模远远大于证券和保险等其他机构。此外，由于危机后的有力监管调控，东盟各国的银行运行状态一直比较稳定，中国和东盟国家之间的银行合作是金融市场合作内容中的重点，扩大各国银行间的合作交流，将是区域金融市场发展的重大助力。为推动中国与东盟国家的金融发展，促进贸易与投资合作，2010 年中国国家开发银行与东盟国家的 10家银行组建了中国—东盟银行联合体（以下简称"银联体"），成立至今取得了丰硕成果。但是目前其规模仍然较小，合作内容不够广泛。为促进银联体进一步发展，需要扩大规模、丰富合作方式、拓展合作内容。首先，为扩大银联体规模，可在保证金融安全的基础上共同制定相关规则，逐步降低银行准入门槛，让各国银行有更多机会加入进来。银联体规模的扩大一方面有利于分散风险，增强中国东盟区域金融抵抗风险化解危机的能力，另一方面也可以提高服务质量，惠及各国的经济生活。其次，在合作方式上，银联体要结合各国金融体系特点，开拓新的有效合作方式，丰富服务手段。例如马来西亚金融体系是由伊斯兰金融系统和传统金融系统组成的"双系统"，而中国在伊斯兰金融方面有所欠缺。考虑到伊斯兰金融影响力逐渐加大，中国可考虑在国内建立部分伊斯兰文化的银行机构，与东盟开展更全面的金融合作。最后，在合作内容上，银联体既要坚持以基础设施建设项目为主要服务对象，又要加大对中国与东盟各成员国在农业、交通、信息通信、能源等重点领域的合作，同时可逐步增加私人项目的服务比例。

2. 深化区域证券市场合作

目前，中国和东盟证券市场发展存在较大差距，东盟区域内，新加坡和马来西亚的证券市场比较发达，印尼和越南等国家发展相对落后，而缅甸、老挝、文莱和柬埔寨国内证券市场的发展水平较低，有些甚至还没有股票市场。为适应金融全球化趋势，防范金融风险，抵御外来金融冲击，实现经济合作共赢，中国和东盟证券市场合作很有必要性。对于中国而言，与东盟的证券市场合作，要分层次划重点进行。而对于整个区域而言，加深区域证券市场合作，则是共同发展的必然选择。

首先，推进区域债券市场建设。第一，各国要完善自身债务市场，中国—东盟区域内各国债券市场的发展水平不同，由高到低大概可以分为以下层次：第一层次是香港、新加坡债券市场；第二层次是马来西亚债券市场；第三层次是中国大陆、泰国、菲律宾债券市场；最后是印尼债券市场。债券市场发展水平落后的国家需要完善自身的金融体系，加强自身建设，如此才有进一步合作和发展的基础。第二，要充分利用亚洲债券基金的作用，减少对欧美国家的依赖，促使本地资本主导本地金融市场，推动地区债券市场的发展。第三，要完善相关法律制度，东盟部分国家法律体系尚不够完善，因此有必要制定明确的法律规定，以解决合作过程中可能出现的矛盾争端，确保合作能够有效进行。

其次，要进一步深化股票市场合作，这也是债券市场合作的一个延伸，两者可以互相推动发展。东盟各国股票市场发展水平不一，新加坡和泰国的股票市场较为发达，其次是马来西亚、印尼、越南和菲律宾，而其他国家的股票市场正处于建立阶段或筹备阶段。对于发展落后的国家，同样需要完善自身股票市场，在此基础上开展区域内合作。

再次，积极开展期货、基金等证券市场的合作。中国应发挥国际援助精神，积极帮助东盟证券业发展落后的国家建立完善的证券市场。在此基础上，进一步加强合作交流，明确双方在证券市场合作方面的需求，并同东盟各国相关监管部门合作统一监管标准，消除跨国交易障碍，为双方合作创建稳定良好的环境。

值得一提的是，东盟地区伊斯兰教人口众多，马来西亚、印尼、文莱、新加坡等国金融行业深受伊斯兰教影响。传统金融与伊斯兰金融并肩发展已成为东盟国家金融体系一个亮丽的特色，特别是马来西亚，其金融体系中最具特色和影响力的是系统完整的伊斯兰金融体系，"双系统"金融体系给东盟地区带来极大影响。在此背景下，中国—东盟区域金融合作要注重伊斯兰金融的发展，要充分发挥伊斯兰金融在金融稳定方面的优势，同时也要正视其在思想与运作上的局限性，结合马来西亚和文莱等国的成功经验，探索积极有效的合作方式。

（二）金融市场一体化

金融市场一体化，是指国内外金融市场之间日益紧密联系和协调，相互影响，相互促进，逐步走向统一金融市场的状态和趋势。区域金融市场一体化能加快金融信息的传递，扩大金融资产选择性和流动性，提高资本配置效率和金融市场效率，促进投资贸易。金融全球化和中国—东盟自由贸易区的建立，推动了中国—东盟区域金融市场一体化的发展，但目前仍然处于刚刚起步的水平，比起欧洲和美国的发达金融还有很大的差距。为此，中国和东盟应该采取措施，进一步扩大市场规模、加强市场监管。

1. 扩大金融市场规模

第一，要逐步放宽金融市场的准入限制，降低中国和东盟金融机构互设分支机构的门槛，鼓励各国金融机构积极开展跨国经营活动，提高区域内金融服务质量，促进经济发展。第二，中国和东盟要共同努力建设一个单一的股票和证券市场，扩大双方经贸投资往来，促进资本市场的深度合作。第三，要主动协调各国汇率政策，改革和完善汇率制度安排，促进区域内的资本自由流动，从而推动区域金融市场一体化的发展。

2. 加强金融市场监管

由于监管不规范，以及信息不对称、道德风险等问题，中国东盟地区经济体内的金融市场容易受到投机者的攻击，金融发展不稳定。尽管各国金融监管体系不断完善，但是对整个区域而言仍缺乏系统完整的综合监管机构。为保证中国东盟金融市场一体化顺利进行，各国政府可以考虑建立一个统一的金融市场监管机构，确保金融市场运行安全、风险可控。

三　金融机构合作

（一）推动金融机构互设

1. 统一金融机构互设门槛

随着中国与东盟国家合作的不断深入，中国与东盟十国之间的金融服务以及贸易往来也面临着越来越广泛的需求,在此背景下,中国—东盟国家之间互设的金融机构、合作机制依旧缺乏,在满足中国—东盟合作需求上相对乏力,因此,中国与东盟各成员国应该积极磋商,探讨并建立统一的金融机构互设门槛。

根据各国银行、证券、保险、信托、基金等行业的发展水平对金融机构发展情况进行分级,对较完善、比较完善、相对落后的三类不同金融发展水平的国家设立不同的互设门槛。对于金融机构较完善的国家,应积极鼓励中国与其金融机构全方面业务的合作及推广,互相学习对方先进的管理经验及模式,根据中国与该类东盟国家的金融合作需求建立相互匹配的金融服务机构;对于金融机构发展比较完善的国家,应根据省、市等当地金融机构发展情况,在设立金融机构的前提下,有重点、有针对性地提供金融服务;对于金融机构发展相对落后的国家,应以拓展我国金融机构布局为主,利用我国对东盟国家的基建项目在当地开展机构设立及服务。

2. 建立金融机构互设激励机制

为了鼓励中国—东盟金融机构互设分支的积极性,各国应设立相关鼓励基金,对各国金融机构设立、业务形成、服务内容、服务效果等方面进行评估考核,并予以不同程度的分级奖励。我国也应对东盟国家金融机构开展业务的指标进行考察,将中国—东盟机构合作情况列入机构评价年度考核指标。

(二) 增加业务合作模式

1. 推动数字金融合作

在业务合作方面,考虑到东盟多数国家信用卡、银行卡使用情况发展缓慢,各成员国的移动支付也是发展落后,中国应利用近几年探索出来的移动支付、网络支付等成功经验,在东盟国家中进行推广。自2013年5月中国第一批跨境支付试点名单公布后,国内第三方支付企业在泰国打开了广阔的市场。目前,以微信、支付宝等为代表的先进支付手段在泰国展现出了良好的发展前景。中方各层次金融机构应结合互联网为东盟各成员国提供移动支付、网络支付等业务，并鼓励使用人民币直接进行结算，减少对美元的过度依赖，以减少交易成本和降低汇率波动。随着互联网金融的发展，以微信、支付宝等为代表的先进支付手段已在东盟部分国家展现出了良好的发展前景。

2. 发展伊斯兰金融业务

我国虽不是伊斯兰国家，但是在我国西北部新疆、青海一带，却存在众多伊斯兰信徒。为顺应伊斯兰民意，我国政府近年来也在西部地区推行伊斯兰金融业务试点，但进展却不尽如人意。文莱、印尼等国家具有发展伊斯兰金融良好的先天条件和后天成果，对于我国探索伊斯兰金融服务，建立完善、稳定的金融体系有重要的借鉴意义。同时，我国作为一个银行主导型国家，在传统商业银行业务的发展上拥有较丰富的经验。中国与存在伊斯兰金融的国家合作，可以通过互设金融基础设施、开展相关业务实现优势互补。对于中方来说，这一进程不宜过快，早期应主要以在中资传统银行下设伊斯兰服务窗口为主，学习伊斯兰业务的经营管理经验，建立起一套适合我国伊斯兰金融发展的监管法律标准，待时机成熟后再尝试引入伊斯兰银行的驻入；而在东盟国家方面，则应通过吸引中资银行入驻，激发本地商业银行创新活力，更好地服务本地中小企业、跨国公司等实体经济。

3. 推进社会发展和民生福利的金融合作

大多数东盟国家总体发展规划的目标包括降低经济发展过程中的不平衡、不平等问题，实现社会公平，以及促进合理分配资源的可持续发展绿色增长。这也是中国的社会经济发展目标。中国与东盟国家均重视减贫工作，此外，还可将金融合作延伸到其他社会问题的解决举措，比如中国—东盟共同面临的人口老龄化问题。在推动社会发展和促进民生福利方面进行金融合作，能够共同为中国—东盟金融体系的长远健康发展助力。

（三）建立金融协调机构

1. 建立统一金融协调机构

中国与东盟十国应一道协商，设立统一协调机构，并通过对各国金融发展的考察，投票选择每一届的协调机构驻地，由中国与东盟各国派代表常驻；该协调机构主要业务有两个方面，一是统筹监管中国—东盟合作的日常事务，及时公布中国—东盟合作事项的进程，另一方面，该协调机构应在各国设立专家组，及时搜集、评价和反馈金融合作成果与信息，同时为中国—东盟金融机构合作提供技术平台，以探讨如何解决在合作中所面临的技术难题。该统一金融协调机构应充分利用年度金融论坛，促进各国银行、证券等金融业进行磋商交流，根据各国金融年度发展情况，提出相应金融需求并商议解决。中国与东盟各国应一道协商，在金融监管合作机制、金融监管标准、金融监管合作法律机制达成共识的前提下，在建立金融协调机构的前提下下设中国—东盟金融监管机构，由中国与东盟各国派代表常驻，负责维护中国—东盟金融监管事务，及时反馈和探讨解决在监管过程中发现的难题。

2. 建立中国—东盟区域性股权交易市场

中国与大部分东盟国家金融发展中同样面临农村地区、中小企业及低收入群体融资难等问题，各国金融体系的健康发展需要解决的还有缩小城乡差距，消除阶层对立与动荡根源问题，尽力保证国内经济的持续平稳发展。建立中国—东盟区域性股权交易市场，有利于为中国与东盟国家的中小企业提供信息共享平台，根据各国的经济发展情况制定统一挂牌展示及交易标准，有利于为中国—东盟国家企业的投融资提供资讯服务，有利于加强中国—东盟国家各区域性股权交易市场的联动，能够有效加强资金的流动性及效率，能够有效扶持中国—东盟中小企业发展。

(四) 设立金融合作试点

由于中国与东盟国家金融机构发展具有巨大潜力，建议根据各国国情设立相应的金融试点，以便日后推广至中国—东盟金融合作的其他地区。现有主要探讨模式一是利用中国多民族优势，与存在伊斯兰金融的东盟国家建立伊斯兰金融合作试点，互相学习及探讨伊斯兰金融的合作模式；二是利用中国与东盟国家边境优势，利用几大边境口岸，设立边境金融试点，拓展人民币结算模式及规模，鼓励利用边境地区的区位优势，推动边境两国的股权交易；三是设立中国—新加坡金融合作试验区，利用新加坡较为成熟的金融发展现状，推动中国金融机构向新加坡金融机构进行业务服务上的学习与交流。在试点内适当放宽各项合作门槛，鼓励挖掘中国—东盟国家金融合作潜力。

四　金融监管合作

（一）健全对话机制

自建立中国—东盟合作机制以来，每年都会根据不同主题举办年度会议，中国与东盟国家的参会代表应该充分利用这些平台，讨论及解决每一年遇到的金融热点、难点等问题，并形成相关会议成果及文件，及时上报各国政府及相关机构送阅，鼓励政府与社会组织积极参与到中国—东盟金融合作事项之中。在会议成果中应充分反映中国—东盟金融合作进程及面临的问题，尤其是在相对薄弱的金融监管方面，建立起各国各地区相关企业的白名单，尽量避免中国—东盟金融合作中的信息不对称。

（二）建立监管人才的合作培训机制

由于中国—东盟金融合作仍有较大潜力，而作为合作过程中最薄弱的一项，金融监管这块短板显然显得极其重要，尤其是在人才的培养方面，中国与东盟各国应该对此更加重视。中国与东盟成员国首先应考虑建立中国—东盟区域金融监管人才合作培训基地，鼓励各国互派金融人才进行交流学习，在已经了解本国金融环境的基础上对中国及东盟十国的金融环境以及金融合作情况进行更为充分的了解。其次，为了保证金融监管人才的培育，中国与东盟十国应协商设立相应的从业资格考试，以保证相关人员的职业素养及能力。除此之外，中国与东盟十国各金融协会也当定期或不定期举办相关论坛或座谈会，在会期间互换信息材料进行交流。

（三）完善信息披露制度

在金融监管过程中，信息披露是必不可少的环节及条件，为了保证在中国—东盟金融合作进程中的信息公开透明，减少由于信息不对称而造成的损失，各国应当从以下几个方面进行完善。首先，中国与东盟成员国协商确立中国—东盟金融合作信息披露法律机制，保证各国、各机构、各当事人信息披露及其真实性；其次，设立信息披露的激励机制，鼓励国家、机构或当事人积极参与中国—东盟金融合作过程中信息披露，对由于没有进行信息披露而造成负面影响的机构进行黑名单记录，加强监管监控；再次，随着中国—东盟金融合作进程的推进，需要披露的信息会越来越多，随之而来的是对披露的信息进行保密级别的设立，除了基本信息公开处理，根据不同人员权限等级可以查看相应保密级别的信息，保证信息的深度及私密性；最后，应建立中国—东盟金融监管信息互通平台，推动无纸化办公，保证信息的便捷及高效性。

（四）加强金融监督和预警

各国政府的职责之一就是维持金融体系的稳定，降低引致金融危机的可能性，因此中国—东盟成员国政府应加强对话及交流，在中国—东盟命运共同体的前提下，改善各国的经济政策，除了加强各国金融体系政策，还为中国—东盟金融合作提供保证。在金融合作过程中，由于风险具有关联性及危机具有扩散性的特点，中国与东盟成员之间的共同监管和设立预警标准既必要又迫切。中国与东盟各国应鼓励各国央行建立相应的监管合作机制，建立合作平台，深挖合作渠道；通过实时指标发布，为政府决策者和市场提供及时准确的信息。建立健全区域跨境资金流动统计监测体系和早期预警机制，由我国发起建立涵盖所有成员国的金融预警体系，制定互通金融、外汇信息的口径与标准以及一系列风险预警指标，根据指标对风险进行分级，根据不同的风险等级采取相应的应对措施，并第一时间相互沟通，把握先机，联合行动。有效推进金融风险预警合作，加强跨境资本流动的监管合作，促进资本在区域内的合理有效流动。

第四节　总结和展望

长期以来，中国政府一直坚定不移地推进和扩大金融对外开放，优化政策体系，主动融入并致力于打造东盟命运共同体，"一带一路"沿线也一直是中国开展金融国际合作的重点区域。对外金融机构利用中国金融相关机构走出去过程中积累建立的专业服务、全球网络，加之政府协同各金融机构、信息机构完善信息互通、协同发展，促进"一带一路"产能合作投融资、保险等多元化金融体系的建成与金融服务水平的提高，加强双向开放，助推命运共同体建设，包括广西、云南在内的许多省市利用地域及资源优势，与"一带一路"沿线国家展开了富有成效的互利合作。如广西立足于沿边金融综合改革试验区平台，不断拓展与东盟及丝路沿线国家的经贸金融市场，重点打造中国—东盟区域性金融合作中心，并在跨境金融合作、金融监管合作、金融服务水平提升等层面进行了多个试点项目。

面向未来，中国将继续推动构建辐射所有"一带一路"沿线国家的国际金融体系，积极参与区域性金融国际交流合作平台建设、支持多双边涉及国际投融资协定谈判，共同编制双边金融投资合作规则；支持亚投行同世界银行、亚洲开发银行等多边金融机构开展合作，增强对最不发达国家金融投资；积极利用"南南合作援助基金"，开展经济领域南南合作；进一步落实与东盟十国制定2030年计划，升级双方战略合作。创新与沿线国家金融合作方式，促进"一带一路"金融合作和金融支撑环境发展的深化，全力打造区域金融合作发展体系，推进实现区域金融稳定健康发展。

下一步，中国将以边境自由贸易合作试验区和沿边金融综合改革试验区为契机，与东盟及"一带一路"沿线各国努力丰富金融服务内容，不断提高金融服务水平，切实促进金融、投资、贸易便利化，内外统筹，与沿线国家在金融、税收、保险等方面展开务实合作，着力推进加强金融监管合作、扩大本币互换与跨境结算、深化金融机构及金融市场合作、打造新型合作平台和创新融资机制、加强金融合作相关配套制度体系的发展，加强双边文化与人才交流，通过同部门跨国交流合作，共同规划实施东盟区域金融体系融资能力提升、金融政策合作、金融体系合作与示范、金融基础设施强化、金融信息化体系建设等。与有关国家不断强化双边机制作用，使东盟国家间的金融发展有效服务区域内贸易金融信息、资源、优势的有效整合，有利于跨境经贸投资、产能合作等整体水平提升和创新，有利于深化区域内各金融主体之间的交流合作，互相促进，共同推动双边需求企业、机构之间的双向开放，推进沿边金融综合改革试验区建设，为"一带一路"沿线国家的经贸金融合作的深入发展注入新的活力，争取早日完善构建"一带一路"金融合作服务体系，争取提前实现东盟互联互通总体规划 2025 与东盟命运共同体等伟大目标。

中国自"一带一路"倡议发起 5 年以来，抓住重要的战略机遇期，在从理念转化为行动，从愿景转化为现实的努力上，取得积极进展，进一步提升周边关系，初步形成了与沿线国家共商、共建、共享的合作局面。中国将与沿线国家一道，在既有的多双边合作机制框架下，兼顾各方利益、尊重各方诉求，相向而行，携手推动"一带一路"建设金融合作迈向更大范围、更高水平、更深层次，共同为提高区域金融一体化水平，推进亚洲与全球金融可持续健康发展做出更大贡献。在国务院总理李克强提出建立利益共同体、命运共同体和责任共同体的目标下，未来中国将进一步搞好"一带一路"资金融通，积极推动"一带一路"金融体系的可持续性、逐步完善体系的市场化与互利共赢，建设更具活力、更加开放、更兼稳定、更可持续、更多包容的区域金融体系。

参考文献

［1］曹平：《中国—东盟金融监管合作的法律规范体系问题探究》，
《南海法学》2017 年第 1 期。

［2］陈剑波：《中国—东盟自由贸易区区域金融合作》，硕士学位
论文，云南财经大学，2012 年。

［3］范祚军、徐啸：《中国—东盟区域经济一体化进程中的金融支
撑》，《改革与战略》2014 年第 9 期。

［4］傅静雨：《中国—东盟金融合作问题研究》，硕士学位论文，
外交学院，2015 年。

［5］何倩：《中国—东盟自由贸易区金融监管合作的法律机制探
究》，硕士学位论文，昆明理工大学，2014 年。

［6］黄绥彪、李季骏、赵乐为、陈锐：《中国—东盟投资便利化的
金融对策——中国—东盟投资便利化的金融对策研究之三》，
《广西大学学报》（哲学社会科学版）2007 年第 6 期。

［7］蒋刚林：《中国东盟区域金融合作问题研究》，硕士学位论文，
新疆财经大学，2013 年。

［8］金钢、刘聪、刘忠超：《中国—东盟金融合作进展、问题及对
策》，《时代金融》2013 年第 8 期。

［9］李正友：《建设广西沿边金融综合改革试验区 助推中国—东盟
自由贸易区升级版打造》，《东南亚纵横》2014 年第 10 期。

［10］刘斌：《中国—东盟自由贸易区金融合作的研究》，硕士学位
论文，海南大学，2012 年。

［11］卢珍菊：《中国—东盟金融合作的新态势与思考》，《求索》
2011 年第 8 期。

［12］陆建人、周小兵：《亚洲金融危机对东盟的影响》，《世界经
济》1999 年第 9 期。

［13］罗传钰：《21 世纪海上丝绸之路建设下中国—东盟金融合作

法律机制的完善》，《太平洋学报》2016 年第 4 期。

[14] 潘永：《中国—东盟金融合作：前景、领域及阻碍》，《计划与市场探索》2004 年第 3 期。

[15] 任康钰：《对推动中国与东盟国家之间金融合作的探讨》，《武汉金融》2011 年第 1 期。

[16] 屠年松、朱雁春：《全球金融危机后中国与东盟金融合作再思考》，《经济问题探索》2010 年第 9 期。

[17] 王丽娅：《中国与东盟地区金融合作现状与前景分析》，《亚太经济》2007 年第 1 期。

[18] 韦凤巧：《中国—东盟区域金融监管合作法律制度：困境与出路》，《经济研究导刊》2009 年第 20 期。

[19] 文学、武政文：《中国与东盟国家金融合作的现实问题及对策思考——基于国际金融话语权视角》，《新金融》2014 年第 4 期。

[20] 徐中亚、董倩倩：《中国—东盟金融合作：现状、问题与对策》，《经济研究导刊》2010 年第 26 期。

[21] 严晓颖：《中国—东盟自由贸易区金融监管法律机制研究》，硕士学位论文，西南政法大学，2012 年。

[22] 余文建、陆峰、王海全、毕家新：《中国—东盟区域金融市场合作研究》，《区域金融研究》2009 年第 7 期。

[23] 张家寿：《中国与东盟合作参与"一带一路"建设的金融支撑体系构建》，《东南亚纵横》2015 年第 10 期。

[24] 中国人民银行南宁中心支行课题组，黄良波：《新形势下的中国—东盟区域金融合作：背景、现状及展望（上）》，《广西金融研究》2008 年第 5 期。

[25] 中国人民银行南宁中心支行课题组，黄良波：《新形势下的中国—东盟区域金融合作：背景、现状及展望（下）》，《广西金融研究》2008 年第 6 期。

[26] 朱峰：《论中国—东盟自由贸易区人民币区域化发展的国际金融生态环境》，《东南亚纵横》2014 年第 9 期。

后　记

　　习近平总书记在党的十九大报告中指出，中国坚持对外开放的基本国策，坚持打开国门搞建设，积极促进"一带一路"国际合作，努力实现政策沟通、设施联通、贸易畅通、资金融通、民心相通，打造国际合作新平台，增添共同发展新动力。这一重要的宣示，指明了今后一个时期我国对外开放的基本方向。作为"一带一路"的陆海交汇地带，东盟国家将在与中国15年战略伙伴关系的优质基础上，与中国全面深化"一带一路"的合作建设。作为"一带一路"建设的主要支撑，中国—东盟在资金融通领域合作的现实需求日趋增加，深化中国—东盟金融合作不仅是我国整体外交的需要，更是中国经济腾飞和金融业持续发展的必然要求。

　　中国—东盟舆情监测中心（以下简称"中心"）是广西大学中国—东盟研究院下设的专职舆情监测机构，拥有10个国别研究小组，小组成员均拥有相关专业博士学位或海外硕士学位，主要针对东盟及其成员国在政治、军事、经济、金融、人文等领域的网络舆情，在新闻事件发生的第一时间对舆情信息进行高质高效的搜集、汇总和整理，同时，借助中国—东盟全息大数据平台收集、人工校对以及专家研判相结合的方式，通过与相关历史统计数据匹配分析，对东盟区域内相关事件进行预测、危机预警，并提交可行性报告等。自2014年组建至今，中心整合并完成了2500余篇舆情周报，1000余篇热点及专题分析，为国家及地方各级党政机关和部门提供了众多及时、准确、有效的信息支持和智库方案。中心经过长期对东盟及其成员国金融类新闻及数据的搜集整理发现：就东盟区域整体金融发展而言，东盟大部分国家都采取以银行业为主导的金融体制，其总体发展模式、体系特征都与我国类似，同时受区域内伊斯兰文化的影响，东盟一些成员国金融体制又呈现出传统金融与伊斯兰金融并存的特点；就国家发展而言，东盟各国的经济规模和发展程度差异大，金融体系发展所处的阶段和特点各不相同。基于此，中心认为详细梳理并研究东盟国家金融体系特征，有利于把握东盟国家金融体系现状及变化趋势，从而帮助我国政府和相关企业根据不同国家的实际情况，寻找合适的金融合作模式，最终促进中国—东盟地区经济与金融的良性互动与和谐发展。

　　基于这样的研究初衷，中心在原舆情监测中心主任赵慧博士的带领下组建研究团队，自 2017 年底起对东盟金融相关信息和文献进行了密集的收集、整理和汇总。赵慧博士对本书框架进行了严谨地把控并对报告内容进行了多次细致修改。报告撰写期间中国—东盟舆情监测中心研究团队在罗传钰博士带领下召开了多次课题会议，经过团队成员们近一年的共同努力，《东盟金融考察报告（2018）》最终于 2018 年完成。

　　本书的主要内容包括：第一章为导论，主要针对东盟金融体系进行总体概述；第二章至第十一章为东盟各国（越南、马来西亚、印度尼西亚、新加坡、泰国、文莱、菲律宾、柬埔寨、缅甸、老挝）国别金融体系考察报告，围绕各国的金融体系发展历程、现行金融体系基本架构、金融体系影响因素及特点、金融合作突破口等进行了较为全面的分析，并以研究报告的形式展现了相关实证研究的成果；第十二章为结论，主要基于东盟金融体系现状提出"一带一路"金融先行的政策建议。与其他同类书籍相比，本书特点在于，突破了大多数书籍仅以东盟整体作为研究单元的局限，逐一对东盟各国进行了细致的金融体系考察与分析，不仅仅系中国—东盟金融合作的入门书籍，满足对东盟金融有兴趣的普通读者的阅读需要，还为研究人员提供了具体且细致的角度和较为丰富的素材。

　　本书的研究亦是各项省部级以上课题的研究成果。主要包括国家社会科学基金项目"基于计价职能视角的人民币国际化推进路径规划研究"（19CJL048）、"'一带一路'战略下东南亚地区工程承包 PPP 融资模式法律问题研究"（16BFX191）和中国博士后科学基金面上资助项目"中企参与东盟国家公共设施建设的 PPP 融资模式法律问题"等。

本书课题组主要成员赵慧系金融学博士，副研究员，硕士生导师，香港大学商学院访问学者。现任清华大学社会科学学院研究人员，原广西大学中国—东盟研究院副院长。主要研究方向为中国—东盟金融合作、公司治理等问题。近年来，主持 1 项国家课题，2 项省部级课题，3 项厅局级重点课题。作为主要成员参与 5 项国家级重大项目和省部级重大项目研究，并基于相关课题发表了 13 篇学术论文。研究报告得到两次时任国家领导人和省部级领导批示，曾获两次广西人文社科优秀成果二等奖等。

主要成员罗传钰系国际法学博士，副教授，硕士生导师，广西大学应用经济学博士后工作站在站博士后。现任广西大学中国—东盟研究院副院长。主要研究方向为国际金融监管法律制度、中国—东盟及其成员国法律制度、中国—东盟投融资及 PPP 法律制度。近年来，主持相关国家级课题 1 项、省部级课题两项、地厅级课题 1 项、博士后基金面上资助项目 1 项。出版个人学术专著 1 部，在国内刊物发表论文 16 篇。获广西壮族自治区社科优秀成果奖一等奖、三等奖各 1 项。

本书是中国—东盟舆情监测中心成员们共同努力的成果。本书由赵慧副研究员拟定研究框架和写作提纲，具体参与本书研究和编写的成员及分工如下：第一章，赵慧、陈乔、张正华、方昉和区富祝；第二章，蓝瑶、刘晓臻和冯春风；第三章，石宗承、卢潇潇、李秋梅、姚云风和洪铠邦；第四章，韦宝毅、潘丹丹、潘昭、胡杨林和陈禹帆；第五章，陈才建、余俊杰、盆凌宸、胡弘、刘晖和潘丹丹；第六章，蓝襄云、蓝瑶、赵乐子、徐静怡和李淑安；第七章，刘静、李雪和黄俊杰；第八章，方晶晶、范新婧、张波和李钢；第九章，程雨、周红梅和陈悄悄；第十章，甘若谷、周泽奇和刘书睿；第十一章，杨卓娟、赖彦洁和曹晓彤；第十二章，罗传钰、余俊杰、潘昭、黄志敏、方昉、刘晖和李雪。感谢广西大学中国—东盟研究院相关助理及研究人员在数据整理和书稿校对方面提供的帮助。

本书力求让读者快速地对东盟国家金融体系形成全面的认识，数据力争及时有效。在撰写过程中，研究团队参考了许多东盟及其成员国的（外文）新闻信息、文献及研究报告。在此一并对相关机构和作者表示衷心感谢！本书将尽可能在参考文献中列出文献名称或者在引用处加以说明，如有遗漏，敬请谅解。限于作者的研究水平，本书可能存在部分疏漏和偏差，恳请您提出宝贵意见，中心将在今后的工作中尽力完善！